"十三五"国家重点出版物出版规划项目

·中国当代法学家文库·吴汉东知识产权研究系列·

知识产权应用问题研究

吴汉东 著

中国人民大学出版社
·北京·

2019年7月摄于中央电视台《法治中国说》节目现场

总　序
我与知识产权四十年

从读书到从教，我与知识产权结伴同行已有近四十年。读书、教书、写书，一直秉持学者本色，自诩中国知识产权法学的研究者和传播者；学法、讲法、立法①，践行法治理想，是为中国知识产权事业的见证者和推动者（《光明日报》语）。我是“文化大革命”前的“老三届”毕业生（1967级初中毕业生），亦是恢复高考后的“新三级”学人（1977级本科生），自1982年年初从教以来，教研活动从罗马法到民法均有涉猎，而后转向专治知识产权。从我的第一本教材《知识产权法概论》（1986年编著，1987年出版）、第一篇文章《试论〈民法通则〉中的知识产权制度》（1986年）乃至新中国第一篇知识产权专题硕士学位论文（1986年）② 开始，我的研究成果多集中于知识产权领域，时至今日已有十多本著作、百余篇论文、百余场讲座。

近四十年来，我致力于知识产权问题研究，专注于两个方面：一是知识产权法律科学的基础理论体系，二是知识产权制度建设的重大现实问题。坚持自由探索与问题导向、坚执学理探究与术用应对、坚守专业研究与学科融通，这是法学工作者应有的学者品格和学术素养。就理论联系实际而言，我认为，知

---

① 笔者曾被选任为湖北省人大常委会委员、湖北省人大法制委员会副主任委员，并作为诸多知识产权法案的咨询专家，参加了地方立法工作和国家立法活动。

② 参见杜学亮主编：《著作权研究文献目录汇编》，北京，中国政法大学出版社，1995。

识产权的学术研究，既不能坐而论道，也不能就事论事，而应是学理研究和应用研究两者的结合。著名教育家蔡元培先生将学术解析为“学理”和“术用”。他认为，“学必借术以应用，术必以学为基本”。我的理解是：知识产权学理研究必须以应用为目标，如果纯粹理论探究而失去应用目的，就没有常青的学术生命活力；知识产权术用研究又要以一定的学理为指引，倘若应用研究缺乏深厚的学理，就没有可持续发展的学术生命基础。因此，知识产权学者一定要把学理研究和应用研究紧密地结合起来，既要避免学理研究中的法学浪漫主义、唯美主义和空想主义，也要防止应用研究中的法律机械主义、教条主义和形式主义。

近四十年来践行此道，虽谓有果却未有大成。2010 年，承蒙中国人民大学出版社不弃，将我的著述列入“中国当代法学家文库”，经过两年的整理、加工，先后有六部著述陆续出版。时隔 5 年，已有出版著述即告售罄，同时新的著述有望成书。在中国人民大学出版社法律分社的精心安排下，我对新老作品进行重要修订和整理，重新结集出版，它们是《著作权合理使用制度研究》、《知识产权总论》、《无形财产权基本问题研究》、《知识产权基础问题研究》（论文集）、《知识产权前沿问题研究》（论文集）、《知识产权应用问题研究》（论文集）、《我为知识产权事业鼓与呼》（演讲、访谈集）。上述作品涉及知识产权基础理论研究和知识产权主要制度研究，同时包括民法乃至法治的相关问题；写作的时间跨度从 20 世纪 80 年代到 21 世纪当下之年，多为 20 世纪 90 年代中期以后的研究成果，反映了我从事知识产权教研工作以及相关法律实务的心路历程。

该系列的出版和再版，得益于各位同行、学生乃至许多读者的帮助和支持。感谢腾讯基金会为文集精装本的出版所给予的大力资助；感谢中国人民大学出版社各位编辑的精心专业指导和辛苦编辑工作；感谢我的学生熊琦博士、李瑞登博士、瞿昊晖博士、锁福涛博士、张颖博士、宋戈博士和博士生刘鑫、周澎、司马航、李安，研究生夏壮壮、万俊、张倩、魏宵林、高婧为文集初版、再版的打印、校对、查找资料所付出的艰辛劳动；感谢全国法学界特别是知识产权界同行、读者对本人著述给予的厚爱与关注。

近四十年来，我一直在知识产权园地教书、写作，但“教习”不为晋仕途，“学究”并非为稻粱谋。微博言：今天做了明天还想做的是事业，今天做了明天还得做的是职业。我以“学术为志业”（马克斯·韦伯语），有幸将自己所追求的事业与所喜欢的职业合为一体，因而是苦中有乐，乐之不疲。我的学术生涯还在继续，我虽已过耳顺之年，但常以“70后”自居。以书为伴，书伴人生；与法同行，法行天下；释放知识产权制度“正能量”，发出知识产权事业“好声音”，这就是我——一个中国知识产权学人的光荣与梦想。

吴汉东

2019年暑期于武昌寓所

代前言
知识产权研究谈

做研究，写文章，是学者的本分。从教三十多年来，我一直努力践行之。两百余篇文章，百多万文字，有的忝列于权威学术刊物中（其中发表于《中国社会科学》《法学研究》《中国法学》三大刊物的共计27篇），也有的见诸重要新闻媒体（包括《人民日报》《光明日报》《中国知识产权报》《法制日报》等）。此次收入文库的论文集分别为《知识产权基础问题研究》《知识产权前沿问题研究》和《知识产权应用问题研究》三部，收录了我在学术刊物上发表的大部分论文，是为各个时期的代表性作品，但不包括各大报纸刊载的言论与访谈。这些文章绝大多数以知识产权为题，但也罗列了一些私法以至法治专题。写作的时间跨度从20世纪80年代到21世纪当下之年，多为20世纪90年代中期以后的研究成果，反映了我从事知识产权教研工作的心路历程。

近些年来，不少学生问及知识产权研究方法，讨教所谓的写作“秘籍”。由于职责所在，我只得“好为人师”，向我的研究生、博士生介绍研究知识产权的心得体会。课堂随口而言，录音整理成文，此次略作修改补充，聊作文集的前言。

研究知识产权，是一门学问。它不能偏离民法学的基本原理，但又不能拘泥于传统的民法学框架。它是一门法律学问，讲的是法言、法语，但又不能缺少必要的相关知识元素。因此，研究知识产权，首先要了解知识产权学问的基本特性。我以为，应注意以下三点。

一是以民法学理论为基础。

知识产权是一种新型的民事权利，是一种有别于财产所有权的无形财产所有权。民法所规定的基本原则和一般规范，应适用于各项私权制度，当然包括知识产权制度。离开了民事权利体系，知识产权就会成为无源之水、无本之木，无法找到其应有的法律归属。因此，知识产权学者亦应是民法学者，知识产权的研究须以民法学为理论基础。我国的一些知识产权学者对民法学表现出不应有的忽视甚至轻视。我们看到，有的知识产权著述离开了民法原理，使学者之间失去了话语沟通与交流的平台。例如，有些知识产权专家在侵权损害归责原则中，将“停止侵权”“消除危险”此类物权保护方法，解释为“无过错责任原则”的适用。而在德国学者拉伦茨、我国台湾地区学者王泽鉴看来，归责是指“负担行为之结果”，即损害赔偿，是为债权保护方法。又如，不少文章将知识产权的本质特征概括为无形性，认为独占性、时间性、地域性皆由此派生而来。其实，在罗马私法的理论语境中，客体存在有体物与无体物之分，无体物即拟制之物，即具有财产内容的权利。因此，知识产权与所有权的根本区别，不在于本体内容，而是由客体的非物质性所决定。在这一点上，台湾大学曾世雄先生与我在不同研究领域得出了相同结论。在研究中，强调知识产权质的差异性，并不能否认其归类于私权的质的规定性。知识产权的基本范畴，必须置于民法学的语境中，才能得到合理的、科学的解释。

二是以多学科知识为背景。

知识产权是近代商品经济和科学技术发展的产物，在诸多民事权利制度中，唯有知识产权制度最具科技含量，最多知识要素。知识产权制度在其并不太长的历史中，历经从工业革命到信息革命的不同时期，基于科技革命而生，由于科技革命而变，其制度史本身就是一个法律制度创新与科技创新相互作用、相互促进的过程。科学技术领域的革命带来知识产权制度的变革，研究现代化的知识产权，必须了解现代化的科学技术。诸如，与网络技术相联系的“网络版权”“网络商标”“网络不正当竞争”问题，以生物工程技术为基础的“基因专利”问题，以及基于现代种植技术所产生的植物新品种权、基于集成电路技术所产生的布图设计权等问题，这些已无法简单沿用传统的理论来诠释，也不宜套用传统的制度来解决。知识产权制度具有与时俱进的时代先进性。熟悉新的科学技术，探讨新的法律问题，是知识产权学者所应具备的科学精神。此外，还应看到，现代知识产权是一个庞大的制度体系：著作权发生在文化创作领域，与文化创新、文化产业息息相关；专利权产生于技术应用领域，与科技创新、科技产业紧密相连；商标权则运作于工商经营领域，涉及商品销售、市场贸易诸多问题。在知识经济的时代条件下，知识产权关系到一国的经济发展、科技进步、文化与教育的繁荣；而在经济全球化的国际背景中，知识产权保护又事关国际政治、国际经贸、国际文化与科技的交流和合作关系。在这种态势下，从法学理论出发研究知识产权，当是题中应有之意；而结合政治学、社会学、伦理学、经济学、管理学以及政策科学等理论，多视角、全方位来考察知识产权，也显得非常必要。

三是以基本理论问题和实践问题为对象。

知识产权是一种理论上有待系统化、成熟化的法律。由于这一制度历史不长，且变动频繁，其基本范畴、基本原理、基本问题无一不在探讨之中。有的学者讲，知识产权没有自己的理论，其意思一谓其太艰深，二谓其多歧见。笔者不以为然，正因为如此，知识产权研究才表现出有别于传统财产权研究的理论魅力，才向知识产权学者提出了理论创新与制度创新的学术要求。同时，知识产权也是一种实践性很强的法律。知识产权每一种制度、每一个条文，都有着深厚的社会生活基础，体现着创制者深刻的立法意图。歌德讲，“理论是灰色的，而生活之树常青”。我们可以说，知识产权法条是枯燥的，但知识财产世界是丰富多彩的。运用知识产权规范，解决知识的生产、传播、运用、保护等法律问题，是知识产权学者面临的学术任务和社会责任。基于上述考虑，我认为，作为研究对象的知识产权问题，包括三类：首先是理念层面，涉及知识产权法律价值、法律功能、法律原则等问题；其次是规范层面，包括知识产权法律制度、法律规则、法律技术等问题；最后是操作层面，关系到知识产权法律解释、法律适用、法律活动等问题。

三十多年来，我国的知识产权研究在与西方法学思潮的交流和碰撞中，已经从单纯的借鉴和移植走向自立和创新，初步形成具有中国特色的知识产权学说思想，为知识产权的制度建构、政策运行、战略实施提供了重要的思想基础。我国学者致力于知识产权的学理研究和应用研究，取得了长足的进步：对知识产权基础理论的建构，历经20世纪80年代的初探、20世纪90年代的反思至21世纪初的再认识，已渐趋成熟；对知识产权国际化趋势的关注，聚焦于TRIPs协议实施所引发的东西方利益失衡、知识产权与人权之冲突和传统资源保护带来的制度变革等问题，愈见主动；对知识产权现代化诉求的回应，直面网络技术和基因技术对现行知识产权制度的各种挑战，渐显及时；对知识产权战略化工程的推动，涉及战略制定与实施的各个环节，着力跟进；对中国知识产权制度完善和法律适用，有立法建议，也有学理解释，更是积极参与。

我国知识产权学者在关注外国先进法律理念，进行本土理论创新的同时，还努力探寻适合中国语境和文化背景的法律解释和政策适用方法，从而形成包括多种分析工具的方法论体系。"工欲善其事，必先利其器。"了解和掌握知识产权研究中的分析工具是非常重要的。根据本人的体会与他人的经验，在此我提出以下三对主要的分析方法。

一是历史分析的方法与逻辑分析的方法。

历史分析方法，就是运用科学的历史观，对法律制度的产生、发展与变革的一般规律进行纵向分析和动态考察。在历史分析中，我们主要探讨法律制度的历史类型、社会基础、时代背景，尽可能在这种历史分析中寻找一些规律性且趋势化的东西。知古通今，以史为鉴。在知识产权研究中，有些原理、规则的分析，往往追溯到古代罗马、涉猎近代英国和现代美国。这种历史分析是必要的，也是能够说明问题的。如前文所言，一些知识产权学者将侵权责任的"责"作广义理解，认为"禁止令"不以过错为条件，是为无过错原则。其实，损害赔偿之债才涉及过错与无过错的问题。从罗马阿奎利亚法到近代民法，奉行的都是过错责任原则。到了工业革命时期，为了填补不幸损害，才产生了无过错责任原则。如果知识产权学者的上述观点能够成立的话，那么民法史、侵权法史就得改写了。因此，历史分析的方法是一个有效的论证工具。

逻辑分析方法，是对法律规范进行概念的限制、区别、划分和排列，对法律现象进行发现、解释、论证和系统构造。逻辑分析是我们经常采用的分析工具，主要有以下几种：第一是定义。法条中、文章里的诸多概念，是我们研究的起点，是知识产权研究的起始范畴。第二是区别，包括对词语、事物、意义的区别。第三是划分，包括对词语、事物的划分，分析它们的相同点、不同点。第四是论证。也就是我们通常所说的大前提、小前提以及结论。第五是划归和归纳，例如对主要原因和次要原因的判断，进行问卷调查以及作出结论。逻辑分析是一种非常重要、经常运用的研究方法，它对于某个制度内部结构的解析，或者对某个制度体系的构造都是有帮助的。换言之，对知识产权的体系化构建，须以权利位阶性的认识为基础。以网络信息传播权的归类为例，即在位阶上可表现为：网络信息传播权—著作财产权—著作权—知识产权—财产权—民事权利。此外，历史分析方法与逻辑分析方法往往是融通的。例如，近代知识产权制度的产生，存在一条联结科技、经济、法律一体化发展的轨迹，即社会生产的科技化→科技成果的商品化→知识商品的产权化→权利制度的体系化，这些就是历史与逻辑的统一。

二是规范分析的方法和实证分析的方法。

规范分析方法，是依某些规范和理论对法律进行定性分析，研究法律活动应该是什么以及社会法律问题应该怎样解决。这是一种应然性分析。在规范分析中，首先要提出一定的价值判断作为基础，并把这种价值判断作为法律理论的前提和制定政策的依据。在这里，先要有一个价值判断，设定一个准则。例如，法律的价值目标，过去从法哲学意义上来说，首要是法律正义。然而法经济学认为，在正义目标之外，还有效益目标。如何实现法律效益，经济学家有很多标准，其中最有影响的是帕累托标准，即“在交易中，至少使一方受益，同时不使他人受损”。在交易中，当事人有三种选择：一为损人不利己，这是最笨的；二为损人利己，这是不可取的；三为最好的方法，即利己不损人，或者双方有利，这就是我们通常所说的“双赢”或者“多赢”。知识产权法奉行“保护创造者权利与促进知识传播”的立法宗旨，其实是正义与效益双重价值目标的体现。规范分析的方法不仅可以用于分析一种法律行为本身、法律活动过程，还可以用于分析法律制度的设计和构建。

实证分析方法，是运用某些技术、方法对法律进行定量分析。它的任务是描述法律现象以及社会法律问题实际上是如何解决的。这是一种实然性分析。在这种分析中，要用事实来检验理论和规则的合理性、正确性、科学性。实证分析不但要求有一个规范性的指导思想，更重要的是要求将具体问题量化，包括基本数据采集、数学模型分析等，使我们的分析精确可靠。在法律研究中，实证分析是一个非常薄弱的环节。朱苏力教授写的《送法下乡》，陈小君教授主编的《农村土地法律制度研究》，都体现了实证分析的魅力，根据调查数据所产生的研究结论有很强的说服力。在知识产权研究中，实证分析亟待加强。例如，发明专利实施的绩效分析、软件音像盗版的比率分析、侵权行为中法定成本与非法所得的比例分析等，都需要利用实证分析的工具。

三是比较分析的方法与注释分析的方法。

比较分析方法，是以不同国家、地区的法律制度为对象，对不同法律制度的类型、传统、理念、原则、原理、规范进行的比较研究，其中包括法律制度异同的分析，相关法律制度冲突以及解决途径的分析等。比较分析是学术研究中的常用方法。沈宗灵先生在《比较法总论》一书中谈到，在 19 世纪第一次民法典编纂高潮中，形成了比较研究的高潮。欧洲大陆的民法学者对不同国家的民事法律制度进行考察和比较，其研究成果推动了 1804 年《法国民法典》和 1896 年《德国民法典》的形成。当代知识产权制度出现了一体化、国际化的潮流，表明这一制度的基本原则和主要规则在全球范围内的普适性。但是一体化、国际化，并不等于知识产权在保护内容、保护标准、保护水平等方面的全球规范的统一化。而且应注意，知识产权制度在不同类型的国家有着不同的命运。其中不仅有制度选择所涉及的法律价值、法律形式、法律内容的科学性和合理性，而且有制度实施所涉及的社会发展水平、政策体系、文化环境的协调性和相适应性。对于这些问题的研究，比较分析也许是最有益的工具。

注释分析方法，是以法律文献作为研究对象，对法律精神、法律原则、法律规范的阐释、说明和分析。根据罗马法学家的分类，注释分析包括文义解释和论理解释。从历史上看，注释分析方法始于 12 世纪，当时的意大利学者最先对罗马法文献采取了注释研究的方法。早期的注释法学派，对罗马法进行逐章、逐段、逐句的解释，更多的是一种文义解释，难免陷入形式主义和机械主义。后期的注释法学派采取论理解释的方法，注重探讨法律制度、法律规范的真意。我想，这两种解释方法，在知识产权研究中都是有益的。

其实，法律研究的方法很多，在这里我仅列举了三对范畴共六种方法。从事知识产权研究，应具有严谨的治学态度，同时也要掌握高明的治学方法。对研究方法的研究，这里所涉的不过是一种探讨和体会。三十多年来，我心欲往，却未践行有果，写出来供各位同人参考。

目　录

第一编　政策运用与战略实施

第二编　法律制定与规范适用

第三编 制度评价与法律完善

第一编　政策运用与战略实施

利弊之间：知识产权制度的政策科学分析*

一、理论分析

从国家层面而言，“知识产权制度是一个社会政策的工具”①。是否保护知识产权，对哪些知识赋予知识产权，以何种水平保护知识产权，是一个国家根据现实发展状况和未来发展需要而作出的公共政策选择和安排。

公共政策是政策科学领域里经常使用的术语，它是指“以政策为主的公共机构，在一定时期为实现特定的目标，通过政策成本与政策效果的比较，对社会的公私行为所作出的有选择性的约束和指引，它通常表现为一系列的法令、条例、规章、规划、计划、措施、项目等”②。从这一定义出发，知识产权制度在公共政策体系中也是一项知识产权政策。知识产权政策，实质上是在国家层面上制定、实施和推进的，具言之，即政府以国家的名义，通过制度配置和政策安排对知识资源的创造、归属、利用以及管理等进行指导和规制。

关于知识产权政策存在的合理性，在公共政策理论中，往往采取成本—效益的方法作为分析工具。知识产权政策之所以必要，是因为选择公共政策来解决知识资源配置与知识财富增长的问题，较之于市场自发解决问题所产生的社

---

* 原载《法商研究》，2006（5）。

① 刘华：《知识产权制度的理性与绩效分析》，46页，北京，中国社会科学出版社，2004。

② 吴鸣：《公共政策的经济学分析》，4页，长沙，湖南人民出版社，2004。

会成本更低，而带来的收益更高。按照科斯的观点，政府的公共政策只是一种在市场解决问题时社会成本过高的情况下所作出的替代选择。[①] 经济学理论认为，知识产品具有公共产品属性，在消费上无对抗性，它可能在一定时空条件下为不同主体同时使用，如同一辆公共汽车，出资者和未出资者都在乘车。[②] 知识产品的生产是有代价的，而知识产品的传递费用相对较小，一旦知识产品出售给某个消费者，其他消费者就可能成为该知识产品的“搭便车者”。这种现象即是“无偿复制他人的作品的情形”[③]。鉴于此种情况，政府有必要对知识产品市场进行干预，即采取特殊的公共政策：一是政府自己提供知识产品，二是政府对私人提供知识产品给予补贴。后者的重要措施就是通过知识产权制度授予知识产品创造者的独占权。这即是对知识产权政策的合理性所作出的经济分析。

知识产权政策作为市场机制的替代选择，能够防止知识产品供给不足，带来知识财富增长的收益，关键在于这种政策工具所具备的基本功能：

1. 知识财产私有的界定功能

知识产权是一种对知识财产有效的产权制度安排，它以私权的名义强调了知识财产私有的法律性质。[④] 所谓私权，即私人的权利，说明知识产权是“私人”（包括自然人、法人和其他社会组织）的权利，即使国家在某种情况下作为权利主体出现，但也与其民事主体处于相互平等的关系；同时知识产权也是“私有”的权利。对知识财产进行私权界定，采取的是一种市场机制的产权形式，其实质是回答知识财产应为私有还是公有？市场机制的产权形式，即是私人占有的产权形式。这就是法律意义上的知识产权。界定私权的对价条件是：发明创造者将自己的知识产品公布出来，使公众看到、了解到其中的知识，而

① 参见［美］罗纳德·科斯：《社会成本问题》，载《财产权利与制度变迁》，上海，上海三联书店，1994。

② 参见［美］罗伯特·考特等：《法和经济学》，张军等译，147页，上海，上海三联书店、上海人民出版社，1994。

③ ［美］罗伯特·考特等：《法和经济学》，张军等译，152页，上海，上海三联书店、上海人民出版社，1994。

④ 世界贸易组织《知识产权协定》在其序言中宣示：“知识产权为私权。”

社会则承认其在一定时期有独占利用其知识产品的权利。[①] 知识产品是公开的（公共产品属性），而知识产权是垄断的（私人产权属性）。这样就实现了知识公开与权利垄断的对价关系。

2. 知识创造活动的激励功能

知识产权制度能够为科技创新提供激励机制。创新者的创新活动必然要付出诸如时间、人力、物力、金钱之类的成本，在市场经济条件下，创新者所支付的成本应该能够收回，甚至实现盈利。知识产权制度赋予创新者在一定时间内对其创新成果享有专有权，其他人要想利用其创新成果，必须征得其同意并支付相应的使用费，这样就为创新者收回成本提供了可能。所谓"给天才之火添加利益之油"，知识产权制度为创新者提供了最经济、有效和持久的创新激励动力，有助于创新活动在新的高度上不断地向前发展，从而促进创新成果所蕴藏的先进生产力的快速增长。

3. 知识资源利用的配置功能

知识产权制度是创新成果产权化、产业化和市场化的重要政策措施。它的首要目的是界定相关产权，保护创造者的合法利益；同时又要规制产权关系，促进知识、技术的广泛传播和利用。依照经济学的供给与需求理论，智力创造活动也是一种生产活动，精神生产同样是为了交换，只有交换才能获得各类物品的最佳组合，从而达成效用和利益的最大化。[②] 就科技创新活动而言，新技术的商品化与市场化是一个关键环节，也是其根本目的。如果一项发明创造完成后不付诸实施，就可能被新的技术所取代，变成无经济效益的技术。知识资源的配置机制和交易制度在法律层面上表现为知识产权的利用，其主要方式就是授权使用、法定许可使用和合理使用。

4. 知识财富分享的平衡功能

政策科学理论认为，实施任何政策都会面临一个"谁是政策的受益者，谁是政策的受损者"的问题。因此，公共政策常常需要在各种利益的冲突之间达

---

① 参见［苏］E. A. 鲍加特赫等：《资本主义国家和发展中国家的专利法》，载《国外专利法介绍》，北京，知识产权出版社，1980。

② 参见［美］罗伯特·考特等：《法和经济学》，张军等译，上海，上海三联书店、上海人民出版社，1994。

到某种平衡，以保证公共政策的顺利实施和社会的稳定发展。① 知识产权制度关系到知识财富的分配和相关利益的调整。作为“利益相关者”，涉及知识产品的创造者、传播者、利用者之间的权利义务关系；作为“利益分享者”，则要考虑创造者专有权利与社会公共利益之间的平衡。知识产权制度可以发挥知识财富分享的政策功能，它通过权利保护、权利限制、权利利用的制度设计来调整权利主体与义务主体之间、个人与社会之间的利益关系，即是“对社会关系的各种客观利益现象进行有目的、有方向的调控，以促进利益的形成和发展”②。

5. 知识利益保护的规范功能

知识产权制度保护的是产权化的知识财富。如果创造者拥有的技术或品牌，只是一种自然占有或事实占有，这仅表明其取得某种科技优势和经营优势；只有获得技术和品牌的知识产权，才能受到法律的保护，从而形成法律意义上的独占性“占有”，才能把这种科技优势、经营优势转化和提升为市场竞争优势，以对抗一切假冒、仿制和剽窃的侵权行为。侵犯知识产权的行为直接发生于知识产品的创造、传播和利用过程之中。在法律实施效益不高的情况下，该类侵权行为的产生、蔓延就会影响创造者生产、开发知识产品的积极性，从而导致整个“社会福利”水平的下降。对此，政策经济学的观点是调节有关产权交易及保护的成本收益关系，促使理性的经济人放弃侵权以及其他违法行为。③

知识产权政策的基本功能，具有明确的目标取向。美国学者弗兰克·费希尔认为，无论公共政策通过何种途径而形成，都要涉及实现的目标以及实现这些目标的手段。④ 这即是说，任何公共政策的制定和实施总是与一定的政策目标相联系的。在目标取向方面，总政策处于统率和引领地位。所谓总政策，是对于一个国家的社会运行起着根本性和决定性指导作用的政策，它是一种影响全局的政策，并基于特定的历史时期，始终具有较强的总括性和稳定性。⑤ 一

① 参见吴鸣：《公共政策的经济学分析》，3页，长沙，湖南人民出版社，2004。
② 孙国华等：《论法律上的利益选择》，载《法律科学》，1995（4）。
③ 参见吕忠梅等：《经济法的法学与经济学分析》，369页，北京，中国检察出版社，1999。
④ 参见［美］弗兰克·费希尔：《公共政策评估》，3页，北京，中国人民大学出版社，2003。
⑤ 参见吴鸣：《公共政策的经济学分析》，5页，长沙，湖南人民出版社，2004。

般而言，公共政策的总体目标是保持社会稳定、维护社会公正、促进社会发展。但是，不同的公共政策有着自身的具体目标指向，解决某些具体的公共问题。就知识产权政策而言，正义和效益应是其追求的价值目标。实现正义即是知识产权制度创设的第一目标。在近代立法中，知识产权被称为一种自然法上的权利，它基于创造者的智力活动而自然产生，摆脱封建特许的束缚而独立存在，因而是符合正义的。同时，知识产权制度还担负着实现知识资源有效配置、促进知识财富不断增加的使命。在法律规范体系中，通过创造者权利、传播者权利、使用者权利的制度安排，形成了知识创造、知识公开与知识利用的有效机制。一句话，知识产权制度的宗旨在于维护知识权利的正义秩序，实现知识进步的效益目标。

在公共政策体系中，促进知识财富增长和经济社会发展的任务目标，并不是知识产权政策独立承担的，上述目标取向也体现在其他公共政策中。此外，知识产权政策的某些规范在其他公共政策中也有所体现，知识产权政策目标的实现有赖于其他公共政策的配合。在公共政策体系中，与知识产权政策相关联的公共政策主要有文化教育政策、产业经济政策、科学技术政策、对外贸易政策等。作为政策决策主体的政府，其任务是发挥知识产权的政策导向作用，建立促进知识创新与利用的政策体系。

以上对知识产权的政策学分析，是静态的和内向的，其理论成立须以两个假设条件为基础：第一，知识产权政策有赖于一般社会条件的成就。这就是说，影响知识产品生产、传递、利用的基本条件必须具备，包括知识产权政策赖以存在和有效实施的经济、科技、文化、教育等物质设施和社会环境，以及基于知识产权政策导向而配套形成的相关公共政策体系。如果上述条件得不到满足，知识产权政策就不能达到预期的效果，甚至产生负面的影响。第二，知识产权政策仅仅是基于一国内部状况的考量。知识产权政策在作为一国独自立法时，政府只需考虑本国发展状况而自行作出制度安排即可。但在知识产权国际保护制度形成以后，国内法往往受制于法律一体化潮流的影响。一国制定的知识产权政策就有可能背离或超越“国情”，并不一定为立法者带来预期的收益。必须看到，在不同时期的不同国家，上述两个假设条件是很难全部满足的。因此，世界各国特别是发达国家多从维护本国利益的立场出发，对知识产权保护采取实用主义的态度，不断调整和改善其知识产权政策。

二、实证分析

在法律制度的历史上，知识产权是罗马法以来财产权制度变革与创新的结果，也是西方国家三百多年来不断发展成长的“制度文明典范”。在近代社会，知识产权制度是欧美国家促进经济发展、推动科技进步、繁荣文化和教育的政策工具；在当代社会，知识产权制度则成为创新型国家维系技术优势、保护贸易利益、提升国际竞争力的战略政策。

近代英国是推行知识产权政策的成功典范。它是传统知识产权制度（主要是专利法和著作权法）的发祥地，也是欧洲工业革命的策源地。这些并非历史的偶然，英国知识产权制度的形成经历了一个由封建特许权向资本主义财产权嬗变的历史过程。封建特许权包括产品专营权和印刷专有权。产品专营权由皇室所授予，成为各种行会垄断生产和流通的特权；印刷专有权仅是一种行政庇护，其受益者主要是出版商。1623 年《垄断法规》宣布废除特许权制度，同时对新技术、新领域的发明与引进作出了类似专利制度的新规定。1709 年《安娜法令》则是一部“旨在授予作者、出版商专有复制权利，以鼓励创作的法规”，其目的在于保护和激励人们对创造作品和兴办出版业进行投资。在 17、18 世纪的英国，重商主义政策为知识产权立法提供了重要的思想基础。《垄断法规》鼓励新技术发明及其应用，专利的目的不是形成贸易垄断，而是通过暂时的“垄断权”实现技术进步和产业发展；《安娜法令》将印刷专有权改造成资本主义的“产权”，它奉行 copyright 单一财产性的理念，以及包含版权期限、版权效力和价格的控制条款，多是出于商业贸易的考虑。[①] 近代英国知识产权法作为一种产业、商业政策和科技、文化政策的有机组成部分，为 18 世纪 70 年代开始的工业革命奠定了重要的制度基础。对此，美国经济学家、诺贝尔经济学奖获得者诺思做出了如下评述：18 世纪的英国之所以获得

---

① See L. Ray Patterson, Stanley W. Lindberg, The Nature of Copyright: A Law of Users' Right, 1991.

持久的经济增长，均是起因于一种适于所有权演进的环境，这种环境促进了从继承权、完全无限制的土地所有制、自由劳动力、保护私有财产、专利法和其他对知识财产所有制的鼓励措施，直到一系列旨在减少产品和资本市场缺陷的制度安排。诺思在对14世纪中国与17、18世纪英国作出比较分析后，指出工业革命的动向，即那时英国拥有作为产权制度的一种特殊范畴，即知识产权制度，保护了发明创造者的利益，刺激了发明创造者的热情，从而使得发明得到大量涌现并带来浪潮般的技术革新，从而启动了工业革命并创造了现代经济增长的奇迹。①

近代知识产权制度率先在英国形成并产生政策效益，在于当时英国具备了实施这一制度的一般社会条件：（1）新工艺学的出现。从15世纪起，随着资本主义生产关系的形成和工场手工业的发展，英国以及西欧一些国家出现了采用先进技术，制造和使用先进的生产工具和各种机器的市场需求，促使工艺学有长足的进步。② 新工艺学为工业文明的出现以及以保护工业文明为使命的知识产权制度的产生提供了坚实的技术基础。（2）新文化价值观的确立。从14世纪至16世纪，英国以及西欧国家的资产阶级所发动的文艺复兴运动，以复兴古典学术和艺术为口号，反对蒙昧主义和宗教神学，继承、利用古希腊的科学文化，倡导以人文主义为中心的新思想，激励人们改造现世，研究自然，重视实际有用的知识。③ 新文化价值观为资产阶级一手将科学技术作为物质武器、一手将私权制度作为法律武器提供了必要的文化思想准备。（3）新政治文明的萌生。17世纪中叶，在英国资产阶级革命的过程中，从霍布斯、弥尔顿到洛克等思想家、政治家都主张主权在民，倡导平等自由，强调私有财产的不可侵犯性。特别是洛克的著作，阐明了资产阶级关于财产与政权的原则，概括了英国资产阶级与新兴贵族在17世纪关于财产与政权的争议。④ 以洛克为代

---

① 参见［美］道格拉斯·诺思等：《西方世界的兴起》，厉以平、蔡磊译，23页，北京，华夏出版社，1999。

② 参见黎德扬等主编：《科学技术的进化》，83～86页，武汉，湖北教育出版社，1990。

③ 参见王哲：《西方政治法律学说史》，85～86页，北京，北京大学出版社，1998。

④ See L. Ray Patterson, Stanley W. Lindberg, The Nature of Copyright: A Law of Users' Right, pp. 49 - 55, 1991.

表的英国资产阶级政治思想体系的逐步形成，为英国制定自己的法律包括知识财产私有的法律提供了重要的政治思想准备。近代英国发展的事例告诉我们：在不出现外来压力的干扰下，一国根据自身现实状况和发展需要来保护知识产权是最为适宜的，这是一国走向现代文明的明智的政策选择。

现代美国是知识产权政策的有效运作者。美国建国虽然只有200多年的历史，但却是世界上最早建立知识产权制度的国家之一。美国独立后即在1787年宪法中规定了版权和专利权条款："国家有权指定法律，对作者或发明人就其个人作品或发明的专有权利，赋予一定期限的保护，以促进科学和艺术的发展。"上述宪法条款被美国学者称为知识产权制度的"3P"政策：(1) 促进知识传播的政策 (the promotion of learning)；(2) 公共领域保留政策 (the preservation of public domain)；(3) 保护创造者的政策 (the protection of author)。[①] 根据宪法规定，美国政府于1790年颁布了专利法和版权法。但是，美国早期的知识产权政策，深刻地贯彻了实用主义的商业激励机制：对内，保护私人知识财产，以暂时的垄断授权换取科技与文化的发展；对外，以知识产权为政策工具维护国家利益，采取了明显的本国保护主义的做法。例如，不保护外国人作品，放任涉外盗版行为；对外国人申请专利收取高额费用，以保护本国技术；长期拒不参加由欧洲国家发起制定的《伯尔尼公约》，积极推动自己主导的美洲版权联盟。

两次世界大战以后，随着美国世界强国地位的形成，美国完成了从低水平保护向高水平保护的转变，并力图将知识产权保护的美国标准推行为各国普遍通行的国际标准。特别是20世纪80年代以来，美国的知识产权政策作了如下重大调整：一是在国内建立了促进知识经济发展、科学技术创新的政策体系。美国在其政策体系中，重视知识产权的规制与导向作用。例如，多次修订完善其专利法，加强对技术产权的保护。除此之外，为激励技术创新，还颁布了《发明人保护法》《技术创新法》；为鼓励成果应用，则制定了《政府资助研发成果商品化法》《技术转让商品化法》等。由此构成了一个涵盖知识产权创造、

---

① See L. Patterson, Stanley W. Lindberg, The Nature of Copyright: A Law of Users' Right, pp. 49 - 55, 1991.

应用和保护的完整法律制度。同时，美国强调知识产权制度与产业政策、科技政策、文化政策的有机整合。例如，通过政策联动，推动产业结构调整和传统产业改造，扶持“半导体芯片、计算机、通信、生物制药”等“朝阳产业”，发展“软件、唱片、电影”等文化产业。正是由于政府政策的有效实施，美国得以形成专利大国与品牌大国的知识产权优势，从而巩固了美国作为经济、科技强国的世界领先地位。二是在国际上实施知识产权保护与对外贸易直接挂钩的政策举措。出于在全球贸易中维护本国利益的需要，美国积极将自己的智力资源优势形成知识产权优势，并将知识产权优势转化为国际市场竞争优势，其使用的政策手段就是将知识产权保护与国际贸易体制紧密地结合起来。在20世纪90年代中期以前，美国主要是凭借国内的《综合贸易法》中“特别301条款”和《关税法》的“337条款”，把给予贸易对手的最惠国待遇与要求对方保护美国的知识产权直接挂钩，对所有不保护、不完全保护、不充分保护知识产权的国家进行经济威胁和贸易制裁；在1994年《知识产权协定》生效以后，美国更多是依赖缔约方的国家强制力和世界贸易组织的国际强制力，将缔约方所承诺的高水平的知识产权国际保护与享有无差别的最惠国待遇紧密联系起来。在这一进程中，美国推动许多国家以版权形式保护计算机软件，要求发展中国家对药品发明授予专利，并在国际上倡导半导体芯片的专门保护等，美国的这些主张后来都反映在国际贸易体制的规则之中。值得指出的是，进入后《知识产权协定》时代以来，美国还先后与欧盟、日本、澳大利亚等国进行谈判，以双边自由贸易协议的形式，谋求比《知识产权协定》更高水平的保护。

2004年美国政府报告明确地阐明了该国的基本政策立场：“从美国立国基础来看，保护知识产权始终是一项创新的支柱。”“一个健康正确的强制性的国内和国际知识产权结构必须被维持。”① 总的说来，在知识产权领域，美国坚定奉行其国内既定政策并不断将其推行为国际规则，美国是对现代知识产权保护制度影响最大的国家。

---

① Innovate America：Thriving in a World of Challenge and change，National Innovation Initiative Interim Report，Council on Competitiveness，2004（7）。转引自《世界高等教育：改革与发展趋势》（第3辑），北京，国家教育行政学院，2006。

进入 21 世纪以来，发达国家在其知识产权政策中竞相确定了符合本国实际和服务国家利益的战略目标。如前所述，美国作为世界上的“科技领先型国家”，建立了体系完善的知识产权制度，且不断提高知识产权保护水平，扩大知识产权保护范围，并在知识产权国际事务中强制推行其美国价值标准。在“技术赶超型国家”中，日本制定了“知识产权战略大纲”，出台了《知识产权基本法》，“推进实施创造、保护、利用知识产权的政策措施，振兴科学技术，强化国际竞争力”①。澳大利亚推出了旨在推进本国知识产权战略的“创新行动计划”，并在“澳美自由贸易协议”的基础上，于 2005 年进行了新一轮知识产权法的修订。在“引进创新型国家”中，韩国确立了 2015 年成为亚洲地区科研中心、2025 年成为科技领先国家的发展目标，通过修纲变法，保护本国的优势产业和高技术产业，逐渐重视本国知识产权的涉外保护，其立法接近美欧日的基本政策立场。可以说，知识产权制度已经成为发达国家维护其技术优势、提高国际竞争力的战略政策。

相形之下，发展中国家则处于相对被动的地位。政策科学理论认为，公共政策是有一定限度的，如果某一公共政策所产生的社会成本较高，就可能难以达到预期的目的，甚至可能带来不利的后果。对于发展中国家而言，根据自己的经济、科技发展阶段选择适宜的知识产权政策，对自己是最为有利的。公共政策的经济分析表明，“对财产权的法律保护有创造有效使用资源的诱因”②，知识产权的适度保护可以为发展中国家带来知识财富增长的收益。不过，这一自行选择因为国际环境的变化已经不可能。发展中国家面临的现实问题是：各国知识产权立法已经进入一个统一标准的新阶段。在国际化、一体化潮流的指引下，各国立法必须遵循国际公约的“最低保护标准”，这种“最低保护标准”的实际意义，在于知识产权保护原则及基本规范的一致性，它与知识产权保护水平并无绝对的关联性。但是，与知识产权国际保护制度的草创阶段不同，现今国际公约的“最低保护标准”即一致性标准，实质上体现了权利范围的高度

---

① 日本政府第三期科学技术基本计划（2006—2010 年）（第 3 章）。转引自《世界高等教育：改革与发展趋势》（第 3 辑），北京，国家教育行政学院，2006。

② ［美］罗伯特·考特等：《法和经济学》，张军等译，191 页，上海，上海三联书店、上海人民出版社，1994。

扩张和权利保护的高水平。概言之，它更多地顾及和参照了发达国家的要求和做法，在很多方面超越了发展中国家的经济、科技和社会发展的阶段。知识产权保护是国际贸易体制的基本规则，对此，发展中国家别无选择。当然，发展中国家在适用国际通行的高水平知识产权制度时，须尽力降低社会成本，争取利益最大化。笔者认为，在成本收益方面有两个问题值得考虑：一是参加经济全球化的收益应能支付或者高于进入知识产权一体化的成本。在知识产权国际保护方面，发展中国家既担心高水平保护会造成沉重的财产和行政负担，又不得不面对新国际贸易体制带来的压力。发展中国家参加世界贸易组织，最终接受包括知识产权保护在内的国际贸易新规则，有着自己的利益考量：加强知识产权保护是必须支付的成本，但发展中国家由此获得无差别的最惠国待遇，取得发达国家在“乌拉圭回合谈判”中承诺的某些优惠政策（如关税减免的宽限期，知识产权的“强制许可”等），并在未来国际贸易和知识产权国际保护的论坛上取得一些话语权，这些是发展中国家在合作博弈中的重大收益；二是知识产权政策实施所带来的未来发展收益将高于现实所支付的必要成本。加强知识产权保护，对于发展中国家特别是新兴的工业化国家来说，不仅是来自国家社会的压力，也是出于经济发展和科技进步的内在要求。有效实施知识产权政策，建立相关公共政策体系予以配合，提供实施知识产权创造、管理、保护、运用的物质条件和社会环境，将有助于实现知识财富增长和社会经济发展的最终“目标取向”。对此，英国知识产权委员会认为：“从长远的观点来看，在发展中国家，如果能使文化产业成果的其他条件得到满足，更强的私权保护将有助于激励当地的文化产业。”[①] 这说明，传统的发展中国家要走上新兴的工业化发展道路，必须通过完善知识产权制度才能为本国经济、社会发展提供持久动力，在国际竞争中争取主动。这是以必要的现实成本来换取的未来重大收益。

发展中国家如何在世界贸易组织的框架内选择适合自己需要的知识产权保护体制，是一件十分困难的事情。2005 年联合国报告认为：“保护知识产权是技术创新的一个重要方面，但过于保护性的体制也会对创新起到

① 英国知识产权委员会：《知识产权与发展政策的整合》，国家知识产权局条法司编译，109 页。

负面作用。”[①] 为此，联合国千年项目的专家，基于不同国家的发展水平，提出了一个知识产权调整的三级体制：A级——这些国家要遵守《知识产权协定》的所有规定，包括法律框架和“有效的执行”条款，人均GDP超过5 000美元的发达国家应属于此类；B级——适用于人均GDP在1 000～5 000美元的国家，这些国家要在《知识产权协定》下，采取所要求的整个法律框架，可能需要少量的强制执行；C级——人均GDP在1 000美元以下的国家，应该在《知识产权协定》下建立需要的法律框架。[②] 专家意见表明，在遵守国际公约最低保护标准的基础上，发展中国家可以根据自己的不同发展阶段，选择不同保护水平的知识产权制度。[③] 来自世界银行学院的报告，有着类似的建议：“在大多数低收入国家里，其科技管理组织机构都很疲软，根据《知识产权协定》的规定条件，知识产权保护并不是引起增长的一个重要的决定因素。相反，快速增长与软弱的知识产权保护有着更大的联系。在科技水平先进的发展中国家里，有些证据表明，知识产权在特定的发展阶段上显得很重要，但是，那个阶段要一直持续到某一国家完全加入上层中等收入发展中国家的行列。”[④]

上述分析告诉我们，高水平的知识产权保护并不利于那些发展水平较低的国家，因为在这种制度框架下，它们难以获得发展所需要的科学技术。反之，进入工业化阶段的发展中国家，加强知识产权保护，对于激励科技创新，促进文化繁荣，实现经济健康发展的最终目标是至关重要的。就个案而言，印度关于知识产权的战略抉择和政策安排，或许可资发展中国家借鉴。2000年，印

---

① UN：Innovation：Applying Knowledge in Development. 转引自《世界高等教育：改革与发展趋势》(第3辑)，北京，国家教育行政学院，2006。

② See UN：Innovation：Applying Knowledge in Development. 转引自《世界高等教育：改革与发展趋势》(第3辑)，北京，国家教育行政学院，2006。

③ 在遵循国际公约最低保护标准的基础上，发展中国家进行知识产权制度选择，应做到“阶段论”与“范围论”的结合。“阶段论”是指知识产权的保护水平与一个国家的经济和社会发展的水平相适应，而不能落后于或者超出某一历史阶段的科技和经济发展所决定的知识产权的保护水平；“范围论”是指知识产权的保护范围要与一个国家的经济和社会发展的水平相适应，不能不适当地缩小知识产权保护范围，也不能不适当地扩大知识产权保护范围。具体内容参见吴汉东：《后TRIPs时代知识产权的制度变革与中国的应对方略》，载《法商研究》，2005 (5)。

④ World Bank Institute，Jean Eric Auburt，Promoting Innovation in Developing Countries：A Conceptual Framework. 转引自《世界高等教育：改革与发展趋势》(第3辑)，北京，国家教育行政学院，2006。

度总理提出建设“知识大国”和“知识社会”的主张。其后，印度政府颁布“知识大国的社会转型战略”，其目标是使印度的未来发展从资本驱动型转向知识驱动型，发展面向全球的服务型知识经济，为了实现这个目标，印度提出如下知识产权政策举措：（1）对软件、生物技术、医药等优势产业采取“发展战略”。即加强这些领域的知识产权保护，加强政府扶持，重视研发，促进转化，以保证自己优势产业的发展。（2）对文化自治和文化多样性实行“生存战略”。即从基本人权的立场出发，保护印度的文化多样性，限制文化和媒体的商品化，建立社区基础上的版权协议。（3）对生物多样性、传统知识、民间文学等奉行“进攻性战略”。即对印度知识产权的创造源泉——传统资源，运用知识产权规则以促进自身利益的发展，并在国际社会采取措施以推动相关制度的形成。① 印度的事例说明，知识产权作为一种政策工具，并非发达国家的专用品，发展中国家欲善谋工业化、现代化之事，当善用知识产权政策之器。

三、中国问题分析

知识产权制度是近代商品经济和科学技术发展的产物，西方发达国家早在17、18世纪就开始了本国的知识产权立法进程，要比中国早两三百年，即使是印度、巴西这样的发展中大国，它们建立知识产权制度也比中国早一百年。中国知识产权制度的历史，是从“逼我所用”到“为我所用”的制度变迁史，也是从被动移植到主动安排的政策发展史。

我们可以将这一“百年史”分为四个阶段。

第一阶段：被动性接受。

一般认为，中国知识产权保护制度始于清朝末年。它虽是清政府实行新政，向西方学习的产物，但更多是帝国主义列强施加压力的结果。1898年，清帝在变法改革运动中颁布了中国历史上第一部专利法规《振兴工艺给奖章程》，但不久由于“戊戌变法”的失败而夭折。此后，清政府根据1902年《中英续议通商行船条约》、1903年《中美通商行船续订条约》的知识产权条款，

---

① 参见王鑫：《印度的知识产权保护》，http：//in. mofcom. gov. cn，2006－01－20。

在外国人的帮助下制定了《商标注册试办章程》(1904 年)、《大清著作权律》(1910 年)。这些法律自清末适用至民国初年。以后的北洋政府、国民党政府直接取材于外国法，先后制定了著作权法、专利法和商标法等。在国际范围内，被动移植并非旧中国特有的现象，诸多发展中国家以往都有此类经历。例如，以印度为代表的前英国殖民地在英国统治时直接适用英国版权法，以后的印度 1914 年版权法即是以英国 1911 年版权法为蓝本的。对于发展中国家而言，知识产权制度往往建立的时间较晚，其实施的物质基础及社会环境等条件并不具备，在很大程度上受到外来压力的影响。在这种情况下，相关法律很难体现出促进社会发展的总体目标，其政策效应一般很难发挥。

第二阶段：选择性安排。

新中国成立后，政府曾颁布过一些行政规章来保护知识产权，但 30 年来并没有严格意义上的法律制度。中国实行改革开放政策以后，从 20 世纪 70 年代末至 20 世纪 90 年代初，加强了知识产权立法工作，先后制定了《商标法》(1982 年)、《专利法》(1984 年) 和《著作权法》(1990 年)，初步建立了知识产权法律制度体系。这一时期的知识产权立法，是一种有选择性的制度安排。笔者认为其原因在于：一是立法工作艰巨，准备时间不长，主要知识产权法律虽已制定，但其他知识产权制度未及考虑；二是基于本国经济、科技发展现状的考虑，知识产权保护水平不是太高，如专利权的范围有所限制，计算机软件的保护也未采取国际通行的标准；三是由于国际文化交流的不对等，加之著作权法刚刚实施，因此未能参加国际版权合作。这种根据本国的不同发展阶段、不同发展状况作出的选择性制度安排对于中国是有益的，在国际上也是有先例可以援引的。例如，美国自 1790 年制定著作权法后，基于其文化、教育落后于欧洲国家的现实考量，对外国作品长期不予保护，且游离于 1886 年伯尔尼联盟长达 102 年之久，直到 1988 年才宣布加入《伯尔尼公约》；日本在明治维新后于 1885 年公布了《专利法》，但基本实施的也是低水平的专利政策，其在长达 50 年的时间里排除药品及化学物质专利，并为本国企业吸收外国技术提供制度便利。这说明，任何一个国家，在其知识产权制度发展史上，都有一个从“选择保护”到“全部保护”，从“弱保护”到“强保护”的过渡期。在国家经济社会发展水平不高的情况下，这种低水平的知识保护的过渡期是非常必要的。

第三阶段：调整性适用。

自20世纪90年代初至21世纪初年，中国知识产权的制度进入了一个发展与完善的重要阶段。中国在“入世”前，全面修订了《著作权法》（2001年）、《专利法》（1992年、2000年）、《商标法》（1993年、2001年），颁布了《植物新品种保护条例》（1997年）、《集成电路布图设计保护条例》（2001年）等，使其知识产权保护标准和水平达到了《知识产权协定》的要求。总之，中国仅仅用了十多年的时间，就实现了从低水平向高水平的转变，完成了本土化向国际化的过渡。其中的动因除了有中国对履行国际条约义务的承诺，也有中国寻求自身发展的需要。在国际层面，1992年的《中美关于保护知识产权的谅解备忘录》、1995年的《中美保护知识产权协议》，客观上加快了我国知识产权制度国际化的进程。特别是1994年形成的世界贸易组织《知识产权协定》，对中国知识产权立法产生了直接的影响：在“知识产权国际化”的背景下，中国不可能通过不保护外国人的知识产权来发展本国的经济、科技与文化；同时，在“国际贸易知识化”的体制中，中国也不可能孤立于世界之外，从而摆脱由发达国家主导的知识产权国际保护的格局。在国内层面，中国作为一个新兴的工业化国家，加强知识产权保护是其推动经济发展和科技进步的内在要求。在制度安排方面，由被动到主动是经济增长型国家的必然选择，它往往有助于政策总目标的实现。这一时期的几次法律修订，基本实现了制度创新的现代化过程。2001年《著作权法》的修订，扩大了实用美术作品、杂技美术作品等客体，加强了对计算机程序的保护，增加了出租权、信息网络传播权等权利内容；1992年和2000年《专利法》的修改，将药品、化学物质等纳入专利客体范围，延长专利权保护期限，增加进口权、许诺销售权等新权利，同时对强制许可进行严格的限制；1993年和2001年《商标法》的修改，将商标权的保护范围由商品商标扩大到服务商标，增列注册商标的构成要素和商标注册人的适用范围，加强对驰名商标的保护；此外，于1997年、2001年分别制定了《植物新品种保护条例》和《集成电路布图设计保护条例》。可以说，中国知识产权立法，关注现代科学技术的发展，努力通过法律制度的现代化去推动科学技术的现代化。

第四阶段：主动性决策。

为了进一步加大知识产权保护力度，推动知识产权制度建设，中国于2004年、2005年分别成立了“国家保护知识产权工作组”和“国家知识产权战略制定工作领导小组”。以此为契机，中国知识产权制度建设迈入了战略主动的新阶段。2006年1月，胡锦涛在全国科学技术大会上提出建设创新型国家的战略目标。同年5月，胡锦涛在中央政治局集体学习时强调，加强我国知识产权制度建设，大力提高知识产权创造、管理、保护、运用能力，是增强我国自主创新能力、建设创新型国家的迫切需要。这一论断表明，中国已经站在战略全局的高度，重新审视知识产权制度的功用和地位。基于当今国际科技、经济的发展趋势和创新型国家的发展经验，中国将通过制定和实施国家知识产权战略，有效利用知识产权制度，以此作为缩小与发达国家的差距，实现跨越式发展的政策抉择。

关于知识产权制度的政策调整，是由建设创新型国家的总政策目标决定的，所谓创新型国家就是把提高科技创新作为基本战略，大幅度提高科技创新能力，以此形成竞争优势的国家。目前，世界上公认的创新型国家有20个左右，包括美国、日本、芬兰、韩国等。这些国家的共同特征是：创新综合指数明显高于其他国家，科技进步对经济发展的贡献率在70%以上，研发投入在国内生产总值的比例一般在2%以上，对外技术依存度一般在30%以下。[①] 中国要建设成为创新型国家，实现长期持续发展的目标，有一个发展模式的选择问题。在过去相当长的历史时期里，我们以劳动密集型产业参与国际分工，这对于促进经济增长和扩大就业发挥了重要作用，但是随着劳动力以及环境资源成本的逐步提高，长期处于低端产品环节的深层次矛盾日益尖锐。例如，我国人均自然资源相对稀缺，耕地资源只有世界人均水平的1/3，淡水资源只有1/4，石油资源只有17%，天然气资源只有13%，相对充裕的煤炭资源也只占到世界人均水平的42%。[②] 这说明，中国绝不可能走资源耗费型的发展道路。此外，在当今“发达国家出技术、出知识，发展中国家出人力、出资源”的国

---

① 有关数据参见钱俊生主编：《自主创新与建设创新型国家》，北京，中共党史出版社，2006。

② 参见梅永红：《自主创新与国家利益》，载《求是》，2006（10）。

际经济格局中，西方发达国家无论是基于维系技术优势的利益考量，还是出于意识形态的政治偏见，都不愿将真正的核心技术转让给中国。中国研发投入仅占 GDP 总量的 1.3%，但对外技术依存度达到 50%以上。由于缺乏核心技术，我国企业不得不将每部国产手机售价的 20%、计算机售价的 30%、数控机床售价的 20%～40%支付给国外专利拥有者。世界上每生产 4 台电脑，其中有 1 台就来自中国江苏，但支付英特尔公司和微软公司的技术许可费之后，1 台电脑只赚 10 个苹果的钱。① 上述情况说明，中国也不可能走技术依赖型的发展道路。面对这种国际发展大势和自身基本国情，中国只能走技术进步和知识创新的发展道路，但是技术创新、文化创新或者说知识创新必须以制度创新为支撑。我们看到，那些自主创新能力较强的国家和跨国公司，都拥有属于自己的核心技术，并且重视运用知识产权推动技术的研究、开发和更新，以提升国家的核心竞争力，增强企业市场竞争力。例如，美国的创新能力居于世界前列，在计算机技术、网络技术、生物技术等领域具有明显优势。凭借知识产权制度的有力保障，美国的电子产业、软件产业、生物工程产业和网络产业等“朝阳产业”迅速崛起和扩张。同时，世界上技术创新能力强的跨国公司，总是拥有以自主知识产权为存在方式的代表性技术，例如，索尼公司的微型化电子技术、飞利浦公司的光学介质技术、英特尔公司的芯片制造技术等。有“蓝色巨人”之称的 IBM 公司，在最近的几年间更是成功地取得近 3 万项技术的专利权。中国与发达国家的差距，主要在于技术能力、创新能力的差距，说到底也就是自主知识产权数量与质量的差距。中国是世界第一人口大国，但是丰富的劳动力资源尚未转化为智力资源；中国是世界制造业大国，有近 200 类商品的产量位居世界第一，但其产业优势并不明显。与发达国家相比，我国产业的比较优势在于廉价的劳动力，最大的差距在于缺乏科技实力、创新能力，体现为缺乏核心技术的专利、版权和国际知名品牌。截至 2005 年，我国国内申请人获得发明专利的数量仅为发明专利授权总量的 37%，在汽车、飞机、仪器仪表、信息、生物工程、新材料等含金量较高的技术领域，我国授予的专利多为外国公司所拥有，其所占份额约为 80%～90%。实施商标法以来，虽然国内

① 参见《科技部部长徐冠华解读“创新型国家”》，见 www.xinhuanet.com，2006-01-11。

商标注册数量一路攀升，但我国企业拥有的国际驰名商标极少。在我国出口企业200强中，有80%使用的是外国商标。在连续几年举行的全球100个国际名牌评选中，我国无一商标入选。目前，我国的产业结构调整、经济增长方式转变、技术升级和企业改造已经进入关键阶段，在此情况下，以知识产权制度作为实现创新型国家建设目标的战略支撑，完成从“中国仿造”到“中国制造”再到“中国创造”的转变，对于中国未来的发展具有重要的战略意义。

纵观知识产权国际保护制度的发展趋势，总结各国加强知识产权制度建设的一般经验，笔者认为，我国知识产权政策有必要进一步充实、调整和提高，为此，拟提出以下建议。

（1）紧密结合我国具体国情和实践经验，修改和完善知识产权法律制度。我国现行知识产权法律基本符合国情和国际规则①，但也存在一些不完善的地方。当前，应抓紧时间修改《专利法》《著作权法》《商标法》《反不正当竞争法》等，包括改进外观设计专利的审查和授权方式，完善实用新型检索报告制度，明晰侵权金额的认定标准。出台《反垄断法》《商业秘密保护法》等单行法，制定《民间文学艺术保护条例》等行政法规，对民间文学艺术表达和传统知识等优势领域实现国内立法的综合保护。应充分利用《知识产权协定》中有关滥用知识产权以及许可贸易中限制竞争行为的规定，注意防范滥用知识产权的行为，建立我国对滥用知识产权行为界定、约束和惩处的机制。

（2）紧密结合国家知识产权战略，建立以知识产权为导向的公共政策体系。国家知识产权战略是一种全局性、长期性和国策性的发展战略，它体现的是国家以制度配置为基础，对市场主体自主创新的推动和引导，因此需要集中政府、企业、行业、社会等主体的力量，形成合力，并使之形成一个协调、配合的战略体系。在国家知识产权战略的指引下，知识产权制度应与国家的产业

---

① 我国知识产权保护水平是过高还是过低，在学术界、实务界一直存有争议。这一问题的评价依据应结合国际因素（以国际公约所规定的“最低保护标准”为基准）和国内因素（以本国现实发展水平为基础，并以未来发展需要为考量）来综合判断。总体认为，我国知识产权制度已达到国际公约要求，水平不低；与发达国家知识产权保护水平相比，尚有差距。现行制度和政策基本符合本国现实状况和发展需要。相关问题可参见胡开忠博士的论文：《中国知识产权保护水平的思考》，载中南财经政法大学知识产权研究中心编：《“自主创新与知识产权保护”国际学术研讨会论文集》，2006年5月。

政策、科技政策、外贸政策、文化政策、教育政策、投资政策相互配合，并在有关政策出台时增加知识产权条款。在产业政策方面，应着力调整产业结构，促进智力成果产业化；在科技政策方面，应加大对发明创造者的保护力度，注重科技成果的产权化、产业化；在外贸政策方面，应转变对外贸易增长方式，优化进出口商品结构，扩大具有自主知识产权、自主品牌的商品出口；在文化政策、教育政策方面，应鼓励文化创新，推动文化的版权化、市场化；在投资政策方面，应加强创新资金扶持，加大研发的财政投入。

（3）紧密结合国际知识产权制度变革的最新动向，积极加强知识产权国际事务的交流与合作。我国作为一个在全球有重大政治影响力的发展大国，应当与其他国家、国际组织及外商投资企业在知识产权领域广泛开展对话和沟通。当前，要特别注重在《知识产权协定》新一轮的谈判中发挥建设性作用，争取在知识产权国际保护规则的修改和制定时表达自己的利益诉求：一是加强传统资源（包括传统知识、遗传资源）和地理标志的法律保护。推动在传统中医药、民间文学艺术表达形式、遗传资源、生物多样性、地理标志等领域对我国具有优势的知识产权资源的国际保护，争取降低我国处于劣势的知识产品的保护水平。二是重视保持发展中国家与发达国家之间的利益平衡。要在国际知识产权体系的建构中考虑发展中国家的科技、经济和社会发展的阶段，增加与发展中国家成员有切身利益关系的技术转化与援助，使其有利于发展中国家的经济社会发展。三是促进知识产权与人权的协调发展。将知识产权国际保护与实现其他人权紧密结合，实现知识产权保护与作者精神权利、公众表达自由、公民隐私权、公众健康权、发展权等的协调发展。

中国知识产权保护战略实施与法治建设状况述评*

中国于2008年发布并实施《国家知识产权战略纲要》（以下简称《纲要》），中国知识产权事业取得重大进步，基本实现《纲要》和“十二五”规划所提出的五年阶段性目标，成功跻身于知识产权大国。本文旨在新的形势背景下，梳理中国知识产权保护的状况，介绍中国知识产权保护的战略目标，阐述中国知识产权法治体系建设。

一、中国知识产权保护状况评价：成就与问题

从建设创新型国家的总体战略目标出发，近些年来中国进一步加强知识产权制度建设、加大知识产权保护力度，以此促进科技创新和文化繁荣，推动经济和社会发展。早在2004年、2005年，中国政府分别成立了“国家保护知识产权工作组”和“国家知识产权战略制定工作领导小组”，于2008年审议并通过《纲要》。2013年，《中共中央关于全面深化改革若干重大问题的决定》强调“加强知识产权运用和保护”，进一步明确了当前国家知识产权战略纲要的实施重点。

国家知识产权战略实施阶段评估结果显示：《纲要》确立的五年近期目标

---

* 原载《关于知识产权的中日合作研究报告书——2014年度知识产权保护包括协力推进项目报告书》，24～33页。本文有关数据和图表系中南财经政法大学知识产权研究中心张继文博士提供，特致谢意。

已基本实现，促成中国收获知识产权大国地位。与战略实施前相比，当前中国：知识产权创造能力明显增强，知识产权法治环境显著优化，知识产权管理能力普遍加强，知识产权中介服务发展迅速，知识产权人才队伍稳步发展。全社会知识产权总体水平取得长足进步，知识产权对于国家经济社会发展的促进作用日益显现。[①] 中国知识产权事业成绩斐然，各项指标获得较快的发展，从数量上来看目前中国已经成为知识产权大国：一是中国已经具有较大的知识产权产出。截至 2014 年 12 月底，中国有效发明专利拥有量达到 119.6 万件，国内每万人口发明专利拥有量达到 4.87 件，超额完成“十二五”规划确定的目标任务（3.3 件），注册商标申请量与累计有效注册量保持世界第一，著作权登记量、地理标志、植物新品种申请量等都屡创新高，其中版权产业的总产值占当年 GDP 的数值连年递增，从 2007 年的 6.4%增长到 2011 年的 6.67%[②]，2012 年又递增至 6.87%[③]，部分关键技术领域取得新的突破，拥有一大批具有核心技术与自主知识产权的民族企业等。二是中国知识产权产出结构逐步优化。以专利为例，中国专利产出机构的发展已经先后取得五个重大突破：1996 年，企业专利申请量首次超过大学与科研机构；2003 年，国内主体发明专利申请量首次超过国外主体申请量；2004 年，发明专利申请受理数首次超过实用新型；2009 年，国内发明专利申请授权数首次超过国外；2011 年，国内有效发明专利拥有量首次超过国外。中国专利创造主体结构、发明申请人结构、专利类型结构、专利授权结构、有效发明专利拥有量结构实现了重大突破，有利于提高专利技术应用化与产业化水平，有利于提升科技创新对 GDP 的贡献率。三是中国知识产权投入持续增加。近些年来，中国对知识产权研发投入持续加大。2012 年，中国全社会研发投入经费支出为 10 298.4 亿元，占 GDP 的比重为 1.98%，达到中等发达国家研发投入水平，其资金总量相当于一个全

① 参见田力普：《深入实施知识产权战略，有效支撑创新驱动发展——写在〈国家知识产权战略纲要〉颁布 5 周年之际》，http://www.sipo.gov.cn/dfzz/ningbo/ywdt/zxxw/201308/t20130830_815450.htm。

② 参见段祯：《2011 年版权业产值占 GDP6.67%》，http://www.ip1840.com/news/in/copyright/25302.html。

③ 参见邹韧：《2012 年我国版权产业行业增加值占 GDP6.87%》，http://www.chinaxwcb.com/2014-12/26/content_309929.htm。

球排名第50位左右的国家产值。[①] 另据科技部统计，2014年，中国全社会研发投入（R&D）预计达到13 400亿元，占GDP的比重预计可达2.1%，进步显著，已超额完成政府工作报告提出的2%的工作目标。[②]

知识产权保护是中国创新发展的基本保障。国家知识产权战略实施以来，中国知识产权保护现状有了明显改善：公众知识产权意识显著增强、知识产权保护力度明显加大、知识产权市场秩序趋于良好。中国知识产权保护工作取得较大进步，但其保护成效与国家纲要的五年目标要求还有一定的差距。知识产权保护主要存在纠纷处理周期长、调查取证难、判决赔偿低、判决执行难等问题，维权成本高、侵权成本低等现象尚未彻底改观。国家知识产权局委托相关机构开展的五年评估社会公众调查问卷显示，约70%的调查对象认为保护力度过弱和略显不足，64.9%的公众认为知识产权违法情况有所好转但不明显，40.4%和28.1%的公众认为五年来维权成本略有提高或保持不变。中国专利保护协会、中华商标协会、中国版权协会联合开展的调查结果显示，2012年，我国知识产权保护社会满意度得分为63.69分，总体评价偏低。造成上述问题的原因是多方面的，但根本原因是我国所处的发展阶段和经济转型特征，体现为执法体制不完善、执法资源有限、公众知识产权保护的认识不足等。总体而言，知识产权保护的实际效果与社会期待还有一定的差距，知识产权保护社会满意度总体评价还不高。

二、中国知识产权保护战略发展：目标与任务

1. 目标：努力建设知识产权强国

2014年7月11日，李克强在会见WIPO总干事时强调，促进科技成果向现实生产力转化，努力建设知识产权强国；同年，国务院在第68次常务会议上专题研究加强知识产权运用和保护工作，审议同意《深入实施国家知识产权

---

① 参见孙春祥：《研发投入将首次纳入GDP占比重为1.98%》，http://finance.chinanews.com/cj/2013/11-19/5517970.shtml。

② 参见经济日报：《2014年中国全社会研发投入（R&D）13 400亿元，R&D占GDP比重2.1%》，http://www.qqjjsj.com/zgjjdt/45732.html。

战略行动计划（2014—2020年）》（以下简称《行动计划》）。该《行动计划》是由国家知识产权局会同国家知识产权战略实施工作部际联席会议28个成员单位共同起草，并广泛征求了各省、自治区、直辖市的意见。该计划有三个方面值得关注：一是首次明确提出了“努力建设知识产权强国”的新目标；二是突出问题导向，抓住知识产权运用和保护两大关键进行重点部署；三是在具体业务层面，也有许多新的提法、新的部署。重视在推动知识产权密集型产业发展方面，强化专利导航、专利协同运用、专利集群管理等工作，更好地支撑产业。

《行动计划》以建设知识产权强国为战略目标，明确提出：到2020年，知识产权法治环境更加完善，创造、管理、保护、运用知识产权的能力显著增强，知识产权意识深入人心，知识产权制度对经济发展、文化繁荣和社会建设的促进作用充分显现。在知识产权保护方面，其具体要求是：知识产权保护体系更加完善，司法保护主导作用充分发挥，行政执法效能和市场监管水平明显提升。反复侵权、恶意侵权、群体侵权等行为受到有效制裁，知识产权犯罪分子受到有力震慑，知识产权权利人的合法权益得到有力保障，知识产权保护社会满意度进一步提高。

《行动计划》明确提出：“努力建设知识产权强国，为建设创新型国家和全面建成小康社会提供有力支撑。”创新型国家建设的关键，在于提升国家科技竞争力，加强国家文化软实力，扩大国家品牌影响力，上述各方面集中表现为自主知识产权的数量和质量。中国未来的发展需要知识产权事业的发展，需要实施知识产权战略为创新型国家建设提供重要保障，《纲要》实施以来，各项措施落实有力，基本实现了第一阶段的战略目标，收获了知识产权大国的成就，这为中国知识产权强国建设奠定了坚实的数量、质量和制度基础，然而中国知识产权在效益、布局等方面还与知识产权强国具有很大的差距。可以认为，现在和今后一段时间，是中国深入实施知识产权战略、营造知识产权法治环境的重要阶段和关键时期。

知识产权强国应该充分发挥知识产权对产业转型升级、经济提质增效的促进作用。2014年年底，中央召开经济工作会议强调：推动全面创新，更多靠产业化的创新来培育和形成新的增长点，把创新成果变成实实在在的产业活动。“把创新成果变成实实在在的产业活动”，主要涉及知识产权产业化的问题。在经济发展的新常态下，中国经济正从高速增长转向中高速增长，经济发展方式正从规模速度型粗放增长转向质量效率型集约增长，经济结构正从增量扩能为主转向调整存量、做优增量并存的深度调整，经济发展动力正从传统增长点转向新的增长点。推动知识产权产业化，就是将知识产权与产业结合进而直接贡献“质量效率型”的GDP，它不仅强有力地支撑一国经济的发展，而且还带动就业，拉动内需和出口，进而实现经济结构的转型升级。

2. 任务：营造良好的法治环境、市场环境、文化环境

知识产权强国应是知识产权保护状况良好的法治强国。根据《纲要》规定的战略任务，我们应“着力完善知识产权制度，积极营造良好的知识产权法治环境、市场环境、文化环境，大幅度提升中国知识产权创造、管理、保护、运用能力”。建设能动、高效的知识产权保护长效机制，我们应该做好以下几项工作。

（1）加大知识产权侵权行为惩处力度。发挥司法保护的主导作用。依法提高司法判赔额度，引入惩罚性赔偿，充分运用技术手段打击网络环境下的侵权盗版，设立著作权的侵权快速追踪与处理机制，彻底改变知识产权侵权领域“维权成本高，侵权成本低”的现状。进一步发挥司法领域证据公证制度的作用，鼓励以公证方式保管证据，加强知识产权在权利取得、保护（在先使用、侵权）及知识产权贸易中的公证证明工作。加强知识产权刑事司法工作，加大对反复侵权、恶意侵权、群体性侵权的惩罚力度，明确定罪量刑标准，保持对知识产权犯罪的高压震慑态势；总结知识产权案件审理经验，推动建设知识产权法院，提升知识产权司法审判水平。加大知识产权行政执法力度，知识产权执法机关要依法加强执法，提高行政执法水平，提升执法效率，针对侵犯知识产权产品的生产源头、产品集散较为集中的重点地区，建立信息督查和信息通报机制。积极开展执法专项行动，重点查办跨区域、大规模和社会反响强烈的侵权案件，加大对民生、重大项目和优势产业等领域知识产权侵权行为的打击力度。对网络侵权、商业秘密保护以及农资、建筑材料、汽车配件、手机、儿童用品等重点商品的制假售假违法行为和制售假劣药品违法行为等重点领域，开展集中整治。创新知识产权海关保护模式并适时推广，依法加强国内自由贸易区知识产权执法。

（2）加强执法协作。要充分发挥国家知识产权战略实施工作部际联席会议作用，进一步完善部门间高层会商机制，加强知识产权政策协调。建设公正权威的知识产权司法，打造灵活有力的知识产权行政执法，二者相互协调，有效衔接，形成公正高效的知识产权司法和行政执法体制。加强知识产权管理部门与司法部门之间的沟通协作，加强知识产权行政执法部门的案件信息资源共享，整合行政执法部门的行政处罚案件信息。加强区域间、省际知识产权执法协作，强化重大执法活动的组织协调，强化部门间大案要案会商、通报制度。落实行政执法和刑事司法衔接机制，畅通知识产权行政执法部门与公安机关间的犯罪线索移送渠道，形成联合执法协调机制，提高知识产权保护整体效能。

（3）拓展多元化的纠纷解决机制。充分发挥各类行业协会、知识产权中介服务等机构协调解决相关知识产权纠纷的积极作用，完善知识产权保护自律机制；进一步探索适用仲裁、调解等非诉讼方式解决知识产权纠纷方式，完善知识产权仲裁机构、调解机构建设，发挥仲裁、调解在解决知识产权纠纷中的优势和作用，降低纠纷解决的时间成本、物质成本，保护创新主体维权热情。以当事人选择的知识产权纠纷人民调解委员会、知识产权援助中心及著作权纠纷调解中心等民间机构的调解，知识产权局等行政机关的行政调处与知识产权仲裁机构的专门仲裁，加之诉讼中纠纷类型化后的专门调解与诉讼，形成有序的知识产权纠纷多元化解决机制。

（4）健全维权援助和涉外应对机制。加强政府知识产权维权援助机构建设，同时发挥行业协会、中介机构的作用，以市场为本、企业为主，由协会（商会）牵头、政府支持，加强企业的知识产权危机应对能力建设，积极进行企业知识产权自主维权援助机构建设。加强政府对重大涉外知识产权纠纷的统筹协调能力；加大对企业应对重大涉外知识产权纠纷的服务和指导力度，鼓励企业牵头建立知识产权海外维权联盟，设立海外知识产权问题反馈机制，构建海外知识产权服务机构圈，最终建立有效运作的知识产权海外维权机构，完善各方参与的维权援助机制，大力提升中国企业海外知识产权纠纷应对能力。

（5）继续推进软件正版化。巩固政府软件正版化工作结果，加大推进企业使用正版软件工作力度，将软件正版化工作与信息化建设和信息安全结合起来。全面落实软件正版化工作长效机制，确保软件正版化工作常态化、制度化。

（6）创建知识产权保护监督机制。完善重大案件披露制度，推进知识产权公开执法，加强人民检察院对涉及知识产权民事、行政及刑事审判活动的监督。进一步提升司法透明度。人民法院继续推进阳光司法，进一步加大知识产权裁判文书网络公开力度，强化重大案件深度公开，通过直播庭审、邀请人大代表旁听、开展公众开放日、发布司法保护状况白皮书等方式不断拓宽司法公开渠道；加强知识产权行政执法信息公开。依法公开侵犯知识产权行政处罚案件信息，将案件信息公开情况纳入打击侵权假冒统计通报范围。拓宽群众参与监督的渠道，开通知识产权保护执法监督热线。加强网上投诉平台建设，形成政府主导、行业自律、社会各界广泛参与的知识产权保护监督机制。

（7）推进知识产权文化建设。知识产权文化是建立在市场经济基础上的文化，其核心是激励和保护创新，实质是对知识有产权的价值取向和心理认同，表现为尊重知识、崇尚创新、诚信守法的价值观念和行为方式。大力宣传国家实施知识产权战略，加强知识产权保护的重大决策部署，充分宣传知识产权工作的进展成效，宣传自主创新的典型，广泛开展知识产权普及型教育，在全社会中弘扬以创新为荣、剽窃为耻，以诚实守信为荣、假冒欺骗为耻的道德观念。

三、中国知识产权法治体系建设：立法、执法与司法

1. 立法：立足本土主动安排

20 世纪 80 年代以来，中国颁布实施了《专利法》《商标法》《著作权法》《计算机软件保护条例》《集成电路布图设计保护条例》《植物新品种保护条例》等法律法规，并颁布了一系列相关的实施细则和司法解释，使中国知识产权保护的法律法规体系不断趋于完善。在 2001 年中国加入世界贸易组织（WTO）前后，中国又对相关法律法规和司法解释进行了全面修改，在立法精神、权利内容、保护标准、法律救济手段等方面，做到了与 WTO《知识产权协议》以及其他知识产权国际公约相一致。当前正在进行的新一轮的修法，既非基于加入国际公约的需要，也非源于国际社会的压力，而更多的是立足本土国情作出的主动性安排。下面对《著作权法》《专利法》《商标法》的修改情况进行简单梳理。

《著作权法》正在进行第三次修改，2012 年 3 月，国家版权局完成并公布了《中华人民共和国著作权法（修改草案）》，草案将行政法规的一些内容上升到《著作权法》之中，主要涉及的有“著作权产生时间”“技术保护措施和权利管理信息”“信息网络传播权”“实用艺术作品”和“出租权”等。与上述内容有关的规定在相关条例中是比较成熟和具有一般性的条款，反映在修改草案中是可取的。从具体条文来看，本次公布的修法草案在篇章结构和体例上都进行了调整，共 8 章、88 条。草案新增“权利的限制”“技术保护措施和权利管理信息”两章，修改内容涉及著作权客体、著作权内容、著作权限制、著作权利用、相关权、著作权集体管理、著作权保护等方面，修法力度和修法幅度不可谓不大。虽然草案在某些问题上仍存在不足，但从修法重点内容来看，第三次修改是中国著作权法律制度走向成熟和自主的重要一步。值得称道的是，草案拟通过明确侵权损害赔偿的考虑因素以及赔偿额的计算方式，进一步加大打击侵权力度。其新增条款包括：将侵犯著作权行为的法定赔偿最高额提高为 100 万元；同时，引入惩罚性赔偿制度，对于两次以上故意侵权的，规定 1～3 倍的赔偿数额。

《专利法》在 1984 年颁布后，历经 1992 年、2000 年和 2008 年三次修改，目前正在进行第四次修订。这次修改主要在于加强专利权的保护，进一步强化专利行政职权与专利权司法保护。从征求意见稿来看，修改草案主要是从以下方面作出修订：一是加强了对涉嫌扰乱市场秩序的专利侵权行为，管理专利工作的部门依法查处、没收违法所得等行政处罚权；二是增加了管理专利工作的部门对专利侵权赔偿的判定职能；三是增加了管理专利工作的部门行使行政执法权时被调查人的配合义务；四是强化了受案人民法院专利侵权诉讼中依法调查收集职责；五是增设了对故意侵犯专利权的惩罚性赔偿制度。

《商标法》第三次修改从 2003 年正式启动，于 2009 年 11 月 18 日报国务院审议，2013 年 8 月 30 日修正案经十二届全国人大常委会第四次会议审议并通过，于 2014 年 5 月 1 日起生效。此次修改主要内容在于简化商标异议程序、保护商标在先使用权、加强注册商标专用权保护、强化注册商标使用义务、厘清驰名商标保护制度、增加商标审查时限的规定等内容。值得注意的是，新《商标法》针对实践中权利人维权成本过高、进行维权往往得不偿失的现象，引入了惩罚性赔偿制度，规定对恶意侵犯商标专用权、情节严重的，可以在权利人因侵权受到的损失、侵权人因侵权获得的利益或者注册商标使用许可费的1～3倍的范围内确定赔偿数额。同时，新《商标法》还将法定赔偿额上限从50万元提高到300万元。

2. 执法：独具特色的行政体制

在知识产权保护实践中，中国形成了行政保护和司法保护“两条途径并行运作”的保护模式。在中国，由多个部门分别履行保护知识产权的职能，主要包括国家知识产权局、国家工商行政管理总局、国家版权局、文化部、农业部、国家林业局、公安部、海关总署、最高人民法院和最高人民检察院等。多年来，这些部门在各自领域开展了卓有成效的工作。

（1）加强行政执法机关与刑事查处机关的工作协调。2001年国务院发布《行政执法机关移送涉嫌犯罪案件的规定》，就行政执法机关向公安机关及时移送涉嫌犯罪案件作出明确规定。2004年有关部门又联合下发《关于加强行政执法机关与公安机关、人民检察院工作联系的意见》，初步建立起行政执法与刑事执法衔接配合的工作机制。为了完善行政执法与刑事司法的衔接配合工作机制，公安部等部门于2006年联合发布了《关于在行政执法中及时移送涉嫌犯罪案件的意见》。同年，公安部和海关总署发布了《关于加强知识产权执法协作的暂行规定》，以加强公安机关和海关在保护知识产权工作中的协作配合。《2011年中国保护知识产权行动计划》提出：开展“对行政执法机关移送涉嫌犯罪案件专项监督活动”，依法严肃查办行政执法部门有案不移、有案不立、有罪不究、以罚代刑、徇私舞弊等行为，及时予以监督纠正。《2013年中国保护知识产权行动计划》明确：健全联席会议、案件咨询、信息通报和案件移送等制度，与公安、监察及其他行政执法机关协作，加强对行政执法机关移送涉嫌侵犯知识产权犯罪案件的监督。加强知识产权执法机关的工作协调，较好地避免了知识产权执法保护体系分散、多头管理带来的弊端，并且有利于统一执法标准，减少权力之间的冲突现象，提高了知识产权执法的效率和水平。

（2）开展卓有成效的知识产权专项执法活动。在中国的知识产权执法体系中，专项执法活动是一大特色。专项执法活动，可以集中执法资源，针对某一时段、某一地域进行大规模、高效率的执法行动。迄今，中国已经进行了多次全国性的知识产权专项执法活动，成果显著。例如，国家新闻出版广电总局针对网络文学、音乐、视频、游戏、动漫、软件等侵权盗版开展“剑网行动”专项治理；国家工商行政管理总局以驰名商标、涉外商标、地理标志商标为重点，严厉打击侵犯注册商标专用权行为；为落实《展会知识产权保护办法》，有效遏制展会期间侵犯知识产权等行为，多个国家部门联合开展展会知识产权保护专项行动——“蓝天”会展专项行动；公安机关在全国开展打击侵犯知识产权犯罪的“山鹰”专项行动，严惩侵权盗版犯罪分子，同时开展“反盗版天天行动”，深挖非法光盘生产线和非法出版物仓储窝点；为了规范专利市场行为，维护专利权人的权益，中国还开展了“雷雨”和“天网”知识产权专项执法行动。通过这些行动，中国知识产权执法状况有了明显改善。

（3）受理和查处多起知识产权行政违法案件。近年来，中国各级知识产权执法机关继续完善知识产权法制体系建设，深入开展知识产权行政执法工作，积极推进其制度化、科学化和规范化建设。中国各级知识产权执法机关受理和查处多起知识产权行政违法案件，有力地打击了知识产权违法经营活动，整顿、规范了市场经营秩序。2012 年全国行政执法部门共立侵犯知识产权和制售假冒伪劣商品案件 325 271 件，涉案金额 88.9 亿元，办结 203 107 件，移送司法机关 6 999 件，捣毁窝点 20 721 个。[①]

（4）建立高效、合理的知识产权海关保护机制。中国海关在知识产权领域加强了工作力度，在完善知识产权海关保护制度、强化行政执法力度等方面取得显著进展。2007 年，由 180 多家在华投资的跨国公司组成的“中国外商投资企业协会优质品牌保护委员会”，再一次将中国海关评为最有效率的知识产权行政执法机关。同年 6 月 28 日，世界海关组织（WCO）授予中国海关“世界海关组织 2007 年打击假冒和盗版成就奖”[②]，以表彰其在打击侵犯知识产权行为中所取得的进步。2013 年中国海关积极开展知识产权保护执法，严肃查处进出口侵犯知识产权违法行为，切实维护公平有序的竞争环境。2013 年中

① 参见《2012 年中国知识产权保护状况》，http：//www.sipo.gov.cn/zwgs/zscqbps/201305/t20130530_801068.html。

② 国家知识产权局：《2007 年中国知识产权保护状况》。

国海关知识产权保护状况显示，中国海关共采取知识产权保护措施 2.36 万余次，中止放行侵权嫌疑货物 23 686 批，涉及侵权嫌疑货物逾 2.8 亿件；实际扣留侵权嫌疑货物 20 464 批，涉及侵权嫌疑货物近 7 600 万件。①

上述数据表明，随着知识产权保护法律制度的逐步完善，中国知识产权保护工作重点逐渐由立法转向执法，通过日常监管与专项治理相结合，加大了知识产权保护的行政执法力度，在知识产权执法方面已经取得了巨大成绩。

3. 司法：主导作用进一步强化

近年来中国知识产权审判事业取得了重大进展，审判职能不断强化、审判领域不断拓展、审判质量不断提高。在中国加入世界贸易组织以后，知识产权司法保护受到国内外前所未有的高度关注，各级法院妥善处理各种复杂知识产权纠纷，依法保护当事人的合法权益，制止、制裁和打击各类知识产权侵权行为，维护公平竞争的社会主义市场经济秩序，司法保护知识产权的主导作用进一步强化，也得到了社会普遍认可和国内外高度评价。

(1) 建立了颇具特色的知识产权审判体制。20 世纪 90 年代以前，中国没有专门的知识产权审判机构，而是将知识产权案件分散在民事、刑事和行政案件中，分别由民事审判庭、经济审判庭、行政审判庭和刑事审判庭进行审判。1993 年，北京市中级人民法院尝试性地将知识产权民事和行政案件划归到专门的知识产权庭，至此中国有了首个知识产权审判庭。1995 年 1 月，最高人民法院设立知识产权审判办公室。2000 年 10 月，最高人民法院率先在其内部进行机构改革，将原知识产权审判庭改建为民事审判第三庭。在司法改革过程中，各级人民法院按照最高人民法院改革纲要的要求，全面开始司法审判机构改革，理顺刑事审判、民事审判和行政审判三者之间的关系。目前，最高人民法院和 31 个高级人民法院都已设立民事审判第三庭，与此同时在各省、自治区和直辖市政府所在地的中级人民法院也相应设立了知识产权民事审判庭。目前，中国已建立了最高人民法院和地方三级知识产权审判机构，并形成以中高级法院知识产权为主的审判格局。2014 年 8 月 31 日，十二届全国人大常委会

---

① 参见蔡岩红：《2013 年中国海关知识产权保护状况发布》，http：//www.legaldaily.com.cn/executive/content/2014-04/29/content_5485268.htm? node=32120。

第十次会议表决通过了全国人大常委会关于在北京、上海、广州设立知识产权法院的决定。北京知识产权法院成立于2014年11月6日，是全国首家知识产权审判专业机构；2014年12月16日，广州知识产权法院正式挂牌成立；2014年12月28日上海知识产权法院揭牌。此后三年依据实施情况，由全国人大常委会进一步决定知识产权法院的具体设立情况。

（2）健全与完善知识产权审判规范。知识产权司法解释在中国的知识产权审判工作中发挥了很大的作用。在将知识产权民事案件的审理统一归口后，最高人民法院、最高人民检察院相继发布了一系列司法解释（见表1）。这些司法解释总结了人民法院以往的审判经验，既有程序性规定，又有实体性规定。

表1　　近年来颁布的有关知识产权审判规范

时间	发布单位	文件名称
2008年	最高人民法院	《最高人民法院关于审理注册商标、企业名称与在先权利冲突的民事纠纷案件若干问题的规定》
2009年	最高人民法院	《最高人民法院关于审理涉及驰名商标保护的民事纠纷案件应用法律若干问题的解释》
2009年	最高人民法院	《最高人民法院关于审理侵犯专利权纠纷案件应用法律若干问题的解释》
2010年	最高人民法院	《最高人民法院关于审理商标授权确权行政案件若干问题的意见》
2010年	最高人民法院	《最高人民法院关于审理涉及计算机网络著作权纠纷案件适用法律若干问题的解释》
2012年	最高人民法院	《最高人民法院关于审理因垄断行为引发的民事纠纷案件应用法律若干问题的规定》
2012年	最高人民法院	《最高人民法院关于审理侵害信息网络传播权民事纠纷案件适用法律若干问题的规定》
2014年	最高人民法院	《最高人民法院关于商标法修改决定施行后商标案件管辖和法律适用问题的解释》
2014年	最高人民法院	《最高人民法院关于审理利用信息网络侵害人身权益民事纠纷案件适用法律若干问题的规定》
2015年	最高人民法院	《最高人民法院关于审理专利纠纷案件适用法律问题的若干规定》

近些年来，中国知识产权保护状况成为国际经贸领域的热点问题。其中有关反不正当竞争、知识产权刑事犯罪“门槛”以及权利冲突问题，成为人们关注的焦点。2007年颁布的《最高人民法院关于审理不正当竞争民事案件应用法律若干问题的解释》，是中国最高人民法院发布的第一个涉及不正当竞争案

件审理的司法解释；同年出台的《最高人民法院、最高人民检察院关于办理侵犯知识产权刑事案件具体应用法律若干问题的解释（二）》，进一步加大了知识产权刑事司法保护力度，降低了知识产权犯罪认定的“门槛”。2008年，最高人民法院发布的《最高人民法院关于审理注册商标、企业名称与在先权利冲突的民事纠纷若干问题的规定》，对知识产权领域的权利冲突问题进行了很好的规范。这些司法解释为加强知识产权保护、建设创新型国家提供了有力的司法保障。

（3）进行了有质量、有效率的知识产权审判活动。自中国知识产权制度确立之后，知识产权案件大幅度增长，审理范围不断扩展（见图1、图2）。同时，中国知识产权审判的结案率逐年上升，二审改判率逐渐下降，再审率不断降低，通过调解结案的知识产权案件目前已经超过半数。比如全国地方人民法院2012年知识产权民事一审案件结案率为87.61%，与2011年持平；上诉率从2011年的47.02%下降到2012年的39.53%；再审率从2011年的0.51%下降到2012年的0.20%；全国知识产权民事一审案件的调撤率达到70.26%。①

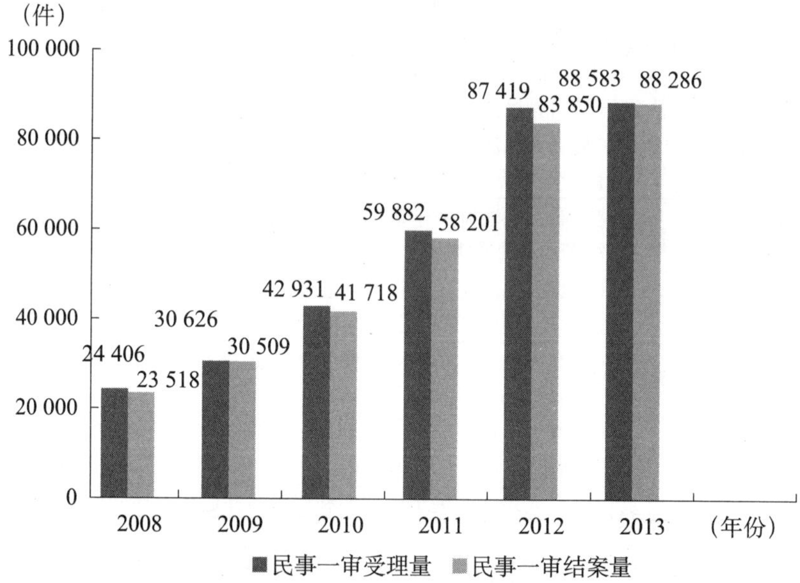

图1 2008—2013年知识产权民事一审案件受理、审结情况

① 参见《2012年中国法院知识产权司法保护状况》，http：//www.chinacourt.org/article/detail/2013/04/id/949841.shtml。

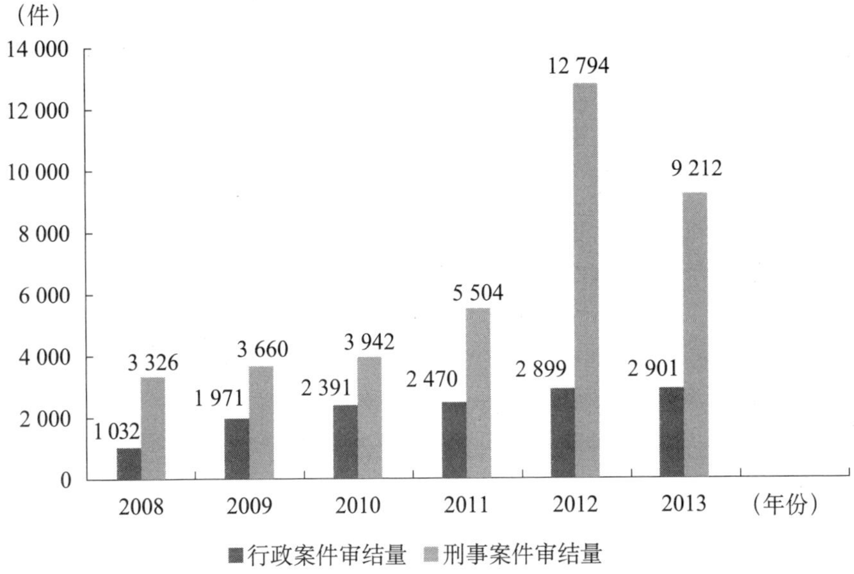

图 2 2008—2013 年知识产权行政、刑事案件受理、审结情况①

近年来中国知识产权案件增长幅度明显，案件类型几乎覆盖知识产权纠纷案件的全部领域，如专利权纠纷案件、商标专用权纠纷案件、商业秘密等不正当竞争纠纷案件等。以 2013 年为例，全国地方人民法院共新收和审结知识产权民事一审案件 88 583 件、88 286 件，分别比 2012 年上升 1.33%和 5.29%。其中，新收专利案件 9 195 件，同比下降 5.01%；商标案件 23 272 件，同比上升 17.45%；著作权案件 51 351 件，同比下降 4.64%；技术合同案件 949 件，同比上升 27.21%；不正当竞争案件 1 302 件（其中垄断民事一审案件 72 件），同比上升 15.94%；其他知识产权案件 2 514 件，同比上升 13.91%。全年共审结涉外知识产权民事一审案件 1 697 件，同比上升 18.75%；审结涉港澳台知识产权民事一审案件 483 件，同比下降 21.21%；审结垄断民事一审案件 69 件，同比上升 40.82%。② 总之，中国法院知识产权

---

① 根据国家知识产权战略网所公布的《中国知识产权保护状况白皮书》的数据制作，http://www.nipso.cn/bai.asp。

② 参见《2013 年中国法院知识产权司法保护状况》，http://www.chinacourt.org/article/detail/2014/04/id/1283299.shtml。

审判的质量和效率明显提高，在推动知识产权制度建设方面发挥了重要作用。

当下中国正在推进国家治理体系和治理能力现代化，这对中国知识产权事业提出了更高的要求。知识产权制度是中国法治建设的重要内容，知识产权治理能力是国家治理体系的重要组成部分。因此，我们应努力营造良好的知识产权法治环境、市场环境、文化环境，加强知识产权立法、执法、司法体系建设，促进全社会形成尊重知识、崇尚创新的良好氛围，为实现创新型国家的战略发展目标奠定坚实基础。

国际化、现代化与法典化：中国知识产权制度的发展道路*

新国际贸易体制的形成，新技术革命的产生以及新民事立法浪潮的出现，都对知识产权制度发展与变革产生了深远的影响。中国知识产权法不断修改完善，顺应历史潮流，逐渐步入国际化、现代化与法典化的道路。

人类已经步入新的世纪。现代科学技术的飞越发展，使人类社会生活发生了空前巨大的变化，在各种法律领域中受其影响最深、冲击最烈的首推知识产权法。各国立法者不得不“修纲变法”，以回应“知识革命”对新的知识产权制度的呼唤；随着国际交往在经济、科技、文化领域的广泛展开，知识产权保护成为一个普遍关注的问题，新国际贸易体制对知识产权利益的协调与分享提出了新的要求；同时，在新民事立法浪潮中，知识产权作为一种新问题、新关系、新制度受到立法者的高度重视，或试图编入民法典，或尝试编纂专门法典。上述情形对中国知识产权制度的发展产生了重要的影响。

一、新国际贸易体制与知识产权制度国际化

经济全球化的出现和新国际贸易体制的形成是20世纪下半叶世界经济发展的重要潮流。这一潮流深刻地影响到21世纪的格局。[①]

---

* 原载《法商研究》，2004（3）。

① 参见许明主编：《当代中国亟待解决的27个问题》，11页，北京，今日中国出版社，1997。

经济全球化是指各国经济相互依赖、相互渗透并不断加深的这样一种战后经济新现象。经济全球化是对战前殖民体系下经济体制的根本改变，它要求消除阻碍商品在国家间流通的贸易和非贸易壁垒，规范国际贸易的市场规则，推动世界贸易自由化的进程。

在推动经济全球化进程方面，《关贸总协定》及其后继组织——世界贸易组织扮演着重要角色。关贸总协定的基本目标是，通过关税无条件的最惠国待遇，削减乃至取消关税和其他贸易壁垒，促使贸易自由化，以便充分利用世界贸易资源和扩大商品的生产和交换。与其他国际公约和国际组织不同，《关贸总协定》将知识产权保护纳入国际贸易体系之中。按照美国、日本、欧洲共同体在乌拉圭回合谈判的一份文件的说法，在关贸总协定框架内解决知识产权问题，不是知识产权法的协调，应是消除由于一些国家未能将其知识产权保护制度提高到国际标准而造成的贸易扭曲现象。[①] 应该承认，发达国家和发展中国家在知识产权方面享有的利益是不平衡的，因而在国际磋商与对话中所持的立场和既定目标也相距甚远。继世界知识产权组织之后，《关贸总协定》即世界贸易组织成为知识产权国际保护的重要论坛，东西方国家围绕着知识产权问题所展开的斗争与妥协，直接制约与影响着知识产权制度的发展。

在关贸总协定的框架内，各国经过长达 7 年的谈判，终于于 1993 年形成了《与贸易有关的知识产权协议》(以下简称《知识产权协议》)，并将文件载入《乌拉圭回合多边贸易谈判结果最后文件》。《知识产权协议》的生效，使得知识产权正式从智力创造领域进入国际贸易领域，知识产权法第一次直接与国际贸易发展挂钩；同时也标志着知识产权制度进入了统一标准的新阶段，从而在推动协调各国知识产权立法和司法活动方面起着重要作用。与以往的知识产权国际公约不同，《知识产权协议》具有以下特点：(1)《知识产权协议》与《货物贸易协议》《服务贸易协议》成为 WTO 体系下的三大主体制度；(2)《知识产权协议》规定的多是实质性的义务条款，不允许缔约方予以保留；(3)《知识产权协议》建立了一个有效的争端多边解决机制，具有“很高的统一性”和

---

① 参见李小伟：《知识产权国际保护体制的变化及其影响》，载（香港）《信报：财经月刊》，1996 (3)。

“一定程度的强制性”[①]。在知识产权国际保护方面，发展中国家担心高标准保护可能造成沉重的财政和行政负担，但又不得不面对新国际贸易体制带来的压力。发展中国家之所以“入世”，最终接受包括知识产权保护在内的国际贸易新规则，是有其自身利益考量的：(1) 乌拉圭回合谈判实现了发展中国家的某些利益诉求。或者说，发展中国家接受《知识产权协议》不是完全的让步，而是有偿的交换。(2) 知识产权保护亦是发展中国家特别是新兴的工业化国家经济发展和科学进步的内在要求。从长远看，知识产权制度的一体化不仅是一种国际潮流，也是这些国家自身发展的需要。中国正是在这种历史背景下，接受《知识产权协议》并加入世界贸易组织的。

对于中国而言，知识产权制度是一个舶来品。一般认为，现代意义上的知识产权保护制度始于清朝末年。当时的清政府实行新政，向西方学习，在外国法律专家的帮助下陆续颁布了《振兴工艺给奖章程》《商标注册试办章程》《大清著作权律》等法令。以后的北洋政府和民国政府虽然也制定过相关律令，但由于当时政治动荡、经济落后、民生凋敝，缺乏实施环境，这些法律没有产生什么影响。中华人民共和国成立以后，曾发布过一些行政规章来保护知识产权，但长期没有严格意义上的法律规范。自 20 世纪 80 年代以来，中国实行改革开放的政策，加强了知识产权立法工作，迅速建立了知识产权法律制度体系。其主要法律有：1982 年《商标法》、1984 年《专利法》、1990 年《著作权法》、1993 年《反不正当竞争法》等。与此同时，中国积极参加知识产权国际保护体系，其加入的主要国际公约有：《建立世界知识产权组织公约》(1980 年)、《保护工业产权巴黎公约》(1985 年)、《商标国际注册马德里协定》(1989 年)、《保护文学和艺术作品伯尔尼公约》(1992 年)、《世界版权公约》(1992 年)、《保护唱片制作者防止唱片被擅自复制日内瓦公约》(1993 年)、《专利合作条约》(1994 年) 等，并于 2001 年加入了世界贸易组织，成为《知识产权协议》的缔约方。

中国在“入世”前，全面修订了著作权法 (2001 年)、专利法 (1992 年、2000 年)、商标法 (1993 年、2001 年)，颁布了《植物新品种保护条例》

---

① 曾令良：《世界贸易组织法》，166 页，武汉，武汉大学出版社，1996。

(1997 年)、《集成电路布图设计保护条例》(2001 年) 等，使其知识产权保护标准和水平达到了《知识产权协议》所规定的要求。总之，中国的知识产权制度仅仅用了十多年的时间，就实现了从低水平向高水平的发展，实现了从本土化向国际化的转变。这一成就是“举世瞩目的”①。

中国知识产权立法应该顺应国际化的潮流，承诺相关国际公约所规定的各项义务，这是毫无疑问的。笔者认为，知识产权制度的国际化特征表现了这一制度的基本原则和主要规则在全球范围的普适性。它意味着 WTO 体系下知识产权领域，国际法高于国内法，国内法同于国内法，国内法遵从国际法。其实质意义在于，各国知识产权制度所表现的一种趋同化与一体化的基本特点。但是，知识产权制度的国际化，并不等于在保护内容、保护标准、保护水平等方面的全球法律规范的统一化。按照“最低限度保护”原则，各国立法提供的知识产权保护不得低于国际公约规定的标准，这即是知识产权制度国际化的一般要求。具而言之，中国是一个发展中国家，应当考虑本国的经济、科技与文化的发展水平，现阶段立法不应过于攀高，只要达到国际公约规定的最低保护水平即可，最大限度地实现法律的本土化与国际化之间的协调。在中国“入世”之前，关于知识产权的保护曾存在着“超国民待遇”与“超国际标准”的现象，由此招致一些学者的批评与诘问。所谓“超国民待遇”，即给予外国人的著作权保护水平高于本国人。例如，中国作者的软件著作权保护期为 25 年，而外国作者的软件著作权保护期为 50 年；实用美术作品保护的规定适用于外国人而不延及本国人。造成国民待遇的“内外有别”，其原因在于中国于 20 世纪 90 年代初参加著作权公约，但未及修改本国著作权法，由于国际公约实施的需要不得已而为之。直至 2001 年，中国修订著作权法，既给予外国人以国民待遇，又提高了本国人的著作权保护水平，从而达到内外平衡、协调发展。所谓“超国际标准”，即现行知识产权保护的一些规定，不适当地超出国际公约的相关要求。例如，1995 年公布的《知识产权海关保护条例》所涉及的对象包括一切侵权产品，显然超出《知识产权协议》关于海关执行对象限于假冒商品和盗版产品的范围；1995 年公布的国家版权局《关于不得使用非法复制

① 前世界知识产权组织总干事鲍格胥博士语。

的计算机软件的通知》规定，使用人（包括最终用户）只要持有未经授权的软件即为非法。而《日本著作权法》规定，只有构成主观故意，且在业务上应用非法复制的软件才构成侵权。此外，有中国学者主张在知识产权损害赔偿领域导入《知识产权协议》并未明确要求的无过错责任的归责原则，引入美国著作权法的惩罚性损害赔偿规则。这些做法都是值得斟酌的。笔者认为，中国既是一个传统的发展中国家，又是一个新兴的工业化国家，在知识产权制度国际化的进程中应当针对我国发展的不同阶段而规定不同的战略措施；既要考虑现实利益，又要具有超前眼光；既要遵循国际公约规定，保护外国的高新技术，也要推动国际合作，保护本国的传统知识。

二、新技术革命与知识产权制度现代化

自20世纪下半叶以来，以微电子技术、生物工程技术与新材料技术为代表的新技术革命为社会发展带来巨大影响。世界各国为谋求发展高新技术，相继制定有关发展战略或计划，如美国的“战略防御计划”（“星球大战”）、日本的“科技振兴基本政策”、欧洲共同体的“尤里卡计划”、中国的“新技术革命对策”等。各国的科技政策推动了一大批高新技术群的崛起，引发了高技术含量的信息产品的大量涌现。这场革命给知识产权领域带来新的课题和任务，各国立法者不断探索对高新技术产品保护的法律途径：一是“边缘保护法”，即采用工业版权与著作权的若干规则，创设一种新的制度即“工业版权”来保护新的技术成果；二是“单独保护法”，即为信息产品创设“信息产权”，给予准专利或类似其他知识产权的保护；三是“传统保护法”，即沿用传统知识产权制度即著作权、专利权给予保护，但在内容方面有许多变革与创新。

发端于20世纪80年代直至现在席卷全球的“知识革命”是新技术革命的继续和发展，其中最有代表性、最具影响力的时代技术当属网络技术和基因技术。作为信息技术革命产物的因特网，其所构成的“虚拟空间”（cyberspace）是一个无中心的全球信息媒体，它不但改变了人类的生活方式，而且对现行的法律制度带来了挑战。就知识产权制度而言，主要有如下问题：（1）“网络版权”，即如何让专有权利有效地“覆盖”作品在网络上的传播，具言之，即是

数字化作品的权利保护、保密技术措施的法律保护以及数据库的权利保护这三大问题。[①]（2）“网络标记”。经营标记以数字化的形式出现在网络空间，既涉及传统商标制度的变革（例如商标权地域性与因特网国际性的冲突、商标分类保护与网上商标权排他性效力的矛盾、网上商标侵权形式的变化与侵权责任的认定等），又涉及域名保护制度的创新（主要问题有域名登记与审查、域名权的性质与内容、域名权与其他在先权利的冲突、域名权的保护与域名纠纷的处理等）。（3）“网络不正当竞争”。当代竞争法需要解决网络传播及电子商务出现的诸多问题，如屏幕显示和网站界面的商业包装、对网上商业秘密采取的保密措施、网上虚假宣传等。[②] 与网络技术相媲美，基因技术被认为是 21 世纪最伟大的技术之一，人类可能正处在基因可以解释和决定一切的时代的开端。诸如“基因食物”“基因疗法”，以及对动植物基因乃至对人类基因的其他开发、利用，将会导致人类本身以及与人类生存环境相关的一系列变化。尽管对基因技术存在着民族习俗、社会道德以及宗教等方面的争议，但许多国家趋于对这一新兴技术给予专利或其他知识产权的保护。基因专利涉及两大问题：一是界定基因专利保护范围，包括基因方法、基因产品、转基因动植物新品种、转基因微生物以及“脱离人体或通过技术方法获得”的基因本身；二是明确基因专利的排除领域，特别是克隆人的方法、对胚胎商业利用的方法以及基因序列的简单发现等。

中国知识产权立法始于 20 世纪 80 年代，完善于 20 世纪 90 年代，变革于 21 世纪初年，经过几次修订，基本实现了制度创新的现代化过程。具体表现在如下方面：（1）2001 年《著作权法》的修订。在客体方面，扩大著作权保护的客体范围，将实用美术作品、杂技艺术作品等纳入保护范围；将计算机程序作为文字作品予以保护，延长其保护期限，取消以登记作为取得著作权要件的规定；将“电影、电视、录像作品”扩大解释为“电影作品和以类似摄制电影的方法创作的作品”；有独创性的数据库被作为汇编作品而受到保护。在权利内容方面，规定电影作品、计算机程序的著作权人的出租权；拓宽“表演

---

① 参见薛虹：《网络时代的知识产权法》，8 页，北京，法律出版社，2000。

② 参见张平：《网络知识产权及相关法律问题透析》，广州，广州出版社，2000。

权”的外延，将其解释为“公开表演作品，以及用各种手段公开播送作品的表演的权利”；规定了信息网络传播权，将其解释为“以有线或者无线方式向公众提供作品，使公众可在其个人选定的时间和地点获得作品的权利”。在权利利用方面，除原有规定的著作权许可使用合同外还增加规定著作权转让合同。在著作权限制方面，为了平衡著作权人的利益和社会利益，对合理使用中的个人复制、表演、播放、公务使用、翻译等行为给予一定的限制。借鉴其他国家的规定，将为编写出版教科书而使用他人作品的行为列入法定许可的种类之一，以促进“科教兴国”战略的实施。在权利行使方面，创立著作权集体管理制度。在权利救济方面，明确对权利管理信息的保护并禁止商业性解密措施的应用，规定侵犯著作权的法定赔偿额；采取过错责任与过错推定责任相结合的归责原则，以加强对受害人的法律救济；在对侵权行为予以查处时，增加规定著作权人的诉讼保全制度等。(2) 1992 年和 2000 年《专利法》的修订。在客体方面，扩大专利保护的范围，对食品、饮料和调味品、药品和用化学方法获得的物质给予保护；将方法专利的保护对象从原专利法保护的生产方法扩大到依照该方法生产的产品本身。在保护期限方面，延长专利保护期限，发明专利的保护期限为 20 年，实用新型和外观设计专利的保护期限为 10 年，均从申请日起计算。在权利内容方面，增加专利权人的进口权、许诺销售权。在权利限制方面，对于强制许可给予更严格的限制。在权利授予程序方面，取消专利权撤销程序，使专利权的审批程序更加便捷。为了与《知识产权协议》一致，赋予申请人的司法救济权，规定实用新型和外观设计专利的复审和无效由法院终审。在权利保护方面，限制未经许可而制造的专利产品的“善意”销售、使用，增加诉前的临时措施，增加规定了侵害专利权的法定赔偿额的计算标准。(3) 1993 年和 2001 年《商标法》的修订。在客体方面，将商标权的保护范围由商品商标扩大到服务商标，禁止将县级以上的地名和公众知晓的外国地名作为商标使用；扩大注册商标的构成要素，包括文字、数字、颜色、图形、三维标志等一切具有显著性的“可视性标志”都可作为商标予以注册。在权利主体方面，扩大商标权人的范围，自然人、法人和其他组织都可申请注册商标。在保护程序方面，规定商标注册审查的补正程序，增加优先权的规定，明确申请注册商标不得损害他人的在先权利，不得以不正当手段抢注他人已经使用并有一定影响的商标。在权利救济方面，取消商标评审委员会的终局决定权，赋予申请人司法救济机会；加强对商标侵权的查处力度，规定相关执法的临时措施，增补法定赔偿额的计算方式。关于驰名商标保护方面，按照《保护工业产权巴黎公约》和《知识产权协议》的要求详细规定了驰名商标的认定及保护方式。(4) 2001 年《集成电路布图设计保护条例》的制定。遵照《知识产权协议》的要求，规定集成电路布图设计权的保护对象、权利主体、权利内容、权利限制、保护期限及保护方式等。(5) 1997 年《植物新品种保护条例》的制定。为了加强对植物新品种的保护，规定了植物新品种权的客体、内容、主体、权利限制及保护期限等。

中国知识产权立法，始终关注现代科学技术的发展，不断加快其制度现代化的进程。笔者认为，知识产权制度的现代化特征，表现这一制度与时俱进的时代性。知识产权法从其兴起到现在只有三四百年的时间，但历经从工业革命到信息革命的不同时期，基于科技革命而生，缘于科技革命而变，其制度本身就是一个法律制度创新与科技创新相互作用、相互创新的过程。纵观当今世界科技与经济的发展，人们不难发现这样一个事实：凡是科技发达与经济繁荣的国家，无一不是知识产权制度健全与完善的国家，这些国家拥有的自主知识产权的数量和质量与科技、经济的发展程度一样在世界上处于领先地位。美国作为世界科技、经济强国，既是世界级的专利大国，其每年的专利申请量约占全球的总量的 1/3；也是世界级的品牌大国，国际十大知名商标有九个名归其下。而中国是一个发展中国家，尚处于经济转型期，还未完全形成一个竞争性的科技、经济体系，在知识产权法律保障方面也存在诸多问题：例如，拥有创新科技成果，但没有及时产权化；拥有一些科技成果产权，但在关键技术领域没有完全形成自主知识产权；拥有国内知识产权，但没有及时取得国际保护。从一定意义上讲，知识产权保护的水平，客观上反映了一个国家科技、经济发展的水平。换言之，各国知识产权保护水平的差异，实质上反映了国家间科技、经济发展水平的差异。在当今社会，经济发展越来越依赖于以科学技术为主要内容的知识，或者说，知识已成为生产力和经济增长的发动机。新的世纪是知识经济的时代，也是知识产权的时代，知识产权作为“制度文明的典范"[1]，对激发人类发明创造的潜力，推动科技进步与文化繁荣具有重要的作用。因此，中国的知识产权制度必须保持其时代先进性，即通过法律制度的现代化去推动科学技术的现代化。

三、新民事立法浪潮与知识产权制度法典化

知识产权制度是近代科学技术和商品经济发展的产物。从 17 世纪中叶到 19 世纪，是近代知识产权制度兴起的时期，专利法、著作权法、商标法在西方国家陆续产生。上述法律尚未以知识产权的名义实现体系化，都是以单行法的形式出现，既没有统一的知识产权法典，也没有将各个法律进行整合而编入民法典。大陆法系国家承受了古罗马法典化的传统。作为近代范式民法典的《法国民法典》和《德国民法典》，其编纂活动分别完成于 19 世纪初叶与末期，该民法典体系取材于罗马法的《法学阶梯》或《学说汇编》。这些国家的知识产权立法早在民法典编纂之前大体就绪，且这些新兴的财产权制度又多为英国的"舶来品"，因此现代欧洲大陆的范式民法典未能将知识产权制度纳入其体系之中。

20 世纪以来，大陆法系的一些国家尝试将知识产权制度编入本国民法典，并在 20 世纪 90 年代兴起的第二次民法典编纂运动中形成高潮。已经完成或准备规定的立法例有 1942 年《意大利民法典》、1992 年《荷兰民法典》、1994 年《俄罗斯联邦民法典》、1995 年《越南民法典》。其中，《荷兰民法典》原规定第 9 编为"知识产权"，由于知识产权法含有许多行政法、刑法以及程序法的规范，考虑立法技术上的困难而被取消。[2] 此外，欧共体先后制定了统一商标法、专利法等，而且不允许成员国进行补充和修订，作为欧共体成员的荷兰也就失去另行编纂的必要。[3] 《俄罗斯联邦民法典》原规定第 5 编为"著作权和

---

① 刘春田主编：《知识产权法》，19 页，北京，高等教育出版社，2000。

② 参见［荷］亚瑟·哈特坎普：《荷兰民法典的修订：1947—1992》，载《外国法译评》，1998（1）。

③ 参见吴汉东等：《西方诸国著作权制度研究》，333～335 页，北京，中国政法大学出版社，1998。

发明权”，没有包括专利权和商标权。事实上，其“著作权和发明权”编至今未能完成，而专利权和商标权早已以特别法的方式颁布。作为独联体国家的“示范民法典”，未能完成世人关注的这一立法工作。从仅有的几部包含知识产权编的民法典来看，可以说是一个有益的尝试，但未必是值得效仿的先例。这些民法典的起草者采取了两种立法方式：一是将知识产权的相关规则全部纳入民法典，这无疑是法律规范的位置平移。其中，著作权法多为私法规范，采取整体编入未尝不可，而对于含有诸多公法规范的工业产权法来说，很难在立法技术层面作出妥善安排（如越南民法典）。二是从各类知识产权中抽象出共同适用规则和若干重要制度规定在民法典中，但同时保留各专门法。此类方式在一定程度上保留了私权立法的纯洁性和形式美，但其实质意义不大，且在适用中多有不便（如意大利民法典）。

与上述法典化道路不同，法国寻求的是另外一种途径，即编纂专门法典。1992年，法国将23个与知识产权有关的单行法规整理汇编成统一的法典，这是世界上知识产权领域的第一个专门法典。《法国知识产权法典》既是法国大革命以来二百多年相关立法经验之结晶，也是回应当代经济、技术发展进行制度创新之成果。但是，该法典并没有改变其作为民事特别法的基本地位和本质属性，其理由可从以下两个方面分析：首先，在法国，民法、商法与知识产权法依然是基本法与特别法的关系。换言之，《法国知识产权法典》与《法国民法典》是体系分立的两部法典，但并非地位平行的两部法典。其次，《法国知识产权法典》是专门法规系统化的特殊形式。法国立法者将知识产权的各种单行立法进行整合、编修，实现了法典编纂的基本要求。但是《法国知识产权法典》显然遗漏了法典编纂的一个要素，即缺乏各项知识产权制度共同适用的原则和规则，立法者未能设计出一个与民法典相同的总则。正如该法典中文译者黄晖博士所指出的那样，“1992年颁布法典时只是将当时的知识产权各部门法汇集到一起，体例上仍然保持相互独立，1994年为加强反假冒力度修改法典时也只有遵循这一体例”[①]。由此可见，在立法技术上，《法国知识产权法典》

① 黄晖为法国知识产权法典法中译本所作的“译者序”。引自《法国知识产权法典》（法律部分），北京，商务印书馆，1999。

是各类法规的汇集，是专门法规的系统化，它没有改变知识产权制度作为民事特别法的根本属性。尽管如此，法国立法例所取得的成就是值得重视的。除法国外，据说荷兰目前也准备在民法典之外编纂独立的知识产权法典。

知识产权制度法典化的上述两种途径对于中国的相关立法都是具有借鉴意义的。

目前，中国民法典草案正处于法条草拟、专家论证阶段，对知识产权制度做何处理，当是不容回避之重大问题。民法典草案是否接纳知识产权制度，赞成派与反对派的意见各执一端。赞成派主张在民法典的框架内专编规定知识产权，其理由是：国外已有民法典系统规定知识产权之立法例，中国《民法通则》(1986 年) 亦在“民事权利”中，专门规定了各类知识产权。因此这一制度应成为民法典的组成部分。在过去一段时间内，笔者与一些民法学者、知识产权学者反对将知识产权纳入民法典。比较各国立法例，本人得出如下结论：凡是范式民法典都无知识产权编，凡是编入知识产权的民法典都不是范式。2002 年 10 月，笔者参加全国人民代表大会常务委员会法律工作委员会召开的民法典草案的专家讨论会，聆听了“知识产权编”起草者的意见。从草案文本来看，“知识产权编”含有一般规定、各项权利规定、其他规定共一百多条。可以说，该类法律制度是平行移植到民法典而成为“知识产权编”。为此，本人提出异议，但同时提出修正案。关于知识产权制度的法典化，本人主张两步走：第一步，民法典仅对知识产权作一般规定，但单行法依然保留。其理由是：(1)《知识产权协议》已明确知识产权的性质为私权，因此知识产权从本质上讲仍是民法的一个组成部分，在民法典中对其作原则性规定有其象征意义；(2) 在民法典中对其作原则性规定可以使私权特别是财产权体系更加完善，由此可以为公民和法人提供一个完整的权利体系；(3) 民法典中只作原则性规定，其他单行法仍然存在，在适用法律方面较为方便，也不破坏民法典的审美要求；(4) 作出原则性规定有利于知识产权法律体系的系统化，减少其内部矛盾。本人关于民法典作一般规定和特别法作专门规定之主张，与他国民法典的“知识产权编”是有所不同的。同年年底在上海举行的中国知识产权论坛上，来自世界知识产权组织的权威人士称，WIPO 并不赞成在民法典中详细规定知识产权问题，在民法典中就知识产权问题作出一般规定是可以的，也是有益的。这一观点似乎是本人主张的一个佐证。第二步，在民法典之下编纂知识产权法典。其中，民法典中关于知识产权的一般性规定，涉及知识产权的性质、范围、效力、利用、保护，与其他法的关系等原则性条款，可作为知识产权法典的总则；此外，可整合、汇集各知识产权单行法规，将上述具体制度作为知识产权法典的各个专章。

立法体例的选择，不仅是一种法律传统、法律文化的偏好，而且涉及立法技巧、立法规则的运用，还应受制于一定社会政治、经济、科技等因素的影响。基于各国立法例的历史考察与现状分析，笔者认为，无论何时、采取何种途径，法典化将是中国知识产权立法的未来必由之路。

试论自主创新体系与知识产权制度*

一

党的十六大以来，新一代领导集体对自主创新予以了前所未有的重视，胡锦涛和温家宝多次发表重要讲话，强调自主创新对我国经济社会发展的重要性。党的十六届五中全会通过的《中共中央关于制定国民经济和社会发展第十一个五年规划的建议》（以下简称《建议》）指出：实现长期持续发展要依靠科技进步和劳动力素质的提高。要深入实施科教兴国战略和人才强国战略，把增强自主创新能力作为科学技术发展的战略基点和推进产业结构优化升级、转变经济增长方式的中心环节，大力提高原始创新能力、集成创新能力和引进消化吸收再创新能力。同时，《建议》强调知识产权在自主创新中的重要作用，提出要加大知识产权保护力度，健全知识产权保护体系，优化创新环境；并将形成一批拥有自主知识产权和知名品牌、国际竞争力较强的优势企业作为“十一五”时期经济社会发展的目标之一。上述论断表明，知识产权制度在自主创新体系中具有重要地位，知识产权建设必须服务于自主创新的发展目标。

---

* 原载《中国版权》，2006（1）。

二

在熊彼特的创新理论中，科技创新与制度创新是创新体系的两大组成部分。科技创新立足于科技、经济一体化的目标，是一种为促进经济发展而进行的新技术应用与商业化的活动，它离不开相应制度的保障、规范和约束。知识产权制度是罗马法以来财产权领域制度创新的结果，同时也是直接保护科技创新活动的基本法律制度。可以说，知识产权制度在自主创新体系中起着基础和保证的作用。

知识产权制度是“制度文明”的典范，它激发人类发明创造的活力，推动科学技术的进步，从而促进社会经济的发展：

——完善的知识产权制度为科技创新提供了激励机制。创新者的创新活动必然要付出大量诸如时间、人力、物力、金钱之类的成本。在市场经济条件下，必须使创新者所支付的成本能够收回，最终实现盈利。而知识产权制度赋予创新者在一定的时间内对其创新成果享有专有权，其他人或企业要想使用其创新成果，必须征得其同意并支付相应的使用费用。这样不仅为创新者收回成本提供了可能性，而且能激励更多的企业和技术人员持续不断地投入创新活动中去，实现创新活动的持续进行。

——完善的知识产权制度能够为创新提供智力资源。任何创新活动都是在前人研究工作的基础之上进行的，因此，创新活动的一个重要前提就是及时获得智力资源。专利权规定了早期公开制度，即发明人如果要将其智力成果以专利的形式获得法律保护的话，就必须将有关的技术信息通过各种方式向社会公开。在创新活动前查询这些已经公开的科研信息，一方面，可以了解世界先进科技发展的最新动态，提高创新活动的起点，使我国的相关科学研究始终走在世界先进行列；另一方面，也能够避免因低水平重复研究造成的浪费，节约研究时间，提高产出效果。此外，引进、消化、吸收再创新也是自主创新的重要组成部分，早期公开制度也能够有效地克服当前我国技术引进工作中因不了解国际最新科技发展动态而导致的总体水平偏低、重复引进、核心技术和关键装备偏少等缺点。

——完善的知识产权制度是实现创新成果产业化的关键因素。创新不单是指研究开发，而且还是一个从研究开发到产业化和商业化的过程。在商业化阶段中必须强调对知识产权的综合保护。我国要想使自己的新技术产品最大限度地占领国内外市场就必须使自己的新技术产品权利化，拥有其专利权或商业秘密权；同时，结合商标权制度、著作权制度以及外观设计权制度，对产品商标、包装装潢、产品说明书、广告图案等进行综合保护，防止被他人不当使用。这样才能够使创新者的收入与科技成果的市场效益挂钩，促使创新者积极地将创新成果投入市场运作中去。

——完善的知识产权制度能够构建和维护公平有序的创新环境。在社会主义市场经济条件下，创新活动主要还是作为一种商业行为而存在，必须在一个公平有序的竞争环境中进行。知识产权制度的重要性就在于其不仅规定了创新者对自己的创新成果在一定的期限内享有排他的专有权，还规定了对侵犯这种专有权行为的各种法律制裁措施，包括民事责任、行政责任和刑事责任。这样，就可以有效地制止未经创新者许可而违法使用创新成果的行为的发生，维持创新者之间的公平竞争。此外，知识产权制度在保护创新者个体利益的同时，还通过合理使用、法定许可使用、强制许可使用等制度，对创新者滥用权利的行为进行限制，保证创新者个体利益与社会公共利益之间的平衡，以促进社会整体创新水平的发展。

三

加大知识产权保护力度，健全知识产权保护体系，增强自主创新能力，培育和发展我国的核心竞争力，实现产业结构优化升级和经济增长方式的转变，是党的十六届五中全会对我国知识产权事业发展提出的总体性要求。《建议》实际上为我国今后若干年的知识产权建设指明了方向和道路：

——尽快制定国家知识产权战略。在知识经济和经济全球化的大潮中，知识产权已成为许多国家发展和参与国际竞争的重要手段。党中央、国务院审时度势，准确把握到这一世界发展趋势，提出要制定我国的国家知识产权战略。国家知识产权战略应以大幅度提高我国的自主创新能力和国家核心竞争力为目标，既要适应经济全球化和知识产权保护规则国际化的发展趋势，也要适应中国具体的科技文化与经济发展状况，为我国走新型工业化道路、加快全面建设小康社会服务。国家知识产权战略不仅仅是知识产权工作系统的发展战略，而且还应是国家总体战略的重要内容之一，它应当与国家的科教兴国战略、人才强国战略和可持续发展战略等国家战略相互补充、相互依存、相互促进。在制定国家知识产权战略的同时，各地区、各行业、各企业也要根据自身的具体情况，抓紧制定各自的知识产权战略，使之成为自身发展战略的组成部分。

——加快知识产权专门人才的培养工作。《建议》认为，发展科技教育和壮大人才队伍是提升国家竞争力的决定性因素，指出了人才培养工作在我国知识产权事业建设中的重要性。2004 年 12 月 13 日，教育部和国家知识产权局联合下发了《关于进一步加强高等学校知识产权工作的若干意见》：要求有条件的高等学校要开展知识产权人才培养和专业人才的培训，积极为企业和中介机构培养一大批基层知识产权专业工作者；通过多渠道、多途径，包括开展中外合作办学，努力建设一支精通国内外知识产权规则的高级专业人才队伍；高校要在《法律基础》等相关课程中增加知识产权方面的内容，积极创造条件为本科生和研究生单独开设知识产权课程；高校将增设知识产权专业研究生学位授予点，鼓励有相应条件的高校整合教学资源，设立知识产权法学或知识产权管理学相关硕士点、博士点，提升知识产权的学科地位。相信通过贯彻实施科教兴国战略和人才强国战略，能够为我国新时期各项知识产权工作的顺利开展提供大量高素质的专门人才。

——大力开展知识产权宣传教育活动。知识产权意识是知识产权事业的思想基础，提高全社会的知识产权意识应成为当前工作的重点。知识产权意识的培养应针对不同对象，综合运用公众宣传、专题培训、基础教育等形式。要充分发挥新闻媒体的作用，准确报道国内外知识产权重大事件，结合科普与普法宣传工作，提高全社会的知识产权意识；组织企业负责人参加高层培训和研讨班，以提高企业负责人的知识产权意识；将知识产权知识纳入各级党校领导干部学习和举办高层次专题报告会的内容，以加强对各级领导的宣传培训；将知识产权知识纳入公务员招录考试和中层干部资格考试内容，以加强对公务员和干部的宣传培训；将知识产权课程纳入中小学教育课程中，结合青少年综合素质的培养，提高中小学生发明创造积极性，增强青少年的知识产权意识。

——继续完善我国知识产权保护法律体系。20 世纪 80 年代以来，我国颁布实施了《专利法》《商标法》《著作权法》《计算机软件保护条例》《集成电路布图设计保护条例》《植物新品种保护条例》等法律法规，并颁布了一系列相关的实施细则和司法解释，使中国知识产权保护的法律法规体系不断趋于完善。在 2001 年中国加入世界贸易组织（WTO）前后，我国又对相关法律法规和司法解释进行了全面修改，在立法精神、权利内容、保护标准、法律救济手段等方面，做到了与 WTO《知识产权协议》以及其他知识产权国际公约相一致。当前，国际知识产权保护的重点和热点表现为对遗传资源、传统知识和民间文学艺术的保护，我国作为一个历史文化悠久的发展中国家，在这方面具有一定的比较优势。因此，应当制定和完善相关的法律法规，加大对上述智力资源的保护力度，使其更好地为我国的自主创新工作提供智力源泉。在完善我国知识产权保护法律体系的同时，还要加大知识产权保护的执法力度，通过日常监管与专项治理相结合，真正做到有法可依、有法必依，保证知识产权工作的真正落实。

——积极参加知识产权保护的国际事务。《建议》指出，要积极参与多边贸易谈判，推动区域和双边经济合作，促进全球贸易和投资自由化与便利化。在经济全球化和 WTO 的背景下，随着关税壁垒的逐渐降低乃至取消，发达国家更多地依靠知识产权、贸易技术壁垒和反倾销等手段来控制市场。以 WTO《知识产权协议》为核心的国际知识产权保护规则主要是以发达国家为主导而制定的，发展中国家一般处于被动接受的地位。发达国家在知识产权方面有明显优势，但也存在着滥用知识产权、非法垄断的行为，造成了当前国际贸易中的某些不合理、不公平的现象。我国作为一个在全球有重大政治影响力的发展中大国，应当与其他国家、国际组织和外商投资企业在知识产权领域广泛开展对话、交流与合作，在国际知识产权保护规则的调整和完善中发挥推动作用，与世界各国共享科技进步带来的成果和利益。

国家软实力建设的知识产权问题研究*

国家软实力建设是我国在新的国际竞争态势中作出的重要战略抉择。继党的十七大报告明确要“提高国家文化软实力”之后，2011年10月，《中共中央关于制定国民经济和社会发展第十二个五年规划的建议》又提出要加强对外宣传和文化交流，创新文化“走出去”模式，增强中华文化国际竞争力和影响力。软实力建设涉及文化创新活动、文化产品经营以及高新技术在文化领域的应用，与著作权、商标权、专利权等知识产权紧密相关。在一定意义上说，软实力的强弱即表现为自主知识产权的数量与质量。当前，我国自主创新能力不足，自主文化精品太少，知识产权问题已成为制约文化软实力提升的重要因素。有效解决这些知识产权问题，是发展文化产业、应对外来文化风险的必然要求，也是国家知识产权战略实施的重要任务。

一、国际竞争的发展态势与我国面临的文化风险

当今世界，国与国之间的竞争，是一种综合国力之争。根据当代国际战略理论，衡量国家竞争力强弱的指标往往是一国的硬实力，包括基本资源、军事力量、经济力量和科技力量等支配性实力。其中，军事力量和经济力量具有十分重要的地位。随着文化与文化产业的全球化，文化比拼成为国际竞争新的发

* 原载《知识产权》，2011（1）。

展态势，国家间的实力较量已从硬实力扩展到软实力。1990年，美国学者约瑟夫·奈（Joseph S. Nye Jr）在《仍是竞赛中的强者》一文中首创了“软实力”概念，将其概括为国家凝聚力、文化被普遍接受的程度和参与国际机构的程度。[①] 与硬实力相比，软实力注重民族精神的凝聚力、民族文化的影响力以及意识形态和制度的吸引力，是一种“通过吸引而非强迫或收买的手段来达己所愿的能力”[②]。事实上，“无论流行文化、意识形态还是国家制度，都是受特定的价值观念支配的，其背后都有着深厚的文化根源，这就是软力量的内在基础”[③]。软实力的核心是文化软实力。与此同时，作为软实力的文化既能借助文化产品生产提升国家综合国力，也能通过文化的“软约束”功能对经济发展产生影响。[④] 申言之，文化软实力虽具有弹性，但可以通过硬性的条件表现出来。文化发展需要创新，文化传播需以文化交流、文化产品和信息媒介等为载体，并借助产业的国际竞争力来扩大影响。由此，一国文化软实力的衡量指标可概括为文化活动的创新力、文化产品的传播力和文化产业的竞争力。

为增强本国软实力，世界各国都在努力提升文化创新能力，形成文化产业竞争优势，争夺文化市场份额。从国际范围来看，现今世界文化市场依然是西方主流文化一统天下的局面：美国占据世界文化市场42.6%，欧洲国家占到33.9%，亚洲和南太平洋国家仅有19%，并由日本、韩国分别占得10%和3.5%。源于这种市场格局，西方的主流文化、强势文化不断侵蚀着非主流文化、传统部族文化，“传统的经典式的属于少数人的精英文化对话语权的垄断和对大众文化的一种霸权，在当代国际关系中，已经演变成一种少数文化产出国对其他国家的文化霸权”[⑤]。诚如英国学者斯科特·拉什所言：“始料不及的风险和危险将不再是由工业社会的物质化生产过程中所产生的风险和危险，而

---

① 参见中国科学院可持续发展战略研究组：《2003中国可持续发展战略报告》，北京，科学出版社，2003。

② ［美］约瑟夫·S·奈：《软力量：世界政坛成功之道》，吴晓辉、钱程译，2页，北京，东方出版社，2005。

③ 郭洁敏：《当前我国软力量研究中若干难点问题及其思考》，载《社会科学》，2009（2）。

④ 参见吕挺琳：《发展文化产业，提升国家软实力》，载《光明日报》，2009-01-11。

⑤ 胡惠林：《文化产业学》，151页，北京，高等教育出版社，2006。

是从信息领域、从生物技术领域、从通信和软件领域产生出的新的风险和危险。”① 文化产业的全球化和文化霸权的形成，使得民族国家的文化主权不断弱化和传统文化走向边缘化，与所谓的主流文化、强势文化一直存在着某种紧张状态。“法国对好莱坞电影在全球畅通无阻感到不妥和恐惧，为抑制美国娱乐业的入侵，法国在欧共体内寻求建立欧洲及国家定额管理制度。澳大利亚的文化产业委员会也感到不安，它们建议政府在遵守世界贸易组织规则的基础上，建立和创建‘文化防火墙’制度。加拿大在世界贸易组织裁决其对美国杂志采取的限制措施有悖自由贸易原则之后，采取了‘论坛应变’（form shifting）的措施，建立起多元文化网。”② 这一情况，不仅存在于欧美文化内部，更表现在东西文化之间。包括中国在内的发展中国家亦面临着一个“风险文化的时代”。美国的电影文化、日本的动漫文化、韩国的游戏文化无一不在影响我们的生活习惯，冲击我国的传统文化。由此可见，提升文化创新能力，发展文化创意产业，不仅在经济上需加以考量，而且还涉及国家软实力问题，事关我国的文化主权与文化安全。

二、国家软实力的制度保障与文化风险的法律表现

在知识经济时代，国家之间的较量主要表现为经济实力和科技实力的竞争，从法律层面看，是自主知识产权的数量与质量之争。英国政府的一份白皮书曾指出：竞争的胜负取决于我们能否充分利用自己独特的、有价值的和竞争对手难以模仿的资产，而这些资产就是我们所拥有的知识产权。③ 在国际贸易中，发达国家正是通过知识产权保护将它们的文化、技术、品牌优势转化为产权优势，最终形成国际市场的竞争优势的。因此，世界未来的竞争是知识产权的竞争。

---

① ［英］斯科特·拉什：《风险社会与风险文化》，载《马克思主义与现实》，2002（4）。

② 薛晓源：《全球化与文化产业研究》，载林拓主编：《世界文化产业发展前沿报告》（2003—2004），9～10页，北京，社会科学文献出版社，2004。

③ 参见吴仪在2007年中国保护知识产权高层论坛上的主旨演讲，http：//www.sipo.gov.cn/sipo/ztxx/2008qglh/dhgjldrjh/200802/t20080228_234637.htm，最后访问日期：2010年12月19日。

文化软实力作为国际竞争的重要领域，亦离不开知识产权保护。与文化软实力相关的知识产权制度主要包括著作权、商标权和专利权制度。其中，著作权是文化领域最重要的知识产权，其权利内容分为两部分：一是作品创作者的权利，包括发表权、署名权、作品完整权、作品修改权等人身权利和复制权、表演权、发行权、改编权、翻译权、信息网络传播权等财产权利。该部分权利通常由文学、艺术和科学作品的创作者所享有。二是传播者的权利，或称邻接权，涉及表演者、音像制作者和广播组织的权利。邻接权是对前述主体在传播作品过程中的劳力和资金投入的合理保护。这些权利作为制度创新的结果，保障着文化生产、传播与利用的智力劳动过程，服务于文化创新成果社会化、产业化、产权化的发展目标：文化活动创新以版权的获取为目的，文化产品传播以版权的交易为纽带，文化产业发展则以版权的保护为后盾。而"源自个人创意、技巧及才华，通过知识产权的开发和运用，具有创造财富和就业潜力的行业"[①] 已成为现今的朝阳产业，即文化创意产业。在新闻出版、广播影视、文化艺术、文化娱乐、广告设计、工艺美术、计算机软件、信息网络等创意产业发展过程中，版权法发挥了"创新之法"和"产业之法"的制度功用。英国1998年出台的《英国创意工业路径文件》、美国国际知识产权联盟定期发布的《版权业对美国经济影响的评估报告》以及韩国1999年通过的《文化产业促进法》，无一不是通过版权战略或政策的实施，来提升文化创新能力，增强文化创意产业的核心竞争力，以此扩充文化软实力的竞争优势。诚如英国知识产权委员会所指出："从长远的观点来看，在发展中国家，如果能使文化产业成果的其他条件得到满足，更强的私权保护将有助于激励当地的文化产业。"[②] 传统的发展中国家亦应通过完善版权制度，为本国文化产业发展提供持久动力，方能在国际文化竞争中争取主动。

文化创意产业既是文化与经济的融合，也是高科技与现代服务业的结合。其具有极强的渗透性，已将技术、文化和商业紧密地联系在一起。这说明，文化创意产业的发展不仅与版权相关，还会涉及商标权、专利权等工业产权。综

---

① 此为1998年英国创意产业特别工作组首次对创意产业进行的界定。

② 英国知识产权委员会：《知识产权与发展政策的整合》，国家知识产权局条法司编译，109页。

观现代文化市场，消费者的消费已经由产品消费转向品牌消费，体现在消费行为上就是崇尚品牌、追求品牌。为此，提高品牌的知名度、美誉度和忠诚度，是塑造企业核心竞争力的重要措施。作为经营领域最重要的知识产权制度，商标法赋予商标权人对其注册商标独占支配、专有使用，并禁止他人未经许可擅自使用的权利，能够确保企业品牌的“唯一性”。通过对商标特别是驰名商标的使用和推介，文化企业可以争取更多消费者，占领市场和赢得销售份额；与此同时，互联网技术、计算机技术、移动通信技术、光储存技术、动漫制作技术和新材料、新工艺广泛应用于文化创意产业，大幅提升了文化产品的技术含量。这些技术或单独使用、或形成技术联盟乃至行业标准，但均需依靠专利制度来保证技术的独占使用，维持技术的领先性。此外，文化创意企业的经营方法、产销策略、客户名单、广告标底等经营信息亦可以进行商业秘密保护。

当前，文化与文化产业全球化带来的文化风险，从法律上看是知识产权与文化主权、文化权利之间的冲突。“从某种程度上说，国际文化贸易的历史就是以美国为首的推行贸易自由化的集团与以法国、加拿大为首的强调文化例外和保护文化多样性集团之间不断冲突的历史。”① 这些冲突，源于对传统文化法律保护的不同态度。美国等文化输出国基于自身较强的文化创新能力，极力推行高标准的知识产权保护，而拒绝为传统文化提供保护。知识产权保护着眼于具有不同特性的文化表现形式的本身及其载体，其宗旨是保护知识产权人的私权利益，以合理垄断与利益补偿的法律机制来刺激和鼓励文化创新、科技创新与知识传播，达到利用智力成果以推动社会发展的目的。质言之，知识产权制度可以对智力创新给予激励，但对不同的文化类型即“智力源泉”却缺乏必要的法律涵养，这一制度“只能保护知识财产上的财产利益而难以保护其同时存在的文化利益”②。相比之下，发展中国家、部分发达国家等文化输入国则要求维系本国传统文化、部族文化的多样性，力争建立和完善传统文化国际保

---

① 李怀亮：《国际文化贸易概论》，32页，北京，高等教育出版社，2006。

② 有学者认为，知识产权不能充分保护文化多样性。在文化类型占有和利用中引起的财产损害，知识产权法作出了回应；而所造成的文化损害，知识产权法则没有相应补偿机制。See Rebecca Tsosie, Reclaiming Native Story: An Essay on Cultural Appropriation and Cultural Rights, Spring, 2002, 34, Ariz. St. L. J. 299.

护机制。文化多样性保护强调的是文化表现形式的独特性、多元性的文化特征。这些国家认为："一个国家的文化主权神圣不可侵犯，一个国家的文化传统和文化发展选择必须得到尊重，包括国家的文化立法权、文化管理权、文化制度和意识形态选择权、文化传播和文化交流的独立自主权等。"[①] 同时，各个民族应该享有维护自身文化尊严与文化自由、参与文化生活与选择自由、文化表达与传播平等等文化权利。

对于我国来说，当前以文化主权和文化权利为法律武器，推进传统文化保护与文化发展，虽有重要的战略意义，但是不应仅在文化多样性主权与人权保护的国际立法中做文章，而应正视我国文化产品附加值低、文化产业竞争力不足的现状，多在文化创新能力提升和强势知识产权打造上下功夫。

目前，我国文化产业发展面临着较多的知识产权问题，主要表现在以下三个方面：第一，文化创新能力不足，自主文化品牌较少。自主文化品牌是文化创意产业的核心竞争力所在，也是一个国家维系和传播民族文化的重要砝码。一般而言，文化产业发达的国家都有自主品牌的文化产品，如美国的好莱坞大片和迪士尼动画、法国的时尚设计、韩国的网络游戏等。相比之下，中国文化产业的创新能力不足，在知识产权创名牌、保名牌这个问题上，文化产业经营者敏感性不够、主动性不强。例如，好莱坞根据中国传统故事"木兰从军"拍成的娱乐大片，在全球赚取了超过 20 亿美元的票房收入。中国观众则必须支付费用，才能观赏以西方现代艺术形式表现的本土民间传说。[②] 第二，文化市场本土化水平不高，自主版权文化精品欠缺。我国是文化大国，但远不是文化强国。目前，我国本土文化精品严重不足，电影票房收入 70%依赖进口大片，少年儿童喜欢的动漫 60%来自日本，30%归属欧美，网络游戏市场半壁江山被外国公司所占领，畅销图书亦多为外国产品或中外合作产品。第三，盗版侵权行为屡禁不止，文化产业发展受阻。目前，我国的盗版现象特别是音像盗版和软件盗版依然比较严重。从长远来看，盗版行为的存在，阻碍了文化创新，不利于调动文学艺术工作者的创作积极性，不利于民族文化产业的发展。因

---

① 胡惠林：《文化产业学》，149 页，北京，高等教育出版社，2006。

② 参见《民族传统资源保护需突破僵局》，载《光明日报》，2006－12－21，第 5 版。

此，打击盗版、保护版权是我们推动文化产业发展的重要举措。

三、我国软实力的提升与知识产权战略的实施

在当前我国大力推进文化产业发展和国家软实力建设之时，正值国家知识产权战略全面深入实施的关键阶段。知识产权战略是我国为推动经济、文化与社会发展而作出的重大战略决策，其实施的成功与否将决定21世纪中国社会发展的最终走向，影响我国软实力的建设成效。唯有充分实施知识产权创造、管理、运用和保护战略，提高文化创新能力、文化产品附加值与文化产业的核心竞争力，才能在增强我国软实力的同时，抵御外来的文化风险。

第一，以知识产权创造为目标，形成创意产业群。知识产权战略包括创造、管理、运用和保护四大战略。其中，知识产权创造是知识产权战略的首要目标，对一国创意产业群的形成具有重要的推动作用。在国外，像美国的硅谷地区、日本的关西地区、德国的巴登符腾堡地区、意大利的都灵和米兰地区、法国的巴黎和英国的伦敦等地区，都是通过知识产权创造来形成一大批在全国乃至在全球有影响的创新型产业。有鉴于此，我们要提高文化创新能力，并选择关键的文化产业、重点的文化企业作为突破口，建立一批有代表性的创意产业群，形成强势自主版权和自主品牌。当前要大力发展本国的软件产业、动漫产业、游戏产业，振兴中国的电影产业、音像产业，促进中国的广播电视业和图书出版业。

第二，以知识产权的管理、运用为重点，构建创新政策体系。中国的知识产权制度已比较先进，但是并没有完全实现其预期的政策目标。究其原因，在于我们运用制度的经验不足。诚如国际知识产权协会主席、美国斯坦福大学的约翰·巴顿（John Barton）教授所言，发展中国家与发达国家在知识产权方面的差距不在于制度本身，而在于运用制度的经验。笔者认为，知识产权政策目标的实现有赖于一个以知识产权为导向的公共政策体系的建立；通过知识产权的管理和运用来推动文化创意产业的发展，需将知识产权制度与国家的产业政策、科技政策、外贸政策、文化政策、教育政策、投资政策相互配合，并在有关政策出台时增加知识产权条款。具体而言，在产业政策方面，应着力调整

创意产业结构，促进文化创新成果产业化；在科技政策方面，应加大对发明创造者的保护力度，注重创意性科技成果的产权化、产业化；在外贸政策方面，应转变对外贸易增长方式，优化进出口商品结构，扩大具有自主版权、自主品牌的文化产品出口；在文化政策、教育政策方面，应鼓励文化创新，推动文化的版权化、市场化；在投资政策方面，应增加对创意产业的资金扶持，细化文化创新的财政投入。

第三，以知识产权保护为后盾，营造创新社会环境。文化创意产业的健康发展，有赖于明确产权归属，规范文化产品市场，加强知识产权的保护与管理。知识产权是文化创意产业发展的制度支撑，同时也是世界市场经济体制的基本规则。无论在国内市场还是在国际市场，我国文化创意产业的发展都离不开对知识产权的有效保护。从国内市场来说，知识产权是文化创意产业主体进行市场竞争的法律手段。唯有加强知识产权保护，严厉打击盗版假冒行为，才能使我们的文化产业主体将人力与物力投入文化的创新与品牌的维护上，才能形成健康有序的市场环境，使创意经济发展实现良性循环。从国际环境来说，知识产权保护状况如何，已经成为国际社会对投资、贸易环境进行评估的重要内容。良好的知识产权保护环境和文化氛围，既是文化产品引进的先决条件，也是外商投资合作的环境要素。

文化大发展、大繁荣与版权战略实施*

继2007年党的十七大报告明确提出“提高国家文化软实力”之后，有关文化创新、文化产业发展和文化软实力的政策与建议频繁见诸党和国家的重要文件之中，从《中共中央关于制定国民经济和社会发展第十二个五年规划的建议》关于创新文化走出去模式的构想，到十七届六中全会颁布的有关文化大发展、大繁荣的规定，再到党的十八大报告中增强文化整体实力和竞争力的要求，文化建设问题得到高度重视。文化建设问题涉及文化软实力的产权表现、文化走出去的产品形式、文化大发展的产业状况，说到底都是与版权有关的问题。发挥版权制度的“正能量”，传播中国文化的“好声音”，应该是我们版权人的“中国梦”。

一、文化软实力的国际竞争与著作权的制度功能

当今世界，国家与国家之间的竞争是综合国力的竞争。国家的竞争力是指一个国家在世界经济的大环境下所具备的创造增加值和促进国民财富不断增长的能力。它包括三个部分：核心竞争力、基础竞争力和环境竞争力。其中，核心竞争力最为重要。一个国家的核心竞争力主要表现为科技、文化和经济等方面的实力。具言之，国家的核心竞争力表现为产业的国际竞争力，产业的国际

---

* 本文系作者在国家广电新闻出版总局机关理论学习中心组所作的专题讲座，根据录音摘要整理而成。原载《中国版权》，2013（3）。

竞争力又以企业的市场竞争力为基础。例如，国家核心竞争力居于世界前列的美国，其在经济、科技、文化等方面的实力都远超其他国家，而美国的核心竞争力主要表现为信息产业、飞机制造业和影视产业这三大支柱产业的国际竞争力；这三大支柱产业是由许多极具市场竞争力的公司企业所组成的，例如信息产业中的苹果、微软、IBM、英特尔、戴尔、惠普等；飞机制造业中的波音、洛克希德、联合技术公司等；影视业中的迪士尼、好莱坞等。由此我们可以看到，国家、产业和企业之间的核心竞争力是紧密地联系在一起的。

根据当代国际战略理论的分析，国家与国家之间的竞争已从硬实力的比拼扩展到了软实力的较量。硬实力指的是基本资源、军事力量、经济力量和科技力量等这些可以实际支配的能力。“软实力”的概念是美国学者约瑟夫·奈（Joseph S. Nye）于1990年首先提出的，它指的是一个国家国民的精神凝聚力、文化被普遍接受的程度和参与国际机构的程度。软实力是一种“通过吸引而非强迫或收买的手段来达己所愿的能力”，其核心是文化软实力。就其构成来说，主要有三个方面：第一，民族精神的凝聚力，即本国国民在重大场合、重要时刻表现出来的向心力和战斗力；第二，意识形态和社会制度的吸引力，这种制度不仅为本国国民所拥护，而且为外国国民所向往；第三，民族文化的影响力，这种文化不仅能够在本土被传承和发展，而且能够产生国际影响，为他国文化所吸收或接受。有的文化学者讲，文化只有是民族的，才能是世界的。我认为，在经济全球化与文化传播全球化的今天，文化虽是民族的，但未必是世界的。民族文化在国际社会的影响，关键在于文化活动的创新力、文化产品的传播力、文化产业的竞争力等三个方面，而版权则是激发、保持和发展这些创新力、传播力和竞争力的重要政策工具。

版权或说是著作权，是年轻的财产权制度，是近代商品经济和传播技术发展的产物。一般认为英国在1709年颁布的《安娜法令》，是世界上第一部版权法（著作权法）。该法令明确宣布它的立法宗旨在于授予作者、出版商以专有复制权，鼓励人们创造作品和兴办出版物。版权主要有两项制度功能：首先，创作激励功能。版权作为一种精巧的制度工具，通过授予作者以专有权利来鼓励创作，是文化创新活动源源不断的重要动力。其次，产业指引功能。版权所涉及的各种权能，如复制权、发行权、表演权、广播权、网络信息传播权、演绎权等，每一项财产权都是一条产业化渠道，可以说版权制度为文化成果的产业化指明了方向。世界上那些版权制度比较完善且能够有效实施的国家，大都是文化创意产业比较发达的国家。版权以激励文化创新活动为目标，以促进文化产业发展为使命，它是文化创新的激励之法、文化产业的发展之法。

二、创新型国家的文化扩张与版权发展谋略

在知识经济时代，世界各国特别是创新型国家，都是将版权政策的运作与文化产业的扩张放在一个重要的战略地位。版权的政策功用和制度价值表现为以下三个方面。

一是国力体现，版权优势就是文化实力优势。一个国家的科技、文化和经济实力，在法律层面集中地表现为知识产权的数量和规模、质量和水平。其中，文化实力就集中地表现为版权的拥有量。据中国软实力研究所 2011 年报告中提供的数据，在国际文化市场份额构成中，美国占到总量的 43%，欧洲国家的份额是 34%，亚洲占有量最大的日本是 10%，中国与其他亚洲国家在国际文化市场上的份额总量不足 4%，当今国际文化市场依然是欧美国家的天下。近十年来，中国的科技、经济取得了长足的进步，中国现已成为全球第二大经济体，GDP 规模占全球总量的 10%左右；同时也是第一工业制造大国，在国际制造业中所占的份额为 19.8%。但是，我们在国际文化市场中地位有限，影响不大，中国文化实力的优势还没有得到充分的体现。

二是战略选择，版权战略就是文化强国战略。创新型国家在其发展过程中，都有一个共同的规律、相同的经验，那就是在社会发展转型过程中，以科技为先、经济为重、文化为核；先是科技、经济大国，尔后谋求成为文化大国。有个政治家言道，经济使国家富裕、科技使国家强盛，而文化使国家伟大。创新型国家在其发展过程当中，大都十分重视版权制度建设和版权产业发展，通过版权制度来实现本国文化在全球的扩张。在这一点上，20 世纪 20 年代的美国和 20 世纪 90 年代的韩国最具代表性。20 世纪 20 年代出现了全球性的经济大萧条，美国经济一蹶不振，在这样一种大危机面前，美国的电影业通过制度创新和技术创新实现了逆流而上。可以说，美国的朝阳产业是从影视业

开始的，美国的世纪起步是通过文化产业的腾飞开始的。从 1980 年到 1995 年，韩国被喻为“东亚经济奇迹的领航者”。在经历亚洲金融危机的重创之后，韩国提出“创意韩国”的发展战略，于 1999 年颁布了《文化产业促进法》，通过十几年的发展，现已成为世界第五大文化产业大国。从这两个事例我们可以看出，实施版权战略是促进文化发展繁荣的重要手段，是促进一国成为文化强国的必然选择。

三是竞争焦点，版权竞争就是文化产业竞争。当今世界，文化产业已经成为发达国家的支柱产业和新的增长点。中国是一个典型的文化消费大国、相对的文化生产大国，但并非国际意义上的文化产品出口大国、文化产业发展强国。据统计，在全球 15 个主要国家文化产业竞争力要素比较中，美国为第一集团，竞争力指数为 0.87；第二集团是英、法、德等国，平均指数为 0.6～0.7；第三集团是澳、意、日等国，平均指数为 0.52～0.59；中国位居第四集团末位，仅为 0.12。可以说，我们已经进入了一个风险文化的时代。文化产业国际竞争力的强弱，既涉及经济能否增长的问题，又事关一个国家能否有效地维护文化主权和文化安全。

以版权制度为基础的文化创意产业，是知识经济时代产业发展的重心，发达国家都把创意产业发展放在一个相当重要的战略地位。在美国，版权业与信息产业、飞机制造业并称为“朝阳产业”。美国生产了占全球市场份额 2/3 的软件，生产了赚取全球 80%的票房收入的电影，生产了占全球总量的 20%的唱片，因而美国在国际文化市场的贸易中具有明显的优势。在意大利，文化创意产业的发展独树一帜。意大利号称世界和欧洲的“设计中心”，尤其是汽车设计、家具设计和时尚设计极具影响力。从 20 世纪末到 21 世纪初，日本经济发展被称为“失落的 20 年”。但在这一时间，日本的文化创意产业却并没有停步。以“美丽日本”为宣传形象的日本文化产业，既包含动漫、时尚等流行文化产业，也包含茶道、插花、建筑等传统文化产业，尤其是日本的动漫产业，在全球依然处于领先的地位。在韩国，文化产业的产值占 GDP 的比例接近 15%。韩国的文化产品在国际文化市场的份额接近 5%，号称全球第五大文化产品国。其文化产品形成一股“韩流”，在全球特别是在亚洲的影响是毋庸置疑的。

三、文化创新领域中的著作权制度

版权是文化领域中最重要的知识产权，文化创新、文化产品贸易、文化产业发展都离不开版权制度。版权保护的对象是文学、艺术和科学作品，这种作品与专利权所保护的技术、商标权所保护的标记是有区别的。版权作品要求具有独创性，即作品是作者独立创作，而不是抄袭的；专利技术要求首创性，即某一技术是某个领域的重大突破，是前所未有的；商标标记则要求具有可区别性，即能够将同一种商品和类似商品区分开来。具体说来，文化领域中的版权制度可以概括地分为三个部分。

第一，权利的内容。著作权的类型可以分为两个方面：一是作品创作者的权利，这是一种狭义的著作权。我国的《著作权法》一共规定了 17 种权利，如署名权、发表权、复制权、传播权等。二是作品传播者的权利，即邻接权，包括表演者权、音像制作者权、广播组织权。版权产业的发展以权利的内容为基础，包括新闻出版、广播电视、文艺表演、工艺美术等在内。文化创意产业，都是以版权的存在为基础，以版权的交易为纽带，以版权的保护为后盾。可以说，没有版权，这些产业将不复存在。

第二，权利的利用。著作权的权利是独占性的，即使用作品的权利是为作者所控制，法律为此设立了一个有限的保护期。使用也分为不同的情形，有非经济目的的自由使用，即合理使用；有以合同为基础的对价使用，即授权使用；有根据法律规定的使用，包括法定许可使用和强制许可使用。这些使用构成了著作权利用的完整制度。

第三，权利的保护。作品的商品化、市场化、产业化，在很大程度上是通过权利保护制度来实现的。一般认为，著作权的保护方法包括以赔偿为主的民事责任制度、以处罚为主的行政责任制度和以刑罚为主的刑事责任制度三种。

除了版权制度之外，其他知识产权也可以为文化产品提供保护，如通过商标法对文化产品品牌提供保护，通过专利法对数字版权的技术提供保护等。版权业是文化与技术、商业的结合，以版权保护为主、以商标和专利保护为补充来构建权利保护制度，是较为合理的选择。

四、版权战略中的文化创新与文化产业发展

当前，我国的文化创新与文化产业发展，存在着许多不足，有待在版权战略实施中予以重点突破和逐步解决。

第一，创新能力不足，品牌产品较少。在国际文化市场中，文化产品的竞争非常激烈，文化产品要形成自己的特色，才具有产品优势，如美国的好莱坞电影、微软软件，日本的动漫，韩国的网游，法国的时尚设计等。中国要实施文化走出去战略的任务非常艰巨。在版权方面，应减少跟风、仿冒等行为，同时增加对传统文化挖掘再创造的投入，以形成我国的文化品牌。

第二，产业技术薄弱，文化传播乏力。当前，电子技术、数字技术、网络技术、移动通信技术都与文化产品传播相联系。意大利的达·芬奇曾经发出“艺术借助科学的翅膀才能高飞”的感慨。《阿凡达》29亿美金的全球票房和3D《泰坦尼克号》的再次成功证明，高新技术对文化传播具有重大的支撑作用。

第三，文化本土化水平不够，对外依存度高。中国的文化“只有立足于本土，才能传播于世界”，这是中国传统文化传承和现代文化创新发展的重要理念。目前，我国本土文化精品严重不足，如电影票房收入的50%以上归属进口影片，少年儿童喜欢的动漫60%来自日本和欧美，网络游戏市场的半壁江山被外国公司所占领，畅销图书亦多为外国产品或中外合作产品。本土文化精品过少会导致中国丧失文化市场的控制力，丧失对社会主流文化的支配力。

第四，盗版行为盛行，文化发展受阻。关于盗版问题的解决，可以从以下几方面着手：首先，外打强权，内打侵权。即对外，不屈从于一些国家的压力，而以我国的国情为出发点完善相关政策和法律；对内，通过打击盗版来形成良好的法制环境和正版的法律文化，以便实现文化创意产业的可持续发展。其次，打击盗版，重在产销，即加强对侵权作品、盗版作品的生产商和经销商的惩处。最后，保护版权，重在数字版权。电子图书、数字期刊、网络原创文学、数字文学、网络游戏、网络动漫等都是电子出版物，目前在这些领域，我国的盗版率一直居高不下，所以数字版权应列为重点保护领域。

包括版权战略在内的国家知识产权战略，其实施的成功与否将决定21世纪中国建成创新型国家的发展走向。当前，应致力于实施版权的创造、管理、运用和保护战略，以提高文化活动创新力、文化传播影响力和文化产业竞争力。现提出以下三点建议。

第一，激励版权创造，发展创意产业。版权创造是版权战略的首要目标，对一国创意产业群的形成具有重要的推动作用。促进文化创新与文化产业的发展，就要选择一些关键领域，如数字内容产业、网络文化产业、动漫产业等新兴文化产业和文艺表演、文化娱乐、工艺美术等传统文化产业，寻求重大突破，建立一批有代表性的创意产业群，形成强势自主版权和自主品牌。

第二，注重版权管理、运用，构建创新政策体系。通过版权的管理、运用，将版权制度与国家的有关政策相互配合，是促进创意产业的发展，推进文化活动的创新的必然选择。具体而言，在产业政策方面，应着力调整创意产业结构，促进文化创新成果产业化；在科技政策方面，应加大对发明创造者的保护力度，注重创意性科技成果的产权化、产业化；在外贸政策方面，应转变对外贸易增长方式，优化进出口商品结构，扩大具有自主版权、自主品牌的文化产品出口；在文化政策、教育政策方面，应鼓励文化创新，推动文化的版权化、市场化；在投资政策方面，应增加对创意产业的资金扶持，细化文化创新的财政投入。

第三，加强版权保护，营造创新文化环境。文化创意产业的健康发展，有赖于文化产品市场的规范和版权保护与管理的加强。版权是文化创意产业主体维护自身利益的法律手段。唯有加强版权保护，严厉打击盗版假冒行为，才能使我国的文化产业主体将人力与物力投入文化的创新与品牌的维护上，才能形成健康有序的市场环境，使创意经济发展实现良性循环。

我们强调保护版权，有源自国际社会的压力，但更多的是自身发展的需要。创新改变中国，创新赢得未来，版权战略将为我国的文化创新和文化产业发展提供重要的政策支撑和制度保障。

企业知识产权战略：目标与重点*

党的十六大以来，中央对自主创新予以了前所未有的重视。基于国际竞争的压力和国内环境的需求，国家适时提出了制定知识产权战略的总体性规划。党的十七大报告进一步提出了要实施知识产权战略。从战略的主体角度来看，知识产权战略包括宏观上的国家知识产权战略，中观上的区域、行业知识产权战略以及微观上的企事业单位知识产权战略。但是，每一层次的知识产权战略并不是分割而孤立的，而是互相衔接的，它们共同构成我国的知识产权总体战略。在这些战略主体中，企业是市场的直接参与者和技术创新的主体，因此，国家战略、地区战略、行业战略归根结底都是为企业战略服务的，企业战略是国家战略、地区战略、行业战略能够最终落实的基础。与此同时，作为国家战略的落脚点，企业战略的制定和实施也要以国家战略为指引，与地区战略相协调，与行业战略相配合。当前，我国知识产权战略实施在即，企业应该以此为契机，制定、完善以至实施自己的知识产权战略。

一、企业知识产权战略的目标

企业知识产权战略的内容包括知识产权的创造、管理、运用和保护。胡锦涛在中共中央政治局2006年5月26日进行的第31次集体学习中强调，加强

---

* 原载《中国发明与专利》，2008（5）。

我国知识产权制度建设，大力提高知识产权创造、管理、保护、运用能力，是增强我国企业市场竞争力、提高国家核心竞争力的迫切需要。企业竞争力主要考察一个企业在市场上的综合竞争力，也就是影响企业竞争力的各个要素的总体情况及其相互关系，换言之，企业核心竞争力主要考察的是一个企业相对于其他企业，能够持续保持竞争优势的主要因素是什么。资源、能力和制度等都是企业竞争力的来源，但并非所有的资源都可以成为企业核心竞争力的源泉，只有相对于其他企业而言具有优势的那些要素，才成为一个企业战胜其他企业的关键要素，才成为企业核心竞争力的源泉。企业核心竞争力的提高关键在于如何运用知识产权。正如英国政府的一份白皮书指出，竞争的胜负取决于我们能否充分利用自己独特的、有价值的和竞争对手难以模仿的资产，而这些资产就是我们所拥有的知识产权。因此，企业知识产权战略的实施必须始终以增强企业的核心竞争力为重心。

就国家核心竞争力而言，国家核心竞争力表现为若干产业的国际竞争力，而产业的国际竞争力又是以企业核心竞争力为基础的。例如，美国的核心竞争力集中体现在计算机和办公设备业、饮料业和飞机制造业等产业的国际竞争力上，而这些产业的国际竞争力又表现为相关企业的核心竞争力。诸如计算机和办公设备业的微软、IBM、惠普、戴尔、康柏等企业，饮料业的可口可乐、百事可乐、安霍伊泽等企业，飞机制造业的波音、联合技术公司、洛克希德-马丁公司、特克斯特朗等企业，形成了美国相关产业在国际市场上的强大竞争力。可以说，在国际市场中，国家之间经济、科技实力的竞争，在很大程度上就是企业之间的竞争，国家核心竞争力的提高最终取决于该国企业核心竞争力的增强。我们有理由认为，企业知识产权战略的实施也必须以企业核心竞争力的增强为最终目标。

二、企业知识产权战略的重点

一般认为，企业的核心竞争力包括企业员工的知识和技能、企业的技术开发和创新能力、企业的管理和生产经营能力、企业创造品牌和运用品牌的能力、企业独特的文化和价值观。以增强企业核心竞争力为导向，企业应重点从以下几个方面来制定和实施企业知识产权战略。

1. 鼓励知识产权创造，提升企业的技术开发和创新能力

在知识经济时代，技术创新是企业发展的关键。对于企业而言，技术创新需要一定的周期和较大的资金投入，而且可能承担较大的技术风险和市场风险；由于专利和商业秘密对市场形成合法的垄断，企业通过合法途径获得与技术创新有关的知识资源的难度和成本都比较大。上述因素决定了竞争者之间缩小技术差距具有相当的难度。在这种情况下，企业的自主创新具有特别的意义，正是技术创新使得企业能够在市场上实现差异化的竞争，不仅能够在竞争中取胜，而且能够获得足够的利润，保证企业的长久持续发展。

我国企业应该在科技创新上投入更多的人力和物力，提高科研能力，并将科研成果以专利的形式加以保护。在这一方面，国内的联想、海尔、华为等企业作了较好的表率。有数据显示，2006 年，海尔、华为、联想的研发投入分别为 67 亿元、59 亿元和 28 亿元，与此同时，3 家企业也包揽了当年中国电子信息百强企业的前 3 名。重视科研投入，拥有了自己的核心专利技术，这些企业的利润率也较高，从而就可以大量进行研究开发，使得企业进入了相对良性的发展轨道。但是，在应对跨国公司的专利战中，我国企业依旧困难重重，这集中表现在：企业发明专利不足，尤其在高新技术领域，发明专利多为外国公司所掌控；企业职务发明专利数量以及取得国外专利授权的数量太少。因此，中国企业不应片面地在专利数量上做文章，而更多地应在专利质量上下功夫。具体而言，企业应该有长远的战略眼光，注重在高端技术领域寻求突破，抢占技术制高点，使企业居于领先地位。同时，企业在某个技术获得专利后，可以其为基本专利，继续研发其改进技术及外围相关技术，并将它们均申请为专利，构筑一个由基本技术与外围相关技术一起构成的专利网，从而形成本企业强项技术的专利壁垒，使竞争对手无法突破。时机成熟时，要尽可能走出国门，积极在国外申请专利，参与国际竞争。

2. 重视知识产权管理，增强企业的管理和经营能力

知识产权管理是企业管理战略的重要组成部分。加强知识产权管理，建立企业内部的知识产权管理部门，可以帮助企业有效地管理创新成果，巩固技术和经营优势，从而提高企业的运营能力，增强其核心竞争力。

我国企业应该高度重视知识产权的管理工作，树立知识产权风险防范意识。对于准备在海外谋求发展的国内企业，更应该做到“产品出口未动，知识产权先行”。围绕准备出口的产品和技术，首先，进行知识产权的检索和论证，提前申请注册商标和专利，尽力降低可能出现的知识产权风险。目前，国外企业知识产权管理体制大体可分为三种：以 IBM 公司为代表的集中管理制、以佳能公司为代表的行列管理制和以东芝公司为代表的分散管理制。尽管管理体制有所差异，但是，其相同之处在于都建立了相应的知识产权管理部门。这些部门的职责包括知识产权的经营管理、情报研究工作、保护工作、教育培训等。其实，早在 1992 年，海尔集团就成立了国内首个企业知识产权管理部门——海尔知识产权办公室，对其知识产权进行管理。3 年后，华为公司也成立了相应的知识产权部，负责知识产权管理事务。但是，我国绝大多数企业的知识产权管理意识不强，缺乏知识产权管理规划，也没有建立相应的管理部门。

3. 注重知识产权运用，提高企业开拓市场的能力

知识产权运用是将企业知识产权优势转化为市场优势的关键步骤，也是企业提高开拓市场能力的战略重点。对于专利权的运用，高科技领域的跨国公司往往通过转让、许可已有技术，从而取得研发资金开发新的专利技术，实现不断开拓市场的目的。例如，IBM 公司每年的技术转让收入高达 11 亿美元，朗讯公司为 5 亿美元，飞利浦公司达 4 亿美元。而在那些非高科技的传统生产领域，一些公司则加强品牌营销，扩大它们在消费者中的影响力和认同感，同样也创造了非凡的业绩。比如，食品行业的“可口可乐”公司、“麦当劳”公司，运动服装行业的“耐克”公司、“阿迪达斯”公司等都是成功的例子。尤其是“可口可乐”公司，其生产的碳酸饮料并不包含多大的科技含量，但它以 700 多亿美元的品牌价值超越许多高科技企业。

中国企业应该重视知识产权的运用。在专利方面，企业在作出有关的发明创造、掌握其核心技术后，应及时申请专利并将其产业化，投入生产领域，抢占市场，率先为企业赢得利润。待市场成熟后，就将这些技术使用权转让给其他企业，以获得技术转让费用。此时自己再通过新一轮的技术创新抢占新的技术制高点，进而占领新的市场，如此循环往复，从而达到在竞争中的步步领

先。在品牌方面，企业要以品牌的扩张和品牌的商品化来带动企业无形财产的增值。一方面，企业要保证产品质量，提高商标美誉度。亦即要以质量为本，不断地为消费者提供创新的产品和高质量的服务。将商标使用到不断推出的不同的高质量商品上，使消费者由对产品和服务的认同进而形成对商标的认同和忠诚。另一方面，要改进宣传方式，扩大商标知名度。企业应该选择适当的宣传方式，使得消费者对其商标有所认识并留下深刻印象。在商标具有一定的美誉度和知名度后，企业又可以利用消费者对商标的认同，将成熟的商标不断使用在各种产品和服务上，以带动商品和服务的多元化发展。

4. 加强知识产权保护，维持企业的市场竞争能力

在知识经济时代，知识已经成为最重要的经济资源。对于企业而言，知识经济带来的是财产结构的重大变化，企业固定资本、金融资本的重要性已经让位于企业所拥有的知识财产。这即是说，企业的竞争优势在于企业所掌控的知识产权。因此，有效地保护企业的知识产权，是维持企业竞争优势的需要。

企业知识产权的保护包括两部分，一是外部保护，二是内部保护。就外部保护而言，企业应该熟悉国内外的知识产权法律法规，积极应对知识产权纠纷，求助司法机关、行政执法机关对自己的知识产权进行保护。同时，也可以通过行业协会或行业自律组织来保护自己的知识产权。内部保护是企业通过内部管理而对知识产权实施的自我保护。其手段包括：完善与员工劳动合同中的保密条款和竞业禁止条款；对商业秘密采取特殊保密措施；采取职务分离制度，即每个员工仅能接触到特定部分的技术等。

企业核心竞争力与知识产权*

人类社会已经步入知识经济时代。知识经济是以现代科学技术为核心的，建立在知识和信息的生产、存储、使用和消费之上的经济。尽管在农业经济和工业经济时代创造财富也离不开知识，但在知识经济时代，知识将成为最重要的经济资源和生产要素，具有特别的意义和更重要的价值，成为生产的支柱和经济发展的决定性因素。这不仅对以往资源经济时代形成的价值观念、分配原则、生活方式、管理机制、政府政策等带来冲击，而且会引起有关法律规范这一“游戏规则”在国际范围的重构。其中最明显的就是知识产权的地位和作用空前提高。知识产权作为保护智力创新成果的法律制度，具有保障和激励知识创新的双重功能，其已经成为大至国家、小至企业最有活力、最有竞争性、具有最大增值效应的资产，如果对其进行有效的利用将会产生巨大的经济效益。

中国市场已经与全球市场融为一体，对于中国企业而言，如何利用知识产权在全球化的市场竞争中占得先机是中国企业急需解决的问题。毫无疑问，知识产权将成为现代企业核心竞争力的强大支撑，使企业的创新成果成为无形资产，把企业技术优势转化为市场优势。因此，一个企业拥有知识产权的质和量将成为决定其核心竞争力的重要因素。

中国企业正面临着知识产权一体化的国际环境。自 20 世纪 80 年代以来，经济全球化成了不可逆转的潮流，各国的经济结构因此受到了重要影响。发达

---

* 原载《中国科技成果》，2007 (15)。

国家将一些环境污染严重、资源浪费较大的低端产业转移到了发展中国家，而国内产业集中于更富有创造性的工作。这种变化逐渐形成了“发达国家出技术、出理念，发展中国家出人力、出资源”的格局。发达国家越来越以“知识创新”作为其经济增长的主要来源。如果这些创新性成果在国际上得不到有效保护，发达国家的知识经济优势就会丧失殆尽。因此，为了保护自己的创新性智力成果能够转化为优势和利润，发达国家积极将智力资源优势形成知识产权优势，由知识产权优势形成市场优势，而其使用的手段就是将知识产权的保护与国际货物贸易、国际服务贸易紧密结合起来。

为解决经济全球化和知识经济时代背景下国际贸易领域内出现的包括与贸易有关的知识产权的保护等一系列新问题，在世界贸易组织正式成立后，知识产权保护被引入国际贸易中，知识产权与国际贸易结为一体，成为国际贸易中不可分割的一部分，由此形成的《与贸易有关的知识产权协议》（TRIPs）第一次以国际法律文件的形式正式确认了知识产权与国际贸易间的合法关系，从贸易的角度构建了知识产权国际保护的新体系，并将 WTO 的争端解决机制引入知识产权国际保护领域，强化了知识产权国际保护的实施机制。

这一知识产权保护体制的特点在于：首先，《知识产权协议》确定了知识产权国际保护的“最低标准”，扩大了保护范围。它要求各成员国对知识产权的保护必须达到这一最低标准。这提升了国际知识产权保护水平，使所有缔约方的保护水平达到以往只有发达国家才具备的标准。其次，《知识产权协议》将原关贸总协定以及世界贸易组织关于货物贸易的原则和机制，如最惠国待遇原则、透明度原则、对行政终局决定的司法审查和复审原则等延伸到知识产权保护，创造了知识产权国际保护的若干新原则。最后，世界贸易组织关于争端解决机制的基本程序，包括协商、斡旋、调解、调停、仲裁，专家小组、上诉机构、争端解决机构的决定及其实施之监督等也适用于知识产权纠纷。协议还允许缔约方在知识产权受到侵犯未得到妥善解决和必要补偿时，可以采取贸易报复。这些都增强了知识产权争端解决机制的强制性、可执行性和约束力。可以认为，知识产权制度的国际化特征表现了这一制度的基本原则和主要规则在全球范围的普适性。它意味着在 WTO 体系下的知识产权领域，国际法高于国内法，国内法同于国内法，国内法遵从国际法。其实质意义在于各国知识产权制度所表现的一种趋同化与一体化的基本特点。

中国作为世界贸易组织的成员国，在知识产权一体化、国际化的潮流中，必须遵守《知识产权协议》所规定的国际义务。因此，我们不能再抱怨我国依照加入世界贸易组织的承诺而修改后的知识产权保护水平“太高”。处在一个全球化的时代，我们必须在统一的规则下参与竞争，如果坚持按照我们自己认为“适当”的水平来保护知识产权，只能导致“闭关自守”进而“自我淘汰”。正因为如此，中国企业需要认清形势，适应和参与在统一的规则之下与外国企业展开竞争。但是，我国企业对此明显准备不足，尤其在知识产权方面，近年来外国政府与企业对我国企业在知识产权问题上的一系列纠纷，不得不引起我们的注意。如由美日企业共同组成的联盟对我国 DVD 企业的专利诉讼、欧盟对我国温州打火机厂实施的技术壁垒以及日本摩托车企业组成的对华“打假团”等，都让我们的企业措手不及。这说明，我国企业以往对知识产权保护问题重视不够。我国多数行业和企业应用的核心技术和关键设备基本上依赖国外，缺乏能够支撑经济结构调整和产业技术升级并拥有自主知识产权的技术体系。据统计，当前国内拥有自主知识产权核心技术的企业，仅占大约万分之三。我国的高端医疗设备、半导体及集成电路制造设备和光纤制造设备，基本从国外进口。很多企业处在有“制造”无“创造”，有“产权”无“知识”的状态，甚至靠仿造过日子。

反观进入中国的跨国公司，对知识产权的运用却是驾轻就熟。其通过各种手段，熟练运用国际公约和相关法律的规定，进而实现对中国市场的占有。第一，跨国公司基于研发优势，在我国大量申请专利，积极地“跑马圈地”，通过广泛的专利覆盖，抢占专利制高点，压制中国企业的技术研发和专利申请，降低中国企业的潜在竞争力。第二，跨国公司积极参与、影响甚至控制国际标准组织的标准化工作，将其专利渗透到国际标准之中，从而达到获取巨额利润的目的，借此把我国企业逐出市场。第三，跨国公司开始加强对中国企业的侵权指控，一些国外企业甚至来华进行“联合打假”，以侵犯商标权、专利权等知识产权为由，通过法律手段挤压和阻止中国企业在国际国内市场上的发展。同时向使用其专利的厂家收取巨额专利费，压缩中国企业的利润空间。第四，在合资、合作的过程中，跨国公司加紧攫取我国本已少得可怜的传统优秀技术，一味打压、收购、淡化甚至消除中国民族品牌，削弱中国企业的市场竞争力。可见，在知识产权一体化和国际化的前提下，我国企业已经为其所面临的知识产权纠纷付出了沉重代价，围绕着知识产权所进行的竞争已经成了全球企业竞争的新战场。

中国企业正处于知识革命的时代环境，知识经济时代的核心竞争力就是知识产权。核心竞争力概念最早是由美国学者普拉哈德和哈默于1990年在《哈佛商业评论》的一篇论文中提出的。他们认为，企业的竞争优势取决于企业的竞争能力，而企业竞争能力包含许多因素，如获取资源的能力、掌握某种重要技术的能力、创造低成本的能力、开拓市场的能力、构建市场营销网络的能力等。但并非每种能力都同等重要，只有那些能使企业保持长期竞争优势、获取稳定超额利润、明显优于且不易被竞争对手模仿、能够不断提高顾客价值并使企业获得可持续发展的能力，才是企业最关键的竞争力，即企业核心竞争力。

一般认为，企业核心竞争力包括企业员工的知识和技能、企业的技术开发和创新能力、企业的管理和生产经营能力、企业创造品牌和运用品牌的能力、企业独特的文化和价值观。在市场经济条件下，企业核心竞争力是围绕消费者的需求而构建的。在核心竞争力的这几大构成要素中，最容易为消费者所感知的就是技术和品牌。因为对于消费者来说，他们最关心的不是某个公司的组织结构、经营战略，而是其生产的产品，更确切地说是产品的技术含量和品牌价值。不管你的组织结构有多合理、战略有多科学、企业文化有多优秀，如果你的产品技术落后或产品品牌得不到消费者认同，消费者依然不会购买。所以企业核心竞争力最终要落实到技术创新和产品品牌上来。

在现代市场竞争中，技术创新需要一定的周期和较大的资金投入，而且需要承担较大的技术风险和市场风险。由于知识产权制度中的专利权和商业秘密的存在，通过合法途径获得与技术创新有关的知识资源的难度和成本都比较大，这些因素都决定了竞争者之间技术差距缩小的难度相对而言要大得多。正是技术创新使得企业能够在市场上实现差异化的竞争，不仅能够在竞争中取胜，而且能够获得足够的利润，保证企业的长久持续发展。

任何一个企业都不是天生就出名的，它们都存在着一个由无名到有名的过程，即创名牌的过程。在这个过程中，产品的质量、价格、技术含量都起到了决定性的作用。一旦品牌在消费者心目中的地位确立，取得消费者的认同，品牌甚至可以成为高质量和高技术含量的代名词。在相同质量和技术含量的情况下，是品牌的声誉而不是价格成了影响消费者购买的决定性因素。综观现代市场消费趋势，一个明显的特征就是消费者的消费已经由产品消费转向品牌消费。这种消费趋势在消费行为上的体现就是崇尚品牌、追求品牌，所以提高品牌的知名度、美誉度和忠诚度以提升品牌与企业形象，是塑造企业核心竞争力的重要措施。知识产权制度中的商标权，保证了企业的品牌在正常情况下能够保持“唯一性”。成功的企业大都注重最大限度地发挥技术创新和品牌的竞争力。美国人曾说：“不管是芯片还是薯片，能够赚钱的就是好片。”这其中芯片赚钱靠的是技术创新，而薯片赚钱靠的就是品牌。

在高科技领域，每当说到某个成功的企业时，我们都会将它们和某项优势技术的名称联系在一起，可以说，拥有自主知识产权的核心技术是这些著名公司之所以著名的关键，也是其得以迅速发展壮大、在国际市场上纵横驰骋的秘诀所在。这些公司往往最先作出有关的发明创造，掌握其核心技术，并迅速将其产业化，投入生产领域，抢占市场，以获得“第一桶金”。待市场成熟后，就将这些技术转让给其他企业，技术转让费用就成为其获得的“第二桶金”。此时，再通过新一轮的技术创新，去抢占新的技术制高点，进而占领新的市场，如此循环反复，从而达到在竞争中的步步领先。

在那些非高科技的传统生产领域，一些公司则加强品牌营销，扩大它们在消费者中的影响力和认同感，同样也创造了非凡的业绩。比如食品行业的“可口可乐”公司、“麦当劳”公司，运动服装行业的“耐克”公司和“阿迪达斯”公司都是成功的例子。尤其是“可口可乐”公司，其生产的碳酸饮料并不包含多大的科技含量，但它却以675.25亿美元的品牌价值超越许多高科技企业，2005年继续蝉联最有价值品牌冠军。因此，无论是技术创新还是商标保护，无论是高科技领域还是传统产业，企业核心竞争力就是知识产权。

知识产权的竞争是全球化知识经济时代企业和国家竞争的核心，知识产权的拥有量已经成为衡量企业实力的重要标准。我国企业要在全球化的市场中立于不败之地，必须尽快树立依靠技术创新和品牌塑造为中心的科学发展观，必须认识到新时代条件下知识产权竞争已经成为企业间竞争的焦点和主要竞争手段，必须进一步培养企业大胆创新、锐意进取的独立创新精神及国际竞争意识，克服企业中的技术依赖、因循守旧的传统思想，变压力为动力，使企业的竞争意识真正转移到知识产权的形成上来。

参考文献：

[1] 吴汉东．国际化、现代化与法典化——中国知识产权制度的发展道路．法商研究，2004（3）

[2] 吴汉东．知识产权国际保护制度的变革与发展．法学研究，2005（3）

[3] 吴汉东．加入 WTO 后的中国企业知识产权战略分析．2002 年中国高校知识产权研究会第十届年会交流论文

[4] 姜国祥．核心竞争力．北京：中国商业出版社，2004

[5] 谢立仁，张明亲．企业核心竞争力的市场观．载中国企业管理研究会编．企业核心竞争力问题研究．北京：中国财政经济出版社，2003

[6] 樊哲银．强化知识产权意识，增强企业核心竞争力．湖南行政学院学报，2005（5）

试论知识产权的无形资产价值及其经营方略*

知识产权在资本形态上表现为无形资产。[①] 在管理学那里，无形资产属于固定资产的范畴，是一种不具有实物形态的独占性经济资源。运用管理学的基本范畴与方法，研究知识产权中的单一资产要素的产出发展和各个资产要素的综合应用，探求知识产权作为无形资产资源在创造、流通各个环节的运动规律，涉及知识产权经营、管理、评估等方面的问题分析和对策谋划，具有重要的应用研究价值。

一、知识产权与无形资产的关系

无形资产是关于企业拥有的智力资源的总称。《国际评估准则》（2001）将无形资产定义为“是以其经济特性而显示其存在的一种资产，无形资产不具有实物形态，但为其拥有者获取权益和特权，而且通常为其拥有者带来收益”。我国财政部颁布的《资产评估准则——无形资产》（2001），将无形资产表述为“特定主体所控制的，不具有实物形态，对生产经营长期发挥作用且能带来经济利益的资源”。严格来讲，无形资产（intangibles）是会计学的定义，经济学界则往往称其为知识资产（knowledge assets）或智力资本（intellectual

---

* 原载《南京理工大学学报》，2013（1）。

① 参见刘京城：《无形资产的价格形成及评估方法》，7页，北京，中国审计出版社，2004。

capital），它泛指各种非物质形态的未来收益要求权。[①]

在无形资产的框架内，涉及三类非物质形态的财产权利：一是知识类财产权利。该类财产权利主要由知识、技术、信息等无形资产利益所构成，可以分为创造性成果与经营性标记[②]，其权利形态包括著作权、商标权、专利权等，是为典型的知识产权。二是资信类财产权利。该类财产权利主要是经营领域中的商誉、信用、形象等具有经济内容的商业人格利益，其权利形态包括商誉权、信用权、形象权等，这些即是与知识产权有关的其他无形财产权。三是特许类财产权。该类财产权利由主管机关或社会组织所特别授予的资格优惠、特权等法律利益所构成，其权利形态即是特许经营权，其特许的财产利益范围包括但不限于知识产权要素。

知识产权在资本形态上具有无形资产的基本特点：（1）知识产权是以知识形态存在的独占性经济资源。知识产权为特定主体所控制，且具有非实物资产特征。我国财政部《企业会计准则——应用指南》（2006）规定："无形资产主要包括专利权、非专利技术、商标权、著作权、土地使用权、特许权等。"在上述文件所规定的无形资产构成要素中，知识产权（专利权、商标权、著作权、特许权等）是以知识形态存在的，但土地使用权并非知识形态资源。此外，国际上有关规则还提出诸多无形资产要素，如智力资本、职工队伍、劳动力组合、优惠融资、优惠合同、生产和销售系统、失业评价、电磁频率使用权等，这些未必都具有知识形态。[③] 管理学认为，无形资产主要是以知识形态存在的经济资源[④]，这种知识形态资源就是知识产权。（2）知识产权是能够长期使用并且预期带来经济效益的非货币性资产。非货币性资产是指货币性资产以外的资产。所谓货币性资产是指企业拥有的现金、银行存款，以及将来可以固定或可确定金额收到的资产，如应收账款、长期投资等。[⑤] 无形资产不仅具有

---

① 参见茅宁：《无形资产在企业价值创造中的作用与机理分析》，载《外国经济与管理》，2001（7）。

② 1992年，国际保护知识产权协会（AIPPI）东京会议将知识产权分为"创造性成果权与识别性标记权利"，各项知识产权均归类于此。

③ 参见余玉林：《时代性：无形资产理论研究的主题》，载《会计之友》，2008（5）（上）。

④ 参见蔡吉祥：《无形资产学》，11页，深圳，海天出版社，2002。

⑤ 参见吕劲松编著：《无形资产会计》，7页，北京，中国审计出版社，1998。

非实物形态，而且不具备货币性资产形式；无形资产受益期长，可在一年或一个经营周期以上使企业获得预期经济效益，但这些未来经济利益具有不确定性。由此可以认为，无形资产具备非实物形态，但又区别于货币性资产，后者依会计惯例视为长期资产，是企业在一定经营周期中获取经济利益，因而不是流动资产；知识产权虽能提供未来经济利益，但利益预期具有不确定性，其收益额及收益期会基于各种原因产生波动。(3) 知识产权是一种具有独占性质的法定无形资产。在国内外会计惯例中，无论是采取概括主义方法定义无形资产，即这一资产“源自合同性权利或其他法定权利”(财政部：《企业会计准则》2006)；还是采取列举主义方法给出无形资产范围，即“无形资产主要包括专利权、非专利技术、商标权、著作权、土地使用权、特许权等”(企业会计准则编审委员会：《企业会计准则——应用指南》)，在这些规范性文件中，无形资产的构成要素主要是一种法定权利，或者说知识产权的资本形态表现为一种法定无形资产。知识产权作为一种独占性无形资产，不同于有形资产。在市场上，可以有许多相同内容、相同功能、相同性质的有形资产，但不可能存在着内容、功能、性质相同的无形资产。亦言之，在两个或两个相同的有形财产之上，可以拥有各自独立的财产所有权；而对于两个或两个以上相同的知识财产，权利只能授予其中一个。总之，在管理学那里，知识产权是“以专属支配权为本质的知识资产”①。

知识产权只有实现资产转化，才能作为企业可利用的无形资产。首先必须承认，知识产权是法定无形资产的基础。这即是说，没有知识产权，就不会有法定无形资产；但有了知识产权，并不当然产生法定无形资产。知识产权的产生，以国家主管机关授权为依据，这是一种法律上的认可。知识产权在企业中成为无形资产，主要以取得经济效益为标准，这是一种市场上的认可，可以说，知识产权为企业带来某种经济收益的可能性，企业拥有知识产权的数量和规模与企业盈利的实际水平并不产生必然关联性，要使这种预期收益的可能性变成产生收益的现实性，则要采取措施和创造条件，促使知识产权转化为无形

---

① 朱国军、杨晨：《基于战略资源论的企业知识产权资产管理内涵探析》，载《企业管理》，2006 (11)。

资产。[①] 知识产权转化为无形资产，一般应经过以下过程：一是应用化，即知识产权所涉及的知识、技术已应用于企业的生产经营中，基本体现或完全体现其使用价值；二是商品化，即知识产权已经为企业创造了经济效益，通过与他人的交易，在交换价值中实现其价值；三是资产化，即知识产权经评估或合同确认其价值，且企业将这一价值计入“无形资产”账户。[②] 只有完成上述过程或达到这三条标准，知识产权才是完整意义的无形资产。

二、知识产权与企业战略资源

企业资源是企业竞争优势的主要来源。在企业战略管理研究中，企业资源分为有形资产、无形资产和能力三类。其中，有形资产是企业的固定资产以及其他以有价证券形式存在的财富资源，诸如厂房、设备、土地、其他资本货物和债券、债权和银行存款等。无形资产包括知识形态资产、人力资本资源、技术资源、声望、数据库等。能力的内涵是把一组资源结合起来用于执行一定的任务或活动的技能，它包含着个人的技能或群体的技能，也包括将企业狭义资源进行整合的组织路径和相互作用。[③] 从企业资源与竞争优势的关联性来看，可分为一般资源和战略资源。战略资源是指能够给企业带来竞争优势的资源，该类资源具有独特性、有价性、不可替代性、难于模仿性、可持续发展性等要素。

无形资产比有形资产更具企业战略资源的特质。“无形资产是各行各业的必备资源，它在单位总资产中的比重有超过有形资产的趋势。世界上当前单项资产价值最高的是无形资产，经济技术寿命最长的是无形资产。”[④] 现代化的企业经营应以无形资产经营为主。原美国证券交易委员会委员史蒂文·沃曼曾指出，“我们的社会已经由以工业为基础的时代，进入了以知识为基础的时代。在这个社会中，知识产权、软资源和其他迅速增长的无形资产，构成了创造财

---

① 参见刘玉平：《基于知识产权视角的无形资产评估问题研究》，载《中国资产评估》，2008（2）。

② 参见蔡吉祥：《无形资产学》，71页，深圳，海天出版社，2002。

③ 参见朱国军、杨晨：《基于战略资源论的企业知识产权资产管理内涵探析》，载《企业管理》，2006（11）。

④ 蔡吉祥：《无形资产学》，5页，深圳，海天出版社，2002。

富的主体资源”①。对于企业而言，知识经济带来的是财产结构的重大变化，企业固定资本、金融资本的重要性已经让位于企业所拥有的无形资产。一些跨国公司形成了大量高质量的无形资产。据统计，微软公司的无形资产超过其总资产的70%。OECD② 成员国的无形资产已超过总资产的60%。1982年，美国500家代表性上市公司的市值中，有形资产与无形资产的比例分别为62%与38%；到了1992年，比例发生逆转，两者分别为38%与62%；在2002年，有形资产比例缩小到了13%，而无形资产比例高达87%。③ 无形资产要素中最具战略意义的是知识形态资产。随着经济全球化进程的加快，知识已经打破了国界，在全球范围内活动，促进了全球经济的发展。在WTO框架下进行的国际贸易，无论是货物贸易还是服务贸易，许多都与知识产权有关。在国际上，发达国家和它们的跨国公司极力将其拥有的智力成果优势转化为知识产权优势，最终形成国际市场的竞争优势。正如英国政府的一份白皮书所指出的那样，竞争的胜负取决于我们能否充分利用自己独特的、有价值的和竞争对手难以模仿的资产，而这些资产就是我们所拥有的知识产权。④

企业核心竞争力的形成，在很大程度上取决于企业的战略资源，即无形资产中的知识产权。美国学者普拉哈德和哈默于1990年在《哈佛商业评论》的一篇论文中提出了核心竞争力的概念。他们认为，企业的竞争优势取决于企业的竞争能力，而企业竞争能力包含许多因素，如获取资源的能力、掌握某种重要技术的能力、创造低成本的能力、开拓市场的能力，构建市场营销网络的能力等。但并非每种能力都同等重要，只有那些使企业保持长期竞争优势、获取稳定超额利润、明显优于且不易被竞争对手模仿、能够不断提高顾客价值并使

---

① ［美］凯文·G·里维特、戴维·克兰：《尘封的商业宝藏：启用商战新的秘密武器——专利权》，陈斌等译，51页，北京，中信出版社，2002。

② 经济合作与发展组织（Organization for Economic Co-operation and Development，简称OECD）是由市场经济国家组成的政府间国际经济组织，能共同应对全球化带来的经济、社会和政府治理等方面带来的挑战，并把握全球化带来的机遇，成立于1961年，目前成员国有34个。

③ 转引自袁真富：《论我国企业知识产权发展的战略思维》，载《挑战与应对：国家知识产权战略论文集》，北京，知识产权出版社，2007。

④ See Tony Blair, Our Competitive Future Building the Knowledge Driven Economy, Presented to Parliament by the Secretary of State for Trade and Industry by Command of Her Majesty, p. 5, December 1998.

企业获得可持续发展的能力，才是企业最关键的竞争力，即企业核心竞争力。[①] 在市场经济条件下，企业核心竞争力是围绕消费者的需求而构建的。在核心竞争力的这几大构成要素中，最容易为消费者所感知的就是技术和品牌。因为对于消费者来说，他们最关心的不是某个公司的组织结构、经营战略，而是其生产的产品，更确切地说是产品的技术含量和品牌价值。不管你的组织结构有多合理、战略有多科学、企业文化有多优秀，如果你的产品技术落后或产品品牌得不到消费者认同，消费者依然不会购买。所以企业核心竞争力最终要落实到技术创新和产品品牌上来。

在现代市场竞争中，技术创新需要一定的周期和较大的资金投入，而且需要承担较大的技术风险和市场风险。由于知识产权制度中的专利权和商业秘密的存在，通过合法途径获得与技术创新有关的知识资源的难度和成本都比较大，这些因素都决定了竞争者之间技术差距缩小的难度相对而言要大得多。正是技术创新使得企业能够在市场上实现差异化的竞争，不仅能够在竞争中取胜，而且能够获得足够的利润，保证企业的长久持续发展。

综观现代市场消费趋势，消费者的消费已经由产品消费转向品牌消费。这种消费趋势在消费行为上的体现就是崇尚品牌、追求品牌。一旦品牌在消费者心目中的地位确立，取得消费者的认同，品牌甚至可以成为产品高质量和高技术含量的代名词。在相同质量和技术含量的情况下，是品牌的声誉而不是价格成了影响消费者购买的决定性因素。因此，提高品牌的知名度、美誉度和忠诚度，是塑造企业核心竞争力的重要措施。知识产权制度中的商标权，保证了企业的品牌在正常情况下能够保持“唯一性”。成功的企业大都注重最大限度地发挥技术创新和品牌的竞争力。美国人曾说：“不管是芯片还是薯片，能够赚钱的就是好片。”这其中芯片赚钱靠的是技术创新，而薯片赚钱靠的就是品牌。

无形资产中的知识产权，作为企业的战略资源，在提升企业核心竞争力方面具有以下作用：一是维护企业技术的领先性。知识产权制度对技术的保护主要是通过专利来进行的。在专利制度下，企业的某项技术经过国家专利部门授

---

① See C. K. Prahalad, Garry Hamel, The Core Competence of the Corporation, Harvard Business Review, No. 90311, March-April, 1992.

权，成为专利，就可以在该国境内享有该项技术的独家使用权。企业在某个技术获得专利后，以其作为基本专利，并将有关改进技术及外围相关技术均申请专利，从而形成一个由基本技术同外围相关技术一起构成的专利网。这种基于企业强项技术的专利壁垒，使竞争对手无法突破。所谓专利网，实际上是堵住了竞争对手在技术上前进的正常道路，竞争对手要想绕过这些专利构筑的障碍，就要从非正常的技术角度进行创新，但这些必然要耗费大量额外的人力、物力和财力，加大企业的经营成本。况且，当该企业基本技术专利到期后，其对竞争对手的专利围困并没有消失，外围技术专利仍然有效，依旧可以保证该企业在技术方面的领先性。二是保证品牌的独特性。商标是消费者与企业发生联系的中介和桥梁，消费者一般不同企业直接打交道，而是通过产品的商标来认识企业。消费者对商标的印象实际上就决定了他们对于企业的印象，而一个企业的品牌要花费大量的时间和成本才能在消费者心目中树立良好的形象。对于一个有竞争力的企业而言，最担心的就是自己产品的商标与其他产品的商标发生混淆，使消费者不能将本企业与其他企业区分开来，出现其他企业对本企业“搭便车”的情况。由此可见，企业必须维持自己品牌的独特性。商标法具有保证品牌的独特性的重要功能。依据商标法的规定，如果企业对其商标进行了申请注册并获得批准后，那么未经该企业允许，在其所申请的商品类别和相似的商品类别内，就不能再有其他的企业使用相同或相似的商标，否则就是违法行为。一旦企业商标成为驰名商标，它还能够受到商标法的特殊保护，更能够彰显自己品牌的独一无二性。

三、企业无形资产运用中的知识产权战略

在企业无形资产资源的运用过程中，应考虑产品属性、技术进步的速度、消费者的特点以及同一企业不同品牌之间的溢出效用[①]，既要充分发挥各个知识形态资产的效应，又要以形成强势技术和培育强势品牌为中心来构建企业市

① See Gideon Parchomovsky、Peter Siegelman，Towards an Integrated Theory of Intellectual Property，Fordham Law & Economics Research Paper No. 18，p. 26，April 2002.

场竞争中的长久优势。这即是企业知识产权一体化战略的重要举措。

进入知识经济时代以来，许多跨国公司已经跨越了以往主要依靠物质资源消耗的发展阶段，更多地依赖于"创新研发"与"市场营销"两大主轴，即通过技术与品牌所依附的知识产权去维护和扩展自己的竞争优势。从20世纪80年代开始，知识密集型产品和服务在国际贸易中所占的比重逐年上升，涉及的知识产权问题越来越多。在国际市场和对外贸易方面，知识产权控制了大约一万亿美元的货物贸易和服务贸易，知识产权领域已经成为全球企业竞争的关键战场。对于跨国公司而言，知识产权的作用体现在两个方面：第一，知识产权是跨国公司进行投资的首要资本。企业的资产构成往往可以反映出该企业的市场竞争力。在知识经济时代，以知识产权为核心的无形资产在企业资产中的比例越重，在某种程度上可以说明该企业的市场竞争力越强。世界五百强企业的前十名，无一不是拥有高质量知识产权的企业。据统计，一种新型化学药品或生物药品的开发需要1亿～6亿美元，并花费十年的时间才能投入使用，但如果药品研制成功，将给企业带来丰厚的利润。因此，跨国公司为了占领市场，纷纷将知识产权作为最有回报的资本。第二，知识产权是跨国公司进行竞争的重要工具。在经济全球化时代，跨国公司之间、跨国公司与本地公司之间的竞争逐渐转化为知识产权的竞争，知识密集型产品和服务在国际贸易中的比例逐年上升。中国加入世界贸易组织之后，跨国公司频频以知识产权为武器对我国企业实施打压。从DVD等专利纠纷到丰田诉吉利的商标侵权，虽然表面上是知识产权侵权纠纷，但本质上就是国际企业之间的市场竞争。可见，即使跨国公司拥有企业规模大、销售网络广、资源整合率高等优势，但其从来没有放弃使用知识产权制度来强化其竞争优势。

作为国际经济贸易活动的主角，跨国公司已经将知识产权视为其经营战略的重要组成部分，保护和利用自己的知识产权，就是维护和扩张自身的竞争优势。因此，跨国公司通过多种途径来实现自身知识产权利益的保护。(1)通过知识产权构筑合法"贸易壁垒"。在国际市场，跨国公司利用其资金和技术优势，熟练运用知识产权规则对中国企业构筑新的但又是合法的"贸易壁垒"。一是"技术壁垒"，即影响甚至控制国际标准组织的标准化工作，将技术标准融入技术专利之中，占领产业链的高端区位并获取高额利润，导致使用外国技术标准的中国企业在国际市场遭遇生存困境；二是“绿色壁垒”，即制定国际认可的环境标准和绿色标准，提高进入发达国家市场的商品准入标准，导致不符合国际认证的绿色标准和缺乏统一质量保证的出口品牌的中国农副产品、电子产品，在出口时屡屡受阻；三是“反假冒壁垒”，即动用《知识产权协定》新规定的海关措施，对一些冒用他人商标、商号、地理标志的中国出口产品，采取查封、扣押的“反假冒”保护措施。(2) 通过技术转让延长知识产权实际收益期限。由于地区经济发展的不平衡，不同国家对消费品的需求水平也存在着巨大差异。一项在发达国家的前沿技术放在发展中国家可能无法实现其经济价值。但是随着发展中国家人民生活水平的提高，一些技术的经济价值会在该地区内逐步得到实现。一般而言，跨国公司往往通过四种途径对外输出技术，即输出产品、出售专利、与政府合作和在外国投资。这四种途径事实上都是在输出的过程中获得较高的企业竞争力的过程。就同一种技术产品而言，在技术水平明显较低的市场上出售有更强的竞争力。出售专利予第三方也是延续专利实际寿命的手段。可以说，技术转移是跨国公司全球经营战略的需要；同时，知识产权只有在技术转移的过程中才能获得最大效益。因此，跨国公司往往利用地区经济的差异性，通过跨国、跨地区技术转移来赚取其知识产权最大可能的利润。

总之，从世界范围来看，跨国公司对于知识产权制度的整体战略目标是利用知识产权制度增强其自身优势，同时，通过政治、经济等各种手段影响知识产权制度的发展进程，使制度的变化有利于保护其竞争优势。

处在一个全球化的时代，我们必须在统一的规则下参与竞争，如果坚持按照我们自己认为“适当”的水平来保护知识产权，只能导致“闭关自守”进而“自我淘汰”。正因为如此，中国企业需要认清形势，适应和参与在统一的规则之下与外国企业展开竞争。但是，我国企业对此明显准备不足，其面临的知识产权困境集中表现在以下几个方面：(1) 缺乏从低水平保护到高水平保护的必要过渡期。西方国家既是知识产权的最早创制者，也是知识产权的最大受益者。它们的知识产权制度大抵经历了一个从“弱保护”到“强保护”的缓慢过程，而且这种由弱到强的转变都是根据发达国家本国企业的自身发展状况来决定的。发达国家的一大批企业就是在这样一个缓慢的过程中逐渐做大做强的。

可以说，发达国家以知识产权为公共政策工具来为本国企业的发展和扩张保驾护航。然而，21世纪的中国企业面临的是一个完全不同的环境。中国作为世界贸易组织的成员国，在知识产权一体化、国际化的潮流中，必须遵守《知识产权协定》所规定的国际义务。《知识产权协定》确定了知识产权国际保护的“最低标准”，扩大了保护范围。这意味着中国企业对知识产权的保护就必须达到以往只有发达国家才具备的标准。(2) 缺乏应对“知识产权陷阱”的经验。在中国市场，跨国公司往往是“产品未动，知识产权先行”，对中国企业设置了“知识产权陷阱”：它们基于研发优势，在我国大量申请专利，特别是在关键技术、核心技术领域“跑马圈地”，对中国企业形成专利合围；在合资合作过程中，利用资金优势，收购乃至消除中国企业的民族品牌，极力运作外来品牌占领中国市场，削弱中国品牌已形成的传统影响力和未来竞争力；加强对中国企业的侵权指控，甚至组成来华“打假团”，以侵犯专利权、商标权等知识产权为由，通过法律手段阻止和抑制中国企业的生存空间。相形之下，中国企业缺乏积极的应对方略。如果不尊重他人知识产权，不拥有自主知识产权，中国企业在国际、国内两个市场都会受制于人。(3) 缺乏有效实施知识产权制度的条件、手段和社会环境。实现知识产权制度目标，有赖于一般社会条件的成就。这就是说，影响知识产品生产、传递、利用的基本条件必须具备，包括知识产权制度得以存在和有效实施的经济、科技、文化、教育等物质设施和社会环境，以及基于知识产权政策导向而配套形成的相关公共政策体系。以专利制度为例，专利权是科技领域最重要的知识产权，其有效运作需要两个最重要的条件：第一，建立以专利权为导向的涵盖技术创新、技术成果转化、技术中介服务、技术产权保护的公共政策体系。在相关制度缺失的情况下，不少行业和企业存在着有技术无专利、有专利无应用、有应用无产业的现象。第二，提供自主创新所需要的研发资金和物质条件。这一方面的问题更为严重，由于研发投入不足，直接影响到企业专利数量规模和质量水平，缺乏支撑经济结构调整和产业技术升级并拥有自主产权的技术体系，很多企业处在有“制造”无“创造”，有“产权”无“知识”的状态。

中国企业走出知识产权的国际困境，走向经济全球化的国际市场，有赖于国家宏观政策的调整和企业微观决策的施行：(1) 政府公共政策对企业知识产权运用的指引。企业知识产权运用能力的提高与核心竞争力的增强离不开政府公共政策的指引。对于企业而言，政府的作用主要在于：第一，制定新兴产业促进政策。将提高自主创新能力和经济竞争能力、掌握知识产权、发展战略性新兴产业作为主要目标。国家产业政策和发展规划要把发展新兴技术产业摆到优先位置，在财税、信贷和采购等政策上给予重点扶持。新兴科技的知识产权申请、管理与利用制度应和有关政策联动配套，即建立一个以知识产权为导向的公共政策体系。第二，调整对外贸易政策。实施知识产权兴贸工程，建立以政府政策为引导，以企业为主体，以市场机制为基础的知识产权创造、管理、保护与运用的体系和机制，提高引进技术的消化、吸收和创新能力，扩大具有自主专利和自主品牌的技术产品出口，转变贸易增长方式，实现从贸易大国向贸易强国跨越的战略目的。(2) 企业知识产权运作一体化战略的实施。企业应提高自身的知识产权运用水平，着力实施以技术和品牌为主导内容的一体化战略：第一，以技术创新为基础，加强专利的申请与保护。掌握了专利，就意味着拥有了某种竞争优势。中国企业不但应该继续在科技创新上投入更多的人力和物力，更要将这种投入所形成的技术以专利的形式加以保护。实证表明，专利数量就意味着市场占有率，控制了专利就是控制市场。这是知识产权基本特征的集中体现。中国企业应积极创造、保护与运用专利，将其作为维护自己技术与市场优势的法律武器。第二，以品牌培养为核心，带动企业知识产品的增值。商标的优势来源于产品的多样性和质量的稳定性，而产品的多样性和质量的稳定性的基础都是企业的创新。一方面，企业应该以质量为本，不断地为消费者提供创新的产品和高质量的服务。将商标使用到不断推出的不同的高质量商品上，使消费者由对产品和服务的认同进而形成对商标的认同与忠诚。另一方面，企业也可以利用消费者对商标的认同，将成熟的商标不断使用在各种产品和服务上，以带动商品和服务的多元化发展。

《国家知识产权战略纲要》专家建议稿*

知识产权是人们依法对科学、技术、文化、艺术等领域创造的成果所享有的专有权利，是区别于传统动产和不动产所有权的一种无形财产权。知识产权涉及专利、商标、作品、集成电路布图设计、地理标志、植物新品种、商业秘密、传统知识、遗传资源、民间文学艺术等项内容。

知识产权制度，是指有关知识产权的法律、法规、规章、政策、执法体制和行政管理体制的总和；是科技、经济和法律相结合的产物，它在实质上解决"知识"作为财产的归属问题。

从个人层面而言，知识产权是知识财产私有的权利形态。知识产权制度保护的对象是无形的知识财产。知识要成为财富，成为知识创造者控制和享有的财产，有赖于国家法律的确认与保护。知识财富的法律化、权利化的形态就是知识产权。从国家层面而言，知识产权是公共政策的制度选择。是否保护知识产权，对哪些知识赋予知识产权，如何保护知识产权，是一个国家根据现实发展状况和未来发展需要所作出的制度选择与安排。知识产权制度已经成为一国走向现代化的必然选择。从国际层面而言，知识产权是国际贸易体制的基本规则。在世界贸易组织的制度框架下，知识产权保护已经纳入国际贸易体制之

---

* 本文系作者主持的国家知识产权局 2005 年委托项目《"国家知识产权战略纲要"专家建议稿》的结项成果，由本人拟写大纲及部分文稿，并对全文进行修改和审定。参加课题研究工作的还有知识产权研究中心的各位博士和博士生，他们是杨红军、徐伟、肖志远、肖尤丹、梅术文、杨明、何华、卢海君、杨建斌、宋慧献。

中，《知识产权协议》（TRIPs）与《货物贸易协议》（GATT）、《服务贸易协议》（GATS）一起成了世界贸易组织的三大主体制度。《知识产权协议》以国际法律文件的形式正式确立了知识产权与国际贸易的合法关系，形成了国际贸易的“知识化”与知识产权的“国际化”。

人类社会正迈向知识经济的新时代。随着科学技术的发展和全球化进程的推进，作为激励知识创新、促进知识传播、加强知识管理、防止知识流失的重要制度形式，知识产权已成为市场经济健康运行的重要环节，成为衡量一个国家、一个地区、一个行业以及一个企业核心竞争力的重要指标。在某种意义上讲，我们所处的时代是一个知识经济时代，同时也意味着是一个知识产权时代。为了应对知识经济时代的新变化，推动知识产权建设事业的健康、有序发展，促使知识产权在国家的经济建设、政治建设、文化建设、和谐社会建设和创新型国家建设中发挥更大作用，实现我国经济社会全面、协调和可持续发展，有必要制定《国家知识产权战略纲要》，对我国知识产权工作进行统筹安排和宏观协调。本纲要包括七部分，分别是战略意义、战略定位、战略内容、战略主体、战略政策、战略决策和战略措施。

一、战略意义

制定国家知识产权战略是党中央、国务院审时度势，综合考虑当前国际发展新形势和国内社会发展需要作出的重大决策。国家知识产权战略的制定将会对我国的经济和社会发展产生深远影响。

（一）制定国家知识产权战略的背景

1. 制定国家知识产权战略的国际背景

在知识经济和经济全球化的大潮中，知识产权已成为许多国家发展和参与国际竞争的重要手段。为抢占知识产权领域的制高点，提升本国的综合竞争力，以美国为代表的一些发达国家利用自身在全球经济中的优势地位积极倡导将知识产权的保护与贸易直接相联系，并最终促成了WTO《知识产权协议》的通过。进入21世纪以来，无论是科技领先型的美国、技术赶超型的日本，还是引进创新型的韩国，无一不是以知识产权为战略武器，去占领国际竞争的制高点和提升自己的国际竞争力。例如，日本政府制定了“知识产权战略大纲”，出台了《知识产权基本法》；美国专利商标局发布了“21世纪战略纲要”，形成了对知识经济的快速反应机制；澳大利亚政府推出了旨在推进本国知识产权战略的“创新行动计划”；印度政府发布了《知识大国的社会转型战略》，确定了国家未来发展目标；韩国政府通过有效的知识产权制度，提升本国的科技竞争力，旨在2015年成为亚太地区的科研中心，2025年进入科技领先国家的行列。因此，制定和实施国家知识产权战略是我国面对知识经济与全球化时代要求、全面参与国际竞争的必然选择。

2. 制定国家知识产权战略的国内背景

我国是一个传统的发展中国家，也是一个新兴的工业化国家。经过改革开放，我国的经济、文化和社会发展都取得了巨大的成就，知识产权的研究水平、立法实践、执法水平、管理能力已经有了长足的发展，全民知识产权保护意识也有了较大范围的普及。我国的GDP增长率已经连续多年居世界前列，国家的财力正不断增强；在“两弹一星”、载人航天、陆上成油理论、杂交水稻、高性能计算机等领域已达到一定甚至较高的科技水平，某些方面已初步具备了与世界强国竞争的实力；涌现出了如海尔、华为等一批拥有自主知识产权、具有全球竞争力的高科技企业。但我们也必须清醒地看到，许多制约我国发展的因素仍然存在，尤其是经济社会发展与资源环境的矛盾日益突出，经济增长方式仍然以粗放型为主，经济发展中的自主创新能力不够，经济结构中存在着许多不合理的地方。为了实现经济社会全面、协调和可持续发展，党中央提出了“以科学发展观统揽全局”，出台了《国家中长期科学和技术发展规划纲要（2006—2020年）》，提出了建设创新型国家的奋斗目标，把增强自主创新能力作为发展科学技术、调整产业结构、转变增长方式、全面提高国家竞争力的重要手段，并把制定和实施国家知识产权战略作为优化创新环境的重要制度保障，这是符合我国目前国情、全面提升国家竞争力、具有可行性的重大举措。

（二）制定国家知识产权战略的重大意义

1. 制定和实施国家知识产权战略有助于提升我国科技创新能力

我国是世界第一人口大国，具有丰富的劳动力资源。但与世界许多发达国家及一些发展中国家相比，我国的科技创新能力明显不足。我国每百万人拥有的年国内发明专利申请量不到日本的1%，德国、美国和英国的20%，韩国的50%。我国每百万人拥有的年国内发明专利授权量为4件，只有韩国的1%、美国和德国的2%、英国的6%、日本的0.43%。我国每百万人拥有的国际专利（PCT）申请量仅0.7件，不到日本和英国的1%、韩国的2%、德国的0.44%、美国的0.47%。我国企事业单位知识产权创造和保护的作为明显不够，2004年国内专利申请量中职务发明比例仅39.9%，远远低于国外95%以上的职务发明比例。在研发经费投入、研发投入产出、研发产出实施等方面，我国与上述国家相比也存在着较大的差距。以研发投入产出为例，我国每亿美元的研发经费产出的国内发明专利为23件，只占德国的20%、日本的29%、美国和英国的73%、韩国的62%。我国每万名研发人员产出的国内发明专利为56件，只有日本和韩国的5%、英国和德国的15%、巴西的61%。科技创新能力不足的状况已经严重影响经济和社会的发展，成为实现国家全面、协调和可持续发展，实现建设创新型国家目标的重要瓶颈。要改变这种状况，除了继续深化现有的科技创新机制及人才培养机制外，还需要通过制定和实施国家知识产权战略，充分发挥知识产权制度的激励功能，为科技创新提供强大、有效及持久的动力和保障。

2. 制定和实施国家知识产权战略有助于把握我国经济发展主动权

目前，我国经济的外贸依存度已达60%以上，而以美国为首的西方发达国家通过主导全球主要知识产权运行规则制定的主动权，特别是通过制定《知识产权协议》，将许多对发展中国家不公平的知识产权内容直接融入了整体的贸易规则之中。作为WTO的成员国，我们有义务遵守这些规则。同时我们也必须清醒地认识到，我国目前拥有自主知识产权的重大创新成果较少，发明专利在整个专利中的比例过低（2004年我国发明专利累计授权量国内部分仅占35.9%，当年仅占37%），且缺少基础性、原创性发明专利，信息、生物和新材料等高新技术领域专利多为跨国公司所拥有。我国拥有的具有国际影响的品牌数量极少，全国各类进出口企业拥有自主商标的不到20%。在版权领域，我国目前引进的图书版权远远超过了输出的图书版权数量。创新能力不足、拥有的自主知识产权数量和质量较落后等客观情况已使我国在对外经济交往中处于非常被动的地位。以美国为首的西方发达国家通过“专利地雷阵”、构筑“知识产权封锁线”等手段，已把知识产权作为其对外经济交往中向我国施加压力、维护或提高其竞争优势的重要工具。因此，制定和实施国家知识产权战略，尽快构建和完善促进科技创新的制度环境、提高自主知识产权的数量和质量、维护公平竞争的市场环境已成为在国际贸易中主动应对的迫切需要。

3. 制定和实施国家知识产权战略有助于调整我国经济发展结构

新技术革命及新国际贸易体制的出现，加快了全球经济结构的调整步伐。虽然我国已成为全球新的加工业重要基地，但是多数加工企业处于产业链的低端，企业发展仅仅依靠提取少量的加工费。与此相对照，跨国公司通过在我国国内直接投资办厂或者通过向我国收取高额的知识产权许可费用，获得了非常可观的经济收入。在关系国家经济安全的高新技术领域，我国尚未出现大量的拥有自主知识产权的企业或企业集团。随着我国劳动力成本的上升以及经济发展与生态、能源及资源的关系日益紧张，当前不合理的经济结构对经济发展的制约作用更加突出。为此必须从战略上实现从“制造大国”到“创造大国”的转变，在引进国外先进的科技成果的同时，充分运用知识产权制度这一战略武器，增强企业的自主创新能力，提高企业的核心竞争力，为实现社会的可持续发展奠定坚实的基础。

二、战略定位

当今世界，国家基本战略可以分为国家安全战略与国家发展战略两大类。国家知识产权战略是我国国家发展战略的重要内容。它以我国国家经济利益为中心，着眼于21世纪我国的基本国情和全球动态，将为我国经济和社会发展提供基本的战略指引。知识产权制度既是我国的三大基本发展战略——科教兴国战略、人才强国战略、可持续发展战略的基本内容，又是对其的制度综合和重要保障，是社会主义制度文明的具体体现。

（一）国家知识产权战略的基本特征

国家知识产权战略是一种全局性、历史性、长期性和国策性的国家发展战略，是我国实现可持续快速健康发展，建设社会主义现代化强国的必然选择。

1. 全局性

国家知识产权战略的制定和实施关系到我国经济发展的全局，它不仅意味着要大力创造和引进、吸收作品、专利、集成电路布图设计等知识产品，也意味着用这些知识创造成果来装备传统产业，实现产业结构升级；它涵盖了知识产权法律、政策、管理、服务等整个知识产权运作体系，涉及国家主要的行政管理部门和企业的主要方面，关乎我国国民经济发展的全局；国家知识产权战略不是对科教兴国战略、人才强国战略、可持续发展战略的补充，而是实现这些国家基本发展战略的制度综合和重要保障，因此应当从国民经济发展的全局来谋划和实施。

2. 历史性

国家知识产权战略的制定和实施是历史的产物，是知识经济时代实现国家跨越式可持续发展的必然选择。知识产权制度并非鼓励科技创新和知识创造的唯一途径，但在当今世界却是基本的途径。由科教兴国、人才强国发展到知识产权强国，是人类社会制度文明发展的结果。应当历史地看待国家知识产权战略的制定和实施，将之作为国家走向现代化的基本战略，并对之进行不断的丰富和完善。不仅要对西方发达国家的知识产权制度进行批判地继承，而且要不断创新，使之内化为国家的基本制度体系。在中国已经发展成为新兴的工业化大国，中国市场成为全球市场重要组成部分的背景下，要想实现跨越式可持续发展，制定和实施国家知识产权战略就成为现实的要求和历史的必然。

3. 长期性

国家知识产权战略的制定和实施将是一个长期的过程。新技术革命正在蓬勃发展，科学与技术、知识与资本的结合将是今后相当长时期的社会特点，国际知识产权竞争也将愈演愈烈，因此，我国在制定和实施国家知识产权战略时必须放眼未来，抢占科技制高点，提高国家的核心竞争力。要在关键的技术和知识领域形成一批基础性、全局性的创新成果，加快科技与生产力的转换，在全社会形成尊重知识、尊重人才、尊重知识产权的良好社会氛围，实现知识产权强国的战略目标。

4. 国策性

国家知识产权战略的国策性意指基于知识产权在经济和社会发展中的重要

性，知识产权工作已经从具体的部门性事务层面提高到国家性事务层面，并成为国家发展和参与国际竞争的基本手段。知识产权战略作为一项基本国策，应是一种以权利保护为重要内容的整体战略，这也不仅仅是法律问题，更多的是与国家的产业政策、科技政策、文化政策、教育政策、外贸政策等相关的公共政策选择问题，并日益成为国家政治活动、经济活动和文化活动的重要内容。

（二）国家知识产权战略与建设创新型国家战略目标

面对新的形势，我国政府提出了15年内建设创新型国家的战略目标。建设创新型国家，必须大力提高自主创新能力，必须拥有更多的自主产权。知识产权既是自主创新的出发点，又是自主创新的落脚点。在经济学的"新经济增长理论"中，经济增长的要素来自技术创新和制度创新。其中，技术创新是经济增长的动力机制，而制度创新则是经济增长的保障机制。可以说，在创新体系中，技术创新和制度创新是相辅相成、不可分割的。在历史上，知识产权是财产权制度变革与创新的结果，也是直接保护技术创新活动的基本法律制度。在新形势下，知识产权战略是推动自主创新的基本工具，是实现创新型国家宏伟目标的战略支撑。

国家知识产权战略是在建设创新型国家中激励创新的战略保障。国家知识产权战略需要对现行知识产权制度进行战略审视，并促使知识产权制度在激励创新、为创新提供智力资源方面发挥更重要的作用。知识产权制度可以为创新活动提供最经济、有效和持久的激励机制，通过赋予创新者在一定的时间内对其创新成果享有专有权，不仅为创新者收回成本提供了可能，而且能激励创新者持续不断地投入智力创新活动中去，从而促进创新成果所蕴含的先进性生产力的快速增长。与此同时，创新者取得知识产权的前提条件，是公开自己的知识、技术、信息。在创新活动前查询这些已经公开的科研信息，可以提高创新活动的起点，避免因低水平重复研究造成的浪费，提高产出效果。此外，引进、消化、吸收再创新也是自主创新的重要组成部分。通过知识产权创造和保护战略，充分把握技术引进的动态和信息，能够有效地克服技术引进中存在的总体水平偏低、重复引进、核心技术和关键装备偏少的缺点。

国家知识产权战略是在建设创新型国家中实现创新成果产业化的战略手段。创新不单是指研究开发，而且还是一个从研究开发到产业化和商业化的过程，在这一过程中必须强调知识产权的综合运用与保护。知识产权战略包括技术创新成果的运用战略。我国要想使自己的新技术产品最大限度地占领国内外市场，就必须使自己的新技术产品权利化，拥有其专利权或商业秘密权；同时，结合商标权制度、著作权制度以及外观设计权制度，对产品商标、包装装潢、产品说明书、广告图案等进行综合保护，防止被他人不当使用。这样才能够使创新者的收入与科技成果的市场效益挂钩，促使创新者积极地将创新成果投入市场运作中去。

国家知识产权战略是构建创新型国家中维护创新环境的战略条件。在社会主义市场经济条件下，创新活动主要还是作为一种商业行为而存在，必须在一个公平有序的竞争环境中进行。知识产权战略的重要性就在于其不仅规定了创新者对自己的创新成果在一定的期限内享有排他的专有权，还规定了对侵犯这种专有权行为的各种法律制裁措施，包括民事责任、行政责任和刑事责任。这样，就可以有效地制止未经创新者许可而违法使用创新成果的行为的发生，维持创新者之间的公平竞争。此外，知识产权战略还意味着在保护创新者个体利益的同时，还通过合理使用、法定许可使用、强制许可使用等制度，对创新者滥用权利的行为进行限制，保证创新者个体利益与社会公共利益之间的平衡，以促进社会整体创新水平的发展。

（三）国家知识产权战略与三大基本发展战略的关系

科教兴国战略、人才强国战略、可持续发展战略是我国的三大基本发展战略，国家知识产权战略与这三大基本发展战略不是并列关系，而是这三大基本发展战略的部分内容的制度综合和重要保障。国家知识产权战略作为制度文明的成果，应当作为一个独立的战略问题加以重视。

1. 科教兴国战略是国家发展战略的根本

发展科技和教育，是提升国家综合国力的根本措施。优先发展教育，是把我国巨大的人口压力转化为科技创新的人才资源的根本途径，是建设创新型国家的根本保证，也是创新知识、增进财富的根本措施。大力倡导科技创新，依靠科技来优化国家的经济结构，促进社会财富的不断丰富，加强自主创新，不断提高自主创新能力，是建设现代化国家的战略方向。因此，科教兴国战略是提高自主创新能力，建设创新型国家的根本，是知识产权制度得以建立、国家知识产权战略得以制定和实施的根本保证。国家知识产权战略则是在经济、科技竞争中具体实现科教兴国的战略目标的制度安排，有利于形成科学和教育良性发展和快速发展。

2. 人才强国战略是国家发展战略的基础

人才强国战略是科教兴国战略的延伸，是科教兴国战略得以实现的重要支撑。在发展科技和教育的基础上，只有以人为本，承认知识创造者的价值，用有效的社会制度来鼓励其创造，才能储备强大的人才资源，促进知识产权的创造和利用，最终实现经济、社会、文化的繁荣和发展。国家知识产权战略是人才强国战略的重要内容和客观需要，它通过经济利益的刺激，鼓励劳动者勇于创造、乐于创造，将知识转化为财富，实现创造的良性循环。如果没有有效的激励机制来尊重人才、尊重知识，就可能造成人才流失，使国家创新能力和竞争力衰退，人才强国战略就无从实现。

3. 可持续发展战略是国家发展战略的目标

无论是科教兴国战略还是人才强国战略，其目标都是促进经济社会的可持续发展。我国作为一个发展中大国，在实现工业化进程中，无法照搬发达国家先污染后治理的发展模式，必须依靠科技进步来解决发展中已经突出存在的能源制约和环境污染等问题，以科技进步来促进产业升级，才能够保持经济的快速增长，真正实现建设小康社会的目标。科技进步的市场形式主要表现为知识产权，因此，知识产权制度成为可持续发展战略的重要组成部分和制度保障，而国家知识产权战略的目标也是为了实现经济、社会的可持续发展。

4. 国家知识产权战略是科教兴国战略、人才强国战略、可持续发展战略的制度综合

知识产权作为制度文明的产物，主要是为了保护和促进创新，实现市场主体通过知识创造所应当取得的经济利益。无论是科教兴国战略、人才强国战略还是可持续发展战略，都是国家宏观的基本发展战略，其角度各有侧重。国家知识产权战略则是落实这些国家基本发展战略的制度综合，其内容不局限于三大基本发展战略中的一项战略，它是实现三大基本发展战略的重要制度保障，是建设社会主义制度文明，确认知识创造成果的制度工具。国家知识产权战略的制定和实施，是知识经济时代保证科教兴国战略、人才强国战略、可持续发

展战略目标实现的制度保障，必将在物质文明建设和精神文明建设中发挥战略性作用。

三、战略内容

总的来说，我国知识产权战略的主要内容应当包括创造战略、利用战略、保护战略和人才战略，四者相互影响、相互促进，构成一个有机整体。

（一）创造战略

坚持以政府为主导、企业积极参与的方针，以制度创新为核心，从制度创新和技术创新两个层面提高企业自主创新能力和国家核心竞争力，从立法、制度、中介体系、科技创新、知识管理等知识产权的各个方面进行资源整合。

1. 改革科技管理体制，提高科技产出的质量与效率

政府应该加强和改善宏观管理，提高科技资源的统一协调和配置。在国家安全和信息安全、关系国计民生和国民经济基础等不宜采取市场化的领域，应坚持以政府为主导的科技管理导向，通过科研资金的严格管理和有效运作，形成一批具有国际领先水平、具有自主知识产权的科研成果，并在此基础上形成产业转化与产业链。改革宏观科技管理体制，激励企业进行自主创新，对中小企业加大资金信贷和政策倾斜的力度。改变地方的政绩考核模式，把扶持与发展本土高科技企业当成使命，重建国家和地方经济的评价体系。

2. 改革当前军民分割的科技体制，形成融合创新体系

我国将在今后相当长的一段时间里采用鼓励“军民两用”并行发展的技术路线处理军用和民用的关系，但是在民用技术十分成熟、已经商业化且成为新的经济增长点时，民用技术拥有优先权，民用市场应当优先开放。国家积极推动加强国防军工生产与市场经济紧密结合的体制，建立开放的环境和条件，保障各种有效资源的优化配置和充分利用，促进科技要素在军民之间的双向流动和转移，形成长期稳定的军民融合创新体系及运行机制。

3. 改革教育体制和科研评价体系，为创新提供良好的教育基础与长效后备机制

教育是科学知识的传播、储存和创新的重要手段，世界上没有一个国家能

够在落后的教育基础上建立起居于世界领先地位的科技和经济。教育体制的改革方向是通过学术规范化、制度化建设，为建设创新型国家提供智力支撑与人才后备，为国民经济的新一轮发展提供扎实基础。国家要继续深化教育体制和科研评价体系的改革，改善科学和教育的大环境和支撑体系。加大对基础学科的投入，增加交叉学科的设置，培养复合性和应用性的人才，为新一轮的经济增长提供扎实的科研后备队伍；通过采取教育科研机构与企业联合培养高规格人才、共同攻克技术难题等多种形式，面向市场和技术前沿进行高层次的技术合作，探索优化整合教育资源、进行更深层次的科研合作的新途径，为创新提供良好的教育基础与长效后备机制。

4. 改革现有知识产权行政管理体制，促进政府知识产权管理部门的职能转换

积极发挥政府知识产权职能部门在知识产权系统的技术、经济、法律综合信息平台作用，加快知识产权信息的扩散，积极为企业知识产权战略管理提供信息帮助，促进公民、企业、大学等主体的知识产权创造和商业化。

（二）利用战略

1. 倡导利用政府采购支持民族产业的发展

一国政府对国货的态度反映了该国的民族性格和精神面貌，政府在同等条件下对国货的采购符合法律的规定，同时具有支持民族产业发展的示范作用。通过正面引导本国媒体对国货精品的宣传行为，倡导在政府机构、教育机构等部门、在大型体育和文娱活动中使用国货，为本土企业有竞争力的产品提供发展机遇。在知识产权利用方面将进一步提升政府的政策导向与实际拉动作用。

2. 鼓励企业充分利用知识产权制度分享先进技术

对企业来说，在核心技术领域，鼓励有实力的大公司瞄准技术前沿进行攻关，形成自主知识产权，同时针对海外竞争对手的已有专利技术进行包围，针对技术发展趋势进行产品或方法改进，通过申请专利从初始发明人那里要求交叉许可专利权的地位。政府则应考虑本国创新者、外国投资者与消费者的利益平衡，建立和实施有利于市场动态竞争的法律制度。

3. 完善技术市场，走产学研一条龙的产业化发展道路

按照加入 WTO 后的国际市场形势，树立以企业为市场主体的观念定位，

将企业作为自主创新的主体，将大学等科研机构作为协作机构和服务机构，根据市场导向，提高科研资金的利用效率，提高科研成果的实用性；鼓励科研机构通过技术市场转让技术成果、通过成立公司持有股权和联合进行技术攻关分享最终成果等多种方式，将技术成果的利用率和市场主体地位结合起来，形成科研成果开发利用—产业成长壮大—成产业化优势—国际化道路的良性循环。完善技术市场和技术交易管理体制，为知识产权的利用与产业化创造高效、通畅的信息平台。

4. 利用技术发展的周期规律，在非核心技术领域里通过技术引进或技术合作克服现有难题

克服对“以技术换市场”失败论的片面观念，对非核心技术领域的技术难题，利用技术发展本身的周期、国际市场的导向以及专利保护的时间性等特点，通过技术引进或技术合作加以解决，但应避免重复引进。

5. 充分消化吸收引进的技术成果，通过技术改进走“专利＋商标”再创新之路

认真分析和消化吸收引进的技术成果，考虑通过检索专利文献和技术人员分析，预测技术发展的趋向，对于那些构成专利法上“现有技术”的已公开的技术进行技术改造，走再创新之路。对创新成果通过“专利＋商标”，提高市场竞争力。

6. 充分利用国际公约和国内法的规定，利用知识产权强制许可制度解决公共健康危机

为解决知识产权保护与公共健康危机之间的矛盾，缓解政府财政压力，国家应通过专利强制许可等手段增加药品供应，同时实施为公众健康或其他社会目标建立药品定价制度，控制专利药品价格的上涨，以解决国内的公共健康危机和维护国民的生存权与健康权。

（三）保护战略

1. 通过国内立法扩大保护对象，推动 WTO 知识产权新议题

从总体上来看，中国在自主知识产权的拥有及利用方面不占优势，而在地理标志、生物多样化和传统知识保护方面具有重大利益，可以考虑认真进行实证调查，把传统知识纳入国内法的保护范围，建立有偿输出文化遗产的制度。

同时，积极参与国际合作，在国际层面表达中国的观点，将有关内容纳入获得国际普遍承认的法律体系内，消除我国在传统知识产权保护方面的不平衡，和其他发展中国家一起推动WTO的知识产权保护新议题，最大限度地维护国家利益。

2. 充分利用国际公约规定，适当选取保护水平和保护方式

在遵循最低国际保护标准的基础上，针对不同的知识产权对象采取不同的保护强度，以适应不同阶段经济发展的实际需要。

3. 鼓励成立行业协会等民间知识产权组织，充分发挥其联络政府与企业的中介作用

鼓励成立行业协会等民间知识产权组织，发挥中介作用。在对外诉讼中发挥集体优势，维护合法权益；参与重大的法律制定和修改，表达利益诉求。

4. 建立知识产权预警机制

政府职能部门牵头对新技术、新材料的发展趋势进行调查、分析和研究，向行业协会进行定期公布，作为对科研和开发的指导；对尚未进行产业化的知识产权进行市场可行性分析，判断是否存在产业化的可能以及盈利预期；对已经出现的知识产权纠纷，由企业行业协会或者委托律师事务所进行系统采集和分析，建立系统性的、经常性的预警工作体系，对可能发生的知识产权争端及其法律后果、诉讼对策等向关联企业发出预报。

（四）人才战略

1. 创造良好的知识产权文化氛围

通过“世界知识产权日”、典型案例、公开审理、新闻媒体等渠道，充分利用传媒和远程教育等现代教育手段，展示知识产权法律在中国切实起到的重要作用，增加个人、企业对中国知识产权法律制度的信心。实施公众教育计划，培育国民对知识产权的认知、尊重、创造和保护意识，形成全社会保护知识产权的法律观念。

2. 建立健全的知识产权教育体系

政府积极发展知识产权教育，建立以尊重人类创造力和知识产权价值为中心的人才基础和社会氛围，树立终身学习的知识产权教育观念，建立与知识社会发展相适应的知识产权教育体系。在理工科类专业的课程设置中要求将专利

法和商标法作为必修课程，文科类专业将著作权法作为必修课程。同时，加快知识产权职业教育的发展，实施“法律与科技计划”等跨学科综合教育模式。在普通高校和职业技术院校设置包括知识产权、合同、税收、贸易、技术管理、市场营销、商业策略及资产评估等在内的课程，培养大批熟悉知识产权法律并精通技术的专业人才，支持企业的新技术发展和知识产权竞争。通过企业与教育研究机构的联合，将知识产权的教育延续到创新、利用与保护的具体实践之中。

3. 切实发挥知识产权常设部门的作用，锻造知识产权人才队伍

鼓励企业建立知识产权常设部门，与研发、销售等部门一起设计新技术或新产品的知识产权保护架构，将知识产权保护贯彻到企业的每一个管理与经营环节之中，通过企业的知识产权人才将知识优势转化为知识产权优势，将专利等知识产权优势转化为市场优势和产业优势。

四、战略主体

知识产权战略体现的是国家以制度配置为基础而对企业进行自主创新的推动和指导，它的制定、实施和推进是在国家层面上来完成的，企业则是自主创新的基本主体和知识产权战略的直接承受者；同时，各地区和行业组织在知识产权战略的实施方面也具有重要地位。只有以上各类主体充分发挥自己的作用，知识产权战略的意义才能体现出来。

（一）国家

诚如党的十六大报告所明确提出的，国家要鼓励科技创新，在关键领域和若干科技发展前沿掌握核心技术和拥有一批自主知识产权，同时完善知识产权保护制度，以提高市场主体的国际竞争力。在知识产权战略中，国家的工作重心在于制度设计和营造基础环境；具体说来，其地位和作用应体现为以下几方面。

（1）在宏观层面上，国家应立足于自主创新的战略思想，抓住产业结构转型的历史机遇，结合我国在市场机制、企业创新、产业生态、创新文化等方面的比较优势，制定符合我国国情的知识产权战略，以充分发挥知识产权激励创

新、吸引投资、促进交易、规范竞争的重要作用。坚持“产业第一、企业为大”的指导方针，充分反映市场主体的内在利益需求，突出产业的自主创新，在知识产权创造、管理、保护、运用等的各个环节，加强知识产权制度建设和基础环境建设。国家应当鼓励企业积极主动地利用国际知识产权规则进行自主创新，并在宏观层面上调动政府、行业、企业、中介等各方面资源，全社会、全方位、全过程地推进知识产权战略的实施。

（2）制定和完善与实施知识产权战略相配套的法律法规。根据《知识产权协议》的内容和要求，不断修改及完善传统知识产权立法，扩大知识产权保护的范围，加强国际贸易中的知识产权保护。制定有针对性的、直接促进知识产权战略实施的行政法规或条例，鼓励转化创新成果方面的立法工作，全面调整知识生产、权利运用等活动所引发的利益关系。

（3）国家应当积极制定及培养推动知识产权战略实施的一些基础性配套机制。建设强有力的打击知识产权侵权行为的行政执法机构，形成知识产权知识普及的长效机制，借此引导各市场主体强化知识产权意识，建立奖励机制，对从事技术创新、运用知识产权等活动而获得重大经济社会效益的有关人员予以重奖。有关部门要加快培养一批知识产权方面的高级人才，充分运用信息化手段，加快建设知识产权网络服务体系和专业的信息资源库。积极推进知识产权管理制度的创新，促进和完善知识产权的中介服务体系，充分发挥行业协会在知识产权方面的作用。

（4）国家应提供政策支持及营造投资环境，做好培育风险基金市场方面的工作。引导和规范市场，优化配置各种有效资源，促进经济结构的调整升级。建立高新技术开发区，并于其中施行有针对性的、行之有效的政策和措施，促进高新技术的研发以及成果的转化。建立有利于高新技术产业发展的风险投资机制，推行产权重组，允许管理、技术、信息、知识产权等知识要素参与分配。对技术引进应该进行合理的引导和限制，加强系统与集成，使一些重大项目的引进能够迅速走上引进、消化吸收和自主创新的良性发展轨道。

（二）地区

各地区应当根据自身的经济社会发展状况，形成与国家知识产权战略相适应的工作体系和相关机制。具体说来，在知识产权战略的实施过程中，各地区的主体性地位表现为：

（1）在实施国家知识产权战略的过程中，采取优先发展战略和跨越式发展战略相结合的模式。对于优势产业，可以采取优先发展战略，积极鼓励和资助这些领域的科研成果申请知识产权，取得竞争优势；对于目前尚不具备技术优势的产业，则采取跨越式发展战略，将引进先进技术和自主研发结合起来，并加快形成自主知识产权。

（2）制定并实施地区性的知识产权重点工程。制定地方性的“知识产权发展与保护条例”，鼓励本地区企业建立健全的知识产权产生、申报、管理、利用及保护制度和流程。积极推动和支持行业自律组织的建立，促进大型专业市场的形成。各地区在主导产业领域应当积极引导知识产权预警与应急机制，积极创设知识产权评估、咨询、代理等专业服务机构，加强对知识产权各类专业机构的管理。

（3）各地区应当根据市场主体的需求创新知识产权公共服务，加强知识产权公共信息服务体系的建设，并以此作为政府公共资源配置的决策依据。加快建设公共技术平台，加强前瞻性、共同性和关键性技术的研究和公关，并进一步完善政府科技计划项目的知识产权管理。

（4）努力提高本地区自主知识产权的产品产值在高新技术产品产值中的比例，同时，还要提高自主知识产权的产品出口额在总出口额中的比重，从而明显提升知识产权对本地区经济结构优化和经济增长的贡献。

（5）建立知识产权专项资助基金，发挥专项基金的示范导向作用，同时加大各地区对知识产品的研发、知识产权的申请以及实施产业化的投入力度。

（三）行业协会

行业协会属于自律组织，它是由某一行业内的全部或一定数量的企业自行成立的机构，它也是影响国家知识产权战略实施的一类重要主体。就贯彻实施国家知识产权战略而言，充分发挥行业协会的作用应当是我国企业应对挑战的有效手段。

（1）根据不同产业的发展状况，在重点行业创设行业协会，避免同一行业内企业之间的不良竞争、重复投资或利益侵害，消除成员之间的冲突、不信任和对抗，从而形成成员间的一致性，通过联合行动和内部协调，促进本行业的发展并使得成员利益都能得到最大程度的实现。

（2）支持行业协会制定行业知识产权保护公约，妥善解决行业内的知识产权纠纷，依法维护成员的整体利益。支持行业协会与海内外的对口协会展开协作交流，开展专业服务。

（四）企业

企业是实施自主创新的主体，能否实现知识产权战略目标取决于企业开展自主创新的结果，企业应在以下几方面充分发挥主动性：

（1）建立起知识产权内部管理制度，对企业内部的知识产品创造、知识产权运用等活动进行管理。企业必须明确创新目标、了解自身的竞争优势，从而慎重选择开展自主创新的切入点（包括适宜的项目、规模和资金投入），避免盲目投资。企业应脱身价格战，积极投入技术研发，同时，注意采取法律手段来保护自己的研发成果。

（2）充分利用知识产权的有关文献，指导技术研发与生产经营活动。在这一过程中，企业可以对高新技术的发展进行追踪，从而得到新技术开发的构想。企业应当善于追踪发现各种知识产权障碍，并通过解决这种障碍而获得市场空间。尽快提升企业的知识产权意识，力争做到“产品未动、知识产权先行”，这也是市场主体参与国际市场的竞争所必须具备的条件。

（3）在竞争的基础上开展协作，提高企业的国际竞争力。在总体策略上还处于防守阶段的国内企业应该通力协作，加强协作是企业应对全球经济一体化发展所引发之巨大挑战的有效策略，由此才能提高我国各行业的国际竞争力。

（4）关注标准的制定，提高参与制定标准的能力。企业应高度重视标准化工作，加强技术标准战略的研究与实施，积极参与国家主导或国际组织主导的技术标准的制定工作。

五、战略政策

知识产权战略政策主要是与知识产权保护、产业化紧密相关的国家政策，主要包括文化政策、教育政策、科技政策、产业政策等。其目的在于在纵向上协调我国现有政策、主导相关政策今后一段时间的变化与发展，以统一政策、综合考虑减少相关政策间的摩擦与重叠。它体现了知识产权在我国文化教育、科学技术、产业经济与对外贸易中的举足轻重的地位，也反映出协调相关政策的战略必要性。我国知识产权战略政策的制定，是在充分运用和完善现有政策法规的基础上，对相关政策进行指导协调的过程。具体而言，国家知识产权战略政策体现为如下方面：

（一）文化政策

我国的文化政策主要包括：文化事业发展规划、文化产业发展规划、文化市场发展规划、公益性文化政策。促进社会文化的发展自知识产权制度产生之时便始终成为其重要目标，文化政策作为国家社会文化的基本政策也自然与知识产权制度紧密相连。

1. 文化事业发展规划与知识产权战略

在制定文化政策时，采用知识产权的保护方式保存我国现有的大量优秀的历史文化遗产，促进“口头和非物质文化遗产”的法律保护。同时，对民族民间文化资源积极予以保护与开发，协调不同地区间文化事业发展的重点，利用知识产权制度建构历史文化保护与资源合理开发的战略规划，加快相关文化事业立法工作。

2. 文化产业发展规划与知识产权战略

文化产品的产业化是以文化产品的权利化为核心、以市场调节为手段的改革过程，将文学艺术等形式推向市场。文化产品的特殊形式就使得知识产权保护成了其进行产业化和市场化开发的前提条件。知识产权制度的有效介入保障了文化产业有序、健康、持续的发展。应当尽快完善文化产业知识产权登记制度和相应的执法体系，加强重点文化产品和形式的知识产权保护力度。

3. 文化市场发展规划与知识产权战略

文化市场的有序健康发展是建立在良好的产权交易市场、健康的文化市场竞争环境以及有序的多层次市场发展的基础之上的。在此要求下，应当加快文化市场知识产权执法体系的现代化、层次化、网络化的建设，维护文化市场的发展，从而以市场形式优化文化艺术资源配置，加快所有制结构的改革，逐步形成以国有文化单位为骨干，多种所有制文化单位并存、竞争的文化发展新局面。制定和完善支持民族产业发展的政策，积极运用高新科技改造提升传统文化产业，开发新兴文化产业。

4. 公益性文化政策与知识产权战略

在发展公益性社会文化事业的同时，必须加强知识产权相关政策法规的建设，为我国文化信息资源共享工程提供法律保障。出台相关法律法规，在注重知识产权保护的前提下，运用知识产权规则保障公益性社会文化事业，实现社会文化与知识产权保护的和谐发展。

（二）教育政策

教育政策在很大程度上实际影响到知识产权战略的落实与持续发展。具体而言，与知识产权相关的教育政策主要包括高等学校知识产权促进与管理政策、知识产权人才培养政策。

1. 高等学校知识产权促进与管理政策

针对目前的知识产权保护状况，应当加大高校的科研投入，拓宽投入的范围和途径，鼓励高校研究人员与研究机构加强科学研究，提高专利申请量。明确相关知识产权的归属与管理方式，改变原有单一的高校知识产权权属形式，开展多层次、多步骤的知识产权管理与促进工作。不但要强调高等学校自身知识产权的系统管理，而且要注重科研人员配套奖励机制的建立。建立多元的知识产权促进政策，统一高等学校知识产权评价与考核机制，将知识产权促进和保护工作的绩效纳入学校与教师综合考察的范围。推进高校知识产权管理工作，鼓励在读硕士生、博士生申请专利，推进知识产权管理示范学校建设，加强高校的知识产权教育。

2. 知识产权人才培养政策

从初等、中等教育到高等教育应探索一整套加强创新型教育的模式和方法，推进素质教育的发展。在初等、中等和高等教育中开设知识产权相应的普及课程。设立以知识产权教学和科研为核心的专门机构。在非法学学科专业中开展多层次知识产权法学专门教育，鼓励高校开展多层次、多形式知识产权非学历教育。

（三）科技政策

1. 科技投入政策与知识产权战略

研发投入作为科技投入政策的核心内容，应以多层次、大范围的国家科技计划为主要表现形式。运用经济杠杆和知识产权等相关政策手段，引导、鼓励各类企业增加科技投入，使其逐步成为科技投入的主体。与技术引进、技术改造经费相配套，将一定数量的资金用于技术创新工作。保持知识产权创新战略的长期性、持续性。

继续拓宽科技金融资金渠道，大幅度增加科技贷款规模。国家政策性银行要增加科技信贷规模，对综合性的高技术重大工程项目给予重点支持。金融机构要支持科技事业的发展。发展科技风险投资事业，建立科技风险投资机制，并且建立健全与之相适应的知识产权交易与保护机制。积极吸收海内外资金支持科技事业。

同时，应加强国家科技计划的知识产权管理。对国家科技计划的知识产权管理提出明确具体的要求，确立有利于国家科技计划项目成果转化的知识产权归属政策，明确国家科技计划管理各环节的知识产权管理内容和科技计划组织实施者的知识产权管理义务。

2. 自主创新政策与知识产权战略

我国提出建设创新型国家的战略目标，其核心就是将增强自主创新能力作为发展科学技术的战略基点，走出中国特色自主创新道路，推动科学技术的跨越式发展。知识产权的开发、利用与保护在建设创新型国家的过程中必将发挥举足轻重的作用。

尽快完善相关政策的协调，以知识产权战略的制定和实施为契机，建立健全与之配套的保障和促进创新的知识产权政策及法规；调整创新相关的知识产权管理体制，强化知识产权的现代化与网络化管理及高效利用；建立以鼓励自主创新为主要内容的奖励激励机制，将知识产权与科技奖励相协调，将市场激励与政府奖励相结合，塑造良好的科技创新激励环境；在加强自主创新能力宣传的同时，强化自主创新的知识产权意识，大幅提升我国科技领域知识产权保护与利用的水平。加强科技立法和执法工作，制定和完善相关的各种法律、法规，强化科技法律、法规的实施；依法保护知识产权，保护科研机构、科技人员、发明创造者的合法权益不受侵犯，依法惩处各种形式的侵犯知识产权的违法行为，使科技工作沿着法制的轨道有序地进行。

（四）产业政策

1. 高科技产业促进政策与知识产权战略

国家产业政策和发展规划要把发展高技术产业摆到优先位置，在财税、信贷和采购等政策上给予重点扶持。要努力提高国产高技术产品的性能、质量和市场竞争力，提高高技术产业的规模效益和在国民经济中的比重，使一些高技术产业逐步成为国民经济的支柱产业。

在高科技产业促进政策中，高科技的知识产权申请、管理与利用制度应与财税、信贷等政策置于同等重要的地位。行业、企业知识产权战略的实施与知识产权在相关产业的产业促进政策紧密相连。各级政府部门应推动与本行业、本地区科技、经济发展状况相适应的高科技产业，特别是拥有自主知识产权与核心技术的高科技产业。

国家高新技术产业开发区是培育和发展高技术产业的重要基地，国家应适当给予优惠政策。在开发区建立良好的管理和运行机制，区内企业要率先建立现代企业制度。重点塑造一批掌握知识产权、拥有自主开发能力和市场竞争力强的大型高技术企业或企业集团。

国家继续组织实施高技术研究发展计划，遴选一批重点课题，组织以中青年人才为骨干的精锐队伍，加强集成和协调攻关，力求取得重大突破和创新。要在电子信息、生物、新材料、新能源、航天、海洋等重要领域接近或达到世界先进水平，形成自主知识产权和自主品牌，在世界高技术的若干重要领域占一席之地。

2. 对外贸易政策与知识产权战略

实施知识产权兴贸工程，加强知识产权对我国外贸发展的促进作用，是我国知识产权战略的重要组成部分，也是今后一个时期国家知识产权管理部门、科技管理部门和商务管理部门共同的战略重点。

知识产权兴贸工程主要包括如下方面。

（1）以自主知识产权培育工程为基础。

自主知识产权的培育不仅是科技发展的重点，也是产业发展和对外贸易的基础。建立国家科技计划成果知识产权预案制度，加强科技计划成果的知识产权化；建立企业知识产权咨询服务机制，解决企业知识产权信息不畅问题；建立重大科技成果知识产权查询咨询制度，促进产业技术进步。

（2）实施自主知识产权出口基地工程。

出口基地是企业、技术、人才密集地区，也是技术创新基地和专利等知识产权的主要产生地。以市场化手段鼓励出口基地及企业主动成为示范标杆，成为知识产权兴贸工程的重点实施单位。创造基地良好环境，完善知识产权服务体系；扶持中小企业，建立自主知识产权专项资金；发挥示范作用，加强基地的知识产权应用与实施。

（3）以自主品牌工程为突破口。

自主品牌是国家和企业的核心竞争力。做大、做强自主品牌是我国企业面临的重要历史使命。加强自主品牌培育，树立自主品牌形象，提高品牌国际竞争力。

（4）以知识产权人才培育工程为支撑。

加强行业知识产权战略研究，培育行业知识产权战略人才；提高科学决策意识，培育知识产权管理人才；加快“走出去”步伐，培育知识产权谈判人才；提高知识产权中介服务水平，培育知识产权专业咨询人才。

（5）以知识产权维权工程为保障。

建立行业知识产权纠纷应对机制，提高知识产权纠纷法律支援能力。建立与外商投资企业的知识产权保护沟通机制，将有助于加强同主要国家知识产权的对话与沟通，了解外商投资企业在打击专利侵权、保护知识产权等方面的意见和建议，为知识产权兴贸工程提供保障。

六、战略决策

国家知识产权战略不仅要着眼于国家内部的经济社会发展，也应当从国际竞争的角度进行考虑，使之成为我国参与国际竞争的重要武器，为我国创造良好的国际竞争环境。为此，我国应当从参与国际知识产权体系的建构和国内具体制度安排两个层面着手，从战略的高度沉着应对知识产权制度的新变革。

（一）国际战略对策

在国际战略层面，我们要注意把握国际知识产权制度发展的基本动态，积极推动国际知识产权制度的改革，并且针对《知识产权协议》执行中的诸多问题，完善知识产权国际保护制度，把发展更公平、更公正、更合理的知识产权制度作为自己的战略目标。

《知识产权协议》正处于一个不断完善的过程之中。针对当前《知识产权协议》在实施过程中暴露出来的种种问题，以及国际社会特别是广大发展中国家对该协议的批评，根据2001年11月WTO多哈会议的决定，《知识产权协议》理事会已经自2002年年初开始启动了《知识产权协议》的新一轮谈判，目前该谈判还在进行当中。我们应当抓住这一有利时机，研究《知识产权协议》条款，联合广大发展中国家，积极参与多哈回合的谈判过程中去，修改或者废除协议中的不合理规则，制订一个平衡知识产品的生产者和使用者利益、发展中国家与发达国家利益的合理机制。

中国应当在多哈回合的知识产权谈判中表达以下的观点：

1. 加强对传统资源（包括传统知识和遗传资源）的法律保护

《知识产权协议》所确立的知识产权制度建立在独创性或首创性要求的基础之上，偏重对于“创新性”知识产品的保护，而相对忽视了对作为创新智力源泉的传统资源的保护。其结果是他人未经许可获得并利用社区的传统资源完成新的发明可以获取知识产权，但是持有这些传统资源的社区却没有任何利益分享的途径，甚至限制原持有者的使用，造成当地社区和其所在国家的资源流失。与发达国家相比，发展中国家在传统资源方面具有比较优势，因而发展中国家应当为传统资源争取更为有利的国际保护。

2. 重视保持发展中国家与发达国家之间的利益平衡

《知识产权协议》所确立的知识产权保护最低标准，在很多方面超越了发展中国家的科技、经济和社会发展的阶段，加大了发展中国家知识创新的难度，没有很好地考虑与发展中国家成员有切身利益关系的技术转化与援助。《知识产权协议》的实施，使得发展中国家成员丧失了在以往的相关国际公约中所享受的优惠，束缚了处于弱势地位的发展中国家的手脚，导致强者更强，弱者更弱。因此，要在国际知识产权体系的建构中重视保持发展中国家与发达国家之间的利益平衡，使其有利于发展中国家的经济社会发展。

3. 促进知识产权与人权的协调发展

《知识产权协议》所确立的知识产权国际保护制度忽视了对作者精神权利的保护；对作为表现自由所涉及的信息过分强调专有权利，会在一定程度上阻碍公民的表现自由；信息数据库权利的扩张可能会造成与公民隐私权保护之间的冲突；过分强调药品专利权会对公众健康权的保护形成威胁；现有的国际技术转让制度使广大发展中国家不能很好地实现自身的发展权。因此，应当将国际知识产权保护与实现其他人权紧密结合，实现两者的协调发展。

（二）国内制度安排

在国内战略层面，知识产权战略制定和实施的成功与否也决定了 21 世纪的中国社会发展的最终走向。在知识产权法一体化、国际化的潮流中，中国作为世界贸易组织成员，理所当然应遵守《知识产权协议》所规定的国际义务。但是中国是一个发展中国家，应当考虑本国的经济、科技与文化的发展水平，现阶段立法不必过于攀高，而应最大限度地实现法律的本土化与国际化之间的协调。

1. 确立合理的知识产权保护水平

中国的知识产权保护应当遵循《知识产权协议》规定的最低标准，而不是追随发达国家的高标准；反对知识产权“超国际标准”和“超国民待遇”的保护，在知识产权国际保护中加强合作与理解；坚持知识产权保护的“阶段论”和“范围论”的有机结合，逐步推动知识产权保护范围的扩大；推动我国优势知识产品资源的国际保护，争取降低我国劣势知识产品的保护水平；在遵守知识产权国际公约规定义务的前提下，灵活对待本国知识产权保护的具体情况。

2. 注意防范滥用知识产权的行为

知识产权实际上是法律赋予权利人的一种合法的垄断权，知识产权本身会导致市场垄断，所以必须考虑知识产权对竞争的损害，以达到知识产权的权利人和社会公共利益之间的平衡。应充分利用《知识产权协议》中有关滥用知识产权的规定以及有关许可贸易中限制竞争行为的规定，在完善我国知识产权法律法规的过程中，建立对滥用知识产权行为界定、约束和惩处的机制。

3. 重视传统资源的知识产权保护

我国在传统资源方面具有比较优势，应更加重视与传统资源有关的知识产权保护工作，充分利用 WTO 将传统资源的保护纳入多哈回合谈判的有利时机，联合广大发展中国家积极参与相关国际规则的制定。加快制定专门的法律，出台《民间文学艺术作品保护条例》。同时应提供技术、法律、资金、培训等方面的援助，帮助传统资源所在社区鉴别、分类、记录和保存有关传统资源；探讨传统资源的集体管理模式，帮助有关成员取得、维护、管理和实施相应的知识产权及其他权利。

七、战略措施

为具体贯彻和实施国家知识产权战略，实现创新型国家的战略目标，建议采取以下具体措施。

（一）进一步完善知识产权法律体系

我国知识产权法律制度已基本符合国际规则，但也有一些不完善的地方。知识产权法律体系比较分散，而且法律之间存在着不少矛盾；一些法律规定操作性不强，使其法律功能不能真正落到实处；惩罚力度偏轻和地方保护主义现象并存，导致这些法律规范的实效不佳；缺乏限制知识产权滥用的法律，助长了部分知识产权滥用行为。因此应进一步完善相关的法律、法规，消除它们之间的矛盾冲突，增强其可操作性，并配套制定一批鼓励创新、促进智力成果产业化的法律规范，同时对传统知识、遗传资源等提供知识产权保护，尽快出台《反垄断法》。

（二）推动知识产权的法典化建设

分散的知识产权法律体系不利于知识产权法律制度的统一适用，不利于知识产权体系化构建。应当逐步走向知识产权制度的法典化。在制定《民法典》时仅对知识产权作一般规定，保留知识产权单行法。待时机成熟后编纂知识产权法典。其中，民法典中关于知识产权的一般性规定，包括知识产权的性质、范围、效力、利用、保护，与其他法的关系等原则性条款，可作为知识产权法典的总则；同时整合、汇集各知识产权单行法规，成为知识产权法典的各个专章。

（三）切实加强知识产权保护

当前，我国知识产权的行政管理比较分散，知识产权司法审判工作还需进一步加强，知识产权保护的定位不够明晰，侵犯知识产权的违法行为在某些地方、某些领域还比较严重，知识产权保护不力的状况还没有完全改观。这既不利于改善引进外资环境、提高引进外资质量，也不利于我国拥有自主知识产权的核心技术和配套技术的研发与产业化。因此要通过深化体制机制改革，在国务院设立统一的知识产权行政管理部门，整合知识产权行政管理资源，提高行政管理效率。通过深化司法改革，秉承公正与效率的主题，在法院系统设立统一的知识产权上诉法院，整合知识产权案件的司法管辖。建构起知识产权日常监管和专项治理相结合、行政保护和司法保护相配套、中央和地方相呼应的工作机制，确保知识产权保护工作的真正落实。

（四）加强知识产权创新文化和意识的培育

当前我国公众和企事业单位尊重他人知识产权、维护自身合法权益的意识尚待加强。多数国内企业、高等学校、科研院所还没有建立专门的知识产权机构和知识产权工作机制，对国际规则的了解还比较贫乏，运用知识产权制度参与市场竞争尤其是国际市场竞争的准备和经验不足。基于此，应当在全社会倡导和形成以创新为荣，以形成自主知识产权为荣的社会风尚，通过知识产权保护激励创新文化，通过创新文化推动知识产权事业。将着力提高全社会的知识产权意识作为当前工作的重点之一，针对不同对象，综合运用公众宣传、专题培训、基础教育等形式培养全民族的知识产权意识。特别是要通过宣传教育，让企业切实提高知识产权自我保护意识、尊重他人知识产权的意识以及运用知识产权进行创新发展的意识。

（五）加强知识产权的产业化运用

通过鼓励政策并提供便利，引导企事业单位及时将科研成果、核心技术和名优产品申请知识产权保护，特别是鼓励先进技术到国外申请知识产权保护。建立和完善知识产权的咨询机构、中介组织与有关知识产权的其他服务机构，建立相关制度保障这些组织的权益和促进它们的发展，促进知识产权的产业化和市场化。应当畅通知识产权交易渠道，及时发布知识产权交易信息，完善知识产权评估技术及方法，积极探索对知识产权创造者的股权、期权激励机制。

明确市场进入规则，制定合同范本及相应的应用指南，加大市场监管力度，确保专利、商标、商业秘密的安全、便捷流通。应当促进“产学研”的知识产权联合，充分发挥高等院校、科研院所的研发优势及企业自身的生产优势，积极促进企业、个人的研发资金投向大学、科研院所，同时加快高等院校、科研院所的技术成果、知识产权的产业化进程。加强先进技术、专利产品的商业化扶持。重视和加紧现代企业制度的建立，改革公司治理机制，明晰公司产权，建立和完善我国的“创业板”市场，加大对中小企业和风险投资企业的资金支持，为知识产权产业化提供更强的政策支持。

（六）推动知识产权信息高速公路建设

在国家知识产权战略制定和实施过程中，应当因应信息时代的要求加快知识产权信息化步伐。加大虚拟知识产权管理机构建设，扩大知识产权信息化的国际合作，建立与美国、欧洲和日本等的知识产权信息合作服务平台；加大有关知识产权行政管理的自动化和网络化的建设，尽早实现知识产权申请的数字化；加大知识产权信息资源库群和通用检索系统的建设，建立知识产权信息专家咨询系统和分析系统，为公众提供完整、准确和高效的知识产权信息服务。

（七）加强知识产权国际事务的交流与合作

在当前对现行国际知识产权体系和规则进行改革的呼声愈加高涨之时，我国作为一个在全球有重大政治影响力的发展中大国，应当与其他国家、国际组织和外商投资企业在知识产权领域广泛开展对话与沟通。根据国际知识产权制度变革的最新动向，通过宣传我国知识产权保护的决心和举措，妥善应对某些发达国家在知识产权保护方面日益突出的诉求。通过对我国具有优势的知识产权资源加强国际保护，团结带动其他发展中国家，在国际知识产权保护规则的修订和制定方面增加话语权。

论知识产权一体化的国家治理体系*

——关于立法模式、管理体制与司法体系的研究

导言：从知识产权一体化到国家治理现代化

知识产权是近代科学技术与商品经济发展的产物。一般认为，英国于1623年制定了世界上第一部专利法（《垄断法规》），于1709年制定了第一部著作权法（《为鼓励知识创作而授予作者及购买者就其已印刷成册的图书在一定时期之权利法》，即《安娜法令》），法国于1857年制定了第一部商标法（《关于以使用原则和不审查原则为内容的制造标记和商标的法律》），是为具有近代意义的知识产权制度的开端。这绝非历史的偶然。自17、18世纪以来，市民阶级在生产领域中开始广泛采用科学技术成果，从而在资本主义市场中产生了一个保障知识产品私有的法律问题。市民阶级要求法律确认对知识产品的私人占有权，使知识产品与同一般客体物成为自由交换的标的。他们寻求不同于以往财产法的新的法律制度，以作为获取财产权利的新方式：在与商品生产直接有关的科学技术发明领域出现了专利权，在商品交换活动中起着重要作用的商品标记范畴出现了商标权，在文学艺术作品以商品形式进入市场的过程中出现了著作权。这些法律形式最后又被概括为知识产权。

---

* 原载《知识产权》，2017（6）。

知识产权一体化的前提是权利的类型化。不同表现形态的知识财产，同构于一个开放且具有逻辑性的“知识财产权客体谱系”之中，这是我们划分不同知识产权类型的依据。知识产权可以概分为创造性成果权和经营性标记权。前者是指民事主体基于自己的智力创造成果而享有的权利，包括著作权、专利权、商业秘密权、集成电路布图设计权、植物新品种权等。该类权利的对象都是人们智力创造活动的成果，一般产生于科学技术和文化等知识领域。后者是民事主体对其经营管理活动中的标记而依法享有的权利，包括商标权、商号权、地理标记权、域名权和其他与反不正当竞争有关的识别性标记权。该类权利的对象概为标示产品来源和主体人格的区别标记，主要作用于工商经营活动中。1992 年，国际保护知识产权协会（International Association for the Protection of Intellectual Property，简称 AIPPI）在东京大会上将知识产权分为“创造性成果权利”和“识别性标记权利”①。AIPPI 对于知识产权的类型划分有着指导意义，这是我们区别“创造性成果权”与“经营性标记权”的理由所在。

创造性成果权与经营性标记权的主要权利类型，已为两个主要的知识产权国际公约所认可。1967 年《建立世界知识产权组织公约》将知识产权界定为以下类别：关于文学、艺术和作品的权利（即著作权），关于人类的一切领域的发明的权利（即发明专利权及科技奖励意义上的发明权），关于科学发现的权利（即发现权），关于工业品外观设计的权利（即外观设计专利权或外观设计权），关于商标、服务标志、厂商名称和标记的权利（即商标权、商号权）；关于制止不正当竞争的权利（即反不正当竞争权），以及一切在工业、科学、文学或艺术领域由于智力活动产生的其他权利。1994 年世界贸易组织《知识产权协定》划定的知识产权范围包括：著作权及相关权利（即邻接权）、商标权、地理标志权、工业品外观设计权、专利权、集成电路布图设计权、未公开信息专有权（即商业秘密权）。

关于《建立世界知识产权组织公约》划定的体系范围，有两点值得注意：一是规定有兜底条款，为以后新的知识产权入围提供了空间，应为可取之处；

① 郑成思：《知识产权论》，6～7 页，北京，法律出版社，2003。

二是规定了发明权、发现权，对该类权利能否进入知识产权制度体系，留下争议之点。《知识产权协定》所涉权利范围概与国际贸易有关，且多为一些发达国家力主保护的权利。但是，该协定将一些与贸易无直接关联的权利排斥在外，例如，未包括以往工业产权公约所规定的商号权。需要特别指出的是，这两大国际公约都未涉及传统知识和遗传资源的保护问题。关于传统知识和遗传资源保护，在国际上有不同的认识：有的认为这是一种“专门的知识产权制度”，也有的认为其“处于现行知识产权体系的保护之外”①。尽管如此，一些国际组织以及许多国家建议对遗传知识中易限定的部分（特别是民间艺术创作、传统医药等），先行给予知识产权的专门保护。②

知识产权一体化的基础是客体的同一性。知识产权是关于非物质性财产权利的总称，是人们对知识财产权这一法律现象引进体系化思维的结果。知识产权一体化的法律方法，是以客体的同一性为基础，即从有形财产（动产、不动产）与无形财产（知识财产）进行比较中抽取实质性区分要素，以概括出知识产权的本质性特征。客体的同一性基础，建立在两个方面：一是客体形态的非物质性。在财产权体系内部，以财产利益的物质性与非物质性为标准，支配性财产权可以分为对有形财产之所有权与对无形财产之知识产权。法国学者将支配性财产权的客体称为“第一顺位的权利客体”，即不依法律规定而事实存在的标的物，包括有体物（如动产、不动产）与无体的精神产品（如作品和发明）。③ 诸如著作权、专利权、商标权等得以整合在“知识产权”之中，关键在于客体非物质性的共同特性。二是客体地位的法定性。法律意义上的财产，不仅是与主体有别的客观现实存在，更是法律认可的主体支配客体的现实存在。④ 无体的精神产品，没有法律认可亦在现实中存在，但只有法律的规定，客体的财产关系内涵才能得到法律保障。可以认为，知识产权的出现并以私权名义给予保护，即是法律对新财产“发现”并认可的过程。正如马克思所言：

---

① 龙文：《论传统知识产权权利的实现形式》，载国家知识产权局条法司编：《专利法研究（2004）》，北京，知识产权出版社，2004。

② 参见 Carlos Corra：《传统知识与知识产权》，国家知识产权局译，http：//www. biodivip. gov. cn.

③ 参见［德］卡尔·拉伦茨：《德国民法通论》，337、338、404 页，北京，法律出版社，2003。

④ 参见刘少军等：《货币财产（权）论》，11～14 页，北京，中国政法大学出版社，2009。

“每当工业和商业的发展创造出新的交往形式……法便不得不承认它们都是获得财产的方式。”①

知识产权作为财产非物质化革命的制度文明，是以法律的名义得以实现的。首先，宪法为知识产权的制度建构提供了最为重要的政治基础。在近代英国，政治上的开明专制主义、经济上的重商主义、思想上的私有财产神圣的权利观念等各种变革及思潮相继兴起，使政府得以在自由大宪章的基础上颁布了《垄断法规》（专利法）和《安娜法令》（著作权法）；美国在其早期宪法中规定了“促进知识”“公共领域保留”“保护创作者”的“知识产权条款”；法国则在资产阶级革命后的《人权宣言》中强调公民发表言论、写作和出版的自由，使尔后的知识产权法登上了权利价值崇尚的顶峰。近代知识产权制度的产生，深刻地说明：“宪法秩序的变化，即政权的基本规则变化，能深刻地影响创新的制度安排的预期成本和收益。”② 其次，民事权利体系化实现了知识产权的私法回归。一般认为，知识产权制度和企业法人制度的建立，是“现代产权制度建立的标志”③。民法典作为私法领域的基本法律，在民事权利体系构建方面具有形式的一致性、内容的完备性和逻辑的自足性。正是由于民事权利的体系化，知识产权得以在私权的框架下实现其自身的一体化。1804 年《法国民法典》明确规定商标权应与其他财产权同样受到重视，这一规定是对商标权即为财产权的民法定位，但对知识产权整体未能涉及。④ 而在 20 世纪的法典化运动中，无论是 1992 年《法国知识产权法典》，还是 1994 年《俄罗斯联邦民法典》、2005 年《越南民法典》中的“知识产权编”，都对现代化、一体化的知识产权有着经典性的立法表现。

知识产权所涉及的国家治理体系问题，事关现代国家的制度文明建设。国家治理体系是有关国家治理活动的一整套制度安排、组织形态和治理体制、机

---

① 《马克思恩格斯选集》，1 卷，3 版，214 页，北京，人民出版社，2012。

② ［美］V. 奥斯特罗姆等：《制度分析与发展的反思》，王诚等译，14 页，北京，商务印书馆，1996。

③ 刘凤朝：《论技术创新与制度创新的互动》，载《科学技术与辩证法》，2000 (2)。

④ 在《法国民法典》的指引下，该国于 1857 年颁布了《关于使用原则和不审查原则为内容的制造标记和商标的法律》，是为近代社会第一部商标法。

制所构成的制度系统。制度、体制等创设的合理性、科学性，程序、机制等规定的可执行性、可操作性，以及运行、实施的可预期性、有效性，都是国家治理现代化的当然要求。现代化发展的历史进程表明，实现国家治理现代化，关键在于推进国家制度建设，其重要任务是加强法治建设，为国家治理现代化匹配制度条件。国家制度建设是一个统筹的法治系统工程，包括法律规范体系、法治实施体系、法治监督体系、法治保障体系等法治体系建设，主要涉及立法、行政和司法三大领域。知识产权治理体系的现代化，是一个现代化制度体系成长和成熟的过程。对于近代中国而言，知识产权的法律形式和治理方式都是移植而成的“舶来品”。在当下中国，我们正致力于知识产权强国建设，理所当然需要建立相应的现代化治理体系。知识产权强国之基本蕴意，不仅在于有着先进的知识产权发展实力，而且要求匹配先进的知识产权治理能力。这是基于创新驱动发展的战略要求，也是循应知识产权一体化趋势的制度安排。可以认为，实现知识产权领域的“科学立法、严格执法、公正司法”，即是国家治理体系和治理能力的现代化提升。

一、知识产权一体化的立法模式：从“入典”走向“成典”

在法律制度的历史上，知识产权是罗马法以来“财产非物质化革命”的制度创新成果，也是发达国家三百多年来不断发展成长的“制度文明典范”。在大陆法系国家，知识产权是一个属于民法范畴但又相对独立的财产权体系。从17世纪中叶到19世纪，是近代欧洲国家知识产权制度兴起的时期，诸如专利法、著作权法、商标法在西方国家陆续产生。上述法律作用于科技、文化和营销等不同的领域，且产生于不同的时期。与物权体系不同，“无形财产具有不同性质，它们不能置于同一的法律体系而只能置于一系列独立的、不同的体系，存在于一定的期间”[①]。在这一时期，知识产权诸法都是以单行立法的形式出现，既没有统一的知识产权法典，也没有将各个法律进行整合而进入民法典。换言之，“知识产权法是对专利法、商标法、著作权法等法律规范的一个

① 尹田：《法国物权法》，65～66页，北京，法律出版社，1998。

总称，这一称谓是虚设的，是一种理论概括”[1]。

自 20 世纪以来，知识产权法有了长足的发展：基本规范不断完善，保护范围逐渐扩大，制度创新与变革日益频繁。其中，现代化、一体化即是知识产权立法的两大趋势，前者动因于现代科学技术的发展，后者受制于新国际经济秩序的形成。知识产权现代化，表现为这一制度与时俱进的时代先进性。知识产权的发展变革，是一个科技、文化创新与法律制度创新相互作用、相互促进的历史过程。知识产权既是保障知识创新的制度，也是自身不断创新的制度。可以说，创新价值是知识产权法的价值灵魂。知识产权一体化，则表现为这一制度在全球范围内的普遍适用性。在现代国际贸易体系中，知识产权保护规则与贸易规则、投资规则一起成为国际贸易规则的重要组成部分。在世界范围内，知识产权制度进入了一个统一标准的新阶段。

知识产权立法的现代化、一体化，不仅表现为法律理念、法律内容的制度安排，而且还表现为法律形式、法律外观的制度选择，这即是知识产权法典化的问题。法典编纂是推动法律现代化的重要途径，也是寻求私法体系化的必然反映。在知识产权领域，法典化运动大抵有两个含义：一是实现知识产权法与民法典的联结，即在民法典框架中对知识产权进行制度安排，是一个知识产权法“入典”问题；二是实现知识产权法律体系化，即在民法典之外再设专门法典，是一个知识产权法“成典”问题。无论是“入典”还是“成典”，其法典化的过程即是国家知识产权治理体系的重大变革，都是知识产权法律创新与制度建设的重要构成。

民法典对知识产权的接纳，是法律现代化的发展结果，表明民法典古而不老、固而不封的时代精神。自 20 世纪上半叶以来，大陆法系一些国家作出尝试，在“物权-债权”二元结构以外增列知识产权，其立法例以 1942 年《意大利民法典》为代表[2]；尔后，在 20 世纪 90 年代兴起的民法典编纂运动中，“知识产权编”成为新民法典编纂的普遍选择，代表性立法例包括 1994 年《俄罗

① 黄勤南主编：《新编知识产权法教程》，263 页，北京，中国政法大学出版社，1995。

② 1942 年《意大利民法典》将知识产权作为一种新问题、新关系、新制度，规定在该法典“劳动”编中。其中，标记性权利规定在名为“企业”的第 8 章，创造性权利规定在题为“智力作品权和工业发明权”的第 9 章。

斯民法典》、1995年《蒙古民法典》、2003年《乌克兰民法典》和2005年《越南民法典》。[①] 可以认为，经历了体系化、现代化改造的知识产权法“入典”，几成民法典编纂的历史坐标。后社会主义国家的民法立法，没有固有财产权二元模式的羁绊，以时代胸怀和创新精神接纳知识产权法“入典”，彰显了知识产权的私权本位，完整地构造了民事权利体系。尽管其立法模式有异，立法技术存疑，但总的立法取向是值得肯定的。

知识产权从体系化走向法典化，不仅表现为编入民法典，而且表现为自成专门法典。自19世纪下半叶始，知识产权在类型化的基础上开始体系化，专利权与商标权被合称为工业产权，这不仅为1889年缔结的《保护工业产权巴黎公约》所认可，而且为一些国家编纂专门法典奠定了基础。葡萄牙在加入《保护工业产权巴黎公约》后，于1896年颁布《工业产权法典》，是为世界上第一个工业产权法典。以后西班牙（1926年）以及拉丁美洲、东欧一些国家也采取了这种专门法典模式。20世纪下半叶以来，在《建立世界知识产权组织公约》影响下，知识产权成为国际上通行的法律概念。亚欧一些国家如斯里兰卡（1979年）、法国（1992年）、菲律宾（1997年）、越南（2005年）等，先后出台了本国的知识产权法典，从而形成专门法典化的新潮流。从立法动因来说，专门法典的编纂，一是在于统一知识产权法律体系，即在提高知识产权立法层次的基础上，消除各种法律法规的自身漏洞和相互冲突；二是意图规范知识产权集中管理，通过专门立法，规定知识产权集中管理或相对集中管理，同时强化知识产权部门依法管理。在专门法典编纂的历史上，无论是工业产权法典，还是知识产权法典，都深受国际公约的影响。可以认为，知识产权法典化与知识产权保护一体化相随而行。从专门法典地位来说，民法典与专门法典既是一种先后关系，也是一种主从关系。在法典编纂过程中，一般是民法典制定在前，专门法典颁布在后。[②] 19世纪的民法法典化运动出现了“工业产权法典”，而20世纪的民法典编纂催生了“知识产权法典”。同时，在一国法律体

① 上述立法例，包括将知识产权法全部移植民法典的“纳入式”；将知识产权作为“无形财产权”与一般物权进行整合的“糅合式”；民法典对知识产权作出概括性原则规定的“链接式”。

② 参见何华：《知识产权法典化基本问题研究》，95～97页，长春，吉林出版集团有限责任公司，2010。

系中，民法典与专门法典是体系分立的两部法典，但并非地位平行的两部法典，它们仍是一种基本法与特别法的关系。[①]

知识产权法典化，是法的形式理性，表现为系统化的制度安排和科学性的立法技术运用。这是因为，“法典是法的形式的最高阶段”，较之其他法的形式和制度形式，“法典历来是固化和记录一定的统治秩序、社会秩序和社会改革成果的更有效形式”[②]。只有这样，知识产权在法的形式上才实现了制度文明建设的目标。我国知识产权的法典化运动目前处于“入典”阶段。从《民法通则》到《民法总则》，知识产权在民事基本法体系中不断发展，顺应世界民事立法潮流并表现了知识产权立法成就。[③] 1986年《民法通则》在知识产权法律尚未完善的起步之时，即在“民事权利”一章中以专节对知识产权作了原则性规定，在当时被称为民事立法的创举。2017年《民法总则》采取客体列举式的方法规定了知识产权。“知识产权条款”虽只有一个条文，但较之《民法通则》的“知识产权专节”有许多优点：（1）规定民事主体依法享有知识产权，消除了《民法通则》关于商标注册主体资格的限制；（2）从客体角度规定知识产权，且有兜底条款，为知识产权保护范围留下制度空间；（3）采取国际通行做法，对相关权利客体作出准确表述，例如发明、实用新型、外观设计并未通称为“专利”，商标内涵包括注册商标和未注册商标；（4）采用立法例通行做法，在客体中对存有争议的“发现”“数据信息”不作规定。但是，“知识产权条款”存有相当缺憾：首先，《民法总则》关于知识产权的规定仅是宣示性的，难以达到统领知识产权单行法的目标，在司法活动中也不足以作为裁判依据。“知识产权条款”应是有关该项权利的一般规范，它表现了知识产权法的私权性内容，也归属于知识产权法的特定性内容，其条款应包括权利的性质、主体、客体、内容、产生、利用、限制、保护等。其次，“知识产权条款”较多参考了WTO《知识产权协定》，其列举式客体皆是与贸易有关的客体，但对

---

① 除例外规定外，民法典的一般规定应适用知识产权。参见黄晖：《法国知识产权法典》，北京，商务印书馆，1999。

② 周旺生：《法典在制度文明中的位置》，载封立霞主编：《法典编纂论》，北京，清华大学出版社，2002。

③ 参见何华、肖志远：《〈民法总则〉知识产权条款评析及未来立法展望》，载《知识产权》，2017（5）。

于其他国际公约相关规定则关注不够，例如《保护工业产权巴黎公约》《建立世界知识产权组织公约》规定的“商号和商业标记”“制止不正当竞争”等。[①]

中国知识产权法典化不能就此止步，未来立法有两种选择：一是在民法典中独立设置“知识产权编”，即将知识产权与物权、合同、继承等民事权利置于同等的位阶，最大限度凸显出知识产权在私权制度体系中的重要地位，实现民法典及知识产权法的现代化、时代化的制度转型。这是20世纪末、21世纪以来新民法典编纂的共同选项。二是专门制定“知识产权法典”。与各单行法相比较而言，体系化的知识产权法典具有更高的价值体现和更多的功能优势，可以更好地发挥知识产权法的整体效应，“从而达到重组相应的司法执法体系，重构相应的法学理论体系，提高相应的法律权威”[②]。知识产权专门法典样式，亦为大陆法系一些国家所采用，而不论其民法典是否规定有“知识产权编”[③]。

二、知识产权一体化的管理体系：“二合一”抑或“三合一”

在知识产权的国家治理体系中，行政管理体制与市场运行体制、社会运行体制有着不同的地位和功能。行政管理体制改革，意味着主体架构及其运行模式、机能的变化和调整，即实现从分散管理向综合管理转变，由简单管控向科学治理转变。质言之，构建一种与创新驱动发展要求相匹配、与强化政府公共服务职能相一致、与国际运行规则相接轨的知识产权集中管理体制，是建构知识产权制度文明的必然选择，是推进国家治理现代化的重大举措。

关于知识产权事务的国家治理方式，其现代化改造的一个重要目标是“和谐善治”。追求“善治”被视为世界各国政府的共同目标，即政府希望有更高的行政效率、更低的行政成本、更好的公共服务、更多的公民支持。“善治”与“和谐”相联系而存在，即现代化国家的治理应是“和谐善治”。“和谐”作为法的终极价值，表现了一种配合适当、协调有序的理想状态，而在治理语境

---

① 参见李明德：《〈民法总则〉知识产权条款述评》，载《中国知识产权》，2017（4）。

② 曹新明：《中国知识产权法典化研究》，29页，北京，中国政法大学出版社，2005。

③ 1992年《法国民法典》保持传统财产权结构，未涉及知识产权；2005年《越南民法典》设有“知识产权编”，但仅为一般性规范。如前所述，法国和越南都制定有知识产权专门法典。

下也是一种科学有效的目标系统。[①] 实现知识产权事务的“和谐善治”，其中一个重要路径是实现国家知识产权综合管理。作出此种选择，主要是基于以下两点考虑：一是超大型崛起的本土国情。作为有世界影响力的发展中大国，超大型的人口规模、经济规模以及相应的知识产权事业规模所形成的中国崛起是史无前例的。超大型社会本身不仅蕴藏着巨大的发展力量，更会产生超大型社会治理所带来的困难。截至2016年，我国发明专利申请已占据全球申请总量的35%，连续六年位居世界首位；注册商标申请量、有效注册商标量、累计注册商标量正连续15年稳居世界第一；版权产业对经济发展的贡献率达到7.2%，超过世界平均水平。面对如此庞大的知识产权事务，其行政管理和法律治理，须体现“效率、稳定、公正、严谨”的现代化要求。二是知识产权管理的客观规律。知识产权是在知识形态资源之上所设置的私人产权，但更是服务于公共政策目标的制度工具。作为公共政策组成部分的知识产权制度，与经济、科技、文化、贸易、教育等公共事务有着广泛的联系。基于各项知识产权的特别属性，以及与国家某一公共事务的关联性，将某一知识产权事务置于某一部门管理，是国家治理方式的一种选择，但未必是科学而明智的制度选择。基于知识、技术、信息资源而产生的知识产权，在现代化社会中已经形成一个有机的法律体系，在国际社会以及大多数国家中，相关国际组织和国家管理部门都是将知识产权事务作为一个整体看待，并建立起集中统一或相对集中的体制。

对知识产权事务实行集中统一的行政管理体制，是现代各国政府治理的基本选择。大体而言，主要有两种模式：一是“三合一”模式，即集专利、商标和著作权为一体的集中统一管理模式；二是“二合一”模式，即专利和商标为一体，著作权另行分设的相对集中管理模式。在世界知识产权组织188个成员国中，有181个国家实行综合管理体制，其中采取“三合一”模式的国家近40%，采取“二合一”模式的国家占55%，而实行分散管理模式的国家仅有

① 参见吴汉东：《国家治理现代化的三个维度：共治、善治和法治》，载《法制与社会发展》，2014（5）。

埃及、希腊、沙特、朝鲜、中国等个别国家。[①] 在知识产权大国中，英国、加拿大、俄罗斯等实行集中统一管理；美国、法国、日本、韩国等实行相对集中管理。例如，美国专利商标局负责专利和商标的审批注册，提供知识产权政策制定和执法保护等方面建议，参与著作权立法的相关活动，统筹知识产权国际谈判等；日本特许厅负责专利、商标事务，法律政策制定以及国际合作协调等；英国知识产权局负责专利、商标和著作权的管理事务；俄联邦知识产权局负责专利、商标（包括地理标志）、集成电路布图设计的审批和注册以及著作权事务。上述情形表明：采取集中管理模式，是绝大多数国家基于各类知识产权相同属性，科学配置治理结构，保障本国创新发展的普遍制度安排。

知识产权集中管理体制的成因，受到早期知识产权二元类分的历史影响，更有着现代知识产权一体化的战略需求。在知识产权法律产生之初，因应国家授权和促进工商业发展之需要，基于工业产权与文学产权类分的权利样态，从而形成专利、商标“二合一”的管理模式。自20世纪以来，知识产权已经成为涵盖专利、商标、著作权、地理标志、商业秘密、植物新品种、半导体芯片等各类无形财产的法律体系。英国专利局由世界上最早的专利注册机关（1852年）演化为国家知识产权局（2007年），反映了权利由类型化走向一体化、权利分散管理转而集中统一管理的历史进程。还有一些国家，基于发展战略和国际合作的需要，在“二合一”管理模式之外，又设立了国家知识产权战略本部（日本）、知识产权委员会（韩国）、“首席创新与知识产权协调员”（美国）等机构，意在构建一个知识产权与科技、文化、经济、贸易、外交相关的统一运行机制。

当前，我国中央层面知识产权管理涉及知识产权局、工商总局、版权局、农业部、林业局、国防知识产权局等十多家部门和单位，存在“各管一摊，分立并行，职能交叉”的情况。知识产权局负责专利、集成电路布图设计的管理和审批；工商总局商标局负责商标（包括地理标志）的注册和管理；新闻出版广电总局（国家版权局）负责版权相关管理；农业部负责草本的植物新品种及农产品地理标志相关管理；林业局负责木本的植物新品种相关管理；质检总局

① 参见易继明：《构建集中统一的知识产权行政管理体制》，载《清华法学》，2015（6）。

负责地理标志产品相关管理。除此之外，海关总署、文化部、科技部、商务部等分别承担与其业务相关的知识产权管理工作。由于中央层面分立式的管理格局，地方知识产权管理机构在机构性质、行政级别、职能配置、隶属关系等方面“五花八门”，有的是行政单位，有的是事业单位；有的是正厅级，有的是副厅级，甚至是处级；有的是独立机构，有的是地方科技厅（局）内设机构等。地方专利、商标、版权等管理部门各自都有执法队伍，版权执法由文化大队执行，专利有单独执法队伍，商标执法由工商行政管理机构负责，“分兵把守”情况突出。

当下中国承载着许多非现代化的历史负担，缺乏治理体系理性化的积累和治理方式科学化的传承。“我国知识产权体制存在着职能配置碎片化、协调机制碎片化、执法体系碎片、涉外应对碎片化等‘形散且神散’的问题”①，其主要表现及其结果是：（1）分头管理对知识产权治理绩效的制约。目前知识产权管理部门繁多，诸多可以由部门内部协调的事项变为部门之间协调，可以由一个部门与多部门进行协调的事项变为多部门与多部门之间协调。例如地理标志工作，工商总局、质检总局和农业部均在进行管理，并分别就地理标志商标、地理标志产品和农产品地理标志进行审批认定，职能上交叉重叠，认定和审批结果又互不相认，既增加了部门间的协调成本，又在重复交叉管理中浪费了大量行政资源。（2）政出多门对知识产权集成运用的限制。由于“多头分散”的管理现状，各部门出台的扶持和监管政策存在目标不尽统一、内容不相衔接、实施不够协调等问题，知识产权集成运用效果不能充分显现，知识产权价值实现成为社会难题。对于新出现的知识产权问题，由于涉及部门多，存在协调困难、进展缓慢和管理空白的状况。（3）多头对外对知识产权国际事务的影响。处理知识产权国际事务，需要统一的涉外方略和集中的实施部门。由于管理分散，其他国家和国际组织在与我国进行知识产权交流合作时，不得不面对多个知识产权管理部门，而我国在开展对外交流合作时，也需要多个部门参与，容易造成发声不一的情况。针对上述问题，我们需要以科学合理、协调高

① 宋世明、张鹏、葛赋斌：《中国知识产权体制演进与改革方向研究》，载《中国行政管理》，2016（9）。

效为目标，进行政府治理结构的权力配置，即推进知识产权综合管理体制改革。行政管理体制重构，意味从以往的“九龙治水”式的分散管理，走向“三合一”或“二合一”的集中管理体制，鲜明地表现了作为治理主体的政府对其治理体制的重构和治理能力的再造，从而实现依法行使国家管理职能、有效提供公共服务的目标。

实现知识产权的综合管理，是国家治理体系变革的重要制度设计。2015年12月，国务院发表《关于新形势下加快知识产权强国建设的若干意见》，提出“有条件的地方开展知识产权综合管理改革试点”。2016年12月，习近平主持中央全面深化改革领导小组，审议通过了《关于开展知识产权综合管理改革试点总体方案》。由此可见，“协调中央和地方的事权划分和合作关系，探索具有中国特色，满足实践需要的多门类知识产权集中管理制度，是当前知识产权领域具有标志性、统领性的重要改革任务之一”[①]。同时，知识产权管理“三合一”或“二合一”，也是各地改进分散管理模式的试点样本。在全国范围内，江苏省苏州市于2008年推行专利和著作权综合管理模式，上海市浦东新区自2015年以来首创专利、商标和著作权的集中管理机构，此外深圳、长沙以及各自贸区也开展了试点改革。上述地区都积累了相当经验并取得明显成效，为将来知识产权的深化改革、全面改革提供了有益的范本。可以认为，知识产权综合管理，是战略目标要求、改革制度设计与“自下而上”试点共同作用的结果。

三、知识产权一体化的司法体系：专门法院+上诉法院

知识产权法治现代化的一个基本面向，就是司法专门化和一体化，在知识产权法治体系中即是专门法院及其上诉法院的设置。司法现代化的机构设置和诉讼管辖在两个层面展开：一是司法专门化。专门化司法，就是把本来属于普通法院管辖的事务提取出来，交给特设的法院管辖；或是将新的法律案件交给普通法院以外的法院管辖，即成立专门法院。专门法院也称为特别法院，是指

① 王淇：《知识产权集中管理改革的法制方向研究》，载《科技促进发展》，2016（3）。

法律明确规定授予某类案件管辖权，即管辖范围仅限于某一类或某几类案件的法院。[①] 专门法院是相对普通法院而言的，其设立目的或是减轻一般管辖权法院的工作量并满足某类案件对于程序的特殊要求，或是在于规范审判人员的特定资质并统一各类案件的司法标准。专门化管辖是司法现代化可行而又简便的方式，也是对特定司法体系进行现代化改造的重要措施，由此可以提升专业审判的效率和质量，进而促进法律适用的统一和公正。二是司法一体化。一体化司法，不仅意味着专门法院是一个独立设置而不依附合成法院的司法单位，而且往往在诉讼管辖方面具有统一性，即上诉案件由同类专门法院受理。总体而言，专门法院对行政、商事等现代诉讼具有专门性、统一性的诸多优势，因而为不同法律传统的现代法治国家采用，从而在各自国家构建了专门法院与普通法院有机结合的法院系统。

自 20 世纪 60 年代以来，一些国家和地区开始探索成立知识产权法院，谋求知识产权司法的专门化和一体化。据统计，世界上有 90 多个国家或地区对知识产权案件进行某种形式的专业审判，包括一审或上诉审。其中，影响较大的有德国专利法院（1961 年）、美国联邦巡回上诉法院（1982 年）、日本知识产权高等法院（2005 年）。[②] 此外，英国于 1977 年成立了专利法院，泰国、我国台湾地区、俄罗斯亦分别于 1997 年、2008 年、2013 年设置了知识产权法院。韩国、马来西亚、葡萄牙、瑞士、土耳其、智利、巴西等国也相继建立了本国的知识产权法院。上述知识产权法院设置方式不尽相同，但大致分为三种：一是单一行政确权的专门法院（如德国、韩国），二是行政、民事“二合一”的专门法院（如美国、日本、俄罗斯），三是行政、民事、刑事“三合一”的专门法院（如泰国以及我国台湾地区）。无论如何，建立专门法院已经成为知识产权司法现代化的潮流。

在我国，专门法院是法院系统的重要组成部分。凡专门法院都实行集中化管理和专门化司法，其管辖范围一般是全国性或跨区域的。曾设专门法院由于国家经济与社会环境的发展，有的被撤销（如铁路运输高级法院），有的则继

---

① 参见沈达明：《比较民事诉讼法初论》，118 页，北京，中信出版社，1991。

② 参见张广良：《知识产权法院制度设计的本土化思维》，载《法学家》，2014（6）。

续保留（如军事法院与海事法院）。尽管如此，这些专门法院的建立与运行，为今天的知识产权司法改革提供了有益的经验。设立专门法院，来自宪法性文件的授权，其法律依据有两点：一是例示主义立法规则。根据《人民法院组织法》第2条的规定，军事法院、海事法院等为我国的专门法院。这说明，我国的专门法院包括但不限于军事法院、海事法院，这就为知识产权法院的设立预留了制度空间。二是专门立法授权规则。《人民法院组织法》第28条规定，专门人民法院的组织和职权由全国人民代表大会常务委员会另行规定。由此可见，知识产权法院的设立及其相应职权，应由全国人大常委会专门作出规定，方能合法有效。

知识产权法院的设立，不仅是中国知识产权司法保护制度的重大改革，也成为中国司法体制改革的先声和前奏。我国司法体制改革的目标，针对的是妨碍司法独立品格和阻碍司法健康发展这两大症结。超地方化的改革措施，旨在强化司法机关整体独立行使司法权的能力，体现对司法机关外部环境的调整；去行政化的改革措施，旨在破除司法机关行政化结构和行政式运行的毛病，体现对司法机关内部的调整。从司法权的基本属性出发，知识产权司法的权力性质具有两个特征：一是专属权，即有关知识产权的司法权，是国家专属权和中央事权，具有统一性、专属性的特点。承认知识产权法院的专门法院地位，实行司法区域与行政区域适当分离的错位管辖制度，有助于确立知识产权司法的中央事权属性和促进国家法律的统一实施。这种跨行政区划的错位管辖制度，是未来五年司法体制改革的重要目标，因此知识产权专门法院的设立有着一种示范引导作用。二是裁判权，即有关知识产权的司法权，是一种中立地位的判断权，具有独立性、专业性的特点。从这一特性出发，司法体制改革不仅意味着应赋予知识产权法院专属管辖职能，建立公正、高效、权威的专门审判制度，而且还要求在知识产权法院内部全面推行各项改革措施，包括司法主体体制改革、司法运行体制改革、司法保障体制改革。从某种意义上讲，知识产权法院的运转效果，“将直接影响中国未来司法改革的走向”[①]。

---

① 宋晓明：《知识产权法院的中国探索》，载世界法学家协会、最高人民法院共同举办的“知识产权保护的国际视野”国际研讨会发言材料，2014年11月，未刊发。

在北京、上海、广州三地设立专门法院，是“探索建立知识产权法院”的“试水”方案。中国知识产权司法现代化改革，需要总体规划、逐步推进。质言之，知识产权专门法院的系统构造，必须考虑中国问题的特殊性：一是知识产权大国事务的治理困难。随着中国改革开放的深入和创新发展的推进，知识产权司法保护需求日益强烈。据统计，2016 年我国法院受理各类知识产权一、二审案件超过 17 万件[①]，我国成为全球受理知识产权案件最多的国家。面对超大型社会产生的超大量案件，有必要进行专门管辖和集中审判，以“解决法律适用不统一性和不确定性问题”[②]。从本土国情出发，知识产权法院设置的数量及其布局，不可能简单复制和模仿他国做法。二是地域发展不平衡与司法资源配置的问题。在现代化国家的建设过程中，中国存在着经济和社会发展不平衡的突出问题，这在知识产权领域则表现为各地区创新力量的明显差异和案件数量分布的不平衡。目前，知识产权案件主要集中于广东、北京、江苏、上海、浙江等经济发达地区，相比之下，中西部经济欠发达地区则数量较少。资料显示：广东省 2016 年新收知识产权民事一审案件高达 4.4 万件，居全国法院首位[③]；而同年，甘肃省受理各类知识产权案件总共只有 246 件。[④] 正如《人民法院第四个五年改革纲要（2014—2018）》所强调的那样，“在法院设置方面，推动在知识产权案件较集中的地区设立”，而不能在各地区平均配置。三是现行司法体制的制度障碍。长期以来，我国知识产权审判体制是“一元三极”模式。所谓一元，即所有知识产权案件都由普通法院管辖；所谓三极，即实行“三审分立”，将知识产权民事、行政、刑事案件分别划归民事审判庭、行政审判庭和刑事审判庭审理。如果同一案件兼有民事和刑事因素，就会引起管辖权冲突。当下，知识产权司法体制的重头戏，即“三合一”的审判模式已在全国法院施行，将在案件管辖、诉讼程序、证据制度等方面有所突破，从而按照中央十八届四中全会决定的要求，

① 参见最高人民法院：《中国法院知识产权司法保护状况（2016 年）》。

② 张广良：《知识产权法院制度设计的本土化思维》，载《法学家》，2014（6）。

③ 参见广东省高级人民法院：《广东法院知识产权司法保护状况（2016 年）》。

④ 参见甘肃省高级人民法院：2016 年甘肃法院知识产权司法保护状况及十大典型案例。

"推进以审判为中心诉讼制度改革"[①]。总之，我们必须坚持从中国实际出发，以改革的精神、思维和行为方式去推动知识产权司法体制改革。

我国知识产权法院的设立，采取了逐步探索、稳步推进的原则，虽借鉴他国司法的有益经验，但坚持从中国实际出发。可以认为，在北京、上海、广州设立专门法院，只是"探索建立知识产权法院"的第一步，知识产权司法体制改革还有待深化。笔者认为，以下两个问题值得注意。

一是关于知识产权法院的布局问题。在法院设置方面，要考虑超大型国土面积和人口规模的实际情况，不可能将知识产权案件集中在几个专门法院审理；同时要遵从司法规律，有效配置司法资源，在案件比较集中的地区设立专门法院。因此，未来知识产权法院的布局，既不能仅限于前述三个地区，更不能依省、自治区、直辖市行政区划逐一设置。有学者具体建议，在全国建立十多个跨区域的知识产权中级法院，也是区域性的中心法院。确有必要的地方，也可以设立相应派出法庭，由此构成"中心法院＋（派出法庭）"模式。[②] 换言之，我们有必要进一步探索，在一些中心城市设立专门法院，不仅对本地区技术类案件进行专属管辖，而且负责审理邻近省、自治区、直辖市的技术类案件。进而言之，知识产权专门法院集中审理专利、商标授权确权案件和技术类侵权案件，实行专属管辖，而其他案件仍由普通法院进行管辖。以专属管辖为主、专属管辖与普通管辖相结合的做法，为大多数国家所采用，我国可予以借鉴。

二是关于知识产权高级法院（或上诉法院）的设置问题。知识产权司法体制深化改革的关键，在于设立知识产权高级法院或上诉法院，使得专门法院系统拥有技术类知识产权案件的终审权。在世界范围内，多数国家知识产权司法体系关注的重点是专利等技术类案件，且审判层级的重心放在上诉审。[③] 域外知识产权上诉法院的设立有两个特点：其一，实行案件类分管辖，即是将知识产权案件分为技术类案件和一般民事案件，上诉法院对于前者实行专属管辖、

① 最高人民法院副院长陶凯元在全国法院知识产权审判工作座谈会暨全国法院知识产权审判"三合一"推进会上的讲话。

② 参见易继明：《国家治理现代化进程中的知识产权体制改革》，载《法商研究》，2017（1）。

③ 参见刘银良：《我国知识产权法院设置问题论证》，载《知识产权》，2015（3）。

集中审理。其二，保持司法单位独立。无论是“专门法院初审→专门法院二审”的专门法院体系，还是“普通法院初审→专门法院二审”的上诉法院体系，都是使得知识产权法院拥有技术类案件的终审权。可以说，这是深化知识产权司法体制改革的重点。在我国，相关法院是称为高级法院还是上诉法院，值得斟酌。笔者认为，我国现行法律关于审判机构的规定，没有“上诉法院”一说，而只有“二审法院”之谓；我国“二审法院”在上诉中既审理事实问题，也审理法律适用问题，这与国外“上诉法院”仅负责法律审有明显区别。[①] 基于以上所述，未来可以考虑，在北京设立国家知识产权高级法院，集中审理知识产权授权确权纠纷案件和技术类知识产权侵权上诉案件，这是解决知识产权司法体制和机制问题的目标模式。考虑到中国幅员广大的国情，在条件成熟的时候，可以选择在华东、华中、西南、西北和东北各大区的中心城市，另行设立 3～5 个知识产权高级法院巡回法庭或派出机构。从“北、上、广”知识产权法院到“国家知识产权高级法院”的系统构建，是具有中国特色的。与德国、韩国不同，我国的知识产权法院不是单一行政确权的专门法院，而是行政、民事案件“二合一”（甚至可能是行政、民事和刑事案件“三合一”）的专门法院；同时也与美国、日本不同，我国的知识产权法院不仅是知识产权案件的上诉法院，而且是基于专属管辖职能从下至上设立的专门法院。

结语：知识产权治理体系现代化的中国选择

知识产权一体化的形成和发展，既是时代制度新潮流，也是国际立法大趋势。我们似可得出以下两点认识：首先，知识产权一体化的实质是知识产权保护的国际化。国际化或者说趋同化，表现了知识产权法律的基本原则和主要规则在全球范围内的普适性。它意味着在世界贸易组织体系下知识产权领域，国际法高于国内法，国内法同于国内法，国内法遵从国际法。其实质意义在于知识产权的保护范围、保护方式、保护水平等，在各国立法中当出现一体化、趋

① 参见胡淑珠：《试论知识产权法院（法庭）的建立——对我国知识产权审判体制改革的理性思考》，载《知识产权》，2010（4）。

同化的基本特点。[①] 其次，知识产权一体化的目标是知识产权法治的现代化。法治“现代化的标准既要考虑从纵向方面考量我国历史的进步方向，又要从横向方面考量世界潮流的总体走向”[②]。现阶段，中国正处于从“经济大国”向“经济强国”过渡，从“科技大国”向“科技强国”转变，从“知识产权大国”向“知识产权强国”跨越的关键时期，科学之治、文明之治、法律之治，构成了知识产权现代化治理的基本要求。

知识产权治理体系或者说法治系统，包含着立法模式、管理体制与司法体系三个重要方面。其现代化向度[③]，在制度文明发展中既是变革过程，更是目标实现。可以认为，知识产权现代化治理体系的构建，就是一场以制度创新推动知识创新、以法治建设保障创新发展的伟大社会实践。这是时代的选择，也是中国的选择。

---

① 参见吴汉东：《国际化、现代化与法典化：中国知识产权制度的发展道路》，载《法商研究》，2004 (3)。

② 陈光中：《国家治理现代化标准问题之我见》，载《法制与社会发展》，2014 (5)。

③ 在政治学理论中，维度是对社会现象关系不同层次、视角的阐述，而向度是对上述社会现象关系发展趋势的观察。

专利法实施的目标任务与保障体系*

——在中国专利法实施30周年座谈会上的发言

对于中国而言，专利法的颁布和实施，是在全社会进行的一场制度创新实践：它是适应、保障、引领经济发展新常态的制度安排，是实施“创新驱动发展战略”的政策支持，是保障我国经济安全和科技发展主动权的法律举措。与专利法实施前相比，中国专利创造能力不断提升，专利产业规模迅速成长，专利法治环境基本形成，全社会专利总体水平取得长足进步。通过30年的制度实践，中国在创新型国家建设中充分发挥了专利法的“正能量”，向世界讲述了专利大国成长的“中国故事”。

一、专利法的生命力在于实施

法律是治国之重器，而法律的生命力却在于实施，即在于法律规范在社会生活中的具体执行和演绎。法律实施作为实现立法目的和法律作用的重要前提，是静态法律规范落实于动态社会实践的生命力所现。我国专利法制定于1984年，并于1985年实施，其法律生命力不仅彰显于严格执法、公正司法和全民守法等专利法治实施活动之领域，还贯穿于我国专利创造、管理、保护和运用等知识产权战略发展之过程。30年来，我国初步形成了具有中国特色、国际水平的专利法治环境；渐趋达到了专利创造和运用的产业发展

---

* 原载《知识产权》，2015（4）。

要求；基本营造了重视专利保护和公共服务的良好社会氛围。我国专利领域的这些具体成就，无不得益于我国专利法及相关配套法律法规的增补、修改和实施。

专利法的实施，是落实专利制度激励科技创新的重要前提。法律的实施有助于法律目的和法律价值的实现，是将立法意义和效果在法律实际运行中的延续。专利法的实施，就是旨在将专利法鼓励发明创造的法律行为模式转变为社会生活中的专利创造活动。具体而言，专利法的实施将为发明人的专利申请、授权和保护提供有效而便捷的程序性和实体性规定，进而充分发挥专利法激励创新的立法宗旨。

专利法的实施，是促进专利运用和产业发展的关键支撑。法律实施的功能不仅在于实现法律的价值和作用，还在于对法律效果的有效反馈。专利法作为保障产业发展之法，能够将专利法实施的现实效果及时有效地反馈到专利立法的层面，有效推动专利法的不断修订和完善，以合理回应我国创新产业发展的诉求和规模，进而加快推动我国“创新驱动发展战略”的有效实施。30 年来，我国专利创造能力显著提升，专利运用效果不断改善，有效支撑了我国高新技术产业的发展和升级，为我国知识产权强国建设打下了坚实的基础。

专利法的实施，还是营造良好专利保护氛围的必要举措。专利法实施以来的 30 年，既是我国专利执法和司法保护水平不断提高的重要发展期，也是我国提高专利管理和公共服务的重要机遇期。我国专利保护和公共服务氛围的良好养成，凝结着我国在专利领域严格执法、公正司法和全民守法的法律实施成效。其一，加强对专利权的保护，一直贯穿于我国专利法以及相关法律法规的修改和实施过程之中，并表现为专利审判水平的不断提高，尤其是专门知识产权法院的设立和运行；其二，近年来全国专利行政执法机关，不断加强自身的执法能力建设，积极组织实施了“雷雨”“天网”“护航”等专项治理活动，取得了良好的专利执法效果；其三，专利法的有效实施还表现在专利普法力度和法律服务意识的不断加强，为营造专利保护和运用的良好社会氛围提供了有效的环境支持。

二、专利法实施的目标在于创新发展

专利法从其制度功能来说，旨在激励和保护科技发明，引导和促进产业创新。专利法2008年修正案，将立法宗旨概称为“提高创新能力”“促进科学技术进步和经济发展”，表现了专利法作为“创新之法”和“产业之法”的基本功能。

《国家知识产权战略纲要》实施阶段的评估结果显示，《国家知识产权战略纲要》确立的五年近期目标已基本实现，其成就在专利领域表现十分显著：一是专利创造能力快速提高。从2011年到2014年，我国发明专利申请量已连续四年居世界首位；截至2014年12月底，中国有效发明专利拥有量达到119.6万件，国内每万人口发明专利拥有量达4.87件，超额完成“十二五”规划确定的3.3件的目标任务。二是专利产出结构不断优化。在专利产出方面先后实现五个重大突破：1996年，企业专利申请量首次超过大学和科研机构专利申请量；2003年，国内主体发明专利申请量首次超过国外主体申请量；2004年，发明专利申请受理量首次超过实用新型专利申请受理量；2009年，国内主体发明专利授权量首次超过国外主体在华发明专利授权量；2011年，国内主体有效发明专利拥有量首次超过国外主体在华有效发明专利拥有量。以上表明，中国专利创造主体结构、发明申请人结构、专利类型结构、专利授权结构、有效发明专利数量结构取得了突破性的进步。三是研发投入持续增加。2012年，全社会研发投入达到10 298.4亿元，占GDP的比重为1.98%，达到中等发达国家研发投入水平。据科技部统计，2014年研发投入可望达到13 400亿元，占GDP比重可达到2.1%。

30年来，特别是《国家知识产权战略纲要》颁布五年来，专利法实施的成绩显著，但也存在一些困难和问题：(1) 专利创造数量规模可观，但质量水平不高。核心技术、关键技术的专利获取，是检验科技创新水平的重要标准。在部分高新技术领域，我国专利创造能力与国外相比还有明显差距。汤森路透提供的《2012年度创新报告》的数据分析，中国尽管在专利数量方面位居首位，但在诸如计算机、汽车、生物技术、医疗设备、化妆品等领域的专利数量方面并未占据多少席位。据统计，亚太地区 12 个重要技术领域的十大专利权人，中国企业仅占 23%，而日本企业高达 60%。(2) 国内发明专利申请量增长明显，但国外发明专利申请量薄弱。在创新型国家的评价体系中，在美国、欧盟、日本三方国家和地区获取专利的数量，是显示创新成果质量水平的重要指标。目前，中国主体在国外申请发明专利的数量相对于国内申请所占比例非常之小，在欧洲专利局、日本专利局、美国专利商标局获取发明专利权的三方专利拥有量至今未突破 1 000 件。(3) 专利获取能力尚可，但专利运用能力不足。专利技术的商品化、市场化和产业化是衡量运用能力的重要尺度。据统计，我国科技成果转化率仅为 10%左右，远低于发达国家 40%的水平；科学进步对经济发展的贡献为 51.7%，虽高于发展中国家 33%的平均水平，但与发达国家 80%的贡献率有很大差距。就衡量专利运用与市场化水平关键指标的专利维持时间而言，中国主体的国内专利平均维持年限为 5.7 年，外国的专利平均维持年限是 8.9 年，在有效发明专利中，维持年限 10 年以上的，中国主体仅为 8.5%，而外国权利人达到 26.1%。

总之，在经济发展新常态和建设知识产权强国的背景下，实施专利法、服务创新发展的战略任务，应实现从数量增长向质量提升的转变，聚焦专利技术转化，推进我国产业创新。

三、专利法的未来实施在于完善保障体系

相对其他法律而言，专利法更多地承载和肩负着促进科技进步、推动国家创新发展的功能和使命。专利法实施的本身即是以制度创新推动科技创新的社会实践，为此，我们应积极营造良好的法治环境、市场环境和文化环境。在国家治理现代化和法治化的战略布局中，专利环境治理是国家治理的重要组成部分，专利法治体系建设涉及制度安排与制度行为、体制机制改革与思想观念变革等各个方面。专利法治既是法治国家建设之构成，亦是知识产权强国建设之必要，以上述战略目标为指引，我们必须构建专利法实施的保障体系。

(1) 专利法实施的法治保障。法治保障是指专利法自身的完善和有效执行，涉及专利立法、专利行政执法和专利司法三个方面。我国知识产权法律体

系已经从立法阶段进入了“释法”阶段和“适法”阶段，专利立法的任务就是增补和修改，未来修正案涉及的主要问题是：加大专利权保护力度，建立对恶意侵权行为的惩罚性赔偿制度；完善专利诉讼举证责任制度；加大对严重侵犯公共利益的专利侵权行为的执法和惩处力度；完善促进专利实施与运用的法律规范。专利法实施的重心在于保护发明创造专利权。公正高效的专利司法和灵活有力的专利行政执法，是保护专利权的主要手段，是专利法实施活动的主要内容。专利权保护体系建设的重要任务，就是促进专利行政执法与专利司法的有效衔接和相互协调，降低专利维权成本，提高专利执法效率。同时，建立和完善仲裁机构和调解机构，发挥其解决专利纠纷的“准司法”和“自治”作用。总之，专利法治是以司法为主导、行政执法为基干、仲裁和调解为补充的现代治理系统。

（2）专利法实施的政策协同。专利政策与专利法律构成了现代专利制度的完整内容。专利法的有效实施，特别是“提高创新能力”“促进科学技术进步和经济发展”的立法目标实现，离不开相关公共政策提供的制度支撑、协助和保障。概括来说，专利政策包括两个方面：一是专利关联政策，涉及科技成果专利化的促进政策、专利技术产业化的促进政策和专利技术市场化的促进政策。通过产权化、产业化和市场化的专利政策，解决专利技术的产权运用和利益实现问题。二是专利支持政策，涉及财政政策、税收政策、金融政策等。通过上述经济政策，促进专利技术转化实施，扶持专利技术产业成长，为“创新之法”和“产业之法”的法治功能实现提供政策保障。

（3）专利法实施的文化基础。专利文化首先是一种以法治信仰为核心的法治文化。法治意识、法治观念、法治理想对于专利法治运行具有重要作用。全社会的法治意识是法治的思想源泉。可以认为，专利法治运行和法治秩序的形成，需要人民的自觉遵守，而法律的权威源自人民的内心拥护和真诚信仰。同时专利文化也是一种以激励和保护创新为核心的知识产权文化。专利文化的实质是知识有产权的价值取向和心理认同，表现为尊重知识、崇尚创新、诚信守法的价值观念和行为模式。加强专利文化建设，提高民众专利文化素养，可以为专利法的有效实施提供广泛而坚实的思想基础。

专利法不仅是立法文件上背书的法律，而且是具有鲜活生命力和执行力的法律，它通过有效实施而成为我们创新行动中的法律、知识生活中的法律和民众心中铭记的法律。

参考文献：

［1］全国人民代表大会常务委员会执法检查组关于检查《中华人民共和国专利法》实施情况的报告．http：//www. npc. gov. cn/npc/xinwen/2014－06/23/content _ 11867906. htm

［2］田力普．深入实施知识产权战略，有效支撑创新驱动发展——写在《国家知识产权战略纲要》颁布5周年之际．http：//www. sipo. gov. cn/dfzz/ningbo/ywdt/zxxw/201308/t20130830 _ 815450. htm

［3］二〇一二年中国知识产权保护状况（中英文）．http：//www. nipso. cn/UploadFiles/二〇一二年中国知识产权保护状况（中英文）．pdf

［4］中国法院知识产权司法保护状况（2013年）．http：//rmfyb. chinacourt. org/paper/images/2014－04/26/03/2014042603 _ pdf. pdf

中国专利法的发展道路：现代化、国际化与战略化*

——在中国专利法颁布30周年座谈会上的发言

我国《专利法》制定于1984年，经过1992年、2000年、2008年三次修改（以下分别简称《专利法（1984）》《专利法（1992）》《专利法（2000）》《专利法（2008）》），至今已经走过30年的历程。《专利法》产生、变革与发展的30年展现出多种"中国化"特色：在专利保护水平上，实现了由"弱保护"到"强保护"的制度跨越；在专利政策应用上，呈现出由"被动调整"到"主动安排"的制度变动；在专利法律度移植上，凸显了由"舶来品"到"本土化"的制度变迁。纵观其立法及修法动因，既有中国国情对于专利制度促进科技进步与创新的主观认识，也有中美知识产权谈判与加入世界贸易组织的客观需求，在规范移植和制度创新中，融入越来越多的中国元素，实现了专利制度的现代化、国际化与战略化。

一、专利制度现代化中的中国选择

专利制度现代化，是一国的政策安排和战略选择，其基础是国情。从历史上看，专利制度的产生与出现，正是近代科学技术和商品经济发展的产物，而

---

* 原载《知识产权》，2014（3）。

专利制度的发展与完善，也是现代科技强国和经济大国推动的结果。根据国家不同发展阶段的不同发展需求对专利权保护作出选择性的制度安排，是发达国家的普遍做法。美国早期专利法，从1793年法、1832年法到1836年法，对外国人主体资格、专利实施、专利费用等采取了内外有别的歧视性规定。日本在明治维新后于1885年公布了《专利法》，但长期排除药品及化学物质专利，这一状况直到1975年修正案才得以改变。[①] 这说明，发达国家在专利权保护方面，都是一个从“选择保护”到“全面保护”的渐进发展过程。根据2005年联合国报告所援引的千年项目专家意见，在遵守国际公约最低保护标准的基础上，发展中国家可以根据自己不同阶段，选择不同保护水平的知识产权制度。[②] 因此，专利权制度的现代化，并不能一蹴而就，各国必须从本国国情出发，对这一进程的速度、力度作出审慎的考虑，即在专利立法的时代性趋势中注重阶段性选择。中国专利法从制定到后来的修改，鲜明地体现这一特色：

（1）采用单一专利模式保护发明创造。在《专利法（1984）》的制定时期，我国正处于从计划经济向市场经济的过渡期。在专利制度上，苏联和东欧国家都采用了发明人证书和专利证书制。这种双轨制的立法模式，兼顾了公有制的社会性质和市场经济发展的需求，但是传统西方国家和国际公约一般都仅采用专利证书制度。我国专利立法从国际通行做法出发，注重中国专利制度与国际条约的协调，采用了单一专利证书制度，为中国专利制度现代化奠定了基础，为科学技术的对外交往架起了桥梁。

（2）逐步简化授权流程。为了缩短专利授权期限、提高专利授权的效率，《专利法（1992）》将授予专利权之前的异议程序改成授予专利权之后的撤销程序；《专利法（2002）》则更进一步，简化专利授权的程序，直接取消了专利权授予之后的撤销程序，仅对专利权授权后的无效宣告请求程序予以保留。这种立法模式平衡了专利授权的效率与专利授权的公正问题，在专利制度中设置无效宣告程序，在保证专利授权及时性的同时，给专利权人以外的社会公众以广

---

① 参见张韬略：《英美和东亚专利制度历史及其启示》，载《科技与法律》，2003（1）。

② Calestous Juma，Lee Yee-Cheong：Innovation：Applying knowledge in Development，Earthscan in the UK and USA，p. 25，2005.

泛的监督权，对因专利授权不符合法律规定的特定案例，予以启动纠错机制。

(3) 渐次扩大专利授权范围。基于发展中国家的基本国情，我国对于专利权的效力规定呈现为逐渐完善的过程。《专利法（1992）》扩大专利权的保护领域，对化学物质、药品、食品、饮料和调味品给予专利权保护；增加了专利权人的进口权，将对方法专利的保护延及用该方法直接获得的产品。《专利法（2000）》增加了专利权人的许诺销售权，更为全面地保护了专利权人的利益。至 2000 年修法之前，我国《专利法》与《知识产权协定》（TRIPs）在专利权效力上的唯一差别是没有许诺销售的规定，此次修法强化了与 TRIPs 的一致性，补充了许诺销售权的规定。

(4) 不断提高专利授权标准。我国专利制度诞生之际考虑到引进国外技术的需要，针对特定的国情，针对专利权的授权标准，采用了混合型的新颖性标准，对于出版物类型的现有技术采用绝对标准，对于公知公用类型的现有技术则采用了相对标准，仅在专利申请日之前在中国发生的公知公用行为才影响专利授权的新颖性，而对某项技术即使国外已经普遍实行，但是在我国尚未出现，我国同样可以授权专利权，这主要是为了鼓励国外企业积极到中国申请专利，以解决我国长期技术落后的问题。《专利法（2008）》与时俱进，对这两种使用都采用了绝对新颖性标准，这种改变有利于鼓励真正的发明创造，提高我国的自主创新能力与专利授权的质量和水平；同时规范了外观设计授权，引入了“现有设计”国际通行规则，提高了外观设计专利的授权门槛。

专利制度虽然是一种保护私人利益的产权制度，但是同时也是当今国际经贸领域通行的法律准则，其规则所代表的不仅是私人权利主体的利益，更与国家整体利益、社会群体利益有关。因此，中国在推动专利制度现代化建设时，既从微观上考虑新技术的专利制度保护，也从宏观上考虑其对本国经济与社会发展的影响；既要保护私人的技术创新，也要谋求国家整体利益，努力形成一种科学、合理的现代化专利制度。

二、专利制度国际化中的中国立场

世界贸易组织《知识产权协定》的生效，使知识产权从传统的智力创造领域直接融入国际经贸秩序之中，标志着知识产权制度进入一个高水平保护的新阶段。进入21世纪以来，东西方国家基于各自的立场，对知识产权产生利益的协调与分享提出了新的要求，围绕《知识产权协定》进行国际磋商。在这种磋商中，中国坚持发展中国家的立场，成为发展中国家的领导力量，推动国际体制的适当转换。尽管“入世”十多年来，中国经济取得长足的进步，但人均GDP和经济社会发展综合指标依然不高，仍处于发展中国家行列。这就说明，坚持发展中国家立场，代表广大发展中国家的利益和意志，是中国参与专利制度国际规则制定的必然选择。中国与广大发展中国家积极通过各种渠道，在遗传资源、公共健康等领域寻求制定符合自身利益的国际新规则，而这些新的国际规则也反映在我国专利法的修正案中，成为我国专利法的一部分，主要体现在：

（1）遗传资源来源的披露制度。《专利法（2008）》增加了“依赖遗传资源完成的发明创造，申请人应当在专利申请文件中说明该遗传资源的直接来源和原始来源”“对违反法律、行政法规的规定获取或者利用遗传资源，并依赖该遗传资源完成的发明创造，不授予专利权”。该规定体现了《生物多样性公约》规定的遗传资源国家主权原则、知情同意和利益分享原则，明确要求专利申请人依法获取和知情披露的义务，防止本国遗传资源的流失，对打击跨国“生物海盗”有诸多裨益。其他发展中国家，如印度、菲律宾、巴西等国都根据《生物多样性公约》的原则精神，制定了专门的国内法，规范基因遗传资源的知识产权商业利用和利益分享。中国专利法与上述国家的相关立法，表明了后TRIPs时代知识产权国际保护制度变革的发展中国家立场。

（2）药品专利强制许可制度。2001年世界贸易组织第四届部长级会议通过了《知识产权协定与公众健康宣言》，宣言声称TRIPs不会也不应阻止缔约方采取保护公共健康的措施，并且《多哈宣言》进一步规定：发展中成员和最不发达成员因艾滋病、疟疾、肺结核及其他流行疾病而发生公共健康危机时，可以在未经专利权人许可的情况下，在其内部通过实施专利强制许可制度，生产、使用和销售有关治疗导致公共健康危机疾病的专利药品。我国根据以上规定，在《专利法》的第三次修改中新增了药品专利强制许可制度的规定。

在《知识产权协定》的谈判及签署中，发达国家绝对主导地位是非常明显的，包括中国在内的发展中国家在相当程度上是被动接受的，对规则的制定几乎没有任何话语权。我国《专利法》第一次修改主要是为了满足中美政府订立的《关于保护知识产权的谅解备忘录》的要求，第二次修改则是为了加入世界贸易组织而适用 TRIPs 的规则，第三次修改动因则主要来自自身发展的需要，即激励科技创新、促进经济发展。生物多样性、公共健康等国际话题，是发展中国家在专利国际保护制度变革中的利益诉求，中国作为世界上最大的发展中国家，作出此类规定在国际上有着重要昭示作用。

三、专利制度战略化中的中国目标

对于当代世界各国而言，专利战略既是对知识经济时代发展趋势的回应，也是解决社会重大发展问题的举措，其目的无一不是通过专利制度来提升知识创新能力，形成核心竞争力，实现社会经济跨越式发展。当前，我国正处在转变经济发展方式和建设创新型国家的重要时期，建立以专利战略为核心的创新政策体系，完善专利战略实施的配套机制，已成为我国专利制度建设的首要任务。为了落实《国家知识产权战略纲要》的战略目标，完成纲要提出的专利事业发展专项任务，《专利法（2008）》率先进行了修改：

（1）完善立法宗旨，彰显“创新立法”本质。专利法从其制度功能来说，旨在激励和保护科技创新，是“创新之法”。《专利法（2008）》强调了“鼓励发明创造，推动发明创造的应用，提高创新能力，促进科学技术进步和经济社会发展”的立法目的，首次将“提高创新能力”确定为专利法的立法宗旨之一，是对《国家知识产权战略纲要》政策目标的落实，旨在为创新型国家建设提供制度保障。

（2）强化权利应用，促进创新成果转化。专利技术的有效运用，是创新发展的基本目标，亦是专利法进行制度设计的重要任务。《专利法（2008）》在两个方面作出新的规定：一方面激励共有专利权的实施和运用，规定“专利申请权或者专利权的共有人对权利的行使有约定的，从其约定。没有约定的，共有人可以单独实施或者以普通许可方式许可他人实施该专利；许可他人实施该专利的，收取的使用费应当在共有人之间分配”；另一方面对职务发明制度予以完善，在维护发明人利益的情况下，将专利的申请权与专利权授予所属单位。鼓励职务发明的单位借助自身的技术、设备、市场渠道对创新予以产业化。授予专利权的单位应当对职务发明创造的发明人或者设计人给予奖励；发明创造专利实施后，根据其推广应用的范围和取得的经济效益，对发明人或者设计人给予合理的报酬。

(3) 完善行政执法、司法机制，加强创新环境治理。专利权的有力保护是创新发展的基本保障，是专利密集型产业存在的基本条件。《专利法（2008）》的修改，充分地体现了“加强知识产权保护”的政策要求，细化了专利侵权判断的标准，明确规定了现有技术抗辩原则，强化了专利行政执法，对假冒专利的侵权行为加大和提高了处罚力度和赔偿额度，授权专利管理部门对涉嫌假冒专利的侵权行为予以查处的权利，进一步完善专利侵权诉讼中诉前财产保全与诉前证据保全制度，使其更具有操作性与应用性。2012 年 8 月，国家知识产权局公布了新的《专利法修改草案》，拟在《专利法》第 65 条中增加最高至 3 倍的专利侵权惩罚性赔偿。

总之，30 年来我国的专利立法既体现了法律制定的合理性，也彰显了制度创新的进步性，即在专利制度的现代化进程中从本土国情出发进行阶段性选择，在专利制度的国际化变革中表达发展中国家的利益诉求，在专利制度的战略化发展中秉持创新驱动发展的总政策目标，向世人讲述了专利制度建设的“中国故事”。

中国知识产权事业的光荣与梦想*

——纪念《国家知识产权战略纲要》实施十周年

从读书到从教，我与知识产权结伴同行已有30余年。在《国家知识产权战略纲要》实施十周年的特别日子里，作为中国知识产权法学的研究者和传播者、中国知识产权战略实施的见证者和推动者，回想与知识产权同人共同走过的岁月，不禁心潮澎湃，感慨万千。

关于知识产权在国家发展中战略地位的认识，兴起于2001年中国加入世界贸易组织（WTO）之后。WTO机制将知识产权、市场竞争、对外贸易结合起来，构建了国际经贸领域的法律秩序，也奠定了成员方经济发展的战略框架。这一问题引起了中国知识产权界的关注。作为学者，我最初的认识主要限于专利战略与企业发展。2002年9月，我与时任国家知识产权局副局长的田力普同志出席“WTO与法律服务国际研究会”，在演讲中都言及WTO框架下知识产权制度的重要作用。我提道：“基于知识经济时代的经济发展特性，专利战略已成为中国企业实施可持续发展的战略选择、开展市场竞争的战略重点、进行对外贸易的战略举措。”上述观点整理成文，后以《WTO与中国企业专利发展战略》为题发表在《中南财经政法大学学报》2003年第6期。对于自己而言，从国家战略层面认识知识产权制度，并参与国家战略框架设计的研究工作，始于2005年。受国家知识产权战略制定工作领导小组办公室常务副主任、国家知识产权局副局长张勤同志的委托，我和其他两位学者分别承担

---

* 原载《一项兴国利民的国家战略——〈国家知识产权战略纲要〉颁布实施十周年纪念文集》，北京，知识产权出版社，2018。

了《国家知识产权战略纲要》（专家建议稿）的研究任务。我在后来完成的“建议稿”中，将战略纲要分为“战略意义”“战略定位”“战略内容”“战略主体”“战略政策”“战略决策”和“战略措施”七个部分，其间的一些内容观点为国家战略的规范性文件制定提供了有益的思想资料。2006 年 5 月，我和中国社会科学院法学研究所郑成思研究员走进中南海，在中央政治局第 31 次集体学习会上讲解“国际知识产权保护和我国知识产权保护的法律和制度建议”。这个讲解材料从大纲设计、内容安排到文字表述，得到了原国家知识产权局局长王景川同志、时任局长田力普同志及全体局领导的悉心指导。根据安排，我讲解的是“中国知识产权制度建设”。在讲解中，我们建议“贯彻落实科学发展观和创新型国家建设目标，积极制定和实施国家知识产权战略”。时任总书记胡锦涛发表重要讲话予以肯定，强调指出抓紧制定并实施国家知识产权战略，充分发挥知识产权在增强国家经济科技实力和国际竞争力、维护国家利益和经济安全方面的重要作用，为我国进入创新型国家行列提供强有力的支持。

2008 年 6 月 5 日，《国家知识产权战略纲要》正式颁布实施。国务院批准设立了由国家知识产权局牵头、28 个部委参加的部际联席会议制度，形成了在国务院领导下的部际联席会议统筹协调、各地区和各部门分工负责、协作推进的战略实施体系。这十年来，中国知识产权学人的光荣与梦想，就是以“笔”和“言”，书写知识产权制度的“正能量”，发出知识产权事业的“好声音”，为“知识产权战略实施”鼓与呼。我作为学者，在这十年写过最多文章的是知识产权战略问题，既有在《法学研究》《中国法学》等刊物发表的学术研究论文，也有在《人民日报》《光明日报》《中国知识产权报》等媒体刊载的理论宣传文章。其间主持的国家社科基金重大研究项目“科学发展与知识产权战略实施”，以学术研究和政策研究相结合，分析了知识产权战略实施的理论基础、国际环境、组织保障、支撑体系、协同机制、绩效评估等，该成果还入选了 2011 年《国家哲学社会科学成果文库》；这十年来我作过最多的讲座也是知识产权战略专题，从中央部委到地方省市、从企业到高校作了百余场讲座，其讲题主要是“创新发展与知识产权”。此外，作为首席专家，我还为原国家广电总局、文化部、湖北省、西藏自治区等单位和地方起草了关于战略实施的方案。时至 2015 年，我国实施知识产权战略取得显著成效，知识产权事业

"十三五"发展规划完成预期目标，在这一情势下，国务院出台了《关于新形势下加快知识产权强国建设的若干意见》。这一重要文件关系到国家深入实施知识产权战略的阶段转折和目标提升，我有幸参与最初的讨论和论证，并和国家知识产权局战略保护协调司的张志成司长在"中国政府网"同台作了现场视频解读。国家知识产权战略实施的这十年，成为我学术人生的重要经历。

《国家知识产权战略纲要》的颁布和实施，是中国知识产权制度建设三十多年来最具时代意义、最具国际影响的一件大事。其时代意义在于，国家战略的出台，标志着知识产权制度在中国完全走向战略主动。知识产权政策的战略化，即主体通过规划、执行、评估等战略举措，谋求战略目标实现而采取的全局性、整体性的谋略和行动安排。知识产权战略的制定和实施，既是建设创新型国家、全面实现小康社会的制度支撑，也是转变经济发展方式、推动经济高质量发展的政策抉择；其国际影响在于，中国是世界上最大的发展中国家，知识产权战略实施为"超大型崛起"的中国带来巨大的发展能量。可以说，知识产权战略作为全社会的制度创新和实践创新，这一做法及其成效对发展中国家具有带动作用，对发达国家产生振动影响。对此，世界知识产权组织总干事高锐先生给予了高度评价：中国将知识产权上升为国家战略，其经验值得其他国家特别是发展中国家学习。

从发展中大国成长为知识产权大国，并走向知识产权强国，是国家战略实施十年的光荣历程。当今中国已成为全球第二大经济实体、第一工业制造大国、第一出口贸易大国，在世界政治、经济、科技、文化、教育等方面居于重要地位。2016 年，中国新发明专利的数量占全球总量的 68.19%，版权产业的贡献率占到国民生产总值的 7.33%，注册商标量连续十多年位居世界第一。对于中国的创新发展而言，知识产权起到了重要的战略支撑和制度保障作用。总体说来，知识产权战略实施成效显著，制度运行健康有序，但是也应看到：知识产权对经济与社会发展的贡献率还有待提高，知识产权有效运用的能力仍需进一步增强，知识产权保护环境还要加大力度进行治理。遵循习近平关于新时代法治工作的重要表述和新发展理念，我们应认真总结知识产权事业发展的经验，准确把握知识产权制度运作的未来努力方向，对知识产权战略作如下定位：

（1）知识产权战略既是国内战略，也是国际战略（战略属性）。知识产权是现代各国转型发展的战略选择，但是中国崛起有其特殊性，它不仅蕴含巨大的发展力量，也会产生巨大的治理难题，这就决定中国知识产权的政策发展和战略推进，必然是对以往大国崛起模式的超越，而不可能是简单的模仿和复制。在这里，知识产权战略的有效实施，必须注意治理能力的现代化提升和政策规范的法治化约束。同时，知识产权战略实施应置身于宽阔的国际背景，中国应有“知识产权大国”和“负责任大国”的国际担当。习近平关于全球治理的重要思想，诸如“构建人类命运共同体”“构建以合作共赢为核心的新型国际关系”“推动国际秩序和全球治理体系朝着更加公正合理方向发展”的论述，为我们解读知识产权国际制度变革、探求知识产权事务国际方略提供了指导方针。在知识产权领域，中国从国际规则的被动接受者转变为有影响力的积极参与者，其知识产权国际战略行动应包括：推动知识产权全球治理体系改革，扩大发展中国家在国际事务中的代表性和发言权；在知识产权国际规则制定中，更多提出中国方案、贡献中国智慧；促进南北对话和南南合作，妥善解决知识产权国际争端。

（2）知识产权战略既是国家战略，也是企业战略（战略主体）。从战略制定和实施的主体角度来看，知识产权战略包括国家战略、地区战略、产业战略和企业战略等四个方面。从政策科学层面而言，知识产权是一个战略体系构成，应做到国家的宏观战略与企业的微观战略相结合，纵向的产业战略与横向的地区战略相协调。国家战略是对地区战略、产业战略和企业战略制定和实施的指导方略，企业战略是对国家战略、地区战略、产业战略最终落实的基础，产业战略与地区战略则是联系或指导其他战略的桥梁和纽带。对于国家战略而言，政府在知识产权领域虽不能成为市场参与者，但应是政策的制定者、市场的监督者和全局的指挥者，其战略任务主要是提供制度产品（包括法律制度、公共政策）、营造市场环境、维护法律秩序。在整个战略体系中，当下及今后战略实施的重心是发挥企业的主体作用，企业是市场经济的主体，也是科技创新的主体，当然也是知识产权的主体。企业知识产权战略是国家知识产权战略体系中的基础战略，也是自身发展战略构成中的核心战略。围绕知识产权，构建和实施全球化的竞争战略、市场化的运用战略和一体化的管理战略，是企业知识产权战略的重点内容。可以认为，提升政府现代化治理能力和发挥企业市场化主体作用，将会决定知识产权战略实施的最终成效。

(3) 知识产权战略既是竞争战略，也是发展战略（战略内涵）。在空间维度上，国际市场的竞争就是知识产权竞争。在当今经济全球化与知识产权一体化的国际背景之下，知识产权在国家经济社会发展中具有高度的战略内涵，是在科技、文化、经贸领域开展国际竞争的主战场。这即是说，知识产权的数量和质量、结构和布局、产出和效益，已成为衡量一个国家、一个地区、一个产业、一个企业核心竞争力的重要表征。在时间维度上，国家现代化过程也是制度创新和知识创新的过程，知识产权具有自身制度创新之属性，又有保障知识创新之功能，以至被称为“创新之法”和“产业之法”。可以认为，现代经济整体上依赖于某种形式的知识产权，与专利、版权、商标相关联的知识产权密集型产业是发达国家的经济支柱。从上述战略内涵的基本要求出发，我国知识产权战略实施应表现出竞争力和发展力的综合绩效，其评估指标包括核心技术专利的拥有量、发明专利域外布局、专利技术的应用率和产业化水平；版权产品在国际市场的占有率、版权产业对经济发展的贡献率；商标的附加值构成、知名品牌的拥有量及在国际贸易中的竞争力等。

(4) 知识产权战略既是创新战略，也是法治战略（战略地位）。从现代化和法治化的国家发展战略来说，我们正在建设的知识产权强国应该具有两个方面的基本品质，它既是创新型国家，也是法治化国家。习近平提出的新发展理念，是统领当代中国经济社会发展全局的指导思想。新发展理念以创新发展为首要，知识产权战略即国家为推动创新发展而作出的全局谋划和顶层设计。在国家创新体系中，知识产权作为一种产业化的制度创新，构成创新发展过程的内驱动力；同时，知识产权作为一种产权化的知识创新，成为创新发展成果的外在表现。概言之，知识产权战略是创新驱动发展的基本方略。习近平关于新时代法治工作的重要表述，则为践行知识产权法治提供了重要指引。知识产权战略是全面依法治国战略的重要组成部分。在国家治理现代化和法治化的战略布局中，知识产权战略实施的法治任务是建立“系统完备、科学规范”的知识产权法律体系，维系“健康有序、公平开放”的知识产权市场环境，营造“尊重知识、崇尚创新”的知识产权文化氛围。总体而言，知识产权战略是国家创新驱动发展战略和全面依法治国战略的重要构成，承担着提升创新发展实力和创新环境治理能力的重要使命。

当前，国家知识产权战略实施正处于阶段转折和目标提升的重要时期。根据党的十九大精神，我们必须着眼世界变革大势，围绕中国发展大局，做好知识产权创造、运用和保护的重点工作，通过知识产权战略实施，以增强创新能力、健全创新机制、优化创新环境、实现创新发展为愿景，创造中国知识产权事业的世纪辉煌。

知识产权理论的体系化与中国化问题研究*

三十余年来，我国知识产权研究在与西方法学思潮的交流和碰撞中，已经从单纯的借鉴和移植走向自立和创新，初步形成具有中国特色的知识产权学说思想，为知识产权的制度建构、政策运行、战略实施提供了重要的思想基础。我国学者致力于知识产权的学理研究和应用研究，取得了长足的进步：对知识产权基础理论的建构，历经20世纪80年代的初探、20世纪90年代的反思至21世纪初的再认识，已渐趋成熟；对知识产权国际化趋势的关注，聚焦于《知识产权协定》实施所引发的东西方利益失衡、知识产权与人权冲突和传统资源保护带来的制度变革等问题，愈见主动；对知识产权现代化诉求的回应，直面网络技术和基因技术对现行知识产权制度的各种挑战，渐显及时；对知识产权战略化工程的推动，涉及战略制定与实施的各个环节，着力跟进；对中国知识产权制度完善和法律适用，有立法建议，也有学理解释，更是积极参与。中国知识产权理论建设伴随知识产权事业成长，其标志即是知识产权界的理论成熟和理论自信。在这一发展态势下，我们需要立足中国国情，解答中国问题，形成中国话语，对知识产权重大理论问题进行全面、深入探索，形成一套成熟、系统的理论体系，这即是在知识产权问题上对“中国道路”的理论概括，学者们称之为“中国特色知识产权理论体系”①。

---

* 原载《法制与社会发展》，2014（6）。本文系作者主持的国家社科基金重大项目“中国特色知识产权理论体系研究”（11&ZD076）的代表性成果之一。

① 董涛：《“中国特色知识产权理论体系”研究论纲》，载《知识产权》，2013（5）。

一、知识产权理论体系中国化的学术定位与研究意义

“中国特色知识产权理论体系”研究，是对中国知识产权事业建设实践的内在思想主旨和理论内涵进行全面总结、深入提炼，是对知识产权理论研究中的个别学说和片段思想进行概括整理、逻辑归纳，以此形成一个属于“中国”的“独特”的理论“模型”。这一体系化的知识产权理论具有以下特点。

（1）现代法学理论体系中的“知识版”。知识产权理论体系的研究，有助于推动法学理论体系的形成。当下，在构建“中国特色社会主义理论体系”的号召下，学问家们根据社会实践的需要，努力地进行理论创新。这一理论体系的形成必须以各具体学科的实践经验和思想成果作为理论支撑，法学理论体系即是其中的重要组成部分。基于这一需求，法学界正在构建一套“既标示法学独立知识结构、又具有鲜明的中国特色和社会主义特质的理论体系”①。进言之，知识产权理论体系的完善，是中国法学研究走向繁荣与成熟的重要标志。在现代法学理论体系中，知识产权学说思想是最具科技含量、最多创新要素的“知识版”。知识产权制度基于科技革命而生，由于科技革命而变，其制度史本身就是一个法律制度创新与知识创新（包括科技创新与文化创新）相互作用、相互促进的过程。知识产权制度的现代化特征，表现出这一制度与时俱进的时代先进性。从制度创新的法律本质与知识创新的价值目标出发，对知识产权法的本体构成、内在特性、外部关系和运行规律等进行理论挖掘和思想总结，是中国知识产权学界要面临的重大学术任务。换言之，打造中国法学理论体系中的“知识版”，映象知识创新的法律现象的一切方面和所有过程，表征知识产权独立特性的知识体系，即是知识产权理论体系的构建。

（2）知识产权“知识体系”的“综合版”。知识产权理论体系的构建，其基本任务即是在教义学上形成一种区别于纯粹的政治话语和道德说教的、具有特定逻辑构成的范畴体系和知识体系。范畴是学科理论的基本要素，理论的科

① 刘红臻：《中国特色社会主义法学理论体系的形成过程及其基本标志》，载《法制与社会发展》，2013（2）。

学性取决于范畴及其内容的科学性。建构范畴体系是一门科学走向成熟的必由之路。[①]在知识产权基本范畴的理论研究中，主要涉及本体论范畴、价值论范畴、政策论范畴、运行论范畴、制度论范畴、文化论范畴。这些问题主要涉及但不完全限于法学研究。现代知识产权是一个庞大的制度体系，著作权发生在文化创作领域，与文化创新、文化产业息息相关；专利权产生于技术应用领域，与科技创新、科技产业紧密相连；商标权则运作于工商经营领域，涉及商品销售、市场竞争等诸多问题。在知识经济的时代条件下，知识产权制度的实施效果关系到一国的经济发展、科技进步和文化繁荣；而在经济全球化的国际环境中，知识产权保护又事关国际政治、国际经贸、国际文化和科技的交流与合作。在这种情形下，从法学理论出发研究知识产权，当是题中应有之义，而结合经济学、管理学、政治学、社会学、伦理学以及政策科学等理论，多视角、全方位来考察知识产权制度，也显得非常必要。因此，知识产权的理论范畴不应仅是“法律版”，而更应是一个“综合版”的知识体系。

（3）发展中国家知识产权主张的“示范版”。西方国家是知识产权制度最早的推行者，也是最大的受益者，相关制度是这些国家当时社会变革和法律变迁的自发性结果。早期的知识产权立法文件，其字里行间无不浸透着自然法学派崇尚权利和个人自由、追求人的理性的价值理念，这即是知识产权法律构造的人文基础和精神主张。[②] 对于大多数发展中国家而言，知识产权立法是一种“被动性移植”。其间虽有实行法律变革的内在需求，但在许多情况下却是外国势力强加所致，因而“制度舶来品”在本土实施缺乏社会认同的文化基础和符合国情的理论解读。质言之，在相当长的时期，发展中国家构建了本土之上的物化法律制度，即知识产权的“硬件”系统，而没有同时植入自主之言的法律精神，即知识产权的“软件”系统。在知识产权制度一体化的今天，世界贸易组织及其《知识产权协定》为各国知识产权保护提供了一体遵行的共同规则，但不同发展程度的国家都有自己对知识产权理解和诠释的自主话语权。从某种

---

① 参见张文显：《法哲学范畴研究》，10 页，北京，中国政法大学出版社，2001。

② 近代知识产权产生的思想基础包括个人主义精神（individualism）、自由主义精神（liberalism）、理性主义精神（rationalism）。参见吴汉东：《知识产权法律构造与移植的文化解释》，载《中国法学》，2007（6）。

意义上说，这也是一个国家和民族知识产权制度安排的“话语权力”[①]。在当代中国，知识产权制度本土化的过程，也是知识产权法治现代化与知识产权发展战略化的过程。就法治现代化而言，前世界知识产权组织总干事鲍格胥曾高度评价：中国用了不到20年的时间，走过了西方国家一两百年才能够完成的知识产权立法进程，这个成就是举世瞩目的。[②] 就发展战略化而言，现任知识产权组织总干事高锐给予充分赞赏：中国将知识产权上升为国家战略，其经验值得其他国家特别是发展中国家学习。[③] 知识产权是中国建设创新型国家的制度保障和政策支持，其法律和战略的实施，是全社会所进行的一场伟大的制度创新实践。对中国知识产权事业建设进行经验总结和思想概括，构建有本国文化传统支持的知识产权系统诠释理论，对发展中国家在国际社会形成自主理论体系有着引领和示范的作用。

（4）国际知识产权话语体系中的“中国版”。国际知识产权制度迄今只有一百多年的历史，无论是早期的《保护工业产权巴黎公约》《伯尔尼公约》，还是现今的《知识产权协定》，尽管都是各国合作博弈的结果，但无疑是在西方国家主导下缔结的，秉持了一种西方中心主义的立法范式。与此相应的是，标榜“国际主流学术思想”，即西方国家流行的思维范式、价值理念和理论体系，得以在国际知识产权界大行其道。在“知识产权原教旨主义”的极端看法中，发达国家的知识产权法律是促进发展的唯一途径，盗用知识财产与恐怖主义无异。[④] 在知识产权的国际话语体系中，我们需要进行“中国表达”、发出“中国声音”，修正西方中心主义的国际立法倾向，谋求构建更加公正、合理的知识产权国际秩序。知识产权国际保护制度，与其他法律制度一样，“应是一个各主权国家相互接近、相互认同、相互联结的全球法律机制和国际准则，这是不同国度的社会主体所创造的调整规则和所积累的调整经验之有机聚合，体现

---

① 《知识产权的共同规则和自主话语》，载《中国社会科学》，2011（5）。

② 参见国家知识产权局：《1994年中国知识产权保护状况》。

③ 参见新华网：《世界知识产权组织总干事：中国国家知识产权战略值得推广》，2011－11－09。

④ 参见Graham Dutfield：《美国和欧洲是“知识产权原教旨主义者”》，http：//www/iplaw.pku.edu. 转引自曹阳：《国际知识产权制度：冲突、融合与反思》，6页，北京，法律出版社，2011。

了人类法律实践的普遍性历史定则，反映了人类的法律智慧和对理性的追求”[①]。由此可以认为，国际知识产权保护制度所赖以存在的思想基础，不应是西方中心主义的，当然也不可能是民族沙文主义的。知识产权的国际话语体系的形成，是以人类共信的法律价值理念和法律信仰为基础，同时实现多元法律文化和法律思想的互动发展。中国知识产权界在吸收全球共同的法律文明成果和借鉴外国先进法律理念的时候，更要注重本土理论创新和思想自立，努力探寻适合中国语境和文化背景的知识产权理论，包括法律解释规则和政策适用方法，其最终目的是建构一个发展中大国的知识产权话语体系。对于国际知识产权理论系统而言，它是批判性的，更是建设性的。

寻求知识产权理论体系的中国化，将当代中国众多的知识产权研究成果和实践经验进行整理，使之成为一个有着内在逻辑结构的理论体系，是知识产权界面临的重大学术任务。中国特色知识产权理论体系的形成，其意义是理论上的，也是实践上的；其价值是彰显中国的，也是属于世界的。现分述如下。

第一，为知识产权事业发展提供坚实的理论支撑。

知识产权理论体系的建构，已在发达国家知识产权制度的变革与发展过程中得以完成。西方知识产权法治文明的经验在于，以私法精神作为私法制度形成的基础，并在私法制度运行中贯彻私法精神的主张，从而达到私法精神与私法制度的契合。质言之，将知识资源私权化，是西方知识产权制度的要义和主旨。对知识产权理论体系化和中国化进行研究，乃是我国基本国情所致和创新发展所需。知识产权制度必须与一国的社会与经济发展阶段相适应，才能真正发挥其功能，而建构本国知识产权制度，又需要以符合国情的科学理论为指导。中国知识产权理论建设的基本路径，即是从中国知识产权事业的发展需要出发，探讨本土语境下的制度建设、产业发展、环境治理、文化养成等重大问题，实现知识产权研究多学科、多层次、多角度的协同发展。在当代中国，知识产权已被置于国家创新体系之中。作为建设创新型国家的政策支撑和制度保障，知识产权是摆脱资源耗费型与技术依赖型促进发展方式的战略布局，是实

① 公丕祥：《全球化与中国法制现代化》，载《法学研究》，2000（6）。

现创新驱动发展的战略安排，是保障我国经济安全、文化主权和科技发展主动权的战略举措。上述情形，使得中国的知识产权研究具有不同于西方国家的理论需求和问题导向。换言之，知识产权理论体系化的中国解读，其意义在于解决中国问题，彰显中国道路，为21世纪的中国创新发展提供理论支撑。

第二，为知识产权法治建设提供科学的智力支持。

中国知识产权制度的百年史，是从“逼我所用”到“为我所用”的法律变迁史。改革开放以来，中国知识产权事业取得长足的进步，现已成为一个有国际影响的知识产权大国。在这一时期，我国知识产权立法进程明显加快，知识产权司法改革逐步推进，知识产权执法工作不断加强，知识产权文化建设初见成效。在此背景下，知识产权研究也从传统的学术概念和思想理论的引进、诠释，逐步转型为对我国知识产权法治进程中新问题的系统思考，为我国立法、司法、执法和守法的社会实践提供理论解读，开始了针对中国现实问题、服务中国发展需要的知识产权理论创新。21世纪的第二个十年，是我国建设社会主义法治国家和创新型国家的关键时期，知识产权法治建设必将面临更加复杂多变的国际国内形势，必然面对更为繁重、艰巨的改革发展任务，因而需要更加科学、务实的思想理论来引领实践，学术界理应为我国知识产权法治建设提供富有价值的智力支持和必要的理论论证。

第三，为构建知识产权国际软实力提供重要的思想成果。

随着经济全球化程度的进一步提高，西方国家在国际诸领域争端规则制定和国际经贸秩序构建上对我国法治环境提出了挑战，知识产权则是其中的焦点问题。知识产权是国际化、一体化的法律制度，表现了知识产权保护的基本原则、基本规范在全球范围内的普适性。在国际层面，西方国家往往将知识产权作为其竞争战略的关键内容，不断通过多边、双边甚至单边途径，提高国际知识产权的保护标准和执法水平，其目的是为本国的知识产权密集型产业塑造商业环境，维持竞争优势。在此背景下，我国新世纪知识产权研究应更多地从国际视野出发，深入把握经济全球化时代知识产权制度的发展趋势：一方面，合理吸收先进的法律理念和制度，探索符合中国自身需要的发展路径，应对西方国家利用其知识产权话语体系对我国政治、经济、文化、科技政策的挑战，为我国参与全球化合作提供必要的理论准备；另一方面，在坚持中国特色法治理念的基础上，积极推出中国知识产权理论和制度的研究成果，努力展示中国知识产权研究的思想贡献，在国际社会提升中国知识产权的软实力。

二、知识产权理论体系建构的基本要求和主要内容

在中国特色社会主义法学理论体系中，知识产权理论体系是一个相对独立和比较成型的组成部分。作为专门理论的体系建构，中国特色知识产权理论体系在学术规范和实践需求方面应满足以下三点要求。

一是整体化。体系是指“若干事物或某些意识相互联系而构成的一个整体”[①]。知识产权理论体系是与“知识产权”有关的各种学说、思想、观念、经验所构成的有机整体，它不能是“个别的、单独的、碎片化”的理论，而应是一个具有“宏观大模样”的全面性、成型化的整体。[②] 在过去的几十年间，我国学者提出并阐述了知识产权“激励自主创新理论”“国家战略理论”“利益平衡理论”“保护体制理论”“文化传承理论”等，形成了一大批重要理论成果。[③] 当下中国知识产权界的学术任务，就是通过对上述思想观点进行整理和发掘，建立起它们相互之间的逻辑联系，围绕着中国知识产权事业建设的重大问题，构建一个内在统一、结构完整的理论研究体系。

二是本土化。属于“中国”的“独特”的知识产权理论模型，需以“本土资源”构成“中国特色”的基本内涵：(1) 以社会主义法治观和发展观为思想支撑。社会主义法治观涵盖了科学立法、严格执法、公正司法、普遍守法的法治要求，蕴含着“尊重和保障人权”“公平正义”“诚实信用”“和谐善治”的法治理念[④]，对中国知识产权制度建设和环境治理具有思想引领和行动指南的作用。社会主义发展观是统领中国经济社会发展全局的指导思想，它强调“以

---

① 中国社会科学院语言研究所词典编辑室编：《现代汉语词典》（修订本），1241页，北京，商务印书馆，1996。

② 参见姚建宗、黄文艺：《中国特色社会主义法学理论研究体系》，载《法制与社会发展》，2012（2）。

③ 有关理论成果综述，参见王国柱、李建华：《中国特色社会主义知识产权法学理论研究》，载《当代法学》，2013（1）。

④ 参见张文显：《社会主义法治理念导言》，载《法学家》，2006（5）。

人为本”“全面协调”的可持续发展理念，以“发展度”“协调度”“持续度”作为中国知识产权事业发展的指导思想和评价标准，与以往的“公平观”“效益观”“程序观”不同，它指明了中国知识产权制度的价值取向，是对知识产权领域经济发展模式的中国解读。[①]（2）以中国文化的合理内核为构成元素。发掘知识产权理论体系中的“中国文化元素”，关键在于对传统文化与现代制度的结构要素进行分析、鉴别，或是梳理、整合，选择传统文化的积极之处；或是导入影响意识观念的现代制度，凭借功能机制促进传统文化转型。[②]（3）以中国本土实践经验为特殊要素。中国知识产权事业建设是一场伟大的制度创新实践。与西方国家发展的模式、进程不同，知识产权事业建设在中国具有不同于以往大国崛起的国际背景、时代情景和本土背景，这就导致了“中国问题”的存在及其解决的“中国路径”的特殊性。对此，我们既无法依赖西方世界的理论工具作出诠释，也不可能借用他国经验模式进行复制，唯有总结、归纳、挖掘本土实践所蕴含和依凭的发展观念、创新思想和法律意识，才能建构起属于我们自己的知识产权理论体系。

三是科学化。知识产权理论体系的中国化建构，不应是思想、学说片段的无序组合，也不可能是文化元素、实践经验的简单概括，它需要对已有研究成果作出专门化、系统化的学术梳理、理论整合和思想提升。中国特色知识产权理论体系的内容安排，应从科学化的要求出发，体现思想认知和实践导向的双重功用、本土学说与世界文明的空间交汇、传统文化与现代知识的时间承接、宏观样式与微观细部的框架安排。

根据以上学术和实践要求，中国特色知识产权理论体系研究主要包括以下内容：

---

① 总体而言，知识产权领域的经济发展模式可归结为两类：一是“以自由看待发展”（Development as Freedom），其主要观点是：知识产权对经济发展的贡献，应表现在增强一国的基础性实力，以提高国民生活质量为目标。See Martha C. Nussbaum：Capabilities and Human Rights，66 Fordham L. Rev. 273（1997），p. 286。二是“以增长看待发展”（Development as Growth），其主要观点是：知识产权对经济发展的贡献，应表现在增进贸易自由、增加国际投资和通过技术转让提高发明效率。See Daniel J. Gervais：Intellectual Property，Trade & Development：The State of Play，74 Fordham L. Rev. 505（2005），pp. 528 - 534。

② 参见郭民生：《创新型国家与知识产权文化》，载《中国知识产权报》，2006 - 02 - 17。

1. 知识产权本体论

本体论是对知识产权的存在及其本质的认识和概括，是知识产权理论体系研究的逻辑起点。

知识产权本体论主要回答知识产权是什么的问题。它以权利为基本内核，将知识产权的概念、性质、特征、主体、客体、利用、限制、保护、体系等作为研究内容，述及知识产权的构成要素与本质属性、法律关系与运行方式、保护范围与体系框架。无论是西方若干世纪的知识产权理论探索，还是我国知识产权制度引进的30年理论思考，本体论一直是学术界永恒的研究热点，并产生了不同认识，涌现了各种学说，这尤其表现在对知识产权的基本定义、客体性质、知识产权本质属性的问题上。其中，关于知识产权本质与功能的认识，并不局限于法学研究层面，而且还在其他学科语境中进行探讨，民法学意义上的知识财产、管理学意义上的无形资产、经济学意义上的信息产权、政策科学中的政策工具、国际贸易学中的贸易规则等，都在不同学科层面揭示了知识产权的基本蕴意。对知识产权本体进行研究，名为务虚之学，实为务实之术，有助于达致知识产权法律制定的科学性、适用的准确性以及运行的有效性。但是，知识产权本体论，因其高度的理论性和抽象化，因而在其研究过程中易于脱离社会现象、法律事实而导致研究成果的空洞化、概念化。因此在知识产权本体的研究中，需要注重对法治现实的关注和制度实践的关照，力图通过理论和实际的结合，提出能够为知识产权事业建设所用的本体论基础。

2. 知识产权价值论

价值论是关于知识产权对主体的效用以及主体对运行效用评价的认识和概括，是知识产权理论体系研究的思想基础。

知识产权价值论主要回答知识产权制度价值取向和目标选择问题。它以法的价值为主线，研究知识产权价值的评价主体、内容构成以及实现途径。知识产权价值的研究有两个任务：一是观察知识产权制度价值的实践表现，即“法律的价值化”；二是考量如何在知识产权制度中设定主体价值，使法律真正成为“价值体”，即“价值的法律化”[①]。知识产权价值论研究，在理论和实践中

① 谢晖：《价值法律化与法律价值化》，载《法律科学》，1993（4）。

都至关重要。值得注意的是，西方国家的知识产权价值理论，以个人主义、自由主义、理性主义为思想基础，对正义、效率、秩序、安全等价值要素的解读和适用，往往采取实用主义态度。有鉴于此，我们在构建知识产权理论体系时必须加以辨识，要对中国知识产权法律价值体系进行新的构造，一是整理和概括知识产权制度的一般性价值，即体现“伦理理性”的正义价值、反映“经济理性”的效率价值、表现“科学理性”的创新价值，实现价值理性和工具理性的统一。二是调整和升华知识产权制度的时代价值目标，将致力于人的全面发展的“人本主义”与追求人、社会、自然共存和进步的“和谐发展”，作为知识产权制度的终极性价值。在建立相关价值构成体系的同时，还应针对知识产权制度风险与法治失灵的状况，研究知识产权法价值目标的实现障碍及其解决途径。

3. 知识产权制度论

制度论是对知识产权法律的制定与实施、构成与演变的认识和概括，是知识产权理论体系研究的核心内容。

知识产权制度论主要回答知识产权立法、执法和司法问题。它以法律规范为对象，研究知识产权制度建构的科学性、正当性和合理性，以及制度实施的有效性、协调性和妥当性。知识产权法是国际上通行的确认、保护和利用著作权、工业产权以及其他智力成果专有权的专门法律制度。它是私法领域中“财产非物质化革命”① 的结果，是保护知识财产私有的新型产权制度。知识产权具有归属于民法领域的类别规定性，更有区别于财产所有权的本质差异性。对知识产权制度的研究，在方法论上不宜简单地搬用传统财产权的理论和规则。就研究内容而言，主要涉及以下几个方面：一是历史变迁维度，研究“精神所有权”—知识产权—“无形财产权”的制度创新过程；二是体系构成维度，研究知识产权各部门法内部问题和外部关系，知识产权法与民法、反不正当竞争法、反垄断法之间的关系，现代知识产权法与传统资源保护制度之间的关系；三是法律实施维度，研究知识产权保护体系中行政保护与司法保护之间的关

① ［美］肯尼斯·万德威尔德：《十九世纪的新财产：现代财产概念的发展》，载《经济社会体制比较》，1995（1）。

系、知识产权保护环境中执法与守法之间的关系。在法律构造的意义上，对知识产权制度进行整体性、系统化研究，是知识产权理论体系建构的现实基础和实际需求。

4. 知识产权政策论

政策论是对知识产权政策的规划、制定、实施、评价的认识和概括，是知识产权理论研究的重要构成。

知识产权政策论主要回答作为公共政策工具的知识产权是如何选择、推进并服务社会发展目标的，它从政策科学理论出发，研究知识产权的政策主体、政策构成、政策效益以及政策目标等。对知识产权进行政策科学分析，可以揭示知识产权立法背后的政策立场，评价知识产权执法过程中的政策效果，提出知识产权法律变革的政策选择，即通过政策过程科学化分析，以“解决与政策决策和政府决策相关的实际问题”①。这是知识产权理论研究的新领域，其主要研究内容涉及两个方面：一是理论范畴，对知识产权政策的学科属性、研究对象、分析工具等进行系统研究，包括知识产权制度的政策属性及其与私权属性的关系，知识产权政策成本与效率分析的理论工具，与知识产权相关联的产业政策、科技政策、文化政策、贸易政策所形成的公共政策体系，知识产权政策目标取向与总政策目标的相互关系；二是实证范畴，对知识产权制度的政策实践及其效果进行应用性研究，包括西方国家推行知识产权制度的政策立场，发展中国家接受知识产权制度的政策选择，中国关于知识产权制度的政策安排特别是知识产权战略实施的政策经验等。总之，理论分析与实证分析及其两种分析的结合，是知识产权政策论的主要研究方法。

5. 知识产权运行论

运行论是对知识产权的运行操作环节的认识和概括，是知识产权理论体系研究的特殊要素。

知识产权运行论主要从经济、社会发展的视角，分析知识产权事业的运行状况。它以知识产权本体论、制度论和政策论为基础，观察知识产权从产生到

---

① ［美］弗兰克·费希尔：《公共政策评估》，译者前言，北京，中国人民大学出版社，2003。

获得实效的全部环节、过程和方面。知识产权的形成和运作的过程，包括若干相对独立但又彼此联系的环节，其中“创造是基础，运用是目的，管理是保障，保护是关键，服务是支撑，人才是保证”①。知识产权运行的系统化，是为实现与知识产权相关的经济社会目标而对知识产权运行的各个环节的整合和协同。随着知识产权相关要素的社会化和知识产权制度的战略化的纵深发展，各种利用知识产权促进经济社会发展的战略环节的关联性日益加强。② 运行模式的建构与运行环节的协调，反映着国家知识产权战略体系的规范化程度，也影响着社会知识产权产业发展目标的实现效果。可以认为，对运行模式的规律性、运行环节的协同性、运行环境的特殊性等问题的认识，是知识产权运行论研究的主要任务。

6. 知识产权文化论

文化论是对人们关于知识产权现象的观念与行为模式的认识和概括，是知识产权理论体系研究的基本元素。

知识产权文化论主要回答知识产权制度的文化基础以及法律文化的现代化改造和建设问题。它以“观念的文化”为对象，研究人们对待知识产权法律制度、法律机构、法律行为的“态度、信仰、评价、思想和期待”③。知识产权文化论的主要内容，一是研究知识产权文化的基本要素，包括私权意识、创新意识、法治意识、市场竞争意识、诚信意识等；二是研究知识产权文化的基本功能，包括文化建设与制度建设、经济社会建设的关系；三是研究知识产权文化发展的基本路径，包括政策环境构建、教育宣传环境营造、人才环境培育、市场环境治理等。知识产权文化论的研究方法，应注重两个方面：一方面在于继承，即植根本土文化资源，并对其进行必要的梳理、选择和改造，发挥中国文化中独特的价值观、认识论对知识产权文化建设的积极作用；另一方面立足创新，即致力于现代文化创新，包括具有原创性的精神品质构建，也涉及引进性的制度、经验和价值观移植。总之，“知识产权文化建设应该在继承中延续

---

① 2008 年发布并实施的《国家知识产权战略纲要》，对知识产权运行提出了“激励创造、有效运用、依法保护、科学管理”的指导方针。

② 参见周莹等：《知识产权公共政策的协同运行模式研究》，载《科学研究》，2010 (3)。

③ 刘作翔：《法律文化理论》，36 页，北京，商务印书馆，1999。

文化多样性的脉络，在创新中发展文化同一性的品质”[①]。

三、知识产权研究中的“中国问题”与“中国理论体系”

知识产权理论体系的研究，不能满足于基本内容构成的学术要求，而应围绕着知识产权事业建设需要，在系统思考“中国问题”“中国经验”“中国道路”的基础上，形成知识产权理论研究的“中国模式”。

知识产权理论研究中的中国问题，产生于中国特殊国情。知识产权“中国问题”的独特性，基于以下几点认识：一是“超大型崛起”。作为有世界影响的知识产权大国和发展中大国，超大型人口规模、产业规模、经济规模以及社会规模的中国崛起是史无前例的，它必然是对以往大国崛起模式的超越，而不可能是对前者的复制和模仿。“超大型崛起”本身不仅蕴藏着巨大的创新力量，更会产生其他国家不曾出现的巨大问题和困难。中国社会不同群体对知识产权的不同认知、西方世界对中国知识产权的特别关注，使得知识产权问题凸显出内部困惑与外部分歧的复杂交织。二是“差异性发展”。中国经济与社会发展的一个突出问题，就是不平衡胜于不发达。城乡差异、中西部差异、产业差异等，决定了中国知识产权事业的发展不可能是“一刀切”“齐步走”。在这里，统筹城乡发展、区域发展、经济社会发展、人与自然和谐发展、对外开放和国内发展，是知识产权战略发展中面对的重大问题。三是“跨越式转型”。作为新兴工业化国家，中国只用了不到20年的时间，其知识产权制度就实现了从低水平向高水平的转变，完成了从本土化到国际化的过渡。换言之，在知识产权保护的新国际环境下，中国已经失去了发达国家知识产权制度建设所经历的漫长准备期和过渡期，导致政府对制度环境治理不够、企业对制度运用经验不足。基于以上国情分析，考量知识产权制度一体化、国际化的发展趋势和知识产权制度的现代化诉求，回应促进知识产权法律的本土化进程和推动知识产权政策的战略化实施等社会实践需求，当前中国知识产权理论研究的重点和难点

---

① 刘华：《文化政策视阈下我国知识产权文化发展研究》，载《华中师范大学学报（人文社会科学版）》，2009（2）。

问题可以概括为“十大关系”：一是知识产权法律建构的本土化路径与国际化趋势的关系，二是知识产权制度变革的时代性要求与本国阶段性选择的关系，三是知识产权的制度创新本质与知识创新功能的关系，四是知识产权保护体系中司法保护与行政保护的关系，五是知识产权法律移植与法律精神内化的关系，六是知识产权对网络技术、基因技术的保护与维护人类精神和道德进步的关系，七是知识产权密集型产业发展与知识产权市场环境治理的关系，八是知识产权贸易全球化与中国经济主权、文化安全、技术主动权的关系，九是知识产权国际保护的必要成本与本国知识产权事业的利益实现的关系，十是知识产权制度安排中单行立法与体系化、法典化的关系。上述“十大关系”研究所涉及的核心命题，集中表现为什么是知识产权制度？我们需要什么样的知识产权制度？如何建设这样的知识产权制度？质言之，问题导向是理论体系建构的前提。

知识产权理论研究中的中国成果，共生于中国理论体系。根据理论体系的逻辑结构要素，众多理论成果同构在一个理论体系之中，其首要条件是内在的同一性，这种同一性体现为“指导思想、实践基础和创造主体”三个方面。[①]具言之，诸多知识产权理论研究成果，概以中国社会主义的法律观和发展观为指导，是上述指导思想在知识产权事业建设的各个方面、各个领域具体应用的产物；这些理论研究成果来自中国特色知识产权事业建设的实践，是对“中国经验”的思想总结和“中国道路”的理论概括；这些理论研究成果，是冠名中国的知识产权主体所创造的，是中国人民思想智慧与文化精神的体现。概言之，这些理论成果根植在中国本土、服务于中国发展，表现出中国特色，具有内在的同一性，因此可以构成一个内部和谐的知识产权理论体系。中国特色知识产权理论体系的形成，是以众多理论成果的内在统一性为基础，同时也应以严谨的逻辑结构为要求，为此必须奠基相应的理论基石。

理论基石的表现形态就是基石范畴。基石范畴确定了理论体系内各项理论成果的共同主题，又预设了理论体系内各项理论成果的相同立场，任何一种成熟的理论体系都必须有自己的基石范畴。[②]社会主义法治观和发展观，即是知

① 参见黄文艺：《构建中国特色社会主义法律理论体系》，载《社会科学战线》，2011（11）。
② 参见张文显：《法学基本范畴研究》，11页，北京，中国政法大学出版社，2001。

识产权理论体系的两大基石范畴，其地位和作用表现在以下两个方面：（1）法治观是知识产权理论体系的核心范畴。知识产权在本质上是一项法律制度，是知识财产之上所设定的私人产权，是国家法律体系中的有机组成部分。尽管各个学科对知识产权的属性和功能可以作出多样性、多视角的诠释，但这些诠释不能改变知识产权的“独立的规范性价值”[①]，即在法治系统下所具有的一体遵行的效力。知识产权的确认、利用、限制和保护，首先是作为法律规范而进行制度设计的，其立法宗旨在于维护知识财产的正义秩序，实现知识传播的效益目标。承认知识产权法治观所具有的理论基石地位，在于维系知识产权法律结构的完整性和法律效力的权威性，防止知识产权成为行政权力意志和利益集团的工具。[②]（2）发展观是知识产权理论体系的目标范畴。知识产权在制度功能与价值目标上体现了社会主义发展观的基本要求：第一，知识产权是“创新发展”的制度工具。经济发展的实质是创新，熊彼特将创新作为“经济发展理论的核心”，认为“经济发展的基本现象是创新”[③]。知识产权法在功能上是创新之法，是创造性成果的激励和调节机制，体现了尊重创新、保护智力成果、规制知识经济市场秩序的功能。第二，知识产权表现了“人的全面发展”的制度追求。人本主义的要义即是实现人的全面发展，这一思想理念在知识产权制度中概括为私权保护与知识传播的二元立法原则，表现为创造者、传播者、使用者的多元权利结构。第三，知识产权确立了“和谐发展”的制度发展目标。“和谐发展”是一种配合适当、协调有序的理想状态，包括人的和谐、社会的和谐、自然的和谐，以及人与社会、自然的和平共存与进步。“和谐发展”是知识产权制度建设的“中国梦”。中国特色知识产权理论体系的诸多研究问题及其理论成果，都是以法治范畴和发展范畴为基石而展开的，从而表现出该理论体系应有的逻辑结构。基于排序和分类的理论体系结构见表1：

---

① 董涛：《“中国特色知识产权理论体系”研究论纲》，载《知识产权》，2013（5）。

② 博登海默称，在文明社会里，法律旨在防止压制性的权力（无论是私人权力还是政府权力）的扩张。参见［美］E. 博登海默：《法理学——法哲学与法律方法》，邓正来译，363页，北京，中国政法大学出版社，1999。

③ ［美］约瑟夫·熊彼特：《经济发展理论》，叶华译，北京，中国社会科学出版社，2009。

表 1　理论体系结构

序号	理论成果	理论类型
1	知识产权基础理论①	本体论
2	知识产权制度创新理论②	价值论
3	知识产权法律本土化理论③	制度论
4	知识产权保护模式理论④	制度论
5	知识产权司法改革理论⑤	制度论
6	知识产权强国建设理论⑥	政策论

① 代表性著作有：郑成思：《知识产权论》，3 版，北京，法律出版社，2003；陶鑫良、袁真富：《知识产权法总论》，北京，知识产权出版社，2005；何敏：《知识产权基本理论》，北京，法律出版社，2011；张勤：《知识产权基本原理》，北京，知识产权出版社，2012；吴汉东：《知识产权总论》，3 版，北京，中国人民大学出版社，2013。论文有：郑成思：《知识产权若干问题再析》，载《中国法学》，1996 (6)；刘春田：《知识财产权解析》，载《中国社会科学》，2003 (4)；易继明：《知识产权的观念：类型化及法律适用》，载《法学研究》，2005 (3)；曹新明：《知识产权法哲学理论反思——以重构知识产权制度为视角》，载《法制与社会发展》，2004 (6)；吴汉东：《知识产权的多元属性及研究范式》，载《中国社会科学》，2011 (5)。

② 代表性论文有：王太平：《知识产权制度的未来》，载《法学研究》，2011 (3)；庄子银：《知识产权、市场结构、模仿和创新》，载《经济研究》，2009 (11)；吴汉东：《知识产权法的制度创新本质与知识创新目标》，载《法学研究》，2014 (3)。

③ 代表性著作有：李雨峰：《枪口下的法律——中国版权史研究》，北京，知识产权出版社，2006；黄海峰：《知识产权的话语与现实：版权、专利与商标史论》，武汉，华中科技大学出版社，2011；李琛：《论知识产权法的体系化》，北京，北京大学出版社，2005。论文有：宋志国：《我国知识产权法律移植中的递减效应原因探析》，载《政治与法律》，2006 (5)；胡开忠：《知识产权法典化的现实与我国未来的立法选择》，载《法学》，2003 (2)；吴汉东：《国际变革大势与中国发展大局中的知识产权制度》，载《法学研究》，2009 (2)。

④ 代表性著作有：孔祥俊：《知识产权保护的新思维：知识产权司法前沿问题》，北京，中国法制出版社，2013；王迁：《网络环境中的著作权保护研究》，北京，法律出版社，2011；张平：《技术创新中的知识产权保护评价：实证分析与理论研讨》，北京，知识产权出版社，2004。论文有：奚晓明：《当前我国知识产权司法保护的政策与理念》，载《知识产权》，2012 (3)；董雪兵、史晋川：《累积创新框架下的知识产权保护研究》，载《经济研究》，2006 (5)；何炼红：《论中国知识产权纠纷行政调解》，载《法律科学》，2014 (1)；吴汉东：《知识产权保护论》，载《法学研究》，2000 (1)。

⑤ 代表性论文有：胡淑珠：《试论知识产权法院（法庭）的建立——对我国知识产权审判体制改革的理性思考》，载《知识产权》，2010 (4)；孙海龙：《设置综合知识产权审判庭的理论思考与路径选择》，载《中国审判》，2011 (4)；郭寿康、李剑：《我国知识产权审判组织专门化问题研究——以德国联邦专利法院为视角》，载《法学家》，2008 (3)。

⑥ 代表性著作有：张勤、朱雪忠：《知识产权制度战略化问题研究》，北京，北京大学出版社，2010；陈昌柏：《知识产权战略：知识产权资源在经济增长中的优化配置》，北京，科学出版社，2009；吴汉东：《科学发展观与知识产权战略实施》，北京，北京大学出版社，2012。论文有：蒋坡：《论我国知识产权发展战略的核心目标》，载《政治与法律》，2005 (3)；吴国平：《中国知识产权战略中的政府角色》，载《知识产权》，2006 (6)；吴汉东：《利弊之间：知识产权制度的政策科学分析》，载《法商研究》，2006 (5)。

续表

序号	理论成果	理论类型
7	知识产权产业发展理论①	政策论
8	知识产权国际战略理论②	政策论
9	知识产权利益平衡理论③	运行论
10	知识产权文化建设理论④	文化论

知识产权理论的体系化与中国化，是一个理论创新、知识创新、制度创新的创新活动过程。三十余年来，中国知识产权学人在中国社会主义法治观和发展观的指导下，以科学扬弃的态度吸收西方先进的制度文明成果，发掘中国传统文化中的优秀因素，对知识产权是什么、知识产权在经济与社会发展中的作用是什么、中国特色的知识产权制度是什么、如何加强中国知识产权法治、如何发展中国知识产权事业等基本问题进行了系统、深入的探讨和研究，旨在构建一个既标示独立知识结构，又具有鲜明中国特色的理论体系。就当下而言，

---

① 代表性著作有：詹宏海：《知识产权贸易》，上海，上海大学出版社，2009；郭民生：《通向未来的制胜之路：知识产权经济及其竞争优势的理论与实践》，北京，知识产权出版社，2010。论文有：张耀辉：《知识产权的优化配置》，载《中国社会科学》，2011（5）；李明德：《版权产业与知识经济》，载《知识产权》，2000（1）；彭学龙：《企业知识产权战略一体化研究》，载《知识产权》，2006（3）；袁真富：《企业知识产权的发展模式——从保护到经营之知识产权观念的改造》，载《知识产权》，2006（4）。

② 代表性著作有：唐广良、董炳和：《知识产权的国际保护》，北京，知识产权出版社，2006；丛立先：《国际著作权制度发展趋向与我国著作权法的修改》，北京，知识产权出版社，2012。论文有：郑成思：《WTO与知识产权法研究》，载《中国法学》，2000（3）；刘筍：《知识产权国际造法新趋势》，载《法学研究》，2006（3）；李明德：《知识产权的国际争端及我国政府的应对之策》，载《国家行政学院学报》，2008（1）；古祖雪：《后TRIPs时代的国际知识产权制度变革与国际关系的演变——以WTO多哈回合谈判为中心》，载《中国社会科学》，2007（2）；吴汉东：《知识产权国际保护制度的变革与发展》，载《法学研究》，2005（3）。

③ 代表性著作有：冯晓青：《知识产权法利益平衡理论》，北京，中国政法大学出版社，2006；陈传夫：《信息资源公共获取与知识产权保护》，北京，北京图书馆出版社，2007。论文有：徐瑄：《知识产权的正当性——论知识产权法中的对价与衡平》，载《中国社会科学》，2003（4）；曹新明：《论知识产权冲突协调原则》，载《法学研究》，1999（3）；陶鑫良：《网络时代知识产权保护的利益平衡思考》，载《知识产权》，1996（6）；黄玉烨：《知识产权利益衡量论——兼论后TRIPs时代知识产权国际保护的新发展》，载《法商研究》，2004（5）。

④ 代表性论文有：马维野：《知识产权文化建设的思考》，载《知识产权》，2005（5）；刘华：《文化政策视阈下我国知识产权文化发展研究》，载《华中师范大学学报（人文社会科学版）》，2009（2）；郑胜利：《新经济时代我国知识产权专业人才教育的思考》，载《知识产权》，2008（2）；吴汉东：《知识产权法律构造与移植的文化解释》，载《中国法学》，2007（6）。

中国特色知识产权理论体系还是一个目标体系，相对于其他部门法学来说，知识产权研究在中国起步较晚，且问题复杂多样，其理论、观念和思想的总结与归纳、提炼与升华是一项艰巨工程。可以认为，理论体系的形成尚在路上，还有待于学术界同人作出进一步努力。就未来而言，中国特色知识产权理论体系应是一个开放体系。宣示理论体系的形成，并不意味着理论创新活动的终结以及这一理论体系本身的封闭，它应是不断发展、开放的动态体系。随着中国知识产权制度建设的不断进步，人民群众从事知识产权事业的智慧成果不断积累，可以预想，这一理论体系的学术内容将更加丰富、思想认识将更加深刻、中国特色将更加鲜明、对世界文明的贡献将更加突出。

第二编　法律制定与规范适用

知识产权立法体例与民法典编纂*

关于知识产权制度与未来民法典之关系，一直是个颇有争议的问题。不少民法学者主张在民法典的框架内，整合一个包括知识产权在内的财产权体系，其理由是：知识产权的保护手段基本是民事性质的，应将这一权利与其他财产权等同看待，并纳入民法典进行规范；国外已有民法典规定知识产权之立法例，我国《民法通则》在“民事权利”中，亦专节规定了各类知识产权，因此这一制度应成为民法典的组成部分。[①] 笔者对此有不同看法，本文试以范式民法典为参照系，从历史考察与现状分析相结合的角度，探讨知识产权立法体例与民法典编纂之关系，希冀为我国民法典体系的设计提供些许有益的思想资料。

一、失之交臂：近代民法典编纂与知识产权制度产生

知识产权制度是近代法制史上的新页[②]，是科学技术与商品经济发展到一定阶段的产物。一般认为，英国于1623年制定世界上第一部专利法（《垄断法规》），1709年制定第一部著作权法（《为鼓励知识创作而授予作者及购买者就其已印刷成册的图书在一定时期之权利法》，即《安娜法令》），法国于1857年

* 原载《中国法学》，2003（1）。

① 有关观点参见翟云岭等：《中国法学会民法经济法研究会1999年年会综述》，载《中国法学》，1999（6）；赵中孚等：《1999年民商法研究的回顾与展望》，载《法学家》，2000（1）。

② 参见段瑞春：《关于知识产权的几点认识》，载《求是》，1999（4）。

制定第一部商标法（《关于使用原则和不审查原则为内容的制造标记和商标的法律》），是为具有近代意义的知识产权制度的开端。

随着资本主义制度在西方的确立，各主要资本主义国家自18、19世纪以来都先后开始了知识产权的立法活动。其中最有代表性的立法例有：美国1790年《联邦版权法》、法国1793年《作者权法》、德国1837年《保护科学和艺术作品的所有人反对复制或仿制法》、日本1899年《著作权法》；美国于1790年、法国于1791年、德国于1877年、日本于1885年制定的专利法；英国于1875年、美国于1870年、德国于1874年、日本于1884年颁布的商标法。上述知识产权立法与近代民法典编纂都未发生历史的机缘。

英美法系国家有着自己的法律传统，没有形式意义上的民法即民法典的存在。英美学者在学术上将私法分为合同法、侵权行为法、财产法、信托法、家庭法等部分，上述规范在法律形式上以判例法或制定法的形式存在。无论在英国还是美国，知识产权法都表现为制定法的形式，历来都是一种独立的财产法律制度，并不涉及民法典编纂的问题。大陆法系国家承受了古罗马法典化的传统。作为近代范式民法典的法国民法与德国民法，其编纂活动分别完成于19世纪初叶与末期，它们的民法典体系取材于罗马法的《法学阶梯》或《学说汇纂》；其知识产权立法早在民法典编纂之前就已大体就绪，且这些新兴的财产权制度又多为英国的“舶来品”。因此近代欧洲大陆的范式民法典未能将知识产权制度纳入其体系之中。关于其立法动因，似可从以下几个方面加以解释。

1. 近代知识产权制度是从特权到私权嬗变的产物

近代知识产权法的孕育，经历了封建特许权制度近300年的长期阵痛。与保护精神产品相关的封建特许权，包括印刷专有权和产品专营权，它以敕令或令状的形式，授予印刷商以出版独占许可证或赋予经营者专门制造、销售某种产品的权利。这种封建特许制度的受益者主要是印刷商、企业主以及颁发许可证的统治者，而不是从事智力创造活动的作者、发明者。这一制度不仅适应了封建统治者禁锢思想文化、控制经济利益的需要①，而且决定了原始知识产权

① 参见［美］安守廉：《知识产权还是思想控制：对中国古代法的文化透视》，引自梁治平编：《法律的文化解释》，北京，三联书店，1994；［日］阿部浩二：《各国著作权法的异同及其原因》，载《法学译丛》，1992（1）。

的地域性特点。封建特许权的存在意义在于它同近代知识产权制度的产生具有某种历史连接作用。在欧洲，出版特权或专营权授之于封建君主的有限地域，且往往有一定的期限，因而酿成了被许可人的排他的权利意识。他们认为对于印刷品、专营品应产生一种新的所有权，而不仅仅是行政庇护的特权。尔后，由于封建王朝的衰落与市民阶级私权观念的进化，他们开始主张这种印刷专有权、产品专营权不应由国王特许才产生，而应基于创造者“精神所有权”的转让而取得。“精神所有权”的理论认为，对于其创造者的思想以及基于思想所产生的物化产品都享有所有权，这种精神产品的权利也是所有权的一种。十分明显，“精神所有权”已具有近代知识产权的基本含义了。知识产权作为一种私人享有的无形财产权，是为法定之权而不是特许之权，直到资产阶级革命时期才得以形成，1789 年法国的《人权宣言》将思想作为精神财产，称之为“自然和不可废除的人权”，并确认自由传达思想和意见是人类最宝贵的权利之一。近代资产阶级国家立法使知识产权由公法领域进入私法领域，由特权转变为私权。法律制度在发生质的转变的同时，也保留了某种历史的惯性，即多数知识产权具有国家授予的特征。这种权利取得的国家授予性与权利产生的本源性并不是矛盾的。美国学者认为，创造性活动是知识产权产生的“源泉”(source)，国家法律规定则是知识产权成立的“依据”(origin)①，因此知识产权是一种法定的有限制的独占权利。知识产权制度产生的社会背景有别于传统财产权法所生存的私法环境，因而近代立法者在法律体系的设计与安排方面采取了不同的方法。从特权到私权，反映了近代知识产权的属性变化，但并非表明知识产权与其他财产权采用相同的立法形式。

2. 近代知识产权制度是私权领域中财产“非物化革命”的结果

在罗马私法体系中，财产权制度是一个物质化的权利结构体系。罗马人基于财产的主要构成限于有体物的认识，构建了物与物权制度。他们以物为客体范畴（主要是有形的物质客体——有体物，也包括无形的制度产物，即除所有权以外的财产权利——无体物），并在此基础上，设计出以所有权形

---

① L. Ray Patterson，Stanley W. Lindberg：The Nature of Copyright：A Law of Users'Right，The University of Georgia Press，1991.

式为核心的“物权”制度，建立了以物权、债权为主要内容的“物法”体系。随着近代商品经济的发展，在社会财产构成中，出现了所谓抽象化、非物质化的财产类型。以知识、技术、信息为主要内容的“知识财产”，有别于以往物质形态的动产、不动产，是不同于传统意义上的另类客体。黑格尔在《法哲学原理》一书中写道：诸如精神技能、科学知识、艺术以及发明等，都可以成为契约的对象，而与买卖中所承认的物同一视之。此类占有虽然可以像物那样进行交易并缔结契约，但它又是内部的精神的东西。① 十分明显，传统的物化财产权结构是无法包容抽象化、非物质化的知识财产的。1804 年《法国民法典》继承并发展了罗马法的传统，将客体物分为有体物与无体物，同时扩充了无体物的范围。后者专指具有财产内容的权利，其中，除了民法典所规定的债权、股权外，还包括新兴的知识产权。知识产权本归为动产物，以后又被划归到更具重要价值的不动产类别中。② 1896 年《德国民法典》在继承罗马法传统方面，形成了自己的德意志民族风格。其立法文件不承认无体物，所谓物仅涉及有体物的概念。但在学说中，知识产品可以称为“无体物”，但它不能归类于物权法的客体物范畴，而仅是知识产权法规范的客体。③

概言之，知识产权制度的建立，是罗马法以来财产权领域中一场深刻的制度创新与变革。无论“法学阶梯体系”（法国法）还是“学说汇编体系”（德国法），都只是在罗马法编纂基础上的改造，知识产权这一新兴财产权制度未能进入传统民法典的体系范围。

3. 近代知识产权制度尚未形成一个体系化的财产权利族群

知识产权是人们基于自己的智力活动创造的成果和经营管理活动中的标记、信誉而依法享有的权利，是一个属于民法范畴但又相对独立的财产权制度体系。将一切来自知识活动领域的权利概括为“知识产权”，最早见之于 17 世纪中叶法国学者卡普佐夫，后为 19 世纪比利时法学家皮卡弟所发展。皮卡弟

① 参见［德］黑格尔：《法哲学原理》，第 43 节附译，北京，商印书馆，1982。

② 参见尹田：《法国物权法》，71～72 页，北京，法律出版社，1998。

③ 参见［德］迪特尔·梅迪库斯：《德国民法总论》，邵建东译，875～876 页，北京，法律出版社，2000；孙宪忠：《德国当代物权法》，2 页，北京，法律出版社，1997。

认为，知识产权是一种特殊的权利范畴，它根本不同于对物的所有权。[①] 在近代法时期，以知识产权的名义实现权利制度的体系化，并未在立法活动中得以实现。换言之，“知识产权法是对专利法、商标法、著作权法等法律规范的一个总称，这一称法是虚设的，是一种理论概括”[②]。从 17 世纪中叶到 19 世纪，是近代欧洲知识产权制度兴起的时期，专利法、商标法、著作权法在西方国家陆续产生。毫无例外，上述法律都是以单行立法的形式出现，既没有统一的知识产权法典，也没有将各个法律进行整合而编入民法典。1804 年《法国民法典》明确肯定商标权应与其他财产权同样受到保护。这一规定不过是对商标权即为财产权的民法定位，并无在民法典中独立成编的立法意义。正是在民法典这一基本法的指引下，法国于 1857 年颁布了具有历史意义和国际影响的商标法。毋庸讳言，对各项知识产权进行体系化整合并作为民法典的组成部分，无疑在立法技术方面存有困难。对此，法国学者指出，“多数情况下，有形财产整体性地置于单一法律规则的体系内加以调整。例如，所有权在涉及有形不动产或动产时，总是具有同样的内容。诚然，两种不同财产的地位并不总是相同，但这并不能否认内容丰富的有形财产所有权的一些一般规则的存在”；“相反，无形财产具有不同性质，它们不能置于同一的法律体系而只能置于一系列独立的、不同的体系，存在于一定的期间”[③]。可以说，由于民事立法技术的原因，近代立法者并未像构建物权体系那样，将专利权、著作权、商标权整合成一个概括的、统一的知识产权法律体系。

近代民法典的编纂，自是“言必称罗马”，诸如物权、债权、继承权等财产权都可以从罗马私法体系中找到它的雏形，而知识产权难以在传统的体系中与物质化的财产相融。基于罗马法以来法典化的传统，加之立法技术的不能，知识财产终究未能以体系化的权利制度出现在近代社会的范式民法典中。

---

① 参见［苏］B. A. 鲍加特赫等：《资本主义国家和发展中国家的专利法》，引自《国外专利法介绍》，12 页，北京，知识产权出版社，1980。

② 黄勤南主编：《新编知识产权法教程》，263 页，北京，中国政法大学出版社，1995。

③ 尹田：《法国物权法》，65～66 页，北京，法律出版社，1998。

二、并非范式：现代民法典体例对知识产权制度的接纳

20 世纪以来，知识产权制度有了长足的发展：基本规范不断完善，保护范围不断扩大，一体化、现代化的趋势日益明显。与此同时，大陆法系的一些国家尝试将知识产权制度编入本国的民法典，并在 20 世纪 90 年代兴起的民法典编纂运动中形成高潮。我国有的学者称其为民法典编纂的巨大进步，弥补了近代范式民法典的一大缺憾。还有的学者以此立法例为范式，主张在未来的民法典中规定一个包括知识产权在内的大一统的财产权体系。笔者对上述观点持有疑虑，现试就几个“范式”立法例作出具体分析。

(1) 意大利民法典。1942 年《意大利民法典》在大陆体系的法典化历史中占有重要地位，它不仅成为其他欧洲大陆国家的一种参照系，而且对秘鲁 1984 年民法典及其他美洲国家的民法典的改革方案产生了影响。在此之前的 1865 年《意大利民法典》主要效仿的是法国模式，1942 年民法典在部分保留原法典痕迹的同时有了新的突破和发展，规定了工业化进程中在企业和劳动关系方面出现的新问题。[①] 知识产权作为一种新问题、新关系、新制度，就规定在民法典的“劳动”编中。该法典第六编名为“劳动”，实际是关于劳动关系、公司（合伙）、合作化、企业、知识产权、竞争与垄断等规范的混合编。《意大利民法典》所涉及的知识产权主要为著作权、专利权、商标权、商号权。其中，标记性权利规定在名为“企业”的第八章，包括第一节“一般规定”、第二节“商号和标识”、第三节“商标”；创造性权利规定在题为“智力作品权和工业发明权”的第九章，包括第一节“文学作品和艺术作品著作权”、第二节“工业发明专利权”、第三节“实用新型和外观设计专利”。《意大利民法典》关于知识产权的规定有两个缺陷：第一，该类规范是关于知识产权制度的原则性规定。即主要规定各类知识产权的性质、对象、内容、主体、转让等，是具有私法内容的规范性条款。民法典强调有关权利的取得、行使及其存续期间由特

① 参见［意］桑德罗·斯奇巴尼为意大利民法典中译本所作的“前言”。引自费安玲、丁玫译：《意大利民法典》，北京，中国政法大学出版社，1997。

别法加以规定。实际上在民法典的相关规定之外，各种知识产权专门法依然存在。知识产权在民法典中的规定是象征性、宣言性的，缺乏实际操作的意义。第二，知识产权在民法典中的制度安排，分设为“企业”与“作品权和发明权”两章，此类体例设计无疑割裂了知识产权的完整体系。同时，现代知识产权法已成为门类众多、权项庞杂的规范体系，民法典仅规定了四类知识产权，显见其体系的包容性不足。由上可见，1942 年《意大利民法典》很难说是一个关于知识产权立法的范式民法典。

（2）荷兰民法典。荷兰是新民法典编纂运动的杰出代表。早期荷兰的私法体系基本上是法国法的翻版，自 19 世纪末开始受到德国法的影响，至 20 世纪在糅合“法学阶梯体系”与“潘得克吞体系”的基础上形成了具有独特风格的《荷兰民法典》结构。1992 年《荷兰民法典》分为十编，包含传统的民法、商法，以及消费者权益保护法和其他私法法规，并把具有重要价值的判例也编入其中。[①] 该法典第九编为“智力成果权”。根据立法计划，“智力成果权”即知识产权，包括当时拟定的专利、商标、版权、商号等。其中，具有私法性质的条文纳入第九编，那些具有行政、程序法和刑法性质的条文则另置他处。民法典中关于知识产权编的设计，后来由于立法技术上的困难而被取消。[②] 另一重要原因是，自《马斯特里赫特条约》签订之后，欧盟一直致力于制定一个适用所有成员国的“欧共体法”。人们认为，“欧共体法”不是国际法，它与相关国际公约不同，是一个超国家的法。自《荷兰民法典》颁布后，欧共体先后制定了统一商标法、专利法以及其他知识产权条例，所有的成员国需要与其保持一致，而不能进行补充和修订。[③] 荷兰学者认为，在这种情况下，将上述法律搬到新民法典第九编是不合适的，因为它们不仅仅包含私法的内容，而且各类知识产权有不同的转让、设质的规则，可见知识产权已难以融于民法典体系之中。[④]

（3）俄罗斯联邦民法典。1922 年苏俄民法典有关财产权各编分别是所有

①④ 参见［荷］亚瑟·S·哈特坎普：《荷兰民法典的修订：1947—1992》，载《外国法译评》，1998（1）。

② 参见徐国栋：《民法典草案的基本结构》，载《法学研究》，2000（1）。

③ 参见吴汉东等：《西方诸国著作权制度研究》，333～335 页，北京，中国政法大学出版社，1998。

权、债权、继承权，没有涉及知识产权。1961 年的《苏联民事立法纲要》及后来的俄罗斯加盟共和国民法典弥补了以往的不足，但同时也带来了新的缺憾，具言之：该民事立法纲要及民法典在第四编、第五编、第六编中分别规定了著作权、发现权和发明权，上述制度列入民法典之中的限于调整有关平等主体的财产关系和人身非财产关系的规范。[①] 这一体例设计是对 1922 年民法典体系的重大突破，但这三编并没有总括为“知识产权”编，同时它将包括专利权、商标权在内的工业产权排除在外，其有限的内容也不可能概称为知识产权。1991 年的《苏联民事立法纲要》推动俄罗斯民事立法模式的发展进入一个新的阶段。新民事立法纲要的基本结构是总则、物权、债权、著作权、在生产中利用发明的其他创作成果的权利、继承权、国际私法规则，共七编。其中，除著作权以外的“创作成果的权利”包括专利权、外观设计权、商标权、商号权、合理化建议作者权、商业秘密权、植物新品种权。[②] 1994 年《俄罗斯联邦民法典》[③] 不完整地再现了这一纲要所设计的模式，拟定的知识产权编为第五编，冠名为著作权和发明权，没有包括专利权和商标权。事实上，1992 年 9 月，该国已经以特别法的形式颁布了《专利法》和《商业标记法》。这部被称为独联体国家的“示范民法典”尚未完成世人关注的“知识产权编”，但其总则在“民事权利的客体”一节中已涉及知识产权的有关问题。立法者将“信息；智力活动成果，其中包括智力活动成果的专属权（知识产权）”与物、工作和服务、非物质利益等同列为权利的客体。新的《俄罗斯联邦民法典》关于知识产权的规范有两点值得检讨：首先，总则拓宽了权利客体的范围，一是承认作为财产权利的无体物，将知识产权本身也作为客体；二是将信息及智力活动成果作为另类客体，以区别于一般意义上的物。但是总则关于“智力活动成果，其中包括智力活动成果的专属权（知识产权）”的规定，将两类客体混为一谈，令人费解。其次，民法典拟定的知识产权编限于著作权和发明权，其他知识产权则以特别法形式出现，这就肢解了完整的知识产权体系，与 1991

---

① 参见［苏］B. Π. 格里巴诺夫等主编：《苏联民法》（下），449 页，北京，法律出版社，1986。

② 参见余先予主编：《俄罗斯民商法与冲突法》，124 页，北京，世界图书出版公司，1995。

③ 俄罗斯联邦民法典第一部分 1994 年通过，1995 年生效；第二部分 1996 年通过，同年生效；第三部分涉及知识产权，正在起草之中。

年《苏联民事立法纲要》的初衷相去甚远。

(4) 越南民法典。1995年《越南民法典》是后社会主义国家民法典编纂运动的间接产物，其体系结构在相当程度上受到1991年的《苏联民事立法纲要》和1994年《俄罗斯联邦民法典》的影响。《越南民法典》专编系统地规定了知识产权，在法典于1996年生效之时，同时废止了1989年《工业所有权保护法》、1994年《著作权保护法》、1988年《引进外国技术法》。越南没有像意大利那样采取基本法与特别法并用的方法来规定知识产权，这在世界立法例中是不多见的。《越南民法典》第六编名为“知识产权和技术转让权”，含“著作权”“工业所有权”“技术转让”三章。其中：第一章“著作权”，计35条，规定了作者与著作权人、受保护作品、著作权内容、作品使用合同、邻接权等，几乎是将一部著作权法移植入民法典之中。第二章“工业所有权”，规定了主要的工业产权，包括专利权、商标权、地理标记权。该章计26条，规定了工业产权的标的、工业产权的确立、工业产权的主体、对工业产权的限制、工业产权的保护。从上述规范内容来看，第二章多为工业产权的私法规范，关于专利与注册商标的申请、审查、异议、复审、核准、管理等均未涉及。这些程序性规范显然无法包容在民法典之中，而只能以条例、规章的形式另行加以规定。第三章“技术转让”，计17条，规定了技术转让的标的、技术转让权以及技术转让合同。专利权、商标权以及技术秘密权的转让，均可以适用上述规范。应该说，《越南民法典》在知识产权立法体例上颇具代表性，是迄今为止关于知识产权的规定最为集中与完善的一部民法典，但它的示范作用也是有限的。该法典仅仅规定了传统的主要知识产权类型，而对新兴的知识产权制度没有予以回应；同时，该法典似乎像其他民法典一样，无力解决实体法与程序法的关系问题，有关知识产权的程序性规范、行政法与刑法规范只能交由单行条例或其他法律部门来完成。①

20世纪以来，几个有代表性的民法典对传统的财产权体系进行了改造与突破，以不同的体例和方式规定了知识产权编，这无疑是民法典编纂活动中的

---

① 有关《越南民法典》的规范及越南立法概况，可参见米良译：《越南民法典》，昆明，云南大学出版社，1998；徐中起主编：《越南法研究》，昆明，云南大学出版社，1997。

一种制度创新。这一变革缘于人们对知识产权本质属性的认识。在历史上，知识产权经历了一个“封建特许权—精神所有权—无形财产权”的发展过程；在今天，知识产权则已成为世界各国所普遍承认的私权，一种新型的民事权利。[①] 笔者以为，知识产权是民法对知识形态的无形财产予以权利化、制度化的产权形态。客体的非物质性是知识产权的本质特性，但其私权的基本属性与物权、债权等并无实质性差别。在这个意义上说，立法者将知识产权与其他民事权利同置于民法典，其动因是无可厚非的。问题是，由于知识产权的自身特性和立法技术的诸多困难，民法典难以将知识产权制度融入其体系之中。上述民法典的起草者采取了两种方式：一是将知识产权的相关规则全部纳入民法典，这无疑是法律规范的位置平移。由于涉及诸多公法规范的处理，这一方式难以适用于所有的知识产权制度（如越南法）。二是从各类知识产权中抽象出共同适用规则和若干重要制度规定在民法典中，但同时保留各专门法。此类方式在一定程度上保留了私权立法的纯洁性与形式美，但其实质意义不大，且在适用中多有不便（如意大利法）。总体说来，现代民法典对知识产权制度的接纳，是具有历史意义的，但却是不足效法的。

三、民事特别法：当代知识产权立法的通行体例

单行立法是目前世界上绝大多数国家知识产权立法的通行做法，这一体例在英美法系国家是以专门法律制度的形式出现的，在大陆法系国家则是民事基本法之下的民事特别法。

20 世纪末，采取知识产权单行立法传统的法国将 23 个与知识产权有关的单行法律法规整理汇编成统一的法典，这即是 1992 年《法国知识产权法典》。有学者认为，该法典是世界上知识产权保护领域的第一部法典，有可能成为 21 世纪知识产权法与民法普遍分立之典型。[②] 《法国知识产权法典》既是法国

---

① 有关知识产权在民事权利体系中的地位，可参见谢怀栻：《论民事权利体系》，载《法学研究》，1996 (2)。

② 参见郑成思为法国知识产权法典中译本所作的“序”。引自《法国知识产权法典》(法律部分)，黄晖译，北京，商务印书馆，1999。

大革命以来200多年相关立法经验之结晶，也是回应当代经济、技术发展进行制度创新之成果，其立法成就是值得重视的。但是，该法典并没有改变其作为民事特别法的基本地位和本质属性，其理由可从以下两个方面分析：

首先，在法国，知识产权法和民法、商法依然是基本法与特别法的关系。《法国知识产权法典》的译者黄晖博士对此写道：1804年《法国民法典》颁布时，知识产权的重要性没有现在这么突出，民法典也没有针对知识产权的专门规定。因此，法国决定对知识产权采取单独立法的方式后，十分注重处理其与民法、商法等一般法的关系问题，并取得较好的效果。例如：知识产权是一种无形财产权，民法典关于有形财产权的很多规定不能直接适用于知识产权；为保护作者权益免遭损害，对契约自由进行大量限制；有关智力创作的劳动合同不影响作者享有精神权利和思想权利；有关著作权与婚姻和继承的关系也存在不同于一般法的特别规定。除上述例外规定外，作为民法典的基本法所规定的普遍原则仍然是适用的。[①] 这说明，《法国知识产权法典》与《法国民法典》是体系分立的两部法典，但并非地位平行的两部法典，它们仍是一种基本法与特别法的关系。在私法多元体制中，民法典是作为民事普通法或基本法存在的，它规定的是私权的一般问题；知识产权法典则属于特别法，它对知识财产的特别问题作出专门规定。将两部法典作出上述区分的意义在于：在知识财产问题的法律适用方面，知识产权法典的适用应优先于民法典。前者有专门规定的，应优先适用其规范；无特别规定的，则应适用基本法规范。可以说，知识产权法典虽冠名为法典，但并没有改变其民事特别法的基本地位。

其次，《法国知识产权法典》是专门法规系统化的特殊形式。一般意义的法典，不是已有规范性文件的简单汇总，而是在原有法律规范基础上经过加工、整理而成的系统化的法律文件。法国立法者将知识产权的各种单行立法进行整合、编修，实现了法典编纂的基本要求。《法国知识产权法典》在立法技术上有两个优点：一是体系完整。该法典共分三个部分，第一部分为文学和艺术产权，规定有著作权、邻接权、数据库作者权等；第二部分为工业产权，规

---

① 参见黄晖为法国知识产权法典中译本所作的“译者序”。引自《法国知识产权法典》（法律部分），北京，商务印书馆，1999。

定有外观设计权、发明专利权、技术秘密权、集成电路布图设计权、植物新品种权、商标权以及其他标记权等；第三部分为在海外领地及马约尔属地的适用。就其基本制度来说，法典几乎囊括了现代知识产权的全部内容。二是内容协调。该法典较好地处理各项知识产权制度的内部关系，避免了原单行立法出现的各种冲突。例如计算机程序应受著作权保护而不得授予专利，对数据库制作者的保护独立于著作权对数据库或其组成部分的保护，植物新品种不受专利保护而取得专门权利，有关著作权、外观设计权、人身权、地理标记权、商号权等在先权利的标记不得作为商标使用注册等。但是《法国知识产权法典》显然遗漏了法典编纂的一个要素，即缺乏各项知识产权制度共同适用的原则和规则，立法者未能也许不可能设计出一个与民法典相同的总则。正如译者黄晖博士所指出的那样，“1992 年颁布法典时只是将当时的知识产权各部门法汇集到一起，体例上仍然保持相互独立，1994 年为加强反假冒力度修改法典时也只有遵循这一体例”①。由此可见，在立法技术上，《法国知识产权法典》是各类法律法规的汇集，是专门法的系统化，它没有改变知识产权制度作为民事特别法的根本属性。

以法典形式出现的法国知识产权制度，在相关立法体例上并没有走出多远，从世界范围来说，民事特别法仍然是大陆法系国家知识产权立法的首选模式。笔者以为，作出以上选择，主要是出于以下几点理由：

第一，现代知识产权法是一个综合性的法律规范体系。知识产权制度从其产生之初，即是以综合性法律规范、多样性法律制裁措施为其主要特征的专门法律，它与作为民法典的民事基本法有着显著的差别。知识产权制度本为保护创造者权利之实体法，但在立法中一般规定有权利取得程序、权利变动程序、权利管理程序、权利救济程序等，即在实体法中规定了程序法的内容，程序法依附实体法而存在；知识产权制度本为规范个人知识财产权利之私法，但在立法中多设有行政管理、行政处罚及刑事制裁等公法规范②，在立法技术上具有

① 黄晖为法国知识产权法典中译本所作的“译者序”。引自《法国知识产权法典》(法律部分)，北京，商务印书馆，1999。

② 参见刘春茂主编：《知识产权》，13 页，北京，中国人民公安大学出版社，1997。

私法与公法规范相结合的特点。诚然，知识产权法律规范的特殊性，并不影响其作为民法体系组成部分的本质属性，但是从知识产权规范的特殊性出发，则需要在民法典之外对这种综合性法律单独立法。① 如果将知识产权制度全部纳入民法典，则大量存在的程序性规范和公法规范将会使民法典在体系上难以协调，相关条文在性质上将难以兼容，民法典也就无法实现其形式上的“审美要求”；如果将知识产权制度根据其规范性质不同，分别纳入民法典和进行单独立法，则会造成同一法律制度被人为割裂的状况，徒增法律运用的不便。

第二，现代知识产权法是一个开放式的法律规范体系。与近代法所涵盖的著作权、专利权、商标权相比，现代知识产权已是一个十分庞大的法律体系，借用《建立世界知识产权组织公约》的规定来表述，它是一切在工业、科学、文学或艺术领域由于智力活动所产生的权利制度的总和。② 自新技术革命从 20 世纪中叶兴起，知识经济不仅孕育了“知识=财富”的新的财产观，而且促生了新的知识财产制度。这主要表现在两个方面：一是“边缘保护法”，即采用专利权和著作权的若干规则，创设了一种新的制度即“工业版权”，集成电路布图设计专有权即属此类；二是“单独保护法”，即为特殊的知识产品设定“准专利”或类似其他知识产权的保护，植物新品种权与域名权即属此类。在新的知识产权制度继续出现的同时，旧的相关制度也逐渐演变成为知识产权法律体系的新成员，其中最具意义的就是商业秘密与反不正当竞争。商业秘密是一种无形的信息财产，它与专利技术不同，其权利不具有严格意义上的独立性，也不受地域和时间的限制，权利的效力完全取决于商业秘密的保密程度。正是由于这一特性，大陆法系国家长期采取合同法或侵权法的保护方法，商业

① 在立法通例中，单行法往往含有多种类型的法律规范。例如我国《专利法》(2000 年修正案）第三章、第四章、第七章（部分条款）以及附则，基本上属于程序性以及行政法、刑法规范，约占全部条款的 1/3 以上。我国《商标法》(2001 年修正案）第二章、第三章、第五章、第六章以及第七章的部分条款，即近 1/2 的条款，都不是私法意义上的规范内容。

② 几个主要国际公约对知识产权的范围有不同表述。概括起来，可以分为两类：一是创造性成果权，包括著作权、邻接权、数据库作者权、专利权、外观设计权、集成电路布图设计权、商业秘密权、植物新品种权；二是经营性标记权，包括商标权、商号权、地理标记权、域名权。此外，反不正当竞争、商誉权等也被归类于知识产权范畴。至于发明权、发现权是否属于知识产权，我国学术界尚有争议。

秘密不包括在传统的知识产权体系之中。自 20 世纪 60 年代以来，国际商会（ICC）率先赋予商业秘密产权属性，世界知识产权组织在其成立公约中亦暗示商业秘密可以包括在知识产权之中。至 20 世纪 90 年代，《知识产权协议》专门规定“未公开信息”的保护问题，确认商业秘密属于知识产权范畴。此外，反不正当竞争亦与知识产权有密切关系。最初，竞争法对知识产权仅是一种补充保护，意在为各类知识产权制度的交叉领域或真空地带提供兜底保护。而在现代社会，反不正当竞争已归类于知识产权法领域。《保护工业产权巴黎公约》1967 年斯德哥尔摩文本将专利技术、经营标记与制止不正当竞争同列为工业产权的对象，1967 年《建立世界知识产权组织公约》将反不正当竞争的权利纳入知识产权范围，1993 年《知识产权协议》强调缔约方遵守《保护工业产权巴黎公约》的有关条款，即确认反不当竞争作为知识产权组成部分的规定。上述情况表明，现代知识产权法正处于不断发展、变革的过程之中，其权利制度是一个动态的、开放的法律体系。如将这种频频变动的法律置于一个需要相对稳定的民法典，显然是不合时宜的。

第三，现代知识产权是一个不断创新的法律规范体系。现代化、一体化是知识产权立法的两大趋势，前者动因于现代科学技术的发展，后者受制于新国际经济秩序的形成。知识产权法从其兴起到现在具有三四百年的时间，基于科技革命而生，由于科技革命而变，其制度史本身就是一个科技创新与制度创新相互作用、相互促进的过程。在这个意义上说，知识产权制度无疑是“制度文明的典范”①。自 20 世纪下半叶至今相继出现的新技术革命与信息革命（或称为知识革命），使得现代知识产权法总是处于剧烈变动的状态。著作权法告别 19 世纪的“印刷版权”时代，走过 20 世纪的“电子版权”时期，继而开始“网络版权”的新纪元。这一进程使得传统的著作权保护范围在不断扩大，新的著作权权项陆续产生，著作权效力在虚拟空间逐步拓展；专利法大大缩小非专利对象的范围，着力保护化学物质和药品专利，增加微生物品种及方法专利。这一最具“科技含量”的法律制度，在实现立法现代化的目标之后，又面临着 21 世纪基因技术专利问题的挑战；商标法在网络空间里，不仅涉及传统

① 刘春田主编：《知识产权法》，19 页，北京，高等教育出版社，2000。

商标制度的变革（例如商标权地域性与因特网国际性的冲突、商标分类保护与网上商标权排他性效力的矛盾、网上商标侵权形式的变化与侵权责任的认定等），而且必须考虑域名保护制度的创新（例如域名的登记与审查、域名权的性质与内容、域名权与其他在先权利的冲突、域名权的保护与域名纠纷的处理等）。知识产权法不仅要通过制度创新实现立法现代化，而且要在全球范围建立新的知识产权保护机制，即通过制度改革实现立法的一体化。在国际社会里，知识产权保护与国际经济、贸易有着密切的联系。通过乌拉圭回合的一揽子谈判，在世界贸易组织框架内形成了《货物贸易协议》《服务贸易协议》与《知识产权协议》三大主体制度。由于世界贸易组织与上述公约的有效运作，知识产权保护现已成为国际经贸体制的组成部分。从国际上看，知识产权制度进入了一个统一标准的新阶段。在这一背景下，各国立法者不得不“修纲变法”，按照国际公约的相关要求重新审视本国知识产权制度。正是基于上述情况，自20世纪70年代以来，知识产权法处于频频修订之中。据资料记载，发达国家的著作权法平均不到10年即修改一次。[①]《法国知识产权法典》颁布后的6年间先后12次进行修改和增补。[②] 中国商标法、专利法自制定后分别于20世纪90年代初和新千年伊始进行两次重大修改。需要说明的是，这些法律修改活动都是在专门法的形式下完成的，具有系统化、稳定性特征的民法典则不具备上述便利。

四、我国立法选择：民法典一般性规定与民事特别法专门规定

我国民法典草案目前正处于法案草拟、专家认证阶段，对知识产权制度作如何处理，当是不容回避之重大问题。民法典是否接纳知识产权制度，赞成派与反对派的意见各执一端。在过去较长的时间里，笔者与一些民法学者、知识产权学者反对将知识产权制度纳入民法典。比较各国立法例，笔者得出以下结

① 参见吴汉东等：《西方诸国著作权制度研究》，27页，北京，中国政法大学出版社，1998。

② 参见黄晖为法国知识产权法典中译本所作的“译者序”。引自《法国知识产权法典》（法律部分），黄晖译，北京，商务印书馆，1999。

论：凡是范式民法典都无知识产权编，凡是编入知识产权的民法典都不是范式。为此，笔者以《知识产权制度不宜编入我国民法典》为题在 2002 年 9 月 29 日的《法制日报》上阐述了自己的观点。[①] 同年 10 月，笔者参加了全国人大法工委召开的民法典草案的专家讨论会，聆听了起草者及各位学者的意见，进而调整了自己对这一问题的立场。从最初提交讨论的民法典草案来看，知识产权已被列为专门一编，含有一般规定、各项权利规定、其他规定共 100 多条款项。可以说，该类法律制度是平行移植到民法典而成为“知识产权编”。在这次会议上，笔者对此提出异议（其理由参见本文第二、三部分），但同时提出修正案，即民法典仅对知识产权制度作一般规定，其单行法依然保留。笔者作出上述修正，主要是出于以下考虑：第一，知识产权是私权。对此世界贸易组织的《知识产权协议》在其前言中已作明确宣示。知识产权虽是知识类无形财产的权利形态，但其基本属性与财产所有权无异，都应归类于民事权利的范畴。将无形财产权在民法典中作出反映，有助于与有形财产权形成完整的、丰富的财产权利体系。第二，知识产权是受民法典保护的权利。知识产权法虽含有若干程序法、公法性的规定，但依然是以实体法为基础的私法制度，隶属于民法这一法律部门。民法典作为民事基本法，在法律分类上具有更高的位阶和权威。在民法典中对知识产权进行明确定位，有助于维系这一权利的神圣不可侵犯性。第三，知识产权已在我国民事基本法中作出原则规定。1986 年《民法通则》第五章第三节专门规定了知识产权，仅为著作权、商标权、专利权及其他科技成果权的列举性、宣示性条款，无其他实体性规定内容。《民法通则》集中而概括地描述了知识产权基本制度，并将其与其他财产权及人身权合为民事权利专章，在当时被称为民事立法上的创举。考虑到立法体例的传承性，未来中国民法典对知识产权作出一般性规定，并无不可。

关于知识产权的新的立法体例，即民法典作一般规定和特别法作专门规定之立法方法，与他国民法典的知识产权编是有所不同的。意大利民法将各种知识产权制度的私法规范编入法典，但相关专门法律照样存在，徒增法律适用之

① 相同观点还可参见吴汉东主编：《知识产权法》（高等政法院校法学主干课程教材），北京，中国政法大学出版社，2002；《知识产权法学》（21 世纪法学系列教材），北京，北京大学出版社，2002。

不便；越南民法将知识产权法律规范全部纳入法典，但其权利种类顾此失彼，公法规范不能进入，更难言有可取之处。日前在上海举行的中国知识产权论坛上，来自世界知识产权组织（WIPO）的权威人士称：WIPO并不赞成在民法典中详细规定知识产权问题，作出此类立法例的国家如意大利、俄罗斯、越南等正在反思这个问题。但是WIPO认为，在民法典中就知识产权问题作出一般规定是可以的，也是有益的。

民法典中的“知识产权编”，仅是一般性规定，其相关条款的规定应考虑遵循以下规则：首先，民法典所规定的基本原则与一般制度，应适用于各项权利制度，包括知识产权制度。基于上述规范的普遍适用性，“知识产权编”不另作规定。其次，“知识产权编”所规定的一般性条款，应是从各项知识产权制度中抽象出来且共同适用的，该编并不影响相关民事特别法的独立存在。最后，“知识产权编”着力描述的应是该类制度与其他民事权利制度的不同之处，即基于知识产权制度特性所体现的一般性规范。具体说来，可包括知识产权的性质、范围、效力、利用、保护等。

笔者试拟条款如下：

第一条［知识产权的性质］

知识产权属于民事权利。

说明：本条旨在阐明知识产权的本质属性。知识产权是民法对知识形态财产进行法律调整的结果，是从传统所有权中分离出来的新的独立的财产形态。尽管知识产权具有自身的法律特征，但是在“私权”这一本质属性方面，与其他民事权利并无二致。这一条款是对《知识产权协议》关于“知识产权为私权”的立法回应，是对知识产权在私法领域中地位的明确肯定。

第二条［知识产权的范围］

知识产权包括以下权利：

（一）著作权和与著作权有关的权利；

（二）专利权；

（三）商标权；

（四）商号权；

（五）原产地标记权；

（六）商业秘密权；

（七）集成电路布图设计权；

（八）植物新品种权；

（九）与反不正当竞争有关的权利；

（十）其他知识产权。

说明：本条旨在概括知识产权的体系范围。以我国参加的《建立世界知识产权组织公约》《知识产权协议》等主要国际公约为基础，以我国现行知识产权制度为依据，将知识产权体系界定为著作权、专利权、商标权三大主体制度和其他知识产权制度。特别需要说明的是：第一，有关商事主体的名称权宜称之为商号权，企业名称权的说法有失精确。在国际公约中，商事主体的名称多称为商号或厂商名称，我国相关立法文件习称为企业名称。其实，企业不是生产经营者的唯一主体形式。《民法通则》规定，“法人、个体商户、个人合伙享有名称权”。因此，商号权是一切商事主体所享有的专用标记权，较之企业名称权有更大的包容性。第二，发明权、发现权不是具有私权性质的知识产权，该类权利只是取得荣誉及获取奖励的权利，相关智力成果的权利是为国家所有，即归属于公有产权。除《建立世界知识产权组织公约》及少数公有制国家外，绝大多数国家的法律与国际公约都没有承认发现权、发明权的私法性质。该项制度似可归类科技法，“知识产权编”不宜规定。[①] 第三，《保护工业产权巴黎公约》斯德哥尔摩文本与《建立世界知识产权组织公约》均将反不正当竞争的权利纳入知识产权的范围。《知识产权协议》强调缔约方应遵守《保护工业产权巴黎公约》的有关条款，应理解为承认反不正当竞争的知识产权属性。“知识产权编”作出相应规定，有助于对各知识产权制度之间产生的交叉部分、空白地带给予补充保护，如对商品假冒、欺骗性宣传、商业诽谤、滥用工业产权专有权等行为进行制裁。第四，“其他知识产权”是一个“兜底条款”，以弥补上述权利列举性规定之不足。鉴于知识产权体系的开放性、动态性特征，作

① 有关论述，可参见刘春田主编：《知识产权法教程》，3页，北京，中国人民大学出版社，1995；吴汉东主编：《知识产权法》（修订版），2页，北京，中国政法大学出版社，2002；张玉敏主编：《知识产权法教程》，14页，重庆，西南政法大学出版社，2001。

出这一规定是适宜的。诸如传统知识的保护、数据库的保护、生物多样化的保护、网络域名的保护等，相关权利制度的建立正在探讨之中，倘若有关单行立法正式出台，依照该项条款亦可纳入“知识产权编”中。

第三条［知识产权的效力］

知识产权的权利内容及其限制和例外、保护期限、地域效力等根据有关法律、法规确定。

说明：本条旨在界定知识产权的效力范围。这是与财产所有权的主要区别所在，有必要专门规定。知识产权的效力包括权项内容及权利限制两大部分。前者涉及知识产权的使用权、禁止权等权利行使问题，后者涉及权能限定、时间限定、地域限定等权利限制问题，其具体内容由专门法律、法规加以规定。

第四条［知识产权的利用］

知识产权的权利人可以转让或者许可他人使用其知识产权，法律、行政法规另有规定的除外。

知识产权的转让或者许可使用，除法律或合同另有规定之外，不意味着相关信息的有体介质（载体）所有权的转移。反之亦然。

说明：本条旨在说明知识产权的利用方式及法律后果。第一款说明知识产权的利用方式，主要是转让与许可使用。转让意味着知识产权的财产权利的全部让渡，即知识产权主体的变更。许可使用只是表明知识产权中的一个或几个权项的有条件利用，即形成同一客体为不同主体同时使用的情形。这是与有形财产使用的不同之处。第二款说明知识产权利用的法律后果，即在转让与许可使用中知识产权和所有权的关系。具言之，智力成果所体现的知识产权与智力成果之有形载体所体现的所有权，是两种不同的财产权利，除有特别规定或者约定之外，转让或者许可使用其中一种权利，并不意味着涉及另外一种权利。

第五条［与在先权利的关系］

从事智力创造活动，享有及行使知识产权不得侵犯他人的在先权利。

说明：本条旨在说明知识产权与在先权利的关系。在先权利是指先行合法存在并得到保护的其他民事权利。相对某一知识产权来说，在先权利可以是其他知识产权，也可以是其他民事权利。知识产权不得对抗在先存在的其他民事权利。关于各项知识产权及与相关权利的冲突，国际公约及国内立法都规定有尊重在先权利的基本原则，知识产权不得对抗在先存在的其他民事权利，例如，不得擅自将他人的美术作品用作申请外观设计专利，不得将他人的肖像、姓名作为注册商标的标记等。这一规则是其他民事权利制度所不具有的，“知识产权编”应特别作出规定。

第六条［知识产权的保护］

国家保护依照法律、法规取得的知识产权。

侵犯知识产权的，应当依法承担损害赔偿等民事责任。

侵犯知识产权构成对行政管理秩序侵害的，应当依法承担行政责任；构成犯罪的，应当依法承担刑事责任。

说明：本条旨在规定知识产权的法律保护及侵权责任。在各类知识产权中，除著作权、商业秘密权外，大多数知识产权须经国家机关的确认。尽管创造性活动是知识产权产生的本源，但国家机关的授权行为是该项权利得以成立的必经程序。国家法律保护的是依法取得的知识产权。侵犯知识产权的法律责任主要是包括损害赔偿在内的民事责任，但在侵权行为构成对行为管理秩序侵害或情节严重、构成犯罪时，还须承担行政责任或者刑事责任。

第七条［禁止知识产权滥用］

知识产权权利人不得滥用其知识产权损害社会公共利益和竞争者的合法利益。

滥用知识产权损害社会公共利益的，国家有关行政机关可依法给予行政处罚，给竞争者造成损害的，应承担损害赔偿或者其他民事责任。

说明：本条旨在规定知识产权滥用的禁止及其法律后果。“权利不得滥用”本为民法的一项基本原则，本条的规定使得该项基本原则得以具体化，同时与《知识产权协议》的原则精神相一致。①

第八条［与民事特别法的关系］

本编涉及知识产权的其他具体规范由特别法规定。

① 《知识产权协议》第 8 条规定：(1) 在制定或者修改法律规则时，成员可以采取必要措施保护公共健康和营养，以及促进对其社会经济和技术进步至关紧要的部门的公共利益，但此类措施应当与本协议的规定相一致。(2) 只要与本协议的规定相一致，为防止权利人滥用知识产权，对采取不合理地限制贸易或者对国际转让造成不利影响的行为，在必要时可以采取适当的措施。

说明：本条旨在说明民法典“知识产权编”与相关民事特别法的关系，即知识产权立法采取民法典作一般规定、特别法作具体规定的体例。在各项知识产权法有具体规定时，得适用该特别法；该法律、法规无规定时，则可直接适用民法典的有关规定。

结语

立法体例的选择，不仅是一种法律传统、法律文化的偏好，而且涉及立法技巧、立法规则的运用，进而言之，还应受制于一定社会政治、经济、科技等因素的影响。基于以上历史考察与现状分析，笔者有理由认为，我国的知识产权制度，宜在民法典作原则规定，但同时保留民事特别法的体例。

中国知识产权制度发展：法律、政策和文化*

序　言

知识产权制度是知识产权规范存在形式和基本构成的总和。一般认为，制度的基本含义，是作为社会成员共同遵守的办事规程和行为准则。从其类别来说，包括可辨识的正式制度，如法律规范、政策规章；也包括难以辨识的非正式制度，如道德、习俗、观念文化。由此可以认为，与知识产权相关的法律、政策和文化，是知识产权制度的基本构成。

从近代到现代，中国知识产权制度的百年史，是从"逼我所用"到"为我所用"的法律变迁史，也是从"被动接受"到"主动创新"的政策发展史，亦是一个从"外力强加"到"精神内化"的文化再造过程，更是一个从"知识产权弱国"到"知识产权大国"的国际形象转型过程。自改革开放以来，我国知识产权制度建设开启新的历程：从20世纪80年代到20世纪90年代初，先后颁布了《商标法》(1982年)、《专利法》(1984年)、《著作权法》(1990年)、《反不正当竞争法》(1993年）等法律法规，由此建立了知识产权法律的基本框架。自21世纪以来，中国知识产权制度建设出现新的局面：修订、完善法

---

* 原载《中国发明与专利》，2018 (8)。

律规范，实现从“弱保护”到“强保护”的制度跨越；建构公共政策体系，凸显从“被动调整”到“主动安排”的制度变迁。在《国家知识产权战略纲要》的指引下，通过法律实施、政策推进和文化建设，努力践行科技创新、产业发展和文化繁荣的战略目标。

1. 知识产权法律变革的中国路径

制度引进是近代各国特别是发展中国家知识产权立法活动的重要路径，这即是所谓法律移植。对外国法制或国际规则的制度引进，需要立法者作出“理性选择”，但更需要整个社会进行制度吸收和文化改造。纵观本土 30 余年法律变迁，中国对知识产权制度的接受，既有基于知识产权促进本土创新发展的主观认知，也有接受国际经贸体制、融入经济全球化的客观需求。知识产权法律本土化问题在两个方面展开：一是立足发展中国家的基本国情，服务中国发展目标，在知识产权制度现代化进程中进行阶段性选择和发展；二是坚持发展中国家的基本立场，遵守知识产权国际规则，应对知识产权制度一体化趋势中的问题和挑战。

知识产权本土化的首要问题，是中国语境下的法律现代化，或者说现代化目标指引下的本土化问题。“现代化”通常被用来描述现代发生的社会和文化变迁的现象。从历史的角度讲，它主要指自工业革命以来出现的一个世界性的变革过程，这一过程以知识化、工业化为社会发展动力，以法治化、市场化为社会环境构成，从而形成既定特征作为完结的标志，表明社会实现了从传统走向现代的转变。① 作为现代化进程的制度创新，知识产权制度与企业法人制度被称为“现代产权制度建立的标志”②。世界贸易组织（WTO）及其《知识产权协定》（TRIPs）在全球范围内提供了有关知识产权的共同规则，包括统一性的国际保护体系与约束性的争端解决机制。不同发展程度的国家和民族作为缔约方必须接受知识产权国际规则，但这并不能排斥各国特别是发展中国家对知识产权理解和诠释的自主话语权。从某种意义上说，这也是一个国家和民族

① 关于“现代化”问题，可参见罗荣渠：《现代化新论》，北京，商务印书馆，2004。
② 刘凤朝：《论技术创新与制度创新的互动》，载《科学技术与辩证法》，2000（2）。

知识产权制度安排的“话语权力”[①]。可以认为，知识产权制度的解读不应是一种思想模式，其赖以存在的理论基础，不应是“西方中心主义”，当然也不可能是狭隘的民族主义，而应以人类共信的法律价值观念和法律信仰为基础。在这里，单一的现代性被多元的现代性所取代，知识产权制度的现代化被认为是文明间相互碰撞、交流、对话的结果。

知识产权本土化的另一问题，是国际话语中的法律一体化，或者说法律一体化趋势下的本土化问题。一体化，或说是趋同化、国际化，表明在知识产权保护领域，国际法高于国内法，国内法同于国内法，国内法遵从国际法。20 世纪 90 年代以来，WTO 的成立和 TRIPs 的生效，使得知识产权从以往的智力创造领域直接融入国际经贸领域之中，并标志着知识产权制度进入统一标准的新阶段。知识产权法律一体化的特征，表现了这一制度的基本原则和主要规则在全球范围的普适性，其实质意义是在国际条约“最低保护原则”的基础上，各国知识产权法律走向趋同化或一体化。包括中国在内的发展中国家，接受知识产权制度即意味着接受高水平保护的知识产权制度一体化。

在知识产权法律变革中，现代化是一个政治文明的世界性进程，而一体化则是国际规则重构的时代性趋势。换言之，知识产权制度发展与变革的历史，即是现代化与一体化相互联系、相互作用的历史。对于中国而言，对知识产权进行法律移植并本土改造，是一个长期的历史演变、理性沉淀和制度经验累积的过程。在国际背景、时代情景与本土场景交织的时空条件下，科学技术和经济发展的不充分、不平衡的基本国情，决定了中国知识产权法律变迁有着自己的思想理论认识：（1）权利属性认知。以私法精神作为私法制度形成的基础，并在私法制度运行中贯彻私法精神的主张，这种私法精神与私法制度的高度契合，是西方国家知识产权法治文明的经验所在。在中国，对于知识产权的存在及其本质的概括和认识，具有本土自身的体验，诸如民法学意义上的“知识财产”、管理学意义上的“无形资产”、经济学意义上的“信息产权”、政策科学

① 《知识产权的共同规则与自主话语》，载《中国社会科学》，2011（5）。

中的“政策工具”等[①]，都在不同学科层面揭示了知识产权的基本蕴意。从权利属性和制度功能的多维角度出发，我们可以对知识产权本质进行不同的描述：在私人层面，它是知识财产私有的权利形态；在国家层面，它是政府公共政策的制度选择；在国际层面，它是世界贸易体制的基本规则。[②] 上述三个范畴并非知识产权的全部属性，但或许是关于知识产权本质属性的基本认识。知识产权的多重属性是相互融合的[③]，全面认识和把握知识产权的多重属性，对于知识产权制度的建构、运行和创新具有重要意义。（2）法律价值塑造。在知识产权法律产生、发展和变革的过程中，各国法学家、法律家们总是根据不同的历史时期和社会背景参与法价值的寻找、认识和选择。从时间维度而言，既有早期的“秩序优先”价值，也有现今的“正义优先”价值，这些法价值成为不同时期的不同国家的知识产权法赖以建构的思想基础。在中国的学术思想和立法实践中，知识产权法律被视为价值理性与工具理性相统一的产物。知识产权法律具有其特殊的价值内容构成，被法律化的主体最高价值追求，主要是正义、效率和创新，创新价值是科学理性。[④] 基于理性主义认识基础所构建的正义、效率和创新的法价值体系，是中国知识产权法律建构与运行的重要思想基础。（3）立法目标调整。发达国家注重知识产权法律的激励功能，强调“知识产权为私权”，即运用知识产权法律的授权机制，以激励和保障创新。中国知识产权立法思想和实践，注重知识产权的产权制度属性，但同时强调发挥法律保护“专有权利”与促进知识、技术传播之间的基本功能。在这种“权利专有/信息共享”的法律思想支配下，围绕知识产品及其权利形成的主体之间的权利、义务关系，是知识产权法律关系的重要内容，以利益平衡原则为基础的二元目标由此成为立法者的价值追求。（4）国际立场选择。“构建人类命运共同体”是中国全面参与全球治理包括知识产权国际保护体系建构的重要理论依

---

① 参见郑成思：《知识产权若干问题再析》，载《中国法学》，1996（6）；刘春田：《知识财产权解析》，载《中国社会科学》，2003（4）；易继明：《知识产权的观念：类型化及法律适用》，载《法学研究》，2005（3）；曹新明：《知识产权法哲学理论反思——以重构知识产权制度为视角》，载《法制与社会发展》，2004（6）。

② 参见吴汉东：《知识产权的多元属性及研究范式》，载《中国社会科学》，2011（5）。

③ 参见吕炳斌：《知识产权的权利属性新探》，载《行政与法》，2009（2）。

④ 参见吴汉东：《知识产权法价值的中国语境解读》，载《中国法学》，2013（4）。

据。习近平清楚地告诉世界，加强全球治理的目标，即是构建“各国利益交融、兴衰相伴、安危与共”“你中有我、我中有你的命运共同体”[①]。知识产权国际保护体系应朝着更公正合理的方向发展，而不应成为南北国家利益失衡的争斗场。同时，知识产权保护，也不应是“逆全球化”而为的贸易保护主义工具。以世界贸易组织为主导的国际贸易体系和以《知识产权协定》为中心的国际保护体制，尽管存在不尽完美、不尽合理的制度弊端，但在推进经济全球化和维系知识产权国际秩序方面发挥了积极作用。各缔约方的任务是改革、完善而不是规避、抛弃。从“构建人类命运共同体”的目标出发，合作共建国际经贸体系和知识产权保护体制应是明智的选择。

中国知识产权法律发展，不仅表现了自己的理论建构，也有着自己的实践道路。经过多年的改革开放，知识产权已被置于国家创新体系中，成为知识创造活动、知识产业发展与知识市场秩序的基本法律制度。中国知识产权立法活动，始于20世纪80年代，当时主要知识产权法律虽然已制定，但其他相关制度未及考虑，尚处于较低水平的短暂过渡期；知识产权法律符合本国经济、科技发展现状，但保护标准不是太高；同时，考虑国家文化交流不对等，未能参加国际著作权保护体系。20世纪90年代初至21世纪初年，我国知识产权立法进入快速发展阶段。中国在加入世界贸易组织前，按照国际公约的要求，全面修订《著作权法》（2001年）、《专利法》（1992年、2000年）、《商标法》（1993年、2001年），颁布《植物新品种保护条例》（1999年）、《集成电路布图设计保护条例》（2001年）等，从而实现了知识产权保护从低水平到高水平的过渡，完成了从本土标准到国际标准的转变。自2008年国家知识产权战略实施以来，知识产权立法进入一个战略主动期。为应对新的科技革命和产业变革带来的挑战，我国通过立法机构修改基本法律、制定专门法规，由司法部门发布司法解释等方式，初步构建了现代化的知识产权法律规范体系。在法律现代化方面进行路径选择的同时，中国在国际国内两个层面进行法律应对，以最大限度地实现法律的本土化与一体化之间的协调。其重大举措包括：一是加入

① 《在中国国际友好大会暨中国人民对外友好协会成立60周年纪念活动上的讲话》，载《人民日报》，2014-05-16。

一系列知识产权国际公约。自改革开放以来，中国加入了一系列重要国际公约，如《建立世界知识产权组织公约》（1980年）、《保护工业产权巴黎公约》（1985年）、《保护文学和艺术作品伯尔尼公约》（1992年）、《专利合作条约》（1994年）、《知识产权协定》（2001年）等。中国以相关国际公约为依据，制定和完善各项知识产权法律法规，形成适应自身发展需要且符合国际标准的知识产权保护体系。二是表达发展中国家在知识产权国际保护中的利益诉求。利用国际公约的弹性条款和开放性条款，在遗传资源、公共健康等领域进行立法突破。中国《专利法》2008年修正案，依照《生物多样性公约》精神，增列遗传资源来源披露制度，明确要求专利申请人遵守依法获取和知情披露的义务；遵循《知识产权协定与公众健康宣言》规定，新增药品专利强制许可制度，规定了为公共健康目的生产、使用和销售专利药品的强制许可。

我国知识产权立法从规范移植走向制度创新，在知识产权法律变革方面，呈现出由“舶来品”到“本土化”的发展脉络，即在法律现代化进程中进行阶段性选择，在法律一体化中追求正义价值实现。

2. 知识产权政策发展的中国选择

知识产权政策是现代国家知识产权制度体系的重要组成部分。在近代社会，知识产权是欧美国家促进经济发展，推动科技创新和文化繁荣的政策工具；在当代社会，知识产权成为创新型国家维系知识贸易优势，提高国际市场竞争力的政策支撑。在国际国内两个层面，知识产权制度都表现了其所具有的公共政策功能。现代各国的知识产权政策安排，涉及政策依据、政策构成、政策目标、政策效益等，即在政策过程科学化的框架之下，“解决与政策决策和政府决策相关的实际问题”①。经过近400年知识产权制度运作，发达国家积累了丰富有效的政策经验。在这些国家，知识产权既是国内政策，也是国际政策，并以服务国家利益为政策取向。总体说来，发达国家在知识产权政策运作方面，秉持国家利益立场，采取实用主义态度，竞相将知识产权作为本国转型发展或创新发展的战略选择。

① ［美］弗兰克·费希尔：《公共政策评估》，译者前言，北京，中国人民大学出版社，2003。

在中国，知识产权法律推行和政策运用，是以国家知识产权战略为统领和指引的。知识产权战略的实施，既是我国自主创新、建设创新型国家，全面实现小康社会的内在需求，也是转变经济发展方式，推动经济高质量发展的政策抉择。以新发展理念为指导的知识产权战略，深刻地体现了中国知识产权制度建设的目标取向及其实践路径。2008 年 6 月，《国家知识产权战略纲要》正式公布实施；2015 年 12 月，国务院发布《关于新形势下加快知识产权强国建设的若干意见》。上述知识产权纲领性政策文件，是国家为推动创新驱动发展而作出的战略部署和顶层设计。可以认为，建立以知识产权战略为核心的政策体系，完善以知识产权法律为主体的制度规范，倡导以知识产权为重要内容的创新文化，是建设创新型国家的基本任务。知识产权政策推进和战略实施的成功与否将决定 21 世纪中国社会发展的最终走向。自《国家知识产权战略纲要》出台后，国家相继制定和实施了一系列政策性文件。其中，中央部委间联合发文 28 件，中央部委发文 294 件。关于知识产权领域的本体政策文件，主要有《农业知识产权战略纲要（2010—2020 年）》（2010 年）、《广播影视知识产权战略实施意见》（2010 年）、《国家知识产权事业发展“十二五”规划》（2011 年）、《关于加强战略性新兴产业知识产权工作的若干意见》（2012 年）、《深入实施国家知识产权战略行动计划（2014—2020 年）》（2014 年）、《“十三五”国家知识产权保护和运用规划》（2016 年）等。[①] 与知识产权相关的公共政策包括：（1）产业政策，即通过知识产权运用，促进产业结构调整与优化，发展战略性新兴产业；（2）区域政策，即通过知识产权扶持，培育地方特色经济，促进区域经济协调发展；（3）科技政策，即提升自主创新研发能力，发展科学技术，形成知识产权核心竞争力；（4）文化政策，即激励文化创新活动，推动文化事业繁荣和版权产业发展；（5）贸易政策，即转变贸易发展方式，完善对外贸易领域知识产权管理体制、预警应急机制、海外维权机制；（6）教育政策，即推进知识产权素质教育，宣传知识产权法律知识，培养知识产权专门人才。此外，诸如财政、金融、投资、政府采购、能源、环境保护等政策，也会涉及知识产权问题。总之，中国知识产权制度实践的重要经验，就是建立一个比较

① 有关政策文件清单可参见 http：//www.zc.nipso.cn，2018－01－28。

系统且有效的公共政策体系。在公共政策的体系建构中，中国“强化知识产权在经济、文化和社会政策中的导向作用”“加强产业政策、区域政策、科技政策、贸易政策与知识产权政策的衔接”①。上述政策性文件具有专门化和多层次的特点，尽管存在着政策协调性不够、可操作性不强的问题，但总体来说，中国注重借鉴创新型国家的政策发展经验，有效发挥自身制度优势和政策力量，为知识产权战略实施提供了必要的政策环境。

总之，在当代中国，知识产权是建设创新型国家的政策支撑和战略举措。中国知识产权政策发展，具有不同于西方国家的政策思想和政策主张，它以社会主义法治思想和新发展理念为理论基石，以推动中国创新发展为实践导向，通过制度创新和政策实践，推动着知识创新的政策目标实现。

3. 知识产权文化养成的中国再造

文化建设是知识产权战略实施的基础工程，是创新型国家建设与法治化国家建设的重要构成，其基本任务是构建知识产权制度的文化基础、实现知识产权文化的现代化改造。知识产权文化具有包容性、开放性和多维性的特点，它既是一种具有个人本位、自由精神、理性追求的私法文化，也是一种“尊重知识、崇尚创新、诚信守法”的创新文化。从观念文化的基本蕴意出发，知识产权文化是人们对待知识产权法律制度、法律机构、法律行为的“态度、信仰、评价、思想和期待”②，即人们关于知识产权现象的观念和行为模式的总称。在知识产权制度运行过程中，各国文化建设的基本路径：一是注重继承，即植根本土文化资源并对其进行必要的梳理、选择和改造，发挥本土文化中独特的价值观、认识论对于知识产权制度建设的积极作用；二是立足创新，即致力于现代化文化创新，既包括具有原创性的精神品质构建，也涉及外来制度经验和法律价值的移植和改造。

知识产权文化应是共生与互动的多元化法律文化，也是满足自身发展需要的本土化法律文化，为寻求法律的广泛认同，国际社会提出了建立一种

① 《国家知识产权战略纲要》，北京，知识产权出版社，2008。

② 有关法律文化分类以及观念文化内涵，可参见［美］劳伦斯·M. 弗里德曼：《法律制度——从社会科学角度观察》，李琼英、林欣译，58页，北京，中国政法大学出版社，1994；刘作翔：《法律文化理论》，36页，北京，商务印书馆，1999。

“Informed IP Culture” 的构想。[①] 2003 年 5 月，世界知识产权组织在《2004—2005 年计划与预算草案》中提出，要把创建知识产权文化作为 WIPO 工作的一项重点计划。总干事在《WIPO 计划活动中的中期计划——WIPO 构想与战略方向》中进一步指出：从现在起到 2009 年间，创建知识产权文化的基本思路是促进和鼓励每个国家发展一种适合其需要的知识产权文化，包括各有侧重的国家知识产权战略、最适宜的国家知识产权制度，并在全国范围内提高对知识产权作为促进经济、社会和文化发展强有力手段的认识。[②]

现代中国对知识产权法律的接受，在相当长的时期内尚缺乏广泛社会认同的文化基础，其问题表现在两个方面：一是对法律移植的排斥。知识产权保护是现代国际贸易领域的游戏规则，世界贸易组织各缔约方必须遵从，而对移植的制度规范无选择余地。同时也应看到，现今知识产权国际保护制度，过多地顾及和参照发达国家的要求和做法，确实存在国家间的利益失衡。这一状况使得法律移植总是引起本土社会的不同意见，因而缺乏足够和普遍的社会认同基础。二是知识产权观念的异化。知识产权法律移植被认为是促进科技、文化和经济发展的有效手段，但实现这一目标需要正确的制度理解和足够的制度消化能力。一些个人和企业申请垃圾专利、抢注囤积商标，将知识产权当作获取政府奖励甚至是不正当交易利益的手段，在海量知识产权的背后是市场无序和公共资源浪费，针对这种观念异化和行为偏差，我们有必要在全社会凝聚知识产权文化的核心价值。

知识产权文化的基本内涵是“尊重知识、崇尚创新、诚信守法”，其价值理性应是被法律化的主体即社会成员的共同信仰和追求。首先是法治价值共信：法治国家应有其共信的核心价值理念，这种核心价值理念是对“关键重要性”的确信，意味着这一信念影响着人们“在不同的情况下决定什么是好的或

---

① 世界知识产权组织的官方版译文为“明达的知识产权文化”，指建立一种充满活力的、兼顾各方需求的知识产权文化，使得更大范围的人们能够积极活跃地、完全知情地、多样化地、有效地利用知识产权制度。See WIPO，Revised Proposal for Program and Budget 2004—2005，available at http：//www. wipo. int/meetings/en/details. jsp? meeting _ id=4799，最后访问日期：2018 年 2 月 6 日。

② See WIPO，Medium-Term Plan for WIPO Program Activities-Vision and Strategic Direction of WIPO，available at http：//www. wipo. int/about-wipo/en/dgo/pub487. htm，最后访问日期：2018 年 2 月 6 日。

有价值的，或者什么应当做”① 的行为选择。在知识产权语境下，法治共信或者说法律认同具体表现为“保护知识产权，维护市场秩序”，并以此养成法治思维定式，形塑法治行为方式，以此作为知识产权法治秩序的文化基石。其次是创新价值共识。在知识经济时代，知识产权制度存在着独立的主导性价值，即创新价值。② 知识产权制度以基于创新所产生的社会关系为主要调整对象，体现了尊重创新、保护私权的主旨。知识产权制度在界定私人产权的同时，还构建了“知识产品公开”“在先权利保护”等制度，既促进与保护权利人的个人创新行为，也同时考虑到社会创新发展的连续性和创新成本的合理性。此外，知识产权法还通过“保护期限制度”“权利穷竭制度”等规范，对权利人的专有权利予以必要的限制，使私人独占的知识产品适时地进入公有领域，激励人们不断进行新的创造活动。可以说，创新是知识产权制度的历史过程和时代使命，也是知识产权主体的行为动因和目标追求。

中国知识产权文化的培育和养成，主要途径是政府主导、精英引导和市场驱动，其间有内生动力，也有外生变量：一是政府力量推动。通过政治权威和政策力量营造文化环境，对于良好法律文化的形成具有重要作用。2008 年，《国家知识产权战略纲要》明确将“加强知识产权文化建设”作为重点战略任务，知识产权文化宣传成为中央部委和地方政府的重要职责。可以认为，政府主导模式决定了文化再造的运动方向，这一文化形态既是法治文化，也是创新文化，是社会主义先进文化的重要组成部分；同时，政府主导模式聚集了文化发展的运动能量，这一文化转型不是孤立的，而是社会成员的整体发动，文化与政治、经济、社会等要素的相互作用，即通过制度规制与理念倡导来营造文化环境。二是文化宣传教育引导。在中国知识产权文化建设过程中，知识精英最初扮演了文化启蒙和思想先导的角色。知识产权研究成果，从学术概念和理论观点的引进、诠释，到针对中国现实问题、服务中国发展需要的知识创新，为知识产权文化建设提供了重要思想资料。目前，我国已建立知识产权宣传普

---

① ［加］查尔斯·泰勒：《自我的根源：现代认同的形成》，韩震等译，37 页，南京，译林出版社，2001。

② 参见陈谊、汪天亮：《试论知识产权法的价值定位——创新》，载《行政与法》，2004（9）。

及、教育培训、学术研究和国际文化交流的文化建设工作体制，努力营造一个尊重和理解知识产权文化的社会环境。三是知识经济市场驱动。“尊重知识、崇尚创新、诚信守法”的知识产权文化养成，依赖于知识经济发展的内在力量。这即是说，“任何一个国家，只要经济上致力于发展现代市场经济，致力于推动其经济的现代化发展，致力于建构本国的市场经济体系，其法律文化就必然或快或慢地走向现代化”①。知识创新成果的产权化、产业化、市场化，是构建知识产权法律及相关文化的驱动性力量。当下中国正处于从“知识产权大国”向“知识产权强国”跨越的重要历史时期，强国建设彰显了物质文明建设、精神文明建设、生态文明建设和制度文明建设的现代化特性。正是现代化发展的内生动力，形塑了现代知识产权法治的文化环境。

中国知识产权文化的现代化转型，是一个艰巨的工程和漫长的过程。在过去的30多年间，较之知识产权立法进步和政策发展而言，知识产权文化建设尚是一个薄弱环节，理应成为现阶段乃至今后相当长时期实施知识产权战略、加强知识产权法治的一个重要任务。

① 李声炜：《中国传统法律文化现代化转型若干动因考察》，载张文显主编：《法学理论前沿论坛》(第2卷)，北京，科学出版社，2003。

知识产权应在未来民法典中独立成编*

在当下中国民法典编纂的热潮中，知识产权作为一种重要民事权利“入典”的呼声日益高涨，知识产权以何种方式“入典”也引起了社会各界的激烈讨论。从民事权利理论来看，知识产权同物权、债权、人身权共同构成了民事权利体系。因此，未来民法典的编纂，在设立物权编、合同编、侵权责任编、婚姻家庭编、继承编的同时，应该将知识产权纳入法典之中并独立成编。

一、立法理由

在未来民法典中设立“知识产权编”，是体系化的知识产权法与现代化的民法典相结合的过程，同时也是回应知识经济发展的制度需求、完善民法典的权利体系、承继《民法通则》的立法传统的需要。

（一）回应知识经济发展的制度需求

我国民法典应当彰显时代精神，必须反映21世纪的时代特征，必须反映高科技时代和知识经济时代的特点。①知识产权作为推动产业创新和知识经济发展的制度保障，既是我国关键的本土发展战略，也是重要的国际竞争战略。就国内层面而言，知识产权是国内创新发展的战略抓手。党的十八大提出了“实施创新驱动发展”的国家发展战略，即从物质生产驱动的发展模式逐步转

---

* 原载《知识产权》，2016（12）。

① 参见王利明：《民法典的时代特征和编纂步骤》，载《清华法学》，2014（6）。

变为依靠人力资本、智力资源与自主创新为主驱动的发展模式。就国际层面而言，知识产权是中国应对国际市场竞争的战略重点。伴随着经济全球化和新技术革命的飞速发展，知识产权已然成为国际经贸领域各国实力比拼的主战场。在认识论上，知识产权具有私人产权与政策工具的双重定位，前者表现了知识产权的法律属性，后者彰显了知识产权的制度功能。可以认为，知识产权保护的政策立场，其法律基础是知识产权的私权性。民法典作为国家的基本法律，在民事权利体系中专编对知识产权进行规定，有助于维系知识经济时代知识产权的重要性和神圣不可侵犯性，满足知识经济发展对现代民法典编纂的制度需求。

（二）完善民法典的权利体系

法典化的灵魂在于体系性，从形式体系而言，法典化融合了形式的一致性、内容的完备性以及逻辑的自足性。民法典是私法领域的基本法律，其对民事权利的规定应当具备体系性的要求。"知识产权属于私权"，世界贸易组织《与贸易有关的知识产权协定》对此明确肯定。因此，缺乏知识产权规范的民法典在权利体系上是不完备的。事实上，知识产权已经渗透到了传统私法的各个领域之中，例如：物权法对知识产权质权的规定、合同法对知识产权许可合同的规定、婚姻法对涉及知识产权的夫妻共同财产的规定、继承法中对知识产权继承的规定，等等。从民法典的逻辑结构角度来看，其分则各编实际上是各项民事权利的独立编，某项民事权利的横向位置和纵向层次，取决于该项权利概念的位阶。知识产权是不同于物权的一项独立的民事权利，与物权、债权、人格权、继承权处于同一位阶。因此，如果物权、债权、人格权、继承权独立成编，知识产权也应当有一独立的单元并与之并列。①

（三）承继《民法通则》的立法传统

在法律发展史上，先后发生过三次民法典编纂的热潮。② 当前世界大多数

---

① 参见安雪梅：《现代民法典对知识产权制度的接纳》，载《法学论坛》，2009（1）。

② 世界三次民法典编纂热潮：第一次是发生在6世纪的罗马法编纂，产生了著名的《民法大全》；第二次是发生在19世纪的欧洲民法典编纂运动，产生了以《法国民法典》《德国民法典》《瑞士民法典》等一大批著名的民法典；第三次是从20世纪90年代开始的，产生了《荷兰民法典》《蒙古民法典》《越南民法典》和《俄罗斯联邦民法典》等诸多民法典。参见梁慧星：《当前关于民法典编纂的三条思路》，载《律师世界》，2003（4）。

国家的民法典都制定于第二次民法典编纂热潮之中。受制于罗马法传统财产权理论的影响，无论是“法学阶梯体系”（法国民法典）还是“学说汇编体系”（德国民法典），都是在罗马法编纂基础上的改造，因此知识产权这一新兴财产权制度未能进入传统民法典的体系范围。[①] 值得注意的是，诞生于第三次民法典编纂运动中的一些民法典，由于大多为首次编纂，且没有传统民法典的历史羁绊，因而顺应时势对知识产权进行了规定，并将知识产权放在重要位置独立成编。我国现行《民法通则》制定于 30 年前，尽管当时我国知识经济刚刚萌芽，知识产权立法尚处于起步阶段，但立法者高瞻远瞩，在该法第五章“民事权利”中以专节（第三节）对知识产权进行了明确规定，并将其与物权（第一节）、债权（第二节）、人身权（第四节）等其他民事权利平行设置。这是民事权利体系化与知识产权法典化的重要立法基础。在知识经济和知识产权重要性日益凸显的今天，民事立法应在《民法通则》传统基础上有所发展和前进，将知识产权纳入法典之中并独立成编为民法典编纂的题中应有之义、顺理成章之事。

二、法例参考

20 世纪 90 年代以来，经历了体系化、现代化改造的知识产权法“入典”成为“范式”民法典的历史坐标。大陆法系的一些国家，主要是后社会主义国家，进行了知识产权在民法典中独立成编的立法尝试。其中，有代表性的立法例包括《俄罗斯联邦民法典》《蒙古民法典》《越南民法典》及《乌克兰民法典》等，分别采取纳入式、糅合式和链接式等不同形式。

（一）1994 年《俄罗斯联邦民法典》

1994 年《俄罗斯联邦民法典》制定之初，并未对知识产权作出体系化的规定。2006 年该法第四部分“智力活动成果和个性化标识权”颁布后，知识产权才真正在《俄罗斯联邦民法典》中独立成编。在 2008 年该法第四部分生效后，《著作权与邻接权法》《专利法》《商标、服务标记和原产地名称》等六部知识产权相关单行法律随之被废止。《俄罗斯联邦民法典》“知识产权编”采

① 参见吴汉东：《知识产权立法体例与民法典编纂》，载《中国法学》，2003（1）。

用的是纳入式的立法设计，即整体移植知识产权法于民法典之中。该立法例颇具代表性，有学者将其称为“完全民法典化的模式”。根据俄罗斯著名民法学家塞尼教授的说法，知识产权法编入民法典有宪法依据。整体移植知识产权法“入典”，其意义在于改革了传统民法典的编纂体例，推动了知识产权法体系化的形成。①

（二）1995 年《蒙古民法典》

1995 年《蒙古民法典》将知识产权的相关规定设立于“所有权编”之中。根据该法“所有权编”的规定，智力成果是所有权的客体，与实体物和其他一些财产权同等对待；智力成果所有权自成果创作完成之时产生，但法律另有规定的除外。② 换言之，《蒙古民法典》在财产权体系的逻辑结构上将知识产权（无形财产所有权）与所有权（有形财产所有权）作了同化处理，因而该法可以在不改变民法典外观样式的情况下，运用糅合式的立法设计，将知识产权视为一种无形财产权与一般物权进行整合，规定在“所有权编”之中。糅合式立法对知识产权进行解构性处理，使其直接使用于民法规范，改变了传统物权制度的基本内涵，在民法典编纂体例上另具一格。

（三）2005 年《越南民法典》

1995 年《越南民法典》在“知识产权编”的立法体例上，最初采取的是像《俄罗斯联邦民法典》一样的纳入式立法，并于 1996 年该法生效之时，废止了《工业所有权保护法》《著作权保护法》《引进外国技术法》等相关知识产权单行法。该法典虽然整体移植了知识产权有关规范，但实际仅规定了几种主要知识产权类型，而对新兴知识产权没有予以回应。2005 年，越南颁布新民法典，其“知识产权编”有所变化，“一些行政管理性质的规定从民法典中删除”“一些内容归入民事特别法”③。于同年越南又颁布了知识产权法典，法律体系上呈现出民法典与知识产权法典并存的“二元立法模式”，即形成了由民法典对知识产权进行原则规定，并由专门的知识产权法典对知识产权作出具体

① 引自［俄］塞尼·伊万·阿列克谢萨德诺维奇 2015 年 12 月在中南财经政法大学知识产权研究中心题为《俄罗斯知识产权法典化的经验及其对中国的建议》的演讲。

② 参见曹新明：《知识产权与民法典连接模式之选择》，载《法商研究》，2005（1）。

③ 米良：《越南民法典的历史沿革及其特点》，载《学术探索》，2008（5）。

规定的链接式立法框架。

（四）2003 年《乌克兰民法典》

2003 年《乌克兰民法典》“知识产权编”也采取了链接式的立法体例，即民法典对知识产权作出概括性、原则性规定，知识产权仍保留着单行立法。该法典第四编“知识产权”以 12 章的篇幅涵盖了各类知识产权的私法条款。其中，专章“知识产权一般规定”，涉及知识产权概念、与财产权的关系、客体、主体、取得、转让、侵权责任等；其他各章分别规定了著作权、相关权、基于发现的知识产权、发明、实用新型、工业设计的知识产权、集成电路布图设计权、改进建议的知识产权、品种权、商号权、商标权、地理标志权、商业秘密权等一般性规则。在民法典“知识产权编”以外，乌克兰保留了知识产权单行法。

后社会主义国家民法典尝试纳入知识产权，表明民法典与社会发展同步的时代先进性，体现了民法典编纂的制度创新精神，尽管方法有异、褒贬不一，但其立法取向是值得肯定的。

三、模式选择

知识产权在民法典中独立成编，是实现知识产权作为私权理性回归的重要路径。民法典中设立“知识产权编”，构建含有有形财产权和无形财产权的完整权利体系，满足了私权体系全面性和一致性的要求。未来中国民法典的编纂，不宜对知识产权仅作出个别条款的原则性规定而对其独立成编采取回避立场，唯此将有民法与知识产权法分割之嫌。笔者建议采取“点、面”结合的立法模式。

（一）“点”的结合模式

所谓“点”的结合模式，是指在民法典“总则”的相关章节中对知识产权作出原则性规定。“点”的结合模式在立法技术上难度较小，且能缓解由于知识产权特性而导致传统民法理论对其产生的疏离感，有利于在不同意见的立法者之间达成妥协。[①] 应该考虑，民法典“总则”对知识产权设立宣示性、一般性条款，在基本原则、保护对象、权利范围、法律事实、诉讼时效等各个章节

---

① 参见吴汉东：《民法法典化运动中的知识产权法》，载《中国法学》，2016（4）。

中都有所体现，以此促进知识产权制度与民法典“总则”的充分融合，从而实现民法典“总则”对知识产权制度运行的规范与指导。

（二）“面”的结合模式

所谓“面”的结合模式，即是指在民法典中独立设置“知识产权编”。“面”的结合将知识产权与物权、合同、继承等民事权利置于同等的位阶，最大限度地凸显出知识产权在私权制度体系中的重要地位，实现民法典的现代化、时代化的制度转型。目前，针对“面”的结合模式的具体立法选择，即民法典“知识产权编”该如何设计的问题，学者们主要存在纳入式立法和链接式立法两种观点：

纳入式的立法主张，即是仿效《俄罗斯联邦民法典》立法模式，将知识产权法整体移植入民法典之中。在民法典设立“知识产权编”后，知识产权法律体系中诸如《专利法实施细则》和《专利审查指南》等具体实施细则及技术性指南的颁布施行并不会受到影响，并可以通过建立知识产权法院等对体制机制的改革尝试，推进知识产权事务的“去行政化”①。在当前知识产权公权化的理论质疑下，这样的立法模式可以有效剔除与民事权利本性不合的知识产权救济方式，对日后知识产权领域中公权力的任意扩张构成约束。②

链接式的立法主张，即是采取《越南民法典》和《乌克兰民法典》立法模式，在民法典中对知识产权作出概括性、原则性规定，并保留知识产权单行立法。该体例可以在不破坏传统民法典结构和知识产权自身结构的基础上，实现知识产权法与民法典的有机结合、有效保障民法典稳定性的同时，兼顾知识产权法灵活多变的固有特性。

民法典“知识产权编”的链接式立法模式，需要对知识产权法的一般性规范进行抽象和概括，具体的制度设计方法如下：首先应从诸如著作权、专利权、商标权等各项知识产权制度中抽象出共同适用的规则；其次应将有关权利的取得程序、变动程序、管理程序等特别规范从民法典“知识产权编”中剔除；最后应着力描述知识产权与其他财产权的不同之处以及相互关系，即基于知识产权所具

---

① 易继明：《历史视域中的私法统一与民法典的未来》，载《中国社会科学》，2014（5）。

② 参见李琛：《论中国民法典设立知识产权编的必要性》，载《苏州大学学报（法学版）》，2015（4）。

有的特殊属性，构建民法典“知识产权编”中的一般规范。值得注意的是，这些规范表现的应当是私权性内容，且属于知识产权法特有的内容，其条款则主要由“权利的性质－主体－客体－内容－产生－利用－限制－保护”等构成。[1]

四、障碍克服

基于知识产权所具有的特殊属性，知识产权在民法典独立成编的过程中存在着诸多的困难需要去克服。在这些问题中，以技术障碍和观念障碍表现得最为突出，下文将从这两个方面分别进行论述，并提出克服障碍的途径。

（一）技术障碍

知识产权具有客体无形性、国家授权性以及规范多变性等诸多特点，这些都对民法典编纂者的立法技术和立法水平带来了极大挑战，也使得知识产权在民法典中能否独立成编存有较大争议。具言之，“知识产权编”的立法技术障碍主要体现在如下三个方面。

首先，现代知识产权是一个综合性的法律规范体系。知识产权法与其他民事权利法有着显著的区别，除在实体法中对创造者权利进行保护外，还规定了权利的取得、变动、管理和救济等各种程序性内容；知识产权制度本为规范个人知识财产权利之私法，但也存在行政管理、行政处罚和刑事制裁等公法规范。知识产权制度具有实体法与程序法、公法与私法相结合的特点。

其次，现代知识产权是一个开放式的法律规范体系。知识产权制度诞生仅三四百年，但已然形成了一个庞大的法律体系，且正处于不断的发展与变革之中。随着20世纪中叶新技术革命的兴起，知识经济不仅孕育了“知识-财富”的新财产观，也催生了新的知识财产制度。在知识产权制度不断出现的同时，传统的相关制度也不断演变成为知识产权法律体系的新成员。

最后，现代知识产权是一个不断创新的法律规范体系。现代化、一体化是知识产权立法的两大趋势，前者动因于现代科学技术的发展，后者受制于新国

---

① 由本人主持，肖志远副教授、何华副教授、锁福涛博士参与的国家知识产权局委托研究项目“知识产权基本法问题研究”，其最终成果草拟了民法典“知识产权编”专家建议稿，计30个条款。

际经济秩序的形成。知识产权的制度史本身就是一个科技创新与制度创新相互作用、相互促进的过程，这不仅要求立法者通过制度创新实现立法的现代化，也需要立法者通过制度改革实现全球范围内保护的一体化。

（二）观念障碍

除去知识产权因自身一系列特点造成的技术阻碍外，目前社会公众甚至相关领域的研究者们，对知识产权存在的认知误区也形成了一系列的观念障碍，其主要表现在如下三个方面。

一是对知识产权的私权性缺乏肯定。在知识产权的取得过程中，“国家授予”或“法律确认”是必要的，但部分观点将公权力的参与看作知识产权产生的直接原因，认为知识经济时代的知识产权正由传统意义上的私权蜕变成为一种“私权公权化”的权利。该观点忽视了智力劳动对知识财产的本源性意义，国家对知识产权制度的干预，表现为知识产权在权能范围与效力范围方面受到某些限制，但并不可能改变知识产权的基本属性。

二是对知识产权的重要性有失重视。我国虽然建立了较为完整的知识产权法律体系，但社会大众对知识产权及其重要性仍然缺乏足够的认识。目前我国社会对假冒、盗版的容忍度还较高，对知识产权的创新驱动作用认识不足，部分企业经营者尚未意识到无形资产的重要性。在民法典的编纂过程中，民事权利的正当性、普遍性及重要性与否是衡量该项制度是否应当纳入法典规定的标准之一。近代《法国民法典》和《德国民法典》之所以与知识产权制度失之交臂，其缘由之一就在于历史条件的局限，即知识产权的重要性在当时尚未能得到充分体现。

三是对知识产权的特殊性片面强调。如前文所述，知识产权具有区别于其他民事权利的诸多特性，这种特殊性使得一些知识产权学者满足于新财产制度自有话语而对民事权利的体系化抱有消极情绪，同时也导致一些民法学者对知识产权可能对民法典私法纯粹性造成冲击存有担心和顾虑。但是，过于强调知识产权的特殊性，只会导致“民法学者依旧关注所谓的传统民事权利，知识产权学者忽视民法学的一般原理，从而形成民法学与知识产权法学彼此孤立的研究格局”[①]。对知识产权的冷漠与对民法典的退却，上述矛盾的交织体现在立

---

① 李琛：《知识产权片论》，114页，北京，中国方正出版社，2004。

法理念上就是知识产权被民法典排斥在外。[①]

在上述两种障碍之中，观念障碍形成的立法阻力最大。知识产权“入典”成编，应当以观念障碍的克服为突破口，在此基础上解决立法上的技术障碍，从而实现立法者通过法典编纂所追求的社会价值目标。

立法障碍的解决，有赖于民法学及知识产权理论研究的进步。法典编纂活动是促进理论研究的巨大推动力。“法典编纂不是一种通常的立法活动，它不是立法者的政治意志的产物，它仍然是法学家活动的产物。”[②] 我国民法典的编纂活动并不会一蹴而就，从法典编纂的动议到立法机关的通过，必将是一个长期的过程。在此过程中，确立知识产权“入典”成编的立法立场，必然会对学术界形成强有力的研究导向，从而推动我国民法学和知识产权理论研究的发展与成熟，并为知识产权法典化奠定学理基础。

立法障碍的解决，取决于全社会对知识产权的私权化、体系化、法典化形成广泛共识。民法典编纂的立法活动，实质上是一次关于民法思想、私法精神宣传和普及的过程。同而论之，知识产权进入民法典的讨论，也是知识产权的制度创新本质与知识创新功能得以深化、升华的过程。立法界、学术界以及社会各界应该看到，知识产权是基于“知识财产所有权”所形成的有机整体，其自身的体系化是民法典编纂的制度基础；知识产权具有私权本位，与有形财产所有权以及其他民事权利，完整地构成了民法典中的权利体系；在民法典的民事权框架中将知识产权独立成编，是立法者对制度理性的理想追求，更是当下中国推行现代制度创新的社会实践。形塑全社会的知识产权观念，是知识产权得以“入典”成编的重要思想基础。

知识产权“入典”成编，是一种民法法典化、现代化的运动趋势，但也是一个从“学术法”到“法典法”的发展过程。俄罗斯联邦民法典接纳知识产权，历经12年；越南民法典选择知识产权成编样式，费时十年。对中国民法典何时规定“知识产权编”，我们可以等待，但它不能被忽视。

---

① 参见蒋万来：《知识产权与民法关系之研究》，232页，北京，中国社会科学出版社，2010。

② 薛军：《蒂堡对萨维尼的论战及其历史遗产——围绕德国民法典编纂而展开的学术论战书评》，载《清华法学》，第3辑，125～126页，北京，北京大学出版社，2003。

知识产权“入典”与民法典“财产权总则”*

一、知识产权与民法典连接的“范式”选择

在知识产权学界，知识产权的法典化大抵有两个含义：一是实现知识产权制度的体系化，即编纂知识产权法典；二是实现知识产权制度与民法典的连接，即在民法典中对知识产权进行制度安排。“法典编纂是一个复杂的社会历史现象。”① 上述意义上的知识产权法典化，其价值和取向不仅是制定一部具体的法典，而且更多是为了对现有知识产权制度进行价值判断、规范整合、体系构造，以提高相应的法律权威，实现促进经济与社会发展的政策功能。

关于知识产权法典化，特别是民法典与知识产权制度的连接模式，学者们有着各种不同的认识：有的主张在民法典的框架内，整合一个包含知识产权在内的民事权利体系，即在民法典中系统规定“知识产权编”；有的主张民法典不宜完整纳入知识产权制度，只需在民法典中对知识产权作出简单规定；有的主张有步骤地实现知识产权法典化，即在民法典中对知识产权作出一般性规定，同时保留民法典以外的知识产权特别法，在时机成熟时编纂知

---

* 原载《法制与社会发展》，2015（4）。

① Varga Csaba, Codification as a soao-historical phenomenon, Akadémiai Kiadó, Badapest 1991, p. 322.

识产权法典。[1] 总之，关于民法典对知识产权制度的接纳，学者们并无争议，问题在于知识产权以何种方式“入典”方为民事立法和法典编纂的“范式”？曹新明教授在其博士论文中归纳了四种模式：一是分离式，即将知识产权法与民法典相分离，但无论是特别法典还是单行法，都是以民法典为其基本法，立法例为《法国民法典》；二是纳入式，即将知识产权制度全部纳入民法典之中，使其与物权、债权、人身权等平行，成为独立一编，立法例为《俄罗斯联邦民法典》；三是链接式，即民法典对知识产权作出概括性、原则性规定，知识产权仍保留单独立法模式，立法例为“我国第四次民法典草案”；四是糅合式，即将知识产权视为一种无形物权，与一般物权进行整合，规定在“所有权编”之中，立法例为《蒙古民法典》。[2]

在近代各国民事立法活动中，“范式”是法典编纂的理想追求和崇高评价。所谓“范式”，英文为“paradigm”，源自希腊词“paradeigma”，意指“模范”“典型”或“模型”。学者们所称道的“范式”民法典应具有以下几个特点：(1)“范式”法典是制度理性的立法体现。理性主义是西方法律文化的重要内容和特征，它既是价值理性，又是工具理性。近代理性主义强调法律的统一性，并把法律统一的基础归结为正义、平等、自由、尊严、幸福权利等。[3] 我们看到，近代法学家和法律改革家们，正是通过这种理性的力量才得以发现一个理想的法律体系，并力图将各种各样的自然法规则和原则纳入一部法典之中。[4] 可以说，理性主义是法律体系化、法典化的重要思想基础。(2)“范式”法典是对社会生活关系的经典表现。法典是为专门调整某一领域的社会关系而存在，具有体系完备、逻辑推理严密、概念明晰等立法技术要求。“民法准则

---

① 相关论点参见：徐国栋主编：《绿色民法典草案》，北京，社会科学文献出版社，2004；王利明主编：《中国民法典学者建议稿及立法理由（总则编）》，北京，法律出版社，2005；梁慧星主编：《中国民法典草案建议稿附理由（总则编）》，北京，法律出版社，2004；郑成思：《知识产权论》，北京，法律出版社，2005；吴汉东：《知识产权立法体例与民法典编纂》，载《中国法学》，2003（1）。

② 参见曹新明：《中国知识产权法典化研究》，41～59 页，北京，中国政法大学出版社，2005。

③ 参见俞荣根：《“自然法说”献疑》，载《台湾研究》，1990（1）。

④ ［美］E·博登海默：《法理学——法哲学及其方法》，邓正来译，64 页，北京，中国政法大学出版社，1999。

只是以法的形式表现了社会的经济生活条件。”① 这种经济生活条件的内容，具体表现为商品经济的一般要求。商品关系的本质属性所要求的独立人格权、财产自主权、交易自由权等在民法典中得到了经典性的法律表现。概言之，经典性是法典编纂活动所期望的社会价值目标。（3）“范式”法典是实现法律现代化的历史坐标。法典化是大陆法系或者说罗马法系、民法法系的传统理念。大陆法系是历史发展的产物：《查士丁尼国法大全》集罗马私法之大成，是为大陆法系构建之源头，对后世立法影响十分深远。1804 年《法国民法典》和 1896 年《德国民法典》，则为大陆法系成熟和兴盛之标志，它们为许多欧洲国家所竞相沿用和改造，并影响了亚洲、非洲、拉丁美洲等众多国家的民事立法。② 由此可以看出罗马私法以及法国民法和德国民法对后世立法的影响，换言之，示范性寓意了“范式”法典在法律世界中的标杆地位。

自近代以来，在世界范围内出现过两次民法典编纂运动，其中第一次发生在 19 世纪，以《法国民法典》和《德国民法典》为代表；第二次发生在 20 世纪，以 1992 年《荷兰民法典》和 1994 年《俄罗斯联邦民法典》为代表。比较各国民事立法例，笔者的基本看法是：近代“范式”民法典都无“知识产权编”，“知识产权编”进入现代民法典未必就是“范式”。

知识产权制度是近代法制史上的新页③，是近代科学技术与商品经济发展的产物。近代“范式”民法典编纂与知识产权制度失之交臂，究其原因说来主要有二：（1）近代知识产权制度尚未得到体系化整合，无法进入财产权族群。知识产权是人们基于自己的智力活动创造的成果和经营管理活动中的标记、信誉而依法享有的权利，是一个属于民法范畴但又相对独立的财产权制度体系。将一切来自知识活动领域的权利概括为“知识产权”，最早见之于 17 世纪中叶法国学者卡普佐夫，后为 19 世纪比利时法学家皮卡弟所发展。皮卡弟认为，知识产权是一种特殊的权利范畴，它根本不同于对物的所有权。④ 在近代法时

① 《马克思恩格斯选集》，3 版，第 4 卷，259 页，北京，人民出版社，2012。

② 参见靳宝兰：《比较民法》，22 页，北京，中国人民公安大学出版社，1995。

③ 参见段瑞春：《关于知识产权的几点认识》，载《求是》，1999（4）。

④ 参见［苏］B. A. 鲍加特赫等：《资本主义国家和发展中国家的专利法》，引自《国外专利法介绍》，12 页，北京，知识出版社，1980。

期，以知识产权的名义实现权利制度的体系化，并未在立法活动中得以实现。换言之，“知识产权法是对专利法、商标法、著作权法等法律规范的一个总称，这一称法是虚设的，是一种理论概括”①。从17世纪中叶到19世纪，是近代欧洲知识产权制度兴起的时期，专利法、著作权法、商标法在西方国家陆续产生。毫无例外，上述法律都是以单行立法的形式出现，既没有统一的知识产权法典，也没有将各个法律进行整合而编入民法典。1804年《法国民法典》明确肯定商标权应与其他财产权同样受到保护。这一规定不过是对商标权即为财产权的民法定位，并无在民法典中独立成编的立法意义。正是在民法典这一基本法的指引下，法国于1857年颁布了具有历史意义和国际影响的商标法。毋庸讳言，对各项知识产权进行体系化整合并作为民法典的组成部分，无疑在立法技术方面存有困难。对此，法国学者指出，“多数情况下，有形财产整体性地置于单一法律规则的体系内加以调整。例如，所有权在涉及有形不动产或动产时，总是具有同样的内容。诚然，两种不同财产的地位并不总是相同，但这并不能否认内容丰富的有形财产所有权的一些一般规则的存在”，“相反，无形财产具有不同性质，它们不能置于同一的法律体系而只能置于一系列独立的、不同的体系，存在于一定的期间”②。可以说，由于民事立法技术的原因，近代立法者并未像构建物权体系那样，将专利权、著作权、商标权整合成一个概括的、统一的知识产权法律体系。（2）近代财产权体系或是物权-债权结构作为物质化的财产权制度，成为近代民法典的编纂“范式”。在罗马私法体系中，财产权制度是一个物质化的权利结构体系。罗马人基于财产的主要构成限于有体物的认识，构建了物与物权制度。他们以物为客体范畴（主要是有形的物质客体——有体物，也包括无形的制度产物，即除所有权以外的财产权利——无体物），并在此基础上，设计出以所有权形式为核心的物权制度，建立了以物权、债权为主要内容的“物法”体系。随着近代商品经济的发展，在社会财产构成中，出现了所谓抽象化、非物质化的财产类型。以知识、技术、信息为主要内容的“知识财产”，有别于以往物质形态的动产、不动产，是不同于传统

① 黄勤南主编：《新编知识产权法教程》，263页，北京，中国政法大学出版社，1995。

② 尹田：《法国物权法》，65～66页，北京，法律出版社，1998。

意义上的另类客体。黑格尔在《法哲学原理》一书中写道：诸如精神技能、科学知识、艺术以及发明等，都可以成为契约的对象，而与买卖中所承认的物同一视之。此类占有虽然可以像物那样进行交易并缔结契约，但它又是内部的精神的东西。① 十分明显，传统的物化财产权结构是无法包容抽象化、非物质化的知识财产的。1804 年法国民法典继承并发展了罗马法的传统，将客体物分为有体物与无体物，同时扩充了无体物的范围。后者专指具有财产内容的权利，其中，除了民法典所规定的债权、股权外，还包括新兴的知识产权。知识产权本归为动产物，以后又被划归到更具重要价值的不动产类别中。② 1896 年德国民法典在继承罗马法传统方面，形成了自己的德意志民族风格。其立法文件不承认无体物，所谓物仅涉及有体物的概念。在学说中，知识产品可以称为无体物，但它不能归类于物权法的客体物范畴，而仅是知识产权法规范的客体。③

概言之，知识产权制度的建立，是罗马法以来财产权领域中一场深刻的制度创新与变革。无论“法学阶梯体系”（法国法）还是“学说汇编体系”（德国法），都只是在罗马法编纂基础上的改造，知识产权这一新兴财产权制度未能进入传统民法典的体系范围。总之，近代民法典的编纂，自是“言必称罗马”，诸如物权、债权、继承权等财产权都可以从罗马私法体系中找到它的雏形，而知识产权难以在传统的体系中与物质化的财产相融。基于罗马法以来法典化的传统，加之立法技术的不能，知识财产终究未能以体系化的权利制度出现在近代社会的范式民法典中。

现代“范式”民法典尝试入编知识产权制度，可以视为一大进步。20 世纪以来，知识产权制度有了长足的发展：基本规范不断完善，保护范围不断扩大，一体化、现代化的趋势日益明显。与此同时，大陆法系的一些国家尝试将知识产权制度编入本国的民法典，并在 20 世纪 90 年代兴起的民法典编纂运动中形成高潮。我国有的学者称其为民法典编纂的巨大进步，弥补了近代范式民

---

① 参见［德］黑格尔：《法哲学原理》，范扬、张企泰译，第 43 节附译，北京，商务印书馆，1982。

② 参见尹田：《法国物权法》，71～72 页，北京，法律出版社，1998。

③ 参见［德］迪特尔·梅迪库斯：《德国民法总论》，邵建东译，875～876 页，北京，法律出版社，2000；孙宪忠：《德国当代物权法》，2 页，北京，法律出版社，1997。

法典的一大缺憾。还有的学者以此立法例为范式，主张在未来的民法典中规定一个包括知识产权在内的大一统的财产权体系。笔者对上述观点持有疑虑，现试就几个“范式”立法例作出具体分析：

（1）意大利民法典。1942年《意大利民法典》在大陆体系的法典化历史中占有重要地位，它不仅成为其他欧洲大陆国家的一种参照系，而且对秘鲁1984年民法典及其他美洲国家的民法典的改革方案产生了影响。在此之前的1865年《意大利民法典》主要效仿的是法国模式，1942年民法典在部分保留原法典痕迹的同时有了新的突破和发展，规定了工业化进程中在企业和劳动关系方面出现的新问题。[①] 知识产权作为一种新问题、新关系、新制度，就规定在民法典的“劳动”编中。该法典第六编名为“劳动”，实际是关于劳动关系、公司（合伙）、合作化、企业、知识产权、竞争与垄断等规范的混合编。《意大利民法典》所涉及的知识产权主要为著作权、专利权、商标权、商号权。其中，标记性权利规定在名为“企业”的第八章，包括第一节“一般规定”、第二节“商号和标识”、第三节“商标”；创造性权利规定在题为“智力作品权和工业发明权”的第九章，包括第一节“文学作品和艺术作品著作权”、第二节“工业发明专利权”、第三节“实用新型和外观设计专权”。《意大利民法典》关于知识产权的规定有两个缺陷：第一，该类规范是关于知识产权制度的原则性规定，即主要规定各类知识产权的性质、对象、内容、主体、转让等，是具有私法内容的规范性条款。民法典强调有关权利的取得、行使及其存续期间由特别法加以规定。实际上在民法典的相关规定之外，各种知识产权专门法依然存在。知识产权在民法典中的规定是象征性、宣言性的，缺乏实际操作的意义。第二，知识产权在民法典中的制度安排，分设为“企业”与“作品权和发明权”两章，此类体例设计无疑割裂了知识产权的完整体系。同时，现代知识产权法已成为门类众多、权项庞杂的规范体系，民法典仅规定了四类知识产权，显见其体系的包容性不足。由上可见，1942年《意大利民法典》很难说是一个关于知识产权立法的范式民法典。

① 参见［意］桑德罗·斯奇巴尼为意大利民法典中译本所作的“前言”。引自《意大利民法典》，费安玲、丁玫译，北京，中国政法大学出版社，1997。

(2) 荷兰民法典。荷兰是新民法典编纂运动的杰出代表。早期荷兰的私法体系基本上是法国法的翻版，自19世纪末开始受到德国法的影响，至20世纪在糅合“法学阶梯体系”与“潘得克吞体系”的基础上形成了具有独特风格的《荷兰民法典》结构。1992年《荷兰民法典》分为十编，包含传统的民法、商法，以及消费者权益保护法和其他私法法规，并把具有重要价值的判例也编入其中。[①] 该法典第九编为“智力成果权”。根据立法计划，“智力成果权”即知识产权，包括当时拟定的专利、商标、版权、商号等。其中，具有私法性质的条文纳入第九编，那些具有行政、程序法和刑法性质的条文则另置他处。民法典中关于知识产权编的设计，后来由于立法技术上的困难而被取消。[②] 另一重要原因是，自《马斯特里赫特条约》签订之后，欧盟一直致力于制定一个适用所有成员国的“欧共体法”。人们认为，“欧共体法”不是国际法，它与相关国际公约不同，是一个超国家的法。自《荷兰民法典》颁布后，欧共体先后制定了统一商标法、专利法以及其他知识产权条例，所有的成员国需要与其保持一致，而不能进行补充和修订。[③] 荷兰学者认为，在这种情况下，将上述法律搬到新民法典第九编是不合适的，因为它们不仅仅包含私法的内容，而且各类知识产权有不同的转让、设质的规则，可见知识产权已难以融于民法典体系之中。[④]

(3) 俄罗斯联邦民法典。1922年苏俄民法典有关财产权各编分别是所有权、债权、继承权，没有涉及知识产权。1961年的《苏联民事立法纲要》及后来的俄罗斯加盟共和国民法典弥补了以往的不足，但同时也带来了新的缺憾，具言之：该民事立法纲要及民法典在第四编、第五编、第六编中分别规定了著作权、发现权和发明权，上述制度列入民法典之中的限于调整有关平等主体的财产关系和人身非财产关系的规范。[⑤] 这一体例设计是对1922年民法典体系的重大突破，但这三编并没有总括为“知识产权”编，同时它将包括专利

---

① 参见［荷］亚瑟·哈特坎普：《荷兰民法典的修订：1947—1992》，载《外国法译评》，1998（1）。
② 参见徐国栋：《民法典草案的基本结构》，载《法学研究》，2000（1）。
③ 参见吴汉东等：《西方诸国著作权制度研究》，333～335页，北京，中国政法大学出版社，1998。
④ 参见［荷］亚瑟·哈特坎普：《荷兰民法典的修订：1947—1992》，载《外国法译评》，1998（1）。
⑤ 参见［苏］B. Ⅱ. 格里巴诺夫等主编：《苏联民法》（下），449页，北京，法律出版社，1986。

权、商标权在内的工业产权排除在外，其有限的内容也不可能概称为知识产权。1991 年的《苏联民事立法纲要》推动俄罗斯民事立法模式的发展进入一个新的阶段。新民事立法纲要的基本结构是总则、物权、债权、著作权、在生产中利用发明的其他创作成果的权利、继承权、国际私法规则，共七编。其中，除著作权以外的“创作成果的权利”包括专利权、外观设计权、商标权、商号权、合理化建议作者权、商业秘密权、植物新品种权。[①] 1994 年《俄罗斯联邦民法典》是后社会主义国家民法典的重要代表。该法典在前三编生效多年之后，于 2006 年专编规定了知识产权，即“智力活动成果和个性化标识权”。在该编 2008 年生效的同时，包括《著作权与邻接权法》《专利法》《商标、服务标记和原产地名称法》等六部法律被宣布废止。在《俄罗斯联邦民法典》中，其“总则”编在“民事权利的客体”一节中，对“智力活动成果”和“智力活动成果权”同为权利客体作了原则规定。“知识产权编”包括“一般规定”“著作权”“邻接权”“专利权”“育种成就权”“集成电路权”“技术秘密权”“法人、商品、工作、服务和企业个性化标识权”“统一技术构成中的智力活动成果权”共九章。[②]《俄罗斯联邦民法典》在知识产权“入典”的立法体例上颇具代表性，是至今为止关于知识产权规定最为集中与完整的一部民法典，有学者将其称为“完全民法典化的模式”[③]。这部被称为独联体国家的“示范民法典”在知识产权“入典”方面具有以下特点：一是知识产权法整体移植入民法典，包括为数众多的公法条款；二是在“一般规定”的名义下，规定了各项知识产权制度的共同原则；三是在经典类型的知识产权之外，还规定了商号权、技术权等。《俄罗斯联邦民法典》“知识产权编”虽然获国家杜马通过，但该国知识产权界对此的争议仍然没有停止。据张建文博士介绍，“法律的起草和通过是在学术界缺乏统一意见和缺乏该领域主要学者支持的情况下进行的”，“绝大多数权利持有人都仅赞成将一般规定法典化，而同时保留知识产权立法的二元体系”[④]。从立法技术而言，难以成为“范式”的主要问题表现在以下

---

① 参见余先予主编：《俄罗斯民商法与冲突法》，124 页，北京，世界图书出版公司，1995。

② 参见张建文：《俄罗斯知识产权法》，北京，知识产权出版社，2012。

③ 王太平：《学术法·法典法·知识产权法典化》，载《电子知识产权》，2006（8）。

④ 张建文：《俄罗斯知识产权立法完全法典化的进程与特点》，载《科技与法律》，2009（1）。

方面：一是在知识产权定义上，采用了一个开放的权利清单，引入包括专有权、非财产权和其他权利的“知识权利”概念；与此同时，规定了一个封闭的客体清单，将可能出现的新客体和反不正当竞争排除在外。上述做法“与知识产权国际公约并不相符”。二是纳入了大量不属于民法范畴的规范，使得作为部门法的民法典变成了“综合法典”，并“剥夺了立法者颁布某类知识产权单行法的可能”①。俄罗斯关于知识产权民法典化的做法受到了国际社会的关注。早在俄罗斯出台民法典立法计划之初，时任世界贸易组织总干事 Kamil Idris 在赞赏俄罗斯加强知识产权保护的同时，对知识产权“入典”提出了质疑。他建议，民法典对知识产权应尽可能作抽象和宽泛规定，保持知识产权法现在这种独立的地位。②

（4）越南民法典。1995 年《越南民法典》是后社会主义国家民法典编纂运动的间接产物，其体系结构在相当程度上受到 1991 年的《苏联民事立法纲要》和 1994 年《俄罗斯联邦民法典》的影响。《越南民法典》专编系统地规定了知识产权，在法典于 1996 年生效之时，同时废止了 1989 年《工业所有权保护法》、1994 年《著作权保护法》、1988 年《引进外国技术法》。越南没有像意大利那样采取基本法与特别法并用的方法来规定知识产权，这在世界立法例中是不多见的。《越南民法典》第六编名为“知识产权和技术转让权”，含“著作权”“工业所有权”“技术转让”三章。其中：第一章“著作权”，计 35 条，规定了作者与著作权人、受保护作品、著作权内容、作品使用合同、邻接权等，几乎是将一部著作权法移植入民法典之中。第二章“工业所有权”，计 26 条，规定了主要的工业产权（包括专利权、商标权、地理标记权）的标的、工业产权的确立、工业产权的主体、对工业产权的限制、工业产权的保护。从上述规范内容来看，第二章多为工业产权的私法规范，关于专利与注册商标的申请、审查、异议、复审、核准、管理等均未涉及。这些程序性规范显然无法包容

---

① 张建文：《俄罗斯知识产权立法完全法典化的进程与特点》，载《科技与法律》，2009（1）；鄢一美：《俄罗斯知识产权立法与民法典的编纂》，载《知识产权》，2006（3）；王志华：《俄罗斯知识产权法综论》，载《专利法研究》（2008），北京，知识产权出版社，2009。

② See Constructive and Forward-Looking：Talks Between Director General and Russian Prime Minister，WIPO Magazine，p. 4，1999.

在民法典之中，而只能以条例、规章的形式另行加以规定。第三章“技术转让”，计 17 条，规定了技术转让的标的、技术转让权以及技术转让合同。专利权、商标权以及技术秘密权的转让，均可以适用上述规范。应该说，《越南民法典》在知识产权立法体例上颇具代表性，是迄今为止关于知识产权的规定最为集中与完善的一部民法典，但它的示范作用也是有限的。该法典仅仅规定了传统的主要知识产权类型，而对新兴的知识产权制度没有予以回应；同时，该法典似乎像其他民法典一样，无力解决实体法与程序法的关系问题，有关知识产权的程序性规范、行政法与刑法规范只能交由单行条例或其他法律部门来完成。[①] 在 1995 年民法典的基础上，越南 2005 年颁布了新的民法典，其“知识产权编”无多变化，“一些行政管理性质的规定从民法典中删除”，“一些内容归入民事特别法”[②]。

（5）蒙古民法典。1995 年实施的《蒙古民法典》对知识产权体系进行了重大改造，以糅合式的体例规定了知识产权，可以说是对民法典编纂传统的颠覆。该民法典别出心裁地将知识产权制度融入传统所有权体系之中。该法典“所有权编”规定，智力成果是所有权的客体，与实体物和某些财产权客体同等看待；智力成果所有权自成果创作完成之时产生，但法律另有规定的除外。[③]《蒙古民法典》将知识产权（无形财产的所有权）与所有权（有形财产的所有权）作同化处理，既瓦解了知识产权制度的自有体系，又改变了传统物权制度的基本框架，虽在立法例上另具一格，但不成“范式”而难以令他国效法。

总之，关于民法典与知识产权制度的连接模式，分离式是不可能的，纳入式是不成功的，糅合式是不可取的；唯有链接式，即采取民法典作原则规定与单行法作专门规定的二元立法体系，有可行之处。知识产权在财产权体系是何地位，该权利应怎样与民法典发生连接，以下将作出探讨。

---

① 有关越南民法典的规范及越南立法概况，可参见《越南民法典》，米良译，昆明，云南大学出版社，1998；徐中起主编：《越南法研究》，昆明，云南大学出版社，1997。

② 米良：《越南民法典的历史沿革及其特点》，载《学术探索》，2008（5）。

③ 参见曹新明：《知识产权与民法典连接模式之选择》，载《法商研究》，2005（1）。

二、财产权体系重构与民法典“财产权总则”设计

自法典化运动以来，民事权利是民法无可争辩的核心概念①，财产权则成为民法典的重要构成。财产权是民事权利体系中的基本类别，它是“以财产为标的，以经济利益为内容的权利”②，包括物权、知识产权、债权和继承权等。上述财产权分类有着明确的界限：以财产的直接支配性与请求履行性为标准，前者是为物权和知识产权，后者是为债权；以财产利益的物质性与非物质性为标准，支配性财产权则分别产生物权与知识产权。

罗马法以降，财产权领域所发生的制度创新与变革从来就没有停止过。随着现代科学技术与商品经济的发展，社会财富形态发生了很大变化，新的财产权类型不断涌现，从而对物权—债权二元财产权体系带来了很大冲击。对此立法者一般采取两种做法：一是对现存财产权作出扩张解释，将新的财产现象包容在原有的权利类型中；二是打破传统的财产权固有模式，创设出“亦此亦彼”的混合型财产权或是新的财产权利类型。该类权利主要有：(1) 股权。这是一种具有“权利束”特征的财产权，其权能包括所有权中支配权、处分权和收益权以及债权中的请求权，相对于物权、债权来说，股权是一项独立性的财产权，也是一项集合性的财产权。(2) 信托权。由受托人的权利（名义上的所有权与完整的管理权）和受益人的权利（请求受托人给付利益之债权与行使撤销与追及之物权）组合而成信托关系的财产权，其法律性质尽管存有争议，但较为一致的看法是，该项权利不能简单归类于物权抑或债权。(3) 票据权利。该项权利是“权利与证券的结合”，由形式所有权（持券人对构成证券的物质享有所有权）与实体债权（持券人凭借证券上记载内容得以行使付款请求和追索的证券权利）所构成。这是一种特殊的金钱债权，进言之，也是一种新型的财产权。③ 上述各种财产权概为商事法上的财产权，在立法例上分别由公司

① 参见［德］卡尔·拉伦茨：《德国民法通论》，王晓晔等译，276页，北京，法律出版社，2003。

② 江平主编：《民法学》，82页，北京，中国政法大学出版社，1999。

③ 以上权利属性分析，参见吴汉东：《论财产权体系——兼论民法典中的“财产权总则”》，载《中国法学》，2005 (2)。

法、信托法、票据法所规范。在“民商合一”的法典框架下，该类权利应整合在民法典的财产权体系之中。(4) 商誉权。商誉作为商业财产利益，受到反不正当竞争法的保护，但在立法例上其权利类型的定位尚不明确。但可以肯定的是，商誉权在传统上不属于知识产权范畴，因此可视为一种新的无体财产权。(5) 信用权。法律上的信用权是主体所具有的偿付债务能力而获得的社会评价与信赖。信用虽不具有物质形态，但其以信用证、资信文件为载体，且能够通过信用显示而获得交易利益，因此不同于一般的人格利益。在权利范畴中，信用权也是一种有别于知识产权的无体财产权。(6)（商品化）形象权。形象是个人或社会组织所拥有的各种形象，包括真实的人物形象、表现形象、虚构角色形象、社会组织形象等。这种形象具有“第二次开发利用”的价值，即形象与特定商品的结合并对消费者带来良好影响，从而给形象利用者带来经营利益。基于形象利益所产生的（商品化）形象权是一项独立的非物质性财产权。(7) 特许经营权。特许经营或专营是从事特种行业，生产或经营特定商品的资格。无论是政府特许还是民事主体特许，这种资信利益都属于无形资产的范围，相关权利亦是一种无体财产权。[①] 上述各种财产权的形成，经历了从行政特许权到私人财产权，从一般人格权到特别财产权的嬗变过程。其虽为非物质性财产权，但又不同于知识产权，在立法例上多受到反不正当竞争法、侵权法的间接保护，或规定于民事特别法中受到直接保护。

法典化意义上的财产权体系应该如何建构？这是我国立法者与法学家为之努力探求的重大问题。在这里，有两个基本观点需要达成共识：其一，物权与债权是近代民法以来形成的两个基本范畴，对两者作出区分仍是财产权理论的主流。[②] 新的财产权体系构造，应保持与上述二元权利体系的传承性。其二，由于物权与债权的区分并不能周延现实中的一切权利类型，有必要在比较两权的过程中抽取若干区分要素，“以类型学方法”重新构建财产权体系。[③] 考虑

---

① 以上权利属性分析，参见吴汉东：《财产的非物质化革命与革命的非物质财产法》，载《中国社会科学》，2003 (4)。

② 参见陈华彬：《物权与债权二元权利体系的形成以及物权和债权的区分》，载《河北法学》，2004 (9)。

③ 参见金可可：《债权物权区分说的构成要素》，载《法学研究》，2005 (1)。

上述基本认识，笔者认为，我们可以遵循大陆法系的法典化传统，继续采用物权、债权等财产权称谓，但不必坚执从罗马私法到《法国民法典》中以所有权为绝对中心的理念，也无须恪守《德国民法典》物权、债权的二元结构。这就是说，面向知识革命时代、服务市场经济的现代财产权体系，应是一个开放的制度体系、多元的权利范畴。具言之，我国民法典中的财产权体系由三大部分构成：一是以所有权为核心的有体财产权。除所有权外，该权利范畴还包括土地使用权、农村土地承包经营权、宅基地使用权、地役权、空间利用权、典权、居住权、相邻权以及抵押权、质权、留置权等担保物权。二是以知识产权为主体的无体财产权。除著作权、专利权、商标权等知识产权外，该权利范畴还包括商誉权、信用权、形象权、（商品化）形象权、特许经营权等。三是以债权、继承权等为内容的其他财产权。除传统债权、继承权外，该权利范畴还包括股权、信托权、票据权等特别财产权。

与财产权的体系化相伴而生的是财产权的法典化问题。我国的财产权立法必须采取融经验与理论于一体的建构方法，遵循严格的逻辑概念与体系要求，将各类财产权制度整合于民法典的框架之中。如前所述，“法学阶梯体系”和“学说汇编体系”关于财产权法典化的模式，在 19 世纪的“范式”民法典中有十分经典的表现，但不容讳言的是它们各有弊端。有鉴于此，我们未来的民法典似可考虑设置一个“财产权总则”，其在“总则”编之后，在“物权”“合同”“人格权”“亲属”“继承”“侵权责任”诸编之前。在不改变物权、知识产权、债权等概念构成及制度分类的前提下，设定“财产权总则”是有意义且为可行的，理由如下。

（1）对传统民法典总则的检讨。以权利为基准构建的民法典，其总则往往对开放的、多元的财产权体系缺乏有效的立法整合。正如有的学者所言，“总则对诸如权利的行使、保护等虽有一定的规定，但对于权利本身却缺少根本的界定”[①]。通行的做法是，民法总则不规定各种具体的财产权利，而是将其置于其后各编之中。这样的编排模式导致新型财产权缺乏与民法典连接，不得不

---

① 马俊驹、梅夏英：《我国未来民法典中设置财产权总则编的理由和基本构想》，载《中国法学》，2004（4）。

以单行法的形式游离于民法典之外。“单行法与民法典之间、民法典与商法典之间以及民法典内部的权利制度之间缺少一个整合的空间和过渡地带。”[①] 因此，“财产权总则”的任务是：在“总则”与诸项“财产权编”之间以中间立法层次，厘清财产关系与人身关系，对两类民事权利进行结构性界分；扩大民法典调整财产关系的适用范围，整合包括商事财产权、知识产权在内的财产关系；在解决“民商合一”（民商事财产权合一）、“财产权一体化”（有形财产权、无形财产权一体化）的基础上，发挥财产权制度的统领功能。

（2）对国际立法经验的借鉴。在国际立法例上，《荷兰民法典》和加拿大《魁北克省民法典》都设立了“财产权总则”。作为20世纪的“范式”民法典，《荷兰民法典》创造了一种多编制的财产权立法例，其九编有七编涉及财产权内容，因此在诸财产权编之上规定了“财产权总则”。需要说明的是，上述民法典概无总则，那么在我国未来民法典中，“财产权总则”能否与“总则”共存呢？审视他国民法典总则，笔者认为诸多总则编并不是具有统领意义的“总则”，未能起到民法规范体系的融合作用，即实现民事权利多样性整合。正如日本学者北川善太郎所言，民法典总则欲成为真正的总则，必须将分则的一般规定抽取出来列入其中。[②] 因此，民法典“总则”与“财产权总则”可以并行不悖。这是因为，法典化的整合工具除有上下位关系之别外，还应有功能之分，前者以民事法律关系要素整合和民法调整范围界定为主旨，后者以具体财产关系要素整合和克服财产权利分散化为己任。

（3）对本土立法资源的利用。我国民法法典化不仅是对外来“范式”民法典的模式和形式的再现，而且应是根植于本土社会生活和法律文化的法律再造，即将法典化与法律本土化结合起来。改革开放以来，我国民事立法实践中形成的《民法总则》框架以及《合同法》《物权法》和《侵权责任法》的财产法结构，已不同于传统物权、债权二元体系，特别是造成了传统债权法的裂变。有学者建议，“我国民法典的制定应当充分尊重现有立法资源，

---

① 马俊驹、梅夏英：《我国未来民法典中设置财产权总则编的理由和基本构想》，载《中国法学》，2004（4）。

② 参见马俊驹、梅夏英：《我国未来民法典中设置财产权总则编的理由和基本构想》，载《中国法学》，2004（4）。

宏观思考债法总则的取舍和民法总则的制定，关注不同财产法制度的衔接”[①]。因此，在我国民法典之中构建“财产权总则”是有本土立法经验和社会需求的。

三、“财产权总则”编排体例与“知识产权一般规定”

在我国未来民法典的编排结构中，“财产权总则”处于与民法典“总则”相对应的“分则”地位，即传统“总则”形式及其主要内容依然保留，并对“财产权总则”及其他各编起到统领和指导作用；同时，“财产权总则”是“物权”、“债权”（合同）、知识产权、继承权和其他财产权的一般规则，具有财产权体系整合和财产权类型补漏的功能。民法典中的“财产权总则”的位置及其各章体例如下：第二编，财产权总则。第一章，一般规定。第二章，物权一般规定。第三章，债权一般规定。第四章，知识产权一般规定。第五章，其他财产权。现对各章作简要说明：

（1）关于“一般规定”。主要述及财产定义和财产分类，为建构开放的财产权体系提供基本的概念构成。财产之上所附载的经济利益或者说“财产利益”，是一切财产权利共同指向的对象，它具有不同的表现形态，并由此产生不同的财产类型。有学者将其分为“物质实体”“知识本体”和其他“价值实体”[②]。在民事立法文件中，关于财产的概念范围，应包括一切物和一切财产性权利，以及财产性行为或法益。所谓“物”，是广泛意义的物，意指物质实体的“有体物”、知识本体的“精神产物”以及价值实体的“抽象物”。所谓“财产性权利”，即各种类型的财产权，该类权利须具有金钱价值且不含消极债务。[③] 所谓“财产性行为或法益”，专指作为债权标的的“给付”以及作为其他财产权对象的法益。总之，“财产权总则”关于财产的一般规定与民法典

---

① 申惠文：《论我国民法典的财产法结构——传统债权物权二元结构的裂变》，载《郑州大学学报（哲学社会科学版）》，2015（2）。

② 徐暄：《知识产权法与财产法一体化构建》，载《暨南学报（哲学社会科学版）》，2002（6）。

③ 参见［德］卡尔·拉伦茨：《德国民法通论》，王晓晔等译，410～411页，北京，法律出版社，2003。

“总则”中“权利客体”的有关规定是一致的。[①]

（2）关于“物权一般规定”。主要述及不动产物权和动产物权、所有权和用益物权、担保物权等共同适用的一般规范。《德国民法典》未设定物权法总则，但其物权法著述有此内容；日本及我国台湾地区民法物权编均有总则。[②]我国民法典“物权编”不设总则，但可以“物权一般规定”而代之，与“债权一般规定”“知识产权一般规定”共同融入“财产权总则”之中。这一做法既减少各编均立总则之累，又照顾到一般规定的体系化，应有可取之处。“物权一般规定”，可考虑规定物权的定义、物权法的基本原则、物权的效力与变动等。

（3）关于“债权一般规定”。主要目的在于统领单独设编的合同法和侵权法，并涵盖不能另行归类的不当得利和无因管理。关于是否规定债法总则，学者们见解不一。有的主张不设，建议将债法总则的内容置入合同法总则；有的主张设定，但建议重点突出合同总则的内容，并力主侵权法独立成编。[③] 笔者认为，如果有了“财产权总则”，债法总则可以不予规定，而以“债权一般规定”代替之，其内容包括债的定义、债的类型、债的履行、债的移转、违反债务的责任等。

（4）关于“知识产权一般规定”。下文将专门论述。

（5）关于“其他财产权”。主要论及传统财产权即物权、知识产权、债权、继承权之外的其他财产权利。财产权的类型化是私权体系的逻辑性要求，也是立法活动的经验性总结。在私法体系的框架中，财产权的分类是必要的，但这种分类所涉及的具体事物也是有限的。在传统的财产权各编之外，实际上还游

---

① 中国法学会民法典编纂项目领导小组编写的《民法总则专家建议稿》，在“民事权利客体”一章中，以例示主义的方法规定了“物”“有价证券”、包括智力成果和信息在内的“其他民事权利客体”以及成为民事权利客体的“财产权利”，并附有兜底条款，即“民事权利客体的范围，不以本法规定的为限”；中国社会科学院法学研究所“中国民法典研究课题组”编写的《民法典总则编条文建议稿》在“权利客体”一章中，以列举主义的方法，规定了“物”“行为”“智力成果”以及成为民事权利客体的“民事权利”。

② 参见梁慧星主编：《中国物权法草案建议稿》，北京，社会科学文献出版社，2000。

③ 有关债法总则的争鸣，参见马俊驹：《对我国民法典制定中几个焦点问题的看法》，载《私法研究》，2003（1）。

离着一些难以准确归类的其他财产权：一是所谓商事财产权。在民商分立的国家，商事财产权自可在商法中予以规定，不足为虑。我国奉行民商合一的传统，诸如公司法、票据法、海商法、保险法等概以特别法的形式存在，其商事活动中产生的与商事人格有关但又具有财产属性的权利，包括商誉权、信用权、特许经营权、（商品化）形象权等，则有赖于基本法即民法典予以确定。二是所谓复合性财产权。由于所有权权能分离与债权物权化的影响，一些财产权很难简单定性并准确归类。例如股权、信托权、票据权利等，不宜在物权编与（合同）编规定，置于“其他财产权”一章则是可行的。

在“财产权总则”中设定“知识产权一般规定”，既不是知识产权制度平行植入民法典，也不是民法典对知识产权属性的简单宣示①，其立法方法采取的是民事基本法作一般规定与民事特别法作专门规定相结合的方式。“知识产权一般规定”在相关条款的取舍方面应遵循以下规则：首先，民法典所规定的基本原则和基本制度，应适用于包括知识产权在内的各项民事权利。上述规范具有普遍适用性效力，因此“知识产权一般规定”无须另作规定。其次，“知识产权一般规定”应是从诸如著作权、专利权、商标权等各项知识产权制度中抽象出来且共同适用的规则。上述规范不同于各专门知识产权制度的特别规则，后者由相关单行法规定。最后，“知识产权一般规定”着力描述的应是该类制度与其他财产权制度的不同之处，即基于知识产权特性所体现的一般性规范。诚然，上述规范与“财产权总则”中其他“一般规定”一样，表现的是私权性内容，其条款主要由“权利的主体-客体-内容-产生-转让”等私权性规范所构成。②

关于“知识产权一般规定”之相关条款，简要分析如下：（1）权利属性，规定“知识产权属于民事权利”。知识产权是民法对知识形态财产进行法律调整的结果，是与传统所有权有别的新的财产权形态，但在私权这一本质属性方面与其他财产权并无二致。（2）权利客体，规定“知识产权保护下列智力成

---

① 2002年提交全国人大常委会审议《中华人民共和国民法（草案）》在“总则”中，仅用一个条文对知识产权属于民事权利作出简略规定。

② 参见何华：《知识产权法典化研究》，中南财经政法大学2008年博士学位论文。

果：文学、艺术、科学等作品及其传播；商标、商号、地理标志以及其他商业标记；发明、实用新型、外观设计等专利；集成电路布图设计；商业秘密；植物新品种；法律规定的其他智力成果”。民法典对知识产权客体进行明确规定，有利于清晰界定知识产权法保护对象。鉴于列举式立法模式的缺陷，因而规定兜底条款以解决客体类型涵盖不能的问题。(3) 权利本体，规定“知识产权包括以下权利：著作权和相关权；专利权；商标权；商号权；地理标志权；商业秘密权；集成电路布图设计权；植物新品种权；反不正当竞争的权利；其他知识产权”。以我国参加的国际公约为基础，以现行知识产权制度为依据，概括规定知识产权体系范围。鉴于知识产权体系的开放性、动态性特征，设立“其他知识产权”条款。对于传统知识的保护、数据库的保护、生物多样性的保护、网络域名的保护等，相关权利制度正在探索之中，倘若单行立法正式出台，依照该法条款纳入其中即可。(4) 权利产生，规定“知识产权依据法律规定的条件产生”。各项知识产权的产生有所不同，包括自动取得（如著作权）、审查取得（如专利权）、注册取得（如商标权）、登记取得（如商号权）等，这即是知识产权的国家授予性特征。(5) 权利效力，规定“知识产权的权利内容及其限制和例外、保护期限、地域效力等依法律而确定”。与所有权制度不同，知识产权的效力包括权项内容和权利限制两大部分，前者涉及知识产权的使用权、禁止权等权利行使问题，后者涉及权能限定、时间限定、地域限定等权利限制问题。(6) 权利利用，规定“知识产权的权利人可以转让、许可他人使用其知识产权，或者以知识产权为标的设定质权，法律、行政法规另有规定的除外”。在知识产权的利用中，权利与权能的分离、各项权能的分离、权利的地域分离等有着不同的权利利用方式及其法律后果。法律、行政法规对知识产权利用有特别规定的，从其规定。(7) 与在先权利的关系，规定“享有及行使知识产权不得侵犯他人的在先权利”。在先权利是指先行合法存在并得到保护的其他民事权益，包括各种民事权利或法益，知识产权不得与之对抗。(8) 禁止权利滥用，规定“知识产权人不得滥用知识产权损害社会公共利益和经营者的合法利益”。根据民法“禁止权利滥用”的基本原则，该条款作出知识产权滥用之禁止及其法律后果的具体规定。(9) 与民事特别法的关系，规定“知识产权的其他规范由特别法规定”，旨在说明“知识产权一般规定”与相关民事特别法即各知识产权制度的关系，在各知识产权制度有其具体规定时，应适用特别法。（10）与民法典的关系，规定“知识产权法未规定的事项，得适用民法典的基本原则和相关规定”。知识产权与民法典应为特别法与基本法的关系，在法律适用方面，前者有优先性，但其没有规定时得适用基本法的有关规定。

试论《民法通则》中的知识产权制度*

知识产权是公民和法人的一项重要的民事权利，我国《民法通则》对此作了明确而具体的规定。本文试就知识产权的若干基本问题提一些粗浅的看法。

一、建立知识产权制度的意义

知识产权法律制度是商品经济和近代科学技术的产物。自18世纪以来，资产阶级在生产领域中开始广泛采用科学技术成果，从而在资本主义市场中产生了保障知识产品私有的法律问题。资产阶级要求法律确认对知识的私人占有权，使知识产品同物质产品一样成为自由交换的标的。在这种情况下，便产生了与传统财产制度相区别的新的财产方式——知识产权。

知识产权制度产生的历史不长，它的兴起至今只有两三百年的时间，但对于推动资本主义社会科学技术和国民经济发展的作用是不可忽视的。在当今世界，一个国家知识产品的生产数量和占有容量，往往成为衡量这个国家经济文化水平高低的标志。因此，凡是科学技术发达的国家，都较早地建立和健全了它们的知识产权制度。随着科学技术的飞速发展和知识产品市场的不断扩展，世界各国日益重视知识产权的立法问题；通过法律的形式授予知识产品所有者

---

* 原载《中南政法学院学报》，1986（12）。

以专有权，促使知识产品进行交换和流通，知识产权制度已经成为各项法律体系中的重要组成部分。

在我国，党的十一届三中全会以来，对知识产品的认识出现了有重大意义的突破。《中共中央关于经济体制改革的决定》和《中共中央关于科学技术管理体制改革的决定》，不仅对我国现阶段存在着的商品经济作出了正确的说明，而且明确地承认技术已经成为独立存在的知识形态的商品。这些科学论断正是我们建立中国知识产权制度的指导思想和理论基础。几年来，经过巨大的努力，我们先后颁布了《商标法》(1982 年)、《专利法》(1984 年)，修订了《发明奖励条例》(1985 年)、《自然科学奖励条例》(1985 年)，发布了《合理化建议和技术改进奖励条例》(1982 年)。1986 年 4 月通过的《民法通则》在第五章对知识产权作了专节规定，从而为建立我国的知识产权法律规范体系提供了指导性原则。

我国《民法通则》把知识产权直接编入民法中，这在国际上是一个首创，是对传统民事立法体系的突破。知识产权范围十分广泛，根据世界知识产权组织公约的规定，它包括：关于文学、艺术和科学作品的权利，关于表演艺术家的演出、录音和广播的权利，关于人们努力在一切领域里的发明的权利，关于科学家发现的权利，关于工业品外观设计的权利，关于商标、服务标志、厂商名称和标记的权利，关于制止不正当竞争的权利，以及在工业、科学、文学或艺术领域里一切其他来自知识活动的权利。在各国立法中，对知识产权的法律规定，大抵是以单行法规的形式颁布，也有少数国家（如苏联）规定在民法典中，但限于著作权、发明、发现权等部分内容。我国《民法通则》根据本国的具体情况，参考了国际上通用的知识产权概念，列举了公民和法人所享有的各项知识产权，明确简练，系统全面。

我国《民法通则》遵照宪法保护科学研究、文学艺术创作和其他文化活动的原则，注重保护知识产品创造者的合法权益，授予其具有人身和财产双重内容的专有权利，并规定了侵犯知识产权必须承担的民事责任。这些规定，对于调动人们进行智力创造性活动的积极性，推动科学文化事业的发展，促进社会主义物质文明和精神文明的建设，无疑有着重要的意义。

二、知识产权的法律特征

知识产权的客体是知识形态的精神产品，即知识产品，它具有创造性、非物质性、公开性的特点。因此，知识产权与其他民事权利有着不同的法律特征：

（1）知识产权具有人身权和财产权的双重性质。在我国《民法通则》“民事权利”一章中，第一、二节规定的所有权、债权，属于财产权的范畴；第四节规定的是人身权，包括身份权和人格权两大部分；第三节规定的知识产权，则是人身权和财产权的结合，知识产权之所以具有人身权的性质，关键在于它的权利客体与权利主体的人身密切相连。这种权利的客体主要是人类脑力劳动的创造物，与特定人的人身相联系。文学艺术作品是作者创造的，发明、实用新型和外观设计是发明人和设计人创造的。这种具有人身内容权利一经授予，即与特定的人身不可分离，除依法规定的外，不得以任何形式转让。知识产权之所以具有财产权的性质，在于知识产品具有财产价值和商品属性。知识产权的客体是一种非物质财富，具有价值和使用价值。知识产权的主体，是知识财产的受益人，充分享有对其知识产品占有、使用、收益和处分的权利。

（2）知识产权是一种专有性民事权利。生产相同的物质产品，不问其数量如何，都可以分别取得独立的财产权。而相同的知识产品，只能根据法律程序将专有权授予其中的一个。知识产权是一种独占性权利。这种权利一经授予即为权利人所专有，权利人垄断这种专有权并受到法律保护。权利人以外的第三人不得侵犯这种权利，未经权利人的同意，不能享有或使用该项权利。权利人对这种权利可以自己行使，也可转让他人行使，并从中收取报酬。总之，这种权利只属于对知识产品作出创造性智力劳动的公民或法人。

（3）知识产权具有严格的地域限制。知识产权具有严格的领土性，其效力只限于本国国境以内。一般说来，对有形财产权的保护，原则上是没有地域性的限制，无论是公民从一国移居另一国携带的财产，还是一个法人从一国进入另一国投资的财产，都照样归权利人所有，不会发生所有权失去法律效力的问题。而知识产权不同，按照一国法律获得承认和保护的知识产权没有域外效力，只有在同一条约参加国之间或者签有双边协定的互惠国之间，知识产权才能在有关的第三国取得保护。

（4）知识产权只在法定期限内发生效力。知识产权时间性的特点，是指这种权利仅在法律规定的期限内受法律保护，一旦超过法律规定的有效期限，这一权利就自行消灭，知识产品即成为整个社会的共同财富，为全人类所共同使用。这一特点是知识产权与有形财产权的主要区别之一。对于有形财产权来说，概无时间限制。只要该财产没有灭失，即可受到法律的保护。在诉讼时效的情况下，只涉及财产权利主体的变更，而财产本身作为权利客体的地位并不会发生问题。

三、知识产权的种类

根据我国《民法通则》的规定，公民和法人所享有的知识产权有：著作权（版权）、专利权、商标专用权、发现权、发明权以及其他科技成果权。

（1）著作权（版权）。我国《民法通则》第94条规定，公民、法人享有著作权（版权），依法有署名、发表、出版、获得报酬等权利。

著作权，是作者依法对文学、艺术和科学作品所享有的各项专有权利。关于作品的权利，各国有不同的称谓。大陆法系国家基于天赋人权学说，把这种权利称为“作者权”（如法国）或“著作权”（如日本）。英美法系国家从“商业版权”学说出发，把这种权利叫作版权。在我国的《民法通则》中，著作权与版权并无严格区别，它们作为等同概念，都是表示作者基于作品而产生的专有权利。

著作权的主体，是依法享有著作权的人（包括公民和法人）。作者是第一个著作权所有人。作者，除了作家以外，也可以是画家、雕刻家、作曲家、舞蹈家或其他艺术家。这里所说的作者，必须是直接创作作品的人，即是通过自己的独立构思，创作出反映自己的观点，体现自己独特风格的作品的人。此外，根据有关的规定，作者以外的第三人也可以依合同转让或继承转让成为著作权的主体，但他们不能享有作者的人身权利。

著作权的客体，即是采用各种手段与方式发表的科学研究、文学艺术等方面的著述和创作，它包括口头作品、文字作品、音乐作品、戏剧作品、舞蹈作品、美术作品、电影作品、摄影作品等多种形式。但并不是所有的作品都可以得到著作权的保护，对受保护作品和不受保护的作品，著作权法一般都有规定。

著作权的内容，可以分为人身权和财产权两个部分。人身权主要有发表权（将作品公布于众的权利）、署名权（在作品上署名和要求承认是作品的作者的权利）、作品的不可侵犯权（保护作品完整性的权利）。财产权主要有复制权（制作作品复制品的权利）、展览权（公开展出尚未发表的作品或其复制品的权利）、表演权（通过朗诵、演唱、舞蹈等现场演出的形式传播作品的权利）、播放权（通过无线或有线等装置传播作品的权利）、演绎权（翻译和改编作品的权利）。

（2）专利权。我国《民法通则》第 95 条规定，公民、法人依法取得的专利权受法律保护。

专利权，是指专利权人在法定期限内对其发明成果享有的专有权。专利权的取得与著作权的取得方法不同。我国对著作权的产生采取自动保护原则，即作品一经完成，作者就依法享有著作权。专利权则须由当事人提出申请，经专利局审批后，才能使发明成果成为专利，使发明人或设计人成为专利权人。

专利权所保护的对象有三种：发明、实用新型、外观设计。按照我国《专利法》的规定，发明和实用新型要取得专利，必须具有新颖性、创造性和实用性，外观设计只要求具备新颖性即可申请专利。对于科学发现、智力活动的规则和方法，疾病的诊断和治疗方法，食品、饮料和调味品，药品和用化学方法获得的物质，动物和植物的品种，用原子核变换方法获得的物质等，我国不授予专利。

专利权的内容包括人身权和财产权。人身权是发明人或设计人在专利文件上写明自己是发明人或设计人的权利。财产权是专利权的主要内容，包括对专利发明制造、使用和销售的独占权，对专利发明的转让权以及放弃专利权的处分权。

（3）商标专用权。我国《民法通则》第 96 条规定，法人、个体工商户、个人合伙依法取得的商标专用权受法律保护。

商标专用权，是商标注册人对其注册商标的独占使用权。商标专用权具有财产所有权的一般特性，它包括使用权和禁止权两个方面。所谓使用权，即是商标注册人对其核准注册的商标在核定使用的商品上有充分支配和完全使用的权利，这是商标专用权绝对性的法律表现；所谓禁止权，即是商标注册人禁止他人未经其许可在同一种商品或类似商品上使用与其注册商标相同或近似商标的权利，这是商标专用权排他性的法律表现。商标专用权与著作权、专利权有所不同。在主体上，《民法通则》有所限制，即不是所有的民事主体都能取得商标专用权，仅限于法人、个体工商户和个人合伙；在权利期限上，《商标法》规定商标专用权在有效期限届满后，可以不断续展，从而使得商标专用权可以长时间有效；在权利内容方面，一般认为商标专用权具有单纯财产权的性质，但商标设计人可作为实用工业美术的设计人，其人身权受著作权的保护。

（4）发现权。我国《民法通则》第 97 条规定，公民对自己的发现享有发现权。

发现权，是指发现人因其发现成果而享有的领取发现证书、奖金或其他奖励的权利。所谓发现，是对自然界或其他客观规律的新认识，是在科学技术发明中有重大意义的科学理论成果，与表现为科学技术成果的发明是不同的。发现权也包括人身权利和财产权利的内容，其人身权利是发现人的最根本的权利，即获得发现证书及荣誉证书和奖章的权利，其财产权利是发现人取得奖金等物质奖励的权利。

（5）发明权。我国《民法通则》第 97 条规定，公民对自己的发明或者其他科技成果享有发明权。

发明权是发明人对自己的发明成果享有的领取荣誉证书、奖金或者其他奖励的权利。发明是一种重大的科学技术新成就，它具备“前人所没有的”“先进的”“经过实践证明可以应用的”三个条件。这与授予专利权的发明所具备的新颖性、创造性、实用性基本一样。发明权制度是对专利权制度的重要补充。在发明成果的保护方面，我国实行专利制度为主、奖励制度为辅的保护体制。对于自己的发明，是取得专利权还是取得发明权，发明人可根据自己的意愿从中选择。与专利权不同，发明权不具有专有权利的性质。这种制度着重保护发明人的人身权利，发明人有权获得荣誉证书、奖章，同时发明人也享有一定的财产权利，可以因发明获得国家给予的奖金。与上述权利相对应，发明人有义务将自己的发明成果的处分权交给国家。

（6）其他科技成果权。我国《民法通则》第97条规定，公民对自己的发明或者其他科技成果，有权申请领取荣誉证书、奖金或者其他奖励。

其他科技成果，在这里是指除了发明、发现以外的科技领域内其他成就。常见的主要有两种：一是合理化建议，即为了更有效地利用原料、材料、燃料、动力、设备及自然条件所提出的技术措施；二是技术改进，即对现有的工艺方法、生产技术和工具设备、仪器装置所提出的重大改进。《民法通则》所规定的其他科技成果权，实际上是一种技术改进权，其内容也包括人身权利（取得荣誉）和财产权利（接受奖金）两个方面。

四、知识产权的保护

国家法律对知识产权保护的规定，包括两个方面的内容，一是规定侵权行为的类型，二是规定侵权行为的责任。这在《民法通则》和其他单行法规中都有所体现。

《民法通则》第118条把侵犯知识产权的行为概括为剽窃、篡改和假冒。具体说来，侵犯著作权的行为主要有：（1）抄袭，即抄袭他人的作品以自己的名义发表；（2）强行署名，即自己未参加创作，却以不正当的手段在他人作品上署名；（3）侵占，即未经本单位或合作者同意，将本单位集体创作的作品或与他人合作的作品，独自以个人名义发表；（4）擅自发表未经版权所有人同意的作品，擅自发表他人未曾发表过的作品；（5）仿造，即未经版权所有人的同意，又无法律许可，对原作品进行转载、翻印、录制、改编的行为。侵犯商标权的行为主要有：（1）未经注册商标所有人的许可，在同一种商品或者类似商品上使用与注册商标相同或者近似商标的行为；（2）擅自制造或者销售他人注册商标标识的行为；（3）给他人的注册商标专用权造成其他损害的行为。侵犯专利权的行为，主要表现为未经专利权人同意，私自以营利的目的生产、经营或销售他人取得专利权的发明产品；或使用取得专利权的发明方法以及假冒他人专利产品的行为。侵犯发明权、发现权以及其他科技成果权的行为，主要表现为打击压制他人科技成果和弄虚作假、剽窃他人科技成果等。

根据侵权行为的违法性质及危害程度的不同，侵权行为人要承担相应的法律责任：一是行政责任，即由国家版权局、专利局、商标局等主管机关依照行政法律规范对侵权行为作出制裁，行为人应承担上缴非法复制品、恢复受害人的名誉或荣誉、接受通报批评、罚款等行政责任；二是民事责任，即人民法院依照民事法律规范对侵权行为作出处理，行为人应承担停止侵害、消除影响、赔偿损失的民事责任；三是刑事责任，即人民法院依照刑事法律规范，对那些情节严重，已经构成犯罪的侵权行为作出处理，追究侵权行为人的刑事责任。

司法保护与我国知识产权保护体制*

知识产权法律制度，适应新技术革命以及全球经济一体化的需求，从20世纪后半叶至今取得了空前的丰富与发展。知识产权法律保护的国际协调愈来愈强，从1883年《保护工业产权巴黎公约》的订立到1967年《建立世界知识产权组织公约》的签订，再到1994年《与贸易有关的知识产权协议》的通过，各国知识产权制度出现了趋同化和一体化。

与此相异成趣的是，各国的知识产权保护模式却有明显的差异。目前各国知识产权保护模式主要有两种类型：一是依赖司法保护的“单轨制”模式，二是行政保护和司法保护并行运作的“双轨制”运作模式。知识产权保护的“单轨制”保护模式，是指法院通过对知识产权侵权案件的审理，判令侵权人承担停止侵害、赔偿损失等法律责任的一种保护模式。“单轨制”模式为世界各国所普遍采用。发达国家里，对知识产权的保护主要是通过司法途径来实现。知识产权的“双轨制”模式，是指知识产权侵权纠纷发生后，权利人既可请求有关知识产权行政主管机关处理，由行政主管机关责令侵权人停止侵权行动，对违法者给予行政处罚，也可直接向有管辖权的人民法院起诉，通过司法途径保护自己的知识产权。对有些法律明确规定的违法行为，行政管理机关可以依职权主动进行查处，并作出处罚决定。我国现阶段即采用这种保护模式。

---

* 原载《重庆审判》，2008（4）。

一、中国特色的知识产权保护体制

与西方国家建立知识产权制度的基础不同，我国建立知识产权制度的初衷，旨在推动改革开放和促进技术与外资的引进。可以说，我国知识产权制度是在政府强力支持下建立起来的。

以专利制度为例，中国建立专利制度的时候，考虑到当时知识产权审判力量比较薄弱，大量专利侵权案件全部由法院处理有一定的困难；专利侵权案件的处理需要一定的技术背景，因而需要专利行政机关进行处理；再者，行政处理可以迅速解决一些简单的专利侵权案件，使当事人免予诉累。由此，相关立法中确认了这一中国特色的知识产权行政保护制度。例如，1984 年《专利法》第 60 条规定："对未经专利权人许可，实施其专利的侵权行为，专利权人或者利害关系人可以请求专利管理机关进行处理，也可以直接向人民法院起诉。专利管理机关处理的时候，有权责令侵权人停止侵权行为，并赔偿损失；当事人不服的，可以在收到通知之日起三个月内向人民法院起诉；期满不起诉又不履行的，专利管理机关可以请求人民法院强制执行。"至此，《专利法》第 60 条设立了专利管理部门处理专利侵权纠纷，建立起了专利行政保护和司法保护并行运作模式，即所谓"双轨制"。

在政府主导下，我国行政保护系统主要由知识产权主管部门和综合管理部门构成，初步形成了以专利、新闻出版、工商、技术监督、海关等行政机关为核心的行政执法系统，完善了行政保护职能和手段，形成了知识产权行政保护协调机制，与承担司法审判职能的法院一起，共同成为知识产权保护的重要力量。

从广义而言，知识产权行政保护包括三方面的内容：一是行政管理活动，如对知识产权申请的受理、审查、授权、登记等；二是行政执法活动，如知识产权权属纠纷处理、侵权纠纷调处、行政处罚等行政查处；三是行政服务活动，如提供知识产权政策法律咨询、专利检索服务、宣传知识产权等。

关于行政管理和行政服务职能，各国对比差异不大。例如，美国、英国、加拿大、澳大利亚等国，都是由隶属于政府机构的主管知识产权的专利商标局、知识产权局等部门，对专利、实用新型、外观设计及商标等进行审查，对符合法律规定条件的授予知识产权专有权，并对授予的知识产权专有权异议情况进行聆讯和裁决。我国香港地区知识产权署也具有这种职能。

对行政执法职能，各个国家也有共同之处，主要包括两点：一是海关的边境措施。实际上，对知识产权予以海关保护是国际上的通例。TRIPs 第 4 节“与边境措施相关的特殊要求”，明确了海关可以中止侵权商品的放行。我国《知识产权海关保护条例》进一步确立了中国知识产权的海关备案、申请和处理制度，为知识产权权利人的利益保护提供了又一强有力的保障途径。二是在国际贸易领域大量运用行政权力，对本国的知识产权予以保护，在双边贸易中进行经济制裁等。美国依据 301 条款的行政保护则是典型代表。

与上述国家或地区相比较而言，我国知识产权行政保护的差异或者说特色主要体现为两点：

一是各知识产权行政管理机关普遍享有对侵权行为的行政处罚权，具体包括没收违法所得，没收、销毁侵权商品和侵权工具，罚款等行政处罚措施。

二是行政管理机关对知识产权侵权民事纠纷的行政裁决权和行政调解权，前者指权利人请求行政管理部门处理知识产权侵权纠纷，行政管理部门认定侵权行为成立的，可以责令立即停止侵权行为；后者指行政管理部门根据当事人的请求可以就赔偿数额进行调解。

上述具有特色的规定分别体现在我国《商标法》第 53 条、《专利法》第 37 条、《集成电路布图设计保护条例》第 31 条、《植物新品种保护条例》第 39 条等法条中。

二、我国“双轨制”中司法保护与行政保护的关系

“双轨制”保护模式相对于“单轨制”之所以有它的独到之处，关键在于知识产权行政保护方式的出现，在与司法保护相互作用、相互协调过程中必然产生的一些特点。

1. 行政保护与司法保护存有区别

（1）性质不同。行政保护着眼于维护一种正常的知识产权利用秩序，一旦

发现侵权或其他违法之人即以国家的名义令其改正，并给予相应的处罚，它是一种基于职权的主动出击的保护；而司法保护则是一种应请求的被动保护，它遵循“不告不理”的原则，需要知识产权权利人主动向司法机关寻求救济才会采取措施。

（2）价值取向不同。行政保护讲究效率，它的措施比较直接、迅速、有力，程序也相对简单，这是它的优点；但缺乏程序的保障就难以保证真正公平的实现，这即是它的缺点所在。而司法保护追求的目标正是公正、合理，它有着比较完善的程序，美中不足就是诉讼冗长、缺乏效率。

（3）法律依据不同。除知识产权法外，行政保护主要依据行政处罚法和相关行政法规、规章，而司法保护主要依据民事法律、法规。

（4）措施力度不同。行政保护的措施有责令停止侵权、责令赔偿损失和罚款等，且一经作出即付诸执行，即便在行政诉讼期间一般也不停止执行；而司法保护的措施仅限于判令停止侵权、赔礼道歉和赔偿损失。因此从侵权人最终承担责任形式来看，在司法保护中它仅负赔偿的民事责任，并不涉及惩罚性内容；而在行政保护中它除了向权利人负赔偿责任外，还必须接受国家给予的处罚，也即侵权人必须负担更大的经济责任。所以有学者认为行政保护措施的打击力度较之于司法保护措施更大。[①]

2. 行政保护为司法保护的有益补充

（1）行政保护有利于确定诉讼程序中的被告。知识产权诉讼的突出特点之一是权利人往往不注重个案的赔偿，而关注相应市场准入的许可，并从中获得合法垄断利益。在很多情况下，由于知识产权侵权的隐蔽性、团伙性，权利人只看到了市场上的侵权产品，却不知道具体的侵权人。如果提起诉讼，则案件一时难以明确法律上的被告。这时只有采取行政查处这一快捷手段，才能及时制止侵权，并最终找到侵权人。

（2）行政保护有利于为特定权利人提供救济。依我国法律规定，知识产权的一般使用许可人因为主体资格不符，不能提起侵权之诉。如果该一般使用许

① 参见沈杨：《商标权的行政保护与司法保护》，http：//www.chinaiprlaw.cn/show，2008-11-22。

可人转而向行政机关举报，寻求行政保护，则可以达到同样的制止侵权的目的。

(3) 行政保护为司法保护提供证据和责任形式上的支持。知识产权管理部门在行政执法时程序相对简便快捷，能加速案件的处理，行政机关作出的停止侵权、消除影响等决定，有利于权利人的权利获得及时而有效的保护。这一点已为我国相关司法解释所认可。同时，行政机关可以及时捕捉到知识产权侵权证据，方便司法诉讼程序的运行。

三、司法保护主导我国知识产权“双轨制”保护体制

我国的知识产权保护体制被称为“双轨制”，但是，这里的“双轨”是“并行的双轨”，而非“平行的双轨”，它们有主次之分。可以认为，在法律保护体系中，司法保护的主要作用在于这种保护方式应是主要的、基本的和最终的。其法律基础是一国司法的权威性和社会公信力，正因为如此，我国《国家知识产权战略纲要》明文规定“健全知识产权执法和管理体制。加强司法保护体系和行政执法体系建设，发挥司法保护知识产权的主导作用”。

1. 知识产权私权属性，决定司法保护主导我国知识产权“双轨制”保护体制

“承认知识产权为私权”的原则，将知识产权视为一种私人财产权，它的使用、收益、处分完全取决于知识产权人本人，国家不应随意插手。知识产权人享有请求救济的权利，国家机关对知识产权侵权行为只能依权利人的请求介入，而不能主动出击（司法保护的不告不理）。另外，在私权理念下，对权利人的补救强调“损害填补”，权利人应对其所受损害得到及时、有效、全面的赔偿。在知识产权行政保护模式下，行政机关对侵权人的罚款其实是权利人因侵权所受损失的一部分，而这部分罚款所得却不能补偿给权利人。所以，知识产权私权属性，决定司法保护主导我国知识产权“双轨制”保护体制。

2. 行政保护的弊端，决定司法保护主导我国知识产权“双轨制”保护体制

行政保护虽然有及时性、灵活性等特点，但目前我国还没有一部专门的“行政程序法”来规范行政行为，因而后者存在被滥用的危险，目前行政执法中“以罚代刑”、执法标准不统一等问题日益阻碍行政保护的有效实行。此外，

我国对滥用行政行为的司法审查制度还不够全面。TRIPs 对各成员的司法审查制度提出了明确的要求，建立有效的司法审查制度是成员履行 WTO 协议的重要义务之一。我国《行政诉讼法》第 12 条规定，法院不能离开具体行政行为而对抽象行政行为进行事先的、预防性的、抽象性的司法审查。该法第 5 条规定："人民法院审理行政案件，对具体行政行为是否合法进行审理。"因此，我国的行政行为司法审查理论普遍认为，人民法院对具体行政行为进行审查时，以合法性审查为原则。至于对行政机关自由裁量范围内作出的行为是否适当、是否合理，人民法院一般不进行审查。这与 TRTPs 第 41～49 条要求相关缔约方的行政和司法机关应遵循公平、公正、全面的原则存在差异。所以，在行政保护模式下权利人虽然能得到充分的救济，但是这种救济却不一定合理。

3. 司法程序的主导地位体现在其运行全过程

（1）在司法程序启动阶段。首先，诉讼时效因当事人向行政机关请求而中断。民事审判过程中对于诉讼时效的计算以当事人主张自己权利为准，若当事人曾向行政管理机关提出过申请，在行政机关处理过程中，应视为诉讼时效中断。当事人如事后向法院起诉，不会因为诉讼时效过期而不能胜诉。其次，法院享有知识产权纠纷主管（而非管辖）优先权。我国多个司法解释，如最高人民法院《关于审理著作权民事纠纷案件适用法律若干问题的解释》第 3 条规定："对著作权行政管理部门查处的侵犯著作权行为，当事人向人民法院提起诉讼追究该行为人民事责任的，人民法院应当受理。"而很多地方的知识产权保护条例，如《广东省专利保护条例》第 11 条、《上海市专利保护条例》第 17 条、《福建省专利保护条例》第 15 条等都规定："请求管理专利工作的部门或者机构处理专利侵权纠纷的，应当提交专利侵权纠纷处理请求书和有关证据，并且符合下列条件：1）请求人是专利权人或者利害关系人；2）有明确的被请求人以及具体的请求事项、事实和理由；3）当事人双方均未向人民法院提起诉讼；4）属于管理专利工作的部门或者机构受理管辖范围。"由此可见，对于知识产权纠纷，行政机关处理之后，当事人仍可向法院起诉，而如果当事人先向法院起诉，则就不能请求行政机关救济。司法保护的主导性表露无遗。

（2）在司法程序运作阶段。首先，行政机关的行政强制措施和法院民事诉讼中的临时措施冲突时，应当后者具有优先地位。如果允许行政强制措施在民事诉讼中继续延续效力，则不利于原、被告利益的平衡。法院在民事诉讼中不能对行政机关的强制措施进行司法审查，如果当事人提请法院作出保全或临时措施，应认为行政机关的强制措施的效力被法院临时措施所替代。其次，即使行政机关已对知识产权纠纷进行处理，法院仍应对当事人的诉讼请求进行全面审查。最高人民法院《关于审理著作权民事纠纷案件适用法律若干问题的解释》第3条规定："人民法院审理已经过著作权行政管理部门处理的侵犯著作权行为的民事纠纷案件，应当对案件事实进行全面审查。"最高人民法院《关于审理专利纠纷案件适用法律问题的若干规定》第25条也规定："人民法院受理的侵犯专利权纠纷案件，已经过管理专利工作的部门作出侵权或者不侵权认定的，人民法院仍应当就当事人的诉讼请求进行全面审查。"法院的全面审查原则体现了司法保护的全面性和终局性。

（3）在司法程序结束阶段。首先，人民法院经过全面审查，即使出现与行政机关就同一侵权事实是否侵权的认定不一致的情况，仍应当依照查明的事实裁判。法院判决后，当事人持法院裁判要求行政机关纠正，行政机关拒不纠正的，如果没有超过起诉期限，当事人可以对其提起行政复议或行政诉讼；如果超过了起诉期限，可以行政不作为方式提起行政诉讼。其次，行政机关立案后，当事人向法院提起民事诉讼的，行政机关应当中止处理程序，并将案卷移交法院，待法院作出裁判后，行政机关依据法院裁判结果继续处理。

总之，我国应当按照《国家知识产权战略纲要》的要求，完善知识产权审判体制，优化审判资源配置，处理好司法权与行政权、司法保护与行政保护的关系，为司法保护在我国知识产权保护体制中的主导地位创造条件。

论知识产权确认不侵权法律制度*

知识产权确认不侵权制度，是程序法中消极确认之诉在知识产权纠纷中的表现形式。与通常的知识产权侵权诉讼相比，其在制度目的、适用范围、构成要件、举证责任方面有其内在属性特征。在此特性的基础上，理应对其受理要件、案件管辖与合并审理问题予以明确，并进行法定化的规制，使其发挥防止知识产权滥用、阻止不正当竞争行为、平衡各方利益的制度优势。

面对知识产权遭受侵权的情况，以律师函或警告信形式的权利通知，是权利人常用的手段。其既可制止对手进一步侵权，又能迫使对手主动地妥协谈判。当然，权利的滥用情形不可避免。对于实际不侵权的相对方，权利通知将使其陷入潜在的法律风险之中，进而造成不确定的损失。如果不提出相关诉求，将陷入哑巴吃黄连的尴尬境地。因此，为了消除这种风险，相对方会向法院提起确认不侵权之诉。

现实环境是制度生成的土壤。现行的知识产权法并没有明确规定知识产权确认不侵权制度，之前出现的此类诉讼，法院并不受理。2000 年，最高人民法院在《关于苏州龙宝生物工程实业公司诉苏州朗力福保健品有限公司请求确认不侵犯专利权纠纷一案的批复》中，指出知识产权确认不侵权之诉，理应为

---

* 原载《人民法院案例选》（第 3 辑），北京，中国法制出版社，2009。本文系作者与陈明涛博士合作完成。

法院所受理。[1] 之后，人民法院才开始普遍接受知识产权确认不侵权的诉讼。近些年来，理论界对于这一法律制度的探讨不断深入，但既存在制度意义上的属性定位，又存在程序要件上规制争议问题。笔者认为，知识产权确认不侵权法律制度，有其自身的制度优势，可以成为防止知识产权滥用、阻止不正当竞争行为、平衡各方利益的有效手段。在此意义的基础上，理应对其范畴内涵、制度属性、程序要件予以明确，并进行法定化的规制。

一、知识产权确认不侵权制度的属性解析

制度的属性定位，可以从制度来源、制度比较、制度理论、现行法体系等方面予以明确。那么，关于知识产权确认不侵权的制度属性应作如何理解呢？从制度来源层面来看，传统大陆法系的民诉理论认为，确认不侵权制度来源于确认之诉中的消极确认之诉，并在各国的民诉法中有类似的规定。[2] 而英美法系国家，将确认不侵权制度称为"宣告式判决制度"（declaratory judgment），如美国在 1934 年就通过了《宣告式判决法案》，将其看作程序性规定；英国的《著作权、设计和专利法案》也以反威胁诉讼的方式予以规定。从国际法背景层面来看，WTO《知识产权协议》（TRIPs）第 44 条借鉴了英美法中宣告式判决，有类似确认不侵权制度的规定。[3] 从现行法制度层面来看，我国民事诉讼法并没有消极确认之诉的相关规定，但是最高人民法院在民事案件案由中规

① 2000 年 9 月 15 日，江苏省南京市中级人民法院受理了苏州龙宝生物工程实业公司诉苏州朗力福保健品有限公司纠纷案。该案原告龙宝公司诉称：2000 年 8 月 31 日常州市专利事务所向原告的经销商发函告知原告生产的龟蛇粉涉嫌侵犯被告朗力福公司 ZL97106310.9 号专利的发明方法，导致经销商停止销售原告的产品，给原告的经济带来不可挽回的损失，而原告认为其生产产品的配方及制备方法与被告的专利发明不相同，并不构成对被告 ZL97106310.9 号发明方法专利的侵犯，故诉请法院依法确认原告生产的龟蛇粉所采用的"龟蛇粉和蛇粉组合物及其制备方法"与被告 ZL97106310.9 号专利发明不相同，不构成侵权。最终该案以调解告终。

② 参见 1877 年《德国民事诉讼法典》第 256 条之规定；《日本民事诉讼法》第 134 及 145 条之规定等。

③ 《知识产权协议》第 44 条之二规定："尽管有本部分其他条款的规定，但是只要符合第二部分专门处理未经权利持有人授权的政府使用或政府授权的第三方使用而作出的规定，各成员可将针对可使用的救济限于依照第 31 条（h）项支付的报酬。在其他情况下，应适用本部分下的救济，或如果这些救济与一成员的法律不一致，则应采取宣告式判决，并应可获得适当的补偿。"

定了九项确认之诉，其中特别规定了商标权属纠纷与专利权属纠纷。

通过以上分析不难看出，知识产权确认不侵权制度应与诉前禁令、边境措施、临时措施及刑事程序一样，作为知识产权法领域中的一项重要程序制度。确切而言，知识产权确认不侵权制度是程序法中消极确认之诉在知识产权纠纷中的表现形式。因此笔者主张，知识产权确认不侵权制度之概念内涵，应当是指当知识产权权利人与特定义务人之间的法律关系，当义务人陷入不确定的法律风险之中时，义务人主动提请法院确认其与权利人不构成侵犯法律关系，从而消除危险状态的一种诉讼制度。与通常的知识产权侵权制度和其他程序性制度相比，其有着内在的特殊属性，具体而言：

其一，就制度目的而言，确认不侵权制度只确认法律关系，而不具有给付内容。大陆法系的民诉理论根据诉的内容或目的不同，将诉分为给付之诉、形成之诉与确认之诉三种类型。[①] 给付之诉是原告请求被告履行一定给付义务之诉；形成之诉是原告请求法院依法改变或消灭自己与被告既存的某种民事法律关系的诉；确认之诉，则是原告请求法院确认其与被告之间某种民事法律关系是否存在的诉。进一步来讲，如果是当事人要求法院确认某种法律关系有效存在，则为肯定的确认之诉；如果是当事人请求法院确认某种民事法律关系不存在，则为消极确认之诉。[②] 知识产权是一项支配性权利，其与不特定的义务人构成绝对的法律关系。通常的知识产权侵权之诉，是权利人在其权利遭受侵害时，向法院请求判令义务人停止侵权、赔偿损失等，目的是具有给付性质的诉讼，因此构成给付之诉；而知识产权确认不侵权制度，是收到权利通知的义务人，为了防止陷入不确定的法律风险之中，向法院请求确认与权利人之间不存在侵权法律关系，目的是确认性质的诉讼，因此构成消极确认之诉。

其二，就构成要件而言，确认不侵权制度只做侵害行为构成判断，不做主观过错要件判断。在各国知识产权救济制度中，民事救济措施最重要的是停止侵害与损害赔偿。[③] 停止侵害来源于知识产权的绝对权请求权，由知识产权绝

---

① 参见张卫平主编：《民事诉讼法必读资料》，289页，北京，法律出版社，2004。

② 参见汤维建主编：《民事诉讼法学》，75页，北京，北京大学出版社，2008。

③ 参见吴汉东等：《知识产权基本问题研究》，59页，北京，中国人民大学出版社，2005。

对权性质决定，是知识产权的防卫性保护手段；损害赔偿来源于权利人与行为人之间形成的债之关系（损害赔偿之债），由侵权行为的债的性质决定，是知识产权的进取性保护手段。通常而言，一旦发生对知识产权的侵害行为，权利人即可直接向行为人要求停止侵害，如果达到赔偿损失之目的，则应以行为人存在主观过错为条件，即达到一般侵权行为之主观过错、因果关系与损害事实的要件构成。就知识产权确认不侵权制度而言，是义务人（行为人）要求审判机关对是否发生侵害行为进行判断。例如，对于著作权，要判断是否对受保护作品有使用行为；对于专利权，要判断义务人的产品或方法是否落入权利人专利的保护范围内；对于商标权，要判断是否对商标专利权有销售、使用等不当行为。一旦认定侵害行为没有发生，则应确认不存在侵权法律关系。而对于主观过错之要件，并不在认定范围之内，也不需要进行损失赔偿。

其三，就举证责任而言，确认不侵权制度一律由原告负举证责任，不存在举证责任倒置的情形。通常的知识产权侵权之诉，会存在举证责任倒置的情形。特别是在专利法领域，对于新产品的方法专利侵权，规定应当由制造同样产品的单位或者个人提供其产品制造方法不同于专利方法的证明。[①] 而知识产权确认不侵权之诉，则存在举证责任倒置的情形，应由原告（义务方）承担不侵权的举证责任。在通常的知识产权侵权案件中，由于被控侵权的证据常常被侵权人所控制，权利人举证比较困难，不利于查明侵权事实。以专利纠纷为例，特别是方法发明专利侵权，举证难的问题十分突出，因为产品生产方法通常在侵权人厂房之中，权利人很难进入侵权人工厂里取得生产方法的直接证据。确认不侵权之诉则不然，原告应主动将制造产品的制造方法作为证据提供，与专利方法的必要技术特征进行比对，从而确定是否落入保护范围之内。也就是说，在确认不侵权的方式起诉的情况下，更利于审判机关有效地查明侵权事实，确认侵权关系。

其四，就适用范围而言，确认不侵权制度有不同于不正当竞争行为之诉的特点，存在单独的适用空间。在当前理论探讨中，有观点认为在权利人发出侵权警告函的情况下，如果侵权并不存在，则应认为权利人存在侵犯商誉的不正

① 参见《中华人民共和国专利法》第57条。

当竞争行为，并不需要确认不侵权制度的单独适用。司法实践表明，上海第二中级人民法院在上海绣巢实业有限公司诉上海福沁卧室用品制造有限公司一案中，也认为律师函内容不真实，或内容虽真实但表述不全面，将导致一般人产生误解，经营者据此而获得竞争优势或给他人造成损害的行为，违反了诚实信用原则，构成不正当竞争行为。① 笔者认为，权利人发出律师函或警告函之类的权利通知，如果是面向一般人，则会对义务人的商誉产生损害，义务人据此可以提起不正当竞争之诉。② 但如果只面向义务人（如生产商与经销商），则会使义务人陷入法律风险的状态。以专利纠纷为例，义务人由于权利通知，无法确定是否继续生产或销售该被控侵权产品，此时义务人只能提起确认不侵权之诉，因为权利人并不符合不正当竞争行为之构成要件。

二、知识产权确认不侵权制度的受理条件

知识产权确认不侵权之诉作为一项诉讼制度，其一般受理条件应符合《民事诉讼法》第 108 条受理条件之规定③，其特殊受理条件也应有具体之认定标准。当前学界关于知识产权确认不侵权之诉的特殊受理条件，存在几种不同的学说：一是意识说，该观点认为只要原告意识到其行为可能侵犯他人知识产权，即可向法院提起诉讼④；二是接触说，该观点认为原告意识到其行为可能侵犯他人知识产权，并积极寻求与之协商，但未找到权利人或协商未果，且权利人怠于向法院起诉其侵权行为，致使原告蒙受或者可能蒙受重大损失的，原告有权提出确认不侵权之诉⑤；三是威胁说，该观点认为，权利人意识到原告可能存在侵权行为，积极接触协商未果而迟迟不起诉，且权利人的该行为已经严重威胁到原告的经济活动，或者即将威胁到原告的经济活动，原告可有权提

---

① 参见上海市第二中级人民法院（2002）沪二中五（知）初字第 47 号民事判决书。

② 在此情况下，当事人也可以选择提起确认不侵权之诉，而不提起具有给付性质的商誉侵权之诉。

③ 《民事诉讼法》第 108 条规定：起诉必须符合下列条件：（1）原告是与本案有直接利害关系的公民、法人和其他组织；（2）有明确的被告；（3）有具体的诉讼请求和事实、理由；（4）属于人民法院受理民事诉讼的范围和受诉人民法院管辖。

④⑤ 参见程永顺：《中国专利诉讼》，326 页，北京，知识产权出版社，2005。

起确认不侵权之诉。[①]

在司法实务界，2003 年 10 月《最高人民法院关于审理专利侵权纠纷案件若干问题的规定（讨论稿）》第 62 条规定："在专利领域，正在或者准备制造某种产品或者适用某种方法的人，请求专利权人确认其行为不构成或者不会构成专利侵权，并且以合理的方式提供了确认所需的技术资料和信息，但专利权人在合理期限内未作答复或者拒绝确认不侵犯其专利权的，可以向人民法院起诉，请求确认其行为并不构成或者不会构成对专利权的侵犯。"[②] 可见，当前最高人民法院对于受理条件更倾向于接触说。

在美国《宣告式判决法案》中，"实质争议（actual controversy）原则"历来是确认之诉受理之核心要件。[③] 在专利法领域，对于实质争议原则，美国联邦巡回法院又发展了两个具体判断标准：（1）原告必须证明其现实的行为可能会构成侵权或者采取确切的步骤意图实施这样的行为；（2）原告应当证明权利人采取明确的威胁及相关行为，从而使其可能对陷入侵权诉讼产生"合理顾虑"[④]。对于第一个标准，"现实的行为"，通常是指原告存在实际的制造、使用或者销售涉嫌侵权产品的行为；"准备的行为"（采取确切的步骤意图实施这样的行为），通常认为原告的准备行为存在"直接性"（immediacy）与"现实性"（reality）[⑤]。对于第二个标准，合理顾虑的标准是客观的，不考虑原告内在的心理感受，但合理顾虑的具体判断因素是非常复杂的，也极易引起争议。最直接判断标准是原告收到了权利人明确的威胁性质的权利通知，但是对于其他情形的存在则应由法院根据个案认定。

2007 年，美国法律对于实质性争议标准有了新的突破。在 MedImmune 诉 Genentech 一案中，美国最高法院对于"实质争议"原则作出新的解释。1997 年，Genentech 生物制药公司与 MedImmune 公司签署一项有关"嵌合抗体"

---

① 参见程永顺：《中国专利诉讼》，326 页，北京，知识产权出版社，2005。

② 李正华、康达蕴：《我国知识产权不侵权之诉研究综述》，载《政法学刊》，2004（6）。

③ "实质争议原则"来源于美国联邦宪法第 3 条之第 2 款，即禁止法院对受理案件发表顾问意见，或者受理不成熟的案件，这些案件争议并未发生，或者争议已解决。

④ BP Chems. Ltd. v. Union Carbide Corp.，4 F. 3d 975，978（Fed. Cir. 1993）.

⑤ Russell B. Hill & Jesse D. Mulholland，Effective Use of the Declaratory Remedy in the Patent Context，13 Tex. Intell. Prop. L. J. 43，45（2004）.

(chimeric antibody) 专利 (Cabilliy I) 及正处在审查未决期的"Cabilly II"专利技术的许可协议。2001 年，Genentech 最终获得"Cabilly II"专利权，并于同年 12 月致函 MedImmune 公司，希望其支付专利使用费。MedImmune 公司并不同意（虽然支付了使用费），但随即向法院提出确认"Cabilly II"专利无效或不可执行的诉请。Genentech 主张被授权人 MedImmune 公司已经支付了权利金，因此不存在合宪性的"事实与法律争议"(case or controversy)，从而支持基于《宣告式判决法案》的联邦法院裁决。[①] 被授权人 (MedImmune 公司) 指出，其是在极不情愿的情况下支付权利金，是为了避免授权人可能提起侵权诉讼带来的严重后果，并且被授权并无必要实际承担这些不利后果，从而提出司法救济。[②] 美国加利福尼亚中心区地区法院以其缺乏"实质争议"的条件为由，驳回了 MedImmune 的起诉，接着美国联邦上诉法院支持了地区法院的判决。案件由此上诉到最高法院。

本案关键在于，当专利被授权人未违反授权合同且继续支付权利金，若对该专利向法院提起确认不侵权之诉，是否可以认为是符合实质争议标准呢？最高法院批评了联邦巡回法院的"合理顾虑"标准，认为合理顾虑标准与最高法院之前的判例相矛盾。同时指出，被授权人由于对权利金的支付存在着非自愿性与受威胁的性质，故此类案件存在有实际的争议。被授权人没有必要在认定专利无效或者无法执行的宣告式判决之前，就中断或终止授权协议。[③] 该案的判决放弃了长期以来的合理顾虑标准，放宽了对实质争议要件的判断，从而需要联邦法院在今后的审判中，创制新的判断标准，去适应新形势的发展。该案是美国的知识产权确认不侵权诉讼发展进程中里程碑式的案例。

综上所述，大陆法系中传统中以"诉的利益"作为案件受理的前提，而当前知识产权确认不侵权案件受理条件的几种学说，均是从此视角出发而作出的判断。显而易见，"意识说"的标准太过宽泛，"威胁说"又较为严格，"接触说"是较为适中的观点，也为当前司法所认可。美国法律对于确认之诉的受理，有其自身标准。从发展趋势来看，其倾向于放宽当前的受理判断标准。对此趋势，我们应当引起重视，并予以借鉴。因此笔者主张，在现行法中，应当

①②③ MedImmune, Inc. v. Genentech, Inc., 549 U. S. 118 (U. S. 2007).

建立确认不侵权案件的受案标准，但不应局限于以警告函之类的权利通知为要件，以接触理论为基础，作一定程度的宽泛解释与理解。

三、知识产权确认不侵权制度的案件管辖与合并审理

（一）知识产权确认不侵权制度的级别管辖

级别管辖涉及纵向关系的司法管辖权问题，是按照一定的标准，划分上下级人民法院之间受理第一审民事案件的分工与权限。我国《民事诉讼法》与最高人民法院的司法解释确立了当前知识产权案件级别管辖。《最高人民法院关于审理著作权民事纠纷案件适用法律若干问题的解释》第 2 条规定："著作权民事纠纷案件，由中级以上人民法院管辖。各高级人民法院根据本辖区的实际情况，可以确定若干基层人民法院管辖第一审著作权民事纠纷案件。"《最高人民法院关于审理专利纠纷案件适用法律问题的若干规定》第 2 条规定："专利纠纷第一审案件，由各省、自治区、直辖市人民政府所在地的中级人民法院和最高人民法院指定的中级人民法院管辖。"根据《民事诉讼法》第 29 条的规定，知识产权纠纷案件除专利纠纷必须由中级以上人民法院管辖外，著作权纠纷案件可以由高级人民法院指定的基层人民法院管辖；商标纠纷案件经该辖区高级人民法院报请最高人民法院批准后可以由部分基层人民法院管辖。

由此可见，我国专利权的案件一般由中级人民法院管辖；著作权案件可以由高级人民法院指定的基层人民法院管辖；而商标案件由高级人民法院报请最高人民法院批准后可以由部分基层人民法院管辖。问题在于，知识产权确认之诉的案件是否应遵循现有级别管辖的规定？有观点认为，知识产权确认不侵权案件应由中级人民法院管辖为宜。① 笔者并不赞同，其理由在于：首先，从知识产权确认不侵权的制度属性来看，其与普通知识产权侵权案件相比，并不会引起审理的疑难性与复杂性。相反，由于举证责任方面的区别，其审理的难度会降低。至于受理要件的判断，则完全是一种程序性问题，与知识产权侵权实体争议的复杂性相比，不可同日而语。其次，如果采用与侵权案件不相同的管

① 参见李正华、康达蕴：《我国知识产权不侵权之诉研究综述》，载《政法学刊》，2004 (6)。

辖，反而会引起当事人适用法律的不便，产生司法适用的混乱。因此，知识产权确认之诉的案件理应按照现有级别管辖的规定进行操作。

（二）知识产权确认不侵权制度的地域管辖

地域管辖涉及横向关系的司法管辖权问题，是按照一定标准确定同级人民法院之间在各自的区域内受理第一审民事案件的分工与权限。通常的知识产权侵权案件，管辖地是被告所在地与侵权行为地，而侵权行为地一般是指侵权行为实施地与侵权行为结果发生地，如专利案件侵权行为地是指被控侵权人具有制造、适用、许诺销售、销售、进口等行为的实施地和结果发生地。① 那么，知识产权确认不侵权案件的管辖如何确定，是否应保持与知识产权侵权案件管辖的一致性？对此，最高人民法院在“［2004］民三他字第4号”通知中指出：“确认不侵犯专利权诉讼属于侵权类纠纷，应当依照《民事诉讼法》第二十九条的规定确定地域管辖。”② 也就是说，知识产权确认不侵权案件的地域管辖，也应当以被告人所在地与侵权行为地为准。对于被告人所在地，由于知识产权确认不侵权案件与侵权案件的原被告地位存在反向对应关系，确认不侵权案件的被告所在地，应为权利人所在地。对于侵权行为地，则应根据案件类型确定，如由被告的原告产品制造地和销售行为地的法院管辖。从现实的司法实践来看，此类案件当事人大多情况下会提起管辖权异议，其原因在于对此类问题的管辖规定并不明确，而主要由于原告会充分利用侵权行为地的方式，选择对己有利的管辖。笔者认为，如果以原告产品制造地和销售行为地作为侵权行为地所在确定管辖，将会导致原告滥用诉权，并且有违“原告应被告”管辖制度目的初衷。因此，应将确认不侵权案件的地域管辖确定为被告所在地与原告产品制造地。

（三）知识产权确认不侵权案件的合并审理

关于知识产权确认不侵权案件的合并审理，包括三个方面问题：一是民事诉讼中，确认不侵权诉讼与侵权诉讼并存时的合并审理问题；二是知识产权行

---

① 参见《最高人民法院关于审理专利纠纷案件适用法律问题的若干规定》第5条。

② 最高人民法院《关于本田技研工业株式会社与石家庄双环汽车股份有限公司、北京旭阳恒兴经贸有限公司专利纠纷案件指定管辖的通知》［2004］民三他字第4号。

政处罚过程中，被处罚者提起确认不侵权之诉的合并审理问题；三是几个当事人同时提起确认不侵权之诉的合并审理问题。下面将分别予以分析：

对于第一个问题，最高人民法院在“［2004］民三他字第4号”批复中同样指出：“涉及同一事实的确认不侵犯专利权诉讼和专利侵权诉讼，是当事人双方依照民事诉讼法为保护自己的权益在纠纷发生过程的不同阶段分别提起的诉讼，均属独立的诉讼，一方当事人提起的确认不侵犯专利权诉讼不因对方当事人另行提起专利侵权诉讼而被吸收。但为了避免就同一事实的案件为不同法院重复审判，人民法院应当依法移送管辖合并审理。”① 笔者认为，确认不侵权案件，在构成要件、诉讼目的、举证责任、适用范围、当事人地位等问题上与侵权诉讼存在很多差异，因而即使在同一法院审理，也应作为两个不同的诉来进行。但是，当侵权诉讼先提起后，当事人又提起确认不侵权之诉，是否也应当分案审理呢？依据民事诉讼原理，在给付之诉中，必然包含确认之诉的内容，是给付之诉的应含之义。因此，确认不侵权之诉应被侵权之诉所吸收，应当合并审理。

对于第二个问题，北京市高级人民法院在中国社会科学出版社诉费德里克·沃恩公司“彼得（peter）兔”商标一案中，对于行政处理中所涉的两个商标，作出了驳回原告的起诉判决。其认为原告已就西城工商分局所作处罚一事获得了相应的司法救济，不应通过提起确认不侵权之诉的方式再次请求人民法院对此问题予以认定。② 笔者认为，确认之诉与行政诉讼有不同的救济功能与目的，不能以行政处罚获得救济为由剥夺原告的民事诉权，但可以考虑两者合并的审理方式，在具体的程序设计上予以考量。

对于第三个问题，当权利人发出警告函后，不同销售商与生产商往往会同时在不同地方提起诉讼。面对几个当事人对同一权利同时提起确认不侵权之诉的情形，笔者以为，如果存在同一事实与法律关系，则应当合并审理，一方面可以节约司法资源、提高司法效率；另一方面可以防止不同案件之间出现不同

---

① 最高人民法院《关于本田技研工业株式会社与石家庄双环汽车股份有限公司、北京旭阳恒兴经贸有限公司专利纠纷案件指定管辖的通知》［2004］民三他字第4号。

② 参见北京市高级人民法院在中国社会科学出版社诉费德里克·沃恩公司“彼得（peter）兔”商标一案中的判决书。

的裁判结果。但是，不同法律关系的案件则应当作为独立的诉讼请求分别审理。

四、结语

自2008年开始，整个世界遭遇了百年一见的经济危机。全球经济贸易不断萎缩，贸易保护主义开始抬头。在此背景之下，与国际贸易密切挂钩的知识产权，愈发凸显其作为国家间贸易竞争工具的重要意义，成为西方国家制约新兴工业化国家的有力武器。[①] 就国内来看，当前的知识产权立法正在不断完善，2007年出台的《反垄断法》专门规定了知识产权滥用条款，第三次《专利法》的修改也已经通过。但是我国企业在国际经济竞争加剧的情形之下，面对发达国家知识产权投机者的大棒，抵抗能力依然不强，应对水平还是不高。因此，应充分认识到知识产权确认不侵权制度的重要性，将其纳入法定化的轨道当中，使之起到防止知识产权投机者权利滥用、平衡知识产权各方利益、维护公平竞争的市场环境的重要作用。

---

① 美国在2008年通过了《优化知识产权资源和组织法案》，对盗版和假冒行为规定了更加严厉的处罚；同时成立了更高级别的在总统行政办公室设立的知识产权执法协调员，全面负责协调美国国内相关部门和国际知识产权执法合作；此外成立了知识产权执法顾问委员会，由总统办公室的知识产权执法协调员担任主席，成员包括美国管理预算的部门、联邦调查局、专利商标局、商务部、国务院、国土安全部、食品药品监管局、农业部、版权局等部门派出的专家，以负责知识产权政策和法律的协调。

海峡两岸著作权法律制度比较研究*

当前，海峡两岸已经出现了交流与沟通的态势。随着两岸文化交流的发展，两种著作权保护制度必然会产生碰撞和冲突。因此，比较这两种不同法律制度的异同，有利于双方互相了解、取长补短，从而达到共同保护中华民族优秀文化成果的目的。

一、同一文化背景之下，两种保护著作权法律制度赖以存在的文化渊源和理论基础分析

文化对法律的影响不仅体现在各种纷呈繁杂的法律思想和法律条文中，更进而形成了一种有别于其他文化的特别种类——法文化。在法文化的诸种构成要素中，唯有以保护人们所创造的智力成果为宗旨的法律制度（主要是著作权法律制度）与文化的结合最为紧密，受文化传统意识的影响也就最深。

（一）传统文化意识对著作权保护的消极影响

人类对自己创造的精神产品的法律保护的历史晚于对有形财产的保护。考察各国法的历史，我们都能发现这一事实。例如，曾被誉为“简单商品经济中最为完备的法律”的罗马法，对各种民事行为诸如市民地位、契约、侵权等的规定极为详细，却无法找到对精神产品进行保护的条款。而中华帝国则更是在

---

* 原载《中南政法学院学报》，1991（1）。

传统文化意识中就否认人的精神产品具有权利属性的特征，究其原因有三：

第一，中国自古以来，权利意识极为淡薄。精神产品（著作）一向被认为是民族文化的记录，应为社会所公有，不能作为私人财产。同时，在正统的儒家学说的束缚下，“君子不言利”的传统使得古代作者们难以提出对著作享有所有权的主张。

第二，传播方式的落后，导致古代法对精神产品是鼓励利用而不是予以限制。不能否认，作品著作权的保护在很大程度上是和科学技术特别是印刷术的发明联系在一起的，即使是到了宋代，印刷术已经相当发达，宋刑法中对翻版者“追版劈毁，断罪施刑”之措施仍主要是对势利小人行为的个别惩罚，远未上升到保护作者著作权的高度。因此，从秦统一中国到清朝中叶，除宋朝偶尔闪现出一些保护著作财产权的火花之外，在绝大多数朝代中，保护作者著作权的思想乃至立法均为一片空白。

第三，在中国历史上，法对人类所创造的精神产品的规定步入了一个有趣的怪圈：一方面，对同属精神产品的技术发明奉行一种自我封闭的保护方法，或把某些技术收入宫廷，禁止流入民间；或明令禁止技术发明加以实际运用。另一方面，对另一类精神产品即著作则采取放任的态度，使之长期处于一种不受法律保护的状态。上述两种禁锢和放任的方法，恰恰是与现代专利制度和著作权保护制度相悖的，这使得现代中国在接受异于传统的精神产品保护制度中显得步履维艰。

正是在这种文化气氛下，海峡两岸中国人的著作权保护意识乃至著作权立法进程都不免带有历史的沉淀：首先，作者维护著作权意识淡薄，侵权行为猖獗，人们在著作权法律方面的素质亟待提高。其次，法律对各种财产的保护偏重于物质产品的有形财产权，而对于精神产品的无形财产权保护无论是在立法上还是在理论上均显得不足。

（二）两岸著作权法所共同采纳的著作权理论基础

尽管传统文化势力给我们带来的是观念上的禁锢，但是随着现代科学技术的发展和商品价值观念的形成，人类再也不能漠视著作被排斥在权利所指向的对象之外。目前大陆和台湾地区均已制定了著作权法，而支撑这两部著作权法的理论基础虽各自发生了演变，但在许多方面却显示出了相似之处：

第一，保护作者创作权利学说为两岸著作权法所采纳。1789 年法国大革命中所提出的作者权学说，确立了以保护作者精神权利为中心的著作权观念，并将其写入该国的著作权法中。采纳这一学说的国家，在著作权产生这一问题上采取了创作主义的方法，即规定作品一经完成就可以自动受到法律保护，而不需要履行任何手续。中国大陆著作权立法，取其精华，明确规定“中国公民、法人或非法人单位的作品，不论是否发表，均享有著作权”。台湾地区“著作权法”却走上了一条曲折发展的道路，经历了一个由注册主义向创作主义转变的过程。注册主义，是指作者除了创作之外，还必须向有关主管部门申请注册才能取得著作权。台湾地区“著作权法”也在经过长期争论后，废除了注册主义而采纳创作主义，从而使得海峡两岸立法在著作权产生问题上取得了一致。

第二，两岸著作权法均采纳了“二元论”观点，以维护著作权人的精神权利和财产权利为最高目的。盛行于世界著作权学界的二元论，将著作权切割成两大部分，认为著作权中包含着精神权利和财产权利，即所谓的双重权利。在中国大陆，过去一段时期，由于传统计划经济价值观的束缚，致使有的学者认为文化、艺术等作品本身并不是商品，否认其财产价值，因而不能作为民事权利客体。随着经济、技术管理体制改革的深入和发展，这一观点已被抛弃。人们开始认识到，作品不仅是作者脑力劳动创造的产物，是作者人格的延伸，也是一种无形财产，具有价值和使用价值的经济属性。因此，在大陆新颁布的著作权法中，不仅规定了著作权人享有发表、署名、修改、保护作品完整等精神权利，同时也规定了使用权和获得报酬权等财产权利，以及侵犯他人著作财产权所应承担的相应处罚措施。总之，海峡两岸著作权法的立法理论在经历各自的曲折发展变化之后，走上了一条殊途同归的道路。这为我们进行具体比较提供了一个基本着眼点。

二、不同的立法指导思想决定了两种著作权保护制度在具体规定上的区别以及由此而产生的冲突

尽管大陆著作权法和台湾地区“著作权法”在学说基础上有某些相似之

处，但二者毕竟属于两种不同性质的法律。这不仅是主要由于社会制度上的冲突，而且包含着不同法系之间的冲突。这些决定了同一文化背景之下两种著作权制度在权利归属、权利形成、权利转让乃至法律用语等方面都有明显的区别。具体来说，主要包括以下几个方面。

（一）著作权保护对象同中有异

对于著作权保护的客体，各国著作权法除规定为文学、艺术和科学作品以外，一般均将各种具体作品加以详细列目，两岸著作权法均遵循了国际著作权立法的通例。如大陆《著作权法》第3条规定：本法所称的作品，包括以下列形式创作的文学、艺术和自然科学、社会科学、工程技术等作品：(1) 文学作品；(2) 口述作品；(3) 音乐、戏剧、曲艺、舞蹈作品；(4) 美术、摄影作品；(5) 电影、电视、录像作品；(6) 工程设计、产品设计图纸及说明；(7) 地图、示意图等图形作品；(8) 计算机软件；(9) 法律、行政法规规定的其他作品。台湾地区"著作权法"除明确规定对上述作品进行保护以外，还较详细地对其所保护的作品逐一进行了定义，从而使得著作权立法更为严密。

对于作品受著作权法保护的条件，两岸著作权法均未在法律中明确给予规定。依照著作权的一般理论，作品受著作权法的保护，必须具有独创性，即作品必须是作者自己创作的，完全不是或基本上不是抄袭他人的。对此，两岸法学家均无异议，但对于作品是否还同时必须具有物质固定性，则有不同的理论观点。目前大陆和台湾地区均有学者认为，作品必须具有这一特性才能受著作权法的保护。

两岸著作权法所规定的保护对象大致相同，而且都存在着下列问题需要解决。

第一，对民间文学艺术作品是否给予保护。由于民间文学艺术作品与一般作品具有不同的特点，如何保护中华民族特有的传统文化和民族民间艺术瑰宝，免遭他人无偿加以利用，值得两岸立法者和法学家加以探讨。目前大陆著作权法规定对民间文学艺术作品的著作权保护办法由国务院另行规定，该办法目前尚未制定出来。台湾地区"著作权法"对此也无明文规定。

第二，两岸著作权法均规定了计算机软件可以受著作权法保护，但没有在法律中具体规定应受保护的范围。这就会在知识产权贸易中，可能造成上述智力成果在一地不受保护而在另一地受到保护的状况，从而在法律适用上产生冲突。

（二）权利归属的差异规定

对作品著作权的归属，双方立法规定差异较大，主要表现如下。

（1）职务作品的著作权归属不同。职务作品是指公民为完成法人或非法人单位工作任务所创作的作品，台湾地区“著作权法”称之为出资聘人完成的著作。对职务作品，大陆著作权法规定其著作权一般归作者（公民）享有，但是法人或非法人单位有权在其业务范围内优先使用。但对某些特殊的职务作品，大陆著作权法规定作者享有署名权，其他权利归法人享有。显然，大陆著作权法将职务作品的权利归属依照作品的性质进行了划分，这是符合大陆当前的实际状况的。台湾地区“著作权法”则规定：职务作品的著作权归出资者享有之，但当事人间另有约定者从其约定（第10条）。从立法上看，主要保护的是出资人或雇佣人的利益。

（2）委托作品的著作权归属不同。台湾地区“著作权法”中本无关于委托作品这一术语。依照台湾地区学者的解释，出资聘人完成的著作也包括委托作品这种情况。例如萧雄淋先生在《著作权法逐条释义》中表示：“以承揽契约方式出资聘人完成一种著作，在著作完成时付给报酬。”这种作品即为委托作品。对委托作品除适用著作权法外，还应适用民法。大陆著作权法则规定，委托作品的著作权的归属由委托人和受托人通过合同约定，合同未明确约定或者没有订立合同的，著作权属于受托人。由于两岸著作权法对委托作品的归属所作出的截然相反的规定，在两岸的文化交流中可能会出现不同的权属。就同一委托作品而言，在大陆作者可以享有著作权，而在台湾地区则可能不享有著作权。当然这种冲突并不是不可解决的。大陆和台湾地区著作权制度均明确规定了当事人对权利归属的选择，规定他们可以由合同约定著作权，如果今后作者在涉台委托作品中注意这一条，则均可受到两岸著作权法的保护。

（三）著作权的保护范围不一

著作权法对文学、艺术和科学作品的保护，最终必然体现在著作权人依法所享有的各种权利之中。如前所述，大陆和台湾地区均奉行“二元论”学说，主张著作权为精神权利和财产权利之总和，但在如何设置具体权利上，两岸立法显示了下列差异：首先，大陆著作权法较明确规定了著作权中所包含的精神权利，如发表权、署名权、修改权和维护作品完整权。而台湾地区“著作权法”则并未明文规定这些精神权利，仅能从某些条文中对著作精神权利加以推断。其次，在财产权利方面，两者规定的权能不尽相同，如台湾地区“著作权法”规定，著作权人依著作性质，除享有专有重制（复制）、公开口述、公开播送、公开上映、公开演奏、公开展示、编辑、翻译、出租等权利外，还有专有改作之权。大陆著作权法则规定，著作财产权的权能包括复制、表演、播放、展览、注释、编辑等，而未规定出租权。

（四）著作权的贸易范围有别

权利的转移是作者取得经济报酬、实现自己权利的一种基本手段。尽管法律规定了上述著作权类型，但这些权能（特别是财产权部分）并不总为著作权人自己行使，而是将其权能一部或全部地转移给他人，著作权人借此而获得著作权利出让报酬。目前在海峡两岸的文化交流中，著作权贸易已经成为其中最重要的组成部分。两岸著作权法在此方面的差别主要表现如下。

第一，转让的范围不同。大陆著作权法并未规定著作权可以转让，尤其不允许“卖绝版权”，其理由基于人身权为作者个人享有，与人身不可分离的原则。同时，对著作权中的财产权利仅规定著作权人可以通过授权许可使用的方式将著作财产权的一部分或全部许可给他人使用。而台湾地区“著作权法”则规定著作权可以全部或部分转让给他人所有，台湾地区“民法典”也规定著作权各财产权能可以为买卖、赠与、互易、代物清偿等契约之标的。

第二，大陆著作权法所规定的授权许可使用合同为不要式合同。而台湾地区有关著作权转让契约则为要式契约，依台湾地区“著作权法”规定，著作权之转让、继承或设定质权，非经注册不得对抗第三人。

（五）侵权类型和惩罚方式的区别

对于侵犯著作权行为的种类，两岸著作权法规定的大致相同，但有下列细节及其差别值得研究。

第一，台湾地区“著作权法”规定，未经著作权人同意或授权者，用原著作权名称继续著作者视为侵权。然而续补他人作品是否属于侵权，其判断侵权的标准是什么，尚值得探讨。

第二，大陆著作权法规定，制作、出售假冒他人署名的美术作品的视为侵犯著作权，假冒署名是否侵犯他人著作权则待研究。如果假冒者在自己创作的作品上署上他人的名字加以出售，我们认为这种行为只是侵犯了他人的姓名权而不是著作权，应由民法典中的人身权制度进行调整。

第三，在对侵权的惩罚方式上，大陆主要采取民事制裁和行政制裁的方式。民事制裁主要包括停止侵害、消除影响、公开赔礼道歉、赔偿损失等。行政制裁主要包括由著作权行政主管部门给予没收非法所得、罚款等行政处罚。台湾地区“著作权法”则规定除了排除侵害、请求赔偿等民事制裁外，还对侵权者视不同情况分别处以刑罚。

三、对海峡两岸各自解决著作权冲突方案的评价

海峡两岸著作权法在上述一系列问题上的冲突，必然会直接影响两岸文化交流的发展。为了解决这一问题，学者们纷纷提出了自己的见解，其中得到两岸法学家共识的是区际冲突法理论以及由此衍生的相关规定。

（一）大陆对解决两岸著作权纠纷的实际做法

大陆著作权法主要包括《民法通则》《著作权法》及有关的行政法律、法规。考虑到海峡两岸文化交流的需要，为了正确处理两岸著作权贸易中出现的问题，大陆主要的做法是：

首先，解决两岸著作权冲突以“一国两制”为指导思想。台湾是中国领土的一部分。依《民法通则》第 94 条关于“公民、法人享有著作权（版权），依法有署名、发表、出版、获得报酬等权利”的规定，以及《著作权法》第 2 条关于“中国公民、法人或非法人单位的作品，不论是否发表均享有著作权”的规定，台湾同胞对其创作的作品与大陆作者享有同样的著作权。

其次，鉴于目前海峡两岸尚不能直接交往，大陆法律的效力尚不能到达台湾，根据有关法律规定，大陆发表、转载、重印、翻译或改编出版台湾作者的作品，均需取得作者或其他著作权人的授权，并签订著作权转让或使用许可合同且支付报酬。

最后，对侵犯台湾同胞著作权的行为，台湾同胞可依照《民法通则》《著

作权法》向大陆人民法院提出起诉，也可以请求大陆著作权行政管理部门进行行政处罚。

（二）台湾地区关于处理涉及大陆著作权问题的一些做法

前些年，台湾地区对大陆采取敌视政策，因而对大陆作者的作品著作权未予保护。迫于两岸文化交流的发展，目前台湾地区也宣布了要保护大陆作者的作品，表示尊重大陆作者的著作权，并设立了七个审查委员会对大陆作品进行审查。尽管如此，台湾地区目前所采取的一些做法尚不令人满意。例如台湾地区制定的“台湾地区与大陆地区人民关系暂行条例”（草案初稿）第25条规定，“大陆地区人民的著作，必须依照台湾‘法律’申请注册后始得保护”。显然，台湾地区“著作权法”在采取创作主义的保护方法后，对大陆作者仍然采取了具有限制性的“注册主义”制度。根据台湾地区“著作权法”的规定，台湾对外国人的著作采取的是注册保护的方法，可见，台湾地区未将大陆作者与台湾作者同等对待，将其与外国作者一样对待，这既违背法理也有悖于情理。最新的草案取消这一条款，代之以规定大陆“出版品、广告电影录影节目、广播电视节目、戏剧、舞蹈及音乐创作，主管机关必要时，得限制在台湾地区发行、制作、播映、展演或禁止其进入台湾地区”。这一条款显然是针对作品能否出版所作的规定，而不直接涉及著作权问题。从草案相关的一些条文看，台湾地区似乎是有限度地承认大陆作者的著作权。依据台湾地区学者的见解，目前台湾地区法院倾向于采取“只要是中国人就受保护”的见解，且也审理了一些著作权纠纷。[①] 但目前尚未见到正式宣布保护大陆作者著作权的具有法律效力的规范性文件。

针对涉及两岸著作权纠纷中所出现的一些客观情况，目前大陆与台湾地区对下列问题需达成共识。

第一，海峡两岸各自作者之间发生的著作权纠纷，另一边的法院是否受理。如台湾作者之间发生的著作权纠纷，大陆一方是否受理。

第二，涉及两岸的著作权纠纷在一方审结后，对方法院是否承认其效力。

第三，两岸著作权法对某一行为认定不一致时，某行为在一方认为是侵

---

① 参见吕荣海：《中国大陆与台湾交流若干法律问题》，载《法学研究》，1989（5）。

权，在另一方则不认为是侵权的情况如何处理。

（三）运用香港模式解决两岸著作权冲突

大陆法律与香港法律同样存在不同性质的情况，根据《香港特别行政区基本法》的规定，香港回归后，仍保留其法律制度不变。目前香港实行的是英国版权法，到1997年后，大陆和香港在著作权保护制度方面也必然存在差异。但根据《基本法》的有关规定，这种差异可以进行协调解决，其主要的经验有：

第一，相互承认对方民事法律的效力，是解决著作权纠纷的基础。由于目前彼此法律的效力不能到达对方，无法解决某些民事纠纷，即使是实现了祖国统一，在“一国两制”的思想指导下，台湾仍然享有高度的立法权，也仍然会产生法律冲突。因此，为了解决著作权纠纷应该承认对方民事法律的效力。但是这种承认的首要前提是双方的公民、法人的民事地位平等。大陆的做法已在朝这方面努力。

第二，制定特别法以解决双方的民事冲突。大陆与台湾地区在经济、文化等领域的交流已经是人心所向，众望所归。大陆与台湾地区共同制定特别法来解决双方的法律冲突，规定相应的规则，使同一案件不管在大陆诉讼还是在台湾地区诉讼，都会适用相同的法律，得出相同的结果，使法律的公正性得以实现，以便切实地保障海峡两岸人民之间的正常交往。

中国区域著作权制度比较研究*

自 20 世纪 90 年代以来，中国诸区域在新传播技术与新国际经济秩序的推动下，加快了著作权制度的现代化、国际化的进程，香港、澳门的相关制度在“保持基本不变”的同时还面临着“本地化”的重要任务。由于各区域历史与社会的差异，诸区域在著作权制度的基本宗旨与体例、具体原则与制度等方面既表现了某种趋同，又存在明显的区别。本文在详细比较和分析异同的基础上，提出分阶段实现协调中国区际著作权制度的设想。

一、中国区域著作权制度发展概览

中国大陆与台湾、香港、澳门地区孕育于共同的祖国母体，降至近现代，则由于特殊的历史原因沿着不同的轨迹发展，从而在著作权领域形成各具特色的法律制度。中国大陆著作权法产生于 20 世纪 90 年代。中华人民共和国成立后，在相当长的一段时间内没有单行的著作权法律。宪法及《民法通则》提供了著作权保护的基本原则，具体规定则散见于一些行政法规之中，其中，重要的有 1982 年广播电视部颁发的《录音录像制品管理暂行规定》、1984 年文化部颁布的《图书期刊版权保护试行条例》等。1990 年 9 月 7 日，《中华人民共和国著作权法》经第七届全国人大常委会第 15 次会议审议通过。此后，还分

* 原载《中国社会科学》，1998（4）。

别公布了《著作权法实施条例》和《计算机软件保护条例》。现行著作权法共6章计56条。其主要特点是：(1) 充分保护作者的合法权益，著作权保护达到较高水平。在著作权客体方面，列举了9大类作品，除传统意义的作品外，还将计算机软件和民间文学艺术作品纳入保护范围。在著作权内容方面，明确划分著作人身权和著作财产权两大部分，其人身权的规定超出《伯尔尼公约》的保护标准，财产权的权项基本符合国际著作权公约的要求。(2) 协调作品作者与传播者的利益，采取著作权、邻接权并举的立法体例。除重点规定著作权保护外，还专章规定了邻接权，列举了表演者、唱片制作者及广播组织者所享有的权利。著作权与邻接权共置于一部法律之中，是“大陆著作权法极重要的特色”①。(3) 兼顾作品作者与使用者的关系，对著作权加以必要限制。根据保护著作权人利益与促进文化事业发展的二元化立法宗旨，设定了合理使用、法定许可使用等制度，对作者行使著作权进行一定的限制，以利于作品的广泛传播。(4) 采取国际通行做法，合理规定涉外著作权关系。根据大多数国家的立法惯例，在著作权法适用范围方面实行国籍原则、地域原则和互惠原则。自该法实施后，我国又先后参加了《伯尔尼公约》《世界版权公约》《录音制品公约》，颁布了《实施国际著作权条约的规定》，适用国民待遇原则，对外国人的作品提供保护。

台湾地区有关著作权的规定是由旧中国的著作权法导源而来的。国民政府于1928年首次制定了著作权法，尔后还进行过多次修订。台湾地区现行的“著作权法”修改于1992年，分8章共117条。它力图打破以前几个版本的格局而向国际保护水准靠拢。在该规定起草过程中，有关人士参考了国际著作权公约及一些西方国家的著作权法，甚至借鉴了中国大陆相关制度的某些内容。现行规定有以下几个特点：(1) 对著作权主体作出严格界定。在表述主体时明确指明为“著作人”，未采用旧法中“著作人”与“著作权人”并列的说法。著作权一般归作为自然人的著作人享有，但合同另有约定的除外。(2) 改进著作权客体的体例。除规定原有的音乐著作、舞蹈著作、美术著作、摄影著作、图形著作、录音著作、电脑程式著作外，将语言著述和文字著述合称为语文著

① 萧雄淋：《两岸著作权法之比较研究》，台北，三民书局，1992。

作，将电影著作、录影著作改称为视听著作，将地图著作、科技或工程设计图形著作划归图形著作，将衍生著作、编辑著作作为独立著作保护。（3）明确划分著作权的人格与财产内容。首次以“著作人格权”与“著作财产权”之名开列著作权所属权项。著作人格权包括公开发表权、姓名表示权及同一性保持权。著作财产权在保留原有权项内容的前提下合并调整为8项。（4）进一步修改著作权取得条款。改注册为登记，外国人著作经过登记才取得著作权；台湾地区著作人的著作原则上自动产生著作权，是否登记听其自便。但著作财产权的让与、专属授权或处分，以著作财产权为标的的质权设定、让与、变更、消灭或处分等，非经登记不得对抗第三人。（5）着重规定权利侵害的救济方式及程序。参照多数国家的著作权法中设有诉讼条款的模式，规定了侵权的民事诉讼及司法救济等问题。同时，取消1985年“著作权法”专章规定侵害著作权的方法，在罚则一章中列举侵权行为并规定责任形式。

香港地区法律制度，是在英国长期占领香港的过程中，港英当局按照其海外属地法律制度的“模式”建立起来的。这种模式是以英国普通法为基础，结合香港地方实际情况颁布英国法律适用条例；同时在一定范围内仍保留属地原有法律和习惯，建立地方立法机关为本属地立法。原香港版权法包括三个部分：香港立法局的制定法，即香港《版权条例》；英国议会制定并适用于香港的法律，即《版权（香港）宪令》《1956年版权法》《版权——计算机软件法》；英国加入并适用于香港的著作权国际公约，即《伯尔尼公约》《世界版权公约》。香港本地相关立法的主要作用在于确认英国法在香港的效力或具体实施在香港生效的英国法，这些立法也随着英国有关法律的改变而改变。[①] 1972年香港《版权条例》及适用的1956年英国版权法，随着香港回归已终结其历史使命。为建立一个独立的、符合本地化要求与国际化标准的版权制度，1997年6月26日，香港特区政府制定《版权条例》，并作为“香港原有法律”在香港特别行政区生效实施。现行香港《版权条例》分为4部共281条，基本保留了普通法系的传统，同时顺应国际著作权法的潮流，立法技术有所突破，条款内容比较翔实。与旧版权条例相比较而言，该法具有以下特点：（1）改变英国

① 参见钟建华：《九七后香港知识产权法的发展》，载（香港）《信报：财经月刊》，1996（3）。

传统版权中的单一财产构成。明文规定保护作者的身份权、作品完整权以及反对虚假署名的权利。上述精神权利不可转让，但仅在财产权存续期限有效，或维持到作者死后的短暂时间，而且可通过书面形式放弃该等权利。(2) 设定相关权保护专章。专章规定表演者、表演节目制作者的权利，以此区别传统意义上的版权。这种立法例不仅区别于1956年英国版权法，而且突破了普通法系的惯常做法。但是，一般录音、广播及有线传播节目仍归类于版权作品，其制作人享有版权保护。(3) 对间接侵权行为作出明确规定。参照1988年《英国版权法》的"二次版权侵权"条款，除规定直接侵权行为外，还列举了间接侵犯版权的各种类型，包括输入或输出侵犯版权复制品、管领侵权复制品或进行侵权复制品交易、提供制造侵权复制品的方法、提供进行侵权表演的场所或器具等。(4) 扩大版权审裁处的职能范围。根据旧条例所设立的表演权审裁处，其职能是裁决版权集体组织与被授权人之间所发生的争端，管辖范围涉及演出权、播放权。新版权条例将上述机构更名为版权审裁处，赋予其接受任何版权纠纷审裁的能力，包括对侵权行为裁定赔偿额等。

澳门地区的社会制度总体上是以葡萄牙本土的社会制度为模式。在法律结构、法律体系、法律渊源、法律语言以及法律操作等方面，澳门著作权制度具有明显的葡国特征。澳门现行著作权法，即是其效力延伸至澳门地区的1966年葡萄牙著作权法。为适应加入《日内瓦公约》及批准《伯尔尼公约》新文本的需要，葡萄牙于1966年对1927年著作权法作出重大修改，制定了一个"与国际法规相协调"的"新的替代性法律"[①]。该法于1972年经葡国议会批准延伸至澳门使用。1985年，澳门立法会通过第4/85/M号法律，旨在进一步保护权利人免受非法复制音像作品的侵害。但由于缺乏必要的配套法律机制，该法规收效不大。[②] 澳门法（葡萄牙著作权法，下同）共分5章计214条，其主要特点是：(1) 以保护作者权利为中心。在其立法中确立了作者本位的立场，即著作权来源于创作本身的天赋人权，作者系有自然生命体的创作者[③]，"著

---

① Ministerio Da Educacao Nacuonal Dureccal Geral do Ensuno e das Belas—Artes: Decre-to—Lei No. 46980.

② 参见韦柏伦：《澳门的知识产权法》，载《法学家》，1996 (2)。

③ See Paul Edward Geller, International Copyright: An Introduction, 1990.

作权属于精神产品的创作者所有”。(2) 作品获得保护无形式要求。该法意义上的作品，系指“以任何方式发表而成的精神创作”，“作品的存在不受任何发行传播使用形式的限制”。著作权随着作品的创作完成而自动产生，法律不要求履行任何形式的手续。(3) 著作权内容为一体两权。在作者的精神权利方面，除按《伯尔尼公约》要求规定有署名权与作品完整权外，还规定了已发表作品的收回权和追续权。① 在作者的财产权利方面，则对发表权②、复制权、表演权、传播权、演绎权以及其他间接形式的占有权等作出列举性的规定。(4) 以合同形式规范作品授权使用。用相当篇幅列举了各类著作权许可使用合同，并规定了各类合同的指导性条款，合同分类明确，合同条款充分。(5) 以著作权为标的的物权合同必须经注册登记。以著作权为标的的物权行为，例如著作权的转让、著作权的抵押担保，以及对著作权的没收与查封，都必须登记注册。应登记注册而未登记注册的合同在当事人间不产生效力，且不能对抗第三人。

自 20 世纪 90 年代以来，中国诸区域的著作权制度一方面受政治、经济、科技诸因素的影响，另一方面又面临立法现代化、国际化、一体化潮流的冲击。因此，各地著作权制度的发展与变革需要从以下三个方面进行考虑。

(一) 新技术革命与著作权立法现代化

新技术革命是当代著作权制度创新和变革的直接动因。可以毫不夸张地说，著作权本身即是现代传播技术的“副产品”③。这表现在两个方面：第一，著作权保护范围不断扩大。现代著作权法的保护对象，除了传统的“印刷作品”外，还涵盖了各种“电子作品”，例如，将包括电影、电视、录像在内的视听作品视同一般作品给予著作权保护，将卫星广播节目视为一般广播节目而给予著作权或邻接权保护，将计算机软件作为著作权的特殊保护对象等。第二，新的著作权权项和相关权利制度陆续出现。在著作权的概括名义下，随着无线电或有线电用于传播载有节目的信号，产生了以传送广播与电视内容的

---

① 一般认为，追续权具有财产与人身双重内容。澳门著作权法强调其人身属性，置于著作人身权之中。

② 立法例一般将发表权视作人身权利。发表权虽有精神属性，但往往是其他财产权利产生的基础与前提。因此澳门法特别将其列为著作财产权。

③ [英] R.F. 沃尔等：《版权与现代技术》，载《国外法学》，1984 (6)。

"播放权"；随着留声机、录像机、录音机的发明，产生了以机械光学电磁为技术特征的"机械复制权"；随着摄影机、放映机以及活动照相技术的出现，产生了摄制电影、电视、录像的"制片权"[①]。在新型著作权权项产生的同时，保护作品传播者的邻接权或相关权，也成为现代各国著作权法的通行制度。此外，传播技术的最新成就也要求在现代著作权法中得到体现。国际上新的立法动向是：对"由数字符号、图案或者其他信息片有系统地构成的集合体"即数据库给予著作权保护；对计算机软件赋予出租权，以防止软件租赁业对软件生产者造成利益损害[②]；对信息高速公路中的信息存储、传输、复制给予必要的著作权保护[③]；对集成电路布图设计实行著作权与专利权的边缘保护，以此作为知识产权法的独立制度等。[④] 中国诸区域不得不密切注意这一态势，以回应新技术革命对新著作权制度的呼唤。中华人民共和国《著作权法》似应考虑淡化甚或取消软件著作权登记，将数据库作为汇编作品，增列软件出租权、进口权；扩大著作权人的权利范围，如作品通过卫星直播广播权、作品在计算机中的存储权等。台湾地区有关规定拟解决的问题主要是：完善作品传播者权利机制，对表演者、广播组织者的权利给予必要保护；建立著作权管理组织，对静电复印、家庭录制予以限制；对有线电视节目给予保护，同时采取法定授权方式，以便于他人自由使用等。[⑤] 香港法制定于20世纪90年代后期，在相当程度上已具有现代水平，但卫星传输、静电复印、信息高速公路等新技术引发的著作权问题，仍有待假以时日予以解决。至于澳门法成于20世纪60年代，内容过于传统，对新技术革命的回应深为乏力。总之，科学技术的现代化推动立法现代化，将是中国诸区域著作权制度发展的重要特点。

---

① 郑成思：《著作权的概念与沿革》，载《中华人民共和国著作权法讲析》，北京，中国国际广播出版社，1991。

② 参见［日］照男土井：《高技术时代的日本版权法》，载《法学译丛》，1988（1）。

③ 参见［澳］马克·戴维生等：《计算机网络通讯与美国版权法新动向》，载《外国法译评》，1996（1）。

④ 集成电路布图设计专有权类似于英国的工业版权。美国将其置于版权法最后一章，但一般认为该项权利不属于著作权体系。

⑤ 参见黄三荣：《表演著作》，载（台湾）《万国法律》，1995（4）；杨崇森：《科技进步对法律之冲击》，载（台湾）《法令月刊》，1990（10）。

（二）新国际经济秩序与著作权立法国际化

经济全球化是20世纪下半叶形成的一大潮流，它将对21世纪的世界经济格局带来深远影响。在推动经济全球化进程中，《关贸总协定》及其后继组织——世界贸易组织扮演着重要角色。与其他国际公约和国际组织不同，《关贸总协定》将知识产权保护纳入国际贸易体系之中。包括知识产权问题在内的国际贸易新规则，主要反映了发达国家的需要，但也不得不考虑发展中国家的某些诉求。可以说，《关贸总协定》是著作权国际保护的重要论坛，东西方国家围绕着著作权问题所展开的斗争与妥协，将会制约和影响著作权法的发展。1994年，世界贸易组织《知识产权协议》的生效，使国际著作权贸易有了重要的法律保障。从著作权制度发展来看，协议的生效也标志着著作权立法进入了一个统一标准的新阶段。[①] 中国诸区域著作权法的修改与完善，必须着眼于现行法与相关国际公约不相适应的问题。在过去的十几年间，美国将其知识产权战略作为其贸易政策的重要内容，援引其《综合贸易法》的“特别301条款”对付过许多所谓损害美国知识产权利益的国家和地区。[②] 在美国的压力下，台湾地区“著作权法”分别于1985年7月、1990年1月、1992年6月、1992年7月及1993年4月进行了5次修订。[③] 作为中美知识产权谈判达成谅解的回应，中国大陆则参加了一系列国际公约，颁布了《实施国际著作权条约的规定》，并将参照国际标准适时修改著作权法。澳门法在1999年以前，理所当然以本地区社会为立法背景，但其修订势必考虑著作权制度国际化的趋势。概言之，中国诸区域有理由按照自己的社会发展和经济发展水平建立其著作权制度，但在新的国际经济秩序的条件下，国内法将与国际惯例保持一致。这是中国区域著作权制度未来发展的一个重要趋势。

（三）“一国两制”模式与著作权立法本地化

按照“一国两制”原则建立香港与澳门自己的法律制度，是“一国两制”

---

① 参见李小伟：《知识产权国际保护体制的变化及其影响》，载（香港）《信报：财经月刊》，1996（3）。

② 参见陈昌柏编著：《国际知识产权贸易》，14页，南京，东南大学出版社，1994。

③ 参见谢铭洋：《台湾著作权法与相关国际公约规范间之差距与问题》，1993年北京海峡两岸著作权研讨会论文集。

模式的题中应有之义。[①] 因此，香港基本法与澳门基本法都强调，原有法律只要“不与基本法抵触”即可予以保留。所谓香港和澳门的原有法律，分别是指以英国法律为基础的香港法和以葡萄牙法律为基础的澳门法。将原有的香港和澳门的法律转化为特别行政区的法律，这种法律过渡的根本途径在于立法本地化。立法本地化的基本要求是：第一，立法应出自本地区的立法机构；第二，立法虽考虑原有的法律传统，但应以其适用的地区实际情况为依据；第三，立法应采用与英文、葡文有同等效力的中文语言，以体现对大多数居民所具有的文化传统的尊重。就著作权领域而言，香港、澳门两地立法本地化的进程不尽一致。鉴于 1997 年香港回归，英国法律及制度不能继续实施，香港特区政府遂于 1990 年成立知识产权署，附设法律改革委员会，就包括著作权法在内的知识产权制度的修订与完善开展工作。1993 年年底，香港法律改革委员会完成《版权法律的改革报告书》。[②] 1997 年 6 月，新《版权条例》颁布。澳门现行法至今仍直接适用 1966 年《葡萄牙著作权法》，目前竟无中文译本，法院也鲜有著作权纠纷的诉讼，实际上这一制度尚未同以华人为主体的澳门社会相融合。可以说，澳门著作权法本地化的任务还相当艰巨。展望中国区域著作权制度的未来发展，香港、澳门特别行政区将会在必要的时候修改或制定相关法规。为此，其立法活动除应遵循尊重著作权国际公约的原则、尊重本地区原有规定的原则外，还应考虑适当靠近中国大陆《著作权法》的原则，即在作为地方行政区域而享有高度自治权的同时，应在有关立法技术、法律术语等方面适当靠近《中华人民共和国著作权法》。[③]

二、中国区域著作权制度比较

在上述相异而又相近的背景条件下，中国诸区域著作权制度既存在着法律传统的差异，又表现了某些规则的趋同。

---

① 参见米也天：《澳门法制与大陆法系》，47 页，北京，中国政法大学出版社，1996。

② See The Law Reform Commission of Hong Kong，Copyright Subcommittee：Reform of the Law Relating to Copyright，1993.

③ 参见蒋鸿雁：《简论香港的版权法律保护》，载《法学评论》，1996（6）。

（1）关于法律传统。自 20 世纪末以来，以清末民初的立法改制为开端，中国法制开始认识和接受西方法律文化，经过几十年的努力，逐步将自己固有的法律制度进行改造。经过近一个世纪的发展，尽管各地区政治、经济、社会情况发生很大变化，但中国法制始终是循着大陆法系传统的方向演进。[①] 就著作权领域而言，在其制度创立之初，诸区域的立法者分别按照“人格价值观”和“财产价值观”设计了各自的著作权制度。无论是相关用语、基本原则还是具体制度，奉行普通法传统的香港版权法与具有大陆法系特点的中国大陆、澳门著作权法以及台湾地区有关规定都有明显的差别。但这种法律传统的分类不是绝对的。台湾地区的规定以作者权为基础，但又采用了英美法系的某些做法。该规定将法人视为作者，承认其著作权主体资格，将邻接权客体列为一般著作物，直接移植合理使用的四项判断规则等，表明台湾地区深受普通法系国家特别是美国相关立法的影响。香港法虽保留有英国版权法的烙印，但也出现某种“变异”迹象。新《版权条例》改变版权中的单一财产构成，明文规定作者的人身权利，设定作者的人身权利享有与财产权利相同的有效期；专章规定表演者权与表演节目录制者权，以此区别于版权。这些做法显然是吸收了大陆法系的精华。中国大陆法采取以保护作者精神权利为中心的理论基础以及人身权利与财产权利相结合的著作权“二元论”观点，基本上属于大陆法系的传统。但其具体制度结合中国国情，博采众家所长，在著作权主体制度、著作权限制制度、软件著作权制度等方面都参考了英美法系国家的做法。可以说，除澳门法 30 年来无一变革而保留其大陆法系传统的“纯净”外，中国大陆、香港地区的相关立法和台湾地区的有关规定已出现某种趋同，两大法系互相渗透、互相交融的现象在上述地区的著作权制度中表现明显。

（2）关于著作权法的地位。在大陆法系国家里，民法始终是其法学与法制发展的基础，或者说，民法乃是其传统的真正核心。关于著作权法与民法的关系，在中国大陆与台湾、澳门地区的学理中，一般认为两者同为规范私权的法律，著作权法被视为民法的特别法。但在实际编制上，三个地区则有所不同。在中国大陆，除有专门著作权法律外，作为基本法的《民法通则》也对含有著

---

① 参见米也天：《澳门法制与大陆法系》，147 页，北京，中国政法大学出版社，1996。

作权的知识产权作出规定。在台湾地区，其“民法典”对著作权等没有作出特别规定。该类权利虽为私权，但因其权利取得与一般民事权利不同，多涉及行政管理活动，所以“六法全书”将上述规定列入“行政法规”范畴。在澳门地区，诸如《民法典》等五大法典之下存有《道路法典》《物权登记法典》《工业产权法典》等“小法典”。著作权法可充作此类小法典。目前，澳门立法机关正以葡萄牙1966年《民法典》为基础编制本地区法典，从草案所设总则、债法、物法、家庭法和继承法五编来看，尚不可能含及著作权等知识产权问题。与上述法律传统不同，香港地区没有所谓的民法部门，其版权法始终是一个独立的、专门的法律制度，未能被纳入某一法律体系之中。但是，出于版权即为动产的传统观念，在学理上，版权与其他知识产权可以归类于财产法。

（3）关于立法宗旨。在国际知识产权现代化、一体化潮流的推动下，中国诸区域著作权制度在立法技术上虽表现出各自风格，但在立法目的与基本原则方面却产生整合。现代著作权立法的重要目标，在于保护作者的合法权益，促进作品的广泛传播。大陆、台湾地区、香港地区在其20世纪90年代修律活动中，都采用了作品利益均衡协调与著作权有限保护的现代立法原则。中国大陆《著作权法》第1条申明，保护作者的著作权以及与著作权有关的权益，鼓励作品的创作和传播，促进文化、科学事业发展与繁荣。台湾地区的规定第1条阐明，保障著作人著作权益，调和社会公共利益，促进文化发展。香港法虽无类似总则条款，但其具体制度的设定亦体现了这一立法思想。除去立法技术的某些差异，诸区域就协调创作者、传播者、使用者（消费者）三者之间的利益，制定了相同的著作权制度与规则：1）关于创作者与雇主或单位的关系。通过对雇佣作品或职务作品的规定，明确著作权的归属与行使，兼顾创作者与雇主或单位的各自利益。2）关于创作者与传播者的关系。通过授权许可使用、法定许可使用（或强制许可使用）制度以及著作权集体管理制度等，在支付创作者报酬的条件下，为传播者充分利用作品提供便利。3）关于创作者、传播者与使用者（消费者）的关系。通过合理使用制度，允许在一定范围内自由而无偿使用他人的作品，对著作权、邻接权进行适当的限制。总之，以保护著作权益为核心，在权利“保护”与“限制”中寻求均衡，是中国诸区域著作权制度的现代特点之一。

(4) 关于立法体例。此处所讲的立法体例，主要是指著作权法的外部表现形态以及法律条文的安排、布局问题。中国大陆、澳门著作权法和台湾的“著作权法”，具有大陆法系立法技术风格，注重法典的体系排列，讲求规定的逻辑性，其体例结构一般有总则、本文、附则、附录或注释。为配合本法的实行，还制定有实施条例或细则。中国大陆法目次分为章、节、条。其条文简练、概括性强，体系安排得当，专章系统规定邻接权深受称道。但现行法若干条文略嫌粗疏，不敷使用，因而往往求助于实施条例对本法予以补充。以实施条例“超越”基本立法进行“立法”解释，这一弊端已引起有关人士高度重视，可望在著作权法修订时纠正。台湾地区的规定目次分章、节、条，内容较多的地方在节、条之间增设“款项”。现行规定第三章“著作权”安排 66 条之多，占全部条文的 1/2，较好地把握了问题的重心；第六章“权利侵害之救济”，侧重侵权诉讼，给予著作人以司法救济，符合当今通例。澳门法目次分为章、节、条。其重点章节规定作品的利用，计有一百余条。有关各类许可使用合同的规定，条款内容丰富，有独到之处。但该法将人身权与财产权分章规定，对著作权转让与许可使用分开处理，显得与立法通例不合。香港法在文体、规范结构、系统化方面保留了普通法系的立法技术风格，但其体例安排与其他区域相关制度并无多大差别。现行《版权条例》在目次上分为部、分部、类、条。该条例无总则，仅有简短的导言。条款内容翔实，具可操作性，但若干表述存在重复。综观诸区域著作权法的体例安排，有两点值得注意：第一，著作权法概为保护作者权利之实体法，但现行法一般都规定侵权诉讼程序，含有司法救济的诸多条款，即在实体法之中规定有程序法内容。第二，著作权法应为规范私权之私法，但现行法多设有行政管理及含有刑事责任的罚则，具有公私法结合的特点。①

(5) 关于著作权主体。作者是著作权的原始主体。中国大陆《著作权法》规定创作作品的公民是作者，但在法律规定的条件下，法人或非法人单位也可以视为职务作品的作者。② 台湾地区的规定原则上只承认自然人为作者，但有

① 参见沈关成等：《台湾知识产权法与大众传播法》，121 页，北京，中国广播电视出版社，1993。

② 参见中国《著作权法》第 11 条，第 19 条。

特别约定的，职务创作中的法人或者其代表人也可以成为作者。[①] 香港法中的作者包括自然人和法人。[②] 澳门法只承认自然人是作者，即使是雇佣作品，也不能排除作者的著作权。[③] 其中，香港法与澳门法各具典型英美法系与大陆法系特点，而中国大陆法与台湾地区的规定对此却作灵活规定。关于著作权继受主体，中国大陆法规定任何人可以通过合同或者法律的规定取得著作权，包括国家也有资格享有著作权。[④] 台湾地区的规定除规定继承与合同转让外，还规定了国库或地方自治团体取得著作权的情形。[⑤]香港法除有一般继受主体的条款外，还专门规定了政府版权、立法局版权。[⑥]澳门法仅规定了依合同或继承所发生的著作权转移。[⑦]关于外国人的主体资格，国际公约规定的作者国籍原则（缔约国作者或在缔约国有经常居所的作者的作品在该国受到保护）适用于中国大陆和香港、澳门地区。台湾地区虽规定给予外国人作品以保护，但未采用作者国籍标准。[⑧]该类公约所规定的作品国籍原则（无论是否为缔约国作者，只要其作品在缔约国首先发表的即在缔约国内受到保护），普遍为诸区域所采纳，但台湾地区的规定对此有所限制，即在该外国人之所属国给予台湾地区居民对等保护的条件下方可适用。[⑨]

（6）关于著作权客体。受著作权保护的作品，必须具备一定的条件。独创性是著作权作品的实质条件，诸区域在对作品进行解释或分类时都有所强调。至于形式条件，中国大陆和台湾、澳门地区均未作要求，即作品无论以何种形式表达都给予保护[⑩]；但香港法则以作品的固定作为取得版权的形式要件[⑪]，其规定同于英国法。中国诸区域上述规定符合《伯尔尼公约》精神，但相对而言，中国大陆、台湾及澳门地区的著作权客体范围更为宽泛。关于著作权作品的种类，诸区域的规定大体相当。中国大陆法采取例示主义的立法方法，除将

①⑤⑧ 参见台湾地区“著作权法”第 11 条，第 42 条，第 4 条，第 4 条第 1 款。

②⑥ 参见香港《版权条例》第 11 条，第 182 条，第 184 条。

③⑦ 参见澳门《著作权法》第 38 条，第 33 条。

④ 参见中国《著作权法》第 11 条，第 19 条。

⑨ 参见台湾地区“著作权法”第 11 条，第 42 条，第 4 条，第 4 条第 1 款。

⑩ 参见中国《著作权法》第 3 条第 2 款，台湾地区“著作权法”第 13 条，澳门《著作权法》第 1 条。

⑪ 参见香港《版权条例》第 4 条，第 6～9 条，第 208～211 条。

作品分为若干类别外，还特别补充“法律、行政法规规定的其他作品”[①]，其包容性强，也比较科学。台湾地区的规定采用统一标准进行作品分类，较旧规定更为科学、严谨，同时也增列若干新作品，扩大了保护范围。[②] 但该规定将邻接权对象作为著作权作品，在体例上不尽协调。香港法的版权客体范围较广，涵盖了各种电子作品。[③] 该法将若干邻接权对象纳入版权作品之中，系由其法律传统使然，但它将录音分别置于相关权与版权的保护之下[④]，在立法技术上似有可以斟酌之处。澳门法的作品分类比较科学，列举范围详尽，以至作品标题也在保护之列。[⑤] 但其规定缺乏现代气息，尚未涉及计算机软件等电子作品。

（7）关于著作权内容。著作权包括著作人身权与著作财产权。关于人身权利部分，《伯尔尼公约》要求保护的作者身份权和作品完整权，在诸区域著作权制度中都有所体现。此外，中国大陆法还保护发表权、修改权[⑥]；台湾地区特别规定了发表权[⑦]；香港法增列了免于被虚假署名的权利[⑧]；澳门法独树一帜地规定了已发表作品的收回权。[⑨] 关于著作人身权的属性，各地区采取了不同的立场。中国大陆法强调署名权、修改权、作品完整权的保护期不受限制，发表权的期限同于著作财产权，上述人身权利不可转让或继承；台湾地区规定著作人身权不可转让、不可继承，无时间限制；澳门法则规定人身权利永远受到保护，可以继承，但不可转让；香港法沿用英国法律传统，规定精神权利不可转让，但可以继承，可以放弃。关于财产权利部分，诸区域著作权都规定了《伯尔尼公约》要求保护的翻译权、复制权、表演权、广播权等。此外，中国大陆法特别规定了注释权、整理权和专门授予外国作品著作权人的进口权[⑩]；香港法专门列举了“向公众提供作品的复制品”的权利[⑪]；澳门法规定了其他

① 中国《著作权法》第 3 条。

② 参见台湾地区“著作权法”第 5 条。

③④ 参见香港《版权条例》第 4 条，第 6～9 条，第 208～211 条。

⑤ 参见澳门《著作权法》第 2 条，第 6 条第 1 款。

⑥ 参见中国《著作权法》第 10 条第 1 款、第 3 款、第 5 款。

⑦ 参见台湾地区“著作权法”第 15 条，第 26 条，第 3 条第 5 款。

⑧⑪ 参见香港《版权条例》第 96 条，第 26 条，第 23 条第 2 款。

⑨ 参见澳门《著作权法》第 58 条，第 59 条。

⑩ 参见中国《著作权法》第 10 条第 1 款、第 3 款、第 5 款。

地区未予保护的追续权。[①] 这些规定各有特色，都提高了著作权的保护水平。值得注意的是，中国大陆法规定“将表演或景物机械地录制下来”不视为视听作品[②]，这种关于制片的解释有独到之处；台湾地区的规定将临摹排除在复制行为之外，且将根据设计图及模型建造建筑物的行为称为复制[③]，这种规定符合国际保护著作权制度的发展趋势；香港法所规定的复制，包括以电子方法将作品贮存于媒体的行为[④]，该项条款也为国际立法所少见。

（8）关于邻接权。邻接权（或称为相关权）是国际上对作品传播者所享有权利的通称，包括表演者权、唱片制作者权和广播组织者权。从立法例而言，中国诸区域关于邻接权的规定，大体可以分为三个类型：一是中国大陆法，专章规定各项邻接权[⑤]，并将它们与著作权并列同置于一部法律，具有典型的大陆法系特点。二是香港法，师承英国法律传统，对传播者的权利采取分别式规定，即录音、广播作为一般版权作品[⑥]，表演及对表演的录制作为相关权的保护对象。[⑦]录音跨越版权与相关权的立法例虽不多见，但有助于提高保护水平，使权利人在受到侵害时可酌情选择适当规定请求保护。[⑧] 三是台湾地区的规定与澳门法。目前该两地仅限于保护唱片。其中澳门采取单行立法的方式[⑨]，对唱片的作者给予类似著作权即相关权的保护；而台湾地区的规定将录音作为一般著作物对待[⑩]，即制作者可以享有著作权。1994 年台湾地区“内政部”提出“著作权法”修正案，拟将表演列为表演著作。此类做法与台湾地区所沿袭的大陆法系传统不合，遭到学者的批评。[⑪] 《罗马公约》与《知识产权协议》要求缔约方对邻接权给予全面保护，就中国诸区域现行规定说来，台湾地区的规定和澳门法尚有差距。

---

① 参见澳门《著作权法》第 58 条，第 59 条。

② 参见中国《著作权法》第 10 条第 1 款、第 3 款、第 5 款。

③ 参见台湾地区“著作权法”第 15 条，第 26 条，第 3 条第 5 款。

④ 参见中国《著作权法》第 4 章第 2～4 节。

⑤ 参见中国《著作权法》第四章“出版、表演、录音录像、播放”。

⑥⑦ 参见香港《版权条例》第 6 条，第 8 条，第 200 条。

⑧ 参见郑成思：《知识产权与国际贸易》，192 页，北京，人民出版社，1995。

⑨ 参见澳门第 4/85/M 号法律。

⑩ 参见台湾地区“著作权法”第 5 条第 8 款。

⑪ 参见黄三荣：《表演著作》。

（9）关于著作权限制。著作权限制主要涉及合理使用、法定许可使用和强行许可使用。合理使用是中国诸区域著作权法的通行制度。中国大陆法关于合理使用范围大体与国际惯例相当，但新闻报道使用、转载或转播使用、免费表演等情形①在使用条件方面与国际公约尚有不尽一致之处。此外，汉族文字作品的翻译使用与非营利性播放已经出现的录音制品②，与国际公约存在一定冲突。台湾地区“著作权法”参照美国立法例，提出了判断合理使用的四条标准③，并在严格限定使用条件的基础上，规定了较大的合理使用范围。④香港法的合理使用条款，基于版权作品与相关权表演、录制品的分类而分别加以规定⑤，内容多有重复，表述有失简练；但其合理使用范围十分宽泛，规定细密而具操作价值。澳门法关于合理使用的规定⑥，条款较为粗略，限于复制、表演等少数情形，对现代传播方式中的合理使用未作反映。中国大陆法适用法定许可制⑦，其目的在于调整作者与传播者的关系，简化著作权手续，促进作品的“二次使用”。台湾地区的规定独采强制许可制⑧，主旨在于解决音乐作品的录音制作与翻译权强制授权问题，其规定吸收了国外特别是美国相关立法经验。香港法因其版权中介团体发达、版权特许制度健全，便于作品传播与利用，所以无法定许可使用与强制许可使用的规定。澳门法对上述制度没有涉及。

（10）关于著作权利用。著作权利用包括转让、许可使用、质押三种情形。除中国大陆外，台湾、香港、澳门地区都规定了著作财产权转让制度。⑨ 三地著作权制度允许财产权全部转让或部分转让，并采取严格的形式主义，台湾和澳门地区还要求以著作权为标的的物权合同必须登记注册，否则不能对抗第三

①② 参见中国《著作权法》第22条第3、4、9、11款，第43条，第32条，第35条，第40条第2款。

③④ 参见台湾地区“著作权法”第65条，第44～63条，第67～73条。

⑤ 参见香港《版权条例》第37～88条，第240～261条。

⑥ 参见澳门《著作权法》第181～188条。

⑦ 参见中国《著作权法》第22条第3、4、9、11款，第43条，第32条，第35条，第40条第2款。

⑧ 参见台湾地区“著作权法”第65条，第44～63条，第67～73条。

⑨ 参见台湾地区“著作权法”第36条；香港《版权条例》第101条，第102条；澳门《著作权法》第38～46条。

人。对于未来著作权的转让，台湾地区“著作权法”未作规定，香港法从尊重当事人意愿的原则出发，允许未来版权所有人将其权利全部或部分转让给他人[①]；澳门法出于保护作者利益的考虑，将该种转让限制在作者10年内所能创作出来作品的著作权。[②] 许可使用是诸区域著作权利用的普遍形式[③]，各地区都规定了专有许可使用与非专有许可使用两类合同，不同的是，香港法奉行协议自由主义原则，合同内容多由当事人自行约定，而大陆法则详细列举了许可使用合同的指导性条款。[④] 澳门法不仅规定了许可使用合同的一般条款，还详尽列举了各类著作权合同的必备条款。[⑤] 关于著作权质押，中国大陆《著作权法》未作规定，但其担保法含有上述内容。台湾和澳门地区的相关法律都规定有著作权质押。三地都规定质押合同须进行登记，中国大陆《担保法》将登记作为合同生效即约束当事人的条件，台湾地区的规定和澳门法则将登记作为对抗第三人的根据。大陆《担保法》规定著作权出质后，出质人不得转让或许可他人使用，意在保护债权人的利益；台湾地区的规定则允许著作权人在出质期间行使权利，其目的是保护著作权人的利益。

（11）关于侵权与救济。诸区域采取不同方法规定了侵权行为的类型。中国大陆《著作权法》对直接侵权行为作了例示性规定，又以其他侵权行为的名义作为概括性补充。[⑥] 其立法有可取之处。台湾地区的规定对侵权行为作了概括性描述，并未详细列举类型，但对某些间接侵权行为的表现形式作了说明[⑦]，与国际通行的做法较为一致。澳门法在对侵权行为作了概括性规定的同时，对几种特别侵权行为作了专门规定。[⑧] 香港法则完全采用例示主义的立法例，无论是直接侵权行为还是间接侵权行为都有详细描述[⑨]，这便于操作，但

---

① 参见香港《版权条例》第102条。

② 参见澳门《著作权法》第46条第2款，第44条，第71～177条。

③ 参见中国《著作权法》第3章；台湾地区“著作权法”第37条，第41条；香港《版权条例》第18条，第103条；澳门《著作权法》第40条。

④⑤ 参见中国《著作权法》第24条。

⑥ 参见中国《著作权法》第45条，第45条第1款。

⑦ 参见台湾地区“著作权法”第87条，第85条第2款，第91～102条。

⑧ 参见澳门《著作权法》第190～194条，第197条。

⑨ 参见香港《版权条例》第23～35条，第89～96条，第202～207条，第209～211条，第109条，第118～120条。

难免有所疏漏。诸区域对侵权行为都规定有救济措施。关于民事救济制度，各地区基本上采用了国际公约所要求的民事救济手段，除此之外，还规定了各自独有的救济方式，如中国大陆法的消除影响、赔礼道歉[①]，台湾地区规定的名誉回复请求权[②]，香港法的交付令等。[③] 但是，诸区域都未采用《知识产权协议》关于责令侵权人提供与侵权行为有关的信息这一救济措施。关于刑事救济制度，中国大陆原未规定犯罪与制裁，为顺应国际著作权制度发展的趋势，于1994年颁布了《关于惩治侵犯著作权的犯罪的决定》，1997年新刑法中增加了侵犯著作权犯罪的条款。台湾地区的规定中有关刑事责任的规定比较详细，刑事犯罪种类比较多样，惩罚比较严厉[④]，这种做法受到好评。香港法对侵犯版权罪作出规定，其罚金和监禁的处罚较重[⑤]，但该法未对侵犯作者人身权利和相关权利的行为作出刑事规定，似有缺憾之处。澳门法对各类侵权行为都规定了刑事制裁，但处罚力度较轻[⑥]，不适应打击侵犯著作权犯罪的需要。关于行政救济制度，中国大陆和香港地区都赋予行政机关制裁侵权行为的行政处罚权，特别是通过海关监督控制侵权物品进出境，台湾地区也有类似规定，这些都符合《知识产权协议》的要求。澳门法仅在第207条对著作权人请求行政救济作了原则性规定。

三、中国区际著作权冲突法探讨

所谓区际法律冲突，是在一个主权国家领土范围内不同的独特地区民商事法律制度之间在同一层面上的冲突。中国区际法律冲突，具有区别于其他复合法域国家内区际法律冲突的显著特点：它既有属于同一社会制度区域之间的冲突（如台、港、澳之间），又有不同社会制度区域之间的冲突（如中国大陆与

---

① 参见中国《著作权法》第45条，第45条第1款。

② 参见台湾地区“著作权法”第87条，第85条第2款，第91～102条。

③⑤ 参见香港《版权条例》第23～35条，第89～96条，第202～207条，第209～211条，第109条，第118～120条。

④ 参见台湾地区“著作权法”第87条，第85条第2款，第91～102条。

⑥ 参见澳门《著作权法》第190～194条，第197条。

台、港、澳之间）；在四大区域内，它们既构成同一法系之区域之间的冲突（如中国大陆与台、澳之间），也存在不同法系之区域之间的冲突（如中国大陆、台、澳与香港之间）。此外，这种区际法律冲突，不仅表现为各区域法律或规定适用上的冲突，而且表现为国际条约适用于某一地区而不适用于另一地区，并由此导致一地区本土法律或规定与另一地区适用的国际条约之间以及两地区适用的不同条约之间的冲突。

一般认为，区际法律冲突的产生须具备以下条件：（1）在一国内部，存在着数个具有不同法律制度的区域；（2）各区域居民之间民事交往导致产生众多的涉外民事法律关系；（3）各区域相互承认外区域的自然人和法人在本区域的民事法律地位；（4）各区域相互承认外区域的法律在自己的域内的域外效力。① 在一国两制的社会条件下，中国的各区域施行互不相同的法律或规定。这样，在区际民事交往中，“当某一事项或一项争议涉及两个或两个以上的地区时，究竟应适用哪个地区的法律处理争议问题，亦即区际法律冲突问题，不可避免地会产生”②。

著作权法律冲突的成因，除上述一般条件外，还源起于下列两个方面：

第一，著作权地域原则的制约。著作权作为一种专有权利在空间上的效力并不是无限的，它要受到地域的限制。按照一国法律获得承认和保护的著作权，只能在该国发生法律效力而不能自动延伸至域外。在中国的区域内，存在着各自独立的著作权制度，各区域都未承认其他区域的相关制度在本地区的效力。因此，在中国长期并存两种社会制度和两种法律传统的条件下，当著作权争议涉及两个以上地区时，即会产生相应的法律冲突，在“版权的确认、版权的保护上也会长期受到地域性原则的制约”③。由于著作权地域性因素的存在，居住在任何一区域的居民所创作的作品，并不当然受到其他区域的著作权保护。即使该区域根据其与其他区域签订的协议或适用互惠原则给予保护，但在保护的标准及水平上，由于不能直接适用作者所在地法律或规定，也会造成不

① 参见黄进：《区际冲突法研究》，229页，上海，学林出版社，1991。

② 韩德培主编：《国际私法新论》，448页，武汉，武汉大学出版社，1997。

③ 郑成思：《台湾的“关系条例”与大陆作者在台的版权问题》，载《法学研究》，1993（4）。

同区域对同一作品保护水平的差异。

第二，著作权实体规范的差异。新的传播技术的出现和新的国际经济秩序的形成，推动了著作权制度的现代化、国际化进程，带来两大法系在著作权立法方面的某种趋同。但是，由于各国科学文化发展的不平衡以及法律传统的不一致，立法者在遵循国际公约所规定的最低保护标准的同时，也会通过国内法保持其著作权保护的独立性。就中国诸区域而言，著作权规范也必然存在着差异，例如：在著作权主体资格方面，依据大陆法享有主体资格的非法人单位能否在未有这一规定的其他地区获得承认？在著作权客体方面，仅受香港法保护的政府作品能否在其他地区自由使用？在著作权内容方面，享有出租权的台湾人或香港人向澳门人转让该项权利，能否在尚无该权项的澳门产生效力？在邻接权方面，录音在大陆法、澳门法与香港法、台湾地区规定中有着不同的条款，诸区域如何解决同一录音享有著作权或相邻权的冲突？在著作权利用方面，大陆作者与其他三地出版商签订的著作权许可使用合同，其合同期限遇有诸区域不同规定时如何解决？在著作权限制方面，各地区关于合理使用的规定存在明显差别，在一地区视为合理使用的行为可能在另一地区以侵权论，法律或规定对此应如何解释？上述规范的差异必然带来法律或规定适用上的冲突。

著作权法律冲突的存在，妨碍了中国大陆和台湾、香港、澳门地区人民正常的科技文化交流，不利于诸区域之间著作权贸易的开展，同时也难以有效地保护著作权人的合法利益。因此，采取适当的措施，合理地解决著作权法律冲突，是各地区相关人士共同关心的问题。

国际社会寻求解决国家之间法律冲突的做法，或许对我们有某种启迪。自19世纪下半叶以来，主要西方国家通过缔结国际公约，确立一个为各成员国都能接受的最低限度保护标准，以努力缩小与避免各国在著作权保护方面的差距。但是，各国立法中的实际差异，依然引发法律适用的冲突。因此，法律界转而利用冲突法理论解决上述问题。20世纪初，法国国际私法学者毕耶（Pillet）和尼波埃（Niboyet）曾主张在知识产权保护上应适用被请求保护的国家的法律，而权利的产生和存续应受原始国法（权利的最初授予国法）的支配。[①] 目

---

① 参见李双元等：《中国国际私法》，281页，北京，海洋出版社，1991。

前，对于包括著作权在内的知识产权的法律适用问题，国际上存在着以下几种主张：(1) 适用原始国法律说，即适用权利产生国法律或有关权利首次授予国法律；(2) 适用保护国法律说，即适用实施权利行为或侵权行为发生地法；(3) 综合适用原始国法律和保护国法律说，即对权利的行使适用保护国法，而对权利的产生和存续适用原始国法；(4) 当事人意思自治说，即通过当事人的自由选择来确定所适用的法律；(5) 最密切联系地说，即综合著作权关系所涉及的各种因素，适用与该法律关系有最密切联系地的法律。

目前，在国际立法实践上，《伯尔尼公约》等国际条约主张适用保护地法。英、德、荷等国从地域管辖的原则出发，在国内法中也规定适用保护国法。但在权利的成立上，这些国家并不排除适用原始国法律。1978 年《奥地利联邦国际私法》第 34 条规定，无形财产权的创立、内容和消灭，依适用行为地法或侵权行为地国家的法律。1988 年《瑞士联邦国际私法》第 110 条、第 111 条规定：(1) 知识产权由请求保护国的法律支配；(2) 当事人可就侵权事件约定适用法律地法；(3) 有关知识产权合同适用该法有关合同的规定。

自 20 世纪 80 年代以来，中国诸法域也逐步考虑著作权法律冲突问题，其中大陆与台湾地区还作出了一些政策性规定。中国大陆法主张，给予港、台同胞与内地人以同等保护而不应有所歧视。国家版权局于 1987 年 12 月发布《关于出版台湾同胞作品版权问题的暂行规定》，即是解决台、港、澳同胞在大陆取得著作权保护的重要文件。① 其主要内容是：(1) 台、港、澳居民对其创作的作品，与大陆作者享有同样的著作权。在居民居住地法与大陆法发生法律规定不一致的情形时，适用大陆法；(2) 大陆出版者使用台、港、澳居民的作品，应取得作者或其他著作权人的授权，有关著作权合同应报国家版权局登记审核；(3) 台、港、澳居民的著作权，在大陆受到侵犯时，可请求侵权者所在地版权管理机关处理或向当地法院诉讼。以上可见，中国大陆法在解决其他三地作者的著作权保护问题时，适用的是现行实体法，给予台、港、澳同胞同等的著作权保护。

台湾地区于 1992 年公布施行的“台湾地区与大陆地区人民关系条例”及

---

① 该文件第 7 条规定，有关台湾同胞著作权保护的规定适用于香港、澳门同胞。

其实施细则，是台湾方面处理现阶段两岸交往事务的综合性法律规范，其中若干条文涉及著作权保护问题。该条例主张，“台湾地区人民与大陆地区人民间之民事事件，除本条例另有规定的外，适用台湾地区之法律”。这即是说，除条例关于“侵权行为依损害发生地之规定”等个别情形外，一般采用台湾地区有关规定解决两岸著作权纠纷。但是该条例又规定，大陆作者的著作权在台湾地区受到侵害时，其告诉或自诉权利，应以在大陆享有同等诉讼权利者为限。这表明，台湾地区对大陆作者适用的是互惠原则，并未给大陆作者与台湾地区作者以同等保护。关于法律适用问题，有大陆学者认为，该条例规定有“以权利为标的之物权，依权利成立地之规定”。其中“以权利为标的之物权”应包括著作权，因此因著作权而发生的法律冲突，适用著作权成立地法。[①] 台湾学者持相反意见，认为以权利为标的之物权“多系准物权或权利质权”，而非无体财产权，因此著作权的适用应受“属地主义”支配。[②] 笔者认为，依民法一般原理，著作权之标的概为知识形态的精神产物而非法律形态的权利，以权利（民法所称的无体物）为标的的物权一般系所有权之外的其他物权。[③] 因此，台湾学者的解释似更为准确。

中国诸法域关于法律适用问题的规定是有益的，但毕竟是初步的。从长远来看，解决中国区际著作权法律冲突，应着眼于区际冲突法方式和统一实体法方式。考虑到现存问题的复杂性与解决问题的艰巨性，上述方式应采取分段实施，逐步渐进的原则与步骤。

（1）适用各自的国际私法规范及特别冲突法规范，以解决区际著作权法律冲突。各法域都有自己的冲突法规范：大陆《民法通则》专章规定了“涉外民事法律关系的法律适用”，若干单行法规也含有相关问题的法律适用规定；香港则可适用其制定法和普通法的冲突规范；澳门现行民法典也有相应解决法律冲突的规则；台湾地区则制定有专门的“涉外民事法律适用法”及“台湾地区与大陆地区人民关系条例”。上述冲突法规范为解决区际著作权法律冲突提供

① 参见郑成思：《台湾的“关系条例”与大陆作者在台的版权问题》，载《法学研究》，1993（4）。

② 参见萧雄淋：《两岸著作权法之比较研究》，157页，台北，三民书局，1992。

③ 参见梁慧星：《民法总论》，80页，北京，法律出版社，1996；钱明星：《物权法原理》，26页，北京，北京大学出版社，1994。

了一般解决途径：关于著作权取得与保护水平的准据法，适用被请求保护地法；关于侵犯著作权行为的准据法，适用侵权行为地法、法院地法或当事人住所地法；关于著作权合同准据法，适用当事人选择的法院地法、合同行为地法或当事人住所地法等；关于著作权继承的准据法，适用被继承人死亡时住所地法。

（2）在“一国两制”条件下，适时制定中国统一的区际冲突法。目前港、澳、台之间类推适用国际私法规范，大陆与台湾地区之间适用特别冲突法规范，中国大陆与港、澳之间适用特别冲突法规范或类推适用国际私法规范，并非长久的理性选择。各地域应尽快制定和完善相应的法律选择规范，构建健全的各自区际冲突法体系，并努力向解决法律冲突的高级阶段迈进。① 这即是说，待中国完成统一大业之后，参照国际上解决法律冲突的通例及各自制定特别冲突法的有益经验，适时制定一部全国统一的区际冲突法。

（3）在“一国两制”的成熟发展阶段，谋划著作权统一实体法。在未来中国诸法域关系理顺、条件成熟的时候，各地区本着促进和维护国家统一、平等互利、保障民事交往的原则，在共同基础上制定出全国范围有效的著作权实体法，最终避免和消除著作权问题上的区际法律冲突。可以预料，这将是漫长的等待，但也会是中国著作权法历史发展的必然。

结　语

根据“一国两制”的构想，多种法律形式将在中国一国范围长期共存。有鉴于此，我国的著作权法律将逐步发育成若干子系统组成的母系统，其主干是中国大陆的社会主义法，同时包括依中国宪法所设立的特别行政区相关法律所构成的子系统。在诸法域中，著作权制度既有相容相近的共同规则，又存在着实际的差别，这是著作权立法传统性与时代性、一体化与本地化共生并存的必然。我们有理由说，审视制度规范差异，寻求冲突解决途径，将不仅是学者进行中国区域法律制度比较研究的理论探索，而且会是中国施行“一国两制”伟大目标的重要实践。

---

① 参见陈小君主编：《海峡两岸亲属法比较研究》，358 页，北京，中国政法大学出版社，1996。

论合理使用*

在著作权法中，合理使用是一个最易引起争议而又难以为人理解的规则。[①] 经过一个多世纪的司法实践与理论酝酿，这一制度率先为英美法系国家确认，继而成为现代各国著作权立法的通例。我国《著作权法》虽对此有所规定，但该制度尚未引起学者们的足够重视。为此，本文不揣浅陋，拟从多个角度对合理使用进行多维的研究，以期就教于各位读者。

一、合理使用制度的历史探索

1709 年的《安娜法令》是世界上第一部具有现代意义的著作权法，该法以创作者为主要保护对象，将作者视为第一个应当享有作品权益的主体；赋予创作者以翻印、出版、出售其作品的专有权，将这种权利视为可自由转让的财产权。《安娜法令》在著作权法的发展历史上无疑具有里程碑的作用，但该法未能顾及协调作品创作者与传播者、使用者之间关系的基本规范，即合理使用制度。

合理使用制度经历了由判例法到成文法的演变过程。它肇始于英国判例法。从 1740 年到 1839 年，英国法官在其审判活动中创制了一系列的规则，即

---

* 原载《法学研究》，1995（4）。

① See L. Ray Patterson，Stanley W. Lindberg，The Nature of Copyright：A Law of Users' Right，p. 66，1991.

允许后来作者未经前任作者同意而使用其作品，草创了有关合理使用的范围、功用及法理基础；尔后，这一制度成就于美国判例法。1841 年美国法官 Joseph Story 在审理 Folsom v. Marsh 一案中，集以往相关判例法规则之大成，系统阐述了合理使用制度的基本思想，以至后来成为美国立法的基础，并对各国著作权立法产生了深远的影响。

在早期的版权司法实践中，英国法官已认识到未经允许使用他人作品的合理性，即允许后来作者以创作新作品为目的，以诚实信用为原则，可以不经允许，不付报酬而使用前任作者的作品。英国的合理使用制度发端于“合理节略”（fair abrigement)。1740 年，在 Gyles v. Wilcox 一案中，法官提出：（1）真实而合理的节略、摘用有版权的作品，将不承担侵权责任；（2）允许此类节略、使用在于其具有创新、学习和评论的意义。但该判例未能阐明“合理节略”的理由，亦未对摘用的“真实性、合理性”的标准作出说明。[①] 1803 年的 Cory v. Kearsley 一案所表述的判决理由，是合理使用理论发展的一次飞跃。原告系《道路指南》一书的作者，指控被告侵权，其理由是：被告作品中某些地名及其距离同于原告之作，原告的数处错误亦出现在被告作品之中。法官认为：道路距离如系准确，两部作品必须相同。原告作品印刷错漏之处，被告作出自己的观察后已有多处纠正，因此不能视为侵权。在该案判决中，法官第一次使用“合理的使用”（used fairly）的概念以取代“合理节略”的说法，并指出后者表述的只是对作品节略、缩写的基本含义，而前者意味着对他人作品提供的材料有着完全的崭新的创造，由此而产生对公众有益的新作品。[②] 从 1807 年到 1839 年的诸多案例中，英国法官关于合理使用著作权作品的思想逐渐成熟，他们开始使用“fair dealing”的概念以表明引用他人有版权作品而进行新的创作的合理性，反对简单的复制，从而完全脱离了“合理节略”的原意（1839 年 Lewis v. Fullarton 案）；他们注意到合理使用必须以尊重作者权益为前提，即引用他人作品而创制的新作不得挤占原作的市场（1807 年 Worth v. Wilkes 案），引用他们的作品必须有数量的限制和价值的考虑（1836 年 Bram-

---

①② See William F. Patry，Fair Use Privilege in Copyright Law，pp. 6，10，13，15，17，1986.

well v. Halcomb 案）。[①] 至 19 世纪，英国法院已普遍采用合理使用原则，以此作为侵犯版权的例外。1911 年法令始以成文法的形式明确规定了合理使用制度，以后的 1956 年《版权法》和 1988 年《版权法》都继承了这一规定。[②]

一般认为，1841 年美国法官约瑟夫·斯托里在 Folsom v. Marsh 一案中的判决，是美国历史上第一次对合理使用规则的系统表述。法官将英国判例法中关于合理使用的规则创造性地运用于该案并作了理论化、系统化的说明，这即是著名的合理使用三要素：其一，使用作品的性质和目的。使用他人作品的目的是促进科学文化进步并有益于社会公众，其新作品必须付出创造性的智力劳动而不是简单的摘抄。其二，引用作品的数量和价值。大量引用原作或原作的精华部分，不能视为适当。其三，引用对原作市场销售及存在价值的影响程度。新作与原作往往是同一题材的创作，新作的出现有可能影响原作的销售市场或减少其收益，甚至有可能取代原作，因而必须考虑使用的经济后果。[③] 在约瑟夫·斯托里的影响和推动下，美国法院进一步深化了来自英国判例中“合理使用”这一普通法规则。这主要表现在：第一，大量引用他人的作品而不加注说明、评价，只是简单的复制，不能视为合理使用（Compbell v. Scott，1842 年）；第二，使用他人的作品不得出于有损于原作价值或销售市场的营利动机和目的（Scott v. Stanfore，1867 年）；第三，合理使用限于对他人作品材料的使用，而不能使用他人创作中的构思、风格和结构（Lawrence v. Dana，1868 年）[④]；第四，对不同的作品应有不同的合理使用要求。对于未发表作品的合理使用要严于已发表作品（允许合理使用未发表作品，但要顾及维护作者声誉和控制作品公开出现）。对于纪实作品的合理使用则宽于虚构作品（对于使用现存历史资料赋予作者较大的自由度，对于已将事实进行搜集、筛选而编创的作品则有限制）。[⑤] 美国法官关于合理使用的思想，对版权立法产生了重要影响。1909 年《美国版权法》修正案取消了未经允许即进行所谓“合理节

---

① See William F. Patry，Fair Use Privilege in Copyright law，pp. 6，10，13，15，17，1986.

② See William R. Cornish，International Copyright Law：United Kingdom，p. 52，1989.

③ See John S. Lawrence，Copyright Law，Fair Use and Academy，p. 10，1980.

④ See William F. Patry，Fair Use Privilege in Copyright Law，pp. 28，33，35，1986.

⑤ See Hany G. Henn，Copyright Law，p. 180，1988.

略”的规则，并在1976年《版权法》中对合理使用制度的目的和使用范围进行了系统的规定。

在现代各国著作权法中，合理使用制度已被普遍采用，以此作为对著作权的一种必要限制。多数著作权国际公约亦对此作了明确规定，从而使这一规则成为国际准则。《伯尔尼公约》对合理使用作了总的限定，即允许以合理的目的使用他人作品，但“必须符合公平惯例”；《罗马公约》则列举了合理利用他人有邻接权的表演、录音制品及广播的四种情形；《日内瓦公约》鉴于有的成员国使用反不当竞争法保护录制者权，因而未明确规定“合理使用”，但并不禁止其成员国采用这一制度。[①]

二、合理使用制度基础的法哲学考察

著作权法以维护作者权益作为其核心的立法原则，是以权利本位为基点的权利与义务的有机统一。著作权法发展的历史，即是从出版人本位过渡到创作人本位的发展史。在西方，无论是普通法系国家以经济价值观作为其立法理论基础，还是大陆法系国家在立法中奉行人格价值观的哲学思想，都坚持了一个最基本的共性，即以保护作者权益为核心。著作权制度的法律价值在于确立作者的权益在著作权法律关系中的首要和核心地位，以实现法律保护作者和促进文化交流的社会功能。但是，现代意义的著作权制度并没有拘泥于18世纪那种绝对的、放任的“个人本位”，而是在保护作者的著作权与限制作者的著作权中寻求均衡，即合理地消除作品创造者、作品传播者、作品使用者之间的冲突，力图实现在维护作者权益基础上的三者利益的均衡保护。因此，在为作者提供必要的创作条件和动力的同时，也保证传播者充分合理地利用作品传播的技术手段，保证大众广泛利用作品的渠道，从而推动整个社会创作繁荣与文化进步。实现这一平衡社会功能的法律调整器首推合理使用制度。

公平正义观是整个合理使用制度的基础。美国学者 William F. Patry 将合理使用称作一项“理性主义的公平原则”，“该规则充满公平正义观念并具有弹

---

① 参见郑成思：《版权公约、版权保护与版权贸易》，62页，北京，中国人民大学出版社，1992。

性因而无法定义"[①]。判断公平与否，一般是从社会正义的角度，以人们公认的价值观、是非观作为标准的，包括人们公认的经济利益上的"公正""合理"[②]。公平系来自道德的观念，提倡公平匡正偏私乃是法律的精神所在。

公平正义观在著作权法中具体表现为一种均衡思想。对此，美国版权学家保罗·戈尔茨坦认为，"合理使用的目的与版权法的基本宗旨并不矛盾，即充分发挥版权作品的使用效益以协调公众使用作品要求与作者权利主张的关系"。"法律一方面为保证作者个人利益的实现，规定了作者有权许可他人使用而收取转让费用，另一方面为保证公众利益的实现，在一定的范围内，允许其不经作者同意，不需支付报酬而使用版权作品。"[③] 美国法院在 1978 年衣阿华大学研究中心诉 ABC 公司一案中，精辟地描述了作者专有权利与公众使用权利的关系："合理使用制度的目的在确保公众对于社会信息的知悉权，公众自由获得信息的利益为法律采取版权限制手段所承认，但是合理使用不是传播媒介随意剽窃作品的许可证。"[④]

合理使用制度的价值目标，在于通过均衡保护的途径，促进科学、文化事业的发展。作为独占权利的著作权，在一定的范围内不应阻止作品的传播和使用。这一思想在构建合理使用制度之初就已显现。1803 年英国判例认为，"不经允许、不付报酬的使用之所以'合理'，在于后任作者具有创造新作品的目的，这有利于促进科学文化进步和有益于社会公众"[⑤]。1976 年美国国会报告在解释合理使用的立法意图时称："合理使用的功用在于，为了非营利的教育目的，应允许他人对有版权作品的使用到合理的程度；而在原告提出侵权诉讼时，该使用人得以此作为抗辩理由。"[⑥]

关于合理使用的法律属性，国内外学者一般认为是对著作权的限制。美国学者约翰·劳伦斯等人认为："基于使用者利益的立场出发，合理使用是对版权的一种最重要的限制，它不是对这种独占权利的一种排除，而是对侵权诉讼

---

① William F. Patry，Fair Use Privilege in Copyright Law，p. 4，1986.

② 张新宝：《民事活动的基本原则》，22 页，北京，法律出版社，1986。

③ Paul Goldstein，Copyright Principles，Law and Practice，p. 190，1989.

④ William F. Patry，Fair Use Privilege in Copyright Law，p. 378，1986.

⑤⑥ William F. Patry，Fair Use Privilege in Copyright Law，pp. 4，365，1986.

的一种抗辩。"[①] 我国学者大多认为，作者的专有权利不是绝对的，而要受到种种限制，这种限制包括期限的限制、地域的限制、权能的限制。其中，合理使用与法定许可、强制许可即是对著作财产权的限制。[②] 在著作权法学界，也有学者另辟蹊径来表述合理使用的属性。美国著作《版权本质：使用者权利的法律》的作者写道："必须区别版权的利用与版权作品的利用的两者界限。""合理使用规则并不表现为对版权作品的个人使用，而是确认后任作者对一部作品的版权进行合理的利用，即意味着是他在行使某种权利。"[③] 而《版权原理：法律与实践》一书的作者更声称："所谓合理使用即是作者以外的其他人对版权作品，不经作者同意而以合理的方式加以使用的特殊权利。"[④]

学者们各执一端的表述，实际上是对合理使用法律属性不同角度的分析。在这里，我们可以借用有形财产关系中的物权理论，来考察合理使用制度，或许"他山之石，可以攻玉"。在罗马法中，地役权的设定，既是需役地所有人或使用人为了满足自己的某种便利而使用他人土地的一种物权，亦是在相邻关系中对供役地所有权的必要限制。地役权是罗马法中最古老的物权制度，分为乡村地役权和城市地役权。前者包括通行权（iura itinerum）、用水权（iura aquarum），后者包括通水权（iura stilljcidiorum）、立墙权（iura parietum）、采光权（iura luminum）。在相邻关系中设定他物权、限制所有权，来源于公平正义的法哲学思想。罗马法学者对这一制度的理论基础进行了深入探讨，并提出"争斗行为论"和"正常使用论"两种学说。前者是中世纪的理论，根据这一理论，所有人不得实施具有损害他人之恶意且对己益少或无益的行为，如遮挡光线、禁止通行等，以主观恶意标准为基础的限制规范在罗马法中并不存在，学者们认为，这一理论属于法哲学的范围。后者则是近代学者根据古典法学家的某些原始法律思想所创制的。它禁止所有人实施任何可能对相邻土地有

---

① John S. Lawrence，Fair Use and Free Inquiry：Copyright and the New Media，p. 271，1980.

② 参见郑成思：《版权法》，北京，中国人民大学出版社，1990；张静：《著作权法评析》，台北，水牛图书出版事业有限公司，1983；江平、沈仁干等：《中华人民共和国著作权法讲析》，北京，中国国际广播出版社，1991。

③ L. Ray Patterson，Stanley W. Lindberg，The Nature of Copyright：A Law of Users' Right，p. 68，1991.

④ Paul Goldstem，Copyright Principles：Law and Practice，p. 187，1989.

害或令人生厌的行为。一切正常的使用，即符合一定社会的现时条件的使用，才是合法的。[①] 罗马法关于有形财产关系的他物权理论，对于我们分析无形财产关系中的合理使用制度是具有启迪意义的。笔者认为：第一，合理使用是使用人对他人著作财产权的一种利用，表现为使用人对他人的版权作品所享有的不经同意，不必付酬而加以使用的某种利益。这种利益（抑或是权利）得到法律的确认，但以不得损害该著作权人的其他合法权益为前提。第二，合理使用是社会对他人著作财产权的一种限制，表现为在著作权人的专有领域内，由于法律的直接规定，在使用条件或方式上划分一定的“合理”范围，从而排除了对该行为侵权的认定。就立法宗旨而言，著作权法是以权利本位为基点，以保护作者权益为核心的法律。因此立法语言将合理使用表述为“著作权的限制”，当为顺理成章之事。但就法理学研究而言，合理使用应视作一种利益，即非著作权人依法享有的某种利益，这也为题中应有之义。

三、合理使用制度立法例的比较研究

合理使用是现代各国著作权法普遍采用的一项法律制度，多数国家在著作权法中列举规定合理使用的范围及条件，少数国家仅在著作权法中规定若干基本原则，某一行为是否为合理使用则交由法院作出认定。就立法例而言，关于合理使用规则，存在着以下异同之处：

（1）关于合理使用的称谓。在一定范围内使用作品而不经著作权人同意亦不向其支付报酬的情形，在英美法系国家多称为“合理使用”（fair use 或 fair dealing）。《美国版权法》第 107 条即称为“合理使用”，以作为对专有权利的一种限制。《加拿大版权法》第 17 条第 2 款将基于私人学习、研究、评论、新闻报道的目的而使用他人的作品概称为“合理使用”[②]。英国在司法判例中通称为“合理使用”，但在其《版权法》第三章将合理使用与法定许可等其他的

① 参见［意］彼德罗·彭梵得：《罗马法教科书》，黄风译，245～248 页，北京，中国政法大学出版社，1992。

② International Copyright Law：Canada，p. 59，1989.

情形概括称为“有关版权作品允许实施之行为”①。大陆法系国家在其立法文件中一般不直接采用“合理使用”的用语，多将其包括在“著作权的限制”的名目之中。但也有例外，如《意大利著作权法》将该类行为称为“自由使用”。世界知识产权组织和联合国教科文组织协助制定的《突尼斯样板版权法》显然受《美国版权法》的影响，采用了“合理使用”的说法。

（2）关于合理使用的范围。尽管各国在立法文件中对“合理使用”有不同的表述，且适用的情形也不尽相同，但一般认为下列使用为合理使用，不构成对著作权人权利的侵害：1）为个人学习或研究而使用有著作权的作品；2）为科学研究或课堂教学目的而复制少量有著作权的作品；3）为评论、新闻报道的需要而引用或复制他人的作品；4）以绘画、雕刻、摄影等方式复制长期陈列于公共场所的艺术作品；5）公共图书馆或其他非营利的资料中心为保存版本而复制某一作品；6）因法律诉讼需要而复制某些作品等。

（3）关于合理使用的判断。《美国版权法》除了对合理使用的范围加以规定外，该法第107条还规定了判断某一行为是否构成合理使用的四条标准：1）使用的目的和性质，包括这种使用是具有商业性质或者是为了非营利的教育目的；2）有版权作品的性质；3）同整个有版权作品相比所使用的部分的数量和内容的实质性；4）这种使用对有版权作品的潜在市场或价值所产生的影响。美国国会在1976年的报告中对使用的目的和性质解释道：“使用是否具有商业性质，在关于合理使用的认定中具有重要意义。使用他人作品是否具有商业动机与公众是否从这种使用中取得利益无关。”② 美国上诉法院也发表了有价值的见解：“具有商业性质的使用可能出于符合合理使用规则的目的，例如用于评论或报道，这种合理使用的目的可作为商业性质使用的抗辩。同样，在性质上不具有商业动机的使用却可能是一种营利性行为，例如非营利性质的教师团体对他人出售有版权作品的复印件。”③ 除《版权法》第107条规定的四条标准外，美国法院还认为应考虑其他因素，如1）缺乏善意。从英国1803年Cory v. Kearsley到美国1983年Marcus v. Rouley案中，形成了判断使用是否

① 《中外版权法规汇编》，112页，北京，北京师范大学出版社，1993。

②③ William F. Patry, Fair Use Privilege in Copyright Law, pp. 363, 365, 1986.

合理的一个规则，即主观上必须出于善意，客观上必须行为适度。所谓善意是指无损害原作版权利益之意图，凡不诚实地使用他人作品，意在简单地复制而不进行创新，即推定为恶意。2）习惯或惯例。使用他人有版权作品，即使符合商业惯例，也可能构成侵权。因为合理使用的构成是法院依照法律作出认定而不是依照商业习惯来判断。美国法官认为第 107 条的因素是强制性的，必须综合考量；但它又是列举性的，而非限制性的。[①] 美国版权法关于合理使用判断的规定及解释有其独到之处，得到了许多著作权法学者的赞许。

（4）关于合理使用的条件。作品的使用具有多种方式或途径，主要涉及引用、复制和表演，各国著作权法对此规定了不同的适用条件：1）引用。这里讲的引用，不仅包括引用印刷出版物的文字内容，而且包括引用广播节目的段落、电影电视节目的镜头等。何种引用才为“适当”，是合理使用中最难掌握的问题。为此有些国家在著作权法中作了明确规定，以便于具体案件的审理和认定，如《俄罗斯著作权法》《南斯拉夫著作权法》等。一般来说，引用须具备以下条件方为适当：第一，与引用的目的相符合。即引用的目的仅限于介绍、评论、报道，并应注明出处，不能与自己的作品混同。第二，所引用的部分不能构成该作品的主要部分或实质部分。如果从引用部分就可以完全了解整个被引用的作品，则不能称之为适当。第三，不得损害被引用作品著作权人的利益。2）复制。在合理使用的各类情形中，涉及作品的复制问题最多。各国著作权法大多规定，无论复制基于任何事由，均不得为商业目的。如个人复制，不得用于出售、出租；图书馆、档案馆等复制，须出于陈列或保存版本的需要。以营利为目的的教育机构的复制则不属于合理使用。但在复制数量的规定上，各国著作权法差异较大，有的国家著作权法，如《巴西著作权法》《埃及著作权法》《墨西哥著作权法》等规定为个人使用的目的复制一份为合理使用，有的国家却不限于此，如《冰岛著作权法》规定，“为个人使用目的，可复制至多三份”，而《日本著作权法》规定，供个人使用的复制，除使用为公众专门设置的自动复制机器外，系使用者自己进行复制的，无数量的限制。有的国家还对私人少量复制作出了其他条件的限制，如《德国著作权法》规定，

① See William F. Patry，Fair Use Privilege in Copyright Law，pp. 363，365，1986.

“允许为私人使用制作著作的零星复制物”，“但涉及的著作至少脱销两年以上”。《英国版权法》则规定对有版权的作品不允许完整地复制，而只能复制其中摘取的选段。3）表演。以声音、表情、动作公开再现作品的表演主要涉及音乐、戏剧、曲艺、舞蹈等作品。对戏剧、音乐作品的作者来讲，表演比复制有着更为重要的经济意义。多数国家著作权法对作为合理使用的表演一般限制较严。例如在饭店、旅馆、机场、酒吧、俱乐部等公共场所播放或演奏音乐作品，在许多国家不视为合理使用。《美国版权法》规定，非营业性的教育机构演出他人的作品，限于在教室或专用于教育的类似地方，且演出与教学内容有关；在宗教集会场所的演出，限于非戏剧性文学、音乐作品或具有宗教性质的音乐戏剧作品；为盲人或其他残疾人的演出则限于他们通过正常途径无法欣赏的作品。《意大利著作权法》允许国家军乐队和意大利青少年乐队非营利地演奏乐谱或音乐作品中的部分乐章，其他人的演出则不在合理使用范围之内。关于合理使用的演出，日本则作出了比较宽泛的规定。该国《著作权法》规定，“不以营利为目的，且不收取听众或观众的费用（指不以任何名义收取提供或提示著作物的对价报酬）时，可公开上演、演奏、口述或上映已发表的著作物”。

四、完善我国合理使用制度的立法建议

我国《著作权法》第 22 条、第 43 条规定了 13 种合理使用的情形。这些规定包括复制（含摘录）、表演、翻译与广播四种方式，涉及私人使用、介绍与评论、新闻报道、教学与研究、公务使用、陈列与保存等各个方面，其范围大体与国际惯例相符合。

鉴于国际著作权公约的有关规定和现代著作权法的立法变化趋势，我国《著作权法》关于合理使用的规定有待修改与完善。这一变化主要表现为合理使用对复制权的限制规则本身受到更为严格的限制。20 世纪 60 年代以来，复印机和音像录制设备进入寻常百姓家，大量的著作权作品被个人、学校、图书馆复制使用，“合理复制”开始危及创作者的经济利益。据几个国际民间组织的调查，每年各国照相复印的数量约为 25 000 亿张，家庭复制的作品更是无法计算。在一些西方国家，学校使用成本低廉的复制品而取代出售的教材，其

结果导致著作权人经济收入的极大流失。因此，对合理使用规则的限制成为著作权领域的新课题，引起诸多学者及各国政府的极大关注。

新技术革命时期的著作权法学家，开始以审视的目光来对待传统的合理使用规则，他们呼吁在某些领域中应该遏制合理使用规则的滥用。荷兰赫尔曼·柯恩·捷奥拉姆教授认为，“事实已经证明，‘某些为私人使用而自由复制’的特许构成全球性收集版税实践的复杂的障碍，因而应予取消”[①]。伊冯·史密斯则指出，“不论个人在家中还是大型组织为谋利而盗用作者的作品，行为都是一样的，即非法复制”[②]。联合国教科文组织和世界知识产权组织于1984年召集的专家小组会曾阐述道：“如果一次孤立的复制看起来是无害的，积累起来就可能危害作者的正当利益。”相关国际公约也对限制合理使用规则进行了规定。《伯尔尼公约》对合理使用作了一个总的限定，即“必须符合公平惯例”。1967年斯德哥尔摩会议在修订该公约的报告中指出：“如果认为复制损害了作品的正常使用，绝不允许复制。如果认为复制无损于作品的正常使用，接着应当考察复制是否侵害作者的合法利益。只有在无损于作者的合法利益时，才可能在一定的特殊情况下使用强制许可证或规定无偿使用。可列举出为各种目的而用的照相复印为例，如果复印出大量的份数，那是不允许的，因为有损于作品的正常使用。如果复印相当多的份数用于工业企业，并根据国家的法律支付合理的报酬，那就可以不致无故侵害作者的合法利益。如果复印的份数很少，特别是在个人使用或在科学研究使用的情况下，可以允许，并不付报酬。”1994年世界贸易组织《与贸易有关的知识产权协议》则更明确地提出：“出于某些特殊情况而对著作权所作的限制，不得与作品的正常使用相冲突，而且不得不合理地损害著作权人本应享有的合法利益。”一些发达国家走得更远，它们修改或制定法规，限制甚至取消某些领域的合理使用。荷兰1972年颁布复印法，认为“某些为私人使用目的而自由复制”的条款应予删除。法国1985年修改《著作权法》，规定“复制一本书或者一份期刊，如果基本上全部复制的话，只要不是抄写下来的，始终须先征得权利人同意”。澳大利亚1980

---

① ［荷］赫尔曼·柯恩·捷奥拉姆：《合法与非法的复制》，载《法学译丛》，1987（5）。

② ［荷］伊冯·史密斯：《录音录像技术对版权的挑战》，载《法学译丛》，1987（5）。

年版权法修改草案把“为教学目的而复印有版权的作品”与“为科研及个人使用目的而复制有版权作品”区别开来，后者仍为合理使用，前者则须付酬。

有鉴于此，我国合理使用制度的修订，似应顾及现代著作权立法的趋势，向国际规范靠拢，对这一规则在适用范围和条件方面作出严密而具体的规定。现择其要者而述之：

（1）个人使用。我国著作权法将个人使用的目的界定为“为个人学习、研究或欣赏”，即非商业性目的而使用他人已发表的作品。关于个人使用应有两个条件，一是限于使用者本人（包括家庭）自己使用，二是限于不以营利为目的使用。两者必须同时具备方为合理。为保护著作权人的出租权，即使是非商业目的的出借，因超出本人自己使用的范围，法律也似应禁止。此外，鉴于音像复制和静电复印技术设备的普及，对此类复制则应有“少量”的限制性规定。

（2）教育使用。著作权法关于“为学校课堂教学”即为了教学目的而使用他人有著作权的作品的规定，失之笼统。参照国外做法，对于商业目的的教学活动，应排除在合理使用范围之外；而对于特殊教学目的的活动，如盲人教育、残疾人教育等，从人道主义原则出发，可规定其更为广泛的使用范围，即包括复制、翻译、表演等，且不必规定复制数量的限制。

（3）科研使用。《著作权法》对为商业目的研究使用加以限制，《专利法》对商业性科学研究中关于专利的利用有类似规定。一般来说，学术机构、非营利的教学组织所进行的研究活动，应属于合理使用范围。但营利性实体使用他人有著作权的作品则被认为不合理，因为这有损于原作的潜在市场。

（4）公务使用。为了避免引起歧义，我国《著作权法》可参照国外立法例将公务使用的机关明确规定为“政府与司法部门”，同时应将使用的方式限定为复制与翻译，而不应包括表演、改编、整理等其他使用方式。

（5）保存与替代。我国《著作权法》允许图书馆、档案馆、纪念馆、博物馆、美术馆为陈列或存档的需要而复制有著作权的作品。但似应作如下具体规定：复制的作品限于本馆合法收藏的作品或已经合法提供给公众的作品；复制的数量必须出于保存（存档复制）与替代（损毁替换复制）的需要，不得销售与出租；复制不得与作品的正常使用发生冲突，且不得损害作者的合法利益。

（6）免费表演。我国著作权法关于免费表演的规定有两层含义：1）表演是指演奏乐曲、上演剧本、朗诵诗词等直接或者借助技术设备以声音、表情、动作公开再现作品。2）免费是指上述表演既不对表演者付酬，也不对观（听）众收费。这一规定与《伯尔尼公约》相比而言，存在较大差距，借鉴一些国家的做法，我国对免费表演似应作出一定限制，即规定不得以营利为目的，包括直接或间接的营利目的。诸如公司、企业为宣传商品而举行的“免费”演出，旅店、饭店为招待顾客而“免费”演奏音乐作品，即使是不向观（听）众收费但却是营利性质的，也都应排除在合理使用范围之外。

论著作权作品的“适当引用”*

“适当引用”属于著作权法合理使用制度的基本范畴。所谓引用，即是为了介绍、评论某一作品或者说明某一问题，在自己的作品中适当引用他人的著作权作品。“适当引用”得到著作权国际公约及各国著作权法的普遍承认，但是这一规则在司法实践中却颇具操作难度，以至于日本学者将引用称作是合理使用制度中出现频率最高且留有疑点最多的问题。①

一、源流考察

从本来意义上讲，合理使用制度最初即是为了促进新作品的创作，基于对原作品的引用需要而设定的。在早期的著作权司法实践中，英国法官已认识到未经允许使用他人作品的合理性，即允许后来作者以创作新作品为目的，以诚实使用为原则，可以不经允许、不付报酬而使用前任作者的作品。英国的合理使用制度发端于“合理节略”（fair abrigement）即“适当引用”规则。1740年，在 Gyles 诉 Wilcox 一案中，被告在自己的作品中摘用了原告 275 页著作中的 35 页。法官认为，未经允许而节略使用他人作品的权利，不是一种法定权利，但由此创造新作品，可以给予《安娜法令》的保护。关于节略使用的合理性，法官提出：（1）真实而合理的节略、摘用有著作权的作品，将不承担侵

---

* 原载《法学评论》，1996（3）。

① 参见［日］古泽博：《关于利用他人作品的著作权问题》，载日本《独协法学》，1977-10-22。

权责任；(2) 允许此类节略、使用在于其具有创新、学习和评论的意义。但该判例未能阐明“合理节略”的理由，亦未对摘用的“真实性、合理性”的标准作出说明。[①] 1803年的“Cory 诉 Kearsley”一案所表述的判决理由，是关于合理使用理论发展的一次飞跃。原告系《道路指南》一书的作者，指控被告侵权，其理由是：被告作品中某些地名及其距离同于原告之作，原告的数处错误亦出现在被告作品之中。法官认为：道路距离如系准确，两部作品必须相同。原告作品印刷错漏之处，被告作出自己的观察后已有多处纠正，因此不能视为侵权。在该案判决中，法官第一次使用“合理的使用”(used fairly) 的概念以取代“合理节略”的说法，并指出“合理节略”表述的只是对作品节略、缩写的基本含义，而“合理的使用”意味着对他人作品提供的材料有着完全的崭新的创造，由此而产生对公众有益的新作品。[②] 后世“合理使用”的说法即导源于此。从1807年到1872年的诸多案例中，英国法官关于合理使用著作权作品的思想逐渐成熟，他们开始使用“fair dealing”的概念以表明引用他人有著作权作品而进行新的创作的合理性，反对简单的复制，从而完全脱离了“合理节略”的原意；他们严格地将“合理的引用”(fair quotation) 与以往的“合理节略”区别开来，指出这种引用在新作品中是一种创造性的使用，因此可以作为侵权的抗辩理由；他们注意到合理使用必须以尊重作者权益为前提，即引用他人作品而创制的新作不得挤占原作的市场 (1807年，“Worth 诉 Wilkes 案”)，引用他们的作品必须有数量的限制和价值的考虑 (1836年，“Bramwell 诉 Halcomb”案)。[③] 至19世纪，英国法院已普遍采用合理使用原则，以此作为侵犯著作权的例外。1911年法令始以成文法的形式明确规定了合理使用制度。该法第2条1项1款规定：“用于个人研究、探讨、批评、评论、报纸登载等目的时，对原作品的合理使用不构成著作权侵犯。并以此为区别著作权侵犯的相应规定。”以后的1956年《著作权法》和1988年《著作权法》都继承了这一规定。[④]

一般认为，1841年美国法官约瑟夫·斯托里在 Folsom 诉 Marsh 一案中的

---

①②③ See William F. Patry, Fair Use Privilege in Copyright Law, pp. 6, 10, 13, 15, 17, 1986.

④ See William R. Cornish, International Copyright Law: United Kingdom, p. 52, 1989.

判决，是美国历史上第一次对合理使用著作权作品基本规则的系统表述。这是美国历史上一个著名判例。原告将其拥有的美国总统华盛顿的公私信函整理编辑成书，并附有注释、说明和传记，全书约 7 000 页。而被告撰写了长达 353 页的华盛顿传记作品，其中摘用了原告书中 4.5%的内容。约瑟夫·斯托里法官认为，大量引用原作或是原作精华部分，必须是基于评论的目的。被告虽只摘用原书的少量篇幅，但这是该书最有趣、最有价值的部分。被告的作品不是智力创作，而在很大程度上来自轻松的摘抄。法官将英国判例法中关于合理使用的规则创造性地运用于该案并作了理论化、系统化的说明，这即是著名的合理使用三要素：（1）使用作品的性质和目的。即使用他人作品的目的是促进科学文化进步并有益于社会公众，其新作品必须付出创造性的智力劳动而不是简单的摘抄。（2）引用作品的数量和价值。大量引用原作或原作的精华部分，不能视为适当。（3）引用对原作市场销售及存在价值的影响程度。新作与原作往往是同一题材的创作，新作的出现有可能影响原作的销售市场或减少其收益，甚至有可能取代原作，因而必须考虑使用的经济后果。① 这一判断规则不仅适用于作品的“适当引用”，而且通行于合理使用的其他情形。在约瑟夫·斯托里的影响和推动下，美国法院进一步深化了来自英国判例中“适当引用”这一普通法规则。这主要表现在：第一，大量引用他人的作品而不加注说明、评价，只是简单的复制，不能视为合理使用（“Campbell 诉 Scott”，1842 年）。第二，使用他人的作品不得出于有损于原作价值或销售市场的营利动机和目的。合理使用意味着利用他人已有的材料进行有积极意义的再创作，这种创作对特定对象有一定的使用价值或意义（“Scott 诉 Stanfore”，1867 年）。第三，合理使用限于对他人作品材料的使用，而不能使用他人创作中的构思、风格和结构，否则该作品将被视为缺乏独创性（“Lawrence 诉 Dana”，1869 年）。② 此外，美国法官在判例中还划分了合理使用对象的适用领域与排除领域，即在纪实作品和科学作品中所表述思想、概念不受著作权保护，但其表达方式不能以“合理”为由而任意使用（“Simms 诉 Stanton”，1896 年）；“对于没有原创

① See John S. Lawrence，Copyright Law，Fair Use and Academy，p. 10，1980.

② See William F. Patry，Fair Use Privilege in Copyright Law，pp. 28，33，35，1986.

性编排的信息资料，不得对抗其他人对该类作品的合理使用（‘Leon 电话公司诉太平洋电话电报公司’，1937 年）”[①]。美国法官关于“适当引用”的思想，对著作权立法产生重要影响。

现今，著作权国际公约及各国著作权法都规定有“适当引用”，以此作为合理使用的基本类型。《伯尔尼公约》第 10 条第 1 款规定：本公约准许以公众已经合法获得的作品中摘录原文，只要摘录行为符合公平惯例，摘录范围未超过摘录目的所允许的程度；所谓摘录，包括以报刊提要形式从报刊上进行摘录。《日本著作权法》第 32 条将引用分为两种情形：一是学习研究中的引用，即为了报道、评论、研究上的目的，允许对已发表的作品引用，但引用必须符合公正的惯例；二是公共宣传中的引用，即国家或地方公共团体机关为让公众知晓为目的而以自己的名义编写并发表的宣传资料、调查统计资料以及报告书等作品，除声明表示禁止的外，允许报纸、刊物作为解说材料引用。《德国著作权法》第 51 条含有关于引用的三项条款：第一，为说明内容而在独立的科学著作中采用已出版的单独的著作；第二，在独立的语言著作中引用已发表的著作的片段；第三，在独立的音乐著作中引用已出版的音乐著作的片段。《法国著作权法》第 41 条第 3 款的有关规定则比较简单，所谓引用即是在评论、论述、教学、科学和情报作品中进行分析与简短引用，或在报刊评摘中使用作品。《意大利著作权法》第 70 条也作了类似规定。综观适当引用的立法例，我们不难看出：法律一般对被引用作品并无太多的限制，其适用范围大抵为文学作品、音乐作品、电影作品，但也有的国家扩大到广播电视节目、录音录像制品等。

二、语义辨析

引用作为著作权作品利用的一种方式，从法律性质上说来，是一种权利的利用。换言之，作为法律范畴的“适当引用”，其支配对象是权利而不是作品。美国学者认为，合理使用规则最初并不适用于个人使用的情形，它仅允许后任

① William F. Patry，Fair Use Privilege in Copyright Law，pp. 40，47，1986.

作者对一部作品的著作权进行合理的使用，即意味着他在行使著作权人通过另一种方式所持有的某种权利。[①] 日本学者则将著作权法中的合理使用概称为“权利的公平使用”，并将英美法上创制的这一概念引申到其他私法领域。[②] 我国教科书一般将“适当引用”表述为“在作品中适当引用他人已经发表的作品”。从语义上来看，“适当引用”的对象似乎是文学艺术和科学作品，而与著作权本身无涉。笔者认为，伴随着人类社会文明的出现，知识性的创作活动就已客观存在，但在商品交换极不发达、传播手段十分落后的条件下，尚未产生对与作品创造和利用相联系的社会关系进行法律调整的必要。因此，在没有著作权存在的情况下，对他人作品的使用并无法律上的界限可言，而只是自然状态下对作品的支配。著作权法意义上的“适当引用”，涉及作者“专有领域”中的作品，实质上是对其专有使用权利在一定条件下的无偿利用。在著作权转让和许可使用制度中，著作权所有人移转的并非自己的作品，而是自己的专有权利；受让人或被许可人只有取得这种权利，才能按照一定的方式或用途使用该种作品。与包括“适当引用”在内的合理使用制度不同，这种权利的利用是一种有偿使用。概言之，上述制度都涉及著作权的动态利用，其共同利用的对象是作者的财产权利。

著作财产权具有丰富多彩的权能内容。“适当引用”究竟是对何种财产权的利用，对此著作权学者尚有不同看法。郑成思在解释《伯尔尼公约》关于权利限制的规定时，认为在有限的条件下，以复制（包括摘录）、翻译与广播三种方式的使用，才可能构成“合理”使用。[③] 沈仁干在评述引用的“适当性”标准时，提出“过量的引用，就不是合理使用中的引用，而是未经授权的复制行为”[④]。以上观点似将引用与复制权联系在一起，即是将引用看作一种合理的复制。也有学者持不同看法，其理由是：如果引用属于复制，那么在自己作

---

① L. Kay Paterson，Stanley W. Lindberg：The Nature of Copyright：A Law of Users' Right，p. 68，1991.

② 参见［日］胜本正晃：《权利的合理使用》，载日本《独协法学》，1977－10－22。

③ 参见郑成思：《版权公约：版权保护与版权交易》，119页，北京，中国人民大学出版社，1992。

④ 沈仁干：《关于对著作权的限制》，载《中华人民共和国著作权法讲析》，202页，北京，中国国际广播出版社，1991。

品中引用他人作品片段并出版发行的情况下，原作品著作权人得享有禁止权。[①] 至于引用属于何种权利的利用，观点持有人未作进一步说明。笔者认为，首先，引用是对著作权人复制权的一种限制。著作权法产生之初，其保护的作品拘泥于印刷作品，而财产权利也主要是复制权。英国法官所创造的合理使用规则，从“合理节略”到“合理的引用”，无一不是基于创造新作品的需要而对复制权设定的限制。当时，后任作者以“合理节略”的名义，将他人的长篇作品摘录缩写为一部短篇作品，只要具有创新意义，法官即可给予司法保护。可见，引用属于复制权限制的范畴。其次，引用是一种特殊的“合理复制”行为。现代著作权法意义上的引用，不仅包括引用印刷出版物的文字内容，而且包括引用广播节目的段落、电影作品的镜头。就作品内容的再现与作品表达形式的重复而言，引用与一般复制具有类似的特点。上述行为是否合理、适当，不在于引用与复制的类型划分，而在于合理复制与非法复制的性质界定。换言之，并非所有的复制行为都是对著作权的侵害，合理使用中的复制即是一种例外。因此，我们不宜将引用与复制绝对地对立起来。最后，引用是创作新作品的需要。引用本身不是一种创造性行为，但为创作活动所必需。任何作品的创作无一不是来自对已有作品的借鉴和利用。引用他人的作品在于说明某一问题，或是为了评论、介绍的目的，他作与新作有着明显的区别（如说明作者姓名、标明作品出处），又构成新作的有机组成部分。使用人基于创新目的而使用他人著作权作品，这是引用与一般复制的根本区别所在。

引用与转载在著作权限制领域中，也是两种不同的行为。根据我国著作权法的规定，广义上的转载包括两种情形：一是合理使用的转载，即报纸、期刊、广播电台、电视台刊登或者播放其他报纸、期刊、广播电台、电视台已经发表的社论、评论员文章；或是在作者未作出反对声明的情况下，报纸、期刊、广播电台、电视台刊登或者播放在公众集会上发表的讲话。二是法定许可使用中的转载。凡是作者向报纸、期刊投稿的，作品刊登后，除作者声明不得转载、摘编的外，其他报刊可以转载或作为文摘、资料刊登，但应当按照规定

① 参见陈传夫：《著作权概论》，84页，武汉，武汉大学出版社，1993。

向作者支付报酬。无论属于限制复制权的哪一种转载，或这种转载是全文刊登还是部分摘录，使用人只是客观地再现原作品，在转载中无须付出创造性的劳动。引用的效果固然也是再现他人作品的内容，但使用人引用的目的却是创造新的作品。此外，转载行为在遇有著作权人反对声明时，该行为即发生阻却事由；而引用行为则不然，除未发表作品外一般不发生法律障碍，对于作者声明禁止转载的作品，仍可以因介绍、评论、说明的需要而在合理的范围内适当引用。

引用与剽窃也是难以区分的两种使用。合理使用中的引用，仅限于介绍、评论、报道之目的，引用的部分应为适度，且引用的作品来源明确，不能损害作者的其他合法利益。侵权使用中的剽窃，即是把他人的作品当作自己的作品发表的行为，既包括完全照抄他人作品的行为，也包括在一定程度上改变其形式或内容的行为。剽窃是一种严重侵犯他人著作权的行为，在著作权纠纷中往往较难认定。在确认剽窃行为中，一般需掌握以下界限：作者利用另一部作品中所反映的主题、题材、观点、思想等再进行新的创作，使新作品区别于原作品，这在法律上是允许的，不能认为是剽窃；对他人作品所表述的历史背景、客观事实、统计数字等可以自由利用，但是不能完全照搬他人描述的客观事实、历史背景的文字。此外，著作权法保护的是独创作品，而不要求是首创作品，作品虽然类似但如果系作者完全独立创作的，不能认为是剽窃。关于引用与剽窃的具体区别，笔者将在下文阐述。

三、规则适用

“适当引用”的认定，关键在于其“适当性”要求。一般说来，关于合理使用判断的四要素应适用于作品引用的情形：(1) 使用目的。按照美国学者的解释，使用目的是合理使用的第一要素，是界定合理使用规则的“灵魂”①。该要素要求使用他人作品的目的必须正当，即“使用的目的和性质，包括这种使用是具有商业性质或是为了非营利的教育目的”。就“适当引用”而言，使

① 傅昆等：《美国大众传播法》，台北，123资讯有限公司，1990。

用目的正当的具体内容是：引用行为必须符合著作权法促进知识传播、鼓励创作的目标；引用者既是原有作品的使用者，也是未来作品的创造者；引用作品具有“创作性”的内在需要，即采用了与原作品不同的表达方式或是区别于原作品的不同目的。（2）被使用作品的性质。对于这一构成要件，人们理解甚少且极易混淆，“美国立法史和判例法涉及这一因素的内容不多，最高法院也无进一步的指示”[①]。但一般认为，对不同的作品应有不同的合理使用要求，对于未发表作品的合理使用要严于已发表作品。（3）使用作品的程度。合理性判断的第三个标准是指“同整个有著作权作品相比所使用的部分的数量和内容的实质性”[②]。关于被使用作品的数量，许多国家都作出了具体规定。如原俄罗斯著作权法实施细则规定，引用他人作品，一般作品引用量不超过 1 万个印刷符号，诗歌不超过 40 行，如果是超过 30 个印刷页的大型科学或学术著作，则引用量可增至 4 万个印刷符号。在英国，作家协会与出版家协会在协议中规定，一部散文作品一次引用不得超过 400 个单词，二次或多次引用不得超过 800 个单词。我国对各类作品的引用也曾作出具体限定。关于被使用作品的内容，各国著作权法尚未提供限制性的具体标准。笔者认为，作品的实质部分是整个作品的灵魂和精华所在。它在文学作品中，表现为作者独自性的构思安排、独创性的情节描述、独特性的人物塑造；在音乐作品中，表现为具有艺术个性的旋律、节奏、和声、复调的安排和设计；在科学作品中，则表现为作者独立性和创造性的思想阐发和理论说明。（4）对被使用作品的影响。美国法院宣称，“对有著作权作品的潜在市场或价值所产生的影响”，是“合理使用中唯一最重要的因素”[③]。这一要素的设定目的在于维系使用者使用他人作品的利益（主要是非物质利益）与创作者控制作品使用的利益（主要是物质利益）之间的平衡。因此，考察对著作权作品的市场影响，关键在于有无损害的发生，用合理使用判断要素倡导者斯托里法官的话说，应考虑这种使用是不是取代原作品的使用。[④] 美国著作权专家西格蒙德·廷伯格则将市场损害描述为使用者

① William F. Patry，Fair Use Privilege in Copyright Law，p. 417，1986.

② Harry G. Henn，Copyright Law，p. 180，1988.

③ Pierre N. Leval，Toward a Fair Use Standard，Harvard Law Review，Vol. 103，1990.

④ See John S. Lawrence，Copyright Law，Fair Use And Academy，p. 10，1980.

得到“实质性利益”或著作权人遭到不利的影响。[1]

上述四条标准为我们判断引用的“适当性”提供了基本尺度。笔者认为，引用问题涉及被引用作品与新创作品之间的关系，在相关两部作品关系中，运用四要素原理考察其“适当”与否，或许有助于我们分清引用与剽窃的具体界限。这主要表现在以下三个方面：一是新作必须区别于原作，这即是说，引用他人的作品，必须忠实于原作。引用人不得断章取义，曲解原作。无论是何种引用，均应指明所使用作品之作者姓名以及所引用资料的出处。这即是向公众宣示，所引用的部分不是自己的创作而是他人的创作。在创作中，不标明作品来源的使用，将会导致两部作品混为一体，从而产生被引用作品即是新创作品的误认，有侵权使用之嫌。二是新作必须独立于原作。德国著作权法对引用后产生的作品，作出了质的规定性要求，即须为“独立”的科学著作、“独立”的语言著作、“独立”的音乐著作，这一“独立性”要求明确界定了引用后新作品的地位，有可取之处。这就说明，引用他人的作品必须比例适当，两部作品在内容上要有实质性区别。如果整段地摘引他人的作品，或是将他人的多部作品加以拼凑，倘若删去所引用部分，自己的本质性创作不复存在或难以独立存在时，这种引用就不能视为合理。三是原作的引用必须适宜于新作。被引用的作品与引用后的新作品应有内在的有机的联系，即引用作品的目的正当，是为了介绍、说明与评论的需要。德国慕尼黑外国版权研究所专家Oekonomidis认为，引用的目的不可能只是对原作品的传播，而是对被引用资料的使用，即用以阐明自己或别人的观点。[2] 在实践中，超出上述目的的使用，两部作品即可能构成不适宜性。

---

① See Sigmund Timberg, A Modernized Fair Use Code for Visual, Auditory and Audiovisual Copyrights, Fair Use And Free Inquiry, 1980.

② See Demetrius Oekonomidis, The Freedom to Quote According to German Law, Fair Use Free Inquiry, 1980.

美国著作权法中合理使用的“合理性”判断标准*

在著作权法领域中，合理使用的判断规则是一个具有理论意义和实用价值的课题，在我国尚有待开拓研究。我国著作权法仅对合理使用的具体类别作了原则性规定，且司法实践积累的经验不多，学界也未形成理论化、系统化的学说观点。有鉴于此，笔者试以《美国著作权法》关于合理使用四要素的规定为线索，对合理使用的“合理性”判断标准作一粗浅的探讨，以期为相关立法和司法活动提供若干有益的思想资料。

一、“合理性”判断：立法上的缺憾与司法中的窘境

美国资深著作权律师、学者 Mehile Nimmer 曾在他编写的案例书中，以一幅陈旧的漫画故事来影射合理使用的艰深探讨：一位疲惫的朝圣者向年长的圣人询问正在攀登却很遥远的高山，这位朝圣者所提的问题是：“什么是合理使用?”① 关于合理使用的界定，在著作权界是一个令人迷惑不解而又争论不休的问题。自从 1841 年美国法官约瑟夫·斯托里提出著名的合理使用三要素以来，经过一个多世纪司法实践的深化和总结，这一“合理性”界定规则写进

* 原载《外国法译丛》，1997 (3)。

① Lloyd L. Weinreb, Fair: A Comment on The Fair Use Doctrine, Harvard Law Review, Vol. 103, 1990.

了1976年《美国著作权法》，这即是为世界上众多著作权学者所称道的判断合理使用的四条标准。斯托里法官的三要素见解并不是关于合理性判断的唯一学说。在美国历史上，也有学者将合理使用的指导性原则概括为八项：(1) 利用他人作品的形式；(2) 利用他人作品的目的；(3) 使用给原作品带来的影响；(4) 使用者所付出智力劳动；(5) 通过使用所获得的利益；(6) 引用他人之作品而创造的新作品性质；(7) 使用作品的数量；(8) 使用部分与整个作品的价值比例。① 还有的学者提出以下的识别标准：(1) 原作者著述的目的、特征(创造性作品、纪实性作品、诗歌等)；(2) 使用者的目的及地位(研究者、批评家、编辑、作家等)；(3) 从使用作品量和质两方面对使用程度的评估；(4) 使用作品对著作权人利益的影响，该使用是用于竞争还是用于非竞争等，产生何种结果，是否减少原作品的价值；(5) 有无剽窃的意图，尤其是否有注明出处的标记。②

合理使用构成要件的学说，是对长期司法实践经验的高度概括，也是界定合理使用还是侵权使用规则的系统阐述。从理论上说，以立法形式确认合理性的判断标准，使得各种使用作品情形的裁量有了统一的原则和明确的方法，这不能不说是合理使用制度的一大进步。

但是，合理使用四条标准的制定，并没有使美国相关案件的审理一蹴而就，相反存在着规则适用上的诸多混乱，由此带来法官和学者的一些诘难。究其原因，主要有以下几个方面：

第一，对合理使用规则概括的困难。合理使用是一个充满“公平正义的理性规则”③。在英文中，“fair”有着“合理”“公平”双重含义。什么是公平或说是合理，其理念色彩浓厚，模糊度大，有赖于法官凭借自由裁量权在具体事实中予以考量。一般来说，英美法系国家法律规则的发展多通过对具体情况的归纳，而往往不是对抽象原则的演绎。由于合理使用的事实本身具有千差万别的特点，每一情形是否“合理”，须作具体裁定。这就给对合理性标准的高度

---

① 参见［日］胜本正晃：《权利的合理使用》，载日本《独协法学》，1977-10-22。

② 参见［日］播磨良承、生驹正文：《有关作品合理使用之研究》，载日本《判例日报》第342号，1976-11-23。

③ William F. Patry, Fair Use Privilege in Copyright Law, p. 4, 1986.

概括和抽象带来困难。

第二，立法者对合理使用规则界定的缺憾。从立法技术说来，四条标准的规定并不是完美无缺的。关于使用作品的目的，法律未能圆满回答什么是使用的合理性目的，因为条款所说“非营利的使用目的”并不等于“合理”“正当”的目的；关于使用作品的性质，法律未对已发表作品与未发表作品，虚构性作品与纪实性作品的使用区别作出指导性说明；关于使用作品的程度及对市场、价值的影响，尽管促使人们注意到原作品与新作品的关系，但未能提供可以操作的尺度。以至于学者这样评价，“成文法规定试图消除普通法上的不确定性，并且，最高法院对该规则作过多次权威性解释，但结果是，法律规定只是加剧了普通法中的不确定性”[①]。

第三，法官对合理使用规则认识的分歧。美国成文法的规定对后来的判决很少提供有价值的依据，从而失去普通法“先例原则”的意义；撤销的判决与充满分歧的法庭十分普遍，法官对合理使用的判断不是受统一原则的支配，而更多源于对各个事实类型的直觉反应。[②] 一句话，合理使用规则尚存在着认识上的误差和适用上的混乱。为解决成文法的不足，推动司法实践的发展，美国国会曾提供判断合理使用的三个方法，即“简单地直接适用合理使用规定；通过释例来界定什么是合理使用；描述某一特别使用是否合理时所应考虑的特别要素”。上述方法本身即是“变化不定”的[③]，这就使得规则更加难以理解和掌握。

第四，作品使用新方式的出现对传统合理使用规则的冲击。合理使用规则的创制活动落后于传播技术和传播产业的发展。近半个世纪以来，诸如有声电影、电视、磁带录音机、自动点唱机、电缆电视、照相复制、微缩胶卷等相继产生，对构建在传统印刷技术基础之上的合理使用规则带来不少疑难问题。人们不仅疑虑，依照现代传播手段的制作，究竟是“出版”还是“复制”？而且

---

① Lloyd L. Weinreb, Fair: A Comment on The Fair Use Doctrine, Harvard Law Review, Vol. 103, 1990.

② See Pierre N. Leval, Toward a Fair Use Standard, Harvard Law Review, Vol. 103, 1990.

③ See Lloyd L. Weinreb, Fair: A Comment on The Fair Use Doctrine, Harvard Law Review, Vol. 103, 1990.

担心合理使用与侵权使用的界限在新技术、新传媒中消失。这一情形模糊了合理使用的范围，还可能危及著作权本身，以致一些著作权人疾呼：“当我查不出是否有人，以及在什么时间、什么地点制造复制品时，阻止他人复制我的作品的法律权利还有何用!”[①]

第五，宪法原则对合理使用规则的干预与指导。在“了解权”这一宪法权利的激励下，合理使用不仅成为著作权法中公众使用作品的权利，而且被赋予保护资讯自由的宪法意义。一些学者认为，信息的公开传播非常重要以至于不能使公众的自由权利屈从于通常著作权观念所产生的私人独占权。著作权提供的保护可以对抗竞争者的使用，但不能阻碍公众的合理使用。在一些判例中，法官提出作品的使用，不应拘泥于著作权法上的合理使用规则，甚至可以根据宪法修正案来解释。概言之，无论在文字方面，还是在视听方面，存在着著作权法和宪法上双重意义的合理使用。[②] 这一现象虽然使合理使用在法律地位上得以升华，但同时在一定程度上带来合理性判断标准的多样化。

一些著作权法学家，包括法官、律师与学者，渴望合理使用规则从混乱走向秩序，从歧见趋于共识，因此从不同的角度提出解决上述问题的方法和途径。美国地区法院 Pierre N. Leval 法官主张根据基本的著作权原则来解释合理使用规则。他认为，著作权的目标是“促进知识，鼓励创作”，而合理使用是著作权目标的重要组成部分。合理使用只能是符合上述两条原则的使用，即使用必须服务于著作权鼓励创造性思维与公共教育启迪的目标。[③] 换言之，凡是合理的使用都是服务于著作权目标的使用，凡不是服务于此种目标的使用不能被视为合理使用。服务于上述目标的程度对使用的合理性判断具有重要影响，成文法合理使用的四条标准，可以从这种功用性目标来解释。哈佛大学法学教授 Lloyd L. Weinreb 则主张一个不拘于原则，不拘于先例的合理使用概念。他认为，Leval 法官提出的两项一般性原则对判断合理与否是有益的，但合理使用的要素不能拘泥于著作权功能目标的实用主义解释。合理使用的构成条件并

---

① R. F. 沃尔等：《版权与现代技术》，载《国外法学》，1984（6）。

② See Harry N. Rosenfield，The American Constitution，Free，and Law，Fair Use and Free Inquiry，1980.

③ See Pierre N. Leval，Toward a Fair Use Standard，Harvard Law Review，Vol. 103，1990.

不排除与著作权功用无关的因素。可以说合理使用是服务于著作权目标的使用，但是并非所有符合这一目标的使用都是合理使用。因此他呼吁不要采用实用主义的做法，而要从合理使用本身所蕴含的“合理”“公平”价值中，去寻求“统一适用”的、“普遍理解”的、“各自分立又彼此相连”的合理性判断规则。①

另一著作权法学者西格蒙德·廷伯格针对法定规范准则的不完善性，提出新媒体下的“现代合理使用规则”，即适用于视觉、听觉、视听作品合理使用的新标准：“（1）复制者是否属于致力于推动科学、技术和工业进步或处于宪法修正案保护的信息和思想之传播者的范畴？如果答案是肯定的，那么，（2）复制的性质和数量是否与推动科学、技术和工业进步，以及宪法修正案保护的信息和思想传播的目的而不是剽窃的目的相一致？如果答案是肯定的，复制者即享有合理使用的抗辩以对抗著作权人的复制禁止请求，剩下的问题仅是使用者应否支付报酬。（3）复制者的使用是否对有著作权作品的潜在市场或商业价值产生不利影响？如果答案是肯定的，那么，（4）著作权作品的使用是否给复制者带来实质性利益，是否应出于公平考虑而给予著作权人补偿？如果答案是肯定的，则应规定支付报酬的适当条款；如果是否定的，使用者应被允许无偿复制著作权作品。”② 与著作权规定的合理使用要素的理论相比较而言，所谓现代合理使用规则有两个特点：一是它将禁令救济与使用付酬区别开来，从而使得使用者在不同的场合采取不同的举措，或是继续使用但享有合理使用的抗辩，或是继续使用但要给予适当的补偿；二是判定使用者是否向著作权所有人补偿，只需考察后两个因素：使用是否对原作品的潜在市场和商业价值带来不利影响；使用是否给复制者带来实质性利益。

关于合理使用规则的论战，留下许多值得思考的问题，尽管目前没有一个完满的句号，但它丰富了合理使用的理论，从而为著作权立法提供有益的思想资料。

---

① See Lloyd L. Weinreb, Fair: A Comment on The Fair Use Doctrine, Harvard Law Review, Vol. 103, 1990.

② Sigmund Timberg, A Modernized Fair Use Code for Visual Auditory and Audiorisual Copyrights, Fair Use And Free Inquiry, 1980.

二、使用作品的目的：“合理性”判断标准之一

按照美国学者的解释，《美国著作权法》规定的合理使用第一要素，即“使用的目的和性质，包括这种使用是具有商业性质或是为了非营利的教育目的”，是整个合理使用界定规则的“灵魂”。

为了将这一规定具体运用于司法实践，美国法官作出了各种解释。“在Salinger诉Random House公司”一案中，法官将使用目的定型化为“批评的”“学术的”“研究的”三类。凡上述三种目的的使用即为合理使用。[①] 就上述目的说来，法院的认定结果是正确的，但将其分类引申为指导性原则却难以令人信服。首先，使用目的按其行为类型的不同而有所区别，它可能是上述三种目的，也可能是“公务的”（国家机关为执行公务而使用作品），“社会的”（公共图书馆为陈列或保存而复制作品），“慈善的”（将已发表的作品改成盲文出版），等等。因此这种列举或规定，未能包容各种使用目的的全貌，有一定的局限性。其次，诸如“批评的”“学术的”“研究的”目的使用，都是非营利性使用。与商业性相对而言，这里的“利”显然指物质利益。但是，使用人虽无谋取物质利益之心，但意在取得非物质利益，也未必“正当”与“合理”。在另一判例中，美国法院毫不含糊地宣称，任何商业性使用都将是不合理的，但他们未作出相反的推断，即非营利性使用都是合理使用。[②] 因此，Salinger一案对使用目的的定性判断与定量分析有失精当。

此外，Leval法官从鼓励创造性活动的立场出发，将合理使用作品的目的界定为“变异使用”（transformative use），也是有代表性的学说。其主要观点是：（1）使用是否达到著作权法促进知识传播、鼓励创作的目标，这是考察使用目的的核心问题；（2）使用如果是以与原作品不同的方式或是为了与原作品不同的目的，即是变异使用；（3）变异使用使新创作品不同于原作品，因而是

---

① 参见付昆成等：《美国大众传播法》，32页，台北，123资讯有限公司，1990。

② See William F. Patry, Fair Use Privilege in Copyright Law, 1986.

创造性的，属于合理使用。[1] Leval 法官的理论遭到一些学者的批评，在此姑且不论。仅就使用目的说来，也有商榷之处。首先，合理使用所涉及的不仅是前任作者与后任作者的关系，而且包括著作权人与一般使用者的关系。对于后者来说，"变异使用"或说是"创作性"目的，并不反映他们使用作品的内在需要。其次，所谓"变异性使用"并非一定是正当目的使用，如作品的改编、翻译等。正如有的学者所指出的那样，"有些变异性使用也有可能不具备合理使用的条件，因为这种使用是著作权人独占权利范围内的使用"[2]。因此，将使用目的局限为后任作者的创作目的，显然缺乏概括性和包容性。

笔者认为，把握使用目的的"合理性"，有必要弄清以下几个问题：

（1）商业性质的使用、非营利使用与合理使用。《美国著作权法》将"具有商业性质或是为了非营利的教育目的"作为识别使用目的"合理性"的标准，这种表述有推敲的余地。运用逻辑语言的方法，我们可以这样认为，凡商业性质的使用肯定不是合理使用，但非营利的使用则未必是合理使用。这是因为，合理使用是一种无偿使用，不允许他人以营利为目的使用有著作权的作品。商业性质的使用将取代著作权许可使用、法定许可使用等形式，最终损害著作权人的财产利益。"商业性质的使用"在表述方法上是一种排斥法，凡符合这一情形，即不属于合理使用范围。相对而言，"非营利的目的"的规定，则是一种归纳法的表述，即所有非营利目的的使用，都推定为合理使用，这在逻辑上有失周延，与实际情况也难以吻合。在有的判例中，使用人并未"营利"，但有意"窃誉"，即不愿从事艰苦的创作劳动，又想获得所谓的"作者资格"或"学术地位"，因而使用他人的有著作权的作品，就可能不具备目的的"合理性"。因此，我们不难理解，美国法院在解释使用目的时，为什么推断商业性使用的"不合理"，但拒绝作出"非营利使用即为合理"的结论。

（2）社会组织的性质与合理使用。社会组织的性质并不意味着其使用作品的性质，对此美国上诉法院曾提出过有价值的观点："具有商业性质的组织可

---

① See Pierre N. Leval，Toward a Fair Use Standard，Harvard Law Review，Vol. 103，1990.

② Lloyd L. Weinreb，Fair：A Comment on The Fair Use Doctrine，Harvard Law Review，Vol. 103，1990.

能出于符合合理使用规则的目的而使用作品”，例如商业性的传播者在新闻报道、时事评论中引用他人有著作权的作品，即是一种非营利的“合理性”目的；而非商业性质的组织则可能从事营利性目的的使用，例如教师协会本身虽为非营利团体，但对其成员出售解析他人计算机软件的复制品，即超出合理使用的范围。① 这即是说，具有商业性质的使用者如果证实其使用的目的正当及使用未造成损害结果，就可能以此主张合理使用的抗辩。

(3) 使用结果的公益性与使用目的的合法性。作品的使用有合理使用与侵权使用之分，其权利义务及责任发生在著作权所有者与作品使用者之间，但在大多数情况下，作品使用和传播的后果却涉及社会公众。从这个意义上说，使用是否合理都可能为公众带来知识和信息。因此，在合理使用的认定中，使用者是否获得实质性利益或是否具有商业动机，与公众是否从这种使用中取得利益无关。换言之，对有著作权作品的使用，可能使公众受益，但未必说明使用目的的合法性。例如，使用者取得一部未发表作品的手稿复制件，未经作者授权即公开出版，其行为固然为公众带来利益享受，但并不能视为合理使用。

(4) 创造性目的与“消费”性目的。作为个人对作品的使用有两种情况，一是基于学习、研究的需要，他是原有作品的使用者，也可能是未来作品的创造者；二是基于欣赏、娱乐的需要，他仅是具有“消费”目的的一般使用者。关于个人使用在不同国家中有着不同的规定，有的国家将个人使用与合理使用并列，合理使用的限制性规定仅适用于合理使用；多数国家的合理使用采广义说，包含个人使用的一般情形。在合理使用制度之初，法律对个人使用的规定比较宽松，容许在个人及其家庭的有限范围内对作品进行复印、录制、表演等各种行为。但现在的立法趋势是，个人使用已有学习目的与娱乐目的的划分。不少国家规定，凡是为娱乐目的而复制，即使是个人使用，也不属于合理使用的范围。

综上所述，笔者认为，作为合理性判断标准的使用目的，似可在立法中表述为，“使用的目的必须正当，包括不具有商业性质和非营利的教育目的”，采用目的是否正当的说法比是否以营利为目的，具有更大的包容性和概括力。即

---

① See William F. Patry, Fair Use Privilege in Copyright Law, p. 365, 1986.

不正当目的的使用，首先是商业性质即营利目的的使用，也包括其他损害著作权人利益的非法使用。诸如“教育的”“批评的”“学术的”目的是否属于合理使用，不能一概而论，必须联系其他因素综合分析。

三、被使用作品的性质：“合理性”判断标准之二

“著作权作品的性质”作为合理使用的构成要件，是一个人们理解甚少而又极易混淆的问题。在美国，“立法史和判例法涉及这一因素的内容很少，最高法院也无进一步的指示”①。

关于著作权作品性质与合理使用的关系，学者们也并未形成一致的意见。一种观点持“作品内容说”，即将不受著作权保护的思想内容，作为合理使用的对象。美国学者帕特森教授认为，“著作权作品的性质”之所以成为合理使用的要素，在于该作品应能服务于公共利益，“无论作品采用什么形式，只要该作品是由公共领域的资料或与公共利益有关的资料所构成，那么该作品的性质即满足合理使用的条件”。他列举三类资料与公共利益有关，即政府公务性资料、社会信息性资料以及历史上的创造作品。“这些资料或作品，有的属于著作权作品的排除领域，有的则进入公共领域，但它们中的大部分以一种有规则的方式出现在有著作权的作品中。”② 按照帕特森教授的见解，在考虑作品的性质时，“应根据作品中所蕴含的材料而不是根据作品本身的属性才是有用的”③。日本学者古泽博有类似说法。他认为，作品中含有的“素材”，是人类文化的共同财富，也是自由使用的对象。素材是自然界或社会、历史所赋予的创作资料，如自然界给艺术家提供线条、色彩、形状、材料及模型，给学者提供研究和发展对象，给作家提供灵气和感受。此外，人类社会生活也给创作带来许多主题材料，诸如历史事实、新闻事件、人文景观、家庭生活等社会现

① William F. Patry, Fair Use Privilege in Copyright Law, p. 417, 1986.

② L. Ray Patterson, Stanley W. Lindberg, The Nature of Copyright: A Law of Users' Right, p. 202, 1991.

③ L. Ray Patterson, Stanley W. Lindberg, The Nature of Copyright: A Law of Users' Right, pp. 202-203, 1991.

象；科学家发现的宇宙原理、自然规律、哲学原理、道德规范等都属于这个范畴。这些素材本身并没有表现作者的创作个性，即使它们包含在著作权作品之中，其他人也可以自由使用。[①]

另一观点持“作品类型说”，即对不同类型的作品，主张不同程度的合理使用。Pierre N. Leval 法官认为，分析著作权作品的性质，即“意味着一定类型的著作权作品比其他类型更适于合理使用”。著作权法保护不同类型的作品，诸如高品位的小说、研究社会问题的报告、私人信件乃至书面通知都是具有著作权意义的作品。由此他主张，应严格区分为向公众发表而创造的艺术性、教育性作品与未准备发表仅为个人目的而创作的私人文件。对于前类作品，应提供有力的著作权保护，并对其合理使用作出严格解释；反之，对于另一类作品，为了评论、传记的创作需要，应允许对这些有著作权资料的使用。[②] 这即是说，尽管该类作品的作者未考虑发表，但有充分的合法理由使用，且使用未对作者的权利造成严重损害，应视为合理使用。

“作品内容说”与“作品类型说”，都是对“著作权作品的性质”的有关探讨，无疑都有其“合理性”成分。但是，“作品内容说”似乎偏离了立法者的本意。这是因为，作为合理使用的作品是有著作权的作品，法律保护的作品本应为著作权人独占使用，却又可在法律认许的条件下为他人适当利用，这正是合理使用的本旨所在。而进入公共领域、属于排除领域的作品，已不是著作权客体意义上的作品，任何人都可以自由使用，无须遵循一定的构成条件。至于将一部作品划为合理使用与著作权保护两大部类，也未见正确。在一些国家里，经过整理加工的“材料”也受著作权保护，而列为保护范围的“构思”“情节”，却并不排斥他人适当的引用和借鉴。相比较而言，“作品类型说”注重不同的作品适用不同的合理使用要求，较好地把握作品性质在合理使用构成中的意义。尽管 Leval 法官对作品的分类及其得出的结论难以让人信服，但其对作品性质的概括也许更符合立法意图和司法实践。

笔者认为，作品的类型与合理使用存在着有机联系。在具体案件中，通过

---

① 参见［日］古泽博：《关于利用他人作品的著作权问题》，载日本《独协法学》，1977－10－22。

② See Pierre N. Leval，Toward a Fair Use Standard，Harvard Law Review，Vol. 103，1990.

不同作品的性质比较，有助于我们把握使用的“合理性”程度。

（1）未发表作品与已发表作品。对于未发表作品的合理使用要严于已发表作品。一般说来，合理使用限于已发表作品。对于未发表作品，无论出于何种目的，都有可能侵害作者的“发表权”和“私人秘密权”。在美国，受普通法保护的未发表作品，一直不允许擅加使用。1950 年加州法院在“Stanley 诉 Columbia B. S.”案中宣称：“普通法禁止对未发表作品的擅自使用，而成文法则容许对已发表作品予以合理使用。”① 但这一状况后来有所变化。1961 年国家版权局局长报告指出，“考虑公众利益，受普通法保护的未发表作品也应受到法定著作权保护的某些限制，这些限制包括合理使用”②。美国国会在讨论报告时也表示，“对于虽未发表但作者自愿传播的作品，应允许评论者某种程度的合理使用”③。虽然，个案显示允许对未发表作品的合理使用，但美国法院表示，“允许合理使用未发表作品，但要维护作者个人声誉和控制作品公开出现”④。这实际上将未发表作品的使用限制在个人使用的范围之内。在一些大陆法系国家，著作权法明确说明哪些情形适用于已发表作品，哪些情形不问作品是否发表均可适用。例如，德国、日本都有这种区别规定：在大多数情况下，特别是与著作权贸易有关的使用，其对象都必须是已发表作品；而个人及家庭的使用，其作品无发表与未发表之分。换言之，在非公开的私下场合，允许未发表作品的使用。

（2）虚构作品与纪实作品。对于虚构作品的合理使用要严于纪实作品。纪实作品也称事实作品（works of fact），是指诸如图形作品、写生画、美术作品、历史作品、传记作品等一些反映事实和客观对象的作品。与此相对的是虚构作品，也称艺术作品（artistic works），是指诸如非写生美术作品，纯文学作品等一些具有虚构成分和艺术塑造特点的作品。一般来说，纪实作品使用了现存的历史资料和客观素材，如传记作品的事件、情景、线索，地图作品的地形、地貌，写生作品的人像、景色等，包括较多的事实成分，因此赋予他人合理使用的相当自由。而虚构作品是在作者对素材进行搜集、筛选的基础上编创

---

①②③ William F. Patry，Fair Use Privilege in Copyright Law，p. 440，1986.

④ Harry G. Henn，Copyright Law，p. 180，1988.

而成，在很大程度上体现了作者的艺术创作个性，因此对此类作品的合理使用有一定的限度。

（3）视听作品与印刷作品。根据1989年缔结的《视听作品国际登记条约》的规定，视听作品（audio visual works）是指一系列镜头伴随着音响或没有音响而固定在一定介质上，可以复制并供人们视、听的作品，包括电影、电视、录像作品。它不同于以往印刷形式出现的文字作品，是一定空间艺术形式（如美术作品）和时间艺术形式（如音乐作品）的结合。视听作品是现代传播技术发展的产物，如何适用合理使用规则，一些国家采取了与印刷作品不同的做法。在英国，1956年《著作权法》曾将所有作品分为两类，文学、艺术、音乐等作品属于第一类，电影、电视、录像作品属于第二类。根据规定，合理使用的范围只及于第一类作品，而复制第二类作品一般都必须取得许可和付酬。尽管其现行著作权法将电影等与文学、艺术作品划入一个部类，但对视听作品的合理使用仍然采取比较严格的态度。在德国，家庭录制活动（包括录音录像）被划到合理使用范围之外，即使是个人录制也必须向著作权人付酬，即所谓对录制设备征税。文字作品的复印则不然，合理使用的范围虽大为缩小，凡属于教学活动的复印必须交付复印版税，但个人的少量复制并不在禁止之列。

（4）为特定对象创作的作品。著作权作品的性质，不仅与作品的类型有关，而且与其特定的使用对象有关。某类作品专供特定的使用者需要，一般也不得自由而无偿使用。美国国会认为，“对课程习题、标准试题、问题解答等，教师和学生无合理使用权利；教科书以及以学校为市场的期刊，较之以一般公众为发行对象的作品也不同，因此不允许以课堂使用为由而复制”①。“著作权作品的性质”，是一个难以具象的判断标准。在分析这一要素时，立法者和法官“无法创制一个合理使用的适当标准，而必须通过考察所有因素来评定其范围”②。

四、使用作品的程度：“合理性”判断标准之三

使用作品的程度，可以从数量和实质两方面进行分析，这即是“合理性”

①② William F. Patry, Fair Use Privilege in Copyright Law, p. 419, 1986.

判断的第三个标准："同整个有著作权作品相比所使用的部分的数量和内容的实质性。"美国学者认为，"该因素要求我们从整体去衡量被使用作品的状况，从一般意义上讲，所使用的篇幅或实质性内容越多，就越会冒犯著作权人的利益，这种使用就越不可能符合合理使用的要求"[1]。这即是说，大量引用原作或原作的精华部分，不能视为适当与合理。

上述构成要件被称为"实质性使用"规则。[2] 法律所要求的合理使用应是适量摘用、有限复制的非实质性使用，如果以剽窃取代引用，以新作排挤原作，即构成不合理的"实质性使用"。该规则旨在从作品的量与质的方面设定合理使用与侵权使用的界限。关于被使用作品的数量，许多国家都给予极大关注，并作出具体的规定，诸如引用的字数、复制的份数、播印的长度，无一不是反映数量的法律要求。如原《俄罗斯著作权法实施细则》规定，引用他人作品，一般作品引用量不超过 1 万个印刷符号，诗歌不超过 40 行；如果是超过 30 个印刷页的大型科学或学术著作，则引用量可增至 4 万个印刷符号。原《南斯拉夫著作权法》则规定，任何引用的数量都不得超过原作整体的 1/4。在英国，作家协会与出版家协会在协议中规定，一部散文作品一次引用不得超过 400 个单词，二次或多次引用不得超过 800 个单词。在我国，引用非诗词类作品不超过 2 500 字或是被引用作品的 1/10，如果多次引用同一部长篇非诗词类作品，总字数不得超过 1 万字；引用诗词类作品不超过 40 行或全诗的 1/4，但古体诗除外；凡引用一人或数人的作品，所引用的总量不得超过本人创作作品总量的 1/10，但专题评论文章除外。此外，广播节目中引用已发表作品的片段，声音不超过 1 分钟；电视节目或新闻纪录影片中引用已发表作品的片段，画面不超过 30 秒。

关于被使用作品的"实质性"，著作权法一般未作具体规定，司法实践亦未概括出可供适用的具体标准。笔者认为，作品的实质部分应是整个作品的灵魂和精华所在。它在文学作品中，表现为作者的独自性的构思安排、独创性的

---

① Pierre N. Leval, Toward a Fair Use Standard, Harvard Law Review, Vol. 103, 1990.

② See Sigmund Timberg, A Modernized Fair Use Code For Visual Auditory and Audiorisual Copyrights, Fair Use And Free Inquiry, 1980.

情节描述、独特性的人物塑造；在音乐作品中，表现为具有艺术个性的旋律、节奏、和声、复调的安排和设计；在科学作品中，则表现为作者独立性和创造性的思想阐发与理论说明。上述内容及其表述在整个作品中具有核心地位和重要价值。因此过“量”或损“质”的使用，都不符合“合理性”要求。如何把握第三要素，笔者认为应注意以下三个问题：

一是该要素与其他要素的关系。就“使用作品的目的”（第一要素）来说，它是决定使用作品程度的出发点。例如，为了批评与研究的目的，使用者将在自己的作品中适当引用已发表作品，达到说明观点、评述事件的程度足矣；为了教学活动的需要，使用者复制他人作品的数量达到课堂需要的程度即可。反之，使用目的不正当，则会在使用数量和内容的实质性方面表现不合理。就使用“作品的后果”（第四要素）来说，使用作品的程度是判断“对有著作权作品的潜在市场或价值产生影响”的依据。一般来说，大量的使用或进行实质性内容的使用，将会对原作品构成不正当竞争，并影响原作品的销售市场和存在价值，从而最终损害著作权人的利益。

二是使用作品的数量与“实质”的关系。考察使用作品的程度，既要有定量评估，又要作定性分析，“数量”或“实质”可以单独存在并作为判断的一个依据。在诸多著作权实例中，“实质”分析比数量分析更为重要。在美国著名判例“福特回忆录”纠纷中，被告刊载了一篇 2 000 多字的文章。该文引用原作品不超过 1/20，仅有 300～400 字，但该文所记述的“水门事件”属于回忆录的核心内容，从而这一使用行为导致原告与他人订立的连载合同取消，对原作品市场造成重大损害。判断认定，被告主张的合理使用抗辩不能成立。使用数量不多但又属实质性部分，可能构成侵权；相反，引用大部分甚至全部不一定对抗合理使用的请求。例如，一篇分析古体短诗的研究文章，为介绍、评论的需要，可能需引用每一句、每一个字，但这种使用不会取代该诗本身的市场，即不构成“实质性使用”。当然，这种全部使用是否合理，还应结合其他因素综合考虑。Leval 法官认为，对一封短小的函件，新闻记者或历史学家为表明事件的真实，或是论述作者的个性，都有理由使用该作品的核心内容甚至是全文。由此存在着该因素与其他因素相联系的三种反映：第一，有正当的理由，使用者可以主张对这一短函的全部使用；第二，作品的性质说明它的创作是为个人动机而非为发表，短函被他人利用，不会因此而影响该作者为公众创作的积极性；第三，短函不能作为独立的作品销售，因而不存在对其市场的消极作用。① 在这个意义上，对一首小诗或一封短函的大部分使用甚至全部使用都可能是合理、正当的。

三是新作品与原作品的关系。一般来说，两部作品系同一领域、同一主题，才会产生合理使用问题。它们之间的关系如何，往往涉及使用的程度。从作品地位来看，新作品固然利用和借鉴已有作品创造而成，但新作品必须是独立作品，不依附原作品而存在。如两者有重复、隶属关系，则可能认定使用程度不合理；从使用条件来看，使用他人的作品必须注明出处，以便与原作品区别开来，如果整个作品不标明引用部分，则说明将他人合作的部分以自己创作的名义表现出来，则可能认定不是合理使用，有剽窃抄袭之嫌；从使用的方式来看，对有著作权作品的使用必须是原封不动的使用，无论是引用、复印，还是广播、录制，都应不歪曲作品或影响作者的声誉。

"使用作品的程度"，即"量"与"质"的分析是合理性判断标准中比较具体并可操作的因素，但在适用中应注意结合其他要件综合评价。

五、对被使用作品的影响："合理性"判断标准之四

使用著作权作品的结果，即"对有著作权作品的潜在市场或价值所产生的影响"，是"合理性"判断的又一标准。在 1985 年"福特回忆录"判例中，美国法院宣称该标准是"合理使用中唯一最重要的因素"②。

毫无疑问，市场影响分析在合理使用构成要件中具有十分重要的意义。使用目的属于主观范畴，其主观方面是否正当，往往依赖于对客观市场影响的考察或说是进行主观目的与客观后果的有机的综合分析；使用作品的程度，无论是"数量"还是"实质"的状态评估，最终应落脚到对该作品是否产生侵害性市场影响的结论上。事实上，较之其他判断标准来说，法官们更为注重市场影

---

① See Pierre N. Leval，Toward a Fair Use Standard，Harvard Law Review，Vol. 103，1990.

② Pierre N. Leval，Toward a Fair Use Standard，Harvard Law Review，Vol. 103，1990.

响的要素。在有些案例中，遇有其他标准不足以判断合理使用时，他们往往倚重于作品市场后果的分析。1975 年美国国会听证会考虑到教育广播中对视听作品的合理使用问题，因而提出下列主张：“该类作品不像教科书那样，每个学生人手一册，整个学校只需要一两个拷贝就足以使用，而这样的拷贝在整个视听作品的有效期内可能仅会售出几百个。因此要考虑这类作品的市场情况，如潜在市场大，视为使用合理；如潜在市场小，则应认定侵权。”① 市场影响的要素固然十分重要，但不应将其绝对化。一些美国著作权学者认为最高法院有点夸大这一要素的重要性。② 在作品的“二次使用”（secondary use）中，同一领域、同一主题的新作品与原作品构成竞争关系，利用原作品而创造的新作品如对前者的市场地位产生不良影响，即可推定使用合理。但是，二次使用有时不会发生损害原作品市场的事实，但我们不能由此认定二次使用就是正当合理的。例如，对于某一科学作品进行介绍或评论（使用目的正当），所评介的作品已在期刊上发表半年以上（使用结果无市场损害），但是新作品在评介中不仅使用了原作品的实质部分，还将其全文附在自己的作品后面一并发表（使用程度不适当）。在这种情况下，则不能认为是合理使用；同时，并非每种市场损害都会对抗合理使用构成。例如，对某一作者或其作品进行不利的评论或揭露性的批评，有可能影响该作品在市场上的销售情况，但这种损害性影响与合理使用无关。

市场损害问题，即对被使用作品消极影响的程度，关系到合理使用能否成立。何种程度构成损害，从哪些方面进行分析，著作权专家的看法未见一致。有的认为，消极影响并不当然构成市场损害，“除非它达到合理的严重程度，即对著作权作品潜在市场的影响，已经严重挫伤著作权人为创作或出版作品的积极性时，则不能以该要件主张合理使用”③。但什么是严重程度，观点持有人未作具体回答。也有人不完全同意上述看法：“一部二次作品（secondary works）其本身没有创造性价值，又对原作品的潜在市场产生影响，极不可能

① William F. Patry, Fair Use Privilege in Copyright Law, p. 340, 1986.

② See Pierre N. Leval, Toward a Fair Use Standard, Harvard Law Review, Vol. 103, 1990.

③ Pierre N. Leval, Toward a Fair Use Standard, Harvard Law Review, Vol. 103, 1990.

构成合理使用。”对此学者一般尚无异议。但是，具有创造性、变异性的“二次作品”，大为增强原作品的市场价值，却不一定是合理使用。例如，根据文学作品所改编的电影，后者的成功会刺激原作品的畅销，但这种使用是著作权人利用其作品的权利，不属于合理使用的范围。[①] 还有的学者开列诸多情形的清单，以期对市场影响作出具体分析，这即是：(1) 作品的可接触性。对于非出版形式而不具有可接触性的作品，如新闻广播等，多涉及公共利益，合理使用不会影响市场利益。(2) 作品出版的日期。出版日期是作品可接触的证据。对于年代久远的书籍或早已发行的报刊，在著作权人没有重印的情况下，教育工作者将其复制用于课堂教学，不至于造成市场损害。(3) 作品的经济生命周期。对于报纸、电视广播新闻等经济生命周期较短的作品，可能有一定的历史价值，但这些作品比较符合合理使用的要求，对著作权人的经济利益损害较小。(4) 作品复制件销售的可能性。对于一次复制传播而在市场不再出现的作品，无法通过购买而取得，该作品的使用属于无市场影响的合理使用。(5) 著作权放弃的证明。如果有著作权放弃的证明，该行为可视为著作权人承认作品潜在利益的穷竭，对该作品的使用应在合理使用之列。[②]

笔者认为，作为合理使用构成条件的市场因素，其设定目的在于维系使用者使用作品的利益（主要是非物质利益）与创作者控制作品使用的利益（主要是物质利益）之间的平衡。因此，考察对著作权作品市场影响，关键在于有无损害的发生，用合理使用三要素倡导者斯托里法官的话说，应考虑这种使用是不是取代原作品的使用。[③] 关于市场损害，美国著作权学者西格蒙德·廷伯格将其描述为使用者得到“实质性利益”和著作权人遭到不利影响。[④] 这种看法较之前述观点似乎更为可取。

使用者是否取得“实质性利益”，是区别合理使用与侵权使用的重要标志。

---

① See Lloyd L. Weinreb, Fair: A Comment on The Fair Use Doctrine, Harvard Law Review, Vol. 103, 1990.

② See L. Ray Patterson, Stanley W. Lindberg: The Nature of Copyright: A Law of Users' Right, pp. 204 - 207, 1991.

③ See John S. Lawrence, Copyright Law Fair Use and Academy, p. 10, 1980.

④ See Sigmund Timberg, A Modernized Fair Use Code for Visual Auditory and Audiorisual Copyrights, Fair Use And Free Inquiry, 1980.

合理使用本质上是无偿使用，其立法目的在于减少任何使用都要取得许可的麻烦，同时也是对著作权设定必要的限制。使用者享有的使用著作权作品的便利，主要是一种非物质利益，即不具有营利性，无论出于学习、研究、教育的需要，还是基于报道、公务、慈善的目的，都不应是商业性质的使用。“实质性利益”这一结果表明，使用人在无须支付对价的情况下，以合理使用的手段取得了通常授权使用或法定许可使用才能取得的利益。在美国，如认定使用人获取“实质性利益”，即可排除合理使用的抗辩。在1978年“衣阿华大学研究中心诉ABC公司”一案中，后者未经前者允许播出该校学生、奥运会金牌得主的传记，并诉称对一重要社会人物的传播是出于可称道的目的符合公众利益。而法院判决认为，ABC公司的使用绝不是慈善之举，它终究要从奥林匹克运动会的广播中获利。[①] 可见，“实质性利益”的取得是对使用目的正当的否定，因此这种广播是“实质性使用”而不是合理使用。

著作权人的利益是否受到侵犯，是衡量市场损害影响最主要的尺度。著作权利用的目的在于有偿使用，著作权人只有通过许可使用和法定许可使用的途径才能实现自己的利益。合理使用虽然视为著作权人对自己利益的让渡，但这种让渡并不构成利益的重大损害。对著作权作品市场价值的影响，并不当然在一切情况下发生合理使用向侵权使用的转化，在这里须把握损害认定的基本条件：（1）损害必须达到一定程度。合理使用的设定意味着法律要求著作权人必须容忍来自他人使用行为的轻微损害，只有这种损害达到一定的程度，即所使用作品的数量和实质部分超过法律认可的界限，才应视为市场损害。（2）损害必须真实存在。对著作权作品的市场价值的影响，只有已经导致损害，并在客观上予以认定的情况下才能说明使用不再合理。在这里，已经产生著作权人的财产利益损失，可以判断为损害；虽未形成实际损失，但对著作权人行使权利造成妨碍，亦可以定为损害。在诸多案例中，只要构成市场侵害，使用人关于合理使用的主张就不能成立。1977年，美国Scripps-Howard广播公司在新闻报道中播放了Zachin关于大炮喷射活人的表演，持续时间达15秒钟，被后者指控侵权。法院认为，“广播组织的活动已超越了宪法特权，它不仅报道了原

① See William F. Patry, Fair Use Privilege in Copyright Law, p. 379, 1986.

告进行表演的事实并加以评论，而且拍摄上演了他的全部表演活动，供公众在电视上观看和欣赏”。这一行为“减少了原告表演的商业价值和应获取的表演收入”，因此被告属于侵权使用，“不存在允许被告剥夺原告表演的市场价值和免除其支付酬金义务的所谓公共利益和目的”[①]。

合理使用与侵权使用的距离仅一步之遥，使用结果的分析有助于判定两种使用的界限，特别是在其他要素不敷使用的情况下，对著作权作品使用的经济结果分析往往是最有用的尺度。

六、“合理性”判断的其他标准：真实因素还是虚假因素?

在法律规定的合理使用构成条件之外，是否存在其他可资鉴别的因素，学者们未形成一致意见，司法判例也没有成熟而系统的看法。有的学者认为，尽管《美国著作权法》第 107 条表明四个要素是非排他性的，但在著作权目标的指导下，上述要素是决定合理使用的全部因素。[②] 他们主张有关合理使用的因素应是在法律规范中得以命名的因素，而其他诸多考虑是偏离著作权目标的“虚假因素”[③]。应该说，“使用目的、被使用作品性质、使用程度、使用作品的影响”，是合理使用的基本要素，但不是排他性的唯一因素。在特殊领域对特殊作品的特殊使用的情形中，其他因素对“合理性”的判断还是有参考价值的。下面试作简单评析：

（1）善意使用。从英国 1803 年“Cory 诉 Kearsley”到美国 1983 年“Marcus 诉 Rouley”诸案中，法官们都提出“善意”作为判断使用是否合理的一个规则。在著作权法中，所谓善意是指无损害原作品著作权利益之心，凡不诚实地使用他人作品，意在简单地复制而不进行创新，可推定为恶意，即构成侵权使用中的主观过错。善意是使用者通过依法使用作品的行为所表现出来的主观状

---

① Sigmund Timberg，A Modernized Fair Use Code for Visual Auditory and Audiorisual Copyrights，Fair Use And Free Inquiry，1980.

② See Lloyd L. Weinreb，Fair：A Comment on The Fair Use Doctrine，Harvard Law Review，Vol. 103，1990.

③ Pierre N. Leval，Toward a Fair Use Standard，Harvard Law Review，Vol. 103，1990.

态。具体来说，首先，它是一种尽到注意义务的主观状态。如果应当注意而未能注意，从而构成主观上的故意与过失，这种过错体现了使用者主观上的应受非难性。其次，它表现为受使用者主观意志支配的外在行为。对善意的评价要采取客观标准，即根据某种使用行为标准来衡量其行为是否合理、正当。再次，善意是法律和道德对使用者行为的肯定评价。善意的概念本身体现了一种社会道德评价和法律价值判断。凡漠视法定义务和公共行为准则，则可对其行为作出过错评价，责令其承担相应责任。总之，善意是一个主客观因素相结合的概念。区分善意与恶意，对于我们正确把握行为人的使用目的，确定使用者行为的性质是不无意义和价值的。

（2）非竞争性使用。合理使用制度产生之初，就是为了后任作者能利用前任作者作品进行新作品的创造，即允许合理的竞争性使用。以后合理使用范围又扩大到公众基于教育、学习等目的的非竞争性使用。非竞争性使用属于合理使用，但竞争性使用则不尽如此。两种不同的使用与不同性质的作品以及不同数量的使用联系起来考察时，有助于合理使用构成的判断。帕特森教授在假定区分教学类作品和创造类作品的基础上，提出了作品使用的不同情形：教学类作品的非竞争性使用（教师为了课堂教学复制一篇文章），教学类作品的竞争性使用（出版者复制一篇文章的实质部分以备重印），创造类作品的非竞争性使用（教师复制影片在教学课堂上放映），创造类作品的竞争性使用（出版者将一首诗歌再版在选集中）。由于作品性质和使用类型不同，在这里产生了不同的行为认定：教学类作品比创造类作品更容易被合理使用；非竞争性使用比竞争性使用更具有合理使用属性；在作品的使用数量上，教学类作品的非竞争性使用远远超过创造类作品的竞争性使用；教学类作品的竞争性使用也应超过创造类作品的非竞争性使用。① 上述分析可资参考和借鉴。使用教学类作品，且基于非竞争性目的，往往对著作人的经济利益影响较小；而使用创造类作品，且为了非教育目的的竞争性需要，有可能使新作品取代原作品，严重影响著作权作品的市场价值。由此比较容易推导出使用是否合理的结论。

---

① See L. Ray Patterson，Stanley W. Lindberg，The Nature of Copyright：A Law of Users' Right，pp. 209－210，1991.

（3）无其他损害的使用。“其他损害”在这里系指著作权以外的权益侵害，在合理使用中主要涉及私生活秘密权的侵害。私生活秘密主要涉及“个人的财产、内心世界、社会关系、性生活，过去和现在的其他情况不受外界知悉、传播或公开的隐私”①。对私生活秘密权的保护已为许多国家法律所承认。我国《民法通则》及其有关司法解释也确认保护私生活秘密权。涉及个人隐私的作品，主要包括私人信函、私人日记、私人档案文件等。学者大抵主张，著作权法有其独特功能，“只保护表述，而不保护所透露的事实，因此不能保护私生活秘密所涉及的利益”②。笔者以为，否认直接通过著作权手段保护隐私权，并不意味着否认作者隐私权的存在。在一定情况下，可以适用著作权法的有关规定，为使用私人作品和尊重个人隐私寻求相应的依据。第一，私人作品既然属于隐私范围，理应属于未发表作品。使用者应尊重作者首次发表权或公开权，未经允许不得主张使用。第二，私生活秘密权虽为私权，但受到相关法律保护。使用者享有使用著作权作品的利益即使用者权，根据权利不得滥用的原则，不得实施损害他人权益的作品使用。第三，作者生前决定或作者死后由其后裔决定将其私人作品赠送给图书馆、档案馆等公共资讯机构，并未作出限制公众接触上述材料的特别声明，在这种情况下该作品应适用合理使用的规定，需要说明的是，上述规则应允许例外，有些国家认为，对于社会公共人士，在其成为“名人”后，就部分丧失了他在民法中的肖像权和隐私权。③ 有理由认为，社会公共人士所拥有的私人作品，在相当的程度上与公共利益或公共兴趣有关。如果私人作品与社会生活、政治生活发生联系，它就不是一般意义上的私生活秘密，应允许对上述作品进行合理使用。

（4）特定主体的使用。严格来说，使用者的身份如何并不是判断合理使用的条件。但是，特定的使用者基于特定的使用目的使用作品，往往会被视为合理使用。美国法院认为，“传统的先例是法院允许作者未经著作权人同意可以引述著作权作品，但前提须是文学评论、模仿作品、历史传记作品的作者方可

① 张新宝：《隐私权研究》，载《法学研究》，1990（3）。

② Pierre N. Leval，Toward a Fair Use Standard，Harvard Law Review，Vol. 103，1990.

③ 参见郑成思：《版权法》，301页，北京，中国人民大学出版社，1990。

为之”[1]。美国学者指出，合理使用原则适用于新传播技术条件下产生的作品。有基于此，“研究者和教师的合理使用应不予追究。毫无异议，对研究者和教师的保护还可类推于视听作品的合理使用，包括电影、电视、通俗文学、社会学和艺术理论等”[2]。

总而言之，作为“合理性”判断的构成条件，应具有适用一切使用行为的概括能力和识别能力。但是，我们不应排斥在个别情况下，将上述诸多因素综合起来进行考察，该因素不是取代基本要素，而是对后者的有益补充。

①② Sigmund Timberg，A Modernized Fair Use Code for Visual Auditory and Audiorisual Copyrights，Fair Use and Free Inquiry，1980.

完善我国合理使用制度的立法建议*

随着新的著作权国际保护体系的形成与发展，特别是在《关贸总协定》的乌拉圭回合谈判结束后，为与世界贸易组织的新要求接轨，许多国家已经、正在或即将修订其著作权法。

我国自1991年6月正式实施著作权法以来，先后参加了《伯尔尼公约》《世界版权公约》《录音制品公约》，颁布了《实施国际著作权条约的规定》，在国际交往日益频繁与现代传播技术不断发展的新形势下，著作权法经常处于"变动"的过程之中，其修改与完善工作已势在必行。我国《著作权法》的修订，必须基于以下思路进行：第一，解决著作权基本法律与实施条例的双重"立法"问题。实施条例应是基本法律的具体化，具有辅助基本法律实施的功用。我国著作权法若干条文粗疏，不敷使用，因而往往求助于国家行政机关制定的实施条例予以补充，从而使得实施条例"超越"基本法律进行"立法"解释。这种立法机关与行政机关的平行"立法"，有违国家立法活动的基本规则。第二，解决中国人与外国人著作权保护的双重标准问题。按照现在的著作权法和有关行政法规体系，中国人适用现行《著作权法》《著作权法实施条例》和《计算机软件保护条例》，而中国人以外的《伯尔尼公约》成员国国民，在中国则适用中国《著作权法》《实施国际著作权条约的规定》，如遇有上述法律、法规与国际公约发生冲突，还可直接适用相关国际公约，这种内外有别的待遇，

---

* 原载《著作权》，1996（2）。

不利于调动中国作者的积极性。第三，解决现行著作权法与现代国际惯例不相适应的差距问题。我国在加入国际著作权公约以后，现行著作权法与国际公约出现明显矛盾，为此国家颁布了若干行政法规。但这些临时性措施存在疏漏之处，有待于修改完善，并以立法的形式加以规定。此外，还须考虑世界贸易组织的《与贸易有关的知识产权协议》这一最新国际知识产权条约，使中国著作权法与著作权国际保护体系和规则得以衔接。

有鉴于此，我国合理使用制度的修订，理应顾及现代著作权立法趋势向国际规范靠拢，对这一制度在适用范围和使用条件方面作出严密而具体的规定。现择其要而述之。

（1）个人使用。我国《著作权法》将个人使用的目的界定为“为个人学习、研究或欣赏”，即非商业性目的而使用他人已发表的作品。关于个人使用应具备两个条件，一是限于使用者本人（包括家庭）自己使用，二是限于不以营利为目的使用。两者必须同时具备方为合理，为保护著作权人的出租权，即使是非商业性目的的出借，因超出本人自己使用的范围，法律也似应予以禁止。关于个人使用条款的修改，有两点值得考虑：第一，因“个人欣赏”目的无偿而自由利用他人作品的情形，似可排斥在个人使用的范围之外，对此我国似可参照英国法第 29 条、德国法第 53 条，将个人使用的目的限定为“为个人学习、研究”的目的。第二，应对个人使用中的作品利用方式有所限制，不宜作出个人可以采取任何作品使用方式的笼统规定。或是借鉴法国法第 41 条的做法，将个人使用限制为“私人表演”和“私人复制”；或是采用俄罗斯法第 18 条的方式，在允许个人复制的一般性规定的基础上，设定若干排除领域的例外事项。为此，笔者建议，个人使用条款可表述为：“为个人学习、研究，使用他人已经发表的作品，但该条款不适用于：将公开朗诵、表演或放映的作品录制成音像载体；以建筑方式或类似设施形式复制建筑艺术作品；复制计算机软件，但因备用存档需要除外。”

（2）新闻报道使用。为报道时事新闻，我国《著作权法》允许“在报纸、期刊、广播，电视节目或新闻纪录影片中引用已经发表的作品”，但该项规定失之笼统，有将新闻报道中涉及的作品扩大到本身即是报道某一时事的作品（如纪实性、新闻性电影作品）之嫌。《伯尔尼公约》第 10 条之 2 将新闻报道的使用，限定为“在事件过程中看到或听到的文学或艺术作品，且符合报道目的正常需要的范围内”。多数国家依据公约作了明确规定。例如，《日本著作权法》第 41 条将其表述为，“对于构成该事件的作品或在该事件中所见所闻的作品”，可以进行复制并在报道中使用。《法国著作权法》第 50 条则规定为，因时事报道的需要，“可复制，传播和公开再现在报道过程中可被感觉到的作品”，为消除我国相关立法的差距，《著作权法实施条例》第 28 条特别作了限制性的补充规定。因此，新闻报道使用条款可望修改为，“为报道时事新闻，报纸、期刊、广播电视或者新闻纪录片在报道的必要范围内利用其报道过程中所接触的已经发表的作品”。

（3）转载或转播使用。根据《伯尔尼公约》第 10 条之 2 的规定，诸如报纸、期刊、广播电台、电视台等新闻媒介转载或转播发表在其他新闻媒介的作品有三个条件：一是限于经济、政治或宗教的时事性文章，以及具有同类性质的广播作品；二是限于该文章或广播作品无保留复制权与播放权的声明，即不反对他人转载或转播；三是在任何情况下，均须指出作品的出处，否则由有关保护国立法决定其应负的法律责任。《伯尔尼公约》成员国大抵都作了类似规定，如德国法第 49 条、俄罗斯法第 19 条、意大利法第 65 条都有此类规定。我国《著作权法》将转载或转播的作品界定为已经发表的社论、评论员文章，有超出《伯尔尼公约》限定的政治、经济或宗教作品范围之虞，且无作者反对转载或转播的保留条款。鉴于现行规定与国际公约的这一差距，该项条款似应进行如下修订：“报纸、期刊、广播电台、电视台刊登或者播放其他报纸、期刊、广播电台、电视台已经发表的有关经济、政治或宗教性作品，但著作权人声明不得转载或转播的除外。”

（4）科学研究使用。我国《著作权法》允许科学研究中对有著作权作品的翻译或少量复制使用，但对其使用目的和条件似应作出更为明确的规定。专利法严格限制商业性科学研究中关于专利的利用，著作权法可采取类似规定。一般来说，学术研究机构、非营利的教学组织所进行的研究活动，应属于合理使用范围。营利性实体即使是出于研究需要而使用他人有著作权的作品，但这种研究往往与经营活动有关，也不能视为合理使用，因为这有损于原作品的潜在市场。同时，学术研究使用须遵循下列条件：须为本人使用，即只能为相关科研人员自己使用；须为内部使用，不得将其公开出版发行；须为无侵害使用，即不得影响作品的正常利用，也不得无故损害著作权人的合法权益。我国《著作权法》将课堂教学使用与学术研究使用一并规定，似有斟酌之处。由于两者适用范围不同，可考虑将学术研究使用作专款规定如下：“为学术研究，翻译或者少量复制已经发表的作品，供科研人员使用，但不得出版发行，损害著作权人的合法利益。”

（5）教学使用。教学活动中的合理使用，受到各国著作权法的普遍关注，以此作为著作权限制的主要内容而加以周密规定。《英国著作权法》第32～36条，分别规定了教学活动中的“复制”“汇编”“表演”“录制”“影印复制”等情形；《美国著作权法》在教学活动中的使用也分别规定了复制使用（第107条）和演出使用（第110条）；而《法国著作权法》第47条规定了“为教育目的播放”，第52条规定了“学校举办活动中的表演”，第53条规定了“教学活动中的复制”。相形之下，我国《著作权法》规定的教学使用，仅限于翻译与复制。尽管非商业目的其他使用方式，如免费表演、免费播放的条款，也可适用于教学活动领域，但参照国外立法例的成功经验，似以集中规定为宜。此外，对于学校课堂教学必须强调其非商业目的。国外立法例对于商业目的的教学活动，一概排除在合理使用范围之外。结合我国实际情况，对于特殊教育中的有关活动，如盲人教育、残疾人教育等，从人道主义原则出发，则可规定比较广泛的使用范围，即包括复制、翻译、表演、播送等方式，且不必规定复制数量的严格限制。笔者建议教学使用的条款可作如下修改：“为非营利性的教学目的播放、表演、翻译或者少量复制已经发表的作品，供教学人员在课堂教学活动中使用，但不得公开再现，不得影响作品的正常使用，损害著作权人的合法利益。”

（6）公务使用。该项使用属于公共管理活动中的使用，因此国外立法例将使用人限制在与公共管理活动有关的国家机构。有的限于司法机关，如德国法第45条规定为仲裁法院和公安机关；有的则包括立法、司法机关，如英国法第45条规定准予为议会或司法程序的使用；也有的则延及立法、司法和行政机关，如日本法第42条规定的公务使用泛指“出于审判程序和立法或行政目的”，但强调使用作品须作为内部资料。为了避免引起歧义，我国《著作权法》

不宜采用“国家机关”的笼统说法，而可将其界定为“立法、司法或行政机关”。同时，应避免“使用”方式的一般性规定，即应将使用方式限制为复制与翻译，而不应包括表演、改编、整理等其他使用方法。有鉴于此，公务使用的情形可作如下表述：“立法、司法或行政机关，为执行公务复制、翻译他人作品作为内部资料，但不影响作品的正常使用，损害著作权人的合法利益。”

（7）图书馆使用。我国《著作权法》允许图书馆、档案馆、博物馆、美术馆为陈列或者保存的需要而复制有著作权的作品。该类使用应具备以下条件：复制的作品限于本馆合法收藏的作品或已经合法提供给公众的作品；复制的数量必须出于保存（存档复制）与替代（损毁替换复制）的需要，不得销售与出租；复制不得与作品的正常使用发生冲突，且不得损害著作权人的合法利益。在图书馆合理使用情形中，多数国家除规定保存与替代复制外，还允许向阅览人提供有限制的复制品，如美国法第108条、英国法第37～41条、日本法第31条、俄罗斯法第20条都有类似规定。因此，我国关于图书馆使用的条款需作进一步修订完善：“图书馆、档案馆、纪念馆、博物馆、美术馆或其他供公众使用的文化教育机构，在下列情况下，复制其收藏的作品：1）为阅览人个人学习、研究的要求，复制已发表作品的一部分或期刊中的单篇作品，每人以一份为限；2）为其保存资料或替换损毁遗失作品样本的需要；3）为同类性质机构保存与替换的要求，复制绝版或难以购得的作品。”

（8）免费表演。我国《著作权法》规定的“免费表演已经发表的作品”，因其语焉不详，缺乏限制条件，曾遭到诸多批评，如德国著名著作权专家阿·迪兹博士认为，“无论从哪个角度，特别是从《伯尔尼公约》第13条第1款的角度来看，是否符合公约的精神，都是值得怀疑的”。世界知识产权组织认为，免费表演必须严格限制在没有直接或者间接收费以及不向表演者支付报酬内。国外立法例关于免费表演的规定有两层含义：1）表演是指演奏乐曲、上演剧本、朗诵诗词等直接或者借助技术设备以声音、表情、动作公开再现作品；2）免费是指上述表演既不对表演者付酬，也不对观（听）众收费。英国法第34条、美国法第110条、德国法第52条、日本法第39条都对免费表演作了严格的限定。不少国家强调该类表演不得以营利为目的，包括直接或间接的营利目的。在若干判例中，诸如公司、企业为宣传商品而举行的“免费”演出，旅店、饭店为招徕顾客而“免费”演奏音乐作品，即使不向观（听）众收费，也都排除在合理使用范围之外。鉴于上述情况，我国《著作权法实施条例》第30条规定了免费表演的必要条件，以此作为对著作权法相关条款的重要补充。因此，该项条款可考虑修改为：“不以营利为目的，在不向听众、观众直接或间接收取费用，也不向表演者支付报酬的条件下，在公益性活动中表演已经发表的作品。”

(9) 公共场所陈列作品的使用。对永久设置于公众场所的艺术作品进行自由而无偿的临摹、绘画、摄影、录像，是各国合理使用制度的立法通例。我国《著作权法》第22条第10款、英国法第62条、法国法第59条、日本法第46条、俄罗斯法第21条都作了此类规定。至于将室外艺术作品复制或录制之后，可否进行营业性使用？该项营业性使用，是否仍在“合理”范围之内？我国《著作权法》及一些国家相关法律均无直接的答案。但是，日本、俄罗斯等国的著作权法不允许将公共场所陈列作品的复制品用为营业目的。这一规定，在我国修改该项条款时可资借鉴。为此，笔者建议，该项合理使用情况可作如下表述：“对设置或陈列在室外公共场所的艺术作品进行临摹、绘画、摄影、录像，但将其复制品用于营利目的的除外。”

(10) 对汉族文字作品的翻译使用。我国《著作权法》关于“将已经发表的汉族文字作品翻译成少数民族文字在国内出版发行”的规定，实际上是对翻译权一定程度的限制，其立法本意在于促进国内少数民族教育、文化和科技事业的发展。但是该项条款为各国立法例所少见，与著作权国际公约很不协调。为此《著作权法实施条例》第31条确认，上述有关规定“仅适用于原作品为汉族文字的作品”。《实施国际著作权条约的规定》第10条进一步作出补充，“将外国人已经发表的以汉族文字创作的作品，翻译成少数民族文字出版发行的，应当事先取得著作权人的授权”。这些规定不但没有完全解决与公约的协调问题，而且在汉族文字作品的利用方面，对中国人与外国人采取差别待遇。因此，笔者建议将这一最具“中国特色”但与国际惯例不符的条款，在将来著作权法修订时予以删除。

(11) 免费广播。我国《著作权法》第43条规定，“广播电台、电视台非营利性播放已经出版的录音制品，可以不经著作权人、表演者、录音制作者许可，不向其支付报酬”。该条款即是这里所说的“免费广播”，也有教材称之为“法定免费使用”。多数学者认为，该条规定的内容属于合理使用的范围；也有个别学者则持反对意见，认为不能“以‘自由使用’来归纳”。两种意见都不无道理。从条款的基本内容来看，具有合理使用中“既无须取得许可，又无须支付报酬”这一基本特征；从立法技术与原则来看，该项条款置于“著作权限制”章节之外，与合理使用的“合理性”原则未必相符。可以认为，“免费广播”的条款，基于我国广播电视事业的实际状况而设定。但著作权界普遍认为，这一规定与《伯尔尼公约》存在明显冲突，国外立法例均无此种规定。因此，笔者建议：除教学活动中的免费广播，可包含在教学使用的情形中外，其他任何形式的免费广播都应予禁止。申言之，将来的著作权法合理使用不必规定“免费广播”。

中国发展大局中的商标法修改*

自1982年新中国第一部商标法颁布以来，中国商标法制已走过30年的历程。30年来，我国的商标注册审查效能显著提升，有效应对了商标申请量的大幅增长；市场主体商标运用能力明显增强，商标在经济发展中的作用日益凸显；商标专用权保护力度不断加大，公平竞争的市场秩序得到有效维护；商标管理水平日益提高，服务经济社会发展成绩突出。[①] 我国的商标事业虽取得了上述显著成就，但商标法仍有亟须完善之处，商标注册周期延长、商标注册程序与国际惯例尚有差别、商标确权程序复杂、商标抢注行为频发、商标侵权行为的处罚力度与社会经济发展不相适应等问题已引起社会的广泛关注。[②] 为此，2003年上半年国家工商总局第三次启动了商标法修改工作。经过近十年的研讨论证，《商标法修正案（草案）》（下称《草案》）已于2012年10月31日国务院第223次常务会议讨论通过。[③] 作为"回应式立法"[④]，此次修法目标明确、重点突出，但仍有一些重要问题需要予以关注。

---

* 原载《中国工商管理研究》，2013（2）。

① 参见周伯华：《推动商标大国向强国迈进——写在〈中华人民共和国商标法〉颁布30周年之际》，载《人民日报》，2012-08-23。

② 参见国家知识产权局：《商标法第三次修改：应对难题稳步推进》，http：//www.sipo.gov.cn/mtjj/2010/201009/t20100909_535829.html，2012-12-28。

③ 参见中国人大网：《商标法修正案（草案）条文》，http：//www.npc.gov.cn/npc/xinwen/lfgz/flca/2012-12/28/content_174 9326.htm，2012-12-29。

④ 国家知识产权局：《国务院法制办详解第三次商标法修改三大看点》，http：//www.sipo.gov.cn/mtjj/2012/201209/t20120904_747086.html，2012-12-29。

一、商标法第三次修改的指导思想

在商标法修改论证过程中，国家工商总局于2009年11月制定了《关于商标工作达到国际水平的规划（2008年至2012年）》，提出“力争到2012年使我国商标事业在保持自身特色的基础上达到国际水平”。有鉴于此，本次商标修法要明确其指导思想，即具有国际视野和时代胸怀，兼涉促进经济与社会发展的战略政策考量。

1. 国际视野，中国立场

知识产权保护已经成为当今经贸领域的国际规则，区域化、趋同化和国际化是知识产权制度发展的整体趋势。就商标的国际立法而言，1883年缔结的《保护工业产权巴黎公约》、1891年的《马德里协定》、1957年的《尼斯协定》以及1994年通过并于2006年修订的《商标法条约》，不仅包含商标实体法规范，还涉及相关的程序性规则，对商标法的统一作出了有效的立法尝试。与前述国际公约不同，世界贸易组织及其《知识产权协议》则将知识产权保护纳入国际贸易体制之中，以国际贸易体制为框架，推行高水平的商标权保护；以执行机制与争端解决机制为后盾，推行高效率的商标权保护。上述国际条约与协定旨在缩小各国商标法之间的差异，从实体法和程序法两方面加快商标权制度的一体化进程。

在商标法国际化的潮流中，中国作为相关国际条约的成员国，理所当然应遵守公约所规定的国际义务；但作为一个发展中国家，商标修法亦应考虑本国的经济、科技与文化的发展水平。中国现在是商标申请大国，但远远不是品牌强国。商标从数量上看相当可观，但附加值低，影响力小，高质量的驰名商标乃至国际知名品牌甚少。笔者认为，我国商标法修改应当立足本土，顺应国际发展趋势，在实体规范上遵守国际公约关于最低保护标准的基本规定，在程序上借鉴国外立法先进经验，注重本土化与国际化的协调。

2. 时代步伐，中国现实

当代商标法深受网络技术的影响。首先，网络技术的发展给商标保护带来许多新问题，例如商标权地域性与因特网国际性的冲突，商标分类保护与网上商标权排他效力的矛盾，超文本链接、关键词搜索引起的商标侵权问题等。对于这些问题，我国现行商标法少有涉及或涉及不够，难以有效解决。其次，当代商标法重视对商标权的合理限制，亦即商标权与他人的正当权益或公众利益发生冲突，法律为了维护他人的合法权益，协调商标权与公众利益的关系，对商标权人权利的行使和保护作出的必要限制。目前，相关国际公约和国外立法例对商标权限制制度多有涉及，我国商标法则鲜有规定。最后，当代商标法日益注重程序的优化和效率的提高。《商标法条约》的宗旨是通过简化和统一商标注册程序，使各国和地区的商标注册制度更加简洁。2006 年通过的新加坡版本，则着眼于利用电子通信的优势及潜力，使商标注册和许可使用更为便捷。目前我国商标申请周期漫长，商标纠纷解决机制过于烦琐，严重影响了对商标权的保护力度和运用水平。上述分析表明，我国商标修法应从本国商标立法现状出发，紧跟当代商标权制度的发展步伐，积极回应网络技术发展带来的冲击，同时高度关注商标程序的优化与商标权的合理限制等问题。

3. 战略发展，中国目标

2008 年 6 月，国务院颁布了《国家知识产权战略纲要》（下称《纲要》），标志着中国知识产权事业进入了一个战略主动期。党的十八大报告再次强调“实施知识产权战略，加强知识产权保护”。知识产权战略是一种全局性、长期性和国策性的社会发展战略，服务于建设创新型国家的总政策目标，其制定和实施的成功与否将决定 21 世纪中国社会发展的最终走向。《纲要》在“战略目标”中提出，“到 2020 年，把我国建设成为知识产权创造、运用、保护和管理水平较高的国家。知识产权法治环境进一步完善，市场主体创造、运用、保护和管理知识产权的能力显著增强”。知识产权保护水平的提升和法治环境的优化有赖于知识产权法律法规的健全与完善。为此，《纲要》在“战略重点”中明确强调，要“进一步完善知识产权法律法规，及时修订专利法、商标法、著作权法等知识产权专门法律及有关法规”。商标权是经营领域最重要的知识产权，商标法的修订应配合知识产权战略的实施进程，围绕《纲要》提出的战略目标，起到制度支撑与保障作用。

二、《商标法修正案（草案）》的特色

与以往两次修法不同，此次修法对当前社会反映比较突出的问题给予积极回应[①]，并广泛征求社会各界的意见。[②] 就《草案》的内容来看，此次修法热点集中体现为以下三点。

1. 商标申请程序的简化

商标确权制度的设置存在效率与公正的双重价值，对任一价值的过分追求都会破坏制度的平衡，最终的结果是效率与公正目标都不能实现。目前，我国商标确权制度的设置有过于注重结果准确的倾向，导致待审案件越积越多、注册周期越延越长。在20世纪80年代，我国商标从申请到获得注册的周期是8～9个月，在世界上属于商标注册较为便捷的国家。然而，在原有注册制度不作改变的情况下，商标注册申请量、评审量的不断增加与商标注册审查和评审的实际能力不足的矛盾日益突出，以至于商标注册申请周期延长至30～40个月，该问题已经严重制约了我国商标事业的发展。虽然此后商标局采取多种措施加快商标审查速度，但是商标申请周期过长的问题仍然存在。[③] 为此，《草案》从三个方面方便商标申请人注册，以缩短商标申请周期：一是明确“一标多类”的申请方式。现行商标法规定，商标注册申请人应当按商品分类表分别提出商标注册申请。《草案》第22条则规定，允许申请人通过一份申请就多个类别的商品申请注册同一商标。二是增加审查意见书制度。现行商标法规定，商标申请人提交的文件资料存有瑕疵的会遭到驳回，必须再次提出申请。《草案》

---

① 参见国家知识产权局：《国务院法制办详解第三次商标法修改三大看点》，http：//www.sipo.gov.cn/mtjj/2012/201209/t20120904_747086.html，2012-12-29。

② 国务院法制办将《商标法修订草案送审稿》发送到62个中央单位、32个地方政府、10家人民法院、15家知名企业、7个国内外相关协会、14位专家学者及世界知识产权组织、美国专利商标局、欧盟商标局、日本特许厅等144个单位征求意见。截至2010年5月底，共收到回复意见119份，初步汇总意见共计15万余字。参见国家知识产权局：《商标法第三次修改：应对难题稳步推进》，http：//www.sipogov.cn/mtjj/2010/201009/t20100909_535829.html，2012-12-28。

③ 参见中国新闻网：《中国商标申请审查周期缩短到10个月》，http：//www.chinanews.com/cj/2011/12-26/3560400.shtml，2012-12-30。

第29条则规定，以审查意见书的方式允许申请对文件资料瑕疵加以修正，从而避免多次申请。三是完善商标注册异议制度。现行商标法规定，对初步审定的商标，自公告之日起3个月内，任何人均可提出异议，公告期满无异议的才予核准注册。根据《草案》第33条的规定，只有在先权利人和利害关系人在可能损害这一商标注册申请前已经存在在先权利的情况下才能提出异议，而其他人只能依照本法规定在商标获得注册后申请宣告该注册商标无效。

2. 不正当竞争行为的遏制

商标抢注、"傍名牌"等不正当竞争行为，已成为困扰我国经济和社会生活的难题。商标作为商品的脸面、企业的名片、国家的形象，在市场竞争中具有举足轻重的作用。上述不正当竞争行为往往会严重破坏公平竞争的市场环境。商标抢注现象发生的原因是多方面的，但深层次的原因则是我国商标法律制度存在缺陷，使得抢注者有机可乘。① 也正因如此，此次商标法修改十分关注这一问题。首先，将诚实信用原则明确写入商标法中。《草案》第9条第2款明确规定，"申请注册和使用商标，应当遵循诚实信用原则"；第19条规定了商标代理人从事商标代理业务应当遵循诚实信用原则。其次，明确对驰名商标实行个案认定、被动保护。《草案》第14条第1款规定，驰名商标的认定只是在作为处理涉及商标案件需要认定事实的情况下才能进行，并且需要当事人提出认定要求，未提出的，法院无权主动认定。再次，禁止抢注因业务往来等关系明知他人已经在先使用的商标。《草案》第15条规定，与他人具有合同、业务往来关系或者其他关系明知他人商标存在，而将他人在先使用的商标申请注册的，不予注册。最后，禁止将他人商标用作企业字号，将他人商标用作企业字号属于不正当竞争行为。为了与反不正当竞争法相衔接，《草案》第57条规定，将他人驰名商标、注册商标作为企业名称中的字号使用，误导公众，构成不正当竞争行为的，依照《中华人民共和国反不正当竞争法》处理。

3. 商标侵权行为处罚力度的加大

加强商标权的保护，宜于消费者识别和选购商品，也利于阻止"搭便车"

① 参见郑向东：《论商标抢注的制度成因及商标法律制度的完善》，载《经济师》，2007（3）。

行为，促进公平竞争。随着我国经济的发展，现行商标法所规定的商标侵权处罚标准已不能适应我国经济发展的需要，导致商标侵权大量出现，而商标的维权成本持续上升。为此，《草案》专门进行了如下修改：一是增加应承担法律责任的侵犯注册商标专用权行为种类，故意为侵权提供便利条件，帮助他人实施侵犯商标专用权行为的，也属于侵犯注册商标专用权行为。二是增加惩罚性赔偿的规定，提高侵权赔偿额。针对实践中权利人维权成本高的现象，《草案》引入了惩罚性赔偿制度，规定对恶意侵犯商标专用权、情节严重的，可以在权利人因侵权受到的损失、侵权人因侵权获得的利益或者注册商标使用许可费的1～3倍的范围内确定赔偿数额。同时，《草案》还将法定赔偿额上限从50万元提高到100万元。三是减轻权利人举证负担。针对实践中权利人“举证难”导致损害赔偿数额偏低现象，《草案》增加规定：人民法院为确定赔偿数额，在权利人已经尽力举证，而与侵权行为相关的账簿、资料主要由侵权人掌握的情况下，可以责令侵权人提供与侵权行为相关的账簿、资料；侵权人不提供或者提供虚假的账簿、资料的，人民法院可以参考权利人的主张和提供的证据判定侵权赔偿数额。

三、关于《商标法修正案（草案）》的完善建议

1. 明确立法宗旨，彰显私法本性

WTO《知识产权协议》在其序言中宣示“知识产权为私权”，以私权名义强调了知识财产私有的法律性质。作为知识产权的一种类型，商标权为私权是毋庸置疑的。但是，囿于时代背景的限制，商标法中过多地强调了国家的监管职能和商品质量保证要求。现行商标法将“加强商标管理”，“促使生产、经营者保证商品和服务质量”作为商标法的立法宗旨（第1条）；同时，在商标使用许可中，要求“许可人应当监督被许可人使用其注册商标的商品质量。被许可人应当保证使用该注册商标的商品质量”（第43条）；对于注册商标的使用，“其商品粗制滥造，以次充好，欺骗消费者的”，工商行政管理部门可以进行罚款或由商标局撤销其注册商标（第49条）；对于未注册商标的使用，在“粗制滥造，以次充好，欺骗消费者的”情况下，工商行政管理部门可以进行罚款、

没收非法经营额等处罚（第 51 条）。[①] 有人据此认为，“我国《商标法》具有浓厚的行政管理色彩，是公法”，并建议“《商标法》在第三次修订时应回归其私法本性”[②]。笔者认为，商标权的私权属性决定了商标法应是私法而非公法，上述规定与商标法的私法属性明显不相协调。“加强商标管理”，“促使生产、经营者保证商品和服务质量”，蕴含了过多的计划经济时代的烙印。从商标权人享有该商标的良好商业名声和商誉，并免受他人不正当干涉这个角度来说，商标权是一项财产权。[③] 对商标权的保护更多应从其财权属性出发，以维护商标权人利益为主。笔者以为，应将商标立法宗旨中“加强商标管理”，“促使生产、经营者保证商品和服务质量”等规定删除，以保护商标权人和消费者的利益、维护市场经济的公平竞争为我国商标法的立法宗旨。此外，对于商标法中的质量保障条款也应一并予以删除，使商标法免于承担其不应有的公法性的职能。

2. 回应网络挑战，增强立法前瞻性

当今世界，互联网的触角已经延伸到社会的每一个角落，传统的商标法律制度也面临着挑战。互联网的全球性与商标权效力的地域性产生了极大的冲突。一个商标可在注册国自由挥洒，亦能在互联网上放马高歌，商标权人将商标使用的实际效力触及全球的每个终端机前的屏幕上。商标在互联网上的使用也引发多种新型的商标侵权形式，如链上商标侵权（未经同意而连接他人商标，以吸引用户访问自己的网站或提高网络广告的访问率）、搜索引擎商标侵权（擅自将他人商标埋置在自己的网页源代码中，当用户使用搜索引擎时即可显示有关该商标的网页）。此外，商标在互联网上的使用也导致原本在各自地域使用、辖地为权的情形就被打破，从而发生了“撞车现象”，即两个或两个以上的商标所有人就相同或近似商标使用而产生权利冲突。

为了应对互联网的冲击，国际社会已作出了积极回应。2001 年世界知识

---

① 上述条文的序号以商标法修正草案为准。

② 邓宏光：《从公法到私法：我国〈商标法〉的应然转向》，载《知识产权》，2010（3）。

③ See Hanover Milling Company v. Metcal，f240US 403，pp. 412－413，1916.

产权组织制定的《关于在因特网上保护商标权以及各种标志的其他工业产权中的规定的联合建议》（下称《建议》）详细规定了网络商标侵权的管辖、认定和各成员国商标权冲突的协调等问题。如对于网络商标侵权的管辖，《建议》倡导依据网上商标使用的类型以及交互性程度来确定其和特定地域的联系；对于网络商标侵权的认定，《建议》规定网络商标侵权的认定应当考虑商业使用、混淆、合理使用和恶意等因素，并对上述因素作了进一步规定；对于商标权利冲突，《建议》从侵权例外的角度对不承担责任的情形进行了列举。2006 年 3 月通过的《新加坡商标法条约》针对互联网中的商标保护，一是拓宽了可以作为商标注册的标志，成员国可以对诸如全息商标（hologram marks）、动画商标（motion marks）、颜色商标（color marks）、非视觉商标（声音、味道）等新型商标进行规定；二是丰富了商标注册信息的通信形式，规定了电子申请方式的采用。《草案》虽然增加了可注册商标要素（仅增加了“声音”一种类型），也规定了可以采用电子的方式提出商标申请，但对于互联网中产生的商标权利冲突、商标侵权等问题的回应仍显不足。因此，我国应当借此次修法之机，充分借鉴国际立法经验，对互联网中的商标新问题作出规定，使我国的商标法具有一定的前瞻性，以应对互联网给商标法带来的冲击。

3. 协调相关标识，实现利益衡平

商标权的保护作为此次商标法修改的重点，在《草案》中已有了很好的体现。商标法为私法，理应重视商标权的保护，但同样也不应忽视社会公众利益的维护以及与其他权利的协调。利益衡平是民法精神和社会公德的要求，也是“人权思想和公共利益原则的反映”[①]。出于公共利益目标，对创造者的专有权利进行必要的限制，以保证社会公众对知识产品的合理利用是利益衡平精神的体现。[②] 此次修法虽然增加了关于商标合理使用和商标先用权的

---

① ［美］奥德丽·R. 查普曼：《将知识产权视为人权：与第 15 条第 1 款第 3 项有关的义务》，载《版权公报》，2001（3）。

② 参见吴汉东：《关于知识产权私权属性的再认识——兼评“知识产权公权化”理论》，载《社会科学》，2005（10）。

规定[①]，但就权利冲突的协调方面，仍有不完善之处。《草案》虽多次提及“在先权利人”，相较于现行商标法，其保护力度明显加强，但是，仍未明确在先权利的范围，这不得不说是一大缺憾。

在商标实践中，注册商标与商号、姓名、个人肖像等其他标识均存有冲突，其中，与地理标志、域名、商号、在先使用的未注册商标等企业经营标识的协调问题最为突出。这些权利或利益间的冲突既妨碍相关标识的有效利用，不利于标识所有人正当权益的保护，也影响了商标法原有制度功效的充分发挥。关于商标权与商号权的协调问题，国家工商总局的执法意见和最高人民法院的司法解释均有所规定，但是由于效力低、制度化不足，难以从根本上解决二者之间的冲突。因而有必要在商标法中增加相关的协调性条款。对于商标与地理标志的冲突，建议将地理标志作为商标法的二级客体进行保护，在《草案》第16条中增加一款，“地理标志需要取得专用权的，应当作为集体商标或者证明商标申请注册”。对于商标与域名的冲突，可在《草案》第56条增列一项，即“恶意注册或受让与他人注册商标相同或者相近似的域名，并且通过该域名进行相关商品交易的电子商务，容易使相关公众产生误认或者对驰名商标构成淡化的”，构成商标侵权，以此规制抢注他人商标为域名的行为。对于商标与商号的冲突，建议在《草案》第56条增列一项，即“将与他人的注册商标相同或者近似的文字作为企业的字号在相同或者类似商品上突出使用，容易使相关公众产生混淆的；或将与他人的驰名商标相同或者相近似的文字作为企业字号在不相同或不相类似商品上突出使用，容易误导相关公众的”，以商标侵权论处。

---

① 关于商标连带使用的规定是新增内容，参见《草案》第58条的规定：“注册商标中含有的本商品的通用名称、图形、型号，或者直接表示商品的质量、主要原料、功能、用途、重量、数量及其他特点，或者含有的地名，注册商标专用权人无权禁止他人正当使用。三维标志注册商标中含有的商品自身的性质产生的形状、为获得技术效果而需要的商品形状或者使商品具有实质性价值的形状，注册商标专用权人无权禁止他人正当使用。商标注册人申请商标注册前，他人已经在同一种商品或者类似商品上使用与注册商标相同或者近似的商标的，注册商标专用权人无权禁止该使用人在原使用范围内继续使用该商标，但可以要求其附加适当区别标识。”

商标·商号·产地标志*

——工业标志专用权散论

以商标为中心的工业标志，是广泛运用于工业、农业、商业等各种产业中的区别标志，属于工业产权的保护领域。加强对工业性专用标志的监督管理和法律保护，对于保障企业法人的合法利益，制止不正当竞争行为，维护社会正常经济秩序有着重要的意义。本文试就工业标志基本类别、工业标志权的基本特征以及工业标志权保护的基本法律构造等问题提出一些粗浅的看法，以期就教于各位读者。

一、工业标志基本类别

在当今社会中，标志的种类繁多，使用的范围非常广泛，工业标志只是其中的一个类别。这类标志作用于工商业等各种产业活动中，其目的在于销售商品或提供服务。根据《保护工业产权巴黎公约》的规定和世界各国的通常做法，工业标志主要有以下几种：

（1）商标，即区别不同企业商品的专用标志，它通常由文字或图形组成，或由文字、图形组合而成，注明在商品、商品包装材料及其他宣传品上面。商标的使用者是商品生产者或经营者，因此它起着标示商品特定来源和一定质量

---

* 原载《中南政法学院学报》，1989（1）。

的作用，是企业名声、信誉和评价的象征。在商品经济中商标具有财产价值，成为一种工业财产，并受到工业产权法的保护。在工业标志中，商标是最为重要、最为普遍的一种，世界上绝大多数国家都制定有商标法，赋予商标注册人以专有使用权。

（2）服务标志，即区别不同企业的服务项目的专用标志，其表现形式有文字、图形、字母、符号、呼号、乐曲等。服务标志也称为劳务标志，在国际分类中共分为八大类，即广告与实务、保险与金融、建筑与修理、交通、运输与贮藏、材料处理、教育与娱乐、杂务。服务标志和商标都具有区别事物的功用，但商标用以区别有形物即商品，服务标志则用来区别行为即服务活动。关于商标和服务标志，各国立法和国际条约有不同规定。美国商标法（1946年公布）、联邦德国商标法（1979年修订）、非洲知识产权组织《班吉协定》（1977年通过）、保护知识产权联合国国际局《发展中国家商标、商号和不正当竞争行为示范法》（1966年通过）等，或是对商标作广义解释，把商品商标和服务商标同称为商标；或是在法律文件中把服务商标的保护置于与商品商标等同的地位；而在《保护工业产权巴黎公约》（1883年签订）中，商品商标同服务标志有着严格的区分，英国商标法（1938年公布）、日本商标法（1959年公布）等都没有保护服务标志的规定。我国的商标立法也只保护商品商标，而不保护服务标志。

（3）商号，即厂商字号，或企业名称。在一些生产厂家中，某种文字、图形，既是商号，又用来作为商标。但对于大多数生产厂家来说，商号与商标是各个不同的。一般而言，商标必须与其所依附的特定商品相联系而存在，商号则必须与生产或经营该商品的特定厂商相联系而存在。商号作为企业特定化的标志，是企业具有法律人格的表现。商号经核准登记后，可以在牌匾、合同及商品包装等方面使用，其专有使用权不具有时间性的特点，只在所依附的厂商消亡时才随之终止。在《保护工业产权巴黎公约》中，商号同商标以及其他工业标志一起，属于工业产权的保护范畴，许多国家也都把它们规定在同一个法律之中。在我国，关于商标的专门法规是《商标法》（1982年公布），而商号仅就法人、个体工商户、个人合伙的名称权问题在《民法通则》（1986年通过）中作了原则规定。

（4）产地标志，亦称为原产地名称，即一个国家、地区或地方的地理名称，用以表明某类产品的原产地。在国际工业产权贸易中，产地标志的问题十分重要。《保护工业产权巴黎公约》和《制裁商品来源的虚假或欺骗性标示马德里协定》（1891 年签订）都规定了缔约国有义务禁止一切带有虚假产地标志的商品进口，并应对使用这种标志的行为进行法律制裁。许多国家在商标法中规定了保护产地标志的内容，但是产地标志与商标有着明显的区别，它不可能被某一特定的人（包括自然人或法人）所专有，而应属于该地区的全体居民，同时它也不可能由个人注册，也无法进行转让或使用许可。产地标志的形成具有自然的因素（该产品以其独特的地方原料制成，或是深受该产地的地理环境的影响）和人为的因素（该产品采用当地特有的加工工艺，是当地许多代劳动者智慧的结晶），这就使得附有产地标志的某一商品同其他地区的同类商品区别开来。在我国的工业产权立法中，产地标志不受法律保护。但在某种情况下，产地名称作为普遍地理名称使用时，可通过商标注册取得专用权。

（5）其他工业标志。在一些国家里，由于商业习惯、贸易传统以及其他经济、政治方面的原因，还存在自己特有的用于工业活动的一些区别标志。例如质量证明标志，即是表示某种商品达到一定质量要求的专用标志，诸如国际市场上使用的“International Wool mark”（国际羊毛制品标记）、我国优质商品上附着的金质奖或银质奖图案的证明标志，即属此类。又如商品来源标志，即是表示某种商品源于某国家、一批国家、地区或地方的说明标志，诸如英联邦国家纺织品上使用的“Line-Heading”（料头标记），以及我国出口商品上附有“中国制造”、“中国上海制造”的说明标志，即属此类。

二、工业标志权的基本特征

基于工业标志所产生的权利，主要有商标权、服务标志权、商号权以及其他专用权，它们都属于工业产权。这类权利具有以下法律特征：

1. 工业标志的专有权须经国家主管机关确认或批准

对于工业标志，大多数国家都要求依照法定程序申请注册或登记，经国家主管机关确认或批准后，标志所有人才取得专有权。一般来说，在实行商标注册制度的国家里，商标权须经申请注册并取得注册证后方为有效；对于服务标志，许多国家将其视同商品商标，也实行注册保护的原则；而商号权作为企业的人格权利也不是自然产生的，厂商必须依照公司法或企业登记条例进行有效注册后才能取得专有使用权。至于产地标志，应由该产地的一切人使用，不可能由个人注册。但在国际工业产权贸易中，产地标志需在国际公约成员国中取得保护的，应由有关国家主管当局将该产地标志提交世界知识产权组织国际局注册。该产地标志注册后须通知各个缔约国，除非某一缔约国在一年内申明不能给予保护外，只要这种经国际注册的产地标志在原属国受到保护，则所有缔约国都必须加以保护。

2. 工业标志的专有权主要是一种财产权

在工业标志的诸项权利中，商号权是一体两权，它既是企业享有的人身权，又可以构成企业财产权。除此以外，其他权利具有纯粹财产权利的性质。这种财产权包括以下内容：第一，对工业标志的所有权。工业标志是一种非物质财富，有别于生产资料、消费资料、不动产、动产等物质财富，但它具有内在的价值和使用价值，能构成财产所有权的客体，为权利主体所享有和支配。所有权是工业标志专有权的首要财产内容。第二，对工业标志的独占使用权。对工业标志的独占使用，意味着不仅在特定的商品上有使用其标志的权利，而且有将附有这种标志的商品投入市场的权利，并有在广告、发票、业务函件、说明书等上面使用该标志的权利。这种权利包括使用权和禁止权两个方面，使用权即是权利主体对其工业标志充分支配和完全使用的权利，禁止权即是权利主体禁止他人未经许可使用其工业标志的权利。第三，对工业标志的转让权。除产地标志等特殊工业标志外，诸如商标、服务标志、商号都可以进行转让。关于工业标志的转让，有的国家奉行连同转让原则，即规定商标、商号必须连同企业（营业）一起转让；有的国家则奉行自由转让原则，即商标、商号是否连同企业（营业）移转，取决于当事人的意思，法律不加限制。第四，对工业标志的使用许可权。工业标志所有人还可以在一定条件下将商标、服务标志、商号的使用权让渡给他人，许可他人使用该工业标志，而本人仍保留有该工业标志的所有权。在使用许可的情形下，被许可人必须保证使用该标志的商品质量，以避免消费者发生商品质量误认。

3. 工业标志的专有权仅在一定地域范围内发生效力

工业标志的专有权具有严格的领土性，其效力限制在一定的地域以内。就各类工业标志来说，它们的地域性表现有所不同。商标权、服务标志权一般在注册国的一国范围内具有专有性，在一国获得专有权的商标所有人或服务标志所有人如果需要在别的国家取得法律保护，就必须依照该国法律履行登记注册手续。商号专用权一般则在一国主管机关的管理权限范围内具有专有性，其地域效力不以厂商所在行政区域为准则，而以其主管机关或注册机关的权限范围为准则。这即是说，商号专用权的地域效力具有多层次的特点，有的可能在一国范围内具有专有性，有的可能在该国家一地区内具有专有性。例如，根据我国《工商企业名称登记管理暂行规定》，企业法人冠以市或县名的，在同一市、县内不得重名；冠以省、自治区的，在同一省、自治区内不得重名；使用“中国”“中华”字样的，在全国范围内不得重名。国家工商行政管理部门在办理企业登记时，如发现申请注册人同在本机关登记注册且还享有权利的企业名称相同时，不得予以登记；如发现有冒名的情况，则有权制止，责令消除侵权影响并赔偿经济损失。产地标志原则上不能被某一个特定的厂商专有，而为该产地生产、制造或经销某种特定商品的一切人所使用，该产地以外的其他人在自己的商品上标示虚假产地的应视为侵权，原产地的标志使用人均有权提起诉讼。因此，从一定意义上讲，该产地一切人对这一标志有专有使用并排除非产地一切人使用该标志的权利。这种产地标志得到所属国的承认，其专有性即在一国地域内发生效力；如果该产地标志经过国际注册，其专有权则可能在《建立世界知识产权组织公约》成员国内有效。

三、工业标志权保护的基本法律构造

关于工业标志的法律保护，许多国家的民法典或商法典都有一些原则规定，但其主要的法律规范常见于工业产权法的有关法律制度中。基于促进和保护工业活动的目的，以商标为代表的工业性区别标志同以技术发明为主体的工业创造性成果有着非常紧密的联系，其法律制度构成了传统私法的一个独特领域。就工业标志的法律制度来说，主要有以下几个门类。

（1）商标法。商标法是国家为了调整涉及商标方面的社会关系和保护商标权而制定的法律，包括商标的组成及禁用条款，商标注册的申请、审查和核准，注册商标的续展、转让和使用许可，注册商标专用权保护等规定。近代商标法律制度源于侵权法。在中世纪欧洲，仿冒商标是商业贸易活动中最古老的不正当竞争行为。这种行为被视为私犯，规定在侵权法以至刑法中。自1804年《拿破仑法典》始，对商标的有关问题转而适用财产法规范，使商标能够得到类似有形财产的法律保护。到19世纪后半期，通过注册来保护商标的独立法律制度开始形成，商标法不再拘泥于传统的侵权法，又别于一般的财产法，从而成为工业产权法律体系的分支。商标法是一种非常重要的工业标志法律制度，在一些国家里，它不仅规定保护商品商标，而且还保护服务标志，有的甚至还含有禁止虚假产地标志的条款。

（2）商号法。商号法是与商标法并立的工业标志法律制度，它涉及商号的选定、登记、变更、撤销及商号专用权保护等问题。按照商号法的规定，无论何种工商业组织，包括独资、合伙或公司企业，其名称或字号均称为商号；商号由该标志使用人自己选定，但其文字、图形不应违反禁用条款的规定；商号应履行登记注册并为社会所周知，不得故意隐瞒或使用虚假商号；商号所有人有绝对使用其标志的权利，任何其他人不得擅自使用。综观世界各国，关于商号名称的立法有所不同，有的将其编入商法典中，有的则采用单行法规的形式，还有的规定在商标法中。

（3）防止不正当竞争法。防止不正当竞争法是工业标志领域中内容最为广泛的一种法律制度，是制止和取缔生产经营活动中不正当损害其他生产经营者和广大消费者行为的专门法规。早在《保护工业产权巴黎公约》中，各缔约国就明确提出防止不正当行为。从此，防止不正当竞争就与专利、商标、商号、产地标志等一起构成工业产权的保护领域。随后，世界上一些主要资本主义国家（如美国、德国、日本）都先后颁布了《制止不正当竞争法》。有些国家（如法国）虽未制定专门法规，但将不正当竞争视为民事侵权行为，交由民法调整。不正当竞争行为的类型在各国有不同规定，但归纳起来主要有以下三种：一是假冒行为，如假冒他人营业用名称、商标、商号、包装、装潢、合同证书等；二是欺骗行为，如标示虚假产地，对产品质量、性能、原料、制造方法等作欺骗性说明，制作虚假或夸大失真的虚假广告等；三是破坏商誉行为，如直接或间接诋毁、贬低、败坏他人的商业信誉，损害他人商品或服务的声誉等。以上可见，不正当竞争所侵害的对象主要是他人的工业财产权（包括商标权、商号权等），也包括他人的人身权（如名誉权等）。正因为如此，许多国家将防止不正当竞争法纳入了工业产权法的范畴。

近 100 年来，世界各国都非常重视工业标志领域的法律问题，凡是商品经济和工业技术发达的国家都较早地建立和健全了它们的工业标志法律制度。在我国，工业标志的立法工作自党的十一届三中全会以后出现了良好的开端。1979 年公布的《中外合资经营企业法》第一次以法律形式明确了工业产权的法律地位，按照其实施细则的解释，商标权即属于工业产权的范围；1982 年，全国人民代表大会常务委员会第 24 次会议审议通过了《中华人民共和国商标法》；1986 年颁布的《民法通则》将商标权纳入了知识产权的体系，将企业名称权（商号权）归入了人身权的范畴。但是，工业标志领域的法制建设还有待于进一步健全和完善，现行商标法也有若干地方需要作出修改和补充。笔者认为，有以下几个问题值得考虑。

第一，对驰名商标应作为名特商品的特殊标志，在商标法中给予特别保护。《保护工业产权巴黎公约》以及许多国家的商标法规定，驰名商标的名称和图形不仅在同一类商品上不允许他人使用，而且非类似商品也不允许他人使用。我国商标法无驰名商标的规定，不禁止非类似商标使用相同商标或类似商标。有些人往往规避法律，在自己的商品上使用他人非类似商品的著名商标，借他人的商标信誉以出售自己的商品。有鉴于此，我国的商标法应补充保护驰名商标的规定，禁止不正当引用他人商标信誉的行为。至于商标是否驰名，可由国家主管机关依一定程序认定并向社会公布。

第二，建立统一的商标、服务商标法，对服务标志实行注册保护制。我国商标法无服务标志的保护条款，但商标主管机关可以接受服务性企业将其用品或礼品上使用的标志作为商标申请注册。随着我国第三产业迅速发展，服务标志使用的法律问题逐渐增多。保护服务标志势在必行，这对于维护服务企业的合法权益，促进国际第三产业的合作与交往有着重要的意义。因此，在将来修改商标法时，可以考虑对服务标志的构成、注册、使用管理及保护适用商标的一般规定，即对商品商标和服务商标给予同等保护。

第三，明确商号权的法律性质，健全商号保护制度。我国现行法律保护个体工商户、个人合伙、法人的名称权，但在立法上有两个问题需要解决：(1)《民法通则》对企业名称权的问题仅作了原则规定，具体法律规范散见于企业法人登记、个体工商户登记等单行法规中，其商号名称权制度很不统一，而且这些条例着眼于登记和管理，不是一个民事权利法。(2)《民法通则》将企业名称权纳入人身权的范围，未能顾及这一权利的财产内容。企业名称权从总体内容来说，应是人身权与财产权的结合，具有工业产权的一般特征。根据工业产权国际公约的精神，似应将企业名称权置入工业产权的体系。因此，笔者认为，有必要修改和补充保护商号或企业名称的法律条款，或是作为专章规定在商标商号法中，或是制定一个单行的商号保护法规。

第四，对产地标志实行保护，限制或禁止以产地名称作为地理名称申请商标注册。现行法律不保护产地标志，允许地理名称作为商标的做法弊病较多。许多国家认为，在商标中使用地理名称往往缺乏显著特征，而且地理名称不宜作为注册商标独占使用。如果使用某地理名称的产品并非在该地生产，还会构成对消费者的欺骗。所以在这些国家，越是众所周知的地理名称，越是不能作为商标注册。因此，在我国的商标立法中，应严格区分商标与产地标志。对于生产著名土特产品原产地，经国家主管机关认定后，不得作为普通地理名称申请商标注册。在将来的有关法律中，应规定保护产地标志，对使用虚假产地标志、欺骗消费者的行为实行制裁。

第五，防止不正当竞争，制裁工商业活动中的一切欺骗、假冒行为。完善社会主义商品经济，必然要引进竞争机制，而在竞争中也会不可避免地出现某些消极现象和违法行为。由于我国商标法保护范围的限制，其商标专用权的效力仅以核准注册的文字、图形和核定使用的商品为限。在这种情况下，诸如规避法律剽窃他人商业信誉，采用虚假标示和进行欺骗宣传的行为，仅凭一般商标保护是难以奏效的。因此，国家有必要制定防止不正当竞争法，以作为工业标志的救济方法，即在商标、商号法无特别规定或不完备时，对上述法律未明文规定的侵害事实适用防止不正当竞争法，给予法律制裁。

综上所述，笔者认为，我国应建立和完善工业标志法律制度体系。在这一法律制度体系中，以商标法（对商品商标和服务标志实行统一保护）为中心，辅以商号（企业名称）保护法规，并设以防止不正当竞争法作为补充，从而在工业标志领域实行全面的法律保护。

知识产权损害赔偿的市场价值基础与司法裁判规则*

知识产权损害赔偿数额认定，是一个世界性难题。其解决之道，不仅在于相关立法的科学规定，更在于司法裁判的经验总结和提高。长期以来，我国知识产权司法实践深受损害赔偿计算难、举证难、认定难之困扰，有关案件审判亦存在“重侵权归责认定，轻赔偿数额论证”的现象。有基于此，本文试采用实证分析方法和价值分析方法，探讨知识产权损害赔偿认定问题及其成因，在比较分析不同国家、地区赔偿数额基准的基础上，提出我国司法定价的原则和规则。

一、侵权案件裁判概观：认定方式与赔偿数额

关于知识产权损害赔偿认定，存在着法定赔偿方式适用过多与损害赔偿司法定价较低两大问题。前者涉及法定赔偿方式的利弊分析，后者关系司法判赔水准的合理判断。对此，司法界、学术界乃至社会各界常有不同评论，有时甚至引发对知识产权保护力度高低的争议。

我国知识产权法对损害赔偿数额的认定主要设置了四种方法，即权利人因被侵权所受到的损失（实际损失）、侵权人因侵权所获得的利润（侵权所得）、许可使用费的合理倍数（许可使用费倍数）以及人民法院根据侵权情节判决的

---

* 原载《中外法学》，2016（6）。本文系作者于2016年4月由中央政法委宣教室、最高人民法院应用法学研究所共同主办的“知识产权司法保护”研讨会上的主题发言。此次发表时本文已有重大修改和补充。

赔偿（法定赔偿）。现行《著作权法》第 49 条、《商标法》第 63 条和《专利法》第 65 条，对上述损害赔偿数额认定作出了明确规定。（见表 1）

表 1　　知识产权法关于损害赔偿数额认定方式规定

认定类别	认定方式	专利法				商标法				著作权法		
		1984年法	1992年修正案	2000年修正案	2008年修正案	1982年法	1993年修正案	2001年修正案	2013年修正案	1990年法	2001年修正案	2010年修正案
数量计算方法	实际损失	无	无	有	有	无	无	有	有	无	有	有
	侵权所得	无	无	有	有	无	无	有	有	无	有	有
	许可使用费倍数	无	无	无	有	无	无	无	有	无	无	无
自由裁量方法	法定赔偿	无	无	无	有	无	无	有	有	无	有	有

从法理上说，实际损失、侵权所得、许可使用费倍数属于数量计算方法，法定赔偿属于自由裁量方法。我国关于损害赔偿数额认定方式在适用方面有如下特点：一是立法有着严格的先后顺位规定。司法机关在确定侵权损害赔偿数额时，首先“应当”以权利人实际损失为依据；在实际损失难以计算的情况下，“可以”适用侵权人侵权所得。在商标、专利侵权诉讼中，实际损失或者侵权所得难以确定的，“参照”许可使用费的合理倍数确定。前述数量计算方法不能确定的，由法院采取自由裁量方法，即法定赔偿。由此可见，损害赔偿数额认定方式适用的基本路径是：实际损失→侵权所得→许可使用费倍数（仅适用商标、专利侵权诉讼）→法定赔偿。在司法理论与实践中，实际损失和侵权所得视为第一顺位，许可使用费倍数作为第二顺位，法定赔偿排在第三顺位。在这里，司法解释赋予权利人在确定实际损失和侵权所得赔偿计算之间的选择权，改变了立法关于两者适用的先后顺序。① 无论如何进行司法变通，立

① 2013 年《最高人民法院关于审理专利纠纷案件适用法律问题的若干规定》第 20 条规定，“人民法院依照专利法第五十七条第一款的规定追究侵权人的赔偿责任时，可以根据权利人的请求，按照权利人因被侵权所受到的损失或者侵权人因侵权所获得的利益确定赔偿数额”；2000 年《最高人民法院关于审理涉及计算机网络著作权纠纷案件适用法律若干问题的解释》第 10 条规定，“人民法院在确定侵权赔偿数额时，可以根据被侵权人的请求，按照其因侵权行为所受直接经济损失和所失预期应得利益计算赔偿数额；也可以按照侵权人因侵权行为所得利益计算赔偿数额”。

法文件中的职权主义做法，规定损害赔偿数额认定方式的适用位序，遭到许多学者的批评。二是司法实践较多采用法定赔偿方式。与数量计算方法不同，法定赔偿的本质特征在于酌定性，即赔偿数额不是根据某种损失计算方式来确定，而是由法院依法自由裁量的结果。诚然，在三种数量计算方法中，法院也有一定的自由裁量权，但都是在数量计算的框架内进行裁判；而在法定赔偿中，法院仅在法律规定的最高限额内进行自由裁判，不考量或难以考量其数量计算。在我国司法实践中，本应处于补充顺位的法定赔偿成为主要认定方式。从立法本意而言，法定赔偿“应该不用就不要用”；但从裁判实务来讲，法定赔偿“能够用就尽量用”。（见表 2）

表 2　　2008—2012 年知识产权损害赔偿数额认定方式适用比例

权利类型	认定方式			
	实际损失	侵权所得	许可使用费倍数	法定赔偿
专利权	1.67%	0.48%	0.6%	97.25%
商标权	1.37%	1%		97.63%
著作权	21.21%	0.2%		78.54%

表 2 系中南财经政法大学知识产权研究中心从 2008—2012 年 4 000 余件案件中得到的分析数据。需要说明的是，关于许可使用费倍数的适用方式，专利法于 2008 年始作规定，因此司法判例较少；商标法于 2013 年予以增列，不在此次数据之列；著作权法第三次修正案虽提出这一立法动议，但至今未能提交审议。另据谢惠加教授对北京法院 2002—2013 年的著作权侵权赔偿案件的搜集和分析，法定赔偿案件占到总案的 98.2%，其他两种结案方式只有 0.4% 和 0.3%。[①] 李黎明博士根据最高人民法院知识产权裁判文书数据库检索 2002—2010 年知识产权民事判决书发现，94.8%的专利侵权案件均采用法定赔偿原则。[②] 上述数据表明，法定赔偿方式较多地在司法裁判中适用。究其原因说来，首先归结于权利人举证困难。无论是传统的损失计算方法（如实际损失和侵权所得），还是新兴的损失计算方法（许可使用费倍数），权利人都存在举证

① 参见谢惠加：《著作权侵权损害赔偿制度实施效果分析——以北京法院判决书为考察对象》，载《中国出版》，2014（14）。

② 参见李黎明：《专利侵权法定赔偿中的主体特征和产业属性研究》，载《现代法学》，2015（4）。

不能或举证难以成立的问题，因而较多请求法定赔偿。其次，来自法院对诉讼经济和效率的考量。[①] 2002 年《最高人民法院关于审理著作权民事纠纷案件适用法律若干问题的解释》第 25 条规定，“权利人的实际损失或者侵权人的违法所得无法确定的”，人民法院既可以根据当事人的请求适用法定赔偿，也可以依职权直接适用法定赔偿。法院依职权直接适用法定赔偿在于不受计算方法约束，只需根据案件情况在法定限额内酌定，其举证、质证、查证程序简单。在损害赔偿数额认定困难、案件长期积压的情况下，法定赔偿在诉讼中并不失为一种有效率的方法。[②] 问题在于，法定赔偿规定的数额幅度大[③]，法官裁量时酌定性强，容易导致案件判赔数额不一，同案不同判的现象较多。如何在法定赔偿适用中进行精细化裁判，是司法实践面临的一个重要问题。

关于侵权案件判赔数额的争议，是知识产权界关注的另一重要问题，焦点在于赔偿数额认定是否较低以及影响司法定价的真实动因。2014 年全国人大常委会发布的《关于检查〈中华人民共和国专利法〉实施情况的报告》明确提出，“目前，侵犯知识产权、制假售假的违法行为在某些地方和领域还很严重”，“专利保护实际效果与创新主体的期待存在较大差距”[④]。“维权成本高，侵权成本低”是导致知识产权保护不力问题的症结所在。在前述 2008—2012 年 4 000 余件案件中，97%以上的专利、商标侵权案件和 79%以上的著作权案件适用的是法定赔偿标准，其平均判赔数额分别为 8 万元、7 万元和 1.5 万元，诉求支持率为 35%，低于企业同等专利授权费、商标广告费和同类作品

---

① 有法官认为，“对于权利价值不大或者权利人诉赔不变的案件，适用法定赔偿具有诉讼经济和效率的突出优点”。参见宋健：《知识产权损害赔偿问题探讨——以实证分析为视角》，载《知识产权》，2016 (5)。

② 据学者研究，在 2001 年《著作权法》、《商标法》修正案规定法定赔偿之前，一些法院在司法实践中就已采取这一赔偿认定方法。1995 年北京市高级人民法院《关于审理计算机软件著作权纠纷案件的几个问题的意见》、1997 年上海市高级人民法院《关于进一步加强知识产权审判工作若干问题的意见》等，以司法指导意见的方式，确认了法定赔偿。参见李承亮：《损失计算方法的适用》，载《中国知识产权法学研究会 2015 年会议文集》。

③ 《专利法》2008 年修正案规定法定赔偿数额为 1 万元以上 100 万元以下；《商标法》2013 年修正案规定法定赔偿数额为 1 万元以上 300 万元以下。

④ 全国人大常委会副委员长陈竺于 2014 年 6 月 23 日在第十二届全国人大常委会第九次会议上所作的《关于检查〈中华人民共和国专利法〉实施情况的报告》。

平均稿酬。[①] 赔偿数额较低与诉求支持率不高的情况，在近年来有了明显的改观，2016年北京（见表3）、南京（见表4）等地法院发布的知识产权司法数据分析报告，尽管表现的是局部地区判赔案件，但在一定程度上反映了严格保护知识产权的司法样态。

表3　北京知识产权法院判赔平均数额与诉求支持率（2015年1—12月）[②]

平均额与诉求支持率	权利类型		
	专利权	商标权	著作权
案均判赔	46万元	63万元	24万元
诉求支持率	47%	78%	16%

表4　南京地区知识产权侵权案件判赔平均数额与诉求支持率（2009年12月—2015年10月）[③]

平均额与诉求支持率	权利类型		
	专利权	商标权	著作权
案均判赔	27万元	5.3万元	2.2万元
诉求支持率	67%	50%	40%

据普华永道会计师事务所提供的数据，自2000年以来，美国80%的专利侵权案件以合理许可使用费用为计算标准；2009年至2013年，专利侵权诉讼判赔数额平均为430万美元。[④] 另据学者从美国版权局了解，该国著作权损害赔偿数额，多在几万美元至几十万美元之间；即使是按照法定赔偿数额，也在5 000美元到1万美元之间。[⑤] 而中国同期数据表明，90%以上的知识产权侵权案件适用法定赔偿，平均诉求支持率为35%。可以认为，与一些发达国家知识产权案件判赔数额相比，我国知识产权损害赔偿认定数额较低的问题，至

---

① 参见詹映、张弘：《我国知识产权侵权司法判例实证研究——以维权成本和侵权代价为中心》，载《科研管理》，2015（7）。

② 本数据来源于知产宝司法数据研究中心：《北京知识产权法院司法保护数据分析报告（2015年度）》。参见宋健：《知识产权损害赔偿问题探讨——以实证分析为视角》，载《知识产权》，2016（5）。

③ 本数据来源于南京铁路运输法院课题组：《知识产权侵权诉讼成本与效率分析》。参见宋健：《知识产权损害赔偿问题探讨——以实证分析为视角》，载《知识产权》，2016（5）。

④ 参见普华永道会计师事务所：《2014年美国专利诉讼研究报告》，http://blog.zhihuiya.com/1730，最后访问日期：2016年4月7日。

⑤ 参见李明德：《关于知识产权损害赔偿的几点思考》，载《知识产权》，2016（5）。

少在过去一段时间是客观存在的。

法定赔偿较多与赔偿数额较低有无联系，这是知识产权界争议的焦点所在。有法官认为，法定赔偿适用比例较高，并非司法判赔数额较低的制度性原因。诚然，判赔数额较低不能简单归因为法定赔偿。但可以肯定的是，法定赔偿的制度功能在于诉讼经济和效率，而不以“足以弥补损失”为主旨，我们并不能完全忽视赔偿数额认定中的制度性因素。应该看到，法定赔偿是一种特殊的金钱救济，是知识产权法专设的赔偿制度，其特点和优势在于减轻证明责任，提高诉讼效率。正如有的学者所言，“法定赔偿的重要作用在于解决权利人举证难的问题。司法实践中，实际损害和侵权利润的证明在很大程度上依赖于被告财务记录，而被告往往隐瞒数据或提供欺骗性记录。法定赔偿为假冒案件的商标权人提供了另一种救济渠道”[①]。在美国版权法中，法定赔偿实际上是一种“替代性赔偿”（in lieu damages），即替代“实际损害赔偿”制度的一种较为简便地获得金钱救济的途径，可由原告在实际损害赔偿之外单独选择使用。[②] 似可认为，法定赔偿制度的功能异化和普遍适用，与侵权责任法的全面赔偿原则精神有所背离。除某些制度性因素外，赔偿数额较低的最根本原因是我国知识产权市场尚不成熟，知识产权价值观尚未完全形成。知识产权在市场上所具有的竞争优势、应用价值和产业化前景（例如专利技术的科技含量、版权作品的资产价值、知名品牌的市场影响等），是识别知识产权商业价值的基本要素。总体说来，在当下中国，高水平、高价值、高效益的知识产权为数不多，尚不足以构成大规模高赔偿额裁判的价值基础。与此同时，整个社会也未形成正确的知识产权价值观。知识产权是知识经济时代最重要的资产形态，也是社会生产和生活中最易受到侵犯的财产类型，其研发、转化和应用的成本，已有、可能和未来的收益，以及存在的技术、市场和法律的风险等，都不同于传统的财产权。正如学者所言，“我国的市场主体、法院、行政执法机关和专家学者，有必要重新认识知识产权的价值，尤其是有必要重新认识遭受侵权的

---

① 黄武双、黄冀译：《美国商标案件金钱偿还数额的计算：原理与判例》，91页，北京，法律出版社，2014。

② 参见王迁等：《知识产权侵权损害赔偿：问题与反思》，载《知识产权》，2016（5）。

那部分知识产权的价值”①。

二、损害赔偿认定的价值基础：成本+收益

价值是知识产权损害赔偿认定的基础，或者说，价值分析是知识产权获取金钱救济的逻辑起点。“价值由交换价值来表现并最终体现为具体使用价值”；其间，“由抽象的价值到具体使用价值的过渡便是相对数量关系，当这种相对数量关系以货币为参照物时，这便是价格”②。司法机关对无形财产损害赔偿的认定，是法官基于合理的交易、惯例及公共政策所作出的一种裁判。可以认为，知识产权的价值量是损害赔偿司法定价的依据。著名经济学家康芒斯将这种裁判的思想基础概称为“合理价值学说”③。

知识产权在价值形态上表现为无形资产。无形资产是关于企业拥有的智力资源的总称。《国际评估总则（2001）》将无形资产定义为“以其经济特性而显示其存在的一种资产，无形资产不具有实物形态，但为其拥有者获取权益和特权，而且通常为其拥有者带来收益”。严格来讲，“无形资产”（intangibles）是会计学中的定义，经济学界往往将其称为“知识资产”（knowledge assets）或“智力资本”（intellcctual capital），它泛指各种非物质形态的未来收益要求权。④ 知识产权是无形资产的主要构成，其价值形态及实现方式，不仅有别于动产、不动产等一般资产，而且不同于专营权、租赁权等其他无形资产。

第一，知识产权价值载体的特殊性。知识产权的资产价值，表现为进入一定市场并获得收益的特权或关系，而不是记载知识、技术、信息的有形载体。例如，商标权所承载的商誉及其形成的市场份额，著作权在传播中的影响及其带来的市场价值，专利权在相关技术市场产生的独占利益和垄断地位等，这些市场价值或商业价值变量在知识产权转化应用中是交易主体关注的对象，在知

---

① 李明德：《关于知识产权损害赔偿的几点思考》，载《知识产权》，2016（5）。

② 刘京城：《无形资产的价格形成及评估方法》，65页，北京，中国审计出版社，1998。

③ 康芒斯认为，“合理价值是合理的交易、合理的惯例和相当于公共目的的社会效用”。参见［美］康芒斯：《制度经济学》（下册），310页，北京，商务印书馆，1962。

④ 参见茅宁：《无形财产在企业价值创造中的作用与机理分析》，载《外国经济与管理》，2001（7）。

识产权损害赔偿中则应是司法定价考量的要素。

第二，知识产权价值存在的差异性。知识产权是一种具有独占性质的法定无形资产，即这一资产源自法定权利，是“以专属支配权为本质的知识资产”[①]。知识产权作为一种独占性的无形资产，不同于有形资产。在市场上可以有许多内容相同、功能相同、性质相同的有形资产，但不可能存在着内容、性质、价值相同的无形资产。例如，就知识产权所涉及的客体来说，科技、文化、营销领域的各种知识产品有着各自的价值存在；就同一类型知识产权而言，其标的不同也会价值迥异。作品有市场销售冷热之分，商标有市场影响大小之别，技术更有市场价值优劣之不同。知识产权价值存在的差异性特征，基于其客体的独创性而形成。该类客体是创造物而非种类物，这就决定了不同知识产权之间无法进行价值比较，因此司法定价须根据具体案件而行。

第三，知识产权价值实现的长期性。在资产乃至无形资产体系中，知识产权是同时具有“知识要素”和“商品属性”双重功能的“长期资产”[②]。这种资产能够长期使用并且预期带来经济效益，可在法定保护期内的一年或一个经营周期以上使企业获得预期经济效益。上述预期利益在侵权法领域构成了“已经预见或能够预见到的利益”，即间接损害赔偿。[③] 知识类无形资产的预期利益在技术生命周期和法定保护期间内长期存在，其经营周期长短及预期利益多少是知识产权损害赔偿认定的重点和难点问题所在。

第四，知识产权价值变量的不确定性。知识产权是无形资产的基础。这就是说，没有知识产权，就不会有权利形态的无形资产；但有了知识产权，并不当然产生有价值的无形资产。知识产权的取得，以国家主管机关授权或确权为依据，这是一种法律上的认可；而有价值的无形资产的形成，概以经济利益为标准，这是一种市场上的认可。可以说，知识产权只是为权利人带来某种收益

---

① 朱国军、杨晨：《基于战略资源论的企业知识产权资产管理内涵探析》，载《科学学与科学技术管理》，2006（11）。

② 无形资产评估专家蔡吉祥将无形资产称为具有“物质技术基础”和“商品”双重功能的长期资产，这种性质是其他生产力要素所不具备的。参见蔡吉祥：《无形资产学》，44页，深圳，海天出版社，2002。

③ 参见王利明主编：《民法·侵权行为法》，568页，北京，中国人民大学出版社，1993。

的可能性，“企业拥有知识产权的数量和规模与企业营利的实际水平并不产生必然关联性，要使这种预期收益的可能性变成产生收益的现实性，则要采取措施和创造条件，促使知识产权转化为无形资产”[①]。概言之，知识产权价值变量由于其不确定性，即可在资产负债表中产生“正资产”“零资产”和“负资产”的不同情形，并由此出现司法定价对侵权损害“不赔偿”“少赔偿”和“多赔偿”的差异性。

法院对知识产权损害赔偿的司法定价，是以知识产权的“合理价值”裁判为基础。关于知识产权价值评估，目前我国通常采用的方法有重置成本法、市场比较法和收益现值法。“从方法论的角度而言，重置成本法与现行市价法均属演绎方法。重置成本法是根据被评估资产本身的现在及过去的技术经济资料进行估算，现行市价法是以与被评估资产类似的资产的现在的技术经济资料归纳而得出的评估价值。收益现值法属分析法，即对被评估资产未来的使用情况进行分析来确定资产的评估价值。一般而言，对于资产特性比较简单（比如有形资产），且侧重资产现实可用程度（市场认可的）这类资产，用演绎法比较合适。而对于资产特性比较复杂，强调未来使用效果的一类资产，宜用分析方法。”[②] 知识产权的评估对象，通常被界定为它的获利能力，以知识产权所能产生的收益为基础。[③] 申言之，收益现值法，实际上评估的是知识产权在市场上的模拟交易价格，即其自身固有的潜在价值（获利能力）在特定时间的市场条件下的货币表现（模拟价格）。当然，收益现值在知识产权价值评估中并不是唯一和孤立的，有专家主张，以重置净价作为收益现值，即在计算资产未来预期收益时，可以将投入成本考量其中。[④] 上述评估价值规则和方法，是以权利主体变动即产权交易为前提，但对于知识产权损害赔偿的认定同样是有益的。

在知识产权损害赔偿的司法定价中，无形资产的市场价值构成应置换为权利产品的成本与收益要素，主要有：（1）权利产品的市场容量（市场份额证

① 刘玉平：《基于知识产权视角的无形资产评估问题研究》，载《中国资产评估》，2008（2）。
② 吴汉东、胡开忠：《无形财产权制度研究》，266页，北京，法律出版社，2001。
③ 参见国家国有资产管理局：《资产评估操作规范意见（试行）》。
④ 参见陈仲主编：《无形资产评估导论》，185页，北京，经济科学出版社，1995。

明)；(2) 非侵权替代产品的市场状态（市场优势证明）；(3) 权利产品的市场前景（市场预期利益证明）。以上是收益现值法分析的基本内容。同时应对必要重置成本进行考量，这主要是指知识产权形成和维持的固有成本支出，包括技术研发成本、注册申请成本、权利维持成本以及风险成本（例如产业风险、市场风险、法律风险等）。总之，“成本＋收益”的模拟交易价格，即知识产权的市场价值要素，构成了司法判赔的基础。

推动知识产权损害赔偿的司法制度变革与政策创新，首先在于价值理念更新，即正视知识产权的市场价值。与有形财产权价值的封闭性、固定性、易计量性不同，知识产权保护对象的创造性（例如发明专利的“技术先进性”或“非显而易见性”、著作权作品的“独创性”或“原创性”、品牌标记的“可识别性”以至“美誉度”)、利用方式的多样性（例如投资、开发、转让、许可、拍卖、质押等)、资产转化的复杂性（例如“正资产”“零资产”“负资产”等)，决定了其价值的独特性和难于计量性。知识产权市场价值，最终体现为市场上的优势竞争力。有法官言道，“优势竞争力应当获得优先的超额利润。保护知识产权本质上就是保护权利人对于超额利润的正当利益，权利人的所得必须与独占性利益相匹配，高于非独占性市场的平均利润；侵犯知识产权本质上就是盗抢他人合法财产，侵权人的赔偿必须高于市场交易平均价格和成本”[①]。在竞争理论中，企业竞争能力包含许多因素，如获取资源的能力、掌握某种重要技术的能力、创造低成本的能力、开拓市场的能力、构建市场营销网络的能力等。但是并非每种能力都同等重要，只有那些使企业保持长期竞争优势、获取稳定超额利润、明显优于且不易被竞争对手模仿、能够不断提高顾客价值并使企业获得可持续发展的能力，才是企业最关键的竞争力，即企业核心竞争力。[②] 在现代社会，企业核心竞争力的形成，在很大程度上取决于企业的战略资源，即知识产权。正如英国政府的一份白皮书所指出的那样，竞争的胜负取决于我们能否充分利用自己独特的、有价值的和竞争对手难以模仿的资产，而

① 林广海：《市场价值视域下的知识产权侵权赔偿》，载《知识产权》，2016 (5)。

② See C. K. Prahalad, Garry Hamel, The Core Competence of the Corporation, Harvard Business Review, 275 (1992).

这些资产就是我们所拥有的知识产权。[①] 知识产权市场价值核心是市场优势竞争能力，优势竞争能力能够获得具有市场独占意义的超额利润。这是关于损害赔偿认定的司法价值观的基本要义。

如何将上述市场价值要素进行量化，是适用数量计算方法的另一重要问题。下文以专利侵权损害数额计算作为分析样本，以窥知识产权司法定价之全貌。2001 年，《最高人民法院关于审理专利纠纷案件适用法律问题的若干规定》第 20 条、第 21 条，对专利侵权赔偿数额提出了如下计算方法：

（1）实际损失计算。“权利人因被侵权人所受到的损失可以根据专利权人的专利产品因侵权所造成销售量减少的总数乘以每件专利产品的合理利润所得之积计算。权利人销售量减少的总数难以确定的，侵权产品在市场上销售的总数乘以每件专利产品的合理利润所得之积可以视为权利人因被侵权所受到的损失。”该条款的计算公式可表示为：专利产品减少销售量（或侵权产品销售量）×每件专利产品合理利润＝实际损失。

（2）侵权所得计算。“侵权人因侵权所获得的利益可以根据该侵权产品在市场上销售的总数乘以每件侵权产品的合理利润所得之积计算。侵权人因侵权所获得的利益一般按照侵权人的营业利润计算，对于完全以侵权为业的侵权人，可以按照销售利润计算。”该条款的计算公式可表示为：侵权产品销售量×每件侵权产品合理利润＝侵权所得。

（3）许可使用费倍数计算。“被侵权人的损失或者侵权人获得的利益难以确定，有专利许可使用费可以参照的，人民法院可以根据专利权的类别、侵权人侵权的性质和情节、专利许可使用费的数额、该专利许可的性质、范围、时间等因素，参照该专利许可使用费的 1 至 3 倍合理确定赔偿数额。”该条款的计算公式可表示为：许可使用费×(1～3)＝合理赔偿数额。

数据表明，在司法实践中，地方法院适用法定赔偿方式较多，上述数量计算方法采用较少，主要原因在于计算困难，同时也表现为举证困难。现具体分

---

① See Tony Blair, Our Competitive Future Building the Knowledge Driven Economy, Presented to Parliament by the Secretary of State for Trade and Industry by Command of Her Majesty, p. 5, December 1998.

析如下：一是实际损失延后发生。实际损失计算方式难以有效适用，主要原因是对权利产品销售总量的减少难以计算，由于专利技术应用在持续进行中，其实际损失并不可能在维权或诉讼时完全量化。二是“合理扣除”比例确定存在困难。在侵权事实资料难以获取的情况下，权利人无法确定非法获利在侵权人全部收入中的比例，从而计算“合理扣除”的数额。三是许可市场价格偏差。由于较长时间以来受创新环境和市场条件限制，专利商业价值未能充分体现，许可合同约定与侵权使用后果所体现的价值数额的差距不尽合理。[①] 笔者认为，最高人民法院提出的数量计算方法，体现了“成本＋收益”的“合理价值观”，总体上应予肯定并推行，但在实践中也有待进一步完善。第一，实际损失的计算，应是已有收益和未来收益的总和。侵权赔偿中的“可能利益”即是知识产权的市场预期利益，是重要但不易计算的损失，权利人应就权利产品市场和非侵权替代产品市场容量以及可能产生的合理市场收益进行举证。第二，侵权所得的量化，可以根据具体案情采取产品销售利润、营业利润、净利润等方式计算。关于“合理扣除比例”问题，似可借鉴美国司法机关的“如果没有”（but for）测试方法[②]，即权利人只需就侵权人非法所得的总收入进行举证，而不属于侵权获利的部分即“合理扣除”数额须由侵权人证明。第三，在实际损失难以确定的情况下，权利人可以请求适用侵权所得的计算方法。在此，举证责任规则应相应调整：权利人对侵权人因侵权所获得的利益进行举证，在权利人已经提供侵权人所获利益的初步证据，而与侵权行为相关的账簿、资料主要由侵权人掌握的情况下，法院可以责令侵权人提供相关账簿、资料。侵权人无正当理由拒不提供或提供虚假账簿、资料的，法院可以根据权利人的主张和提供的证据判定侵权赔偿数额。这即是对“证明妨碍行为”适用赔偿数额的“法律推定”[③]。

---

① 根据笔者从国家知识产权局办公室了解的数据，2015 年备案专利许可使用合同，平均标的为 50 万元，而同期专利侵权案件平均判赔数额低于许可使用费，更没有达到 1～2 倍的上限。

② 参见李明德：《美国知识产权法》，2 版，135～136 页，北京，法律出版社，2014。

③ 2016 年修改的《最高人民法院关于审理侵犯专利权纠纷案件应用法律若干问题的解释（二）》第 27 条对证据开示、举证妨碍等作出明确规定。

三、司法定价的制度构成：原则与规则

制裁侵权行为，实现赔偿救济，是目前知识产权司法裁判最为重要也最受困扰的问题。首先，损害赔偿的司法定价，对于加大知识产权的司法保护力度具有关键影响。"随着经济发展，知识产权的'含金量'不断增加，知识产权侵权行为造成的损害愈加严重，如何使知识产权侵权损害赔偿真正赔抵其损，充分发挥知识产权裁判的教育、惩罚、威慑和补偿功能，直接关系到知识产权的司法保护力度。"① 其次，知识产权案件赔偿难，也是司法定价制度必须直面的问题。"要破解这一难题，必须重塑知识产权司法保护的价值理念，完善适应知识产权这一特殊财产权的性质和特点、符合市场规律和满足权利保护要求的损害赔偿计算机制和证据认定采信规则，使损害赔偿数额与知识产权的市场价值相契合。"② 总之，健全完善知识产权司法保护制度，须秉持国际公约精神，立足中国国情；同时，借鉴国外有益做法，总结自身司法经验，在制度创新和法律改革方面，寻求司法定价的规则重构与功能调整问题的解决之道。笔者认为有必要明确以下原则与规则：

1. 赔偿数额基准和认定方式

我国知识产权法分别规定了数量计算方法（包括实际损失、侵权所得、许可使用费倍数）和自由裁量方法（法定赔偿），并规定了适用上的先后序位；只有在前者难以确定时，才可以适用后者。依职权主义的做法，设置赔偿数额基准的适用方式，遭到许多学者的批评。尽管司法实践对此有变通处理，但依然须从立法层面解决赔偿救济方式的选择权问题。具言之，参照美、德等多数国家的做法，从意思自治原则出发，我国相关立法有必要改变赔偿数额计算方式的先后适用规则，明确规定各自独立、平行的位阶，赋予当事人以自由选择权。

与数量计算方法相比的法定赔偿制度，其优势与缺憾已有分析。从本土国

①② 中央政法委副秘书长姜伟在"知识产权司法保护研讨会"上的讲话：《着力破解知识产权司法保护难题》，载《法制日报》，2016-04-27。

情出发，这一制度确有继续实行之基础，但也存在修改完善之必要：一是建立法定赔偿金分档计算规则。已通过的《商标法》第三次修正案，提交审议的《著作权法》第三次修正案和《专利法》第四次修正案，分别提高了法定赔偿数额的上限。数额幅度跨越过大，使得司法裁判难以精细化操作。在这里，有必要建立权重系数指标体系和赔偿金分档计算规则。法定赔偿方式的适用不能一概而论，而应根据权重系数有区别地裁判，其指标项包括“权利类型、侵权性质、侵权情节、侵权持续期间、侵权范围、侵权规模、被控侵权产品数量”等[①]，在指标项相加数的基础上来确定从最低数额到最高限额的不同权重系数。美国法院根据该国《版权法》第504条第3款的规定，以行为人主观状态为标准，依无过错、轻过错和有过错的具体情节，分为三档计算。[②] 对于中国而言，法定赔偿数额分档细化方案，似可通过法律实施细则或司法解释文件来解决。二是矫正法定赔偿制度的基本功能。法定赔偿具有“替代性赔偿”的制度功用，即在数量计算方法不敷使用时，由法院裁定赔偿数额。自由裁量方法的适用有着条件的限制，即实际损失和侵权所得无法证明，且许可使用费没有实际发生，权利人本应承担举证不利的法律后果，但在“替代性”赔偿方式下，得以获得金钱救济。有学者指出，我国的法定赔偿接近于美国专利诉讼中曾实行的“名义赔偿”[③]。

2. 全面赔偿的损失范围与计算方法

侵权损害赔偿以填补损害为立场，“旨在使受害人能够再处于如果损害行为未曾发生时之情况”[④]。对于如何填补损害，所有权侵权诉讼与知识产权侵权诉讼似有不同。前者强调损害赔偿以“恢复原状”为依归，当赔偿损害之原物不能时，代之以金钱赔偿；后者主张填补损害即意味着金钱赔偿，不存在恢复损害事故发生之前的原状之可能。[⑤] 无论如何，填补损害贯穿了民法上的全

---

① 参见孔庆兵：《论侵犯专利权损害赔偿的计算方法》，载《2013年中华全国专利代理人协会年会暨第四届知识产权论坛论文汇编》（第三部分）。

② 参见王迁等：《知识产权侵权损害赔偿：问题与反思》，载《知识产权》，2016（5）。

③ 张玉敏、杨晓玲：《美国专利侵权诉讼中损害赔偿金计算及对我国的借鉴意义》，载《法律适用》，2014（8）。

④ 曾世雄：《损害赔偿法原理》，16页，台北，三民书局，1996。

⑤ 参见曾世雄：《损害赔偿法原理》，16页，台北，三民书局，1996。

面赔偿原则。全面赔偿原则是知识产权侵害赔偿乃至整个民事侵权赔偿的最高指导原则，一般是指无论侵权人在主观上是故意还是过失，均应根据权利人所受财产损失的多少、精神损害的大小等，确定赔偿的范围和数额。1994年世界贸易组织《知识产权协定》提出“足以补偿损害”的司法准则。该协定第45条第1款规定，司法机关有权责令侵权人向权利持有人支付足以补偿其因知识产权侵权所受损害的赔偿；第2款规定，除赔偿损失、返还利润外，还应支付有益费用，包括有关的律师费用。可以认为，在知识产权侵权案件中贯彻全面赔偿原则，不仅为我国《侵权责任法》所指引，也是国际法准则所要求。这就意味着，知识产权损害赔偿要求财产损失和精神损害、直接损失和间接损失得到全面赔偿，且采取金钱赔偿的计算方法。此外，权利人调查侵权费用、维权费用以及其他有关诉讼费用，在由法院作出“合理费用”裁量的情况下，也可获得赔偿。

知识产权损害赔偿的司法定价必须贯彻全面赔偿原则，在立法和司法层面有两个问题有待改进：一是将许可使用费倍数作为各项知识产权的赔偿数额基准。损害赔偿数额的计算方法，从本质上讲概为法律设定的推定方法和裁量技术，其目的在于准确把握财产损失尺度，“填平”和“回复”权利状态。国外知识产权立法通行实际损失、侵权所得、许可使用费倍数三种计算方法，以此作为赔偿数额基准。在美国等国的司法实践中，知识产权侵权案件大抵采取许可使用费倍数的计算方法，其优点在于减轻权利人举证责任，且能达到“足以补偿损害”的相当程度。考虑到我国知识产权许可市场正处于较快发展时期，知识产权法应统一作出规定，不必将许可使用费倍数拘泥于专利和商标法领域。二是采用“计算数额＋适度法定”的方法以解决赔偿数额不足的问题。近年来，我国司法实践中探索酌定赔偿计算方法，如果有证据证明权利人的损失或被告的侵权获利远高于法定赔偿，法院可超出法定赔偿数额上限来确定赔偿数额。[①] 酌定赔偿兼具计算方式的基准性和法定赔偿方式的裁量性，前者是算出多少就多少，没有数额增加空间；后者是裁出多少算多少，缺乏科学底数。

① 参见金克胜：《酌定赔偿更接近权利人损失，赔偿数额更合理》，http：//www.chinacourt.org/article/detail/2013/10/id/1110984.shtml，最后访问日期：2016年8月22日。

对于主张证据有而不定，赔偿数额有而不足的侵权案件，“计算数额＋适度法定”的方法可以解决损害举证难、赔偿额不足的问题，与国外司法将法定赔偿金作为“补偿性适用”方式有相同之处。

3. 权利产品类分与权利价值要素

知识产权评估，是对知识产权的市场价值进行评定并对其模拟成交价格予以估算的制度。与国际上具有 100 多年历史的有形资产评估相比，以知识产权为主要对象的无形资产评估业的发展仅有 50 余年的时间，而且由于评估对象的独特性，知识产权评估难度大大超过有形资产评估，其准确性也远远低于后者。①

知识产权评估是对动态性、市场化的社会经济活动进行度量和估算，不仅是企业进行核算资产、进行产权交易的重要依据，而且是维护权利人合法权益，确定损害赔偿数额的客观尺度。2006 年 4 月，财政部与知识产权局联合发布的《关于加强知识产权资产评估管理工作若干问题的通知》明确提出，法院、仲裁机关或当事人可以对涉诉知识产权价值进行评估。域外相关立法已有先例，规定法官可以委托知识产权专责机关或专家代为确定赔偿数额。知识产权损害赔偿数额认定，是一项非常专业的工作，其计算涉及技术、商贸、会计、审计等多学科知识。资产评估机构作为独立第三方，可对知识产权市场价值进行评估，对知识产权模拟价格进行计算，但这些专业性意见只是司法定价的参考，法院须结合侵权损害赔偿责任的构成要素进行综合考量，方能作出具体赔偿数额认定。

知识产权评估在司法定损中需要考虑权利产品类分与价值分析要素，这是由各项知识产权的客体类型、使用方式和效果领域的差异性所决定的。② 换言之，权利类别及保护对象不同，其市场价值和经济效益应有所区别。现分述之：(1) 专利权是科技领域的知识产权，其技术先进性和转化应用程度决定了专利权的价值量。一般说来，同为专利授权，但发明、实用新型和外观设计的

① 参见卢平等：《对我国无形资产评估立法问题的思考》，载《法商研究》，1996 (3)。

② 参见桂舒：《知识产权侵权损害赔偿定损方法探讨——以知识产权的市场经济价值为视角》，载齐树洁主编：《东南司法评论》(第 7 卷)，280～284 页，厦门，厦门大学出版社，2014。

创造性程度及实际产生的效益呈递减状态；同是发明专利，也有首次发明、改进发明、组合发明的区别，其影响价值的市场因素有创新性水平、实用性价值以及竞争性状态等；同一发明专利在技术生命周期的不同阶段，也具有不同水平的价值量，“在专利有效期的初期其价值相对要高，而越接近后期其价值相对要低一些”①。（2）商标权是营销领域的知识产权，其商标知名度或是商誉影响力决定了商标权的市场价值。商标存续期间与专利生命周期不同，前者在续展的情况下可长期存在。商标使用的一般情形是：商标存续时间越长，宣传投入越多，其市场占有状态越好。因此，商标有知名商标与一般商标之分，相应产生高附加值与一般附加值之别。概言之，商标所形成的商誉价值是资产评估和司法定价的重点。（3）著作权是文化领域的知识产权，其作品的独创性和传播力，是计算著作权市场价值的核心要素。在著作权领域，其客体有学术作品与娱乐作品的类分，使用方式有网络传播与一般传播的区别，市场需求更有数量、规模的差异，因此不存在著作权价值同一性问题。综上所述，知识产权就其运用的市场价值而言，是“优质优价”；而论及损害赔偿的司法定价，则应是“多用多赔”。

4. 司法定价中的“补偿性”与“惩罚性”

侵权损害赔偿制度具有三项规范功能：一是惩罚，即通过法律制裁的手段，矫正违反义务的不法行为，责令侵权人承担强制性法律后果；二是遏制，即通过利益机制（使侵权人不得利）与舆论机制（对不法行为的非难）来防范反社会行为；三是补偿，即以责令赔偿损失的方法，经过法律补救来恢复原有的权利状态。民法学者大抵认为，以上三项规范功能在一种侵权行为中均可适用，而在其他特殊侵权行为中就不同时存在。② 因此可以这样表述：无论是何种侵权行为，适用何种损害赔偿归责原则，其填补损害的功能都是应该具备的。侵权损害赔偿制度功能的出发点应该与民事活动所实现的目的相一致，正如有的学者所言：“民事主体进行民事活动的主要目的是实现其正当利益，基本利益形式是人身利益和财产利益，民事责任目的应是如何保障受害人的这些

① 戴建志、陈旭主编：《知识产权损害赔偿研究》，38页，北京，法律出版社，1997。

② 参见江平主编：《民法学》，435页，北京，中国政法大学出版社，2000。

利益得到恢复和弥补。”[①] 应该看到，侵权行为包括侵犯知识产权行为，在本质上是一种反社会性行为，是行为人对其应遵守的法定义务之违反，也是行为人对法律肯定的现存权利状态之破坏。侵权损害赔偿制度负有矫正不法事态、恢复有序状态的重要使命。

知识产权损害赔偿制度，应该具备上述惩罚、遏制和补偿的规范功能，其中以补偿作为主要和基本的规范功能。《知识产权协定》强调各缔约方采取司法救济程序的“一般义务”，即对任何侵犯知识产权的行为采取有效行动，包括防止侵权的迅速救济措施和制止进一步侵权的救济措施。保证司法救济的及时性和威慑性是各缔约方的义务。根据国际公约精神，一些国家在补偿性赔偿规则之外又确立了惩罚性赔偿规则。在我国，2013 年《商标法》修正案第 63 条规定：对恶意侵犯商标专用权，情节严重的，可以在按照上述方法（数量计算方法——引者注）确定数额的 1 倍以上 3 倍以下确定赔偿数额。此后，《著作权法（修订草案送审稿）》第 76 条、《专利法修改草案（征求意见稿）》第 65 条也作出类似规定。这即是“惩罚性赔偿”或“加重赔偿”规则。学术界对该规则的命名及其功能有不同意见：主张惩罚性赔偿者，是以惩罚为“惩罚性赔偿”之目的[②]；反对者或是基于私法性质与惩罚目的的冲突，反对引入这一规则[③]，或是主张正名为“加重赔偿”，并不以惩罚性为目的。[④] 笔者认为，惩罚性赔偿或加重赔偿就其制度功能来说：一是惩戒恶意侵权行为，有效矫正权利受损状态，维系知识产权的创造和运用；二是威慑潜在侵权行为，预防和阻止进一步侵权行为的发生。概言之，在惩罚性赔偿机制中，其填平或回复权利人合法利益的补偿功能依然存在，但惩戒恶意侵权行为、防止侵权行为后续发生的惩罚和遏制功能也是同时具备的。因此，在知识产权损害赔偿数额认定中，坚持补偿性赔偿规则的主导地位，同时也可以补充性地适用惩罚性赔

---

① 彭诚信：《民事责任现代归责原则的确定》，载《法制与社会发展》，2001（2）。

② 参见曹新明：《知识产权侵权惩罚性赔偿责任探析——兼论我国知识产权领域三部法律的修订》，载《知识产权》，2013（4）；易健雄、邓宏光：《应在知识产权领域引入惩罚性赔偿》，载《法律适用》，2009（4）；罗莉：《论惩罚性赔偿在知识产权领域的引进与实施》，载《法学》，2014（4）。

③ 参见李晓秋：《专利侵权惩罚性赔偿制度：引入抑或摒弃》，载《法商研究》，2014（4）。

④ 参见蒋舸：《著作权法与专利法中“惩罚性赔偿”之非惩罚性》，载《法学研究》，2015（6）。

偿规则。当然，司法机关对后者的适用条件、程序以及赔偿数额等，应予明确限定。

总之，知识产权损害赔偿司法裁判的规范体系，应包括如下原则与规则，即以自由选择为基础的认定方式，以市场价值为基础的全面赔偿，以权利类分为基础的损害计量，以补偿性赔偿为基础的赔偿机制。

试论“实质相似＋接触”的侵权认定规则*

“实质相似＋接触”是知识产权领域侵权行为认定的重要规则。这一规则自美国判例创设以来，争议与置疑就没有停止过，但其在侵权认定中的核心地位却没有改变。[①] 在我国司法实践中，上述侵权认定规则已被普遍运用，且在不同类型案件中采用了不同的“实质性相似”测试方法。本文从理论概括和司法经验总结出发，试就“实质相似＋接触”规则的学理基础、适用范围、认定逻辑、举证责任等问题作出探讨，意图丰富其思想内涵和完善其运用规则。

一、“实质相似＋接触”规则的学理基础

知识产权的客体，是一种具有创造性的精神产物。客体的非物质性是知识产权的本质属性所在，这意味着智力成果所有人无法凭借民法上实物占有方法进行控制，而有赖于法律授予独占权利的方式来取得利益。权利人以外的其他人对智力成果的采用是合法还是非法，需要视知识产权效力范围而定。与侵占、妨害和毁损等侵犯财产所有权的表现方式不同，侵犯知识产权的行为方式表现为剽窃、篡改和仿制，因此后者的侵权认定规则与传统侵权法的规定有诸多不同。本文论及的“实质相似＋接触”即是其中一项重要规则。

关于合法使用还是非法使用的判断问题，总是发生在两件作品或两项技术

---

* 原载《法学》，2015（8）。

① 参见阳贤文：《美国司法中实质性相似之判断与启示》，载《中国版权》，2012（5）。

之间。非法使用是一种侵害他人知识产权利益，依法应承担民事责任的行为。利用他人智力成果，如果构成“实质相似+接触”的要件，即有可能被认定为侵权行为。究其法理依据说来，可以从“实质相似”和“不当接触”两个方面进行分析。

首先，与他人智力成果构成“实质相似”，是对知识产权法创新价值的违反。创新价值是知识产权法的价值灵魂，体现在知识产权政策制定和立法活动之中。国家通过知识产权法的制度设计，将“创新”上升为“规划理性”的法律价值[①]，彰显了作为法律价值主体的人在法律价值发现中的能动性干预和控制。它以基于创新所产生的社会关系为主要调整对象，以尊重创新、保护智力成果、规范知识经济市场秩序为主旨。知识产权法具有知识创新的保障功能，它赋予智力创造成果以私人产权，为权利人提供了最经济而有效的创新激励，从而促进智力成果的创造活动不断向前发展；同时，从创新价值目标出发，知识产权法要求受保护的智力成果必须具备一定程度的创新性。智力成果与物质产品不同，它不可能是已有精神产物的简单重复，而要有所创新、有所突破。例如，科学发现应当是“对至今没有认识的可以证明是正确的物质世界的现象、性质和法则的认识”（1978年世界知识产权组织《科学发现国际登记日内瓦条约》）；文学和艺术作品必须具有一定的独创性，“它是作者自己的创作，完全不是或基本上不是从另一作品抄袭来的”（1980年世界知识产权组织《版权和邻接权法律术语词汇》）；授予专利权的发明，则是“授予所有技术领域的任何发明，无论是产品还是方法，只要它具有新颖性，包括发明性步骤，并可供工业应用”（1994年世界贸易组织《知识产权协定》）。

创新性是智力成果获得知识产权保护的条件，而传统所有权对其客体却无此类要求。例如，生产相同的物质产品，不问其数量如何，都可以分别取得独立的产权；而两个相同的智力成果，或依法律程序只将权利授予其中的一个，或依法律认定在后智力成果与在先智力成果相似而侵权。创新性是智力成果作

---

① 在法哲学理论中，人的理性可以分为“实践理性”和“规划理性”。前者是接受性理性，表现为道德经过长期教化而为人们自然接受为价值。后者是能动性理性，即在特定情况下人为地设计出符合规律的价值。

为知识产权客体的要件，这是与所有权客体物的构成条件相比较而言的。就某个具体的知识产权客体而言，这种创新性程度的要求则各不相同。

创新性要求在著作权法中表述为“原创性”或“独创性”。“原创性”在英文中被称为“originality”，从其词根来说，有源泉、起源、来源之意。根据美国最高法院在Feist案中的经典说法，所谓“原创性”指称作品是独立创作的，且具有最低限度的创造性。[①] 原创性要求作品必须是作者创造性劳动的成果，换言之，任何作品只要是独立构思和创作的，不问其思想内容是否与他人作品构成相同或类似，均可取得独立的著作权。在这里，问题是如何识别作品的创作达到法律要求的创作特性或独创程度？一般而言，原创性判断依个案情形而定，与在先存在的表达形式进行整体比较，观察其对于已知形式而言是否取得了独特性。[②] 需要指出的是，著作权法上的作品独创性不同于专利法上的技术新颖性。正如美国法院判决指出的那样，独创性并不意味着新颖性。即使一部作品与其他作品构成相似，只要这种相似是巧合而不是抄袭，也可能构成独创性。[③] 关于创新性要求，著作权法不同于专利法，这是由文化创新与科技创新的属性差异所决定的。概言之，著作权法强调的是文化创新成果的差异性，即多样性的思想表达；而专利法注重的是技术创新成果的唯一性，即“前所未有性”的思想内容。有的学者言道：“绝大多数作品充满着个性化的细节，只要没有抄袭，通常不会与现有作品雷同。这说明，作品的可替代性很大，而技术方案的可替代性较低，雷同的可能性较高。”[④]

创新性要求在专利法中表现为“新颖性”和“创造性”。以现有技术，即关于某一技术领域、某一时间节点（专利申请日以前）在国内外“为公众所知”的技术知识总和为参照，新颖性可称为“前所未有性”，是指某一技术方案未在国内外公开出版物上发表过、公开使用或以其他方式为公众所知，属于未包含在现有技术状况的技术发明。新颖性是授予发明以专利权之最为基本的条件。专利制度的本性在于技术公开而权利独占。“国家之所以对一项发明创

① Feist Publications, Inc. v. Rural Tel. Serv. Co., 499 U.S. 345 (1991).

② 参见卢海君：《版权客体论》，168页，北京，知识产权出版社，2011。

③ Feist Publications, Inc. v. Rural Tel. Serv. Co., 499 U.S. 345 (1991).

④ 崔国斌：《著作权法原理与案例》，70页，北京，北京大学出版社，2014。

造授予专利权”，“是因为他向社会公众提供了前所未有的发明创造”；“对于已经为公众所知的发明创造来说”，“任何人都不能将其纳入专利独占权的范围之内”①。创造性亦称为“非显而易见性”，即与现有技术相比较，某一技术方案对于所属领域的技术人员来说是非显而易见的。获取专利权的技术方案，不仅是“新技术”（新颖性标准），而且应是“高技术”（创造性标准），创造性表明了发明高度、创造水平。技术难度的“创新性”要求，这是专利授权中最为重要的条件。美国学者认为，专利制度的目的在于鼓励创新，但并非一切新颖实用的东西都有取得专利保护的价值。旧东西与仅仅在技术上或字面上新颖的东西之间，其差别微不足道，乃至新颖的东西可以轻易地甚至自动地从旧的已知物中推演出来。② 因此，有了创造性要求，才能将一般知识应用与知识创新区别开来。一般而言，发明专利应该是某一技术领域中先进的技术成就，它所体现的技术思想、技术方案会使得这一领域的技术发生质的飞越。按照专利法的说法，与已有技术相比，该发明有突出的实质性特点和显著的进步（参见《专利法》第22条）。

其次，行为人不当利用他人智力成果，是对知识产权法公众接触权的滥用。知识产权界对“接触权”（access right）有着不同的理解。有学者认为，“随着技术保护措施成为网络时代著作权法不可或缺的组成部分，‘接触权’已从公众接触政府的人权变成了著作权人控制利用人接触作品的‘私权’”③。显然，接触权在这里被解读为是著作权人的私权。其实，早期的接触权是公众获取知识、接触信息的一种权利。根据美国学者的研究，该国宪法确定的著作权政策，被称为“3P”政策，即促进知识传播的政策（the promotion of learning）、公共领域保留的政策（the preservation of the public domain）、保护创造者的政策（the protection of the author）。④ 美国学者认为，上述三项政策隐

---

① 尹新天：《中国专利法详解》，180页，北京，知识产权出版社，2012。

② 参见［美］P. D. 罗森堡：《专利法基础》，郑成思译，70页，北京，对外贸易出版社，1982。

③ 熊琦：《论“接触权”》，载《法律科学》，2008（5）。

④ See L. Ray Patterson，Stanley W. Lindberg，The Nature of Copyright：A Law of Users' Right，pp. 45－55，1991.

含着第四项政策，即“接触权”（the right of access）[①]，意为公众接触、利用著作权作品的权利。在西方法制史上，接触权的发展轨迹有两个方向：一是演绎成作为新的政治性权利的“了解权”或“知情权”，后者在美国被看作确保自治的人民充分了解国家政治的较广泛的社会目的，又被最高法院从无此措施的宪法中“发现”的一种权利。[②] 美国学者认为，了解权主要包括两项内容：(1) 听的权利，即听、说、读、看以及接受他人传播消息的权利；(2) 基于向他人传播需要而取得情报资料的权利。[③] 二是嬗变为公众使用他人作品之利益的法权形式即“使用者权”（the users' right）。后者虽不是一项明文存在于著作权法律文件中的权利类型，但为许多学者概称为与私人独占权利相对应的公众“因利用著作权作品而提高其知识水平的学习权利”[④]。使用者权之主张，从合理使用关系的主体角度出发，立足于合理使用即是合法行为的观点，将主体这种“法定利益”称之为“特权”“权利”[⑤]。就本文的研究对象而言，主要涉及的是公众利用有知识产权的作品、技术之“接触权”。

接触权或者说使用者权，不仅意味着利用他人智力成果的权利，还理应蕴含着某种义务。就这一行为而言，权利是分配精神财富的一种法律技术手段，而义务则是保证这种精神财富与分配得以正常进行的另一法律技术手段。例如，各国著作权法大抵规定，在法律明确规定的情况下使用作品，可以不经著作权人许可，不向其支付报酬，但应当指明作者姓名、作品名称，并且不得侵犯著作权人依法享有的其他权利。这说明，接触权是一种有限制的利用权，行为人得履行相应的义务，且不得逾越权利行使的边界。接触权制度创设的初衷，在于解决后任创造者以创造新的智力成果为目的而利用前任创造者的智力

① L. Ray Patterson, Stanley W. Lindberg, The Nature of Copyright: A Law of Users' Right, pp. 45-55, 1991.

② 参见王人博：《近现代西方权利观念的演变》，载《外国法学研究》，1993（2）。

③ 参见［美］托马斯·埃默森：《论当代社会人民的了解权》，载《法学译丛》，1979（2）。

④ L. Ray Patterson, Stanley W. Lindberg, The Nature of Copyright: A Law of Users' Right, p. 207, 1991.

⑤ 代表性著述有：Paul Goldstein, Copyright Principles Law and Practice, Little Brown and Company (Canada) limited, 1989; L. Ray Patterson, Stanley W. Lindberg, The Nature of Copyright: A Law of Users' Right, 1991; 吴汉东：《著作权合理使用制度研究》，3版，北京，中国人民大学出版社，2013。

成果的问题。以创造新知识为目的使用，以非营利的学习、研究教育为目的使用，都在知识产权法允许的范围之内。概言之，正当使用原则即是判断接触并利用他人智力成果之合理性的基本尺度。在这里，笔者借用日本学者古泽博将对他人作品用于自己作品的情形分析法①，将接触和利用他人智力成果之行为概分为三种类型：（1）本人创造的智力成果与他人已完成智力成果构成“实质相似”（包括作品复制品和相同技术产品）；（2）本人创造的智力成果是在他人智力成果基础上的“二次创造”（对他人作品进行演绎的二次作品，或基于他人基本发明而获得的改进发明）；（3）本人虽接触他人的智力成果，但其创造的智力成果是不从属于他人的“新成果”。在第一种情形中，复制品因不具备原创性或独创性，相同产品因不符合新颖性和创造性，不属于正当使用的范畴；在第二种情形中，二次作品和改进发明是创造活动的一种方式，但相对原有智力成果具有从属性，其改造、改进行为须取得原创者的授权；在第三种情形中，本人虽接触甚至利用原有智力成果提供的材料，但已改变原来的表达方式，或是提出新的技术方案，从而形成了具有独立意义的新成果。概言之，在对他人智力成果的接触和利用中，擅自复制、仿制或是演绎、改进的行为，都会对原创智力成果的所有人造成损害，从而构成不正当使用。

总之，知识产权法以保护创造者专有权利与促进知识广泛传播为二元立法宗旨，调整着知识创造、传播、利用的社会关系。创造活动是以依靠前人积累的知识为劳动资料，以抽象智力成果为劳动对象的精神生产劳动，知识主体接触“已知”理应受到法律规制，其创造“新知”则在私人产权名义下受到保护。可以认为“实质相似＋接触”的侵权认定规则，是以知识产权法的知识创新和信息传播理论作为思想基础的。

二、“实质相似＋接触”规则的基本含义与适用范围

讨论“实质相似＋接触”规则之适用，主要是研究该规则的适用对象，即适用于何种知识产权领域中何种智力成果利用的具体情形。具言之，从知识产

① 参见［日］古泽博：《关于利用他人作品的著作权问题》，载日本《独协法学》，1977-10-22。

权法的创新价值功能出发，界分创造者的思想内容与思想表现形式，以明确特定知识产权的保护范围；在该知识产权权项范围界定和效力范围限定的基础上，通过两件作品或两项技术的比对分析，判定智力成果利用的合法性边界。

“实质相似＋接触”是知识产权领域侵权行为认定的重要规则，其要点是：(1) 两件作品或两项技术经鉴定构成实质相似，即创造之后的作品或技术与创造在先的作品或技术在思想内容或思想表达形式方面构成同一。在这里，“实质相似”在于说明被控侵权作品或技术复制了或来源于享有知识产权的在先作品或技术，前者不构成具有创造性的新作品、新技术。(2) 被控侵权作品或技术的行为人接触了享有知识产权的在先作品或技术。关于“接触”事实的证明，是指享有知识产权的作品或技术在被控侵权作品或技术之前公之于众。在下列情形下，也可推定行为人有接触权利人作品或技术的事实：在后作品或技术与在先作品或技术明显相似，足以排除后者独立创造的可能性；在后作品或技术包含着与在先作品或技术相同的特征、技术或风格，其相同之处难以用巧合作出解释。[①]“实质相似＋接触”规则，在认定知识产权侵权行为时是从行为与作品或技术两个方面进行分析的。李明德教授认为，著作权侵权认定有两个维度：从行为角度看，侵权人未经授权而复制、改编、发行、表演了享有著作权的作品；从作品角度看，是被控侵权的作品复制或者挪用了享有著作权的作品。[②] 上述言论可以视为对“实质相似＋接触”规则的一种法理学解读。在司法实践中，作为侵权行为的认定规则，行为要素与作品或技术要素的分析是相关联但并不是等量的，质言之，“实质相似”的证明与认定处于更为重要的地位，“实质相似”的法律本质是保护作品或技术基于创造性的经济价值[③]，即独创性的思想表达或首创性的思想内容。在讼争作品或技术构成“实质相似”的情况下，方产生证明与认定被控侵权行为人有“接触”事实之必要。因此，这一规则在司法活动中有时被简要概称为“实质性相似规则”。

“实质相似＋接触”规则是对侵权行为认定之法律适用的理论概括和司法

---

① 参见陈锦川：《关于著作权侵权诉讼举证责任的分配》，引自蒋志培主编：《中国知识产权司法保护》，241 页，北京，中国传媒大学出版社，2008。

② 参见李明德：《美国知识产权法》，365 页，北京，法律出版社，2014。

③ 参见何怀文：《著作权侵权的判定规则研究》，81 页，北京，知识产权出版社，2012。

经验总结，并非采取法定主义原则由立法直接规定。但是，知识产权法所规定的保护范围，是这一规则建构及适用的基础和前提。因此，关于“实质相似＋接触”规则的适用，需从不同知识产权的保护对象及其效力范围入手，分析思想内容或思想表现形式的各种要素，以识别构成实质性相似之可能。

在著作权领域，对侵权行为与合法利用行为的界分，一般采取“思想内容-思想表现形式”二分法和“抽象观察法”。“思想表现形式”是著作权理论中的基本逻辑概念，在文学、艺术、科学等创作领域具象为作品。各国著作权立法遵循相同的基本原则，即保护思想表现形式，而不保护思想内容本身。尽管目前理论界对思想内容与思想表现形式的构成尚有争议，但是可以肯定的是，对作品的保护不延及任何思想、程序、方法、体系、概念、原理和发现，而不论上述内容在作品中以什么形式描述和说明。① 根据文艺创作的一般理论，作品是内容与表现形式的有机统一体，其创作要素有思想内容和特殊表达之分。其中，涉及思想领域的创作要素有：(1) 题材，即表现作品主题思想的具体社会现象，如社会题材、军事题材、爱情题材等；(2) 体裁，即表现创作思想内容的作品类型，如电影作品或戏剧作品、喜剧作品或悲剧作品；(3) 主题，即反映社会生活或客观现象所显示出来并贯穿于作品的中心思想，如揭示问题、表达见解所表现的总括性思想意义；(4) 事实，即关于某一事物的发生、发展过程和规律，如未经整理的有关社会事件、历史事件的信息材料等。涉及特殊表达领域的创作要素有：(1) 结构，即作品关于组织材料、安排人物、处理情节等总体性的组织安排和基本框架；(2) 情节，即展示事物、人物性格、表现人物相互关系的一系列事件发展过程；(3) 角色，即作品塑造的具有个性特征的艺术形象，通常包括名称、外形、经典动作、个性语言等艺术要素；(4) 名称，即蕴含特定信息或思想情感且具有独创性的作品标题。从思想内容到特殊表达，创造要素表现了抽象与具体的区分。具言之，抽象创造要素如题材、体裁、主题、事实等，不宜由某一特定主体所独占，人们可以采用不同创作手法进行个性化表述；而具体创作要素如结构、情节、角色、名称等，如果具备独创性以及法律规定的要件，则应受著作权的保护。由美国汉德法官

① 参见美国《版权法》第102条（b款）。

创制的“抽象观察法”，在 Nichols 案中采用解构主义的方法，通过抽象和过滤限定了著作权保护对象的范围。[①] 在美国司法实践中，还有一种与“抽象观察法”不同的“整体观察法”，后者是从“整体概念和感觉”出发，将多种创作要素（包括不受保护的作品要素）作为一个整体，以识别讼争作品是否构成“实质性相似”[②]。上述两种观察法对于侵权行为之认定都是有益的。通常认为，在“实质性相似”的分析中，应该以“抽象观察法”为主，以“整体观察法”为辅，即在前者无法适用或适用结果明显不合理的情况下才能适用后者。在这里还要指出的是，作品相似情形达到何种实质性程度方可作为侵权认定，也是一个值得思考的问题。在司法实践中，大量引用他人作品或引用该作品的精髓部分，都会构成“实质性使用”[③]。法律所要求的合理使用应是适量摘用、有限复制的非实质性使用，如果以剽窃取代引用，以新作排挤原作，则构成不合理的“实质性使用”。该规则旨在从作品的量与质的方面设定合理使用与侵权使用的界限。关于被使用作品的数量，许多国家都给予极大关注，并作出具体的规定，诸如引用的字数、复制的份数、播放的长度，无一不是反映数量的法律要求。关于被使用作品的内容“实质性”问题，著作权法则一般未作出具体规定，司法实践亦未概括出可供适用的具体标准。笔者认为，作品的实质部分应是整个作品的灵魂和精华所在。它在文学作品中，表现为作者的独自性的构思安排、独创性的情节描述、独特性的人物塑造；在音乐作品中，表现为具有艺术个性的旋律、节奏、和声、复调的安排和设计；在科学作品中，则表现为作者独立性和创造性的思想阐发和理论说明。上述内容及其表述在整个作品中具有核心地位和重要价值。因此过“量”或损“质”的使用，都不符合“合理性”要求。

在专利法领域，对侵权行为和合理利用行为的界分，借助于专利保护范围

---

① Nichols 案事涉两部剧本的争议，即讼争作品与他人作品在主要人物关系、主要故事情节等方面表述相似，根据“抽象观察法”，构成受著作权保护的特征组合。Nichols v. Universal Picture Corp. 45 F. 2d 119，pp. 121（2d Cir. 1930）.

② 美国法院在 Roth 一案中，对被告制作的贺卡所涉及的“文字的安排、组合和设计适当的美术作品”等作为一个整体来观察，而未采取层层解构的“抽象观察法”，结果认定被告构成侵权。Roth Greeting Cards v. United Card Co. 429F. 2d 1106（9th Cir. 1970）.

③ Pierre N. Leval，Toward a Fair Use Standard，Harvard Law Review，Vol. 103，1990.

的确定与侵犯专利权行为的认定之相关规则。专利权客体乃是发明创造思想具体化之物或方法，其保护范围应以专利主管机关对发明创造思想的范围所赋予的意思解释而定。申言之，以权利要求书为具体解释标准。① 权利要求书是专利申请的重要文件。在授权前，它是申请人意欲获取专利保护的权项请求；在授权后，它是专利局确定专利权范围的保护依据。可以说，专利权人的专有实施权范围，就是根据专利权所覆盖的发明创造的技术特征和技术幅度来确定的。各国立法在确定专利权的保护范围时有三种原则：第一，周边限定原则。根据这一原则，权利要求书即是专利保护的范围，应当根据权利要求书的文字严格、忠实地进行解释。第二，中心限定原则。根据这一原则，解释权利要求时不必拘束权利要求书的文字记载，而应以权利要求书为中心，全面考虑发明的目的、性质以及说明书和图纸，将中心四周一定范围内的技术也包括在专利保护范围之内。第三，折中原则，即上述两种原则的折中。根据这一原则，专利权的保护范围根据权利要求书的内容确定，说明书和附图可用作解释权利要求。这一原则考虑到专利权人的利益，也照顾了第三人的利益，克服了上述两种原则的不足。目前，《欧洲专利公约》及其成员国和我国采此立法例。关于侵权行为类型及其认定规则主要有以下两种情形：（1）相同侵权与全面覆盖原则。相同侵权又称为“字面侵权”（litcral infringement），是指在被控侵权的产品或方法中能够找出与权利要求书记载的每一个技术特征相同的对应技术特征，这种侵权行为是最简单的专利仿制。对相同侵权的认定，适用全面覆盖原则。判断是否为专利侵权，法院可以将被控侵权的产品或方法与权利要求书进行比较，如果前者具备了权利要求书中的每一个技术特征，或是说逐一要素相同，专利侵权即告成立。这是法院认定专利侵权的基本方法。在专利实务中，权利要求书的撰写，有时出现将一些非必要技术特征写入独立权利要求书的情形。如果恪守全面覆盖原则，只能得出不侵权的结论。为此，法官可采取多余指定原则，即仅以权利要求书中的必要技术特征确定权利保护范围，并判定被控侵权客体是否落入权利要求书的保护范围，以矫正全面覆盖原则的这一弊病。（2）等同侵权与等同原则。等同侵权（infringement by equivalents）是相

---

① 参见何孝元：《工业所有权之研究》，224 页，台北，三民书局，1977。

对“字面侵权”而言的，是指被控侵权的产品或方法没有直接落入权利要求书中字面含义所描述的保护范围，但是该产品或方法与权利要求书中所描述的技术方案实质等同。对等同行为的认定，适用的是等同原则。这一原则认为，将被控侵权的技术构成与权利要求书中记载的相应技术特征进行比较，如果所在技术领域的普通技术人员在研究了专利权人的专利说明书和权利要求后，不经过创造性的脑力劳动就能联想到，诸如采用部件移位、等同替换、分解或合并等替换手段实现专利的发明目的和积极效果的，并且与专利技术相比在目的、功能、效果上相同或者基本相同的，即应当认定为侵权。在技术特征上采用“基本相同的手段，实现基本相同的功能，达到基本相同的效果”①，这一判断规则被称为“方法—功能—效果”三要素测试法。② 在专利侵权认定中，法官适用等同原则确定保护范围时，禁止专利权人将在专利审批撤销或无效宣告程序中已被排除或已经放弃的内容重新纳入权利保护范围。这即是禁止反悔原则。这一原则是对等同原则适用的一种限制，也是法院认定专利侵权的重要规则。在专利权领域，被控侵权产品与专利产品是否构成“实质性相似”，在判断规则适用方面应注意两个问题：一是权利保护范围与侵权行为认定的关系。“专利权保护范围的确定与专利侵权行为的认定是密不可分的。”③ 在专利实务中，应结合被控侵权行为的对比分析，判断该行为是否落入权利保护范围以确定保护范围的大小。换言之，确定专利权保护范围，应结合对被控侵权行为的认定，是否构成侵权即表明权利保护范围是否囊括该种行为的程度。二是以产品或方法的技术特征为比对分析对象。在专利侵权诉讼中，当事人双方往往比对的是专利产品与被控侵权产品，以此提出或抗辩侵权是否成立的主张，这种比对是直观的，但也是错误的。根据专利法规定，专利权保护的是记载在权利要求书中的必要技术特征组成的技术方案。专利法保护的技术方案与专利权人实际生产出的专利产品不是一一对应的关系。质言之，比对分析的对象应是“被控侵权物的技术特征与权利要求书中所记载的必要技术特征”④。

---

① 《最高人民法院关于审理专利纠纷案件适用法律问题的若干决定》（2001 年）第 17 条规定。

② 参见汤宗舜：《专利法解说》，330 页，北京，知识产权出版社，2002。

③ 尹新天：《中国专利法详解》，9 页，北京，知识产权出版社，2012。

④ 张玲：《专利法理论与实务研究》，252 页，天津，天津人民出版社，2002。

商业秘密是“实质相似+接触”规则适用的另一个重要领域。商业秘密是一种无形信息财产，可以类分为技术信息和经营信息，通常包括设计、程序、产品配方、制作工艺、管理诀窍、客户名单、产销策略等。“商业秘密是专利权常用的替代制度。”[①] 在企业知识产权实务中，权利人或是将技术方案的一部分申请专利，而将另一部分作为商业秘密；或是在申请技术发明专利之外，将部分技术方案作为商业秘密；或是在公开的专利技术之下隐藏着其他技术秘密。商业秘密与专利技术同为信息财产，但其保护要件是各不相同的，这也就带来了“实质相似+接触”规则在适用时的差异。商业秘密与专利技术都限于非公知公用信息。商业秘密所要求的“非公开性”，是该信息不能从公开渠道直接获取。[②] 具言之，“该信息作为整体或作为其中内容的确定组合，并非通常从事有关该信息工作领域的人们所普遍了解或容易获得的”[③]。“非公开性”在权利存在期间是一种持续状态，并由权利人的“保密性”措施来维系的。而专利技术的“新颖性”作为专利授权的必要条件，强调该信息在国内外未公开发表过、公开使用过或以其他方式为公众所应知。“新颖性”是发明专利的授权条件，并非指专利申请日后的技术信息状况，所涉技术信息在专利申请文件公布之后即成为“现有技术”，即公众所知的技术。由此可见，同为非公知公用信息，但在权利存续期间却分别具有保密性技术和公开性技术的不同表现形态。正如有的学者所言，“法律对商业秘密的唯一的、最重要的要求，即该商业秘密在事实上是保密的”[④]。保密性是指权利人采取一定措施使商业秘密处于保密状态。信息的保密性为商业秘密所有人主张权利时举证之必要。换言之，信息如无保密性，则该商业秘密不受法律保护。在侵犯商业秘密诉讼中，从商业秘密这一构成要件出发，围绕着具有“实质性相似”特征的两份信息资料，原告须证明对方当事人有“非法接触”的事实，包括盗窃、引诱、胁迫或其他不正当手段获取权利人的商业秘密；被告在抗辩中须证明“合法来源”的

---

① ［美］波斯纳：《法律的经济分析》上卷，蒋兆康等译，49页，北京，中国大百科全书出版社，1997。

② 参见国家工商管理局《关于禁止侵犯商业秘密行为的若干规定》(1995年)。

③ 世界贸易组织《知识产权协定》第7节。

④ Melnin F. Jager, Trade Secrets Law, Clark Boardman Company, Ltd., p. 53, 1985.

事实，包括善意使用或披露、自行研发、反向工程以及其他合理方式获取相同的商业秘密。

三、“实质相似＋接触”规则的司法运用

“实质相似＋接触”是用来推断复制、剽窃、假冒等足以构成侵犯知识产权的判定规则，“是一个在法庭中经常使用的术语”①。在知识产权侵权诉讼中，“实质相似＋接触”规则的适用决定了侵权行为审查认定的逻辑顺序与当事人之间举证责任的分配状况。

对于侵犯知识产权案件，法官必须对原告主张的权利是否存在与权利是否受到侵害进行审查，当事人则应围绕侵权责任构成要件（损害事实、行为人过错、违法行为与损害事实之间的因果关系）进行举证。其需要查明和证明的法律事实有：（1）权利存在事实，例如权利登记证书（著作权）、授权证书（专利权）。在商业秘密案件中，法官应对原告主张权利的涉案信息是否具备商业秘密构成要件进行认定。（2）权利妨碍事实，包括两件作品、两项技术或信息资料等是否构成相同或实质性相似。（3）权利损害事实，涉及非法接触和来源合法等不同情形。对于上述法律事实，通常由法官依据证据规则，确定当事人举证责任的范围。举证责任分配制度包括一般规则和特殊规则。前者是为当事人举证责任的“正置”，由提出主张的当事人对自己的主张承担举证责任，即“谁主张，谁举证”；后者是为举证责任的“倒置”，由主张方对特定要件及事实负主张责任而不负证明责任，相对方应从反方向即不存在该要件事实负举证责任，是“谁主张谁不证明，谁不主张谁证明”②。上述一般规则适用于一般民事侵权诉讼，所有知识产权侵权案件概莫能外；特殊规则在司法适用中受到严格限制，须有法律法规及司法解释作出明确规定，而不能由法官进行举证责任分配的自由裁量。

侵犯知识产权案件裁判规则见图1。

① Warner Bros. Inc. v. American Broadcasting Co. 720F. 2d. 231，P. 240. 222 U. S. P. Q. 101.

② 薛永慧：《民事诉讼举证责任倒置刍议》，载《政法论坛》，2004（4）。

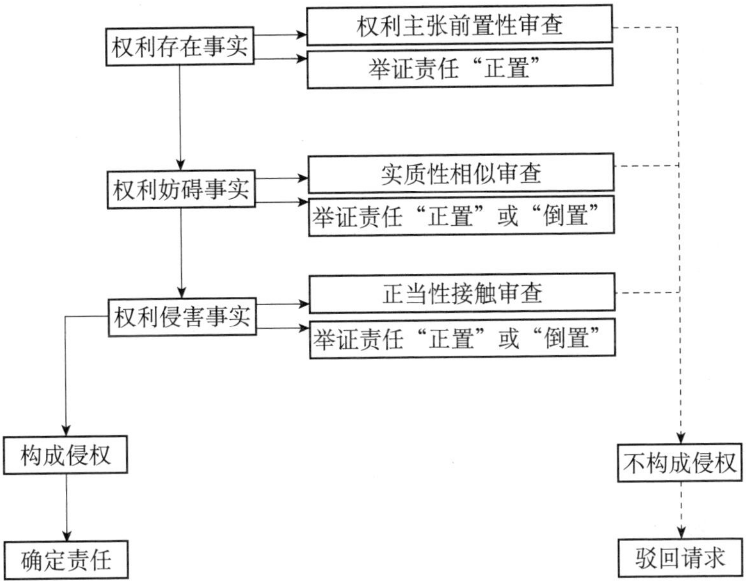

图1　侵犯知识产权案件裁判规则

在一般侵犯知识产权案件中，司法审查的逻辑顺序和举证责任分配是按照“实质相似+接触”规则构成要素而展开的。首先，进行权利主张前置性审查。由原告就知识产权存在事实即权利的真实性、有效性、存续性等提供证明，这是权利主张得以成立的前提。其权利存在事实得到证明，案件审查和规则适用得继续进行。针对原告主张，被告可以进行否定知识产权效力的抗辩，其事由包括权利不存在的抗辩、权利未生效的抗辩、权利已过保护期的抗辩等。上述否定权利效力的抗辩如能成立，下一步案件审查和事实要素证明无须继续。其次，进行实质性相似审查。由原告就被控侵权物与权利保护对象的同一性或实质性相似提供证明，而被告可以进行不构成侵权的抗辩，例如作品合理使用的抗辩（著作权）、现有技术的抗辩（专利权）等。围绕着两件作品或两项技术所展开的比照分析，其事实证明和证据认定，是权利主张所涉事实真伪判断的重要环节，决定着侵权诉讼停止还是继续的进程。最后，进行正当性接触审查。由原告就被告“接触”有知识产权的作品、技术或信息等提出证明，其证明的法律事实包括：原告的作品或技术先行存在或公开，被告有“接触”前述智力成果的条件和事实，被告“接触”前述智力成果具有目的的非正当性。被告针对原告主张的事实及其证据可以进行不视为侵权的抗辩，其事由包括自行研发、合法转让、反向工程等，以证明其智力成果的合法来源。

在特殊侵犯知识产权案件中，适用“实质相似＋接触”规则的要求有所不同，虽司法审查的逻辑顺序如前所述，但在侵权行为要素认定、举证责任分配方面则发生变化，这即是过错责任推定和举证责任倒置的问题，主要有以下三种情形。

1. 方法发明专利的“实质性相似”认定

方法发明是关于产品生产制造或操作使用的方法手段所提出的新的技术方案，包括机械方法、化学方法、通信方法、生物方法等。进行方法发明的“实质性相似”认定，是以获取专利的方法技术方案为比对对象。在这里，我们可以从技术效果和技术特征两个方面来判断：一是技术效果比对。技术方案须产生积极的技术效果，即方法技术方案具有可实施性和有益性。方法和使用方法生产的产品有时在技术效果上很难区分。在美国，“有新用途的产品”和“产品的新用途”通常都归类于方法发明。在技术效果的“实质性相似”判断中，是产品相同判断先于方法相同判断。如果被控侵权方法生产的产品与专利方法获得的产品具有同一性，可判定是为产品相同，进而采取方法比对。二是技术特征比对。技术方案由技术特征组成，“方法技术方案的技术特征可以是工艺、步骤、过程以及所采用的原料、设备、工具等，各个技术特征的相互关系也是技术特征”[①]，制作方法、操作方法落入权利要求书所主张的技术特征，即可能构成方法“实质性相似”。

在方法发明专利侵权诉讼中，关于方法技术方案“实质性相似”的证明，采取的是举证责任倒置。这是因为方法技术方案是在生产制造过程中使用的，方法专利所有人很难进入对方的生产地获取直接证据，以证明被告的生产方法与原告专利方法相同。若由原告举证，往往因举证困难而使专利权人处于不利地位。世界贸易组织《知识产权协定》第 34 条规定，在专利侵权民事诉讼中，如果专利的内容系获得产品的方法，司法当局应有权责令被告证明其获得相同产品不同于该专利方法。我国《专利法》第 57 条规定，对发明专利产品制造

① 尹新天：《中国专利法详解》，17 页，北京，知识产权出版社，2012。

方法，制造同样产品的单位或者个人应当提供其产品制造方法不同于发明专利产品制造方法的证明。《最高人民法院关于民事诉讼证据的若干规定》第 4 条也对此作出相应规定。在方法发明专利侵权诉讼中，证明是否使用了专利方法，其逻辑顺序是“相同产品”要素在前，若前一构成要素不能证明，则无须证明后面的要素。[①] 在这里，原告依然应就权利存在事实举证，一是证明实施方法发明专利所获得产品是“新产品”，二是证明被控侵权产品与使用方法发明专利的产品是为“相同产品”。被告则就“相同方法”要素即权利妨碍事实举证。“相同方法”比对是“相同产品”比对的继续，是方法发明专利侵权责任证明的要素，须由被告就被控侵权方法与方法发明专利保护范围的非关联性进行举证。概言之，方法技术方案是否相同的证明适用举证责任倒置。

2. 技术秘密的“实质性相似”认定

技术秘密是一种未公开而为持有人通过保密措施予以维系权益的技术信息。在技术秘密侵权案件中，权利人应该且能够对于自己控制的权利事实进行举证，如技术信息的秘密性、保密性，对方获取技术秘密的可能性等，但对于相对人获取同一技术秘密的途径和方法，往往存在举证困难。这是因为技术秘密不具有绝对意义上的独占性，同一秘密信息可能为多个主体所拥有，其合法获取的途径也不尽相同，如自行构思、善意取得、反向工程等。因此，不少学者和法官主张对被告取得秘密的手段采取举证责任倒置的方式，进行过错责任推定。[②] 1995 年国家工商行政管理局《关于禁止侵犯商业秘密行为的若干规定》第 5 条规定：权利人（申请人）认为其商业秘密受到侵害，向工商行政管理机关申请查处侵权行为时，应当提供商业秘密及侵权行为存在的有关证据。被检查的单位和个人（被申请人）及利害关系人、证明人，应当如实向工商行政管理机关提供有关证据。权利人能证明被申请人所使用的信息与自己的商业秘密具有一致性或者相同性，同时能证明被申请人有获取其商业秘密的条件，而被申请人不能提供或者拒不提供其所使用的信息是合法获得或者使用的证据

---

① 参见王晓：《对制造方法发明专利侵权的一点思考》，载钱锋主编：《中国知识产权审判研究》，第 2 辑，169 页，北京，人民法院出版社，2010。

② 参见郃中林：《关于知识产权诉讼证据的若干热点问题》，载最高人民法院知识产权审判庭编：《知识产权审判指导与参考》，第 1 卷，87 页，北京，法律出版社，2000。

的，工商行政管理机关可以根据有关证据，认定被申请人有侵权行为。第 3 款规定系为举证责任倒置和过错推定归责，是一项“极为重要的突破性规定”[①]。

在技术秘密侵权诉讼中，涉及举证的证明要素有“接触相似”与“合法来源”。原告即权利人对“接触相似”要素负举证责任，首先要证明“被申请人所使用的信息与自己的技术秘密具有一致性或者相同性”，即受保护的秘密信息与被控侵权使用的信息为“相同信息”，同时也要证明“被申请人有获取其技术秘密的条件”，即侵权人与权利人所控技术秘密存在着某种形式的“非法接触”。被告即侵权人则就“合法来源”要素即取得或者使用技术秘密的合理性事实提供证明，这即是在程序上倒置的举证责任。在司法实践中，原告证实被告使用了自己的技术秘密而又没有证据证明对方手段非法的情况下，能否要求被告承担举证责任，是一个有争议的问题。可以认为，技术秘密与方法发明专利有相似之处，即原告对被告使用该技术方法的非正当性事实存在着举证困难。在这种情况下，关于技术信息的“实质性相似”，可以参照方法发明专利的证明方法，责令被告就其技术信息来源的合法性问题进行举证。

3. 计算机软件的“实质性相似”认定

“对计算机软件侵权行为的认定，实际上是指对发生争议的某一计算机程序与比照物（发明权利明确的正版计算机程序）的对比和鉴别。”[②] 讼争计算机软件的“实质性相似”包括两种情形：一是文字部分相似。根据被控侵权软件程序代码中引用程序比例来判定二者是否构成“实质性相似”。在这里，作为软件侵权对比分析的“文字”是指程序代码而非作为一般文字作品的计算机“文档”。二是非文字部分相似。根据程序代码整体上的相似度来判定被控侵权软件是否构成“实质性相似”。所谓“整体上的相似是指程序的组织结构、处理流程、所用的数据结构、所产生的轨出方式、所要求的轨入形式等方面的相似”[③]。在计算机软件侵权诉讼中，作为法律规范要件事实的主要证据是：(1) 原、被告双方软件在功能和流程上有相似之处；(2) 被告接触过原告的软

---

① 孔祥俊：《商业秘密保护法原理》，289 页，北京，中国法制出版社，1999。

② 李国光主编：《知识产权诉讼》，326 页，北京，人民法院出版社，1999。

③ 李国泉等：《实质性相似加接触的侵权判断标准》，载《人民司法》，2010 (6)。

件，包括后者曾研究、复制前者软件产品或有研究、复制该软件产品的机会等情形。在著作权法上，软件作品视同文字作品受到保护，但其具有区别于一般文字作品的特异性，即计算机程序的不唯一性。计算机专业理论告诉我们，一项源程序只能生成一种确定功能的目标程序，该目标程序虽有不同形式但其实质相同，而一项目标程序却不能确定只来自一种源程序。[①] 两个运行结果相同的计算机程序，不一定构成侵权；而两个不完全相似的源代码程序，并非不构成侵权。在这里，比对和鉴别两个软件的源代码是否“实质性相似”，就成为侵权诉讼中的证明要素。

关于举证责任的分配，首先由原告提出证明：被告销售或许诺销售的软件与自己享有著作权的软件具有相似性，被告方曾接触过自己享有著作权的软件。在原告以“实质相似＋接触”为事实依据提出诉讼请求后，被告应就其被告侵权软件的独创性承担举证责任，提供源程序以证明其软件程序是自行开发的，否则法官可推定其软件是侵权复制品。从证据取得而言，软件作品所有人一般只能获取被告目标程序和使用该程序的文档资料，而无法取得对方的源程序。有基于此，“可就特定事实加重被告方的举证责任”[②]，即在计算机软件侵权诉讼中采用举证责任倒置。

总之，上述三种情形可适用举证责任倒置，这是一种“有限举证责任规则”，即被告应就方法、技术、程序是否相同这一事实举证；在此类案件审理中，法官适用“实质相似＋接触”规则，得依当事人举证不能之情形，进行“过错责任推定”，责令被告承担对其不利的裁判结果。

---

① 参见李雪宇等：《著作权诉讼证据实务操作指引》，15页，北京，知识产权出版社，2010。

② 邰中林：《关于知识产权诉讼证据的若干热点问题》，载最高人民法院知识产权审判庭编：《知识产权审判指导与参考》，第1卷，87页，北京，法律出版社，2000。

知识产权侵权诉讼中的过错责任推定与赔偿数额认定*

——以举证责任规则为视角

一、知识产权侵权诉讼中的举证责任分配

举证责任又称“证明责任”，是指在侵权损害赔偿诉讼中，“应当由当事人对其主张的事实提供证据并予以证明，若诉讼终结时根据正常证据仍不能判明当事人主张的事实真伪，则由该当事人承担不利的诉讼后果”①。由此可见，举证责任涉及两个方面：一是证据提出责任，即当事人为主张的实施而提出证据的行为或活动；二是诉讼结果责任，即当事人有举证责任而未善尽时产生的“败诉风险负担”。

举证责任会产生实体与程序的双重效果，由此可以从民事诉讼法和民事实体法的不同角度进行解读。江平教授在其早年一篇文章中认为：“举证责任分为诉讼法的举证责任和实体法的举证责任。诉讼法上的举证责任是广泛的，只要有诉讼要求就有举证责任。实体法的举证责任是指民法中的推定，即实体法就责任的性质和责任的承担所作的法律认定。”② 在民事诉讼中，举证责任体

---

* 原载《法学评论》，2014（5）。

① 汤维建主编：《民事诉讼法学》，259页，北京，北京大学出版社，2008。

② 江平：《民法中的视为、推定与举证责任》，载《政法论坛》，1988（4）。

现了当事人举证的必要性和必然性：其一，“为主张的人有举证义务，为否定的人则无之”[①]。这就是说，当事人对自己所主张的事实，有提供证据以证明其真实性之必要。其二，“原告不尽举证责任时，应为被告胜诉的裁判”[②]。这就是说，当事人对证明其主张不能提供证据或者提供的证据不能证明其主张具有真实性时，有承受对其不利裁判之必然。以上即是民事诉讼法学关于举证责任属性的基本见解。而在民法学理论中，举证责任与侵权损害赔偿规则制度有着密切联系。我国学者对侵权损害赔偿归责原则的学理概括，有所谓“单一归责原则说”（过错责任）、“二元归责原则说”（过错责任与无过错责任）、“三元归责原则说”（过错责任、无过错责任、公平责任，或者过错责任、过错推定责任、无过错责任）和“四元归责原则说”（过错责任、过错推定责任、无过错责任、公平责任）。[③] 采取何种归责原则，决定着当事人之间举证责任的分配状况。在一般侵权损害领域即过错责任中，是由权利人即主张方负担举证责任，而在特殊侵权损害领域即过错推定责任或无过错责任中，法律则将一方当事人承担的举证责任以规则强制的方式分配给对方当事人承担。

举证责任的分配，就是按照一定的标准以确定当事人承担举证责任的范围，又称举证责任的分担。举证责任分配制度包括一般规则、特殊规则和补充规则。

“谁主张，谁举证”是为举证责任的“正置”，即是举证责任分配的一般规则。其适用于一般民事侵权诉讼，知识产权侵权损害赔偿案件概莫能外。我国《民事诉讼法》第 64 条规定：当事人对自己提出的主张，有责任提供证据。《最高人民法院关于民事诉讼证据的若干规定》（以下简称《证据规定》）第 2 条规定：当事人对自己提出的诉讼请求所依据的事实或者反驳对方诉讼请求所依据的事实有责任提供证据加以证明。上述规定是作为一般原则的举证责任“正置”，在现代证明理论中，它是“规范说”所抽象出来的原则。[④] 举证责任围绕侵权损害赔偿责任的法律构成要件（损害事实、行为人过错、违法行为与

①② 骆永家：《民事举证责任论》，69 页，台北，“商务印书馆”，1999。

③ 参见刘心稳主编：《中国民法学研究述评》，628～631 页，北京，中国政法大学出版社，1996。

④ 参见张卫平：《证明责任分配的基本原理》，载何家弘主编：《证据学论坛》，第 16 卷，北京，法律出版社，2011。

损害事实之间的因果关系）而展开。根据德国学者罗森贝尔的“规范说”，民事实体法律规范按对立关系可以分为权利发生规范和权利对立规范（后者含权利消灭规范、权利妨碍规范和权利受制规范）。[①] 基于此，当事人应对有利于自己的法律规范要件事实加以主张和证明。具言之，原告应就知识产权发生和遭受妨碍的法律要件事实承担如下证明责任：（1）权利存在事实，例如权利登记证书（版权）、授权证书（专利）、注册证书和续展证书（商标）等证据；（2）权利妨碍事实，包括侵权主体的证据、权利侵害行为的证据、侵权期间的证据等；（3）侵权损害事实，侵权行为造成了损害发生的后果，包括权利人的实际损失或被控侵权人的违法所得的证据；（4）被控侵权人主观过错的事实，即存在明知或应知的主观状态之相应证据。上述举证责任分配的一般原则，是依据侵权损害赔偿归责的一般原则即过错责任原则的四个构成要件，对权利人即原告的主张而提出的“正置”举证责任。

“原告主张，被告举证”是为举证责任的“倒置”，即是举证责任分配的特殊规则。举证责任倒置可以说是证明责任的相对免除。主张方对特定的要件事实只负主张责任而不负证明责任，相对方应从反方向即不存在该要件事实负举证责任，其实质是免除了主张方对其主张的证明责任，转由相对方以相反证据推翻前述免证事实。简言之，举证责任倒置是原告主张，被告证明，是“谁主张谁不证明，谁不主张谁证明”[②]。举证责任倒置的特殊规则，是对举证责任分配一般规则的排除，仅适用于民事侵权损害的特殊领域。《证据规定》明确指出：有关法律对侵权诉讼的举证责任有特殊规定的，从其规定。特殊侵权损害赔偿诉讼中的举证责任，首先见之于作为民事实体法的《民法通则》，该法第126条规定：“建筑物或者其他设施以及建筑物上的搁置物、悬挂物发生倒塌、脱落、坠落造成他人损害的，它的所有人或者管理人应当承担民事责任，但能够证明自己没有过错的除外。”这说明，在建筑物致人损害诉讼中，受害人即原告基于损害事实提出赔偿之主张，建筑物所有人或者管理者即被告须提出已尽注意义务即主观无过错之证明。《证据规定》突破了实体法关于举证责任倒置之

① 参见薛永慧：《民事诉讼举证责任倒置刍议》，载《政法论坛》，2004（3）。

② 薛永慧：《民事诉讼举证责任倒置刍议》，载《政法论坛》，2004（3）。

规定，就特殊侵权损害情形进行了细化和补充。适用举证责任倒置之特殊规则的有：新产品制造方法发明专利引起的侵权诉讼，建筑物或者其他设施以及建筑物上的搁置物、悬挂物发生倒塌、脱落、坠落致人损害的侵权诉讼，共同危险行为致人损害的侵权诉讼，医疗行为引起的侵权诉讼。[①] 举证责任倒置是对依法律要件分类说所形成的“正置”举证责任的局部修正，有利于案件实体真实的再现，符合民事诉讼的实体公正与程序公正的价值目标。在知识产权侵权诉讼中，举证责任倒置衡量作为特殊规则，在司法适用中受到严格的控制。

此外，在民事侵权损害诉讼中还有兜底性的补充规则。根据《证据规定》第4条的规定，在法律没有具体规定，依照司法解释也无法确定举证责任承担时，法院可以根据公平原则和诚实信用原则，综合当事人举证能力等因素确定举证责任的承担。该规则赋予法官一定程度的自由裁量权，在穷尽一般规则和特殊规则之后，综合个案情况进行衡量，根据公平原则和诚实信用原则在当事人之间分配举证责任。关于举证责任分配的规则体系，各国立法例采取了不同的选择。对于举证责任正置，一些国家的立法（包括民事诉讼法和民法）不作规定（如德、日、意等国），也有国家在诉讼法中或在实体法中作出规定（如法国、瑞士等）；但对于举证责任倒置，往往作为特殊规则规定在民法典之中。质言之，适用于特殊侵权损害赔偿的特殊举证责任规则，有着法律的严格限定。因此可以认为，兜底性的补充规则仅是对一般规则（不包含举证责任倒置的特殊规则）适用的兜底和补充，法官得以根据当事人举证能力等因素而在当事人之间进行举证责任的调整。补充规则往往在民事诉讼法与司法解释中作出原则规定。

总而言之，知识产权侵权损害赔偿归责原则一般采取过错责任原则，当然在民事诉讼中适用举证责任正置的一般规则。但是，举证责任倒置作为特殊规则，则在个别侵权损害赔偿案件中有着适用价值。此外，知识产权损害赔偿数

---

① 《证据规定》在特殊规则的适用领域，还规定了高度危险作业致人损害的侵权诉讼、因环境污染引起的损害赔偿诉讼、饲养动物致人损害的侵权诉讼、缺陷产品致人损害的侵权诉讼。我国民法学者大抵认为危险业务责任、环境损害责任、饲养动物致人损害的责任、产品瑕疵责任等应为无过错责任，不涉及与举证责任倒置有关的过错推定责任。此外，多数民事诉讼法学者认为，上述侵权诉讼除环境污染引起的损害赔偿诉讼，涉及举证责任的倒置和抗辩事由，其他情形都是关于抗辩事由或免责事由的正置。

额认定则依情形不同，在举证责任分配方面采取一般原则与补充原则相结合的方法。以下，将从实体法与诉讼法的角度，在过错推定规则方法和损害认定证据规则的意义上，述及知识产权侵权诉讼中的举证责任分配问题。

二、特殊知识产权侵权责任的过错推定与举证责任倒置

在民事侵权损害赔偿中，归责原则是确认不同种类侵权行为所应承担民事责任的标准和原则，它决定着一定侵权行为的责任构成要件、举证责任的负担、免责条件、损害赔偿的原则和方法等。根据我国《民法通则》的规定，知识产权侵权损害赔偿一般采取过错责任原则，其适用条件是侵权人知道或者应该知道他从事了侵权活动，即侵权人主观上有过错，且过错与损害结果有因果关系，这是侵权诉讼中作为证明对象的法律要件事实，也就是由原告即权利人提出相关事实证明。但是，全面适用过错责任原则有值得检讨之处，其原因就在于举证责任的分配问题。由于过错责任采取“谁主张，谁举证”，对于权利人多有不利：知识产权所有人在一定期间内享有专有权利，但须将其知识产品公开，这样权利人既难以控制他人对知识产品的利用，也难以对他人这种使用的过错状况进行举证。对于上述情况，知识产权界多持批评态度，认为全面适用过错责任原则是为未经许可的使用人着想过多，而为权利人着想过少。从20世纪末到21世纪初，学术界乃至司法界主张对过错责任原则进行补充和修正，即对知识产权侵权损害采取二元归责原则。其中代表性的观点主要有两种：一是以无过错责任为补充原则①，二是以过错推定责任为补充原则。② 从目前的司法和行政立法的情况来看，针对特殊的知识产权侵权行为并未适用无过错责任原则，而是采取过错推定责任的方法。③

---

① 代表性著述有郑成思：《侵害知识产权的无过错责任》，载《中国法学》，1998（1）。

② 代表性著述有吴汉东：《知识产权保护论》，载《法学研究》，2000（1）。

③ 相关司法观点参见最高人民法院民事审判第三庭“著作权侵权损害赔偿问题”课题组研究成果，相关文章见董天平等：《著作权侵权损害赔偿问题研讨会综述》，载《知识产权》，2000（6）；蒋志培：《TRIPs肯定的知识产权侵权赔偿的归责原则和赔偿原则》，载《法律适用》，2000（10）。相关规定，参见《证据规定》第4条、《关于禁止侵犯商业秘密行为的若干规定》第5条。

在民事责任归责原则的语境中，过错推定即是对过错的推断认定。具言之，行为人是否有过错必须通过“推定”的方法来认定，并在推定其有过错后予以“归责”。有学者将现代民法上的过错推定规则概括为以下三种类型：一是根据行为人不具备法定免责事由而作出的过错推定，即无法定免责事由的过错推定规则；二是根据受害人对行为人的过错举证而作出的过错推定，即受害人举证的过错推定规则；三是加害人对自己没有过错的举证不能而作出的过错推定，即加害人举证不能的过错推定规则。[①] 过错推定在形式上表现出举证责任分配的独特性，即举证责任倒置。在这个意义上，上述第二种类型即受害人对侵权人的过错承担证明责任，不过是适用一般侵权行为的过错推定，是传统过错责任原则中固有的推定形式，并非严格意义上的过错责任推定方法。根据我国《民法通则》的规定，特殊侵权损害的民事责任，大部分是采用无法定免责事由和加害人举证不能的过错责任推定方法。特殊知识产权侵权损害行为适用这一规则时，须把握以下几个要点。(1) 过错推定归责方法仅适用于特殊知识产权侵权损害情形。王利明教授在分析过错推定责任的适用范围时，讲到两个方面的原因：一方面，由于科技的发展，新设备、新产品相继问世，致损原因并不是通过一般常识就能判断，而是需要高度的科学知识才能识别；另一方面，由于加害人往往控制了致损原因，而受害人对此种原因又常常处于无证据状态。[②] 上述情形亦存在于知识产权侵权领域之中。概言之，一般知识产权侵权行为适用过错责任归责原则，特殊知识产权侵权行为方适用过错推定归责方法。(2) 过错推定归责方法是一种特殊过错推定。过错推定有一般过错推定和特殊过错推定之分。一般过错推定的特征在于被告只要能证明其没有过错，就可以推翻过错推定；而特殊过错推定的特征在于被告须证明有法定抗辩事由的存在，方能表明自己主观上无过错，因此后者又被称为是“不可推倒的过错推定”[③]。在特殊过错推定的情况下，侵权人不能仅证明自己已尽到注意义务，而且要证明有法定抗辩事由的存在。关于法定抗辩事由，一般在相关具体法律

---

① 参见王利民等：《民事责任归责原则新论》，载《法学评论》，2006 (6)。

② 参见王利明：《论过错推定》，载《政法论坛》，1991 (5)。

③ 王利明主编：《民法·侵权行为法》，94 页，北京，中国人民大学出版社，1993。

制度中有明确规定，概为知识产权限制之规范，如合理使用（著作权）、权利穷竭（著作权、专利权）、为科学研究而使用（专利权）、先用权人的使用（专利权、商标权）、善意使用（布图设计权）等。（3）过错推定所产生的民事责任，是有别于过错责任和无过错责任的“中间责任”[①]。在特殊知识产权侵权行为中，适用过错推定归责方法有其特殊的法价值考量，即在程序公正的价值目标指引下通过举证责任倒置的方式，消除双方当事人举证能力的差异，以实现个案的实体正义。具言之，法律责令侵权人承担举证责任，可以免除作为原告的权利人的举证困难（优于过错责任原则），同时也使得侵权人有抗辩机会，不至于仅因损害结果而负赔偿责任（不同于无过错责任原则）。法律上的过错推定，“实为保护被害人之技术运用，旨在保护被害人之利益”[②]。总之，实行这一归责方法，可以使知识产权所有人免除举证责任而处于有利地位，有利于制裁那些虽无过错但缺乏反驳事由的侵权行为。

过错推定责任归责方法的适用范围，一般须采取法定主义原则，即应由法律法规以及司法解释等规范性文件作出明确规定，而不能由法官根据个案作出自由裁量。1986年颁布的《民法通则》就建筑物致人损害等个别情形规定了过错推定责任，并未涉及知识产权侵权领域。1984年公布的《专利法》就新产品制造方法发明专利的专利侵权诉讼，作出了举证责任倒置的规定。上述规定见之于20世纪80年代，因此相关立法多有滞后而不敷使用。在新信息技术、新传播媒介广泛运用的条件下，侵犯知识产权的行为与智力成果的利用相联系，往往具有相当的技术含量。因此，针对一些新型知识产权侵权损害行为，应在侵权责任之认定、举证责任之分配方面作出特别规定。笔者认为，以下三种情形似可考虑列入适用范围。

（1）方法发明专利侵权。生产产品的方法是在生产制造过程中使用的，方法专利所有人很难进入对方的生产地获取直接证据，以证明被告的生产方法与原告专利方法相同。若由原告举证，往往因举证困难而使专利权人处于不利地

① 郭明瑞教授认为过错推定责任兼具过错责任与无过错责任的特点，且不能被过错责任、无过错责任所取代。参见郭明瑞：《侵权立法若干问题思考》，载《中国法学》，2008（5）。

② 王泽鉴：《民法学说与判例研究》，第2册，198页，北京，中国政法大学出版社，1998。

位。世界贸易组织《知识产权协定》第 34 条规定，在专利侵权民事诉讼中，如果专利的内容系获得产品的方法，司法当局应有权责令被告证明其获得相同产品不同于该专利方法。我国《专利法》第 57 条规定，对发明专利产品制造方法，制造同样产品的单位或者个人应当提供其产品制造方法不同于发明专利产品制造方法的证明。《证据规定》第 4 条也对此作出相应规定。在方法发明专利侵权诉讼中，证明是否使用了专利方法，涉及"相同产品"要素和"相同方法"要素。其证明的逻辑顺序是"相同产品"要素在前，若前一构成要素不能证明，则无须证明后面的要素。[①] 在这里，原告依然应就权利存在事实举证，一是证明实施方法发明专利所获得产品是"新产品"，二是证明被控侵权产品与使用方法发明专利的产品为"相同产品"。被告则就"相同方法"要素即权利妨碍事实举证。"相同方法"比对是"相同产品"比对的继续，是方法发明专利侵权责任证明的要素，须由被告就被控侵权方法与方法发明专利保护范围的非关联性进行举证。概言之，方法技术方案是否相同的证明方式适用举证责任倒置。

（2）商业秘密侵权。商业秘密是一种未公开而为持有人通过保密措施予以维系权益的信息。在商业秘密侵权案件中，权利人应该且能够对于自己控制的权利有关事实进行举证，如相关信息的秘密性、保密性，对方获取商业秘密的可能性等，但对于相对人获取同一商业秘密的途径和方法，往往存在举证困难。这是因为商业秘密不具有绝对意义上的独占性，同一秘密信息可能为多个主体所拥有，其合法获取的途径也不尽相同，如自行构思、善意取得、反向工程等。因此，不少学者和法官主张对被告取得商业秘密的手段采取举证责任倒置的方式，进行过错责任推定。[②] 对此作出规定的是行政规章。1995 年国家工商行政管理局《关于禁止侵犯商业秘密行为的若干规定》第 5 条规定：权利人（申请人）认为其商业秘密受到侵害，向工商行政管理机关申请查处侵权行为时，应当提供商业秘密及侵权行为存在的有关证据。被检查的单位和个人（被

---

① 参见王晓：《对制造方法发明专利侵权的一点思考》，载钱锋主编：《中国知识产权审判研究》，第 2 辑，169 页，北京，人民法院出版社，2010。

② 参见郃中林：《关于知识产权诉讼证据的若干热点问题》，载最高人民法院知识产权审判庭编：《知识产权审判指导与参考》，第 1 卷，87 页，北京，法律出版社，2000。

申请人）及利害关系人、证明人，应当如实向工商行政管理机关提供有关证据。权利人能证明被申请人所使用的信息与自己的商业秘密具有一致性或者相同性，同时能证明被申请人有获取其商业秘密的条件，而被申请人不能提供或者拒不提供其所使用的信息是合法获得或者使用的证据的，工商行政管理机关可以根据有关证据，认定被申请人有侵权行为。第 3 款规定系为举证责任倒置和过错推定归责，是一项“极为重要的突破性规定”①。在商业秘密侵权诉讼中，关于秘密信息的侵权使用，涉及举证的证明要素有“接触相似”与“合法来源”。原告即权利人对“接触相似”要素负举证责任，首先要证明“被申请人所使用的信息与自己的商业秘密具有一致性或者相同性”，即受保护的秘密信息与被控侵权使用的信息为“相同信息”，同时也要证明“被申请人有获取其商业秘密的条件”，即侵权人与权利人存在着某种形式的“非法接触”。被告即侵权人则就“合法来源”要素即取得或者使用商业秘密的合理性事实提供证明，这即是在程序上倒置的举证责任。“被申请人不能提供其所使用的信息是合法获得或者使用的证据的”，工商行政管理机关可以认为被申请人有侵权行为，即构成过错推定责任。在司法实践中，原告证实被告使用了自己的商业秘密而又没有证据证明对方手段非法的情况下，能否要求被告承担举证责任，是一个有争议的问题。尽管如此，对于一些技术复杂、保密措施较强的商业秘密案，法官主张应由被告对获取手段的正当性负举证责任。可以认为，技术秘密与方法发明专利有相似之处，即原告对被告使用该技术、该方法的非正当性事实存在着举证困难。在这种情况下，根据《证据规定》，可以依法律规定进行推定（如方法发明专利），或依已知事实和日常生活经验法则进行推定（如技术秘密）。②从法定主义原则出发，针对技术秘密的侵权损害，相关法律法规似应将这种生活经验法则上升为过错责任推定和举证责任倒置的制度规定。

（3）计算机软件侵权。计算机软件是指计算机程序及其文档，前者包括源程序和目标程序，后者系描述程序的文字资料和图表。“对计算机软件侵权行

---

① 孔祥俊：《商业秘密保护法原理》，289 页，北京，中国法制出版社，1999。

② 参见孔祥俊：《商标与反不正当竞争法》，842 页，北京，法律出版社，2009。

为的认定，实际上是指对发生争议的某一计算机程序与比照物（权利明确的正版计算机程序）的对比和鉴别。”[①] 在计算机软件侵权诉讼中，作为法律规范要件事实的主要证据是：1）原、被告双方软件在功能和流程上有相似之处，2）被告接触过原告的软件（包括源程序和目标程序）。这即是司法界在软件侵权案件中普遍采用的“实质相似＋接触”的证据规则。[②] 在著作权法上，软件作品视同文字作品受到保护，但其具有区别于一般文字作品的特异性，即计算机程序的不唯一性。计算机专业理论告诉我们，一项源程序只能生成一种确定功能的目标程序，该目标程序虽有不同形式但其实质相同，而一项目标程序却不能确定只来源于一种源程序。[③] 两个运行结果相同的计算机程序，不一定构成侵权；而两个不完全相似的源代码程序，并非不构成侵权。在这里，比对和鉴别两个软件的源代码是否“实质相似”，就成为侵权诉讼中的证明要素。关于举证责任的分配，首先由原告提出证明：被告销售或许诺销售的软件与自己享有著作权的软件具有相似性，被告方曾接触过自己享有著作权的软件。在原告以“实质相似＋接触”为事实依据提出诉讼请求后，被告应就其被告侵权软件的独创性承担举证责任，提供源程序以证明其软件程序是自行开发的，否则法官可推定其软件是侵权复制品。从证据取得而言，软件作品所有人一般只能获取被告目标程序和使用该程序的文档资料，而无法取得对方的源程序。有基于此，“可就特定事实加重被告方的举证责任”[④]，即在计算机软件侵权诉讼中采用举证责任倒置。

总之，上述三种情形可适用举证责任倒置，这是一种“有限举证责任规则”，即被告应就方法、技术、程序是否相同这一事实要件举证；同时它与“过错推定归责方法”相联系，即在举证不能的情况下须承担民事责任。

---

① 李国光主编：《知识产权诉讼》，326 页，北京，人民法院出版社，1999。

② 参见陈锦川：《关于著作权侵权诉讼举证责任的分配》，载蒋志培主编：《中国知识产权司法保护》，北京，中国传媒大学出版社，2008。

③ 参见李雪宇等：《著作权诉讼证据实务操作指引》，15 页，北京，知识产权出版社，2010。

④ 邰中林：《关于知识产权诉讼证据的若干热点问题》，载最高人民法院知识产权审判庭编：《知识产权审判指导与参考》（第 1 卷），87 页，北京，法律出版社，2000。

三、知识产权损害赔偿数额认定与举证责任分配

知识产权损害赔偿，是指行为人因过错而侵犯他人知识产权而依法承担的以给付金钱或实物补偿受害人所受损害的民事责任。损害赔偿数额是侵权诉讼的核心内容，一旦侵权损害责任确认之后，权利人的诉求主要集中于损害赔偿数额的认定。关于知识产权损害赔偿数额的确定，存在着两个问题，即损害赔偿数额的计算标准和损害赔偿数额的举证责任。①

（1）关于损害赔偿数额的计算标准。《知识产权协定》第 45 条对损害赔偿的数额认定，作了两条原则性规定：一是向权利人支付足以弥补因侵权而造成的损失，包括适当的律师费以及其他开支，缔约方应有权为之；二是在适当场合下，即使侵权人无过错，也可责令其向权利人返还所得利润，或令其支付法定赔偿额，缔约方可选择为之。从国际立法例看，德国、日本在其知识产权法中均采取权利人具体损失、侵权人所获得利益、合理的许可费的方法，以此作为损害赔偿数额计算的基本标准。我国知识产权法对损害赔偿数额的认定主要设置了三种方法，即权利人因被侵权所受到的损失，侵权人因侵权所获得的利润，人民法院根据侵权情节判决的赔偿。现行《著作权法》第 49 条、《商标法》第 63 条和《专利法》第 65 条，均为计算损害赔偿数额的具体条款。需要说明的是，有关专利权、商标权的损害赔偿数额的确定，相关法律还规定了按照许可使用费倍数计算的办法。关于实际损失、侵权所得、许可使用费倍数以及法定赔偿的计算方法，知识产权法在适用方面有着严格的先后顺位规定：司法机关在确定侵权损害赔偿数额时，首先“应当”以权利人实际损失为依据；在实际损失难以计算的情况下，“可以”适用侵权人侵权所得。在商标、专利侵权诉讼中，实际损失或者侵权所得难以确定的，“参照”许可使用费的合理倍数确定。上述计算方法不能确定的，由法院采取法定赔偿。上述方法在适用时的基本路径是：实际损失→侵权所得→许可使用费倍数（仅适用商标、专利

---

① 参见唐力等：《论知识产权诉讼中损害赔偿数额的确定》，载《法学评论》，2014（2）。

侵权诉讼）→法定赔偿。[①] 著作权法损害赔偿除数额的计算，除前述方法外，还可适用实际损失→法定赔偿的路径。《最高人民法院关于审理涉及计算机网络著作权纠纷案件适用法律若干问题的解释》第 10 条规定：人民法院在确定侵权赔偿数额时，可以根据被侵权人的请求，按照其因侵权行为所受直接经济损失和所失预期应得利益计算赔偿数额；也可以按照侵权人因侵权行为所得利益计算赔偿数额。在这里，司法解释赋予被侵权人在实际损失和侵权所得之间的自由选择权，改变了著作权法关于两者适用的先后顺位。[②] 笔者认为，关于知识产权损害赔偿数额的计算，必须明确以下几项规则：第一，遵循全面赔偿原则。损害赔偿原则主要有全面赔偿原则、过失相抵原则和平衡原则。其中，全面赔偿原则为知识产权损害赔偿乃至整个民事侵权赔偿中的最高指导原则。在知识产权侵权诉讼中，侵权人应对权利人因侵权行为产生的实际损害进行全部赔偿，包括直接损失和间接损失，以及可得利益、精神损害等。第二，构建损害赔偿数额基准。损害赔偿数额的计算方法，从本质上讲概为法律设定的推定方法和裁量技术，其目的在于准确把握财产损失尺度，以达到“填平”和“回复”权利状态的目的。国外立法通行实际损失、侵权所得、许可使用费倍数三种计算方法，以此作为损害赔偿数额基准。我国知识产权法似可统一推行之，不必拘泥于商标和专利法域。此外，在上述方法不敷使用时，还可适用法定赔偿的方法。第三，取消损害赔偿数额基准的适用位序。我国现行知识产权法对实际损失、侵权所得、许可使用费倍数的计算方法规定了适用上的先后位序，只有在前者难以确定时，才可适用后者。依职权主义的做法，设置三种计算方法的适用位序，遭到许多学者的批评。参照美、德等多数国家的做法，从意思自治原则出发，我国立法有必要改变损害赔偿数额基准的先后适用规则，明确各计算方法的独立平行位阶，赋予当事人以自由选择权。具言之，即是将三种计算方法平行规定，允许权利人根据损害程度、证据材料、对方财力等具体情况，自行选择具体救济方案。

---

① 依《著作权法》第 49 条规定，实际损失或者违法所得不能确定的，可以使用法定赔偿；依《商标法》第 63 条、《专利法》第 65 条规定，实际损失、违法所得和许可使用费难以确定的，可以适用法定赔偿。

② 参见王芳：《论 ACTA 下著作权侵权损害赔偿数额确定问题》，载《知识产权》，2012（4）。

（2）关于损害赔偿数额的举证责任。在知识产权侵权诉讼中，是由当事人对损害赔偿数额尽主张责任和提供证据责任。根据前述举证责任分配的一般规则，权利人即原告需要就其提出的损害赔偿数额诉求进行举证，如果举证不能或举证状态不明，该损害赔偿数额之主张不予支持。这即是损害赔偿数额计算的证明困难，它表现在两个方面：按照实际损失计算损害赔偿数额，权利人自身很难证明其知识产品在相关市场中的确切份额、其遭受的实际损失与侵权行为之间的确切比例，因此这一计算方法的适用概率较为有限；按照非法所得计算损害赔偿数额，虽比较简单易行，但对于诉讼而言必要的事实资料或证据材料有时由侵权人掌握，存在着证据材料不易获得的情形。针对上述损害赔偿数额的证明困难，法律对举证责任一般规则的适用作出了补充规定，即在掌握证据资料的侵权人无正当理由拒不提供证据时，可适用"证明妨碍的推定"。在民事诉讼理论中，"证明妨碍制度是指当事人因可归责于对方当事人或第三人在诉讼中或诉讼外、故意或过失的作为或不作为，致使自己的证明行为变得困难或不可能，从而法院在认定事实上作出对被妨碍的当事人有利调整的制度"[①]。在国际立法例上，2004年欧盟《知识产权执法指令》第6条规定，对于损害的确定（如侵权人非法所得的利润），法院可要求侵权人提交相关文件，包括"银行账户、金融或商业文件"。在我国，2013年《商标法》修正案第63条规定，人民法院为确定赔偿数额，在权利人已经尽力举证，而与侵权行为相关的账簿、资料主要由侵权人掌握的情况下，可以责令侵权人提供与侵权行为相关的账簿、资料。笔者认为，上述条款的法律适用应把握以下要点：第一，"权利人已经尽力举证"。当事人须有明确的诉讼请求，列明知识产权损害赔偿诉讼中请求给付的具体数额。"如果一方当事人已经提供足够支持其权利主张的，并能够合理取得的证据，同时指出了由另一方当事人控制的证明其权利主张的证据"（参见欧盟《知识产权执法指令》），法院有权责令另一方当事人提供证据。第二，侵权人提供与侵权行为相关的资料，须以商业秘密受到保护为条件。对于具商业规模的侵权案件，侵权人需提供的证据材料多为"银行账

① 包冰锋：《民事诉讼证明妨碍制度的法理基础》，载《南通大学学报（社会科学版）》，2011（2）。

户、金融或商业文件”，其中涉及受保护的商业秘密。法院必须在对秘密信息给予保护的条件下，方可责令侵权人提供相关证据材料（参见欧盟《知识产权执法指令》）。第三，侵权人拒不提供证据属于“证明妨碍的行为”。负有举证责任的一方当事人主张事实所依据的证据由对方当事人所持有，如其无正当理由拒绝提供的，该方当事人将无法完成举证，证据持有人的行为由此构成“证明妨碍行为”。第四，法院根据前述情形，得适用“证据妨碍的推定”。有证据证明一方当事人持有证据无正当理由拒不提供，如果对方当事人主张该证据的内容不利于证据持有人，可以推定该主张成立（参见《证据规定》），即法院“可以参考权利人的主张和提供的证据判定侵权赔偿数额”（参见《商标法》修正案）。总之，对“证据妨碍行为”适用损害赔偿数额的“法律推定”，一方面保护了应举证而无法举证之原告的正当权利，另一方面有助于促使证据持有人提供相关证据以保证真实情况的发现，从而保障了民事实体法的有效实施。

知识产权侵权诉讼中的举证责任分配，在过错推定责任的归责方法与损害赔偿数额的证据规则两个方面发挥着作用，体现了民事实体法与民事诉讼法的公正价值交汇，即实体公正与程序公正的两者统一。

试论知识产权的“物权请求权”与“侵权赔偿请求权”*

侵犯知识产权的民事责任，是一个涵盖多种救济手段的法律制度体系，它以损害赔偿为主，同时包括其他责任形式。这些责任形式具有内在的逻辑联系和不同的救济功能，对保护知识产权、制裁不法行为人起着重要的作用。本文探讨的主要问题是：何为归责原则，侵权行为法意义上的归责原则是指侵权损害赔偿的归责原则，还是泛指一切民事责任形式的归责原则？侵权损害赔偿奉行何种归责原则，无过错责任原则能否引入侵犯知识产权领域？对知识产权采取哪些救济手段，权利人如何主张物权之诉与债权之诉？

一、归责原则基本含义之辨

归责原则是责令侵权人承担责任的依据。在侵权行为法中，责任有着特定的意义，往往被赋予侵权之债、侵权损害赔偿等规范性内容。德国学者拉伦茨认为，归责是指“负担行为之结果，对受害人而言，即填补其所受之损害”①。在我国，有的知识产权专家对归责原则中的“责”作扩大解释，将“停止侵害”与“赔偿损失”归结为无过错责任之后果。② 这一观点是值得斟酌的。

---

* 原载《法商研究》，2001（5）。

① 转引自王泽鉴：《民法学说与判例研究》，第5册，259页，北京，中国政法大学出版社，1998。

② 参见郑成思：《民法与知识产权》，载《中国知识产权报》，2001-05-23。

侵权行为法在不同的历史时期有不同的归责原则，但其基本功能是以填补受害人的损害为己任。古代法奉行的是结果责任原则，即只要给他人造成损害，就要负赔偿责任，这是一种“有加害事实就有责任”的客观归责原则。从罗马法到近代法确立了过错责任原则，即以过错作为判定责任的基本标准，或者说，是以损害赔偿作为过错行为的法律后果，这是一种“有过错即有责任，无过错即无责任”的主观归责原则。现代法鉴于工业事故所带来的大量损害而在传统归责原则中“无可补偿”的事实，在沿用过错责任原则的同时，又引进了过错推定责任原则和无过错责任原则。前者以过错责任为基础，但实行举证责任倒置，即侵权人只有证明其对损害的产生没有过错才能免除赔偿责任；后者不以侵权人的过错为要件，只要行为造成了损害就要赔偿损失，即使侵权人证明自己主观上没有过错也不得免除责任。这是现代侵权行为法“归责方式客观化”的具体表现。[①] 按照大陆法系和英美法系学者的一般见解，侵权行为法具有以下三种规范功能：一是惩罚，即以违反义务的不法行为，经过法律制裁的矫正，责令侵权人承担强制性法律后果；二是遏制，即通过利益机制（使侵权人不得利）与舆论机制（对不法行为的非难）来防范反社会性行为；三是补偿，即以赔偿损失的方法，经过法律补救来恢复原有的权利状态。“以上三种功能也许只有在一般侵权行为中适用，即过错责任原则中适用，在其他特殊的侵权行为中就不同时存在。”[②] 但是可以这样认为，无论是何种归责原则，其填补损害的功能是应该具备的。侵权民事责任功能的出发点应该与民事活动所欲实现的目的相一致。“民事主体进行民事活动的主要目的是实现其正当利益，基本利益形式是人身利益和财产利益，民事责任目的应是如何保障受害人的这些利益得到恢复和弥补。”[③] 一般说来，侵权行为在本质上是一种反社会性行为，是行为人对其应予遵守的法定义务的违反，也是行为人对法律肯定的现存权利的破坏。侵权责任制度负有矫正不法事态、恢复有序状态的重要使命，“如何平衡日常生活中这种正常的利益失衡状态才是民事归责原则的首要考

---

① 参见王家福主编：《民法债权》，435页，北京，法律出版社，1991。

② 江平主编：《民法学》，435页，北京，中国政法大学出版社，2000。

③ 彭诚信：《民事责任现代归责原则的确定》，载《法制与社会发展》，2001（2）。

虑"[①]。自罗马法以来，民法学的传统理论鉴于侵权行为的法律效果，在于侵权人须向受害人实施一定给付，与合同、无因管理和不当得利行为的法律效果在本质上具有同一性，从而依其效果，把它们归纳为债的发生根据，亦可称之为损害赔偿之债。"对于损害所发生的赔偿债务，民法通则称之为'民事责任'，并将侵权行为和债务不履行（违约）分别规定。"[②] 目前，我国法学著述对归责原则属性的表述显见不一，或称为侵权行为的归责原则，或说是侵权行为法的归责原则，或概括为侵权责任的归责原则。就这一制度的指向而言，即是负担行为之结果，给付行为之责任。因此德国学者认为，归责原则应为赔偿之归责原则。[③] 可以说，作为侵权损害赔偿权制度的归责原则，不涉及归类于物上请求权制度的"停止侵权"等民事责任形式。

归责原则的本意在于平衡正当利益失衡状态，合理填补不幸损害。大陆法系国家从过错与责任的结合点对侵权行为作出了说明。《法国民法典》第1382条规定：任何行为使他人受到损害时，因自己的过错而致行为发生的人对该他人负赔偿责任。《德国民法典》第823条规定：因故意或者过失不法侵害他人的生命、身体、健康、自由、所有权或者其他权利者，对被害人负赔偿义务。大陆法系国家关于侵权行为的规定，有两个显著的特点：其一，侧重于构成要件的规定。侵权行为是债的发生根据之一，就是说，当某一行为符合法律规定的侵权行为构成要件时，就在特定当事人之间发生一种以财产给付为内容的民事法律关系（债）。其二，突出了过错（不法性）要件。在侵权行为的诸要件中，过错与责任有密切关联，这是由现代民法的基本指导原则之一即过错责任原则决定的。[④] 在英美法系国家，没有统一的责任要件的立法规定，但归责原则的精神存在于具体生动的司法判例之中。英国学者温菲尔德认为："侵权责任基于违反法律预先确定的义务而产生；这种义务对人们普遍适用，对它的违

---

① 彭诚信：《民事责任现代归责原则的确定》，载《法制与社会发展》，2001（2）。

② 张俊浩主编：《民法学原理》，561页，北京，中国政法大学出版社，1991。

③ 德国拉伦茨教授著有《德国法上损害赔偿之归责原则》一文，显见，过错与无过错的责任原则与侵权损害赔偿有关。参见王泽鉴：《民法学说与判例研究》，第5册，258页，北京，中国政法大学出版社，1998。

④ 参见王家福主编：《民法债权》，410页，北京，法律出版社，1991；江平主编：《民法学》，738页，北京，中国政法大学出版社，2000。

反是可以通过追索待定损害赔偿的诉讼而得到矫正的。”[①] 萨蒙德的说法是：“民事侵权，针对它的补救方法是提起待定损害赔偿的普通法诉讼，它截然不同于违反契约或者违反信托或其他纯属衡平法上的义务。”[②]英国侵权法上述理论有两个特点值得注意：其一，侵权行为导致要求赔偿的民事诉讼，或者说，对受侵犯权利的救济手段是损害赔偿。损害赔偿有待于在诉讼中加以确定，是区别于违约、违反信托以及犯罪后果的一种典型赔偿。其二，关于侵权行为与赔偿责任的关系，以温菲尔德为代表的抽象侵权行为法学派认为，如果不能证明为合法，那么所有不适当行为都可能构成侵害行为；以萨蒙德为代表的具体侵权行为法学派则认为，侵权行为包括不法侵害、侵扰过失、名誉损害等。如果原告不以上述一种诉讼形式提出诉讼请求，那么就不能获得赔偿。[③]

上述情况表明，两大法系侵权行为法的关注点都在于损失与赔偿。过错责任与无过错责任作为归责原则，是两种不同的归责方式：前者是主观归责原则，即以人的主观过错作为确定责任归属的根据，有过错即有责任，无过错即无责任，一般侵权行为适用此种归责原则；后者是客观归责原则，即以人的主观过错以外的某种客观事实作为确定责任归属的根据，只要有特定损害事实存在，即要承担相应责任，法律特别规定的侵权行为方适用此种原则。在侵权法的历史演进中，从加害责任到过错责任，再到无过错责任，所涉及的都是损害是否赔偿、由谁赔偿的问题，其归责原则概为私法赔偿制度中的一项基本规则。因此，将责令停止侵权作为侵权之债，或是与无过错责任的归责原则联系起来的说法是不恰当的。

二、无过错责任原则适用之辨

归责原则是侵权损害赔偿责任的核心问题。关于侵害知识产权的赔偿责任，学术界与司法界普遍主张采取二元归责原则，即在采用过错责任原则的基础上补充适用其他归责原则。其中有代表性的观点主要是两种：一是以无过错

---

①② 转引自王家福主编：《民法债权》，411～412页，北京，法律出版社，1991。

③ 参见徐爱国：《英美侵权行为法》，2页，北京，法律出版社，1999。

责任为补充原则，二是以过错推定责任为补充原则。有些学者主张在侵犯知识产权行为领域引进无过错责任原则，即未经许可复制或作为直接传播的第一步如表演等利用作品的行为以及未经许可制作、使用发明创造专利的行为，适用无过错责任原则；对于其他侵犯知识产权的行为则采取过错责任原则。[①] 有文章在论证这一观点时将其概括为：直接侵权行为适用无过错责任原则，间接侵权行为适用过错责任原则。[②] 有些学者主张在适用过错责任原则的基础上补充适用过错推定责任原则，即在认定过错上，采取依证据推定的方法，由侵权人承担举证责任。[③] 不能举证或举证不能成立的，始承担赔偿责任。笔者多次撰文反对将无过错责任原则作为知识产权侵权赔偿的归责原则，并对主张者所引证的国际公约规定与国外立法例持有疑虑。现将有关问题分述如下：

（1）关于无过错责任原则之本旨。无过错责任原则是随着工业革命的完成应运而生的，其重要使命在于处理现代社会化大生产中诸如高度危险作业、环境污染等致人损害的赔偿责任问题。从大陆法系国家关于这一归责原则的立法与实践来看，无过错责任是指当损害发生以后，既不考虑加害人的过错，也不考虑受害人过错的一种法定责任形式。其基本特征是：

第一，无过错责任的基本思想“不在于对具有反社会性行为之制裁”，“乃是在于对不幸损害之合理分配”[④]。一般认为，企业的经营、交通工具的使用、商品的产销以及原子能装置的持有，为现代社会必要的经济活动，其本身不具有“反社会性”。但是人类自然力控制能力与技术发展水平的限制，导致了不幸损害的发生。无过错责任制度的价值目标是实现“分配正义”，即将这一制度与保险制度（主要是责任保险制度）联系在一起，实现危险和危险造成的损害在侵权人、保险人之间的分散、转移。

第二，无过错责任的性质不具有一般法律责任的含义，而只具有“恢复权

---

① 参见郑成思：《侵害知识产权的无过错责任》，载《中国法学》，1998（1）。

② 参见孟祥娟：《论版权侵权的构成》，载《著作权》，2000（6）。

③ 最高人民法院民事审判第三庭“著作权侵权损害赔偿问题”课题组持此观点。参见董天平等：《著作权侵权损害赔偿问题研讨会综述》，载《知识产权》，2000（6）；吴汉东：《知识产权保护论》，载《法学研究》，2000（1）；蒋志培：《TRIPs肯定的知识产权侵权赔偿的归责原则和赔偿原则》，载《法律适用》，2000（10）。

④ 王泽鉴：《民法学说与判例研究》，第2册，162页，北京，中国政法大学出版社，1998。

利的性质”[①]。以过错为基础的法律责任形式，体现了对侵权人行为的非难，因而对不法行为具有制裁和教育作用。而无过错责任的着力点主要是补偿受害人，而不是惩治侵权人，因此这一责任形式“不具有对不法行为进行制裁、预防的作用，已经失去法律责任所固有的含义”[②]。

第三，无过错责任只考虑行为与结果之间的因果关系，而不必考虑当事人有无过错的举证。无过错责任不考虑过错，但要以因果关系的存在为前提。这一构成要件表明，损害结果与加害行为之间必须有因果关系，结果由行为所致，则侵权人应承担责任。因此，在侵权诉讼中，适用无过错责任与当事人有无过错无关，法官无须对过错问题要求举证、进行质证，故此种责任“缺乏弹性和适应性”[③]。笔者认为，就侵犯知识产权行为而言，本质上应为“反社会性”行为，不能归类于“社会必要的经济活动”；侵犯知识产权的民事责任的出发点应在于制裁与惩戒不法行为人，而不存在着“不幸损害的合理分配”；此外，知识产权法中多有“权利的限制”“不视为侵犯专有权的行为”等条款，概为针对侵权诉讼的法定抗辩事由，法官势必要考量当事人的过错，而不仅是分析损害结果与不法行为之间的因果关系。

综上所述，在侵犯知识产权领域适用无过错责任原则，与这一法律制度的本旨多有不符。

（2）关于《知识产权协议》有关规定之精神。世界贸易组织所通过的《知识产权协议》第 45 条的规定，涉及知识产权侵权赔偿的归责原则及私法救济诸多问题，对各缔约方相关国内立法具有普遍的指导意义。该条第 1 款规定：司法机关应有权责令侵权者向权利所有人支付适当的损害赔偿费，以便补偿由于侵犯知识产权而给权利所有人造成的损害，其条件是侵权者知道或应该知道他从事了侵权活动。该条第 2 款规定：司法部门应有权责令侵权者向权利所有人支付费用，其中可以包括合理的律师费。在适当的情况下，即使侵权者不知道或没有正当理由应该知道他从事了侵权活动，缔约方也可以授权司法部门，

---

① 王利明主编：《民法·侵权行为法》，120 页，北京，中国人民大学出版社，1993。

② 王利明主编：《民法·侵权行为法》，98 页，北京，中国人民大学出版社，1993。

③ 王卫国：《过错责任原则：第三次勃兴》，181 页，杭州，浙江人民出版社，1987。

责令其返还所得利润或支付预先确定的损害赔偿费。第 45 条第 1 款的规定表明：知识产权的侵权损害赔偿以侵权人有过错为归责条件。这即是说，构成知识产权侵权赔偿责任的条件之一，在于侵权人“存在着希望、放任侵权后果的故意，或者疏忽、懈怠过失的主观上的过错”①。这一条款肯定了过错责任原则是知识产权侵权赔偿的一个基本原则，学者们对此并无分歧。对第 45 条第 2 款规定的是何种归责原则，学者们看法不一。有的学者认为该条款即是知识产权侵权赔偿适用无过错责任原则的国际法依据，并以此作为我国提高知识产权保护水平，以便加入世界贸易组织的一个必备条件。上述观点有值得斟酌之处。

第一，该条第 2 款是一个限定性条款，即在“适当的情况”下才能加以适用。这主要是指侵权损害特别严重的某些情形：侵权人通过侵权活动获得巨大利润，或者侵权的情节相当恶劣，损害了权利人的名誉，或者法院诉讼费时过长，以致权利人开支很大。② 可见，上述“适当的情况”仅限于重大侵权行为的个别情形，并不涵盖直接侵权行为的一般情形。无过错责任作为归责原则，在这里缺乏普遍适用的价值。

第二，该条第 2 款是一个选择性条款，缔约方“可以”而不是“应当”按此规定施行。该条第 1 款所规定的侵权赔偿以侵权人主观上有过错为条件，这一条款是强制性条款，缔约方“应以”国内法加以确认。该条第 2 款则不同，其规定了侵权人不以是否知情为条件但要返还所得利润或支付法定赔偿费用的情形，是一个弹性条款。“缔约方不采取这一归责原则，也不能认为违反协议。”③ 笔者有理由认为，所谓无过错责任原则的规定，不应作为国内相关立法的当然选择，也不涉及中国能否加入世界贸易组织的“入门”问题。

第三，该条第 2 款所规定的返还所得利润，不宜认定为侵权赔偿责任。返还所得利润当属返还不当得利的范畴，可归类为与侵权损害赔偿相同的债权保护方法。不当得利之债与侵权之债都是一种请求债务人进行必要给付的请求

① 蒋志培：《TRIPs 肯定的知识产权侵权赔偿的归责原则和赔偿原则》，载《法律适用》，2000 (10)。

② 参见汤宗舜：《知识产权的国际保护》，222 页，北京，人民法院出版社，1999。

③ 汤宗舜：《知识产权的国际保护》，222 页，北京，人民法院出版社，1999。

权，但前者的构成要件不以得利人的主观过错为必要，只要其所得利润没有法律或合同的根据，就要返还给受到损害的相对人。该款将所得利润“称之为返还”而不是规定为赔偿，即是界定了返还利润的性质并非侵权赔偿责任。①

第四，该条第 2 款所规定的支付法定赔偿费用，并不当然是无过错责任原则的适用。在侵权案件中，不考虑行为人的过错而责令支付法定赔偿额的规定，主要是在当事人对损害结果均无过错的情况下，由侵权人对受害人的财产损失给予适当补偿，这更多的是出于公平责任原则的考量。② 公平责任原则只是为补充过错责任的不足而存在的。在侵权行为发生后，首先应当根据当事人的过错来确定责任，当侵权人有过错时，即对损害结果负有全部赔偿的责任；当不能推定侵权人有过错，或不能找到有过错的当事人时，即责令侵权人对受害人在法定数额的范围内承担适当补偿的责任。③

通过对《知识产权协议》第 45 条第 2 款的全面分析，我们不难得出以下结论：对返还所得利润的不当得利之债与支付法定赔偿的侵权之债，都不能作出无过错责任原则的理解；即使是返还利润或支付法定赔偿，《知识产权协议》对缔约方亦未作出强制性要求。换言之，缔约方的相关国内立法对此未作规定时，当事人不得依《知识产权协议》的这一条款提出上述请求。

（3）关于国外相关立法例之理解。对西方发达国家的相关立法是否确认无过错责任原则，尚需作具体分析。在大陆法系国家，法国、德国、日本等国民法典及其特别法所规定的无过错责任，主要适用于“工作物所有人”的责任，包括动物持有人责任、铁路持有人责任、航空器持有人责任、能源设备持有人责任等。知识产权法是否存在无过错责任的立法例呢？有学者引用德国《著作权法》第 97 条、《商标法》第 14 条的规定“受侵害人可以诉请对于有再次复发危险的侵权行为，即刻就采取下达禁令的救济；如果侵权系出于故意或出于

① 参见蒋志培：《TRIPs 肯定的知识产权侵权赔偿的归责原则和赔偿原则》，载《法律适用》，2000（10）。

② 今年 4 月，河南省高级人民法院举办“中国加入 WTO 后的司法问题”法官培训班。最高人民法院行政庭庭长江必新法官与笔者做完讲座后，就法定赔偿的性质进行了探讨。江庭长认为对此作公平责任原则解释较为妥当。

③ 参见刘士国：《现代侵权损害赔偿研究》，109 页，北京，法律出版社，1998；王利明等：《侵权行为法》，176 页，北京，法律出版社，1996。

过失，则还可以同时诉请获得损害赔偿”，认为这一条款即是对无过错责任的确认。笔者对此有不同理解：

第一，侵权归责原则是确定行为人的侵权民事责任的根据和标准。关于过错与无过错的归责原则，其功用在于：当致人损害的事实发生之后，应依何种原则使行为人负责。在归责原则的指引下，根据侵权责任的构成要件，并非所有的侵权行为一定都会构成侵权赔偿责任。因此，对于有再次复发危险的侵权行为，行为人虽无过错，但侵权行为成立，不过侵权赔偿责任并不当然成立。

第二，侵权的民事责任，在债的理论看来，即是以损害赔偿为内容的侵权之债。德国法在规定损害赔偿责任时，依然是以侵权人主观有过错为条件。至于要求停止侵害的禁令救济，不属于侵权之债的范畴，亦无须以过错为构成要件。正如日本学者尾中普子所言：“只要有侵权事实即可，不需要具备主观条件如故意、过失。”[①]

第三，知识产权与所有权一样，都是对世权、绝对权，可以适用多种法定方式给予保护。其中，请求排除妨碍、请求恢复原状和请求返还原物，是为物权之诉；请求损害赔偿、请求返还不当得利，是为债权之诉。德国法上所谓的请求排除妨碍、停止侵权之诉，概为物权保护方法，其“物上请求权”当然不以有无过错为条件。该法已明文确认，这种“无过错”并非同时适用侵权损害赔偿的债权主张。

（4）关于严格责任与无过错责任之关系。在英美法系国家，关于侵犯知识产权的判例确立了严格责任原则，所谓严格责任（strict liability）是一种较一般责任标准更加严格的归责原则，但这种责任标准区别于绝对责任（absolute liability）。在后者，如果应该避免的伤害事件发生，则当事人必须负责，而不论其如何尽到注意义务；在前者，侵权人对于所负责任则仍有一些有限的抗辩事由可以援引，但不能以当事人已尽到合理的注意为由进行抗辩。[②] 大陆法系国家的侵权法并不直接采用严格责任的说法。近年来，我国学者（特别是知识产权学者）较多接触英美法的资料，将这一概念引入属于另类归责体系的中国

---

① ［日］半田正夫等编：《著作权法 50 讲》，魏启学译，73 页，北京，法律出版社，1990。

② 参见［英］戴维·M. 沃克主编：《牛津法律大辞典》，863 页，北京，光明日报出版社，1989。

侵权法领域。有的学者认为，严格责任与无过错责任的含义基本相同。[①] 也有学者认为，严格责任更接近于过错推定责任。[②] 这是因为，严格责任“虽然严格，但非绝对”。在英国侵权法归责体系中，在严格责任之外，曾有一种绝对责任。绝对责任是指法定的责任，只要有法律规定应予防止的损害发生，便可构成责任。这一责任的含义无异于大陆法系国家的无过错责任。但在严格责任下，并非表示行为人就其行为所生之损害在任何情况下均应负责，各国立法例多承认侵权人可以提出特定之抗辩或免责事由。严格责任表面上不考虑侵权人的过错即可以确定其责任，但实际上采取一种过错推定方法，即从损害事实中推定侵权人有过错，但允许其通过举证证明损害是由受害人的过错、第三人的过错和自然原因所造成的，即可减轻或免除责任。可见，美国等国在这一领域所采用的严格责任原则并非无过错责任原则，而更接近于过错推定原则。因此，一些学者以英美法判例中所确定的严格责任，推论我国在侵犯知识产权领域应采取相应的无过错责任，这一结论是难以令人信服的。基于上述分析，笔者的主张是：对于知识产权侵权损害赔偿的归责原则，不宜采取无过错责任原则，而可以适用过错推定责任原则。过错推定责任是介于过错责任与无过错责任之间的侵权归责形式。过错推定责任原则能够纠正过错责任原则对权利人举证要求过苛而对侵权人失之过宽与无过错责任原则对权利人保护比较充分而对知识产品使用人失之过严这两种偏差。当侵权损害结果发生时，法律推定行为人有过错并要求其提出无过错抗辩，若无反驳事由，或反驳事由不成立，即确认侵权人有过错并应承担赔偿责任。应该指出的是，知识产权侵权赔偿的过错推定责任，是一种特殊过错推定[③]，即法律规定侵权人不能仅证明自己已尽到注意义务，而要证明有法定抗辩事由的存在，方能表明自己主观上无过错，从而对损害不承担赔偿责任。关于法定抗辩事由，一般在相关具体法律

---

① 参见李仁玉：《比较侵权法》，152页，北京，北京大学出版社，1996；孔祥俊：《论侵权行为的归责原则》，载《中国法学》，1992 (6)；在知识产权界，持“无过错责任”说的学者实际上也是将严格责任等同于无过错责任。

② 参见王利明：《民商法研究》，第1辑，664页，北京，经济出版社，1998；张新宝：《中国侵权行为法》，298页，北京，中国社会科学出版社，1998。

③ 关于过错推定的分类，可参见王利明等：《侵权行为法》，35页，北京，法律出版社，1996。

制度中应有明确规定。适用过错推定责任原则的意义在于：法律责令侵权人承担举证责任，可以免除作为原告的权利人的举证困难（优于过错责任原则），同时也使得侵权人有抗辩的机会，不至于仅因损害结果而负赔偿责任（不同于无过错责任原则）。在知识产权实务中，让当事人对他不能预见或并不希望发生的损害事实承担赔偿责任，在大多数情况下是有失公正的，也是违背自然法则的。当然，法律上的过错推定“实为保护被害人之技术运用，旨在保护被害人之利益”[①]。总之，实行这一归责原则，可以使知识产权所有人免除举证责任而处于有利地位，有利于制裁那些虽无过错但缺乏反驳事由的侵权行为。

三、知识产权救济方式之辨

归责原则作为确认不同种类侵权行为所应承担民事责任的标准和原则，在当事人之间有着不同的法律意义：对于侵权人来说，是一种赔偿损害的责任；对于权利人而言，则是一种请求赔偿的权利。债的请求权是知识产权所有人寻求法律救济的重要方法，但不是唯一的方法。知识产权意即“知识所有权”，是一种无形财产权，与传统意义上的所有权有着相同的专有权属性。相对债权而言，上述两类权利都具有排他性和绝对性的特点，都是一种“排他地、独占地支配其客体的权利”[②]。基于这一属性，知识产权如同所有权，在效力上存在着“物上请求权”。“物上请求权”本为物权法上的重要制度，是基于物权所生的请求权，指“物权的圆满状态受到妨害或有被妨害之虞时，物权人为回复其物权的圆满状态，得请求妨害人为一定行为或不为一定行为的权利”[③]。“物上请求权”系以排除妨害及回复物权的圆满状态为目的。因此，依妨害形态之不同为标准，“物上请求权”可以分为四类：一是返还原物，即基于对标的物非法占有所生之返还请求权；二是排除妨害，即基于对权利行使的不法妨碍所

① 王泽鉴：《民法学说与判例研究》，第2册，198页，北京，中国政法大学出版社，1998。

② ［日］小岛庸和：《无形财产权》，5页，东京，日本创成社，1998。

③ 梁慧星等：《物权法》，63页，北京，法律出版社，1997。

生之妨害除去请求权；三是消除危险，即基于对权利安全的潜在威胁所生之妨害预防请求权；四是恢复原状，即基于对权利完整的损坏后果所生之状态回复请求权。“物上请求权”与支配权相联系而存在，从这个意义上说，知识产权与所有权同为支配权，因此可以产生并使用物权意义上的请求权。有学者认为，物上请求权本为物权所独有，但对于以支配为内容的其他权利也可以准用。[①] 在德国民法中，排除妨害、消除危险的效力除及于所有权外，姓名权、占有权、商号权、商标权、特许权、著作权、渔业权、矿业所有权等权利亦被认为有此效力。[②] 我国《民法通则》对知识产权和人身权的侵害规定了停止侵害、排除妨害等责任形式，其内容与某些物权之请求权是相似的。这说明，无论在学理上还是在立法例上，知识产权领域是可以采用“物上请求权”制度的。

知识产权的“物上请求权”，具有维护权利状态或消除侵权危险之作用。由于知识产权客体的非物质性特征，知识产权所有人不能援用请求返还原物、恢复原状之传统民事救济措施。首先，返还原物请求权系保护物之占有权能的方法。由于知识产品具有不同于有体物（所有权客体）的特性，侵权人无须通过有形控制而仅凭“认知”（对某种知识、技术、信息的认识、理解与感受）即可构成“占有”。这种知识产品（知识产权客体）的“占有”无法通过有形交付的“返还”行为而恢复原有的权利状态。其次，恢复原状请求权系以保护财产不受他人非法损坏为目的。由于知识产品是表现为知识、技术、信息之类的精神产物，对其非法使用并不导致知识产品本身的“损耗”，而意味着对独占使用权利的违反，因此对知识产品的侵害无法通过有形的“修理”而恢复权利的圆满状态。知识产权的“物上请求权”主要包括排除妨害请求权与消除危险请求权，这是一种请求停止侵害的物权之诉。请求停止侵害，既包括请求除去现实已经产生之侵害，也包括预防将来可能出现之侵害。当知识产权受到或可能受到侵害时，权利人可以请求侵权人停止侵害，也可以请求法院责令侵权

① 参见王利明：《物权法论》，147、152页，北京，中国政法大学出版社，1998。

② 参见陈华彬：《德国相邻关系制度研究》，载梁慧星主编：《民商法论丛》，第4卷，320页，北京，法律出版社，1996。

人停止侵害。

知识产权所适用的排除妨害、消除危险的“物上请求权”，具有以下基本特点：第一，该项请求权基于知识产权而产生。它虽然是要求他人为一定行为或不为一定行为的请求权，但不同于以给付为内容的债的请求权。“物上请求权”自物权法领域引进知识产权领域，来自知识产权自身的支配内容，“物上请求权”可以使知识产权恢复圆满状态和支配力，因而它是知识产权效力的体现。“物上请求权”与侵权损害赔偿请求权、返还不当得利请求权等形成了对知识产权保护的制度体系，上述各类请求权在性质上是不同的，其功能和作用也是不能相互取代的。第二，该项请求权与知识产品的利用相联系而存在。它是一种防止或排除他人非法利用知识产品的请求权，因此不同于针对有体物保护而设定的物权请求权。所有权的客体系有体物，在一定时空条件下只能为特定主体所单独使用，物权之请求权针对实物的保护，设定了返还原物、恢复原状、排除妨害、消除危险等各种保护方法，以排斥非所有人对其所有物进行不法侵占、妨害或毁损。[①] 知识产权的客体系精神产物，在一定时空条件下可以被若干主体共同使用，包括合法使用与非法使用。知识产权之请求权针对知识产品的上述特征，规定了排除妨害、消除危险的保护方法，以排斥非权利人对知识产品进行不法仿制、假冒或剽窃。[②] 由于知识产权与所有权在客体方面的差异，其侵权行为的类型不同，请求权的内容也有所不同。第三，该项请求权在构成条件上不考虑行为人的主观过错。它是一种旨在恢复权利圆满状态的“物上请求权”，与债权之诉中以填补损害为己任的侵权赔偿之请求权有所不同。知识产权的“物上请求权”之提起，只需证明侵权人已实施了侵犯或妨碍其知识产权的行为，便可以行使排除妨害、消除危险的请求权，不必就行为人是否有故意与过失的问题举证。这是“物上请求权”与侵权赔偿请求权的显著差别。

“物上请求权”是以物权（或知识产权）的存在为前提的，是一种附属性而不是独立性的权利。这是因为“物上请求权”不可以与其本权相脱离，因此

---

① 参见王利明：《物权法论》，147、152 页，北京，中国政法大学出版社，1998。

② 参见吴汉东主编：《知识产权法学》，6 页，北京，北京大学出版社，2000。

无法独立地转让给第三人；“物上请求权”只为保障本权的完满状态而存在，仅在本权的积极权能在行使中受到妨害时才得以行使。[①]“物上请求权”虽不是一项独立的权利，但在大陆法系许多国家的民法中，却是一种得到普遍承认的民事法律制度。在我国，《民法通则》并没有将“物上请求权”作为物权和知识产权所附设的请求权，而是将返还原物、停止妨害等作为民事责任形式加以规定的。这即是说，“物上请求权”与侵权赔偿请求权合并为民事责任，物权保护方法与债权保护方法简化为一种请求权形式。对于这种立法例，学术界颇生争议。[②]笔者认为，承认和确立“物上请求权”制度是必要的，也是可行的。第一，在民事立法中，责令返还原物、停止侵害等固然是侵权人依法所必须承担的民事责任，但请求返还原物、停止侵害等也是权利人依法所享有的救济权利。民事责任与救济权利是相应的法律概念。在民事法律关系中，原来的权利人因其权利受到侵害而取得救济权，原来的义务人因其违反义务而依法承担民事责任。[③]“物上请求权”制度有助于权利人明确自己享有哪些救济权，如何通过物权之诉取得保护。因此，为了保障知识产品的独占权归属于某人，有必要在法律上确认知识产权所有人享有“物上请求权”。第二，在私权救济手段中，物权保护方法与债权保护方法在构成条件方面有着明显的区别。在侵犯知识产权行为发生或可能发生时，停止妨害请求权的行使，不考虑相对人主观上是否有过错，不以确定的损害后果为前提；而请求损害赔偿，各国立法例大抵规定了过错的主观要件，填补损害的侵权之债须以一定的损害事实存在为条件。两种请求权可以同时提出，也可以只提出其中的一种。需要指出的是，针对侵犯知识产权的行为，只要妨害或危险存在，权利人即可行使“物上请求权”，要求制止上述不法行为。但构成侵权行为并不一定构成侵权赔偿责任，侵权人只有在符合责任构成要件的情况下，才负赔偿之责。有了上述区别，权利人即可根据一定的侵权事实，行使一定的请求权，选择一定的诉讼保护办法。第三，在侵权诉讼中，物权之诉与债权之诉的当事人有不同的举证责任。

---

① 参见孙宪忠：《德国当代物权法》，88 页，北京，法律出版社，1997。

② 参见梁慧星等：《物权法》，65 页，北京，法律出版社，1997；王利明主编：《民法・侵权行为法》，165 页，北京，中国人民大学出版社，1993。

③ 参见江平主编：《民法学》，93 页，北京，中国政法大学出版社，2000。

如果权利人行使的是"物上请求权"，举证责任应由其承担，即权利人须证明侵权人已经实施了妨害行为或者将要给权利人造成妨害；如果权利人行使的是侵权赔偿请求权，举证责任应由侵权人承担，即侵权人须证明自己利用他人的知识产品在主观上没有过错。例如，侵权人使用了侵权产品，只要权利人证明该使用事实存在，善意使用侵权产品的行为也构成侵权行为。但是，侵权人要免除自己的赔偿责任，则要由自己证明其使用的侵权产品有合法来源。① 这种举证责任的分配，不仅明确了当事人在不同种类的侵权行为与侵权行为的不同阶段中所应承担的举证责任，而且有助于在举证不能的情况下正确界定行为的性质和相应的法律后果。

"物上请求权"与侵权赔偿请求权是知识产权所有人寻求法律保护的两种不同救济手段。上述请求权利的具体运行模式是：法律授予作为原告的权利人一种选择权，即假定权利人是自己利益和侵权事实的最佳判断者，他可以选择"物上请求权"或是选择侵权赔偿请求权，也可以两种请求权并用。在行使"物上请求权"时，应由权利人举证，其举证内容系妨害事实而与侵权人过错无关；在行使侵权赔偿请求权时，应由侵权人举证，其举证不能的，推定侵权人有过错，即由其承担赔偿责任。

---

① 我国于2000年修订的《专利法》第63条，规定了善意第三人使用、许诺销售、销售侵权产品是侵权行为，但能证明其产品的合法来源的，不承担赔偿责任。

第三编　制度评价与法律完善

中国知识产权法律变迁的基本面向*

中国知识产权法律与改革开放并肩前行。从20世纪80年代到90年代初，中国先后颁布了《商标法》（1982年）、《专利法》（1984年）、《著作权法》（1990年）、《反不正当竞争法》（1993年）等法律法规，建立了知识产权法律的基本框架。自21世纪以来，修订、完善法律规范，建构公共政策体系，倡导创新文化养成，中国知识产权法治建设出现新的局面。中国仅用了30余年的时间就走完了西方国家知识产权法律发展上百年的历程，其法治建设成就举世瞩目。时任世界知识产权组织总干事的阿帕德·鲍格胥博士在回顾该组织与中国合作时指出，“在知识产权历史上，中国完成所有这一切的速度是独一无二的”[①]。在从法律移植到法律生成的过程中，知识产权在中国出现本土性、时代性和国际性的诸多问题并产生冲突。中国知识产权法律变迁，先是对外来制度进行“内化”和“吸收”，实现移植法律与本土国情的契合性；同时，致力于制度创新以推动创新发展，保持法律与时俱进的先进性；此外，还有融入经济全球化体制之中，遵循甚或推动国际保护规则的普适性。以上即是本土化、现代化、一体化的知识产权法律问题，也是与知识产权有关的重大国际、国内话题，有必要在中国语境下作出学术解读。综观中国知识产权法律变迁，无论是思想建构还是实践导向，中国知识产权法律都有别于“西方中心主义范

---

* 原载《中国社会科学》，2018（8）。本文系国家社科基金重大攻关项目“中国特色知识产权理论体系研究”（11&ZD076）代表性结项成果之一。

① 国家知识产权局：《1994年知识产权保护状况》。

式"和"国际主流学术思想"，而是在吸收世界法治文明成果的基础上注重本土理论创新和制度变革，逐步从移植、引进走向自立、创新，展现了本土化、现代化、一体化发展的基本面向。

一、知识产权法律本土化问题及其克服

法律移植是近现代各国特别是发展中国家知识产权立法活动的重要路径。对外国法制或国际规则的制度引进，需要立法者作出理性主义选择，但更需要整个社会进行制度吸收和文化改造，即在"法律本土化"运动中使外来法律在本土环境得以内化生成。不同时期的不同国家对知识产权制度的接纳，有着不同的历史背景、社会条件和环境构成。一些发达国家知识产权法律虽然也是"制度舶来品"，但实质上却是"法律变革和广义立法的一种表达方式"[①]。在法律制度的历史上，发达国家是知识产权法律最早的推行者，也是最大的受益者。对于发展中国家而言，知识产权立法及其变动往往受到外部压力的影响，而不完全是基于自身发展需求。因此，包括中国在内的发展中国家在法律移植时，必须进行本土改造，让外来的知识产权法律经过合理处理和嫁接，继而在本国被理解和消化，使其能融于本国社会运行机制和国民精神理念之中。外来法律和本土国情的契合性，即是法律本土化问题。

知识产权法律本土化目标，在于实现预期的法律效益和政策目标，避免出现"法律移植中的递减效应"[②]。这种递减效应的成因，既有法律价值理念、法律原则、法律规范内容等法律因素，也有经济技术水平、市场环境、文化环境等社会因素。中国知识产权法律本土化，存在着中国问题的特殊性：一是制度经验积累欠缺。一般而言，在不出现外来压力的干扰下，一国根据自身发展状况和内生制度需求来移植法律是最为适宜的。在知识产权法制史上，发达国家根据本国的不同发展阶段的不同发展需要，曾对知识产权制度作出选择性安排，无论是保护对象、保护方式还是保护水平的相关立法，其法律变迁是长达

---

① 刘星：《重新理解法律移植》，载《中国社会科学》，2004（5）。

② 宋志国：《我国知识产权法律移植中的递减效应原因探析》，载《政治与法律》，2006（5）。

数百年的渐进过程。对发展中国家而言，知识产权法律移植的同时也是知识产权保护标准一体化的节点。在现代国际贸易体制中，所有国家都必须按照国际公约规定高水平地保护知识产权，因而发展中国家已丧失了制度成长的必要准备期和过渡期。在缺乏制度理性沉淀和制度经验积累的情况下，知识产权法律移植有可能产生法律实施效益不足的“制度化风险”①。二是法律精神构造不足。知识产权文化既是一种具有“个人本位”“权利本位”的私法文化，也是一种“尊重知识、崇尚创新、诚信守法”的创新文化。法律本土化的一个重要方面就是本土法律精神构造，即以法律文化为法律制度奠基。② 发达国家知识产权法治经验表明，应以私法精神作为法律制度构造的基础，从而达到私权理念与私法制度的高度契合。而发展中国家在法律移植之初，本土传统文化对外来法律往往缺乏认同，从而导致知识产权法律与现行社会的脱节或背离。在知识产权法律移植中，我们引进了制度规范、法治模式的“硬件”系统，但需同时植入制度经验、法律精神的“软件”系统，才能达致法律本土化的目标。

中国在知识产权法律移植并本土改造的过程中，并没有照搬照抄“西方中心主义范式”和简单沿袭“国际主流学术思想”，而是立足本国实际情况，能动地进行制度转化和法律精神再造。法律本土化是对世界法治文明的理性追求过程，也是本土法律理论和实践创新的自我实现过程。进入新时代以来，习近平对知识产权问题发表了一系列重要讲话，将知识产权保护作为扩大对外开放的重大举措，从产权法律制度到营商政策环境两个方面阐述了知识产权保护的重要意义。在 2018 年 4 月 10 日博鳌亚洲论坛开幕式上，习近平发表主旨演讲，强调“加强知识产权保护”，既是“完善产权保护制度最重要的内容”，也是“提高中国经济竞争力最大的激励”；他明确指出，知识产权是国际贸易和技术交流合作的法律秩序，中国坚定“保护在华外资企业合法知识产权”，同时“希望外国政府加强对中国知识产权的保护”。习近平的重要讲话深刻阐述了知识产权法律的基本属性，鲜明表达了中国知识产权保护的基本立场，对新

① 杨雪冬：《风险社会理论述评》，载《国家行政学院学报》，2005（1）。

② 参见信春鹰：《法律移植的理论与实践》，载《北方法学》，2007（3）。

时代中国知识产权工作提出新的要求，是先进的理论指导和科学的实践引领。改革开放以来，中国知识产权法律本土化，以社会主义法治思想和新发展理念为理论基石，表现了中国自己的思想认识和实践导向。

（1）法律属性认知。将知识资源私权化，强调私人权利、私权制度和私法精神的契合性、一致性，是西方国家知识产权法律的要义和主旨。在中国，对于知识产权本质属性及功能的概括和认识，具有本土自身的体验，诸如“知识财产”（法学）、“无形资产”（管理学）、“信息产权”（经济学）、“政策工具”（政策科学）、“世界贸易规则”（国际贸易学）等[①]，从不同学科对知识产权蕴意进行了多维解读。知识产权既是知识财产私有的权利形态，也是政府公共政策的制度选择，这是关于知识产权认识的基本范畴。“知识产权的多重属性是相互融合的”[②]，全面认识和把握知识产权的上述属性，对于知识产权制度的建构、运行和创新具有重要意义：将知识产权界定为私权，意味着知识产权与财产所有权处于同样的私权地位，为民事主体提供了获取财产的新方式；对知识产权作为政策工具的认识，有助于从政策科学层面考察知识产权战略实施和制度运行的效果。可以认为，知识产权法律赖以建构的基础，是知识产权的私权性。从科技革命到知识革命，不仅孕育了“知识-财富”的新财产观，也催生了新的产权形态即知识产权。知识产权是知识经济发展的产物，在立法层面表现为法律本土化的制度需求。同时也应看到，知识产权保护表现了强烈的国家利益本位和政策立场。国家利益本位是为国家主体存在和发展的有益需要，包括国家主体意义上的利益以及本土范围的产业利益、企业利益和社会成员利益；其政策立场是为私人产权制度中的价值目标取向，即通过知识产权促进知识创新，增加国民福祉。

（2）法律价值目标塑造。法律理想的价值观选择和法律目标的现实化表

---

① 参见郑成思：《知识产权若干问题再析》，载《中国法学》，1996（6）；刘春田：《知识财产权解析》，载《中国社会科学》，2003（4）；易继明：《知识产权的观念：类型化及法律适用》，载《法学研究》，2005（3）；曹新明：《知识产权法哲学理论反思——以重构知识产权制度为视角》，载《法制与社会发展》，2004（6）；吴汉东：《知识产权的多元属性及研究范式》，载《中国社会科学》，2011（5）。

② 吕炳斌：《知识产权的权利属性新探》，载《行政与法》，2009（2）。

现，是法律本土化运动的重要问题。在知识产权法律产生、发展和变革的过程中，有早期的“秩序优先”价值，也有现今的“正义优先”价值，这些都反映了不同时期不同国家知识产权法律的价值目标追求。发展中国家在知识产权本土化过程中，其法律价值实现往往存在诸多障碍，表现在观念意识层面、规范设计层面以及制度运行层面等。对于这些障碍性因素如果不予克服，将会导致法律价值实现不能，出现“制度失灵”问题。在中国的学术思想和立法实践中，知识产权法律被视为价值理性和工具理性相统一的产物。从理性主义出发，知识产权法律价值主要是正义、效率和创新，概为立法者理性主义的法律追求。其中，正义价值是伦理理性，效率价值是经济理性，创新价值是科学理性。① 中国知识产权法律本土化改造，深刻地体现了伦理、经济和科学的理性主义追求，即保障知识权利的正义秩序，发挥知识传播的效率功能，维系知识成果的创新活力。秉持上述法律价值目标，中国知识产权立法形成“保护专有权利”与“促进知识传播”的二元宗旨，既尊重和保护权利，但又合理限制权利，防止权利滥用，从而达到各方主体之间的利益平衡。基于理性主义认识所构建的正义、效率和创新的法价值体系，是知识产权法律建构与运行的重要思想基础。

（3）法律运行机制构建。法律运行是指法律按照一定的意图和特有方式的运动状态，即从创制到实施再到实现的运动过程。② 具言之，法律运行以法律创制为起点，以法律实施为主要节点，以法律目标实现为终点。知识产权运行作为法律运行的特殊形态，是一个立法、执法、司法、守法的法治动态过程；同时也是经济社会运行的发展状态，包括知识产权创造、运用、管理、保护和服务等各个环节。③ 在中国，知识产权是建设创新型国家的制度基础和法律保障，其运行机制既强调知识产权的法治状态，又注重知识产权的事业发展。从

---

① 有关正义、效率、创新的法价值理念，可分别参见沈宗灵：《法　正义　利益》，载《中外法学》，1993（5）；罗伯特·考特、托马斯·尤伦：《法和经济学》，张军等译，13页，上海，上海三联书店，1994；林炳辉：《知识产权制度在国家创新体系中的地位和作用》，载《知识产权》，2001（3）。

② 参见张文显：《法理学》，2版，213页，北京，高等教育出版社，2003。

③ 2008年发布并实施的《国家知识产权战略纲要》，对知识产权运行提出了“激励创造、有效运用、依法保护、科学管理”的指导方针。

发展中大国到知识产权大国，法律本土化经验可概括为三个方面：

一是知识产权运行的战略引领。在现代国家的法律体系中，知识产权具有保护知识创新、促进产业发展的重要作用，以至于被称为“创新之法”和“产业之法”。构建知识产权运行机制，实现法治运行与社会运行的相互促进，并达致预期的制度目标，需要国家在战略层面作出总体安排和长远谋划，这即是包括法律实施、政策推进和文化养成的知识产权战略问题。知识产权战略就是通过规划、执行、评估等战略举措，谋求创新发展战略目标实现而采取的全局性、整体性规划和安排，这种战略是“总政策目标”的集中体现，在特定的历史时期始终具有较强的总括性和稳定性。[①] 2008 年《国家知识产权战略纲要》的发布和实施，是中国知识产权制度建设最具时代意义和国际影响的一件大事，标志着知识产权运行在中国开始走向战略主动，知识产权法律本土化改造由此出现战略突破。国家战略的有效实施，使得知识产权法律与本土国情契合，并为中国崛起带来发展能量。这一做法对发展中国家具有带动作用，对发达国家产生震动影响，受到国际社会的高度评价。世界知识产权组织总干事高锐认为：“中国将知识产权上升为国家战略，其经验值得其他国家特别是发展中国家学习。”[②] 可以认为，知识产权战略以新发展理念为指导，深刻地展现了中国知识产权运行的发展方向。

二是知识产权运行的政策实施。中国知识产权政策发展，具有本土资源意义上的政策思想和政策主张，具有服务创新发展目标和配置法律规范的重要功能。公共政策是政府主体制定的关于公共事务管理的规范性文件，通常表现为一系列的法令、条例、规章、规划、计划、措施、项目等构成的统一性、关联性的制度系统。在知识产权政策体系中，本体政策主要是与知识产权创新、运用、保护、管理相关的政策文件，包括战略纲要、发展规划、年度推进计划等；关联政策涉及创新成果产权化、知识产权产业化、对外贸易“知识化”等相关政策措施，包括科技发展规划、成果转化措施、产业发展目录、企业促进

① 参见吴鸣：《公共政策的经济学分析》，5 页，武汉，湖北人民出版社，2004。

② 《世界知识产权组织总干事：中国国家知识产权战略值得推广》，http://jingji.cntv.cn/20111109/113975.shtml，最后访问日期：2018 年 5 月 21 日。

办法等；支持政策表现为财政、金融、税收、人才等扶持、辅助等政策手段，包括质押融资、税收优惠、人才奖励等。[①] 中国知识产权运行的重要经验，就是建立一个比较系统且为有效的公共政策体系。在公共政策的体系建构中，中国“强化知识产权在经济、文化和社会政策中的导向作用”，“加强产业政策、区域政策、科技政策、贸易政策与知识产权政策的衔接”[②]。上述政策性文件具有专门化和多层次的特点，尽管存在着政策协调性不够、可操作性不强的问题，但总体来说，中国注重借鉴创新型国家的政策发展经验，有效发挥本土社会制度优势和公共政策力量，为知识产权战略实施提供了必要的政策基础。

三是知识产权运行的环境治理。社会环境是保障知识产权良好运行的外部条件和内生基础，主要包括法治环境、市场环境、文化环境等。在国家现代化治理体系中，有三个具有支柱作用的基本要素，即制度、行为和信念。[③] 就知识产权环境治理而言，上述要素表现为提供法则和制度规范的法治环境、形塑行为样态和交易方式的市场环境、养成法治价值共信和创新价值共识的文化环境。在环境治理构成中，首先是法治环境的治理，涉及一整套制度安排和治理体制、机制构成，是作用和塑造知识产权治理能力的基础性要素，旨在为知识产权运行提供内容规范和法治保障。知识产权法治环境的本土改造目标是“和谐善治”。“和谐”作为法律的终极价值，在治理语境下是一种科学有效的目标系统，表现了治理环境中配合适当、协调有序的理想状态。[④] 在中国，形成一体化的知识产权法律体系和以知识产权为导向的公共政策体系，实行专利、商标“二合一”的知识产权集中管理模式，构建司法裁判、行政执法、行业仲裁、第三方调解、企业自治的知识产权“多元共治”体系等，这些或是对世界先进治理经验的有益借鉴，但更多是知识产权本土化治理的成功探索。其次，

---

① 参见张鹏：《知识产权公共政策体系的理论框架、构成要素和建设方向研究》，载《知识产权》，2014（12）；刘华：《知识产权公共政策的模式选择与体系构建》，载《中国软科学》，2009（7）。

② 《国家知识产权战略纲要》，北京，知识产权出版社，2008。

③ 参见叶本乾：《路径-制度-能力：现代国家建构维度和建构有限国家研究》，载《中共四川省委省级机关党校学报》，2014（2）。

④ 参见易继明：《构建集中统一的知识产权行政管理体制》，载《清华法学》，2015（6）。

市场运行体制和市场运作环境的治理，也是知识产权环境治理的当然内容。面对知识产权产业化、商品化以及资本化所形成的知识经济市场，应发挥市场配置资源的主体作用，其基本规则是“保护知识产权、公平竞争、维护市场秩序”；同时，要规范政府的经济治理行为，其基本原则是“适当调控，有限参与，有效监督”①。总之，知识产权市场环境治理是以法治经济为目标选择。最后，文化养成是知识产权运行机制的基础工程。知识产权文化应是被法律化的主体即社会成员的共同信仰和追求。它首先是法治价值共信。在知识产权语境下，法治价值共信具体表现为“保护知识产权，维护市场秩序”。基于这一法律认同，形成法治思维定式和法治行为方式，以此构建知识产权法治秩序的生成基础；同时也是创新价值共识。知识产权法律以基于创新所产生的社会关系为主要调整对象，体现了尊重创新、保护私权的主旨，创新是知识产权主体的行为动因和目标追求。

二、知识产权法律现代化趋势及其应对

从传统国家走向现代国家，是人类社会文明发展的必然选择。“现代化”主要指自工业革命以来出现的一个世界性的变革过程，这一过程以知识化、工业化为社会发展动力，以法治化、市场化为社会环境构成，上述既定特征的呈现和完善表明社会实现了从传统走向现代的转变。② 知识产权法律是近代科学技术和商品经济发展的产物。在科技革命兴起并作用于社会生产的过程中，非物质性的知识产品与物质性的工业产品都具有同等的商品价值。科学技术在社会生产中的广泛运用，既提供了新的投资机会和新的产品形式，也提出了保护知识产权的制度需求。知识产权制度与企业法人制度是法律创新的产物，被称为“现代产权制度建立的标志”③。制度创新一般是指立法主体或政策主体通过新的制度构建和安排，以满足科技创新需求的创制性活

① 顾功耘：《经济法治的战略思维》，载《法治与社会发展》，2014（5）。
② 关于“现代化”问题，可参见罗荣渠：《现代化新论》，北京，商务印书馆，2004。
③ 刘凤朝：《论技术创新与制度创新的互动》，载《科学技术与辩证法》，2000（2）。

动，包括产业制度、产权制度、企业制度、经济管理制度、市场交易制度、权利保障制度等各种规范的构建和革新。习近平在谈及知识产权问题时，多次强调提升产权意识，知识产权保护是完善产权保护制度最重要的内容，要加快新兴领域和业态知识产权保护制度建设[①]，明确指出了知识产权的产权制度属性。现代知识产权法律以产权（私权）为中心构建了基本制度框架：一是产权界定，为创新活动进行产权制度配置，实现知识财产私权化；二是产权运作，为创新产业发展提供产权交易制度，实现产权商品化流动；三是产权保护，为创造性成果提供产权保障，以维护知识市场秩序。可以认为，知识产权作为现代产权制度的核心构成，在国际上被视为人类社会现代化进程中的制度创新。

知识产权法律是国家现代化发展的一种制度标志，必须保持制度本身的时代先进性和其促进社会发展的进步性，这即是知识产权法律现代化问题。知识产权法律经历了从工业革命到知识革命的不同时期，始终关注科学技术的发展，深刻地表现了制度创新本质和知识创新功能，其法律变迁的历史就是人类社会创新发展的过程。当下知识经济时代就是知识产权时代，科学技术发展需要新的观念突破、新的理论建构、新的制度设计。现代知识产权法律的重大变革，即是回应新知识、新技术带来的挑战。自20世纪下半叶以来，以微电子技术、生物工程技术与新材料技术为代表的“新技术革命”得以出现，各国立法者不得不“修纲变法”，探索法律保护的新路径：一是沿用“传统保护法”，即改造传统知识产权规则对新技术给予保护，从“电子版权”“电子商标”到“药品专利”“化学物质专利”等，使得知识产权法律在规范内容方面有许多变革和创新；二是采用“相关保护法”，即融通工业产权法与著作权法的若干规则，设计出或此或彼的“工业版权”制度来保护半导体芯片；三是创设“特别保护法”，即将知识产权向“信息产权”扩充，对一些新的信息产品，如“未公开的信息”“信息数据库”等，给予准专利

① 引自习近平2017年中央财经领导小组第16次会议上的讲话，以及2018年博鳌亚洲论坛开幕式上的主旨演讲。

或其他专有权利的保护。①

肇始于20世纪80年代直至现在依然深入发展的“知识革命”，是新技术革命的继续和深入。其中，信息技术和基因技术是最具影响力的时代技术，它不仅改变人类的生产、生活和交往方式，而且引发知识产权法律的深刻变革。其主要问题是：（1）主体资格的突破。在私法制度中，主客体二分法是一基本原则，主体为法律意义上的“人”，既包括具有自然属性的人（自然人），也包括法律拟制的人（法人），他们皆为“法的人格者”②。而客体则是人以外不具有意思能力的物体，既包括物质产物（物），也包括精神产物（智力成果）。主客体认定标准本已分明，但这一界限现在却发生动摇。从基因时代到智能时代的一个重要变化，就是主体类型可能突破，身份认定更加复杂，诸如“克隆人”、智能机器人，将以“类人主体”的方式出现，成为能够表现人类独特性征的拟人化物体。民事主体制度的改造，在近代是为法律拟制，即法人取得主体资格；而在当代，人类智慧拟制的“克隆人”、智能机器人能否视为主体，这是知识产权法律乃至整个私法制度面临的难题。③（2）客体范围的扩充和限制。知识革命的出现，创造出新的知识产品，极大地丰富了知识产权客体范围。在知识产权法律现代化进程中，著作权到客体经历了从传统到现代的不断演进，从“印刷作品”到“模拟作品”到“数字作品”，以至当下人工智能的生成作品，无论是考量独创性的思想表达外观，还是基于自然人独创或人机合作的人格主义基础，该类作品都具有“可版权性”。专利权客体更是对高新技术成果作了直接回应，从微生物、动植物品种到基因物质都进入专利保护的范围，而人工智能的生成发明，包括遗传编程、人工神经网络、机器科学家等，也成为“可专利性”主题。④ 在讨论客体利用方式不断拓展的同时，我们更应关注高新技术专利的排除领域，从反思的现代性出发，仅对先进技术提供知识

① 日本学者认为“信息与知识产权具有同源性”，“知识产权法可以称为‘信息保护法’”。参见北川善太郎：《著作权市场的模式》，载《著作权》，1999（4）；中山信弘：《多媒体与著作权（一）》，载《电子知识产权》，1997（5）。

② 北川善太郎：《日本民法体系》，李毅多等译，56页，北京，科学出版社，1995。

③ 参见吴汉东：《人工智能时代的制度安排与法律规制》，载《法律科学》，2017（5）。

④ 参见熊琦：《人工智能生成内容的著作权认定》，载《知识产权》，2017（3）；季冬梅：《人工智能发明成果对专利制度的挑战》，载《知识产权》，2017（11）。

产权保护是不够的，在保持技术信任的同时还必须防范其可能带来的风险。例如，“不可专利性主题”应明确指向违反公共秩序或某些不宜授权的发明，包括基因技术中克隆人的方法、人的胚胎的商业利用、人体基因序列的简单发明，智能技术中“杀人机器人”“机器偏见”“黑箱算法”等。(3) 权利保护规则的发展。知识革命在带来新的知识产品同时，也要求法律制定新的保护规则。在信息技术领域，基于网络传播和数据存储技术的发展，著作权权项内容不再局限于复制权、发行权等传统类型，从而催生了信息网络传播权、数据库作者权；著作权侵权认定原则和规则也发生变化，从“技术中立原则”到“诱导侵权原则”，网络服务提供商的间接侵权责任得以确立。与此同时，在侵权责任的合理界定方面，则创制了诸如“避风港规则”“服务器标准”等。在基因技术领域，专利法开放了“可专利性主题”，使之延其“阳光下人类制作的任何成果”，这一变化几乎成为专利立法现代化的主流。应该看到，相关法律变革既有权利范围扩大，例如，基因发现与基因技术发明具有同等的创造性意义，法律将前者列入保护范围之内，因此“专利品能授予发明而不能授予发现”的传统规则已然改变[①]；同时也有相关利益的合理分配，基于基因信息对基因技术的本源性价值，法律对基因信息提供者构建了知情同意和利益分享机制。应该强调的是，上述问题并不是知识产权法律变革的全部内容，但也许是法律现代化改造的重点和难点。

知识产权法律现代化，在国际社会是与工业文明相伴而生的制度文明，在发展中国家则是法律本土化基础上的制度跨越。法律现代化，是一个现代制度体系不断成长、成熟的长期过程，更是与工业化、市场化等现代化要素相互作用、促进的发展过程。围绕高新技术的知识产权法律变革，既要着眼制度的先进性甚至是超前性，又要考量制度的合理性、可行性。与知识产权发祥地欧美等国的法律进程不同，中国在知识产权法律现代化发展方面有着自己的理论智识和实践经验。

(1) 法律现代化的多元性问题。在法律发展的历史上，资本主义制度为知

---

① Joseph M. Reisman, Physicians and Surgeons as Inventors: Reconciling Medical Process Patent and Medical Ethics, Berkeyley Technology Law Journal, Vol. 10, No. 2, pp. 355 - 405, 1995.

识财产私权化奠基，从英国《自由大宪章》到法国《人权宣言》，都确立了知识产权秩序的宪法基础。正如学者所言，“所有知识产权法律都是其所处社会和经济政治环境的产物”[①]。知识产权本是西方地缘环境中产生的制度文明，一般认为，英国1623年制定《垄断法规》（专利法）、1709年制定《安娜法令》（著作权法），法国1857年制定《关于使用原则和不审查原则为内容的制造标记和商标的法律》（商标法），是为近代知识产权法律的开端。在现代性观念的操纵下，这种欧洲中心主义的地方性知识得以神圣化并在全球制度构建中推而广之，从而成为社会历史进步的一个“标准样板”，即知识产权法律是现代国家推动精神生产、智力创造和知识经济发展的制度安排。毋庸置疑，世界贸易组织及其《知识产权协定》在全球范围内提供了有关知识产权的共同规则，包括统一性的国际保护体系与有效性的争端解决机制。不同发展程度的国家和民族作为缔约方必须接受知识产权国际规则，但这并不能排斥各国特别是发展中国家对知识产权理解和诠释的“话语权力”[②]，即在现代化大趋势下有着多元性的不同发展样态。可以认为，对知识产权法律的解读不能是一种理论模式，其赖以存在的思想基础是人类共信的法律价值观念和法律信仰，它不应是“西方中心主义”，当然也不是狭隘的民族主义。在这里，单一现代性被多元现代性所取代，知识产权法律的现代化被认为是文明间相互碰撞、交流、对话的结果。多元现代性并非否认单一现代性的存在价值，而是在于发挥现代性的反思能力，继而克服现代性的理性局限性。[③] 中国知识产权法律的现代化，一方面要摒弃本土自身的历史背负，从法律的本土化到现代化，必须解决法律、政策、文化等制度理性欠缺的问题，才能实现现代法治的历史性跨越；另一方面又要防止制度文明导入的制度风险，诸如法律政策、工业制度乃至科学技术的运用，既是一种进步，也可能是一种风险。[④] 法律现代化的过程也是制

---

① Alison Firth, The Prehistory and Development of Intellectual Property System, Sweet & Maxwell, p. 3, 1997.

② 《知识产权的共同规则与自主话语》，载《中国社会科学》，2011（5）。

③ 参见徐清飞：《多元现代性与法制现代化——基于当下中国的话语与视角的分析》，载《政法论坛》，2007（5）。

④ 参见成伯清：《“风险社会”视角下的社会问题》，载《南京大学学报（哲学社会科学版）》，2007（2）。

度风险防范的过程。可以认为，中国在吸收全球共同制度文明成果和法律规则的同时，更应努力探寻适合本土文化语境和发展需要的现代化知识产权制度，包括法律适用规范体系和政策运行体系，这对于发展中国家在国际社会构建多元现代模式是有着示范意义的。

（2）法律现代化的阶段性问题。知识产权法律现代化是现代国家制度文明建设的重要任务。知识产权法律现代化置身于社会变革和时代变迁之中，它是整个历史时期的发展过程，而不是一次性运动的结果，各国法律政策的决策者必须处理好知识产权立法的时代性要求与本国阶段性选择的关系。知识产权法律现代化并不能一蹴而就，对这一过程可在不同阶段采取不同的推进力度和速度。2005 年联合国报告援引千年项目专家意见，提出了一个适用不同国家知识产权保护的调整方案，发展中国家在遵守国际公约最低保护标准的基础上，可以根据自己的发展阶段和发展水平来选择不同的知识产权制度。① 上述建议蕴含着阶段性选择的两个原则：一是与“最低保护标准”相一致的原则。“最低保护标准”是国际公约的基本原则，为各缔约国提供了知识产权保护的统一标准，其功用在于克服各缔约国之间法律规则的差异性。换言之，缔约国对知识产权法律的选择，在保护标准上可以超出但不得低于公约规定。因此，阶段性选择是有限制的。二是与本土科技、经济发展水平相一致的原则。科技、经济发展水平，是一国选择知识产权法律的社会条件。所谓阶段性选择，就是实现法律的本土化与现代化的协调，知识产权法律保护水平的选取不能落后或超出某一历史阶段的科技、经济发展水平。由此可见，阶段性选择是有条件的。发展中国家处于不同发展阶段并有着不同发展能力，不能一概而论。从长远发展战略观察，发展中国家如果科技、文化产业条件得到满足，较高水平的知识产权保护将有助于当地的发展和进步。② 近 40 年来，中国知识产权法治建设，先后经历了“法律初建”（从 20 世纪 80 年代初到 20 世纪 90 年代初）、“法律发展”（从 20 世纪 90 年代初到 21 世纪初年）、“法律完善”（从 21 世纪初年到

---

① Calestous Juma, Lee Yee-Cheong, Innovation: Applying Knowledge in Development, Earthscan in the UK and USA, pp. 25, 2005.

② 参见英国知识产权委员会：《知识产权与发展政策的整合》，国家知识产权条法司编译，109 页。

现在）的不同阶段[①]，基本完成了法律框架草创以至法律现代化初成的历史任务。可以说，从现代化目标指引下的本土化到本土化基础上的现代化，无一不是阶段性的选择和谋划。

（3）法律现代化的风险性问题。在知识革命时代，法律和政策的“科学理性”得到全面的弘扬，而以人的发展和社会和谐为核心的“价值理性”却遭到某种忽视。贝克认为，现代社会中的重要知识原则就是“科学理性”，正是这种表面“全知全能”实则“片面垄断”的工具理性，造成了现代社会的诸多问题。“工具理性和技术的蚕食耗尽了日益现代化的本质”，“人类社会充满生机的关系成为工具理性”[②]。这即是整个法律发展特别是知识产权法律现代化过程中的风险问题。知识问题是现代性风险的根本成因，工业文明、科技文明一方面带来社会的发展进步，另一方面也潜伏着对社会可能的危害，例如，与信息社会安全有关的网络技术风险、与人类社会安全有关的基因技术风险、与生物多样性有关的生态风险、与文化多样性有关的文化风险、与自然人基本权益相关的人工智能风险等。概言之，人类正在或已经面临着威胁其生存的由社会所制造的风险。现代化正在成为它自身的主题和问题，因此变得具有反思性。[③] 在风险社会的语境下，上述技术性风险与制度化风险形成共生状态，后者可能是对高新技术应对无措的“制度缺失”，也可能是对高新技术应对有误的“制度失败”。知识产权法律在其现代化过程中，既要保持时代性、先进性，也要注重安全性、稳妥性，应该警惕“工具理性”“科学理性”的越位，防止“价值理性”“社会理性”的缺位。中国知识产权法律的时代构建，必须坚持新发展观的核心理念，强调人本主义的“创新发展”、公平正义的“共享发展”、人与自然和谐的“绿色发展”等，以此保持知识产权法律现代化的正确方向。就制度设计而言，知识产权应在法律保障发展与法律控制风险两个方面发力：一方面，发挥激励知识创新的制度功能，诸如授权客体的扩展和权利保护的加强，即是促进高新技术发展的法律机制表现。另一方面，也要发挥防

① 参见吴汉东：《中国知识产权法制建设的评价与反思》，载《中国法学》，2009（1）。

② 乌尔里希·贝克：《世界风险社会》，吴英姿译，103页，南京，南京大学出版社，2004。

③ 参见乌尔里希·贝克：《风险社会》，何博闻译，16页，南京，译林出版社，2004。

范技术风险的制度功能，例如规定权利客体的排除领域、限制权利行使范围、禁止权利滥用等，这些无一不是消解高新技术潜在风险的法律规范举措。

（4）法律现代化的非现代性问题。现代知识产权法律的保护对象是新知识、新技术，其对智力成果私权化进行了精心的制度设计和严格的强力保护。应该指出的是，这一制度可以对智力创新给予激励和保障，却无法对智力源泉提供涵养和庇护。质言之，知识产权关注的是智力成果的新颖性和创造性，但忽视了知识产品的本源性。在现代化语境下，现代知识占据主流地位而成为知识产权保护的中心，而传统知识是一种地方性知识，是特定人群在特定社会环境中发展起来的特定知识类型，表现出鲜明的文化多样性①；遗传资源作为“人类自然遗产”，与现代基因信息产权相区别而存在，它是传统部族独有的具有稀缺性的物质资源，记载有生物多样性的“遗传密码信息”②。没有传统知识和遗传资源的供给，人类精神生产活动将成为无源之水、无本之木。这即是知识产权法律现代化运动必须考虑的非现代性问题。长期以来，传统知识和遗传资源处于权利真空状态，由此导致了东西方国家的利益失衡。正如一些学者所指出的那样，发展中国家的智力源泉搁在了公共领域，而发达国家的智力创造成果被紧紧掌握在私人公司手中。③ 将传统知识和遗传资源作为知识产权的“新客体”似不可能，这是因为它们缺乏知识产权保护的基本要素，或权利主体难以特定，或授权条件不能具备，或保护期限无法起算等，这些都与知识产权法律保护私人创新、现代创新的理念不符。中国知识产权界与同国际社会正在讨论一个与新的权利制度即“传统资源权”④。这种制度保护的是“传统”型财产、“本源”性财产，这种财产为现代化的“知识财产”提供了创造性源泉，这即是与知识产权有关的文化多样性和生物多样性保

① 参见李发耀：《多维视野下的传统知识保护机制实证研究》，北京，知识产权出版社，2008。

② 徐海根等：《外来物种入侵·生物安全·遗传资源》，342～343页，北京，中国人民大学出版社，2003。

③ See Anupam Chander, Madhavi Sunder, The Romance of the Public Domain, California Law Review, Vol. 92, No. 5, pp. 1348 - 1353, 2004.

④ 龙文：《论传统知识财产权利的实现形式》，载国家知识产权局条法司编：《专利法研究(2004)》，北京，知识产权出版社，2005。

护制度。[①]“传统资源权”没有颠覆现代知识产权法律的制度根基，但却是维系传统文化与资源大国优势的制度创新。尽管国际社会对这一制度的权利架构存有争议，但其生成是对法律现代化运动中的非现代性问题的有效应对，它不仅反映了一种新的利益格局的形成，也昭示着未来知识产权法律的某种变局。

三、知识产权法律一体化格局及其选择

知识产权国际保护是现代知识产权法律的重要构成，自从19世纪80年代以来，以《保护工业产权巴黎公约》(1883年)、《保护文学和艺术作品伯尔尼公约》(1886年)、《知识产权协定》(TRIPs)(1994年）等国际公约为制度基础，以世界知识产权组织（WIPO)、世界贸易组织（WTO）等国际组织为制度运行平台，知识产权领域形成了国际性法律规则和秩序。在知识产权国际保护体系的协调和规制下，缔约方各自建立的知识产权法律，逐步走上了一体化、趋同化、国际化的道路。

在知识产权国际保护体系中，WTO及其“TRIPs”发挥了主导作用。现代知识产权法律一体化格局，有以下三个特点：首先是国际法律体系与国际贸易体制的一体化。知识产权保护是国际经贸体制的重要组成部分，在WTO框架下成为缔约方必须遵守的“贸易规则”。这就是说，任一缔约方在国际贸易体制内享有无差别的最惠国待遇，但同时需要承诺对知识产权提供充分、有效的保护，并保证知识产权执法措施与程度不至于变成合法贸易的障碍。[②] 以此为基础，继而实现法律保护标准在缔约方之间的一体化。根据国际公约的“最低保护标准原则”，各缔约方根据其本国法提供知识产权保护不能低于该公约规定的最低标准。“最低保护标准”即“一致性标准”，涉及知识产权对象、取得、内容以至保护等基本规范，是各缔约方国内立法的

---

① 参见吴汉东：《文化多样性的主权、人权与私权问题分析》，载《法学研究》，2007（6）；《关于遗传资源客体属性与权利形态的民法学思考》，载《月旦民商法杂志》，2006（12）。

② 参见《知识产权协定》序言。

准据规则。正是这一原则的普遍适用，导致了知识产权法律一体化的格局形成，即在知识产权保护领域，国际法高于国内法，国内法同于国内法，国内法遵从国际法。法律一体化的另一表现是国际保护制度从实体规则到程序规则的一体化。以往国际公约主要规定知识产权国际保护实体内容，缺乏有约束力的执法措施和有效力的争端解决机制，以至于被称为“软法”①。“TRIPs”强化了执法程序和保护措施，规定了司法复审、民事程序、损害赔偿、临时措施、边境措施等；同时，设计了磋商、斡旋、裁定、上诉、执行的纠纷调处程序，为知识产权保护“安上了 WTO 争端解决机制的牙齿”②。在 WTO 贸易体系及其执行机制和争端解决机制的约束之下，知识产权保护既是高水平的知识产权保护，也是高效率的知识产权保护，这即是知识产权法律一体化的实质要义。

进入 21 世纪以来，是为“后 TRIPs 时代”。WTO 缔约方对于知识产权利益的协调和分享，表现了新的政策立场并提出新的权利主张。在围绕“TRIPs”的国际磋商未能取得成功的情况下，国际社会出现了绕过“TRIPs”的双边主义以至单边主义，使得知识产权法律一体化格局发生新的变化：(1) 多样化。在知识产权国际立法中，WTO、WIPO 继续发挥主导作用，但在主导机制之外，“知识产权造法活动日趋活跃，参与主体复杂、利益取向多元、规范多样化”的特征愈加明显。③ 许多国际组织、国际机构正在和已经扮演重要角色，因而出现一个多元的立法机制，包括国际人权组织以及联合国经发组织、教科文组织、粮农组织、世界卫生组织等的立法活动，许多都与知识产权保护有关。目前，知识产权保护话题不仅与国际贸易相关，而且与国际人权、生物多样性、文化多样性、可持续发展、气候变化、公共健康等问题挂钩。知识产权国际秩序成为国际秩序中的重要组成部分，因而为诸多国际机构、组织所关注。可以认为，传统的主导立法机制依然存在，新的多元立法机制已然出

① 古祖雪：《国际知识产权法》，62～63 页，北京，法律出版社，2002。

② Tuan N Samahon，TRIPs Copyright Dispute Settlement After the Transition and Moratorium：Nonviolation and Situation Complaints Against Developing Countries，Law and Policy in International Business，Vol. 31，No. 3，pp. 1055，2000.

③ 参见杨静：《自由贸易协定知识产权条款研究》，1 页，北京，法律出版社，2013。

现，从而形成知识产权国际立法的“两个中心，多种渠道，南北对弈，趋向平衡”的格局。[①] 应该承认，这种格局能够多方面、多维度地反映各主权国家、各非国家机构、知识产权主体以及社会公众在知识产权领域的不同立场、观点和利益诉求，是对 WTO 和“TRIPs”主导知识产权国际保护制度的补充和矫正，因而多样化格局是健康的、有益的。（2）碎片化。在知识产权多边磋商机制停滞不前的情况下，区域或双边机制却日益活跃，世界贸易组织的一些缔约方签署了若干区域自由贸易协定，如《跨太平洋伙伴关系协定》（TPP）、《区域全面经济伙伴关系协定》（RCEP），以及 300 多个双边自由贸易协定。上述区域和双边自由贸易协定含有“TRIPs-plus”条款，这是一种高水平保护知识产权的附加条款，诸如延长保护期限、增加权利内容、限制合理使用、强化执法措施等。“TRIPs-plus”条款是对国际规则的重要补充，但也弱化甚至动摇了 WTO 和“TRIPs”的权威地位。区域和双边自由贸易协定并不是封闭的，根据 WTO“最惠国待遇原则”，这些协定的任何“优惠、利益或好处”，当然包括附随义务和责任，都可能波及和影响其他缔约方。（3）单边化。在“后 TRIPS 时代”，缔约方之间的知识产权纠纷，或是诉诸 WTO 多边争端解决机制，或是依照区域和双边自由贸易协定解决，这些并没有改变知识产权法律一体化的格局。而单边主义的做法，是将其国内法凌驾于国际贸易规则即国际法之上，以对抗、报复代替磋商、仲裁，其实质是“逆全球化”的贸易保护主义行为。近年来，美国根据其《1988 年综合贸易与竞争法》、1930 年《关税法》等国内法规定，以与知识产权相关的“不公平贸易”为由，发动“301 调查”和“特别 301 调查”（针对作为贸易对手的国家）、“377 调查”（针对进入美国市场的企业）、“恶名市场调查”（针对外国电商和实体市场）。对缔约方国家之间的知识产权纠纷采取以我为主的单边主义报复，是不符合开放合作的国际大势和争端解决的国际贸易规则的，这一问题引起受制裁国家与整个国际社会的关注和批评。

多样化、碎片化、单边化是“后 TRIPs 时代”影响知识产权法律一体化格局的重要因素，其根本原因是国际力量对比发生深刻变化。在《关贸总协

---

① 参见刘笋：《知识产权国际造法新趋势》，载《法学研究》，2006（3）。

定》的多边谈判机制中，知识产权曾是一个“展现南北国家清晰分野的领域”①。这种二元对立的划分，即是将知识产权世界简单地划分为发展中国家与发达国家两大阵营，一边是主张严格保护的多边知识产权机制，另一边则寻求知识产权保护的例外规则、排除领域和过渡期。但是上述分类已经过时，各缔约方保护知识产权的国际立场悄然发生改变，在不同的议题上通常形成不同的利益集团。在传统知识、遗传资源乃至地理标志保护方面，不再是发达国家与发展中国家“南北矛盾”的简单划分，而是所谓的“新世界”国家与“旧世界”国家之间的利益冲突。新旧两个世界中既有发达国家，也有发展中国家。② 美欧之间的利益冲突和政策分歧，使得发达国家在知识产权国际保护领域出现不同声音。更有甚者，美国曾是知识产权法律一体化进程的引领者和推动者，而今出于其“利益优先”的考量，屡屡成为世界贸易规则的局外者。这不仅影响到“TRIPS”实施的有效性和权威性，也对未来知识产权法律变迁带来了种种变数。当然，对知识产权国际格局带来最大影响的因素，是“新兴市场国家和一大批发展中国家快速发展，国际影响力不断增强”，这是“近代以来国际力量对比中最具革命性的变化”③。以中国、印度、巴西为代表的新兴经济体，其科技、经济水平迅速提高，竞相以知识产权作为本国创新发展的基本方略，提出了完善知识产权国际保护制度的诸多主张，从而改变了知识产权国际秩序的动力结构。就知识产权保护标准而言，新兴经济体与欠发达国家的立场存有差异，而与发达国家维护“TRIPs”的主张更为接近，它们力求“将本国价值理念和国家战略融入既有制度并作出有利于本国的新的制度安排”④。国家实力以及国家间实力的比较，是国际知识产权秩序形成的决定性因素，新兴经济体成为知识产权全球版图重构的重要力量。

---

① Peter K. Yu, The BRICS-Lawyers' Guide to Global Cooperation: Intellectual Property Negotiations, the BRICS Factor and the Changing North-South Debate, Cambridge University Press, pp. 148 - 179, 2017.

② 参见董炳和：《地理标志知识产权制度研究》，6页，北京，中国政法大学出版社，2005。

③ 引自习近平在中共中央政治局第27次集体学习时的重要讲话。

④ 吴志成、董柞壮：《国际制度转型与中国的应对》，载《当代世界》，2016（5）。

面对深刻复杂的世界局面，我们必须学习领会并贯彻落实习近平全球治理法治理念。其中，“构建人类命运共同体”“走和平发展道路”“构建以合作共赢为核心的新型国际关系”“推动国际秩序和全球治理体系朝着更加公正合理方向发展”等重要表述，不仅是中国对外交往和参与全球治理的先进理念指导，也是中国参与知识产权全球治理体系建构和应对知识产权国际制度变革的正确方向引领。在“后TRIPS时代”，我们不应限于遵守“TRIPS标准”、实施“TRIPS”，而要站在参与知识产权全球治理的高度，重新认识知识产权法律一体化的格局变化及路径选择。

（1）维护“TRIPS标准”与推动“体制转换”的一致立场。以WTO为主导的国际贸易体系和以“TRIPS”为中心的国际知识产权保护体制，在推进经济全球化和维护知识产权国际秩序方面发挥了重要作用。尽管“TRIPS”存在不尽合理、不尽公平的制度弊端，以至于被称为“最受争议的国际条约”，但毫无疑问也是“20世纪最重要的知识产权协定”①。“TRIPS标准”为知识产权法律一体化提供了最重要的基础，时至今天，新兴经济体已普遍接受“TRIPS标准”，不仅按照这一标准作为国内立法的根据，而且作为参与区域和双边知识产权合作的基准。与此同时，新兴经济体还推动“国际体制适当转换”。国际体制概念是国际关系学者于1982年提出的，其意指参与者预期集中于一个给定问题领域的原则、标准、规则和决策程序。② 在国际关系理论中，“体制转换”是在权利约束既定的情况下，国家和非国家参与者采用的使国际体制更精确地反映其利益而演化的策略，即通过条约协商、立法动议、规则制定等活动，从一个国际舞台转向另一个而改变现状的努力。可以说，“体制转换”为国家和非国家参与者提供了产生反体制标准的机会。③ “体制转换”在知识产权国际秩序建构中屡见不鲜：20世纪50年代的美国，通过“体制转

① Peter Drahos, John Braithwaite, Economics, Politics, Law and Health: Intellectual Property, Corporate Strategy, Globalization: TRIPs in Context, Wisconsin International Law Journal, Vol. 20, No. 3, pp. 452, 2002.

② See Stephen D. Krasner, Structural Cause and Regime Consequences: Regime as Intervening Variable, International Organization, Vol. 36, No. 3, pp. 186, 1982.

③ See Laurence R. Helfer, Regime Shifting: The TRIPs Agreement and New Dynamics of International Intellectual Property Lawmaking, Yale Journal of International Law, Vol. 29, No. 1, pp. 10 - 17, 2004.

换"在联合国教科文组织体制下制定并加入《世界版权公约》，长期拒不参加WIPO管辖的《伯尔尼公约》；80年代以来，美国等发达国家将知识产权国际立法的重心，从WIPO转向WTO而建立以"TRIPS"为核心的新秩序。就现阶段而言，相对于WIPO、WTO等传统体制而言，包括中国在内的发展中国家，可以利用生物多样性、文化多样性、公共健康、国际人权和发展等多个国际论坛来创建具有道义优势的新体制，以推动知识产权国际保护制度的变革；此外，也可以通过区域和双边自由贸易协定的知识产权条款设计，克服"TRIPs标准"的制度局限，例如对高新兴技术客体的保护和对传统知识、遗传资源的保护等。无论是在世界贸易组织框架下，还是在"体制转换"的区域或双边场合，我们都应从构建"人类命运共同体"的基本理念出发，致力于"建立平等相待、互商互谅的伙伴关系""营造公道正义、共建共享的安全格局""谋求开放创新、包容互惠的发展前景""促进和而不同、兼收并蓄的文明交流"①。这就是说，反对制度强加、规则主导的霸权行为，共商共建共享知识产权国际保护体系。

（2）发展中大国与知识产权大国的共同角色。我国是一个发展中大国，在中国加入WTO的谈判过程中，国际社会曾就中国究竟是发展中国家还是发达国家的地位问题存有争议。中国以发展中国家身份加入WTO，既是中国的正确政治选择，也反映了中国当时的经济水平。尽管"入世"以来，中国经济取得了长足的进步，在世界创新体系中占有重要位置，但人均收入和经济社会发展综合指标依然不高，总体仍处于发展中国家行列。这就说明，坚持发展中国家立场，反映广大发展中国家的利益与意志，是中国参与知识产权全球治理的基本角色定位。同时，我国也是一个发展中新兴大国，在世界政治、经济、科技、文化、教育等方面居于重要地位。2016年，中国新发明专利的数量已占全球总量的68.1%，版权产业的贡献率占到国民生产总值的7.33%，注册商标量十多年位居世界第一，成为名副其实的知识产权大国。"负责任大国"的外交政策，正在由"韬光养晦、有所作为"转向"奋发有为""积极有为"。在

① 习近平：《携手构建合作共赢新伙伴 同心打造人类命运共同体》，载《人民日报》，2015-09-29。

知识产权外交方面，应秉持合作、避免对抗的原则，与美欧发达国家“求同存异”，与新兴经济体“合作共赢”，对欠发达国家“普惠包容”。在知识产权保护领域，应从国际规则的遵循者、跟随者转变为参与者、建设者、维护者，其重大的举措包括：推动知识产权全球治理体系改革，增强和扩大发展中国家在国际事务中的代表性和发言权；在知识产权国际规则制定中，更多提出中国方案、贡献中国智慧；促进南北对话和南南合作，妥善解决知识产权国际争端。

（3）中国 FTZ 与国际 FTA、WTO/WIPO 的互动机制。在“后 TRIPS 时代”，WTO 和 WIPO 提供了多边主义的合作平台，“TRIPS”与其他知识产权国际公约统领着各缔约方关于知识产权保护的最低标准。而区域和双边自由贸易协定，也将知识产权条款作为其重点议题，因此，知识产权法律一体化格局呈现出一个双边、区域主义和多边主义之间循环往复的过程。在这种情况下，我国参与知识产权全球治理已经形成了一种互动性、关联性的运作机制，即国内自由贸易区（FTZ）→国际自由贸易区（FTA）→世界贸易组织（WTO）、世界知识产权组织（WIPO）的立体网络。其中，FTZ 是联结知识产权国内制度与国际制度的试验园区和重要纽带，自由贸易试验区旨在先行先试，主动与国际贸易规则接轨，实行准入前国民待遇和负面清单，以营造国际化、市场化、法治化的营商环境；FTA 是我国实现知识产权政策主张、法律方案的谈判场所和重要平台。双边和区域机制以合作共赢为主题，通过国际对话机制，推动知识产权国际保护的制度创新。WTO、WIPO 的多边机制是我国参与知识产权全球治理和应对知识产权国际事务的最终舞台和权威机构。经济学家普遍认为，多边贸易体制优于双边或区域自由贸易协定。[①] 对于知识产权制度而言亦是如此，WTO、WIPO 认定的知识产权保护标准才具有全球范围的普适性。中国适用和参与的上述机制并不是相互孤立的，而是有着相当的关联性，它们是一种互动机制，共同服务于我国参与知识产权全球治理的总体战略。

中国知识产权法律变迁，是一场理论创新、制度创新和实践创新的过

① 参见世界银行：《全球经济展望》(2005)，125 页，北京，中国财政经济出版社，2005。

程，表现了本土化、现代化、一体化的基本面向。知识产权法律生成在中国具有不同于以往大国所具备的历史情境、社会环境和国际场境，对此，我们无法简单依赖西方国家的理论工具作出诠释，也不可能借用他国经验模式进行复制。概言之，中国知识产权法律理论与实践有着自己的发展道路，这即是法律移植与世界文明的空间交汇，法律本土化与现代化、一体化的时间承接。中国知识产权法律制度的理论智识和实践经验，既是属于中国的，也是归于世界的。

国际变革大势与中国发展大局中的知识产权制度*

知识产权是当今国际社会关注的焦点问题，也是知识经济时代的主要制度基础。在国际上，随着各国间交往在经济、科技、文化领域的广泛展开，知识产权保护成为一个具有普遍约束力的游戏规则。世界贸易组织（WTO）《知识产权协定》（TRIPs）的生效，使得知识产权从智力创造领域直接融入国际经贸领域，并标志着知识产权制度进入统一标准的新阶段。尽管《知识产权协定》已经通过并实施，且被认为是“20世纪最重要的知识产权协定”，但它同时也是“最受争议的国际公约”①。进入后TRIPs时代的东西方国家，基于各自的立场，对于知识产权利益的协调与分享提出了新的要求；而当代“知识革命”的出现，使得法律领域发生重要变化，其中影响最深、冲击最烈，首推知识产权法。“新的国家创造的财产权是智力的而不是物质的”，新技术、新知识引发了知识产权扩张的“第二次圈地运动”②。对此，各国立法者不得不“修纲变法”，以回应“知识革命”对知识产权的新的挑战；与此同时，伴随着第二次民事立法浪潮，知识产权体系化、法典化活动也初见端倪。知识产权作为一种新问题、新关系、新制度受到立法者的高度重视，一些国家或编入民法

---

* 原载《法学研究》，2009（2）。

① Peter Drahos and John Braithwaite，Economics，Politics，Law and Health：Intellectual Property，Corporate Strategy，Globalisation：TRIPS in Context，20 Wis. Int'l L. J. p.452.

② Jame boyle，the Public Domain：The Second Enclosure Movement and Construction of the Public Domain，66 Law & Contemp. Prob. 38.

典，或编纂专门法典，试图在知识产权法律体系化方面作出新的努力；面对上述经济、技术、法律的新发展，自20世纪末以来，发达国家以及新型的工业化国家在其知识产权政策中，竞相确定了符合本国实际和服务国家利益的战略目标。在国家层面上，知识产权既是授予私人的“经济特权”，更是实现“更大的公共利益”这一政策目标的手段。① 有基于此，一些国家致力于运用知识产权制度，以维护其技术优势，保持其国际核心竞争力，在发展战略中进行了新的政策抉择。

笔者认为，以一种全局性、战略性、前瞻性的思维方法，解读知识产权制度国际化趋势中的重大问题，分析知识产权制度现代化进程中的立法设计，探讨本国知识产权制度战略化的政策选择和知识产权体系化的法典模式，从而把握知识产权法发展变革的规律和趋势，对于作为传统的发展中国家和正在建设创新型国家以及世界贸易组织成员的中国而言，具有重要的现实意义。

一、全球趋势：知识产权制度的国际化

经济全球化的出现和新的国际贸易体制的形成，是20世纪下半叶世界经济发展的重要潮流。这一潮流深刻地影响到21世纪的格局。② 在推动经济全球化进程方面，《关贸总协定》及其后继组织——世界贸易组织扮演着重要角色。与以往国际组织与国际公约不同，世界贸易组织及其《知识产权协定》将知识产权保护纳入国际贸易体制之中，知识产权制度一体化、国际化呈现出新的发展趋势。

知识产权法的国际化，寓意着知识产权保护的基本原则与标准范围的普适性。这一现象虽非始自今日，但当代知识产权制度的国际化有着自己的显著特征：(1) 以国际贸易体制为框架，推行高水平的知识产权保护。国际公约所规定的“最低保护标准”原则，其实质意义在于保证各缔约方关于知识产权保护

① 参见英国知识产权委员会：《知识产权与发展政策相结合委员会关于知识产权的报告》，6页，http：//www.iprcommission.org/graphic/chinese_intro.htm.

② 参见许明主编：《当代中国亟待解决的27个问题》，11页，北京，今日中国出版社，1997。

标准的一致性，与知识产权保护水平的高低并无关联性。与知识产权国际保护制度的草创阶段不同，以《知识产权协定》为核心的当代国际公约所确定的"最低保护标准"，体现了权利的高度扩张和权利的高水平保护，更多地顾及与参照了发达国家的要求和做法。质言之，现今的最低保护标准即立法一致性标准，绝不是低水平，它在很多方面超越了发展中国家的科技、经济和社会发展的阶段。应该看到，由于知识产权保护制度与国际经贸体制的一体化，国际上已经形成一种有效防止保护领域和保护程度下降的"棘齿机制"[①]。在这种情况下，发展中国家必须以承认高水平的知识产权保护规则为代价，来换取世界贸易组织提供的最惠国待遇。(2) 以执行机制与争端解决机制为后盾，推行高效率的知识产权保护。以往国际公约较少涉及知识产权保护程序的规定，尤其缺乏必要的执法措施和争端解决机制，以至于一些国际公约成为没有足够法律约束力的"软法"[②]。《知识产权协定》改变了以往注重协调的传统，首次将原本属于国内立法的知识产权保护的程序措施，转化为公约规定的国际规则，从而使它与实体规范一起成为各缔约方必须严格遵守的国际义务。这一变化，使得以往难以实施的国际知识产权规则具备相当约束力的可操作性，有学者形象地称《知识产权协定》为知识产权保护"安上了 WTO 争端解决机制的牙齿"[③]。

自从 1994 年世界贸易组织取代关贸总协定，《知识产权协定》正式生效以来，知识产权国际保护制度进入后 TRIPs 时代。《知识产权协定》在各缔约方普遍实施而引起的利益失衡，协定在实施过程中与国际人权的对抗冲突，传统资源保护引发知识产权制度的变革发展，是这一时期存在的主要问题。

问题一：《知识产权协定》的制度缺陷及实施效果。该协定作为世界贸易组织的基本法律文件，对知识产权国际保护作了新的制度安排，是迄今为止知

---

① 蒙启红：《论知识产权国际保护的棘齿机制》，载《经济理论研究》，2007 (1)。

② 孙皓琛：《WTO 与 WIPO：TRIPs 协议框架中的冲突性因素与合作契机之探讨》，载《比较法研究》，2002 (2)。

③ Tuan N Samahon, TRIPs Copyright Dispute Settlement After the Transition and Moratorium: Nonviolation and Situation Complaints Against Developing Countries, 31 Law & Pol' y Int' l Bus. 1055.

识产权保护范围最广、保护标准最高的国际公约，堪称“知识产权保护的法典”[①]。但是《知识产权协定》作为当代知识产权国际保护的核心法律制度，在其制定及推行过程中显见种种不足，争议的焦点即《知识产权协定》的合理性和适当性问题。其一，一揽子协议立法模式，没有解决东西方利益失衡问题。按照多边谈判方式的说法，一揽子协议立法模式为发达国家和发展中国家提供了一种各取所需、交换利益的场所与机会。在这种利益交换模式下，发展中国家因知识产权保护标准提高而导致进口知识产权的利益损失，可以被它们在世界贸易组织其他协议所获取的利益所弥补。但是，在世界贸易组织协商中，拥有较大市场份额的国家享有对决策的重要影响，实质上它们可被称为决策制定者，而那些市场份额较小的国家只是决策接受者。[②] 因此，在《知识产权协定》的谈判及签署中，发达国家的绝对主导地位是非常明显的，而由此形成的规则显然不是平等的。正如有学者所指出的那样，《知识产权协定》是一种明显向发达国家倾斜的国际知识产权体制，其结果是发展中世界智力产品搁在了公共领域，而发达世界的智力产品被紧紧掌握在私人公司手中。[③] 其二，《知识产权协定》的实体规则明显偏袒知识产权大国（发达国家），发展中国家对实施协定存在诸多困难。2002 年，总部设在英国的知识产权委员会发布的研究报告，对协定不考虑不同国家经济环境和发展水平的差异而一概要求所有缔约方采用相同的知识产权保护标准提出了尖锐的批评。报告指出，适合于发达国家的知识产权保护标准可能给发展中国家带来的成本大大超过可能获得的利益，因为这些国家严重依赖含有其他国家知识产权的技术、知识产品来满足自身基本需求和发展需要。[④] 2003 年，联合国发展计划委员会发布关于世界贸易体制的报告，对《知识产权协定》的适当性提出怀疑，呼吁发展中国家就替代性知识产权规则取代《知识产权协定》开始对话，在新条约出现之前，各国

---

① 曹建明等：《世界贸易组织》，312 页，北京，法律出版社，1999。

② 参见［英］戴维·赫尔德、安东尼·麦克格鲁：《治理全球化：权力、权威与全球治理》，曹荣湘等译，12 页，北京，社会科学文献出版社，2004。

③ See Anupam Chander，Madhavi Sunder，The Romance of the Public Domain，92，Calif. L. Rev. pp. 1348 - 1353.

④ 参见刘筭：《知识产权国际造法新趋势》，载《法学研究》，2006（3）。

可修改有关协定的解释和执行方法。我们承认，国际知识产权秩序是国际政治经济力量博弈的结果，尽管不能否认《知识产权协定》经国际立法程序而制定的合法性，但是我们没有理由将其神圣化，而应该理性地进行规范分析，努力地推动制度完善。

问题二：《知识产权协定》与国际人权的冲突。自进入后 TRIPs 时代以来，国际社会十分关注知识产权与基本人权的关系问题，从多哈会议通过的关于《知识产权协定与公共健康的宣言》，到坎昆会议前夕达成的关于该宣言第6段的实施决定，表明《知识产权协定》的法律框架在不断发展和完善，其推动力主要是知识产权与人权的冲突及其平衡。对《知识产权协定》实施过程中人权问题的关注，首先来自国际人权组织。2000年，联合国人权促进小组委员会发表了《知识产权与人权的协议》，审查了《知识产权协定》对国际人权带来的影响，宣称："由于《知识产权协定》的履行没有充分反映所有人权的基本性质和整体性，包括人人享有获得科学进步及其产生利益的权利，享受卫生保健的权利、享受食物的权利和自我决策的权利，所以《知识产权协定》中的知识产权制度作为一方与另一方的国际人权法之间存在着明显的冲突。"① 同样，联合国经社理事会促进和保护人权大会作出专题报告，指出知识产权与人权之间有着"现实存在的或可能存在的冲突"，"TRIPs 所包含的知识产权措施与国际人权是冲突的"②。依照国际人权标准，知识产权国际保护制度与之有以下明显或潜在的冲突，表现自由与严格规制知识产权限制的冲突，隐私权与信息数据库权利扩张的冲突，等等。③ 以健康问题为焦点，相关国际组织开始了针对《知识产权协定》的"软法"造法活动。世界卫生组织及诸多非政府组织积极参与了公共健康的维权活动，它们敦促国际社会关注《知识产权协

---

① UN Commission in Human Rights: Intellectual property and Human Rights, 2000, E/CN1. 4/Sub. 2/2000/7.

② Sub-Commission on the Promotion and Protection of Human Right: Intellectual Property Rights, Fifty-Second Session, agenda item4. E/CN. 4/Sub. 2/2000. 7.

③ 参见吴汉东：《知识产权 vs. 人权：冲突、交叉与协调》，载（台湾）《法令期刊》，2003年8月号。

定》的消极影响，重视健康和药品获取权[1]；鼓励各国尽可能利用《知识产权协定》的弹性条款和开放性条款，在协定的"总轮廓之内型塑权利和权力的结构"，"以满足缔约方政治的、社会的、经济的和其他改革目标"[2]。应该看到，国际人权组织以及其他国家组织，对公共健康等人权问题的关注，尽管是一种批评与警示，或是一种"软法"造法活动，但是它对后 TRIPs 时代国际知识产权制度的改革将会产生深远的影响。

问题三：传统知识与知识产权制度变革。传统知识、遗传资源等新型财产权制度的出现，对国际知识产权制度的发展产生了巨大的推动作用。这一情形使得知识产权保护范围从智力成果的本身发展到智力成果的源泉，使得发展中国家在知识产权资源的国际竞争中改变劣势地位成为可能。2000 年，世界知识产权组织成立了"知识产权与遗传资源、传统知识和民间文学艺术"的政府间专门委员会，着手探索有利于现代知识产权制度的传统知识保护问题。对于这一问题，世界贸易组织也给予了高度重视。2001 年多哈会议的部长声明第 18～19 条已将传统知识问题列为下一次多边谈判考虑的议题。除此之外，在有关人权、文化、贸易、粮农、土著权利、劳工标准、可持续发展、土地、环境等问题的国际论坛上，诸如联合国教科文组织、联合国环境计划署、联合国粮农组织、联合国贸易与发展会议、联合国开发计划署、世界卫生组织、世界粮食计划署等国际机构对传统知识、遗传资源的保护问题也进行了广泛的讨论。[3] 更为重要的是，国际社会对传统知识保护的制度安排进行了有益的探讨，发动了超越世界贸易组织体制的"软法"造法活动。其中，2001 年联合国粮农组织的"粮食和农业植物遗传资源委员会"大会通过的《粮食和农业植物遗传资源国际条约》与 2005 年联合国教科文组织大会通过的《保护和促进文化表现形式多样化公约》，即是针对《知识产权协定》的不足与缺憾而缔结的两个重要国际公约。对传统知识、遗传资源的保护，国际社会正在酝酿一种

---

① See Ellen't Hoen：TRIPs，Pharmaceutical Patents，and Access to Essential Medicines：Along Way from Seattle to Doha，Chicago Journal of International Law，Vol. 3，p. 27.

② Shubba Ghosh，Reflections on the Traditional knowledge Debate，11 Cardozo J. Intl and Comp. L. pp. 501 - 502.

③ 参见朱雪忠：《传统知识的法律保护初探》，载《华中师范大学学报》（社科版），2004（3）。

与“传统”信息及信息材料相关联并和文化与生物多样性目标相一致的，但与“现代”知识产权相区别的“传统资源权制度”。传统资源权是一种保护“传统知识”（智力创造源泉）的“新制度”。这种财产权与现有的知识产权有关但又有区别，可采取专门管理（公法）与权利保护（私法）相结合的法律模式。[①]对传统知识的保护，既涉及一国自身利益的考量，又事关国际协调机制的运作，它不仅反映一种新的利益格局的形成，也昭示后 TRIPs 时代知识产权国际保护制度的发展方向。

上述问题在知识产权制度一体化进程中并没有得到解决，相反，这些问题的化解方式与结果决定着知识产权制度国际化的未来走向。从中国立场出发，应变国际知识产权制度变革大势，有如下几个问题值得关注：

一是知识产权制度国际化的必然性与偶然性。言其必然，即是知识产权国际立法是经济全球化和知识经济发展的内在要求，“国际贸易的知识化”与知识产权的国际化相联系而存在。言其偶然，是指知识产权客体的不确定性特点，导致其规则的制定较之其他法律而言易于受到操纵，因此其产生的具体时间和具体结果并不是某种唯一性的因果关系。从相互关系而言，这种偶然性大大高于必然性。Drahose 教授认为，知识产权的风险来自市民社会（私人）对它的利用，一旦其经济利益得到认识，市民社会将迫使政府建立更加完善的知识产权制度，并将其在全球范围内推广。[②] 正如斯言，知识产权制度的国际化一直在发达国家利益集团干预下演进，其过程及结果具有很大的偶然性。发展中国家在经济相对落后和科技水平不高的情况下，接受知识产权国际保护体系，究竟是被动接受的无奈之举，还是战略筹谋的合作博弈，对此有相当的弹性空间。在经济全球化的潮流中，发展中国家势必进入国际贸易体系和知识产权国际保护体制，这是必然性使然；但是在国际立法谈判中，发展中国家如何利用知识产权国际协调机制，谋求自身利益最大化，则存在偶然性变数。

二是知识产权国际立法机制的主导性与多元化。应该承认，发达国家在当

---

① 参见龙文：《论传统知识产权的实现形式》，载《专利法研究》，北京，知识产权出版社，2004。

② See Peter Drahose，A Philosopy of Intellectual Property，Dartmouth Publishing Company Limited，1996，p. 91.

今国际政治经济领域具有主导性地位，为其控制的世界贸易组织和世界知识产权组织在知识产权国际立法中将继续发挥主导作用，两大国际组织之间的分工合作机制[①]在当今乃至未来知识产权国际规则制定方面扮演着最重要的角色。作为这种主导体制的补充，其他诸多国际组织和国际立法机构也十分关注知识产权问题，由此产生了一个多元的立法机制。这即是知识产权国际立法的“两个中心，多种渠道，南北对弈，趋向平衡”的格局。[②] 同样应该承认，这种格局是健康的、有益的，它能够多方面、多角度地反映各主权国家、各非国家实体、知识产权所有人以及社会大众在知识产权领域的不同立场、观点和利益诉求，防止国际知识产权制度进程偏袒某些发达国家及其知识产权所有人的利益，忽视知识产权保护对公权力、社会公共利益、国际人权等方面产生的消极影响。对于发展中国家而言，既要在世界贸易组织、世界知识产权组织这些主导机制中谋求话语权，也要在多元立法机制和场所中掌握主动权。

三是国际知识产权保护适用领域的唯一性与多样性。《知识产权协定》不同于传统的国际公约，其本身即是当代国际贸易体制的重要组成部分，并以推进经济全球化和立法一体化为目标。正是在这个意义上，该协定被称为“与贸易有关的知识产权协定”。在这一体制下，知识产权保护既是发展中国家平等地参与国际贸易的先决条件，更是发达国家维护其贸易优势的法律工具。进入后 TRIPs 时代以来，知识产权国际立法不再仅仅局限于贸易领域，而是在生物多样性、文化多样性、粮食和农业植物、遗传资源、公共健康以及国际人权等多个领域齐头并进。例如，在食品和农业基因资源的国际论坛上，在联合国人权委员会的重要专家议题中，知识产权在逐渐成为其中的核心问题。[③] 因此，发展中国家应该争取在上述领域的国际立法中赢得主动乃至优势，以扭转其在知识产权制度国际化过程中的不利局面。在多样性领域谋求知识产权立法，可以导致新公约的制定、现行协议的重新解释以及新的非约束性宣言的产

---

① 1995 年世界贸易组织与世界知识产权组织，就知识产权问题的一系列合作事宜达成共识，并形成协议。

② 参见刘笋：《知识产权国际造法新趋势》，载《法学研究》，2006（3）。

③ See Laurence R. Helfer, Regime Shifting: The TRIPs Agreement and New Dynamics of International Intellectual Property Lawmaking, 29 Yale J. Int' l L27 - 52.

生，从而以“软法”规则弥补《知识产权协定》等“硬法”规则的不足。

二、时代诉求：知识产权制度的现代化

人类社会已经进入知识经济时代。知识经济以知识劳动为源泉，以知识创新为动力，这即是“以知识为基础的经济”（knowledge-based economy）[①] 发端于20世纪80年代直至现在席卷全球的“知识革命”是新技术革命的继续和发展，其中最具代表、最具影响力的时代技术当数网络技术和基因技术。新技术不但改变了人类的生存方式，而且对现行知识产权法律带来了挑战。知识产权制度是科技、经济和法律相结合的产物，它在实质上解决“知识”作为资源的归属问题，是一种激励和调节的利益机制。在这个意义上说，新的世纪是知识经济的时代，也是知识产权的时代。知识革命呼唤着知识产权制度的现代化。

知识产权制度的现代化特征，表现出这一制度与时俱进的时代性。知识产权作为“制度文明的典范”[②]，对于激发人类的发明创造的潜力，推动科学技术和文化繁荣具有重要作用。在创新体系中，制度创新与技术创新是两个有机组成部分，其中制度创新居于基础和保障地位。科技创新立足于科技、经济一体化目标，是一种为促进经济发展而进行的新技术应用与商业化的活动，它离不开相应制度的保障、规范和约束。[③] 知识产权是私权法律制度创新与变迁的结果，同时也是直接保护科技创新活动的法律工具。知识产权从其兴起到现在只有三四百年的时间，但历经从工业革命到知识革命的不同时期，可以说是基于科技革命而生，由于科技革命而变，其制度史本身就是一个法律制度创新与科技创新相互作用、相互促进的过程。在当代，知识产权已经成为各国高新技

① 联合国经济合作与发展组织（OECD）：《1996年科学、技术和产业展望》。

② 刘春田主编：《知识产权法》，19页，北京，高等教育出版社，2000。

③ 在发展理论中，经济增长与科技进步、法制保障是一个相互作用、相互促进的协调机制。在科技、经济、法律的协调发展机制中，经济处于中轴地位，科技与法律为之进行曲线偏向摆动。其中，科技进步是经济增长的动力机制，法制建设则是经济增长的保障机制。参见吴汉东：《科技、经济、法律协调机制中的知识产权法》，载《法学研究》，2001（6）。

术发展的制度基础和政策依托。对于具有创新能力和产业基础的国家而言，知识产权制度必须保持其时代先进性，即通过法律制度的现代化去推动科学技术的现代化，换言之，就是通过知识产权制度创新去促进知识、技术创新。

知识革命的出现，不仅创造了新的知识产品，而且提供了知识产品新的利用方式。这一情况，极大地丰富了知识产权法的内容，同时也给知识产权法带来诸多的新问题。问题一：新的知识形式对传统知识产权客体的挑战。这主要表现为知识产品形式的变化和知识产权客体范围的扩大。著作权客体经历了传统的“印刷作品”到现代“模拟作品”“电子作品”再到当代的“数字作品”与“网络作品”的不断演进；专利权客体从以往的微生物、动植物品种发展到今天的基因技术；域名作为数字化经营标记，则成为商业标记领域最新保护对象。问题二：新的知识财产对传统知识产权范围的突破。这既表现在原来权项内容的拓展，如著作权领域出现的信息网络传播权、数据库作者权；也表现在新的财产权利的增加，如介乎著作权与工业产权之间的集成电路布图设计权，具有准专利性质的植物新品种权。问题三：新的知识利用方式对传统知识产权规则的改变。新技术不仅带来知识产品利用的新途径，也要求法律制定相应的新规则。在网络版权领域，对保密技术措施的正当性、合理性考量，对网络作品传播者、消费者的责任界定，无一不是法律难题。在网络商标领域，法律则面临商标权地域性与因特网国际性的冲突，商标分类保护与网上商标权排他效力的矛盾。问题四：新的知识权利观念对传统知识产权制度的动摇。生物技术的出现，使发现与发明的界限变得模糊，“专利只能授予发明而不能授予发现”的传统理论遭到了质疑。[①] “传统资源权”概念的出现，使得人们在关注现有智力成果权利的同时，也要考虑传统智力资源的保护。

上述诸多问题，主要表现在数字版权、网络商标、基因专利等方面，这些都对知识产权传统观念、传统制度带来了巨大冲击。为此，世界各国特别是发达国家围绕着高新技术进行了大规模的修法活动。在著作权领域，美国先后推出了《数字千禧年著作权法案》（1998 年）、《家庭娱乐与著作权法案》（2005

---

① See Joseph M. Reisman：Physicians and Surgeons as Inrentors：Reconciling Medical Process Patent and Medical Ethics，Berkeyley Technology Law，California University.

年）等，欧盟则出台了《数据库法律保护指令》（1996年）、《关于协调信息社会著作权和邻接权某些方面的指令》（2001年）；在专利权领域，欧盟通过《1998年生物技术保护指令》，推动了《欧洲专利公约》及欧盟成员国专利法的修订工作。[①] 美国则启动了《2005年专利改革法案》，对专利权取得方式、专利侵权制裁、专利侵权异议程序等作出了重大修改。[②] 在商标权领域，根据世界知识产权组织成员国大会通过的《关于在因特网上保护商标权以及各种标志的其他工业产权的规定的联合建议》（2001年），一些国家或通过立法活动（如美国1999年《制止网上占地消费者保护法》），或在司法实践中（如欧洲法院以及欧盟各成员国法院的判例），对网络商标权保护问题作出回应。[③] 知识产权制度的现代化的过程，实质上是科学技术成果受到法律保护的过程，其制度变革与创新主要涉及以下几个方面：（1）计算机软件的知识产权保护。计算机软件具有复杂的两面性特征，即文本特征和功能特征。基于前者，各国普遍使用软件版权保护；基于后者，一些国家尝试采取专利保护。无论如何，确定最新的软件产权模式，或是修改目前的软件保护模式，都将是软件知识产权面临的重大问题。[④]（2）集成电路的知识产权保护。集成电路是一种综合性技术成果，包括布图设计和工艺技术。集成电路布图设计在国外有“功能作品”之称，既不同于专利法所保护的外观设计，也不属于著作权意义上的图形作品，各国主要采取“工业版权”即布图设计专有权的保护模式。（3）生物技术的知识产权保护。现代生物技术又称为基因技术，主要是技术发明，也涉及科学发现。生物技术的知识产权保护涵盖专利权、商业秘密权以及新植物品种权，其中生物技术专利是最重要的一种知识产权保护模式。（4）技术标准与知识产权保护。技术标准是特定技术领域发展的规则和基本依据，本应属于智力成果的公共领域，供相关行业及其企业参照执行，以求得产品规格或功能的统一性。

---

① 参见吴汉东等：《走向知识经济时代的知识产权法》，60～62页，北京，法律出版社，2002。

② See Christopher L. Logan, Patent Reform 2005: HP2795 and the Road to Post-Grant Opposition, UMKC Law Review (2006).

③ 参见杨红军：《商标国际保护的现状和发展趋势》，载吴汉东主编：《知识产权国际保护制度研究》，316～345页，北京，知识产权出版社，2007。

④ 参见唐昭红：《美国软件专利保护法律制度研究》，中南财经政法大学2007年博士论文。

近年来，发达国家以知识产权保护为手段，强化技术标准的专利垄断，力图形成技术性贸易壁垒，达到阻止发展中国家的产品进入其市场的战略目的。[①]

(5) 网络环境下的知识产权保护。这主要涉及网络著作权、网络商标权、网络域名权以及网络不正当竞争等问题。

知识产权制度现代化，是一国的政策安排和战略选择，其基础是国情。从历史上看，知识产权制度的产生与出现，正是近代科学技术和商品经济发展的产物；而知识产权制度的发展与完善，也是现代科技强国和经济大国推动的结果。根据国家不同发展阶段的不同发展需求对知识产权保护作出有选择性的制度安排，是西方国家的普遍做法。早期美国1790年《版权法》，奉行的是低水平保护政策，游离于《伯尔尼公约》长达102年之久，其后随着美国文化创新能力的不断提高而逐步强化其版权保护水平。[②] 日本在明治维新后于1885年公布了《专利法》，但长期排除药品及化学物质专利，直到1975年修正案中才得以改变。[③] 这说明，发达国家在知识产权保护方面都有一个从“选择保护”到“全面保护”，从“弱保护”到“强保护”的渐进发展过程。因此，知识产权制度的现代化，并不能一蹴而就，立法者必须从本国国情出发，对这一进程的速度、力度作出审慎的考虑。

中国知识产权立法始终关注现代科学技术的发展，逐步加快其制度现代化的进程。就整个立法活动而言，始于20世纪80年代，完善于20世纪90年代，变革于21世纪初年。在短短20年的时间内，经过几次修订，基本上实现了符合现代化要求的制度创新。时至今日，我国已经基本构建起了较为完整的知识产权法律制度。为应对现代科学技术的挑战，立法机构通过修改基本法律，制定专门法规、规章，司法部门采取司法解释等方式解决了新技术条件下的知识产权保护问题，使我国知识产权制度对于高新技术的反应能力得到充分体现。现在，我国基本形成了以《著作权法》《专利法》《商标法》《反不正当竞争法》《反垄断法》等基本法律为主导，以《计算机软件保护条例》《植物新

---

① 参见李顺德：《知识产权概论》，126页，北京，知识产权出版社，2004。

② 参见吴汉东：《知识产权制度运作：他国经验分析与中国路径探索》，载《中国版权》，2007(2)。

③ 参见张韬略：《英美和东亚专利制度历史及其启示》，载《科技与法律》，2003(1)。

品种保护条例》《集成电路布图设计保护条例》《信息网络传播权保护条例》等行政法规为主体，以司法解释和政府规章为补充，以网络、基因等新技术为保护对象的知识产权制度体系。目前，国际社会对于新技术条件下的知识产权保护问题非常关注，正在尝试进行这方面的国际立法，我国应积极主动地参与这些活动，并作为发展中国家的代表力争在制定规则时拥有更多的主动权。必须看到，知识产权虽然是一种保护私人知识财产利益的产权制度，但同时也是当今国际经贸领域通行的法律准则，其规则所代表的不仅是私人权利主体的利益，更与国家利益、社会群体利益有关。关于新技术知识产权保护水平及其制度实施，对发展中国家经济与社会发展可能带来一些影响：一方面，技术标准与知识产权制度相结合，会形成以合法形式存在的技术垄断和市场垄断，从而影响发展中国家相关产业发展以及国家经济安全；另一方面，发达国家通过加强智力创新成果的知识产权保护，利用知识产权维护其技术优势和市场竞争力，因而置发展中国家于不利地位。因此，我们在推动知识产权制度现代化建设时，既要从微观上考虑新技术的知识产权保护，也要从宏观上考虑其对本国经济与社会发展的影响；既要保护私人技术创新，又要谋求国家整体利益，这样才能形成科学、合理的现代化知识产权制度。

中国知识产权制度现代化的政策安排和战略选择，是以基本国情为基础、以国家利益为立场的。首先，知识产权保护水平应与本国的经济社会发展水平相适应。根据 2005 年联合国报告所援引的千年项目专家意见，在遵守国际公约最低保护标准的基础上，发展中国家可以根据自己的不同阶段，选择不同保护水平的知识产权制度。① 笔者认为，高水平的知识产权保护并不利于那些发展水平较低的国家，因为在这种制度框架下，它们难以获得所需要的知识、技术。但是，发展中国家“有不同社会、经济环境和科技能力”，不能一概而论。② 因此，对于进入工业化阶段的发展中国家来说，加强知识产权保护，对于激励科技创新，促进文化繁荣，实现经济发展是有益的；同时，知识产权保

① UN：Innovation：Applying knowledge in Development. 转引自《世界高等教育：改革与发展趋势》(第 3 辑)，北京，国家教育行政学院，2006。

② 参见英国知识产权委员会：《知识产权与发展政策相结合委员会关于知识产权的报告》，1 页，http：//www. iprcommission. org/graphic/chinese _ intro. htm.

护水平应有助于实现本国经济社会发展的总目标。知识产权制度的合理性，并不在于为私权保护而保护，而在于实现知识创新、社会进步的政策目标。对此，英国知识产权委员会认为："从长远的观点来看，在发展中国家，如果能使文化产业成果的其他条件得到满足，更强的私权保护将有助于当地的文化产业。"① 这说明，传统的发展中国家要走上新兴的工业化、现代化发展道路，应该通过知识产权保护为本国经济、社会发展提供持久动力，在国际竞争中争取主动。在我国，加强知识产权保护，有效利用知识产权制度，是实现跨越式发展的战略抉择，是实现创新型国家建设目标的战略支撑。

三、发展决策：知识产权制度的战略化

知识产权制度是政府公共政策的重要组成部分。在近代社会，知识产权制度是欧美国家促进经济发展，推动科技进步，繁荣文化和教育的政策工具；在当代社会，知识产权制度则成为创新型国家维系技术优势，保护贸易利益，提高国际竞争力的战略决策。知识产权具有多重属性。从私人层面看，知识产权是知识财产私有的权利形式。世界贸易组织《知识产权协定》在其序言中宣示"知识产权为私权"，即以私权名义强调了知识财产私有的法律性质；而从国家层面看，知识产权是政府公共政策的制度选择。是否保护知识产权，对哪些知识赋予私人产权，采取什么水准保护知识产权，是一个国家根据现实发展状况和未来发展需要而作出的公共政策选择与安排。关于知识产权两种属性的关系，英国知识产权委员会认为，无论怎样称呼知识产权，我们最好将它视作公共政策的一种手段，授予个人或机构一些经济特权，以实现更大的公共利益，而这些特权只是一种目标实现手段，其本身并非目标。② 在政策科学领域里，知识产权制度亦是一项知识产权政策，即政府以国家的名义，通过制度配置和政策安排对私人知识资源的创造、归属、利用以及管理进行指导和规制，"通

---

① 英国知识产权委员会：《知识产权与发展政策的整合》，国家知识产权局条法司编译，109页。

② 参见英国知识产权委员会：《知识产权与发展政策相结合委员会关于知识产权的报告》，6页，http：//www. iprcommission. org/graphic/ chinese _ intro. htm.

常表现为一系列的法令、条例、规章、规划、计划、措施、项目等”[①]。这就是说，知识产权是实现公共政策的一种手段。因此，知识产权不仅是一种私权，它更与一国的公共政策密切相关。

知识产权战略，是知识产权制度作为政府公共政策工具的具体体现。知识产权制度的战略化，即是主体通过规划、执行、评估等战略举措，谋求战略目标实现而采取的全局性、整体性的谋略和行动安排。由此可见，知识产权战略是一个具有活性的动态系统，它包括战略规划、战略执行、战略评估；同时它也是一个服务特定战略目标，发挥知识产权制度正效应的公共政策体系。较之其他私权而言，国家之所以提出知识产权战略而不是“物权战略”“债权战略”，关键在于知识产权具有某种超越私人本位的公共政策属性。关于知识产权制度、政策、战略三者的关系，我们可以得出以下结论：第一，知识产权制度是有关知识产权公共政策的重要组成部分。美国学者伍得罗·威尔逊认为：“公共政策是由政治家，即具有立法权者制定的，而由行政人员执行的法律和法规。”[②] 在公共政策体系中，知识产权制度只是一种政策工具，与知识产权制度相关的公共政策还有文化教育政策、产业经济政策、科学技术政策、对外贸易政策等。作为政策主体的政府，其任务是发挥知识产权的政策导向作用，建立促进知识创新与利用的政策体系。第二，知识产权政策是国家为实现社会发展目标而制定的知识产权行动准则。威廉·詹姆斯认为，“由政治主体或行动主体、团体在特定的情境中制定的一组相关的决策，包括目标选择、实现目标的手段”[③]。知识产权政策表现了国家一定历史时期对待知识产权事务的基本态度，通过制定法律、法规，提供实施条件与手段，建立相应政策体系等政策活动，以实现有关社会发展的总政策目标。第三，知识产权战略是推行知识产权政策，实施知识产权制度的基本纲领。这种战略应是一国处理知识产权事务的基本出发点，是促进知识产权事业健康发展的思想灵魂。知识产权战略是关于知识产权问题的整体性谋略和全局性安排，它是关于战略目标、战略任

---

① 吴鸣：《公共政策的经济学分析》，4页，长沙，湖南人民出版社，2004。

② 转引自伍启元：《公共政策》上册，4页，台北，“商务印书馆”，1985。

③ 转引自［加］迈克尔·豪利特、M. 拉米尔：《公共政策研究：政策循环与政策子系统》，庞诗等译，8页，北京，三联书店，2006。

务、战略措施的政策制度体系。说到底，知识产权战略实施的状况是我们考量知识产权政策目标实现与法律适用成效的最终尺度。

各国对知识产权制度的选择与考量，表现了强烈的国家利益本位和政策立场。一般认为，国家利益是受客观规律制约，满足或能够满足国家赖以生存和发展的各项客观需要，是整体上对国家这一主体生存和发展的有益需要。对于国内法的知识产权制度而言，国家利益包含了国家系统内存在的产业利益、企业利益、个体利益。国家既强调对特定主体的利益保护，又注重对不同主体的利益平衡，这种法律价值追求，反映了私人产权制度中的国家利益立场；同时，国家利益也是与社会公共利益相联系的。所谓“公共利益这种良好的愿望本身包含着这样一种含义，多数人的利益高于个人的利益”①。社会进步与发展，是国家赖以存在和发展的基本需求，而体现这一诉求的公共利益则是国家利益的应有构成。总之，国家利益以公共政策为表现方式，在知识产权制度构建和实施中发挥着重要作用。对于国际法的知识产权制度而言，国家利益在国际化的知识产权体系中分化为多样化的本国利益。具言之，即在知识产权制度一体化的过程中，实用主义的国家利益始终是各国政策立场的客观依归。当代国际知识产权冲突，主要表现为发展中国家和发达国家在知识产权的享有与利用方面的利益冲突。发展中国家希望通过知识产权制度融入国际社会的经济、法律秩序之中，并充分享受由于世界文明和科技发展带来的收益。但发达国家基于对其优势地位的维护，更多是利用知识产权的现有规则体系，控制知识产权资源，限制和排除发展中国家的利益诉求。在经济全球化的今天，各国势必融入国际贸易体制之中，我们拥有一个大一统的国际知识产权制度体系，但不可能有一个各国共同奉行的知识产权政策立场。

对于当代世界各国而言，知识产权战略既是对知识经济时代发展趋势的回应，也是解决社会重大发展问题的举措，其目的无一不是通过知识产权制度来提升知识创新能力，形成核心竞争力，实现社会经济跨越式发展。对此，世界知识产权总干事 Kamil Idris 认为，知识产权是经济发展的强有力的武器。② 自

① ［英］杰利恩·达维斯：《权利集体管理中公共利益》，载《版权参考资料》，1990（2）。

② 参见 Kamil Idris：《知识产权——经济增长的强有力武器》，http：//www.wipo.int。

20世纪末以来，发达国家以及新型工业化国家在其知识产权政策中竞相确定了符合本国实际和服务国家利益的战略目标。美国作为世界上的“科技领先型国家”，强调知识产权是美国知识创新政策的基石。① 通过实施美国专利商标局的“21世纪战略纲要”，建立了体系完善的知识产权制度；同时强调知识产权制度与相关政策联动，扶持“芯片、计算机、通信、生物制药”等朝阳产业，发展“软件、唱片、电影”等文化产业，使美国在国际上形成专利大国、品牌大国、版权大国的知识产权优势。在“技术赶超型国家”中，日本于2002年率先制定了“知识产权战略大纲”，出台了《知识产权基本法》，确立了“推进实施创造、保护、利用知识产权的政策措施、振兴科学技术、强化国际竞争力”的战略推进目标。② 韩国是“引进创新型国家”的典型代表，2004年即在内阁成立了“知识产权保护政策协议会”，负责协调所有的知识产权国家政策，致力于推进韩国知识产权制度的现代化和经济、科技、文化的快速发展。韩国知识产权组织（KIPO）在2004年制定的“知识产权行政展望与目标”中强调：“韩国资源缺乏，目前内需不足，只有学习发达国家，通过技术创新来提高产品的附加值和优化产业结构，才能迈入发达国家行列；将知识产权作为韩国的发展战略是提高韩国核心竞争力的必然选择。”③ 谓为“金砖四国”④ 之一的印度，属于“发展调整型”国家，于2000年提出建设“知识大国”的主张，并颁布了“知识大国的社会转型战略”，其知识产权政策包括对软件、生物技术、医药等优势产业的“发展战略”，对文化自治、文化多样性的“生存战略”以及对生物多样性、传统知识的“进攻性战略”。

---

① 2004年美国政府报告宣称：“从美国立国基础来看，保护知识产权始终是一项创新的支柱。”参见Innovate America：Thriving in a World of Challenge and change，National Innovation Initiative Interim Report，Council on Competitiveness，2004（7）。转引自《世界高等教育：改革与发展趋势》（第3辑），北京，国家教育行政学院，2006。

② 参见日本政府第三期科学技术基本计划（2006—2010年）（第3章）。转引自《世界高等教育：改革与发展趋势》（第3辑），北京，国家教育行政学院，2006。

③ 有关韩国知识产权战略的新发展，可参见马先征等编著：《知识产权战略研究》，356～394页，北京，知识产权出版社，2008。

④ 美国高盛公司全球首席经济学家吉姆·奥尼尔于2001年首次提出“金砖四国”的概念。巴西（Brazil）、俄罗斯（Russia）、印度（India）、中国（China）四国的英文首写字母为“BRICK”（砖头）。奥尼尔对“金砖四国”在21世纪的发展潜力给予了高度评价。

在我国，《国家知识产权战略纲要》已于2008年6月正式发布并实施，这是中国知识产权法制建设30年来最后也是最为重要的成就。以此为标志，中国知识产权事业步入一个新的重要历史时期，中国知识产权战略制定，借鉴了上述有关国家战略发展的有益经验，但更多是基于自己社会经济发展需要而作出的战略考量。世界银行用以衡量各国经济发展水平的基本指标（以GNI为基本指标，以人均GNP或GDP平均增长率为参考指标）表明，中国经济发展水平尚低，经济结构较为落后；瑞士洛桑国际管理开发研究院2002年发布的《国际竞争力年度报告》显示，我国科技水平总体较低，科技竞争力在国际上基本处于中等地位；根据联合国开发计划署公布的《2004年人文发展报告》，可以看出中国人文发展指数（由预期寿命指数、教育指数和GDP指数构成）达到了世界中等人文发展水平。[①] 上述资料告诉我们，中国仍属于发展中国家，基本达到世界中等或中等偏下的发展水平。但是，在经济、科技和社会发展的某些领域、某些方面，中国已经取得明显进步，有些甚至达到世界先进水平。社会发展情况说明，我国对知识产权制度已有较大需求，对知识产权保护也具备一定调适能力。这是制定知识产权战略的国情基础。同时，中国进行知识产权的战略调整，最终是由建设创新型国家的总政策目标决定的。我国要实现可持续发展的战略目标，有一个发展模式选择问题。国际发展大势和自身基本国情告诉我们：一是不能走资源耗费型的发展道路。中国资源有限，人均淡水、耕地只有世界平均水平的25%、33%，石油、天然气这两类最重要能源的占有量只有世界平均水平的18%和13%，此外有50种主要矿产资源分别占到世界平均水平的40%～50%。[②] 因此我们不能靠牺牲环境、耗费资源、提供廉价劳动力来参加国际分工与协作。二是不可能走技术依赖型发展道路。中国对外技术依存度达到50%以上，不管是考虑西方国家维护其技术优势、限制高技术转让的基本立场，还是考虑自身经济安全、文化主权和科技发展的需要，中国都只能走提高知识创新能力、建设创新型国家的发展道路。这是实施

① 有关资料参见任建民：《中国科技追上世界脚步》，载《中国科技奖励》，2002（3）；《我国人文发展指数居世界中等发展水平》，http：//www.sts.org.cn/nwdt/gwdt/document/007.htm。

② 参见梅永红：《自主创新与国家利益》，载《求是》，2006（10）。

知识产权战略的政策目标取向。

中国知识产权战略的制定和实施，是一个系统工程。从战略的主体角度来看，战略体系可包括国家知识产权战略、地区知识产权战略、行业知识产权战略、企业知识产权战略四个方面。关于四者的关系，要做到国家的宏观战略与企业的微观战略相结合，行业间的战略与地区间的战略相协调；国家战略是对地区战略、行业战略、企业战略制定和实施的指导方略，企业战略是对国家战略、地区战略、行业战略最终落实的基础，行业战略、地区战略则是联系或指导其他战略的桥梁和纽带。对于国家战略而言，国家在知识产权领域虽不能成为市场的参与者，但应是政策的制定者、市场的监督者和全局的指挥者。因为知识产权不仅是一项私权，其更与一国的公共政策密切相关。特别是进入新经济时代后，国家早已由不作为的“守夜人”转变为积极的干预者；从战略的内容角度来讲，知识产权战略应该包括创造战略、保护战略、管理战略与运用战略这四大方面。知识产权战略应是一种以创造、保护、管理、运用为重要内容的整体战略，这不仅仅是法律问题，而更多的是与国家的科技政策、产业政策、文化政策、教育政策等公共政策相关联。在创造战略方面，主要是建立起以激励和保障自主创新的法律与政策机制，引导和支持企业通过各种技术创新活动形成自主知识产权，实现经济发展方式的根本转变。在保护战略方面，要坚决打击“盗版”“假冒”等各种侵权行为，建立和完善有关权益保障的维权机制、预警应急机制和争端解决机制等。这是支持社会主义市场经济健康运行的必要条件，也是改善投资环境、维护良好的市场经济秩序的重要保障。在管理战略方面，要加强知识产权行政管理，建立健全管理体制，提高知识产权公共服务水平；同时，也要注重知识产权企业管理，完善管理制度，规范管理行为，提升知识产权管理的效益。在运用战略方面，应大力促进自主创新成果的知识产权化、商品化、产业化，引导企业采取转让、许可、质押等方式充分实现知识产权的市场价值。①

当前，中国知识产权战略的实施出现了一个更为复杂的国际背景。在这种

---

① 有关知识产权创造、运用、保护和管理，在《国家知识产权战略纲要》的“战略目标、战略重点”中已有明确的阐述。参见《国家知识产权战略纲要》，北京，知识产权出版社，2008。

特殊环境下，我们要充分认识传统发展模式之“危”，更要清醒看到科学发展方式之“机”。在化“危机”为“胜机”的过程中，要特别强调知识产权战略实施的质量和效益。中国现在是专利申请大国和商标申请大国，但远远不是专利强国，更不是品牌强国。因此，我们要特别强调知识产权战略实施的政策目标，更多地在自主知识产权的质量上下功夫，而不能片面在知识产权的数量上做文章：一是提高专利技术的转化率和产业化率。目前我国企业对专利技术的产业化重视不够，应用水平不高。不少行业和企业存在着有技术无专利、有专利无应用、有应用无产业的现象。据资料表明，我国技术成果的市场转化率仅为10%～15%，远低于发达国家相关指标70%～80%的水平。① 二是提高国际知名品牌的创建率。与驰名商标这一法律概念不同，国际知名品牌是一个经济概念，它要求具备相应的条件和标准：（1）商标价值达到10亿美金以上；（2）使用商标的商品的海外销售要占总销售量的20%以上，该商品的海外市场取得的利润是总利润的30%以上；（3）商标在同类商品中具有号召力和影响力。中国现在的商标申请量逐年飙升，但是真正称得上国际知名品牌的商标依然很少。在世界品牌实验室评选出的2008年世界品牌500强中，美国有243个、法国42个、日本42个、英国38个，而中国仅占15个，且主要是中国移动、中央电视台、中国工商银行、中国石化这些“国字”号品牌。② 三是提高版权产业对经济发展的贡献率。发展文化创意产业，提高文化产品在国际市场的竞争力，不仅是一个经济上必须考量的问题，而且事关我们的文化主权和文化安全，涉及国家的软实力问题。中国是工业品的出口大国，2007年有172种产品产量位居全球第一。而在文化领域却出现“版权贸易逆差”，2004年以前版权贸易进出口比例高达10∶1，2005年虽下降到6.5∶1，但依然是文化产品的进口大国。中国的电影票房收入较多依赖进口大片，动漫产品近90%来自海外，网络游戏产值的15%要支付外国公司的版税。③ 2006年，包

① 参见吴辛望：《专利经济学》，175页，北京，社会科学文献出版社，2005。

② 相关数据参见世界品牌实验室网站：http：//brand.icxo.com/summit/2008world500/brand.htm。

③ 相关数据参见国家知识产权局：《中国知识产权保护状况（2004－2007年）》；吴汉东主编：《中国知识产权蓝皮书（2005－2006）》，北京，北京大学出版社，2007；张晓明等主编：《2007年：中国文化产业发展报告》，北京，社会科学文献出版社，2007。

括软件、音像、图书、报刊在内的核心版权业产值仅占当年国民生产总值的3.2%，低于发达国家的一般水平。[①]

我国知识产权战略刚刚实施，知识产权制度运行总体来说是健康的，但其对经济与社会发展的贡献率还有待提高，知识产权有效运用的能力仍需进一步增强。应该看到，知识产权战略是我国21世纪为推动经济和社会发展而作出的重大战略决策，也是协调、配合科教兴国战略、人才强国战略和可持续发展战略而作出的重要战略安排。知识产权战略制定和实施的成功与否将决定21世纪的中国社会发展的最终走向。

四、立法前瞻：知识产权制度的法典化

体系化、法典化是立法者对知识财产进行法律构造的基本任务。作为一种动态的立法过程，它既是以往制度变迁的历史活动，也是当代法律发展的未来举措。体系化，是指知识产权向有机联系的整体转化和进化的制度构建过程。知识产权体系表现了私的知识产权制度的内部结构，无论其外部形式多么零乱、繁杂，都是分成不同部分而又相互联系的一个统一的系统和整体。必须看到，非物质性的财产利益属性，决定了各种知识产权的共同指向[②]，它既是不同知识产权之间联系的纽带，也是知识产权制度一体化构建的基础。将一切来自知识活动领域的权利概称为“知识产权”，最早只是见之于近代一些学者的著述之中。至20世纪下半叶，特别是《建立世界知识产权组织公约》缔结以后，知识产权学说得以在国际上广泛传播，以知识产权名义实现知识财产制度体系化的做法得到各国立法者的认同。立法者有目的、有意识地将制度价值相似、权利类型相关、发展脉络相连的知识产权类型进行系统的整合，从而形成现代知识产权制度相对稳定的部门法特色。应对知识产权体系化的法律变革，

---

① 相关数据参见《经济参考报》，2008-10-30。

② 笔者认为，知识产品财产化是罗马法以来私权领域中的一场深刻的制度创新与法律变革。正如有学者所言，知识财产是一种新的财产，它不是以往对物进行绝对支配的财产，而是“非物质化的和受到限制的财产”，参见［美］肯尼斯·万德威尔德：《十九世纪的新财产：现代财产概念的发展》，载《经济社会体制比较研究》，1995（1）。

知识产权制度模式经历了从单行立法、编入民法典到专门编纂法典的过程。[①]

法典化是大陆法系的传统理念。大陆法系最显著的特征可以归纳为法律规范的成文法典化、高度抽象化和概括化。[②] 知识产权法典化是一个复杂而重要的系统工程，从立法任务来看，它是对现有知识产权规范进行抽象化和系统化的过程；从法治目标来看，它是对现有知识产权规范进行价值判断、内部整合、重组执法体系、重构理论体系，实现法律体系现代化和法律制度权威性的过程。自 20 世纪以来，知识产权制度有了长足的发展：基本规范不断完善，保护范围不断扩大，一体化、现代化趋势日益明显。与此同时，大陆法系的一些国家尝试将知识产权制度编入本国的民法典。法国在法典化的道路上更是独树一帜，率先制定了第一部《知识产权法典》。对于前者，我国有的学者将其称为民法典编纂的巨大进步，弥补了近代范式民法典的一大缺憾。[③] 对于后者，有的专家作出预测，法国知识产权法典有可能成为 21 世纪知识产权法与民法普遍分立之典型。[④] 这一情形，表现了知识产权制度法典化的发展趋势。

知识产权法典化追随近现代民事立法浪潮而产生。从 17 世纪中叶到 19 世纪，是近代知识产权制度兴起的时期，专利法、著作权法、商标法在西方国家陆续产生。上述法律尚未以知识产权的名义实现体系化，都是以单行法的形式出现，既没有统一知识产权法典，也没有将各个法律进行整合而编入民法典。例如，作为近代范式民法典的《法国民法典》和《德国民法典》，其编纂活动分别完成于 19 世纪初叶与末期。上述国家的知识产权立法早在民法典编纂之前大体就绪，且这些新兴的财产权制度又多为英国的“舶来品”，因此，近代

---

① 从世界范围看，知识产权立法有三种体例：一是单行立法。多数国家采此立法例。这一体例在英美法系国家是以专门法律制度的形式出现，在大陆法系国家则是民事基本法之下的民事特别法；二是编入民法典。这一体例或是将知识产权相关规则全部纳入民法典，或是就各类知识产权的共同规则和若干制度等规定在民法典。代表性的民法典有 1942 年《意大利民法典》、1994 年《俄罗斯联邦民法典》、1995 年《越南民法典》；三是编纂专门法典。这一体例将各类知识产权法律、法规进行整合，作为民法典之下的专门法典。代表性的立法例有法国 1992 年《知识产权法典》、菲律宾 1997 年《知识产权法典》、埃及 2002 年《知识产权法典》、越南 2005 年《知识产权法典》等。

② 参见靳宝兰：《比较民法》，24～33 页，北京，中国人民公安大学出版社，1995。

③ 参见徐国栋主编：《绿色民法典草案》，北京，社会科学文献出版社，2004。

④ 郑成思为法国知识产权法典中译本所作的“序”，引自《法国知识产权法典》（法律部分），黄晖译，北京，商务印书馆，1999。

欧洲大陆民法典未能将知识产权纳入其体系之中。伴随着近现代民法法典化的浪潮，知识产权制度的法典化运动开始兴起。在以法国、德国民法典为代表的第一次法典化高潮中，一些国家尝试推行的是工业产权制度的法典化。例如，葡萄牙于1867年颁布第一部民法典后于1926年制定了《工业产权法典》。巴西于1912年颁布第一部民法典后于1971年制定了第一部《工业产权法典》，而在以荷兰、俄罗斯联邦民法典为代表的第二次法典化运动中，一些国家着力编纂的是知识产权法典，如法国1992年《知识产权法典》、菲律宾1997年《知识产权法典》、越南2005年《知识产权法典》等。

知识产权法典化有着复杂的社会动因和国际背景，从上述国家编纂知识产权法典的过程来看，其个中原因有以下几点：(1) 追求统一的知识产权法律体系。在制定知识产权法典之前，各国都曾经深受知识产权法律体系凌乱之苦，这种凌乱主要表现在立法层次不统一、法律之间相互冲突时有发生。《法国知识产权法典》颁布之前，在法国一共存在着20多部与知识产权有关的单行法律法规，而且法院许多判例也在发挥效力。[①] 1995年《越南民法典》虽然将以往制定的知识产权法律统统废除，但由于其本身对知识产权的规定又过于笼统不便于操作，所以此后越南的国会、政府、相关各部和其他法定机关又陆续颁布了许多与知识产权有关的法律文件。到2005年止，越南保护知识产权的法律包括《民法典》《刑法典》《海关法》在内一共有40多部，这些法律之间存在着诸多交叉重叠、法律漏洞和不协调。菲律宾1947年《专利法》和《商标、服务商标和商号法》是由菲律宾议会制定，以共和国法案的形式出现；而调整著作权关系的1972年《知识产权令》却是以总统令的形式出现的，菲律宾此后的知识产权法律也包括了共和国法案、总统令、执行令和部门管理条例等形式，数量也达数十部之多。[②] 这种凌乱的法律体系严重影响到了法律的权威性和可操作性。有鉴于此，各国都以制定知识产权法典为契机，宣布废除此前的知识产权法律，宣示了知识产权的重要性；与此同时也统一了知识产权法律体

---

① 参见黄晖为法国知识产权法典中译本所作的“译者序”。引自《法国知识产权法典》（法律部分），黄晖译，北京，商务印书馆，1999。

② 参见何华：《知识产权法典化研究》，中南财经政法大学知识产权研究中心2008年博士论文。

系，消除了法律冲突和法律漏洞，从而增强了法律的可操作性，树立了知识产权法律的权威性。（2）强化知识产权管理与保护。在制定知识产权法典之前，各国关于知识产权管理的规定大都分散于各单行法律之中，专利权、商标权、著作权等管理部门多处于各自为政的局面。这种知识产权管理体制分散的局面也直接导致了知识产权保护不力，因而各国在制定知识产权法典时，都将强化知识产权管理作为立法重点。《斯里兰卡知识产权法典》的第一编为“管理”，规定斯里兰卡国家知识产权局为斯里兰卡商业贸易部的下属机构，是斯里兰卡唯一有权受理工业设计、专利、商标或其他事务的注册及知识产权管理的机构，并对知识产权局局长任命、权力及职责等内容进行了详细的规定；《菲律宾知识产权法典》的第一编为“知识产权局”，规定知识产权局为菲律宾唯一的知识产权行政管理部门，然后用 15 条的篇幅对菲律宾知识产权局的职能、组织机构、下属各部门、经费、人员组成等内容进行了详细的规定。越南和法国虽然没有设立统一的知识产权管理部门而是保留了以往那种总体分散、适当集中的知识产权管理体系，但它们分别在知识产权法典中就各行政管理部门的职责范围进行了明确的规定与划分，相比于单行法的分散规定而言，这种做法也具有一定的比较优势。（3）为应对来自发达国家的压力。发展中国家知识产权法典的制定，或多或少受到发达国家的影响。美国与菲律宾于 1993 年 4 月达成了《美国-菲律宾知识产权保护备忘录》；美国与斯里兰卡于 1991 年 9 月签订了《美国-斯里兰卡知识产权双边保护协定》；美国与越南于 2001 年 7 月签署了《美国-越南双边贸易协定》，协定第 2 部分即为“知识产权”。这三部双边协定都为签字国在知识产权保护方面设定了较高的国家义务。在美国贸易代表每年发布的“特别 301 报告”中，美国多次敦促菲律宾与越南加强知识产权保护，否则会给予经济制裁。由此可见，上述国家知识产权法典的制定，在一定程度上也是为了应对外来的压力。

中国经过近 30 年时间的努力，建立了较为完善的知识产权法律制度体系。法律制度完善的判断有两个基本标准：一是知识产权法律制度的合理化（前述知识产权保护水平问题，即涉及制度合理化）；二是知识产权法律制度的体系化（知识产权法律形式和外在表现，是制度体系化的重要内容）。前者是制度完善的实质条件，是为法的实质理性；后者是制度完善的形式条件，是为法的形式理性。法的形式理性，属于法的外在的技术品质，主要“表现为经由诸如程序公正、法律推理、法律论证以及各种具体部门法的一系列智性制度安排和种种法律技术”①。就法律规则的具体形式而言，“法典是法的形式的最高阶段”，因为比之其他法的形式和制度形式，法典历来是固化和记录一定的统治秩序、社会秩序和社会改革成果的更有效形式。② 知识产权法律体系化、法典化的过程，应表现为理性的制度安排和科学的立法技术运用。只有这样，知识产权制度在法的形式上才可以称之为“制度文明的典范”。

关于中国知识产权法律的体系化，主要涉及两个问题：一是现行单行法律、法规是否具备系统性、完备性的体系化要求？二是未来民法典是否接纳知识产权，采取最高形式理性的法典化？现阶段，我国知识产权法律框架基本形成，但体系化程度有待提高。其主要问题是：（1）一些知识产权法律规定比较分散，尚无统一的法律规范。关于商业秘密的保护，散见于《民法通则》《合同法》《反不正当竞争法》和《刑法》中，尚无《商业秘密保护法》；关于商号权的保护，分别规定在《民法通则》《企业名称登记管理规定》《公司登记管理条例》《产品质量法》以及《反不正当竞争法》中，目前没有制定《商号法》；关于地理标志的保护，或作为证明商标、集体商标，规定在《商标法》，或作为专门产品标志，见之于《地理标志产品保护规定》，其法律冲突显而易见。（2）一些知识产权法律、法规相互冲突、抵触，亟待加以整理和协调。我国单行立法，有的是全国人大常委会通过的法律，如《著作权法》《专利法》《商标法》等；有的则是国务院颁布的法规，如《植物新品种保护条例》《集成电路布图设计保护条例》等。各单行法律、法规，由立法者依职权而制定，彼此间本应具有相对的一致性和协调性；但是，由于法律文件的起草者不同以及制定的时间不同，其调整的法律关系又具有相对独立性，因此某些规定存在着不合时宜、不相协调的问题。

中国知识产权法典化问题，是由于 20 世纪 90 年代末启动的民法典起草工

① 许章润：《法律的实质理性——兼论法律从业者的职业伦理》，载《中国社会科学》，2003（1）。

② 参见周旺生：《法典在制度文明中的位置——〈法典编纂论〉序》，载封丽霞主编：《法典编纂论》，26 页，北京，清华大学出版社，2002。

作而引起的。对于知识产权“入典”，无论是立法者还是多数学者并无异议。这是因为：第一，知识产权是私权，其基本属性与财产所有权无异，将该类权利规定于民法典之中，有助于形成完整、系统的财产权利体系；第二，知识产权是受民法保护的权利，知识产权法虽含有若干公法、程序法规定，但依然是以实体法为基础的私法制度，隶属于民法部门；第三，知识产权已在我国民事基本法即《民法通则》中作出原则规定，此先例可以援引。对于知识产权如何“入典”，则意见纷呈。有学者将其归纳为四种模式：(1) 分离式，即知识产权法典与民法典相分离（如 1992 年《法国知识产权法典》）；(2) 纳入式，即知识产权在民法典中独立成编（如 1995 年《越南民法典》）；(3) 链接式，即民法典对知识产权仅作原则性规定，然后单独制定知识产权法（如 1994 年《俄罗斯联邦民法典》）；(4) 糅合式，即将知识产权与所有权合成一体，规定在民法典中（如 1995 年《蒙古民法典》）。[①] 笔者认为，将知识产权法整体移植或整合移植于民法典都是不可取的。在 2002 年 10 月全国人大法制工作委员会召开的专家讨论会上，本人的基本意见是：凡是“范式”民法典都没有规定知识产权编，凡是编入知识产权的民法典都不是“范式”。同年年底在上海举行的知识产权论坛上，来自 WIPO 的专家声称：WIPO 并不赞成在民法典中详细规定知识产权问题，但对其作出一般规定是可以的，也是有益的。[②]

从我国知识产权制度的发展趋势分析，我国知识产权制度的法典化可以分两步走：第一步，民法典仅对知识产权作一般规定，但单行法依然保留。如此立法样式，在适用法律方面较为方便，也不破坏民法典的审美要求。此外也有利于知识产权法律体系的系统化，减少其内部矛盾。第二步，在民法典之下编纂知识产权法典。其中，民法典中关于知识产权的一般性规定，涉及知识产权的性质、范围、效力、利用、保护，与其他法关系等原则性条款，可作为知识产权法典的总则；此外，可整合、汇集各知识产权单行法规，将上述具体制度作为知识产权法典的各个专章。总之，知识产权制度的法典化，不仅是法律传统的偏好，更是法制建设的需要，它还会受制于一定社会、政治、经济、科技

---

① 参见曹新明：《知识产权与民法典连接模式之选择》，载《法商研究》，2005 (1)。

② 参见吴汉东：《知识产权立法体例与民法典编纂》，载《中国法学》，2003 (1)。

等因素的影响，基于各国立法例的历史考察与现状分析，可以认为，无论何时采取何种途径，法典化将是中国知识产权立法的必由之路。

国际化、现代化、战略化、法典化，是对当代知识产权制度发展与变革状况的概括和描述。就世界范围而言，知识产权制度的国际化与现代化紧密相连，即应对新技术的知识产权制度创新，往往通过国际公约的运作而成为普世规则；战略化当是各国应对上述发展变革而采取的知识产权政策抉择，法典化则是为实现战略目标而对知识产权法律模式的理性追求。总之，知识产权制度发展与变革的各种态势并不是孤立和隔绝的，而是相互联系、相互作用在国际大势与中国大局之中。目前，中国知识产权事业正处于一个新的重要历史时期。就知识产权制度建设而言，中国进入了一个战略主动期。我们应“统筹国内国际两个大局”，从本国经济与社会发展的需要出发，加强立法工作，将知识产权法律作为建设创新型国家的制度支撑。就知识产权制度运作而言，中国进入了一个关键发展期。知识产权法作为公共政策的组成部分，能否充分发挥其促进知识创新，推动社会发展的功能，不仅取决于立法的完善，更决定于用“法”的成效。我们有理由相信，中国知识产权制度应立足于本土当前和未来需要，适应国际变化和时代潮流，步入国际化、现代化、战略化与法典化的发展道路。

挑战与机遇：中国入世十年的知识产权事业*

入世十年，是中国知识产权事业巨变的十年。十年间，挑战与机遇并存，压力与动力同在。从“逼我所用”到“为我所用”，从遵守国际规则到推动制度变革，中国知识产权事业步入一个新的重要的历史时期。

入世十年，中国作为一个发展中国家，面临着知识产权国际保护体制带来的压力：一是以国际贸易体制为框架，推行高标准的知识产权保护。以《知识产权协定》为核心的当代国际公约所确定的“最低保护标准”，体现了权利的高度扩张和权利的高水平保护，更多地顾及与参照了发达国家的要求和做法。质言之，现今的最低保护标准即立法一致性标准，绝不是低水平，它在一些方面超越了发展中国家的科技、经济和社会发展的阶段。应该看到，由于知识产权保护制度与国际经贸体制的一体化，国际上已经形成一种有效防止保护领域和保护程度下降的“棘齿机制”[①]。二是以执行机制与争端解决机制为后盾，推行高效率的知识产权保护。《知识产权协定》改变了以往一些国际公约的“软法”[②] 惯性，首次将原本属于国内立法的知识产权保护的程序措施，转化为公约规定的国际规则，从而使它与实体规范一起成为各缔约方必须严格遵守

---

* 原载《知识产权》，2011（10）。

① 蒙启红：《论知识产权国际保护的棘齿机制》，载《经济理念研究》，2007（1）。

② 孙皓琛：《WTO与WIPO：TRIPs协议框架中的冲突性因素与合作契机之探讨》，载《比较法研究》，2002（2）。

的国际义务。这一变化，使得以往难以实施的国际知识产权规则具备相当约束力的可操作性，有学者形象地称《知识产权协定》为知识产权保护“安上了WTO争端解决机制的牙齿”①。发达国家利用世界贸易组织的国际强制力，将发展中国家的知识产权发展绑定在国际贸易体制之上。

我们看到，在经济全球化的今天，高水平的知识产权保护，既是发展中国家参与国际贸易体制的先决条件，也是发达国家维护其贸易优势的法律工具。十年来，中国知识产权事业与对外贸易在国际社会遭遇诸多艰辛：连续16年成为全球遭受反倾销调查最多的国家，连续5年成为全球遭遇反补贴最多的国家，中国企业在WTO机制下遭遇的海量知识产权诉讼、发达国家制造的与知识产权相关的非关税壁垒等已成为国人心中之痛。但是，中国在这十年一路前行，以自己迅猛发展的经济成就，成为WTO舞台上的关键“角色”：生产总值从入世前的世界排名第6位跃升到第2位，以19.8%的份额取代美国成为最大的工业制造国，并成为世界第一大出口贸易国。

入世十年，中国作为一个新兴的工业化国家，在知识产权制度建设与政策运作方面，立足主动，抓住机遇，取得长足的进步，我们已经站在战略高度，“统筹国内国际两个大局”，树立世界眼光，立足本国发展，将知识产权制度作为缩小与发达国家差距、建设创新型国家的政策抉择。这十年来，我国知识产权制度运行总体来说是健康的，正效应是明显的。这表现在以下几个方面：(1)科技创造能力提升，跻身专利申请大国行列。2010年，中国年度专利申请量已突破百万件，达到122.2万件，发明专利申请超过39.1万件，居世界第2位；且申请结构发生明显变化，发明专利申请所占比例由1985年的37%上升到2010年的74.9%；不少发明专利质量很高，诸多专利技术在日内瓦、伦敦、巴黎等国际博览会上获得金奖。(2)品牌创建能力提高，商标注册申请量全球第一。2010年我国商标注册申请量达100.3万件，创历史最高，连续9年世界第一。我国商标注册累计申请821.3万件，累计注册商标554.5万件，有效注册商标448.1万件，均居世界第一。世界知识产权组织《2010年世界

① Tuan N Samahon，TRIPs Copyright Dispute Settlement after the Transition and Moratorium：Nonviolation and Situation Complaints against Developing Countries，31 Law&Pol’y Int’l Bus. 1055.

知识产权指标》评价，中国商标申请在全球金融危机中“逆势而上、一枝独秀”。(3) 文化创新能力增强，版权产业发展势头良好。1998 年包括图书、报刊、音像、软件在内的版权业产值达到 1 433 亿元，约占当年国民生产总值的 1.8%，而到 2009 年所占比例已超过 6.5%，高于全球平均水平的 5.6%。(4) 其他知识产权获取能力加大，带动相关产业健康发展。我国农业植物品种权申请数量正以年均 40%的速度增长，年申请量从 2004 年起进入国际植物新品种保护联盟成员排名前四名；地理标志保护为农副产品带来的附加值达到产品价格的 10%～20%，截至 2010 年，我国已对 1 949 个地理标志进行了保护，涉及产品价值近 8 300 亿元[①]；布图设计专有权制度的建立，推动了集成电路产业的发展。2007 年中国半导体芯片制造业产能较 2000 年增长 85.9%，超过美国、欧洲和日本，居全球之首。

入世十年，只是中国 21 世纪发展的一个阶段。展望未来，在国际经济形势与竞争格局日趋复杂的大背景下，中国如何有效实施国家知识产权战略，把握建设创新型国家的发展机遇，是值得深思的问题，笔者对此提出以下建议：

一是致力中国创造，实施专利战略，提高国家科技竞争力。科技之争是国家实力较量的表现形式，而技术专利则是国家科技竞争的关键要素。在专利战略实施的政策日标中，我们不仅要考虑专利的数量和规模，更要注重专利的质量和效益。也就是说，要提高核心技术和关键技术专利的拥有量，实现高新技术产业化和传统产业的高新技术化，促进社会经济的可持续发展。

二是激励中国创意，实施版权战略，增强国家文化软实力。当今世界，文化之争已经成为国家实力竞争的新态势，而版权产业则是国家经济发展的新动力。文化已经成为社会经济实力和综合国家的重要构成要素，成为国际竞争和国际贸易的隐形附随品。提升文化软实力的关键在于文化创新和文化产业的发展。

三是树立中国形象，实施商标战略，提升国家品牌影响力。通过知名品牌提升国家影响力，是一个可持续发展、具有战略性意义的方略。因而，中国形

① 数据来自《第二次全国地理标志调研报告》，http：//county. aweb. com. cn/2011/1/17/48020170927300. html。

象的确立，有赖于中国品牌的营造，而品牌中国的营造，取决于企业知名品牌的创建。知名品牌的背后，往往是一个有生命力的企业，一个有竞争力的产业，一个有经济实力的城市，一个有世界影响力的国家。知名品牌的拥有量在一定程度上反映了一个国家的经济实力，拥有国际知名品牌多的国家往往是经济实力较强的国家。

人类已经步入知识经济时代，全球范围内已有 20 多个国家进入创新型国家行列，中国也要在 2020 年实现这一战略目标。实施知识产权战略，发展知识产权事业，提高国家科技竞争力、增强国家文化软实力、提升国家品牌影响力，是中国走向创新型国家的必由之路，也是实现中华民族伟大复兴的必然选择。

法制评价与制度反思*

——知识产权制度的中国道路

自改革开放以来，中国知识产权法制建设走过近30年的历程，其“逼我所用”还是“为我所用”的立法背景、“消极接受”还是“合作博弈”的国际对策、“超高”保护还是“过低”保护的保护水平、“分散管理”还是“集中统一”的行政管理、“因循守成”还是“适时通变”的司法体制、“利大于弊”还是“弊大于利”的运用效果等存有分歧的重大问题，需要在法学层面作出理性总结和思考。在此，笔者试以民间视角，基于学术研究，提出中国知识产权制度评价的“蓝皮书”观点。

一、“逼我所用”还是“为我所用”：知识产权的立法背景

在法律制度的历史上，知识产权是罗马法以来“财产非物质化革命”[①] 的

---

* 原载《中国法学》，2009（1）。

① 知识的财产化或者说财产的非物质化，是罗马法以来私权领域中最具革命意义的制度创新。关于“新财产”的论述，可参见［加］尼科·斯特尔：《知识社会》，殷晓蓉译，127页，上海，上海译文出版社，1998；［美］肯尼斯·万德威尔德：《十九世纪的新财产：现代财产概念的发展》，王战强译，载《经济社会体制比较》，1995（1）。关于知识财产的制度创新，可参见吴汉东：《财产的非物质化革命与革命的非物质财产法》，载《中国社会科学》，2003（4）。

制度创新成果，也是西方国家300多年来不断发展成长的“制度文明典范”[①]。知识产权对于发展中国家而言是一种制度“舶来品”，是被动移植、外力强加的结果；知识产权立法不是基于自身国情的制度选择，往往是受到外来压力的影响。

中国知识产权制度的百年史，是从“逼我所用”到“为我所用”的法律变迁史，也是从被动移植到主动创制的政策发展史。从清朝末年到民国政府50年的时间里，我国知识产权制度处于“被动性接受”阶段。自19世纪末叶以来，从清朝政府实行新政向西方学习到此后政府取材外国法进行移植，知识产权法律无一不是被动立法的结果；从新中国成立到中国加入世界贸易组织（WTO）前的50年间，我国知识产权制度则处于“调整性适用”阶段。这一时期，我国经历了从计划经济到市场经济的转型，知识产权制度处于“法律本土化”[②] 的摸索阶段：前30年在计划经济体制下，知识产权制度强化管理功能，主要依赖一些行政规章保护知识产权；后20年在市场经济体制下，知识产权立法工作得以“拨乱反正”，建立健全了知识产权法律体系，并向知识产权国际规则靠拢。从中国加入WTO到现阶段，我国知识产权制度进入“主动性安排”阶段。近10年来，中国站在战略全局的高度，致力于知识产权制度建设，并通过制定和实施国家知识产权战略，有效利用知识产权制度，以此作为缩小与发达国家的差距，实现跨越式发展的政策抉择。

中国改革开放的30年，亦是中国知识产权法制建设的30年，大致经历了恢复重建、快速发展和基本完善三个阶段。

一是恢复重建阶段。自20世纪70年代末国家实行改革开放政策以来，我国法制建设重新起步，知识产权立法工作进入一个新时期。从20世纪80年代初到20世纪90年代初，我国先后颁布了《商标法》（1982年）、《专利法》

---

① 诺思在对14世纪中国与17、18世纪英国作出比较分析后，指出英国拥有知识产权制度，使发明得到大量涌现并带来浪潮般的技术革命，从而启动了工业革命并创造了现代经济增长的奇迹。参见[美]道格拉斯·诺思等：《西方世界的兴起》，厉以平、蔡磊译，23页，北京，华夏出版社，1999。

② 对外国法制或国际法制的引进，存在着一个“法律本土化”的问题。本土化即是强调在法律移植时应让受移植的法律经过合理处理与嫁接，使其能渗入移植国国民的精神和理念之中，进而在本土被理解、消化和接受。参见吴汉东：《知识产权法律构造与移植的文化解释》，载《中国法学》，2007（6）。

(1984 年)、《著作权法》(1990 年)、《反不正当竞争法》(1993 年) 等，初步建立了知识产权法律制度体系。笔者认为这一时期的知识产权立法，主要考虑本国国情，处于较低水平的短暂“过渡期”[①]。这主要表现在：主要知识产权法律已经制定，但其他知识产权立法未及考虑；知识产权保护标准不是太高，但符合本国经济、科技发展现状；国际文化交流不对等，因此未能参加国际著作权保护体系。

二是快速发展阶段。自 20 世纪 90 年代初至 21 世纪初年，我国知识产权立法工作进入“快车道”。中国在加入世界贸易组织前，全面修订了《著作权法》(2001 年)、《专利法》(1992 年、2000 年)、《商标法》(1993 年、2001 年)，颁布了《植物新品种保护条例》(1997 年)、《集成电路布图设计保护条例》(2001 年) 等，使我国知识产权保护标准和水平达到了知识产权国际公约的要求。笔者认为，中国仅用了十多年的时间就实现了从低水平到高水平的过渡，完成了从本土标准到国际标准的转变，其重要动因是：(1) 国际社会的压力。随着中国对外开放和对外贸易的发展，双边、多边知识产权冲突不时发生。1992 年中美《关于保护知识产权的谅解备忘录》的达成，客观上加快了知识产权修法进程。而在“国际贸易知识化”的体制下，知识产权保护成为国际经贸领域的基本规则，中国不得不顺应“知识产权国际化”的潮流，在参加 WTO 的同时加入《知识产权协定》(TRIPs)。(2) 自身发展的需要。中国作为新兴的工业化国家，加强知识产权保护是推动经济发展和科技进步的内在要求。在制度安排方面由被动到主动，是经济增长型国家的必要选择。可以说，中国知识产权立法，正是通过法律制度的现代化去推动科学技术的现代化。

三是基本完善阶段。自参加 WTO、全面修法之后，中国知识产权立法开

---

① 在知识产权制度史上，西方国家大抵奉行实用主义态度，都有一个从“选择保护”到“全方位保护”，从“弱保护”到“强保护”的过渡期。基于文化、教育落后于欧洲国家的考量，美国 1790 年版权法采取的是低水平版权保护；鉴于本国制药及化学产业落后的状况，日本 1885 年专利法实施的是有限范围的专利保护。自 20 世纪下半叶以来，由于国际环境的变化，发展中国家已失去知识产权立法的这种漫长过渡期。参见吴汉东：《知识产权制度运作：他国经验分析与中国路径探索》，载《中国版权》，2007 (2)。

始进入一个战略主动期。为了进一步加大知识产权保护力度，推动知识产权制度建设，中国于2004年、2005年分别成立了“国家保护知识产权工作组”和“国家知识产权战略制定工作领导小组”。2006年1月，胡锦涛在全国科学技术大会上提出建设创新型国家的战略目标。同年5月，胡锦涛在中央政治局集体学习时强调，加强我国知识产权制度建设，大力提高知识产权创造、管理、保护、运用能力，是增强我国自主创新能力、建设创新型国家的迫切需要。[①] 2008年6月，国务院发布《国家知识产权战略纲要》。为了顺利实现纲要所确定的战略目标，我国迎来了新一轮立法、修法高潮，其主要任务是：(1) 启动现行法律修订工作，以此适应后TRIPs时代知识产权制度变革需要和网络技术、基因技术条件下知识产权保护需要。除对《专利法》《商标法》《著作权法》再次进行修订外，还要对《信息网络传播权保护条例》《集成电路布图设计保护条例》《植物新品种保护条例》等作出首次修订。(2) 对一些知识产权专门法律、法规进行清理，使其体系化、系统化和合理化。散见于诸多法律规范性文件中的商业秘密、商号以及特殊标志的相关规定有待整合，以制定《商业秘密保护法》《商号法》《特殊标志保护法》。(3) 加快民间文艺、传统知识以及遗传资源保护的立法工作。着手制定专门法律，促进《生物多样性公约》《文化多样性公约》在我国的实施。以此为契机，建立符合国际知识产权制度发展趋势和体现我国知识产权保护优势的新制度体系。

时任世界知识产权组织（WIPO）总干事的阿帕德·鲍格胥博士在回顾该组织与中国合作20年的历史时指出，中国用了不到20年的时间，走过了西方国家一两百年才能够完成的知识产权立法进程，这个成就是举世瞩目的。[②] 中国知识产权法制30年的历史表明，进入21世纪以来，我国知识产权立法已经摆脱了被动移植的局面，从“调整性适用”进入“主动性安排”阶段。我国知识产权事业正在揭开新的历史篇章。

---

① 2006年5月26日，笔者与郑成思教授在中央政治局集体学习会议上作了《国际知识产权保护和我国知识产权保护的法律和制度建设》的讲解，胡锦涛在会议上作了重要讲话。

② 参见国家知识产权局：《1994年中国知识产权保护状况》。

二、“消极接受”还是“合作博弈”：知识产权的国际对策

知识产权国际保护制度，兴起于19世纪80年代，现已成为国际经济、文化、科技、贸易领域中的一种法律秩序。[①] 在当代知识产权国际保护体系中，WTO及其《知识产权协定》发挥了主导作用，正式确定了知识产权与国际贸易的合法关系，将知识产权保护纳入新国际贸易体制之中。上述特点，笔者将其概括为两个“一体化”：一是知识产权国际保护标准在缔约方之间的一体化。立法的一体化，寓意着知识产权保护的基本原则与标准在全球范围内的普适性。各缔约方在保护标准上的一致性，与知识产权保护水平的高低并无绝对的关联性。与知识产权国际保护制度的草创阶段不同，现有的国际公约包括《知识产权协定》以及《因特网条约》[②] 等所确定的最低保护标准，体现了权利的高度扩张和权利的高水平保护，更多地顾及与考虑了发达国家的要求和做法，在很多方面超越了发展中国家的科技、经济和社会发展的阶段。二是知识产权国际保护体系与国际贸易体制的一体化。制度的一体化，是指当代知识产权国际保护体系与国际经济贸易体制在WTO框架内的相互关联性。《知识产权协定》的形成与实施，即是依赖缔约方的国家强制力和世界贸易组织的国际强制力，将缔约方所承诺的知识产权保护与缔约方参加的国际贸易体制紧密联系起来。可以说，在经济全球化的国际社会中，知识产权保护既是发展中国家参与国际贸易体制的先决条件，也是发达国家维持其贸易优势的法律工具。这就导致了国际知识产权领域国家间的利益失衡和权利冲突。[③]

在知识产权国际保护方面，中国作为一个发展中国家，虽担心高水平保护超越现阶段国情，但又不得不面对国际社会带来的压力。在20世纪90年代初

---

① 关于知识产权国际保护制度的历史分期，可参见张乃根：《国际贸易的知识产权法》，上海，复旦大学出版社，1999。

② 国际知识产权界将《世界知识产权组织版权条约》和《世界知识产权组织表演和录音制品条约》合称为《因特网条约》。

③ 关于国际贸易“知识化”与知识产权“国际化”，可参见吴汉东：《知识产权国际保护制度的变革与发展》，载《法学研究》，2005（3）。

期和中期，中国知识产权立法的国际化进程主要受到中美双方冲突的影响。1992年1月、1995年3月和1996年6月，中美之间达成三个谅解备忘录。前一个谅解备忘录，主要涉及知识产权保护标准，其达成表明中国接受了美国的要价，基本上按照美国标准来修改本国法律；后两个则主要涉及知识产权法的实施，相关备忘录主要是针对侵权与保护而达成的协议。[①] 在中国加入世界贸易组织前后，中国知识产权立法走向国际化的动因则来自《知识产权协定》的要求。中国接受包括知识产权保护在内的国际贸易新规则，按照国际通行的标准提供知识产权保护，是有着自身的利益考量的：(1) 乌拉圭回合谈判实现了发展中国家的某些利益诉求（如规定减让关税的宽限期、取消市场配额限制等），因此发展中国家接受《知识产权协定》，不是完全的让步而是有偿的交换；(2) 知识产权保护不仅是一种国际经贸秩序，也是新兴的工业化国家自身发展的需要。中国正是在这种历史背景下，接受《知识产权协定》并加入世界贸易组织。

我国知识产权制度在国际化进程中，有以下几项举措值得关注。

(1) 国内规范与国际规范的接轨。自1980年正式加入《建立世界知识产权组织公约》以来，中国已陆续加入多个知识产权国际公约，主要有《保护工业产权巴黎公约》(1985年)、《商标国际注册马德里协定》(1989年)、《关于集成电路知识产权保护条约》(1990年)、《保护文学和艺术作品伯尔尼公约》(1992年)、《世界版权公约》(1992年)、《专利合作条约》(1993年)、《国际保护植物新品种公约》(1999年)、《知识产权协定》(2001年)、《世界知识产权组织版权条约》和《世界知识产权组织表演和录音制品条约》(2007年)。中国根据本国国情和国际发展趋势，依据国际公约规定，制定和完善各项知识产权法律、法规，至今已形成适应自身发展需要且符合国际标准的知识产权法律体系。

(2) 国内机构与国际组织的交流。中国重视和相关国际组织的交流与合作，已经参入了WTO、WIPO、APEC等国际组织在知识产权领域的各项活动。同时，还建立了“中欧知识产权对话机制”“中美知识产权工作组”“中日

① 参见邓军：《中美知识产权冲突历程回顾》，http://www.ccmedu.com/bbs8_63680.html。

韩知识产权双边及三边对话与合作机制”，并与巴西、墨西哥、东盟等国家和地区开展多种形式的交流与合作。

（3）国内人员对国际立法的参与。中国于改革开放之初启动知识产权立法之时，主要国际知识产权制度已经建立和完成，在以往的立法过程中，中国对国际立法的被动接受多于主动参与。进入20世纪90年代以后，在《关税与贸易总协定》的多边贸易谈判中，中国积极参与了这一谈判过程，并为推动《知识产权协定》的形成作出了努力。自21世纪初年以来，我国以更加积极的姿态参与国际法规则的制定，例如在《文化多样性公约》的谈判中取得对我国较为有利的成果①，在《知识产权协定》的修改以及地理标志保护的谈判中发挥出重要作用。②

中国作为WTO的后来者，参与知识产权国际保护体制的上述举措是值得肯定的。但是长期以来，在WTO的框架内，西方国家才是知识产权国际规则的主导者，中国与其他发展中国家一样只是接受者，充其量是参与者。在未来国际知识产权制度的变革过程中，我们应注意发挥建设性作用，努力成为国际规则的制定者。一方面，主动参与WTO新一轮的多边贸易谈判，推动现行国际知识产权制度的改革。针对《知识产权协定》的不足和缺陷，提出符合国际知识产权制度变革方向的思路和措施，着力解决知识产权保护中出现的公共利益问题、技术转让和利用问题、限制知识产权滥用问题等。另一方面，积极参与WTO体制外的国际造法活动，推动国际知识产权新制度的建立。除WTO体制内的多边贸易谈判外，世界卫生组织就公共健康问题、联合国粮农组织就植物基因资源问题、联合国人权委员会就知识产权与人权冲突问题等，分别针对《知识产权协定》进行了一系列的造法活动，中国应该而且能够在其中扮演重要的角色。

---

① 我国参与《文化多样性公约》的谈判，不但巩固了“文化多样性”的主权原则，而且弱化、删除了该公约与我们现行法律规定不尽一致的条款。参见吴汉东：《文化多样性的主权、人权与私权分析》，载《法学研究》，2007（6）；范帆等：《〈保护和促进文化表现形式多样性公约〉谈判通过始末》，载《中国出版》，2006（2）。

② 我国已就参与亚太经合组织框架下有关版权问题的磋商与谈判、参与WTO有关地理标志的谈判等事项，制定了行动计划，参见国家保护知识产权工作组办公室：《2008年中国保护知识产权行动计划》。

中国是在经济相对落后和科技水平不高的情况下，进入知识产权国际保护体系的。这究竟是被动接受、无奈之举，还是战略筹谋、合作博弈？其利弊如何，坊间有不同评说。笔者认为：当代知识产权国际保护制度，已经形成一种有效防止保护领域倒退和保护程度下降的“棘齿机制”①。在这种情况下，包括中国在内的发展中国家，必须以承认高水平的知识产权保护规则为代价，来换取 WTO 提供的最惠国待遇。而面对“棘齿机制”，发展中国家对知识产权保护规则更多是处于被动安排的境地。但是，知识产权国际公约规定有弹性条款和开放性条款，成员有余地在《知识产权协定》的总的轮廓之内型塑权利和权力的结构。该协定不是强制统一的限制文件，它提供了一个游戏场，在其内法律能够被塑造以满足成员的政治的、社会的、经济的和其他政策目标。② 这意味着东西方国家的对话存在着相当空间。多哈回合谈判的启动、中止乃至挽救的努力，表明发展中国家在国际组织中话语权的增大，游戏规则一下子变得“不由一家说了算”③。可以认为，中国在国际知识产权制度的运行中不可能总是消极接受的，而是能够有所作为的。

三、“超高”保护还是“过低”保护：知识产权的保护水平

知识产权制度选择的基础是国情。根据国家不同发展阶段的不同发展需求，对知识产权作出选择性政策安排，是以往西方国家的普遍做法。一般来说，在不出现外来压力的干扰下，一国根据自身发展状况和需要来保护知识产权是最为适宜的；在一国经济社会发展水平不高的情况下，从“低水平”保护到“高水平”保护的过渡也是非常必要的。在上述情况下，一国知识产权的保护状况，不涉及“超高”或“过低”的标准评价问题。

中国知识产权制度建设，是在一个新的国际环境中进行的。如前所述，中国仅仅用了十多年的时间，知识产权制度就实现了从低水平到高水平的转变，

---

① 蒙启红：《论知识产权国际保护的棘齿机制》，载《经济理论研究》，2007（1）。

② Shubba Ghosh, Reflections on the Traditional Knowledge Debate, 11 Cardozo J. Intl and Comp. L.

③ 姚国会：《多哈回合死了，WTO 哭了》，载《经济》，2006（9）。

完成了从中国标准到国际标准的过渡。质言之，作为WTO成员的中国已经没有发达国家所经历的过渡期。

正是由于上述原因，对于中国知识产权保护水平的判断，在政界、商界、学术界都存着广泛的争议。有人认为，我国知识产权保护水平已达到国际公约规定的最低保护标准，是适合本国国情的，但距离发达国家的高水平保护还有一定差距；也有人认为，我国在知识产权保护问题上存在着“超国际标准”问题，即“现行知识产权保护的一些规定，不适当地超出国际公约的相关要求”；还有人认为，在中国加入世界贸易组织之后，知识产权保护须遵循国际标准，讨论知识产权保护水平“超高”还是“过低”并无意义。①

关于知识产权保护水平认识的差异性，其原因在于评价标准的不统一性，即不同的人从不同的角度会得出不同的结论。笔者认为，确定中国知识产权保护水平，应结合国际因素和国内因素综合考量。所谓国际因素，是指用以衡量一个国家知识产权保护水平的国际参考因素，主要包括国际公约确定的保护标准以及其他国家立法规定的保护标准②；所谓国内因素，是指用以衡量一个国家知识产权保护水平的国内参考因素，主要包括该国的政治、经济、科技、文化等因素。③

从国际层面，我们可以对中国知识产权保护水平作出如下评价：(1) 与国际公约所规定的最低保护标准相比，我国知识产权保护水平不低。国际公约所确定的知识产权最低保护标准，是各缔约方必须接受的立法底线。发展中国家对此尽管有所争议，但在加入国际公约之后，就必须以此为据来制定或修改本国法律。我国在加入世界贸易组织前后，对知识产权法律、法规进行了全面修改，在立法精神、权利内容、保护标准、法律救济手段等方面强调促进科技进步与创新的同时，做到了与《知识产权协定》以及其他知识产权保护国际规则

---

① 参见方兴东：《中国软件超世界水平保护之路》，http：//tech. sina. com. cn/path/2002－04－08/811. shtml；卢海君：《中国应采取知识产权“强保护战略”》，载《中华商标》，2006 (9)。

② 国际公约规定有最低保护标准原则，其标准涉及权利保护对象、权利取得方式、权利内容及限制、权利保护期间等。各国立法可以超出但不能低于公约规定的标准。参见吴汉东：《知识产权国际保护制度的基本原则》，载吴汉东主编：《知识产权年刊》创刊号，北京，北京大学出版社，2005。

③ 国内因素的判断标准，一是考察知识产权保护是否符合该国政治、经济、科技、文化的现状，二是考察知识产权保护是否促进该国政治、经济、科技、文化的发展。

相一致。因此就立法而言，那种指责我国知识产权保护水平过低的观点并不能成立。（2）与发达国家知识产权立法相比，我国知识产权保护水平尚有一定差距。发达国家的科技、文化、经济发展水平远胜于发展中国家，一般会超出最低保护标准，寻求更高水平的知识产权保护。它们或是采取单方保护模式，由国内法自行决定（如美国版权法关于延长著作权保护期的规定）；或是采取双边、多边协商机制，由相关国际条约规定（如美、日、欧等主张建立的全球专利制度和欧盟已经实施的统一商标注册制度）。[①] 我国知识产权保护水平，奉行的是国际公约最低保护标准原则下的一体化，而不是追随发达国家的“西方化”或是“美国化”，那种以美国标准或西方国家标准来评价中国知识产权保护水平是极为不当的。但是，与越南、菲律宾、南非等发展中国家相比，我国知识产权法律体系完备，知识产权保护水平较高，其立法走在发展中国家的前列。

从国内层面，我们可以对中国知识产权保护水平作出如下判断：（1）从纵向来看，知识产权保护水平逐步提高。改革开放之初，我国先后颁布了《商标法》《专利法》《著作权法》，以适应社会发展的需要。及至 20 世纪 90 年代，为适应市场经济发展，我国增加了对计算机软件、植物新品种、集成电路布图设计的知识产权保护；进入 21 世纪后，遵循知识经济的时代要求，我们又规定了信息网络传播权，放宽了商标的注册条件，加大了对知识产权侵权的惩罚力度。总体而言，我国是在社会、科技、文化和经济不断发展的基础上逐步提升知识产权保护水平，两者是基本适应的。（2）从横向来看，知识产权保护存在行业、区域方面的不平衡。国际公约所规定的知识产权保护水平，往往高于发展中国家的实际承受能力。例如，国际公约规定的药品专利保护以及集成电路布图设计的知识产权保护，给我国相关产业带来较大的冲击。在这个意义上说，知识产权保护虽然是国际上的最低保护标准，但对于我国有关产业而言却是超越阶段的高水平。此外，由于地区经济发展水平的不平衡以及人群消费能力的差异，对著作权、专利权的保护水平也都会存在着认识的不同。

上述对知识产权保护水平的分析，主要涉及立法规定问题。根据有关学者

---

① 参见吴汉东：《关于知识产权本质的多维度解读》，载《中国法学》，2006（5）。

的论证，在基本没有考虑知识产权执法力度的情况下，我国知识产权保护水平在1992年前后及2001年前后出现两次快速上升的阶段。据专家的定量分析，中国知识产权保护水平早在1993年就已经超过部分发达国家，得分达到3.19；至2001年，得分则为4.19，已超过绝大多数发达国家和发展中国家（略逊于美国知识产权保护水平得分的4.52）。①

在中国社会的语境中探讨中国知识产权保护问题，“超高”保护还是“过低”保护的主要判断标准，显然是经济社会发展水平。不同的经济社会发展水平对知识产权保护的要求有所不同。一般而言，经济社会发展水平较高的国家着力知识创新，对知识产权保护要求高，也有能力承受和调适知识产权制度缺陷带来的负效应；经济社会发展水平较低的国家则相反，不仅其知识创新的重要性较低，而且很难承受和调适知识产权高水平保护带来的负效应。

就现阶段而言，中国对知识产权保护水平的制度选择，基本依据是本国的社会经济发展状况。首先，知识产权保护水平与本国的经济社会发展水平相适应。根据2005年联合国报告所援引的千年项目专家意见，在遵守国际公约最低保护标准的基础上，发展中国家可以根据自己的不同阶段，选择不同保护水平的知识产权制度。② 笔者认为，高水平的知识产权保护并不利于那些发展水平较低的国家，因为在这种制度框架下，它们难以获得所需要的知识、技术。但是，发展中国家“有不同社会、经济环境和科技能力”，不能一概而论。③因此，对于进入工业化阶段的发展中国家来说，加强知识产权保护，对于激励科技创新，促进文化繁荣，实现经济发展是有益的；同时，知识产权保护水平有助于实现本国经济社会发展的总目标。知识产权制度的合理性，并不在于为私权保护而保护，而在于实现知识创新、社会进步的政策目标。对此，英国知识产权委员会认为：“从长远的观点来看，在发展中国家，如果能使文化产业

---

① 参见韩玉雄等：《关于中国知识产权保护水平的定量分析》，载《科学学研究》，2005（3）。

② UN：Innovation：Applying knowledge in Development. 转引自《世界高等教育：改革与发展趋势》，第3辑，北京，国家教育行政学院，2006。

③ 参见英国知识产权委员会：《知识产权与发展政策相结合委员会关于知识产权的报告》，1页，http：//www.iprcommission.org/graphic/chinese_intro.htm。

成果的其他条件得到满足，更强的私权保护将有助于当地的文化产业。”① 这说明，传统的发展中国家要走上新兴的工业化、现代化发展道路，应该通过知识产权保护为本国经济、社会发展提供持久动力，在国际竞争中争取主动。在我国，加强知识产权保护，有效利用知识产权制度，是我们实现跨越式发展的战略抉择，是实现创新型国家建设目标的战略支撑。

就个别规定来说，虽存在着高于国际规则和超出承受能力的问题，但总体说来，我国知识产权保护水平，既符合国际公约的最低保护标准，又与本国经济社会发展水平相适应，一般并不存在“超高”保护或“过低”保护的问题。

四、“分散管理”还是“集中统一”：知识产权的行政管理

我国目前有多个部门负责知识产权的行政管理，主要包括国家知识产权局、国家工商行政管理总局商标局、国家版权局等国家机关。其中，专利权与集成电路布图设计权由国家知识产权局负责、商标权由国家工商行政管理总局商标局负责、著作权由国家版权局负责、制止不正当竞争权由国家工商行政管理总局公平交易局负责、地理标记权由国家质量监督检验检疫总局负责、农业植物新品种权由农业部负责、林业植物新品种权由国家林业局负责、国际贸易中的知识产权由商务部负责、与科技有关的知识产权由科技部负责、与进出境货物有关的知识产权由海关总署负责。

在知识产权保护实践中，中国形成了行政保护和司法保护“两条途径并行运作”的知识产权保护模式。多年来，知识产权行政管理部门在各自领域开展了卓有成效的工作：(1) 开展知识产权专项执法活动。在我国的知识产权行政执法体系中，专项执法活动是其一大特色。专项执法活动可以集中执法资源，针对某一时段、某一地域进行大规模、高效率的执法行动。迄今，我国已经进行了多次全国性质的知识产权专项执法活动，包括：多个国家部门联合开展展会知识产权保护的“蓝天”行动，公安机关在全国开展打击侵犯知识产权犯罪的“山鹰”行动。为了规范专利市场行为，维护专利权人的权益，我国还开展

① 英国知识产权委员会：《知识产权与发展政策的整合》，国家知识产权局条法司编译，109 页。

了“雷雨”和“天网”专利专项执法行动。[①]（2）受理和查处多起知识产权行政违法案件。包括版权行政管理部门处理的盗版出版物及音像制品案件、知识产权管理部门受理的专利侵权与其他专利纠纷案件、工商行政管理部门查处的商标违法案件等[②]，有力地打击了知识产权违法经营活动，整顿、规范了市场经营秩序。（3）建立高效、合理的知识产权海关保护机制。中国海关在知识产权领域加强工作力度，强化行政执法力度，世界海关组织（WCO）授予中国海关“世界海关组织2007年打击假冒和盗版成就奖”[③]，以表彰其在打击侵犯知识产权行为中所取得的进步。同年，“中国外商投资企业协会优质品牌保护委员会”将中国海关评为最有效率的知识产权行政执法机关。

尽管国际上对我国知识产权执法尚有激烈批评之声，我国学者研究表明我国执法状况逊于立法水平[④]，但是也要看到，我国知识产权行政执法的作用，在许多方面已超越了《知识产权协定》的要求。以商标权保护为例，2000—2005年，全国查处侵权案件17.4万件，向公安机关移送涉嫌犯罪案件559件，犯罪嫌疑人560名。[⑤]其查处案件数量及执法力度为国际社会所瞩目。

我国知识产权行政管理及执法，虽然取得显著成绩，但在体制及机制上仍然存在一些问题，因而受到学者的诟病。

（1）“管”“罚”主体同一化，缺乏监督。我国知识产权管理体系的主要特点是行政管理与行政执法一体化，知识产权管理机构不仅仅享有专利授权、商标注册、版权登记等职权，同时还进行知识产权案件的调解、裁决及知识产权违法行为的查处。质言之，知识产权的管理授权主体同时也是知识产权的执法主体，集管理和处罚职能于一身，使得其在行政执法时缺乏监督。今后一段时期，我国传统的知识产权司法保护和行政保护的“双轨制”模式要逐渐向前者

---

① 参见国家保护知识产权工作组办公室：《2006年中国保护知识产权行动计划》。

② 有关的执法数据参见国家知识产权局：《中国知识产权保护状况（2004—2006年）》。

③ 国家知识产权局：《2007年中国知识产权保护状况》。

④ 2001年，我国知识产权保护水平得分为4.19，已超过多数发达国家和发展中国家，但在用“执法力度”指标修正后，其知识产权保护水平得分降低为2.742分。参见韩玉雄等：《关于中国知识产权保护水平的定量分析》，载《科学学研究》，2005（3）。

⑤ 参见李东生：《工商行政管理机关不断加强涉嫌商标犯罪案件的移送工作》，载《工商行政管理》，2006（7）。

倾斜，并对行政管理体制进行改革。首先，在理念上，管理体制内应增加“服务”因素。21世纪以来，我国致力于建设服务型政府，其中一项重要内容就是强化政府公共服务职能，向公众提供公共产品和服务。因此，我国知识产权行政管理机构应整合现有资源，建立知识产权预警应急机制，发布重点领域的知识产权发展态势报告，对可能发生的涉及面广、影响大的知识产权纠纷、争端和突发事件制订预案，为个人、企业甚至行业的知识产权需求提供服务。其次，在措施上，执法手段应增加“非强制性”内容。我国知识产权法赋予知识产权执法机构以罚款、没收等极具强制性的行政处罚职权，以惩戒违法行为。在未来管理体制变革的过程中，行政机关可以主动采取劝告、说服等非强制性措施，这可以降低行政成本、提高执法效率，并能使公权对私权的干预程度降低。

（2）部门设置分散化，缺乏集中。在我国，知识产权的行政管理工作分别由十个部门来负责，各部门分别管理某一领域的知识产权。这种管理模式的优点在于分工较细，职责分工较为明确，但会导致知识产权行政管理的成本过高。此外，在地方知识产权机构的设置上，除了商标局设置有一个自上而下的统一组织和管理体系外，对其他机构法律并无明文规定。这就导致了各地机构设置模式的多样化，使地区知识产权管理工作差别较大，也给地区之间的协同管理造成一定的障碍。目前世界上大多数国家都对不同知识产权部门进行集中管理。① 我国虽然成立了国家知识产权局，但该局主要行使的依然是原专利局的职能，仅增加了统筹协调的职权，不能视为集中管理。总之，目前我国知识产权行政管理机构设置数量太多、职能太散，缺少一个统一的领导机构。这一状况应在今后的国家机构改革中得到改变。

（3）保护标准多样化，缺乏统一。知识产权行政管理机构职能不同，往往造成“政出多门”，制度不一。例如我国制定了《植物新品种保护条例》，但在具体实施中却是由农业部与国家林业局各自制定实施细则，有关农业新品种和

---

① 目前全世界实行知识产权制度的196个国家和地区里，有180个是实行统一的工业产权局进行集中管理；只有不到10个国家实行的是分散管理。参见罗国轩主编：《知识产权管理概论》，35页，北京，知识产权出版社，2007。

林业新品种的规定不尽相同。有时，知识产权行政管理机构职能不同，还会造成权利的冲突。例如“金华”作为火腿商标被金华市之外的一家浙江企业在国家商标局取得商标权，而作为火腿的地理标记被金华市火腿协会在国家商品检验检疫局取得地理标记权。两项知识产权虽然都是经国家主管机关授权的，但权利主体不同，两者不可避免产生冲突。我国知识产权管理机构还存在职权重叠的问题，对同一事务可能会采用不同的管理标准。在我国卡拉 OK 收费问题上，国家版权局公告规定卡拉 OK 经营行业以经营场所的包房为单位，支付版权使用费。而文化部以享有对文化内容的监管职权为由，推出了“全国卡拉 OK 内容管理服务系统”，对所有卡拉 OK 经营场所以及其他单位实行免费接入、免费服务。这两种标准的适用是长期以来广泛争议的话题。

推动知识产权管理体制改革是今后一个时期的重要任务。日前公布的《国家知识产权战略纲要》，将“深化知识产权行政管理体制改革，形成权责一致、分工合理、决策科学、执行顺畅、监督有力的知识产权行政管理体制”作为战略重点，但改革之路任重道远，仍需要我们不懈努力。

五、“因循守成”还是“适时通变”：知识产权的司法体制

改革开放以来，我国知识产权审判事业取得了重大进展，审判职能不断强化、审判领域不断拓展、审判质量不断提高。在我国加入 WTO 以后，知识产权司法保护受到国内外前所未有的高度关注，各级法院妥善处理各种复杂知识产权纠纷，依法保护当事人的合法权益。其司法保护成就主要表现在以下方面：一是建立了有特色的知识产权审判体制。20 世纪 90 年代以前，我国没有专门的知识产权审判机构，而是将知识产权案件分散在民事、刑事和行政案件中分庭审理。1993 年，北京市中级人民法院尝试将知识产权民事和行政案件划归到专门审判庭，至此我国有了首个知识产权审判庭。2000 年 10 月，最高人民法院率先在其内部进行机构改革，将原知识产权审判庭改建为民事审判第三庭。目前，最高人民法院和 31 个高级人民法院都已设立民事审判第三庭，与此同时，在各省、自治区和直辖市政府所在地的中级人民法院也相应设立了知识产权民事审判庭，我国已经建立了最高人民法院和地方法院三级知识产权

审判机构，并以中高级法院知识产权审判机构为主的审判格局。二是健全与完善了知识产权审判规范。知识产权司法解释在我国的知识产权审判工作中发挥了很大的作用。在将知识产权民事案件的审理统一归口后，最高人民法院、最高人民检察院相继发布了一系列司法解释。这些司法解释总结了人民法院以往的审判经验，既有程序性规定，又有实体性规定。最高人民法院发布了我国第一个涉及不正当竞争案件审理的司法解释（2007 年）；最高人民法院、最高人民检察院出台了相关司法解释，进一步加大知识产权刑事司法保护力度，降低知识产权犯罪认定的“门槛”（2007 年）。此外，最高人民法院还制定了关于审理注册商标、企业名称与在先权利冲突的民事纠纷案件若干问题的规定（2008 年）。这些司法解释或规定，为充分发挥人民法院的审判职能作用提供了有力的司法保障。三是进行了有质量、有效率的知识产权审判活动。2004—2007 年的数据表明，目前我国知识产权案件大幅度增长，审理范围不断扩展，结案率逐年上升，二审改判率逐渐下降，再审率不断降低。[①] 近年来，我国知识产权案件类型几乎覆盖知识产权全部领域，包括著作权、专利权、商标专用权、商业秘密等不正当竞争纠纷案件等。最高人民法院审理的“雅马哈发动机株式会社”一案，判决浙江华田公司等赔偿雅马哈发动机株式会社 830 余万元。该案被认为是最高人民法院判决的外国当事人获赔偿最多的一例。北京市第一中级人民法院审理的电影盗版销售案，认定华纳兄弟娱乐公司等美国 6 家电影公司胜诉，也受到中外人士和社会各界的好评。

我国的司法体制在裁决争议、化解纠纷、制裁侵权等方面发挥了重要作用。但是，现行知识产权审判模式因循传统的民事审判方法，其审判程序配置、审判标准、诉讼管辖以及诉讼证据规则等都有待适时变革。

（1）关于审判程序配置问题。审判程序的脱节是目前存在的一个主要问题。首先，民事程序和行政程序的衔接。依照现行规定，行政机关查处案件可以责令停止侵权，但不能就赔偿问题作出决定，当事人可以对确认侵权的行政决定提起行政诉讼，对相应的赔偿问题提起民事诉讼。这在客观上导致同一法律关系分别由不同机关经不同的程序处理，既浪费法律资源，又可能出现裁决

① 有关数据可参见国家知识产权局：《中国知识产权保护状况（2004—2007 年）》。

冲突。同时，在专利、商标权的确权诉讼中，通常是由私权的利害关系人提起，专利复审委员会、商标评审委员会只是被动地裁决。由两委员会代替一方作为被告，实际上重复一方当事人的诉讼请求。法院对这种具体行政行为一般只能撤销发回重作，不能直接变更；两委员会重新作出后，可能当事人仍然不服而又起诉，因此形成循环诉讼。

其次，民事程序和刑事程序的衔接。在涉嫌犯罪的知识产权案件中，我国实行传统的“先刑后民”原则。这样，在同一案件中可能出现刑事程序和民事程序对侵权的不同认定，在刑事程序中判决犯罪的，而在民事程序中却不认为侵权。同时，对此类案件实行“先刑后民”，当公安机关立案后，诉讼中的民事程序即中止诉讼，案件久拖不决，从而造成司法资源的浪费。

关于审判程序配置的问题，已经引起了广泛的关注。我国《国家知识产权战略纲要》提出：“完善知识产权审判体制，优化审判资源配置，简化救济程序。研究设置统一受理知识产权民事、行政和刑事案件的专门知识产权法庭。”目前我国某些省市已经成为知识产权审判模式改革的试点地区，并形成了独具特色的“浦东模式”“福建模式”“武汉模式”等，但成效如何，仍需经过实践的检验。

（2）关于审判标准问题。统一法官裁判尺度，减少当事人对司法公信力的质疑，是知识产权审判面临的重大问题。由于中国经济发展程度不同、地域性差别较大，不仅各地知识产权案件审判的数量和质量不同，还会因为收入水平、相关市场规模等因素的不同而出现审判标准不统一。在地域管辖上，权利人倾向于在经济发展水平较高的地方起诉，以求获得更高的赔偿数额，侵权人则会选择管辖权异议，导致案件久拖不决。此外，地方保护主义也会造成因审判标准不统一而产生不公平的现象。以驰名商标的司法认定为例，国家规定县级以上的中级人民法院可以认定驰名商标，但目前存在的问题是各地法院争相认定驰名商标，由于各地法院在商品经济发达程度及主观认知程度上的不同，驰名商标认定标准极不统一。

对此问题我国可以通过提高审判级别的办法加以解决。有人主张将最高人民法院作为上诉法院以统一审判标准，但是我国有严格的级别管辖制度，如此改革肯定困难重重。笔者认为，我国可以借鉴有些国家的办法，在适当的时候设立专门的上诉法院，以克服这一弊端。[①]

（3）关于诉讼管辖问题。知识产权的管辖问题是目前广受关注的热点问题。由于三大诉讼法的不同规定，我国知识产权审判产生了不可避免的管辖冲突。

我国《刑事诉讼法》规定由基层人民法院管辖第一审包括知识产权犯罪在内的普通刑事案件；在《民事诉讼法》中却规定了中级人民法院管辖的原则，只有少数的基层法院可以审判普通知识产权案件。在知识产权侵权行为发生时，侵权定性是知识产权民事侵权案件和刑事犯罪案件必须解决的首要问题，如果同一案件的侵权定性和处罚标准由不同法院执行，程序的衔接将变得十分复杂，还有可能会出现裁决结果冲突的情况。

按照《民事诉讼法》的规定，侵权行为地包括侵权行为发生地和侵权结果地。但根据最高人民法院的司法解释，著作权侵权案件的管辖法院不包括侵权结果地法院。[②] 在现实生活中，权利人一般都是根据侵权结果来查证侵权行为地的所在，而侵权结果的出现又来自侵权商品的销售。如果不允许知识产权人以侵权结果地为起诉地，无异于法院拒绝其司法救济请求。

我国知识产权管辖制度的设计理念是以“方便法院审判”为基准，体现了效率原则，在我国改革开放初期和知识产权审判制度初建时期发挥了很好的作用。但是，随着我国改革开放的深入，知识产权审判制度日益完善、审判人员素质日益提高，我国知识产权管辖制度应以“方便当事人诉讼”为依据，以提供最充分的救济。

（4）关于诉讼证据规则问题。目前我国的知识产权诉讼，在庭前证据交换、举证时技术鉴定的委托和专家证人等方面都还存在较大问题。

由于知识产权审判工作的专业性很强，不少案件涉及复杂的法律关系和技术背景。法官由于知识背景的因素，很难对案件中的技术性问题作出判断，不

① 美国根据1982年联邦法院改革法设立了联邦巡回上诉法院，统一受理专利纠纷上诉案件，其判决各个地方法院必须遵从，统一了审判标准；日本根据其《知识产权战略大纲》提出2004年年底加强建设高级法院专门处理制度，随后通过改革，在东京设立知识产权高等法院，集中管辖了部分知识产权案件，统一了裁判标准。

② 参见《最高人民法院关于审理著作权民事纠纷案件适用法律若干问题的解释》第4条。

得不在审判中引入专家证人。《最高人民法院关于民事诉讼证据的若干规定》第 61 条首次以司法解释的形式在我国的诉讼制度中确立了专家辅助人制度。由于缺乏必要的规范加以指导，专家辅助人制度在实践中存在不少问题。因为专家辅助人由当事人聘请参加诉讼活动，其作用是帮助当事人就专门性问题的证据进行说明和审查，难免会出现偏颇，法官不能直接引用其证言裁判。

笔者认为，我们可以借鉴其他国家的做法①，建立知识产权审判专家证人制度。在许多情况下，并不是每一起知识产权案件的技术争议都要通过专家鉴定才能解决，对于有的案件，法院可以通过技术咨询或者技术论证，就能查明相关技术事实，得出相关结论；当案件审理遇到技术性问题时，法庭可以聘请专家证人，其意见经双方当事人质证后，即可以此为事实依据作出裁判。此种形式，体现了公正性，保持了证人的中立地位。

总之，我国的知识产权审判制度脱胎于传统的民事审判，随着知识产权法律制度的日益完善和知识产权审判的专业性、技术性特征的日益加深，其存在的问题也在逐渐显现。对此，我们不应因循守成，而应适时通变，积极寻求知识产权司法体制的变革之路。

六、“利大于弊”还是“弊大于利”：知识产权的运用效果

知识产权制度在西方国家孕育与成长已有三四百年时间。在近代社会，知识产权是欧美国家促进经济发展、推动科技进步、繁荣文化和教育的法律工具；在当代社会，知识产权则成为创新型国家维系技术优势、保护贸易利益、提升国际竞争力的战略政策。

知识产权制度在发展中国家并没有完全释放应有的功能。影响制度效益目标的实现，既有法律因素，如制度选择所涉及的法律理念、法律内容以及法律形式等，是否具备先进性、合理性以及科学性；也有非法律因素，即制度实施

---

① 日本《知识产权战略大纲》中提出“增加专家参与，以加强法院人才基础”，“根据知识产权诉讼特点，让法官以外的专家参与审判，支持法官”，http：//www. kantsuu. com/riben/74753. shtml，最后访问日期：2008 年 9 月 20 日。

所涉及的经济技术发展状况、政府公共政策以及社会环境、文化条件等，是否具备一致性、协调性以及相适应性。审视发展中国家知识产权制度失灵的原因，主要有两点：一是制度外力强加而造成“水土不服”。英国知识产权委员会指出：知识产权体系能够成为发展本土科技能力的一个重要因素，特别是在那些已建立起科技基础结构的国家中。[①] 但是对于大多数发展中国家而言，由于其自主创新能力不足，保护知识产权实际上只是保护了外国（主要是发达国家）的知识产权，增加了本国创新的成本。因此，制度强加对发展中国家并非好事。二是制度运用经验不足而导致“受制于人”。国家知识产权协会主席、美国斯坦福大学教授约翰·巴顿指出，发展中国家与发达国家在知识产权方面的差距，不在于制度本身，而在于制度运用的经验。笔者认为，对于发展中国家而言，制度运用比制度选择更为重要，知识产权的有效运用需要一系列的社会条件，例如完善的政府公共政策体系、高效而统一的执法体系、健全的中介服务机构以及优秀的专门人才等，而这些正是发展中国家所欠缺的。

如前所述，中国对知识产权的制度选择，主要是从自身发展需要出发，相关法律在经济与社会发展中发挥了重要作用，这是笔者对制度实施效果的基本评价。但是，中国知识产权法律创建时间不长，缺乏西方国家那样的过渡期，因此从政府到企业对制度建设准备不及，制度运用经验不足。这是我们必须正视的重要问题。

我国知识产权制度运行总体来说是健康的，正效应是明显的。这表现在以下几个方面：（1）科技创造能力提升，跻身专利申请大国行列。2007 年，中国专利申请量突破 300 万件，其申请量仅次于美国、日本，已跃居世界第三；申请结构发生明显变化，发明专利申请所占比例由 1985 年的 37%上升到 2007 年的 60%；不少发明专利质量很高，诸多专利技术在日内瓦、伦敦、巴黎等国际博览会上获得金奖。（2）品牌创建能力提高，商标注册申请量全球第一。我国注册商标年申请量从 1980 年的 7.6 万件跃升到 2007 年的 76.3 万件，连续 6 年位居世界第一。至 2007 年，国家工商总局商标局认定的驰名商标已达

---

① 引自《英国政府对英国知识产权委员会的报告〈综合知识产权与发展政策〉之回应》，http://www.iprcommission.org/Translations/DFID_Response_Chinese_FINAL.pdf.

到 1 004 件，产生了诸如“海尔”“红旗”等一些具有国际影响力的商标。(3) 文化创新能力增强，版权产业发展势头良好。1998 年包括图书、报刊、音像、软件在内的版权业产值达到 1 433 亿元，约占当年国民生产总值的 1.8%，而到 2005 年所占比例已超过 6%。(4) 其他知识产权获取能力加大，带动相关产业健康发展。我国农业植物品种权申请数量正以年均 40%的速度增长，年申请量从 2004 年起进入国际植物新品种保护联盟成员排名前四名；地理标志保护为农副产品带来的附加值达到产品价格的 10%～20%。截至 2006 年，我国已对 600 多个产品实施了地理标志保护，涉及产品价值近 5 000 亿元；布图设计专有权制度的建立，推动了集成电路工业的发展。从 1995 年至 2006 年的 10 年间，半导体芯片产值在国际市场上的份额由不到 1%上升到 6%，实现产值超过 1 000 亿元。①

知识产权对我国经济与社会发展的作用是明显的，但其贡献率尚比较有限，不能过于乐观。从授权数量来看，中国是为知识产权大国；但就资产质量而言，远不是知识产权强国。具言之：(1) 在专利领域，现在依然是“技不如人”。中国有 95%以上的企业没有自己的专利，拥有核心技术专利的企业仅为 3‱。相形之下，外国公司注重专利权的取得，将其专利申请的重点集中在发明专利，并将发明专利申请集中在高新技术领域。据统计，在航空航天、高清晰彩电、通信、电子、汽车等领域，外国公司拥有中国发明专利高达 80%甚至 90%。(2) 在商标领域，可以说是“貌不迷人”。商标是商品的“脸”，是产品质量与信誉的体现。中国企业商标数量非常可观，但知名品牌不多。在国际知名品牌的排行榜单上，中国企业商标无一进入 100 强，进入 500 强的只有 12 家。就外贸而言，中国企业出口 200 强，70%以上是定牌生产、加工贸易。在合资企业，90%以上是使用外国投资方的品牌。(3) 在版权领域，较长时期是“文不惊人”。中国是工业品的出口大国，2007 年有 172 种产品产量位居全球第一。在文化领域中国却出现“版权贸易逆差”，2004 年以前版权贸易进出口比例高达 10∶1，2005 年下降到 6.5∶1。中国的电影票房收入较多依赖进

① 以上数据参见国家知识产权局：《2007 年中国知识产权保护状况》；《中国质量报》，2006-11-06；《瞭望》，2007 (4)；《人民日报（海外版）》，2005-05-25。

口大片，动漫产品近90%来自海外，网络游戏产值的15%要支付外国公司的版税。①

知识产权的有效运用，既涉及知识产权主体（企业）的培育，又事关一般社会条件的成就。这就是说，影响知识产品生产、传递、利用的基本条件必须具备。如果上述条件得不到满足，知识产权的社会功能就达不到立法者预期的效果。笔者认为，中国知识产权的有效运用尚缺乏以下要素，解决这些问题是知识产权运用“化弊为利”“兴利除弊”的重要路径：（1）以知识产权为导向的公共政策体系。在公共政策体系中，促进经济社会发展的“总政策”目标，并不是知识产权制度独立承担的，其目标取向也应体现在其他公共政策中。②与知识产权制度相关联的公共政策主要有文化教育政策、产业经济政策、科学技术政策、对外贸易政策等。作为政策决策主体的政府，其任务在于制定和完善政策，统一和协调政策。笔者认为，在过去较长时间里，知识产权在经济、文化和社会政策中的导向作用不甚明显，今后应在国家知识产权战略实施中得到加强。（2）知识创新所需要的研发资金和物质条件。研发投入规模与水平是知识产权有效运用的物质条件，更是衡量创新型国家的重要指标。2004年我国研发投入占GDP的比重为1.23%，2005年达到1.30%，2007年上升到1.42%。这一投入量低于可统计国家平均1.6%的总体水平，与创新型国家2.2%的投入差距更大。由于研发投入不足，直接影响企业知识创新活动，很多企业处在有“制造”无“创造”、有“产权”无“知识”的状态。（3）发达的中介机构及其良好的社会服务。知识产权中介机构是指提供各种知识产权服务，包括咨询、代理、检索、评估、诉讼等的社会中介组织。是否拥有健全、成熟的中介服务体系，也是衡量知识产权制度是否完善的标准。目前，美国一年的专利许可贸易收入达1 800亿美元，品牌授权使用金额超过1 050亿美元，这些知识产权交易都离不开中介服务活动。与发达国家相比，我国的知识产权中介机构存在着数量较少、类型发展不均匀、质量参差不齐、服务水平不高、

① 相关数据参见国家知识产权局：《中国知识产权保护状况（2004－2007年）》；吴汉东主编：《中国知识产权蓝皮书》，北京，北京大学出版社，2007；张晓明等主编：《2007年：中国文化产业发展报告》，北京，社会科学文献出版社，2007。

② 参见吴鸣：《公共政策的经济学分析》，5页，长沙，湖南人民出版社，2004。

服务内容单一等缺陷，尚不能满足知识产权有效运用的需要，企业“买技术难，卖技术也难”的问题都比较严重。(4) 高水平的知识产权专门人才。知识产权人才是知识产权事业成功的基本保障。据统计，在发达国家的企业，从事知识产权工作的员工占本企业职工总数的6‰。按照国际惯例，企业应按技术人员4%的比例配备知识产权人员。我国目前有200多万技术人员，而知识产权从业人员只有1万人左右。[①] 知识产权人才匮乏，影响了我国知识产权事业的健康发展。

七、“认同缺乏”还是“精神内化”：知识产权的文化基础

对外国法制或国际法制的引进，是一个“理性选择”的过程，更是一个“法律本土化”的过程，即外来制度如何在本国“扎根”与“内化”的过程。[②] 本土化要求进行法律移植时，不能仅仅是对外来法律规则的形式再现，而且要在研究其法律理念的基础上实现文化再造。在构建中国知识产权法治秩序的过程中，我们引进了这一制度的外形，即法治的“硬件”系统（相对而言这是比较容易移植的），但在理性领域尚缺乏与之相适应的文化基础，即法治的“软件”系统（法律精神的移植并不是短时期奏效的）。

我国知识产权法律意识还有待加强，知识产权文化还没有形成，这是知识产权法律实施目标的障碍性因素。根据《我国公民知识产权意识调查报告》，近年来，“我国在知识产权立法、司法和行政保护方面不断加强投入，社会整体对知识产权认识程度和自我保护意识也明显提升，但在公众尊重知识产权的行为规范的完善方面却未收到明显成效”[③]。具言之，即是公众普遍抱有对盗版、假冒等侵权行为的容忍态度，以及大量存在着侵权复制品的消费群体。就知识产权的最重要主体——企业而言，其法律意识也难以令人乐观。关于深圳市企业知识产权现状的调查报告显示，即使在中国最为发达的地区，也只有

① 参见张小明：《跨国竞争：呼唤涉外知识产权人才》，载《国际人才交流》，2005 (10)。

② 参见张洪峰：《法的世界化与本土化之争及其超越》，载《福建法学》，2005 (1)。

③ 刘华等：《我国公民知识产权意识调查报告》，载吴汉东主编：《中国知识产权蓝皮书》，北京，北京大学出版社，2007。

36%的企业对知识产权有比较全面的了解，有23%的企业仅对知识产权某个领域有所知晓，5%的企业对知识产权的理解不正确。对知识产权比较重视且在实际操作中采取保护措施的企业仅占25%，对知识产权虽有一定认识但未采取实际保护措施的企业约占59%，另有6%的企业认为不需要加强知识产权意识。① 知识产权意识的淡漠，使得人们对知识产权法律的正义性认同受到消极影响。总体而言，我国知识产权的法制现状是：立法方面表现良好，执法效果有所不足，而守法问题比较严重。

影响中国知识产权法律实施效益的原因是多方面的，就文化动因而言，主要表现在以下三个方面：

（1）中国传统文化影响的历史惰性。中国的传统文化，是以个体农业为基础，以宗法家庭为单位，以伦理纲常为核心的传统文化。法律文化是有惰性的。中国的传统文化遗产愈见深厚，其消极精神因素的沿袭就愈见顽固。近代知识产权法律建立在个人主义、自由主义、理性主义②的思想基础之上，将这一制度移植于义务本位、专制主义、人伦理性的中国传统文化土壤之中，如果没有自上而下的法律文化改造活动，没有形成与移植法律相适应的新文化基础，就会使得知识产权这一制度“舶来品”产生“水土不服”的法律异化后果。

（2）社会认同法律的现实障碍。近代中国引入知识产权制度，是一种“被迫性移植”，其间虽有清政府实行新政的需求，但更多是外国势力强加所致；现代中国对知识产权规则的接纳，在一段时期是一种“被动性移植”，即是在国际贸易体制的框架内来考虑本国立法。我国公众对知识产权法律的社会认同感不足，原因有二：一是对法律移植的差异性认识。本土社会成员对法律移植的接受存在着不同的具体价值期待，或支持法律移植，或反对法律移植。③ 现今知识产权国际保护制度，过多地顾及发达国家的要求，确实存在着国家间的

① 参见杨建荣等：《深圳、哈尔滨两市知识产权意识之现状》，载《电子知识产权》，2000（4）。

② 笔者认为，个人主义精神（individualism）、自由主义精神（liberalism）、理性主义精神（rationalism）是近代西方国家知识产权构造的文化基础。参见吴汉东：《知识产权法律构造与移植的文化解释》，载《中国法学》，2007（6）。

③ 参见刘星：《重新理解法律移植》，载《中国社会科学》，2004（5）。

利益失衡，这一状况肯定会引起本土社会的不同意见。二是对法律移植的有限需求。法律一般总是从发达国家向需要规则的欠发达国家移植而不是相反。当知识产权的某些制度或规则超越发展中国家发展阶段时，由于本土社会内在需求不足和制度消化能力欠缺，就会影响法律移植的有效性。

（3）现代知识产权法律构造的文化缺失。知识产权法律进入中国只有一百来年的时间，进入社会大众生活只是近一二十年的事情。笔者认为，知识产权法律构建，这一成就是举世瞩目的（前世界知识产权组织主席鲍格胥博士语）。但是，知识产权文化的形成，这一过程并不是一蹴而就的。知识产权的制度创新与变革，需要相应的法律文化改造与重构，即以新的法律认知取向、法律情感取向、法律评价取向，作为现代法制的文化底蕴。[①] 现代知识产权文化的形成，意味着外来文化的转化以及对本土文化的改造。“崇尚创新精神、尊重知识产权”，作为法律移植及本土化基本理念，既有“以人为本、私权神圣”的西方文明的先进思想，也有“利益均衡、和谐共赢”的本土传统的合理内核。从中国知识产权文化建设的现状来看，外来的法律赖以依存的精神基础未能随之移植而本土化；同时，本土的文化精神也未能加以改造而现代化，这些即是知识产权法律构造中的文化缺失。

知识产权文化的培育与养成，是知识产权法治秩序构建的重要内容。从世界范围看，为寻求法律广泛认同，推动各国制度实践，国际社会提出了建立一种“明达”的知识产权文化的构想。2003 年 5 月，世界知识产权组织（WIPO）在《2004—2005 年计划与预算草案》中提出，要把创建知识产权文化作为 WIPO 工作的一项重点计划。总干事在《WIPO 计划活动中的中期计划——WIPO 构想与战略方向》中进一步指出：从现在起到 2009 年，创建知识产权文化的基本思路是促进和鼓励每个国家发展一种适合其需要的知识产权文化，包括各有侧重的国家知识产权战略、最适宜的国家知识产权制度，并在全国范围内提高对知识产权作为促进经济、社会和文化发展强有力手段的认识。[②] 就中国而言，为了培育和发展现代知识产权理念，营造良好的舆论氛围和社会环境，国

---

① 参见公丕祥：《法制现代化的概念架构》，载《法律科学》，1998（4）。

② 参见马维宇：《知识产权文化建设的思考》，载《知识产权》，2005（5）。

家知识产权局专门发文强调知识产权宣传工作，并将2007年定为“知识产权文化年”。2008年6月《国家知识产权战略纲要》公布，明确将“培育知识产权文化”列为知识产权战略的五大重点之一。

现代知识产权文化构建，需要一般社会条件的综合作用，从而形成法律文化再造的运动能量和运动方向。[①] 上述社会条件，既有内在动力，也有外生变量。首先是知识经济市场的原动力。基于市场经济的内生力量，必然产生与知识产品商品化、市场化、产业化相适应的知识产权文化。其次是政策制度环境的保障力。政策制度环境的营造，对于良好的法律文化的形成具有重要作用。日本在近代对德国式民法的选择，在现代对美国式宪法的引入，无一不是凭借政治权威，包括相关政策制度的推引，以改造原有法律文化，从而极大地提高日本法律文化的承载力。[②] 最后是文化宣传教育的引导力。在全社会普及知识产权法律知识，培养公众的知识产权权利观念和规则意识，是知识产权文化建设的重要目标。在我国，通过学校创建知识产权教育模式，培养青少年的创新能力、创新思维和变革意识；通过加强知识产权知识宣传，普及与提高全民尤其是企业的知识产权意识和能力，显得特别重要。总之，知识产权文化的培育与养成，是我国30年知识产权法制建设的薄弱环节，理应成为现阶段乃至今后相当时期实施国家知识产权战略的一个重要任务。

八、“单行立法”还是“专门法典”：知识产权的制度模式

经过近30年时间的努力，我国建立了较为完善的知识产权法律制度体系。法律制度完善的判断有两个基本标准：一是知识产权法律制度的合理化（前述知识产权保护水平问题，即涉及制度合理化）；二是知识产权法律制度的体系化（知识产权法律形式和外在表现，是制度体系化的重要内容）。前者是制度完善的实质条件，是为法的实质理性；后者是制度完善的形式条件，是为法的

---

① 参见李声炜：《中国传统法律文化现代化转变若干动因考察》，载张文显主编：《法学理论前沿论坛》，第2卷，北京，科学出版社，2003。

② 参见傅静坤：《法律移植与法律文化——以民法典制订为中心》，载《深圳大学学报（人文社会科学版）》，2003（6）。

形式理性。

法的形式理性，属于法的外在的技术品质，主要“表现为经由诸如程序公正、法律推理、法律论证以及各种具体部门法的一系列智性制度安排和种种法律技术”[①]。就法律规则的具体形式而言，“法典是法的形式的最高阶段”，因为比之其他法的形式和制度形式，法典历来是固化和记录一定的统治秩序、社会秩序和社会改革成果的更有效形式。[②] 知识产权法律体系化的过程，应表现为理性的制度安排和科学的立法技术运用。只有这样，知识产权制度在法的形式上才可以称为“制度文明的典范”。

从世界范围看，关于知识产权的立法体制，大抵有以下三种做法。

一是单行立法。单行法律、法规是世界上绝大多数国家知识产权立法的通例。这一体例在英美法系国家是以专门法律制度的形式出现的，在大陆法系国家则是民事基本法之下的民事特别法。

二是编纂专门法典。当以 1992 年法国知识产权法典为代表。法国立法者将 23 个与知识产权有关的单行法律、法规整理汇编成为统一的法典，其权利体系包括文学和艺术产权（含著作权、邻接权、数据库作者权）与工业产权（含外观设计权、发明专利权、技术秘密权、集成电路布局设计权、植物新品种权、商标权以及其他标记权）等。此外，斯里兰卡知识产权法典（1979 年）、菲律宾知识产权法典（1997 年）、埃及知识产权法典（2002 年）、越南知识产权法典（2005 年）等，亦是为数不多的专门法典立法例。[③]

三是编入民法典。有代表性的民法典应是 1942 年意大利民法典、1992 年荷兰民法典、1994 年俄罗斯联邦民法典。从立法技术来说，上述民法典的起草者采取了两种方式：或是将知识产权的相关规则全部纳入民法典，这无疑是法律规范的位置平移。由于涉及诸多公法规范的处理，这一方式难以适用于工业产权，有的国家鉴于立法技术困难而取消民法典中的“知识产权编”（如荷兰法）。或是从各类知识产权抽象出共同适用的规则和若干重要的制度，专编

---

① 许章润：《法律的实质理性——兼论法律从业者的职业伦理》，载《中国社会科学》，2003（1）。

② 参见周旺生：《法典在制度文明中的位置——〈法典编纂论〉序》，载封丽霞主编：《法典编纂论》，26 页，北京，清华大学出版社，2002。

③ 有关资料可参见何华：《知识产权法典化研究》，中南财经政法大学 2008 年博士学位论文。

规定在民法典中，但同时保留各单行法律（如意大利法）。

关于中国知识产权法律的体系化，主要涉及两个问题：一是现行单行法律、法规是否具备系统性、完备性的体系化要求？二是未来民法典是否接纳知识产权，采取最高形式理性的法典化？

现阶段，我国知识产权法律框架基本形成，但体系化程度有待提高，主要问题是：(1) 一些知识产权法律规定比较分散，尚无统一的法律规范。关于商业秘密的保护，散见于《民法通则》《合同法》《反不正当竞争法》和《刑法》中，尚无《商业秘密保护法》；关于商号权的保护，分别规定在《民法通则》《企业名称登记管理规定》《公司登记管理条例》《产品质量法》以及《反不正当竞争法》，目前没有制定《商号法》；关于地理标志的保护，或作为证明商标、集体商标，规定于《商标法》，或作为专门产品标志，见之于《地理标志产品保护规定》，其法律冲突显而易见。(2) 一些知识产权法律、法规相互冲突、抵触，亟待加以整理和协调。我国单行立法，有的是全国人大常委会通过的法律，如《著作权法》《专利法》《商标法》等；有的则是国务院颁布的法规，如《植物新品种保护条例》《集成电路布图设计保护条例》等。各单行法律、法规，由立法者依职权而制定，彼此间本应具有相对的一致性和协调性；但是，法律文件的起草者不同以及制定的时间不同，其调整的法律关系又具有相对独立性，因而某些规定存在着不合时宜、不相协调的问题。

未来民法典对知识产权制度的接纳，学者们的意见大抵可以分为反对派与赞成派两类。其中，反对派有两种观点：一种是维持现有单行法体例，另一种是单独编纂知识产权法典。不管何种模式，都应为民法典的特别法。赞成派也有两种观点：一种是在民法典中系统规定知识产权，即是将该类制度平行移植到法典而成为“知识产权编”；另一种是仅在民法典中作一般性规定，但同时保留单行法的体例。①

中国知识产权法典化问题，是由 20 世纪 90 年代末启动的民法典起草工作而引起的。对于知识产权“入典”，无论是立法者还是多数学者并无异议。这

---

① 有关观点参见翟云岭等：《中国法学会民法学经济法学研究会 1999 年年会综述》，载《中国法学》，1999 (6)；赵中孚等：《1999 年民商法研究的回顾与展望》，载《法学家》，2000 (1)。

是因为：第一，知识产权是私权，其基本属性与财产所有权无异，将该类权利规定于民法典之中，有助于形成完整、系统的财产权利体系。第二，知识产权是受民法保护的权利。知识产权法虽含有若干公法、程序法规定，但依然是以实体法为基础的私法制度，隶属于民法部门。第三，知识产权已在我国民事基本法即《民法通则》中作出原则规定，此先例可以援引。对于知识产权如何“入典”，则意见纷纭。有学者将其归纳为四种模式：(1) 分离式，即知识产权法典与民法典相分离（如1992年法国民法典）；(2) 纳入式，即知识产权在民法典中独立成编（如1995年越南民法典）；(3) 链接式，即民法典对知识产权仅作原则性规定，然后单独制定知识产权法（如1994年俄罗斯联邦民法典）；(4) 糅合式，即将知识产权与所有权合成一体，规定在民法典中（如1995年蒙古民法典）。[①] 笔者认为，将知识产权法整体移植或整合移植于民法典都是不可取的。在2002年10月全国人大法制工作委员会召开的专家讨论会上，笔者的基本意见是：凡是“范式”民法典都没有规定知识产权编，凡是编入知识产权的民法典都不是“范式”。同年年底在上海举行的知识产权论坛上，来自WIPO的专家声称：WIPO并不赞成在民法典中详细规定知识产权问题，但对其作出一般规定是可以的，也是有益的。[②]

中国知识产权法典化的工作是稳妥的。全国人大法制工作委员会提交的专家建议稿，曾含有100多条款项的“知识产权编”，经专家反复论证并广泛征求意见后作出了重大修正。笔者高兴地看到，2002年全国人大常委会第31次会议审议的民法典草案，知识产权没有成编，仅保留了原则性规定。但是，知识产权法典化的进程在中国不能中断，笔者曾经主张“两步走”：第一步，在未来的民法典中，对知识产权作一般性规定，包括权利性质、范围、效力、利用、保护等原则性、宣示性条款；第二步，在条件成熟的时候，即在民法典之外制定一部知识产权法典。知识产权专门法典可能是“21世纪知识产权法与民法普遍分立之典型”（郑成思教授语）[③]，或许这也是中国知识产权法制30

① 参见曹新明：《知识产权与民法典连接模式之选择》，载《法商研究》，2005 (1)。

② 参见吴汉东：《知识产权立法体例与民法典编纂》，载《中国法学》，2003 (1)。

③ 参见郑成思为法国知识产权法典中译本所作的“序”，引自《法国知识产权法典》(法律部分)，黄晖译，北京，商务印书馆，1999。

年未竟之事而将来有为之业。

九、“私人产权”还是“政策工具”：知识产权的战略实施

对知识产权本质进行多维度解读，不仅是一个法学理论问题，更是一个法律实践问题。从私人层面看，知识产权是知识财产私有的权利形式。世界贸易组织《知识产权协定》在其序言中宣示“知识产权为私权”，即以私权名义强调了知识财产私有的法律性质；而从国家层面看，知识产权是政府公共政策的制度选择。是否保护知识产权，对哪些知识赋予私人产权，采取什么水准保护知识产权，是一个国家根据现实发展状况和未来发展需要而作出的公共政策选择与安排。关于知识产权两种属性的关系，英国知识产权委员会认为，无论怎样称呼知识产权，我们最好将它视作公共政策的一种手段，授予个人或机构一些经济特权，以实现更大的公共利益，而这些特权只是一种目标实现手段，其本身并非目标。[①] 在政策科学领域里，知识产权制度亦是一项知识产权政策，即政府以国家的名义，通过制度配置和政策安排对私人知识资源的创造、归属、利用以及管理进行指导和规制，“通常表现为一系列的法令、条例、规章、规划、计划、措施、项目等”[②]。这就是说，知识产权是实现公共政策的一种手段。因此，知识产权不仅是一种私权，它更与一国的公共政策密切相关。国家在知识财产的私人领域虽然不能直接成为市场的参与者，但国家应承担起政策的制定者、市场的监督者和全局的指挥者的角色。

《国家知识产权战略纲要》的制定与公布，是中国知识产权法制建设 30 年最后也是最为精彩的一笔。以此为标志，中国知识产权事业步入一个新的重要历史时期。就知识产权制度建设而言，中国进入了一个战略主动期。我们已经站在战略全局的高度，“统筹国内国际两个大局”，树立世界眼光，立足本国发展，将知识产权制度作为缩小与发达国家差距，建设创新型国家的政策抉择；

---

① 参见英国知识产权委员会：《知识产权与发展政策相结合委员会关于知识产权的报告》，6 页，http：//www. iprcommission. org/graphic/chinese _ intro. htm。

② 吴鸣：《公共政策的经济学分析》，4 页，长沙，湖南人民出版社，2004。

就知识产权制度运作而言，中国进入了一个关键发展期。知识产权制度作为公共政策的组成部分，能否充分发挥其推动社会发展、促进知识创新的功能，不仅取决于立法的完善，更决定于制度运用的成效。笔者认为，知识产权战略是我国21世纪为推动经济和社会发展而作出的重大战略决策，也是与我国的科教兴国战略、人才强国战略和可持续发展战略紧密相关的，知识产权战略制定和实施的成功与否将决定21世纪的中国社会发展的最终走向。[①]

中国知识产权战略的制定，借鉴了国外战略发展的有益经验。自20世纪末以来，发达国家以及新型工业化国家在其知识产权政策中竞相确定了符合本国实际和服务国家利益的战略目标。美国作为世界上的"科技领先型国家"，强调知识产权是美国知识创新政策的基石[②]，通过实施美国专利商标局的"21世纪战略纲要"，建立了体系完善的知识产权制度；同时强调知识产权制度与相关政策联动，扶持"芯片、计算机、通信、生物制药"等朝阳产业，发展"软件、唱片、电影"等文化产业，使美国在国际上形成专利大国、品牌大国、版权大国的知识产权优势。在"技术赶超型国家"中，日本于2002年率先制定了"知识产权战略大纲"，出台了《知识产权基本法》，确立了"推进实施创造、保护、利用知识产权的政策措施、振兴科学技术、强化国际竞争力"的战略推进目标。[③] 韩国是"引进创新型国家"的典型代表，2004年即在内阁成立了"知识产权保护政策协议会"，负责协调所有的知识产权国家政策，致力于推进韩国知识产权制度的现代化和经济、科技、文化的快速发展。谓为"金砖四国"[④] 之一的印度，属于"发展调整型"的国家，于2000年提出建设"知

① 参见吴汉东：《中国知识产权的国际战略选择与国内战略安排》，载《今日中国论坛》，2006(2—3)。

② 2004年美国政府报告宣称："从美国立国基础来看，保护知识产权始终是一项创新的支柱。"参见 Innovate America：Thriving in a World of Challenge and Change，National Innovation Initiative Interim Report，Council on Competitiveness，2004（7）。转引自《世界高等教育：改革与发展趋势》（第3辑），北京，国家教育行政学院，2006。

③ 日本政府第三期科学技术基本计划（2006—2010年）（第3章）。转引自《世界高等教育：改革与发展趋势》（第3辑），北京，国家教育行政学院，2006。

④ 美国高盛公司全球首席经济学家吉姆·奥尼尔于2001年首次提出"金砖四国"的概念。巴西(Brazil)、俄罗斯（Russia)、印度（India)、中国（China）四国的英文首写字母为"BRICK"（砖头)。奥尼尔对"金砖四国"在21世纪的发展潜力给予了高度评价。

识大国”的主张，并颁布了“知识大国的社会转型战略”，其知识产权政策包括对软件、生物技术、医药等优势产业的“发展战略”，对文化自治、文化多样性的“生存战略”以及对生物多样性、传统知识的“进攻性战略”。这些做法值得我们思考和借鉴。

当然，中国知识产权战略的出台，是基于我国社会经济发展状况所考虑的。根据世界银行用以衡量各国经济发展水平的基本指标（以 GNI 为基本指标，以人均 GNP 或 GDP 平均增长率为参考指标）来看，中国经济发展水平尚低，经济结构较为落后；根据瑞士洛桑国际管理开发研究院 2002 年发布的《国际竞争力年度报告》来看，我国科技水平总体较低，科技竞争力在国际上基本处于中等地位①；根据联合国开发计划署公布的《2004 年人文发展报告》来看，中国人文发展指数（由预期寿命指数、教育指数和 GDP 指数构成）达到了世界中等人文发展水平。上述资料告诉我们，中国仍属于发展中国家，基本达到世界中等或中等偏下的发展水平。但是，在经济、科技和社会发展的某些领域、某些方面，中国已经取得明显进步，有些甚至达到世界先进水平。上述社会发展情况说明，我国对知识产权制度已有较大需求，对知识产权保护也具备一定调适能力。这是制定知识产权战略的国情基础。同时，中国进行知识产权的战略调整，最终是由建设创新型国家的总政策目标决定的。我国要实现可持续发展的战略目标，有一个发展模式选择问题。国际发展大势和自身基本国情告诉我们：一是不能走资源耗费型的发展道路。中国资源有限，人均淡水、耕地、石油、天然气以及主要矿产资源分别只有世界平均水平的 25%、33%、18%、13%和 40%～50%。因此我们不能靠牺牲环境、耗费资源、提供廉价劳动力来参加国际分工与协作。二是不可能走技术依赖型发展道路。中国对外技术依存度达到 50%以上。不管是考虑西方国家维护其技术优势、限制高技术转让的基本立场，还是考虑自身经济安全、文化主权和科技发展的需要，中国都只能走知识创新、建设创新型国家的发展道路。这是实施知识产权战略的目标取向。

① 有关资料及分析，可参见吴汉东主编：《中国知识产权制度评价与立法建议》，22～27 页，北京，知识产权出版社，2008。

中国的知识产权战略进程刚刚起步，实现创新型国家的建设目标需要有具体的战略举措作为支撑。首先，要进一步完善知识产权法律体系。应进一步完善相关的法律、法规，消除它们之间的矛盾冲突，增强其可操作性，并配套制定一批鼓励创新、促进智力成果产业化的法律规范。其次，要切实加强知识产权保护。要通过深化体制、机制改革，整合知识产权行政管理资源，提高行政管理效率。通过深化司法改革，整合知识产权案件的司法管辖，建构起以司法保护为主的知识产权保护机制。再次，要加强知识产权创新文化和意识的培育。应当在全社会倡导以创新为荣，以形成自主知识产权为荣的社会风尚，针对不同对象，综合运用公众宣传、专题培训、基础教育等形式培养全民族的知识产权意识。特别是要通过宣传教育，让企业切实提高知识产权自我保护的意识、尊重他人知识产权的意识以及运用知识产权进行创新发展的意识。最后，建立以知识产权为导向的公共政策体系。知识产权制度应与国家的产业政策、科技政策、外贸政策、文化政策、教育政策、投资政策相互配合和衔接。在产业政策方面，应着力调整产业结构，促进智力成果产业化；在科技政策方面，应加大对发明创造者的保护力度，注重科技成果的产权化、产业化；在外贸政策方面，应转变对外贸易增长方式，优化进出口商品结构，扩大具有自主知识产权、自主品牌的商品出口；在文化政策、教育政策方面，应鼓励文化创新，推动文化的版权化、市场化；在投资政策方面，应加强创新资金扶持，加大研发的财政投入。

当代中国知识产权文化的构建*

一、知识产权文化的语义分析

谈及知识产权文化，必须首先说明什么是文化。有关文化的定义不下百余种，但大致可归为以下三类：(1) 广义文化观。这种文化观的完整表述，见之于我国出版的《辞海》中。《辞海》讲道："文化，从广义来说，指人类社会历史实践过程中所创造的物质财富和精神财富的总和。"《现代汉语词典》中也有几乎完全相同的表述。这种文化观，也可见之于英国人类学家马林诺夫斯基的文化定义之中（马氏认为文化分为器物和风俗，即物质文化和精神文化）。概括地讲，文化就是物质文化和精神文化的总和。(2) 中义文化观。这种观点认为，文化是指人类在长期的历史实践过程中所创造的精神财富的总和。它实质上排除了上述广义文化观中物质文化作为文化的构成要素。具体包括社会的意识形态，以及与社会意识形态相适应的制度和组织机构。(3) 狭义文化观。这种文化观认为，文化就是指社会的意识形态，或社会的观念形态。[①] 如果我们这里将知识产权定位为一种法律制度的话，笔者以为中义的文化观较为可采。具体而言，知识产权文化的内在结构应该划分为两个层面：一是观念形态的知

---

* 原载《华中师范大学学报（人文社会科学版）》，2009 (2)。

① 参见刘作翔：《从文化概念到法律文化概念——"法律文化"：一个新文化概念的取得及其"合法性"》，载《法律科学》，1998 (2)。

识产权文化，包括知识产权学说、意识、习惯等；二是制度形态的知识产权文化，包括知识产权法律制度及规范、管理制度及组织机构、设施等方面。[①] 显然，知识产权文化包含知识产权制度，但由于我国的社会改革属于强制型制度变迁而非诱致型制度变迁（林毅夫语）和成文法的传统，人们长期以来过分关注知识产权法律制度本身，而忽视了法律制度以外影响知识产权发展的政治的、意识的、组织的因素，或者说忽视了文化语境下的知识产权。

二、西方知识产权制度产生的文化基础

近代知识产权制度的产生经历了从中世纪末期至资本主义初期长达数百年的孕育。在社会转型的激烈变革中，除了经济因素，科技、思想、政治等诸方面的发展和变化，也催生了这一新型民事权利。一是新工艺学的出现。自15世纪以来，新工艺学广泛运用于与资本主义经济密切相关的纺织、采矿、冶金和化学等部门，这些工艺学上的进步为近代知识产权制度的产生奠定了坚实的技术基础。二是新文化价值观的确立。从14世纪至16世纪，西欧资产阶级所发动的文艺复兴运动，以复兴古典学术和艺术为口号，反对蒙昧主义和宗教神学，继承、利用古希腊的科学文化，倡导以人文主义为中心的新思想。这一新文化价值观激励人们改造现世，研究自然，重视实际有用的知识。文艺复兴中提出的新文化价值观，为资产阶级一手将科学技术作为物质武器、一手将私权制度作为法律武器提供了必要的文化思想准备。三是新政治文明的萌生。在17世纪中叶英国资产阶级革命的过程中，从霍布斯、弥尔顿到洛克等思想家、政治家都主张主权在民，倡导平等自由，强调私有财产的不可侵性，这也为知识产权法律制度的建立作出了重要的思想准备。

在促进近代西方知识产权制度诞生的因素中，知识产权文化起着重要的作用，是知识产权法律的思想基础。从17世纪到19世纪，是西方国家知识产权法律相继建立和形成的时期。审视这一时期知识产权制度的立法文件，字里行间无不浸透着自然法学派崇尚权利和个人自由、追求人的理性的价值观念。这

① 参见刘华、李文渊：《论知识产权文化在中国的构建》，载《知识产权》，2004（6）。

即是知识产权法律构造的人文基础和精神主张。

（1）个人主义精神。个人主义“这一概念包含着多种思想、观点和学说，它们的共同要素都是以‘个人’为中心”①。个人主义的精神主张，是近代私法构造的文化基础，是近代私法中人格独立原则、权利平等原则、私法自治原则的思想渊源。知识产权从本质上讲，属于私权范畴。近代西方国家在自由资本主义的土壤上，构造了自己保护知识财产的法律殿堂，这些无一不笼罩着个人主义精神的神圣光芒。首先，知识产权是一种私人财产权。知识产权不是君权神授的结果，而是基于作者、发明者创造性活动的本源。近代知识产权立法使这种权利从公法领域进入私法领域，由特许专有权转变为法律规定的可转让的知识财产权，这是罗马法以来财产领域的一场非物质化革命。② 同时，知识产权也是私有的权利，这里的私有意指知识产权为特定的民事主体所享有，是特定人享有的私人权利，而不是一切人同享的公共权利。③ 个体是市民社会的基本构造单位，是具有独立人格的权利享有者。在近代著作权立法中，尽管英国《安娜法令》规定保护作者与出版商，但出版商的权益是派生的而非本源性权利；法国著作权法则极力推崇作者的中心地位，对作者即自然人、作者即第一著作权人作出了完善的规定。

（2）自由主义精神。自由主义是近代西方国家和一些受欧洲文化影响的国家中流行最广、影响最大的思维方式。④ 自由主义思想在近代私法文化形成中的重要成果是“人的发现”，即个性自由、个人能力发展与个人主体地位的一系列主张。而以个人自由为基石所构建的私法体系，彰显了私法自治或意思自治的精神主张。私法自治原则强调权利的主体即是意思的主体，实施一切民事行为皆取决于当事人自己的意思，不受国家和他人的干预。这一原则精神贯穿

---

① ［英］戴维·米勒、韦农·波格丹诺主编：《布莱克维尔政治学百科全书》，邓正来主编（中译本）“个人主义”条目，北京，中国政法大学出版社，1992。

② 参见吴汉东：《财产的非物质化革命与革命的非物质财产法》，载《中国社会科学》，2003（4）。

③ 科研奖励制度意义上的发明权、发现权，并非私人产权，而是以非市场机制的奖励制度来换取社会对科学成果的公共产权。除 WIPO 公约对发明权、发现权有宣示性规定外，从近代到现代绝大多数国家立法例及国际公约都不将上述权利视为具有私权品性的知识产权。

④ 参见［英］戴维·米勒、韦农·波格丹诺主编：《布莱克维尔政治学百科全书》，邓正来主编（中译本）“个人主义”条目，北京，中国政法大学出版社，1992。

于各项民事权利制度。思想自由是自由主义精神的核心内容，也是近代知识产权法律构建的灵魂所在。思想自由本是一项政治性权利，其内容包括创作自由、学术自由、艺术自由、言论自由、出版自由等。思想自由较早出现在1789年法国《人权宣言》中。该宣言第11条规定："自由传达思想和意见是人类最宝贵的权利之一。因此，每个公民都有言论、著述和出版的自由。"美国宪法的制定者创建了"推广知识传播、公共领域保留、保护创造者权利"的三项知识产权政策。① 上述宪法文件的规定都深刻地体现了思想自由的精神主张，而封建特许权制度缺乏这种思想自由的精神内涵。以著作权制度为例：早期的出版特权与封建国家审查制有着紧密的联系。当时的封建国家规定作品在发表前必须提交政府审查，经过审查的出版许可与出版特权得到巧妙的结合。《安娜法令》的出现，摈弃了封建特许出版与封建图书审查制度，深刻地体现了促进作品传播、保障思想自由的法律价值。② 正是在这个交汇点上，具有财产意义的知识产权原则与显示政治意蕴的思想自由原则得以共存于近代西方国家的宪法文件之中。

（3）理性主义精神。理性主义是西方法律文化的重要内容和特征，它既是价值理性，又是工具理性。这种理性精神对罗马法私法到近代民法的形成和发展有着重要影响。知识产权是创造者维护知识财产私有的权利主张，亦是人们促进知识传播的理性追求。知识产权在其制度建立之初，就存在着知识产权保护与限制的问题，即是在保护创造者权利的基础上寻求个人利益与社会利益的平衡。1709年《安娜法令》在规定保护作者权利的同时，又设定了一个"文学艺术的公共领域"（the public domain for literature）③。这表明知识产权并非绝对的财产私有权，它具有有条件的独占性、有限制的排他性和有期限的时间性的基本特征。以合理使用为核心的知识产权限制制度，被称为是一项"理性的公平主义原则"，"该规则充满公平正义观念并具有弹性而无法定义"④。在

---

① See L. Ray Patterson, Stanley W. Lindberg, The Nature of Copyright: A Law of Users' Right, 1991.

② 参见吴汉东：《著作权合理使用制度研究》（修订版），北京，中国政法大学出版社，2005。

③ L. Ray Patterson, Stanley W. Lindberg, The Nature of Copyright: A Law of Users' Right, 1991.

④ William F. Party, Fair Use Privilege in Copyright Law, The Bureau of National Affairs, Inc. Washington D. C, 1986.

近代西方国家，立法者围绕着保护创造者私权和促进知识传播的二元目标来规制知识产权，尽管因地、因时而有规范差异，但关于知识产权保护、限制与反限制的法律调整一直都是立法活动的重要方面。

三、近代中国移植知识产权制度的文化缺失

一般认为，中国知识产权保护制度始于清朝末年。它虽是清政府实行新政、向西方学习的产物，但更多是帝国主义列强施加压力的结果。1898 年，清帝在变法改革运动中颁布了中国历史上第一部专利法规《振兴工艺给奖章程》，但不久由于“戊戌变法”的失败而夭折。此后，清政府根据 1902 年《中英续议通商行船条约》、1903 年《中美通商行船续订条约》的知识产权条款，在外国人的帮助下分别于 1904 年、1910 年制定了《商标注册试办章程》《大清著作权律》。虽然清末的中国移植了西方知识产权法律制度，但当时特定的历史背景根本不具备实施这些制度的环境，因此它们不过是昙花一现、名存实亡。

影响制度实施目标的实现，既有法律因素，如制度选择所涉及的法律理念、法律内容，以及法律形式等是否具有先进性、合理性以及科学性；也有非法律因素，即制度实施所涉及的经济技术发展状况、政府公共政策体系以及社会环境、文化条件等，是否具有一致性、协调性以及相适应性。法律的文化解释认为，“移植规则的深层含义在于移植文化，也即规则和制度的移植必须有文化的支持”①。笔者以为，导致近代中国知识产权法律制度昙花一现的文化动因主要是中国传统文化影响的历史惰性，即传统文化心态和思维模式这一障碍性因素。

个人主义的精神主张，是近代私法构造的文化基础。从本质上说，私法文化包括知识产权文化的发展，就是私法上人格体的发展。然而，中国的传统文化是以个体农业为基础，以宗法家庭为单位，以伦理纲常为核心的传统文化。在这种文化土壤中，人的主体性无法得到应有的肯定。个人不仅要依附于国

---

① 信春鹰：《法律移植的理论与实践》，载《北方法学》，2007 (3)。

家，还必须依附于家庭，也即所谓“亲亲”“尊尊”“亲亲父之首”。因此，个人是包融于外物之中的，人只有在整体性中（家族、集团或国家），才能昭示自己的存在和全部意义，个人的意志、情感也只有在群体关系中体现出来。总之，以儒家文化为核心的中国传统文化，主张的“不是以公民为基本单位的个人权利本位，而是以家庭为单位的人伦义务本位”①。质言之，一个没有独立人格的人，是无法主张自己的精神权利的。

自由主义的思想原则，是近代私法构造的精神内核。以文化意识和文化政策为存在形式的思想自由与经济自由，是知识创造活动和知识财产化赖以存在的一般条件。自由是一种权利，是一种受法律保护的权利。② 但是，在中国传统社会里，既没有西方国家历史上的自由民阶层，也没有以自然法为基础的自由思想。礼作为人的日常生活的行为准则，其实质是否定个性的，是与个人的创造力、思索力和革新精神相背离的。因此，礼“不可能成为权利的保障，更不能成为自由的尺度”③。此外，“民可使由之，不可使知之”的愚民思想和“犹禁擅镌”的文化专制政策，将庶民置于受统治者绝对支配的地位，其结果是窒息了个人的思想自由。④ 在传统文化看来，精神产品的创造，只是格物、致知、修身、养性的一种自我的修养过程。因此，人们往往刻意淡化自己的权利意识。经国济世之作，有待于智者去阐扬，而不能将其据为私有。所谓“文章不为粮稻谋”“君子不言利”等即是这一思想的反映。

理性主义的精神追求，是近代私法构造的价值目标选择。理性是自然法最基本的精神所在，而自然法就是人类理性本身。自然法与理性互解。此外，自然法也是一种以自然哲学和认识论为依据的知识理性，具有“求知”“求真”

---

① 俞荣根：《对中国古代法文化的反思》，载李楯编：《法律社会学》，北京，中国政法大学出版社，1999。

② 孟德斯鸠认为，“自由是做法律所许可内一切事情的权利”。引自［法］孟德斯鸠：《论法的精神》，北京，商务印书馆，1992。

③ 梁治平：《中国法的过去、现在与未来》，载李楯编：《法律社会学》，北京，中国政法大学出版社，1999。

④ 思想自由、科技应用、商品经济发展是近代知识产权法产生的社会条件。中国封建文化专制政策，通过特许权制度限制言论自由，具有强烈的反著作权思想色彩。参见宋元放等：《中国出版史》，北京，中国书籍出版社，1991。

的传统。上述所言即形成这样一个公式：自然法＝理性＝知识。[①] 中国的传统文化也不乏理性精神，儒家也是理性主义的，但它与西方的理性精神相去甚远。儒家理性是一种人伦理性，不假外求，靠主体对宇宙人生体认得来，缺乏外向的“求知”“求真”传统，因而不具发展性；儒家理性以道德说教为基础，其倡导的和谐精神是从内在达至外在的过程，必须控制的是人的内在行为，因此道德说教是唯一手段；儒家理性的追求目标在于“修身、齐家、治国、平天下”，实现身、家、国、天下的融合，而不是凭借对工具理性的掌握，调整、评判主与客、灵与肉、人与自然、人与国家的紧张关系。在这种理性支配下，人们在自己的知识财产受到侵犯的时候，往往尚和谐、求无讼，不敢提出权利的主张。

法律文化是有惰性的。中国的传统文化遗产愈见深厚，其消极精神因素的沿袭就愈见顽固。建立在个人主义、自由主义、理性主义基础之上的西方知识产权法，移植于义务本位、专制主义、人伦理性的中国传统文化土壤之中，难免会产生“水土不服”的法律异化后果。历史警醒我们，知识产权法律制度的生根发芽必须有其适宜的文化土壤，否则也只不过是“南橘北枳”。

四、当代中国知识产权文化的构建

中国知识产权文化系统需要吸收人类共同的法律文明成果，移植西方先进的法律文化理念，整理中国传统文化的合理内核，在多元文化的相互作用、相互影响过程中实现改造和重构。知识产权文化现代化转型，需要一般社会条件的综合作用。推动法律文化的变革与转型，其主要根源来自一定社会内部存在的处于变化状态中的经济和社会条件。通过这些条件的综合作用，形成法律文化再造的运动能量和运动方向。[②] 上述社会条件，既有内生动力，也有外生变量。

---

① 参见俞荣根：《对中国古代法文化的反思》，载李楯编：《法律社会学》，北京，中国政法大学出版社，1999。

② 参见李声炜：《中国传统法律文化现代化转型若干动因考察》，载张文显主编：《法学理论前沿论坛》，第2卷，北京，科学出版社，2003。

（1）知识产权文化的政策环境的构建。2005年国家知识产权战略制定工作正式启动，2006年1月，胡锦涛在全国科学技术大会上提出建设创新型国家的战略目标，这些都表明中国已经站在战略全局的高度，重新审视知识产权制度。但“徒法不足以自行”，知识产权制度功能的有效发挥还有赖于整个政策环境的和谐，有赖于其他政策的配套和健全。如在产业政策方面，应着力调整产业结构，促进智力成果产业化；在科技政策方面，应加大对发明创造者的保护力度，注重科技成果的产权化、产业化；在对外贸易方面，应转变对外贸易增长方式，优化进出口商品结构，扶持具有自主知识产权、自主品牌的商品扩大出口；在文化政策、教育政策方面，应鼓励文化创新，推动文化的版权化、市场化；在投资政策方面，应强化创新资金的投入，细化研发的财政支持。

（2）知识产权文化相关行业环境的培养。由于知识财产非物质性的特征，权利人难以通过有形形式掌控其财产，这往往导致侵权行为要么难以发现，要么虽然发现但权利人疲于应付，因此行业组织的力量就显得特别重要。以版权产业为例，近些年来中国音乐著作权协会高调进入公众视野，频频主动出击打击侵权行为，维护著作权人合法权益，起到了显著的社会效果。再比如相对于美国电影协会（MPA）等行业组织在全球进行电影版权保护和组织侵权诉讼，中国电影的许多反盗版行动多属于企业个人行为，如电影《手机》的制片公司华谊兄弟影视投资公司和音像出版商九州中凯共同出资200万元人民币打击盗版。值得指出的是，2005年8月29日中国电影制片人协会、中国城市影院发展协会、中国电影发行放映协会、中国音像协会共同发起成立中国电影版权保护协会，并发表了《保护电影版权宣言》，开始了中国电影行业保护的步伐，弥补了中国电影版权保护体系的行业空白。[①] 总之，我们要全力营造出一个有利于知识产权相关行业组织发展的宽松环境。

（3）知识产权文化意识环境的营造。即通过培养和树立社会公众的知识产权意识和规则意识，以形成尊重和理解智力劳动、崇尚创新的价值观。在我国的实践中，可以通过强化青少年的知识产权教育，在学校教育中创建各种知识

① 参见张燕：《电影版权与盗版应对》，载《现代传播》，2006（4）。

产权教育模式以培养青少年的创新能力、创新思维和变革意识；通过加强知识产权宣传普及提高全民尤其是企业知识产权意识和能力，进而完善知识产权市场环境和提升综合竞争力；通过加强知识产权研究，为丰富知识产权学术思想提供理论支持。[①] 日本在此方面的做法可资借鉴，日本文部科学省要求涉及法学的大学学院及知识产权相关的专科学院要培养知识产权专业人才；特许厅要求全面实施知识产权教育，为社会各阶层、中学和普通成人编写知识产权教材，召开讨论会，组织知识产权教育研究；经济产业省组织产学研联合开发知识产权课程（2003 年出版了 50 万套标准教材）；日本发明与创新协会自 1974 年以来，就为学龄儿童成立了发明俱乐部，已经在全日本的 47 个县建立起 159 个这样的俱乐部，并增进与当地政府部门、教育部门、学校以及公司企业的理解和合作。发明协会举办知识产权知识进修、发明表彰、发明创新展、发明竞赛和发明俱乐部等一系列活动；通过这一系列措施，努力营造了一个充分尊重和理解知识产权文化的社会环境。[②]

（4）知识产权文化人才环境的塑造。高校是培养知识产权人才的重点基地和摇篮。除了自身大力培养知识产权人才以外，还要有针对性地开展不同层次、不同水平的知识产权业务培训。例如对从事研究开发的科研人员和管理人员定期地进行关于“如何获得知识产权、保护知识产权”的培训，使每位从事科研的人员都知道如何利用现有技术，以及如何更好地保护自有的知识产权，充分发挥高校作为“思想库”“人力资源库”的优势。[③]

（5）知识产权文化信息环境的建构。使社会公众能够免费、快捷了解知识产权的相关信息，以便寻求帮助。例如，提高对专利、商标等知识产权检索系统的可访问性，使公众可以轻而易举地得到各种知识产权信息。再如，国家、地方知识产权行政管理部门应设立为公众、知识产权申请人、权利人服务的体系，为知识产权的权利人和广大公众提供有效与可靠的社会咨询。

---

① 参见刘华、周莹：《我国知识产权建设的层次与目标》，载《知识产权》，2006（3）。

② 参见沈文庆：《科技发展与知识产权》，载《中国科学基金》，2005（3），133 页，转引自孟奇勋、李昌钰：《知识产权文化建设探讨》，载《知识产权》，2006（3）。

③ 参见那英：《日本的知识产权战略》，载《知识产权》，2004（4）。

走向创新型社会的知识产权法*

新中国的知识产权制度建设，经历了20世纪70年代末到20世纪90年代的初建，20世纪90年代以来近十年的发展以及21世纪“入世”后的进一步完善。经过近30年时间的努力，我国建立了较为齐全的知识产权法律体系，形成了较为完善的知识产权管理和执法体系，知识产权保护力度不断增强，知识产权各项事业日益进步，从而推动中国与社会的健康发展。中国仅用了30年的时间就走完了西方国家知识产权制度建设上百年的发展历程，其法制建设成就举世瞩目，时任世界知识产权组织总干事的阿帕德·鲍格胥博士在回顾该组织与中国合作20年来的历史时指出，“在知识产权历史上，中国完成所有这一切的速度是独一无二的”①。

但是我们应当看到，鉴于我国知识产权制度形成的特殊历史背景，21世纪前后大规模修订知识产权法律的现实情况以及目前知识产权领域出现的新情况和新问题，我们有必要重新审视中国的知识产权制度，并探讨适合我国的知识产权事业发展的正确道路。

一、历史回顾：中国的知识产权法制发展进程

知识产权制度对发展中国家来说是一种“舶来品”。我国知识产权制度是

---

* 原载蔡定剑、王晨光主编：《中国走向法治30年》，北京，社会科学文献出版社，2008。该书以中英文版国内外公开发行。本文相关数据由牛强博士收集整理并制表。

① 国家知识产权局：《1994年中国知识产权保护状况》。

在特殊的历史条件下建立的，其发展过程是从“逼我所用”到“为我所用”的制度变迁史，也是从被动移植到主动创制的法律发展史。

（一）被动移植：从清朝末年到民国政府时期

从清朝末年到民国政府50年的时间里，我国的知识产权制度处于被动接受阶段。

1. 知识产权制度引入的原因在于外来经济和政治压力

19世纪末20世纪初，知识产权国际保护问题受到西方国家的重视。19世纪80年代，旨在保护专利和商标的《保护工业产权巴黎公约》和旨在保护版权的《保护文学和艺术作品伯尔尼公约》分别获得签署。西方用坚船和利炮轰开中国的大门之后，为了使自己的知识产权在中国也得到同样的重视和保护，又在一系列不平等条约中加上了知识产权条款[①]，催生了我国近代知识产权制度。

《辛丑条约》规定清政府与美、英、日三国分别谈判修订商约事宜，谈判中三国都提出了中国应从速设法保护其有关知识产权如商标权、专利权、著作权等，使得从未有过知识产权立法活动的清政府面临移植外来法律的压力。美国在提交谈判的商约草案中分别涉及商标、专利和版权保护，双方以此为蓝本展开了激烈的争论，并最终达成妥协。[②] 1902年，清政府与英国签订了《续议通商行船条约》，其中明确规定保护英国人的商标权。清政府与美国也签订了《中美通商行船条例》，清政府承诺将来制定专律和章程，设置注册局等注册机构依法保护注册的美国商标和专利，禁止中国照样翻印。

2. 制定了大量的知识产权法律法规，但很多没有得到有效实施

近代中国的知识产权立法，是当时清政府实行新政，向西方学习的产物，但更多是帝国主义列强施加压力的结果。1898年，清政府在变法改革运动中

① 1913年6月，美国驻京公使要求我国参加中美版权同盟，签订双边版权保护协定，由于外交、农商各部以及社会工商界人士的反对作罢。参见沈仁干、钟颖科：《版权法浅谈》，103～104页，北京，法律出版社，1982。

② 在商约草案的谈判中，美方提出中国按照保护商标的办法保护美国人特为中国人编写或翻译成中文的书籍、地图、海图等出版物，翻版必究，并以美国依法保护中国版权作为交换条件。参见凌金铸：《中美知识产权冲突与合作的影响》，215页，载《江海学刊》，2005（3）。

颁布了中国历史上第一部专利法规《振兴工艺给奖章程》。1904 年，清政府根据中英、中美双边条约的知识产权条款又制定了《商标注册试办章程》，这是中国历史上第一部商标法。1910 年，在日本人的帮助下，清政府又颁布了《大清著作权律》以及其他一些专利法令。由于 1911 年辛亥革命爆发，这些法律制度随着清政府的垮台而流产。《大清著作权律》虽然在当时没有起到什么实际作用，但对于后来北洋政府的版权立法有较大影响。

辛亥革命后，由于政权初创，还没有能力颁布和实施新的法律。1912 年 2 月 10 日，袁世凯以大总统的名义发出通告，“民国法律尚未议定，前清诸法律除与民国国体抵触之条应该失效外，其余一律沿用”[①]。

1915 年北洋政府颁布了著作权法和实施细则，其内容与《大清著作权律》大同小异。随后，国民政府于 1928 年按照德国模式颁布了著作权法，其内容与前两部著作权法差别不大，但对于言论和出版自由课以严格限制。在专利制度上，1912 年至 1932 年，政府先后颁布了一系列奖励发明创造、工艺技术及工艺品的条例与章程。1944 年，政府经“立法院”通过了我国历史上第一部被真正称为“专利法”的法规。[②] 在商标制度上，1923 年北洋政府颁布了商标法及其实施细则，并出版了第一本《商标公告》。1930 年国民政府正式颁布了商标法及商标法实施细则。

3. 知识产权管理、审判成效不高，侵权现象严重

清政府依照与美国签订的《中美通商行船条例》，在民政部中设立版权登记主管部门，负责版权的登记和管理。后来的北洋政府于 1915 年把版权登记主管部门由民政部改为内务部负责。1913 年，北洋政府还将工商部改为农商部，管理商标法规的制定、修改和企业商标备案工作，1927 年农商部分为农工、实业两部，原农商部商标局改为隶属实业部管辖。1937 年 12 月，国民政府还在南京设立全国商标注册局，办理商标注册事项，1928 年又成立了隶属于工商部的商标局。上述知识产权的管理部门频繁变动，政出多门，严重影响了知识产权管理效率。

---

① 李明山主编：《中国近代版权史》，127 页，郑州，河南大学出版社，2003。

② 参见郑成思：《知识产权法》，232 页，北京，法律出版社，1997。

在知识产权审判方面，由于清朝的司法机关设在巡抚、省按察司、府道、州县各级，而且实行“民刑合署”制，审判人员素质不高，对知识产权法认识不足，加之外国列强在中国享有领事裁判权，知识产权案件审理存在诸多问题。在北洋政府和民国时期，行政权力干预法律的现象时有发生；同时，由于法律规定的粗糙，知识产权审判经常会出现解释和适用法律上的困难。国民政府于1928年颁布著作权法后，1928年至1937年，关于著作权法条文执行中发生的疑义，并经由“最高法院”统一解释法令议决的事项就有16项之多。[①]

这一时期内，知识产权侵权现象严重，仅商务印书馆的印书就出现多起侵权案例。民国初年，翻印盗版现象极其活跃，已经案发并进入诉讼程序的案件几乎无省不有。[②]

（二）调整适用：从新中国成立到“入世”前

从新中国成立到加入世界贸易组织前的50年，我国知识产权制度处于调整性适用阶段。在这个50年内，我国知识产权制度处于“法律本土化”的摸索过程中。这一时期我国经历了从计划经济到市场经济的转型，我国政府在不同的经济体制下，对知识产权的政策也在不断地调整。

1. 计划经济体制下，知识产权制度重心从“注意保护”到“强化管理”

新中国成立初期，我国政府重视知识产权问题，虽然没有颁布专门的知识产权法，但在宪法和其他的一些法律、法规性质的文件中含有关于知识产权保护的规定。1954年宪法规定，我国公民有言论出版自由、获得劳动报酬的权利。国家支持与鼓励一切公民从事有益于国家和社会利益的创作活动。1950年8月，政务院颁布了《保障发明权与专利权暂行条例》。根据这一条例，申请人可以就一项发明创造，在发明权和专利权之间，自由选择其一申请之。1950年9月，全国出版会议通过了《关于改进和发展出版工作的决议》，其中指出“出版业应尊重著作权及出版权，不得有翻版、抄袭、窜改等行为”。同时，该决议还作出了关于稿酬办法、稿酬计算标准等原则性规定。这成为我国

---

① 参见周林、李明山主编：《中国版权史研究文献》，233～250页，北京，中国方正出版社，1999。

② 参见李明山主编：《中国近代版权史》，129～130页，郑州，河南大学出版社，2003。

早期处理有关版权问题的依据。值得指出的是，我国还于1950年8月制定了《商标注册暂行条例》，这是新中国第一个商标法规。该条文规定较少，但简明扼要，强调了对商标专用权的保护。

从20世纪50年代末到20世纪60年代初，由于计划经济体制的强力推行，知识产权制度逐渐失去了权利保护的本来意义，变成了行政管制的法律手段。1963年，国务院明令废止了《保障发明权与专利权暂行条例》，颁布了《中华人民共和国发明奖励条例》，将所有发明创造归为国家专有财产，发明者只可获得一些荣誉性的奖励与象征性的报酬。[①] 同年，国务院发布《商标管理条例》，取消了原《商标注册暂行条例》中“权利”或“专有使用权”的概念，将“加强商标管理”作为立法宗旨，并实行商标强制注册制度，强调国家对商标的控制。版权方面，1961年文化部发布的通知取消了版税制度，作者只按照作品的字数和质量领取一次性很低的稿费。所有这些最低限度的“知识产权”保护，到“文化大革命”期间完全不存在了。

2. 十一届三中全会后，知识产权制度建设得以“拨乱反正”

1978年12月，中国共产党第十一届中央委员会第三次全体会议提出了健全社会主义民主和加强社会主义法制的任务，讨论了经济建设问题，强调在自力更生的基础上积极发展同世界各国平等互利的经济合作，努力采用世界先进技术和先进设备。

此后，随着法制建设的开展，知识产权制度也进入新的发展时期。1980年，中国专利局成立。1982年8月23日，全国人大常委会通过了《中华人民共和国商标法》(以下简称《商标法》)，于1983年3月1日起施行；1984年3月12日，全国人大常委会通过《中华人民共和国专利法》(以下简称《专利法》)，于1985年4月1日起施行；1986年4月12日，全国人大通过了《中华人民共和国民法通则》，于1987年1月1日起施行，知识产权被确认为公民和法人的民事权利；1990年9月7日，全国人大常委会通过了《中华人民共和国著作权法》(以下简称《著作权法》)，于1991年6月1日起施行。

与此同时，我国开始积极加入与知识产权有关的国际公约。自1980年3

---

① 参见吴汉东、刘剑文：《知识产权法》，135页，北京，北京大学出版社，2002。

月3日向世界知识产权组织递交了加入书后，截至1992年，我国还就工业产权保护、集成电路知识产权保护、商标国际注册、文学和艺术作品保护等方面，向有关国际公约递交了加入书。

至20世纪90年代初，我国知识产权制度的基本框架得以建立。

3. 市场经济的确立，知识产权制度发展驶入发展的“快车道”

1992年9月，中国共产党第十四次全国代表大会确立了“建立社会主义市场经济”的改革目标。1993年11月的十四届三中全会作出了《关于建立社会主义市场经济体制若干问题的决定》的历史性决议，确立以建立市场经济为目标，加强法律制度建设。顺应这一要求，知识产权制度进一步变革发展，其保护水平逐步得以提高。同时，随着中国对外开放和对外贸易的发展，1992年，中国政府与美国政府达成关于保护知识产权的谅解备忘录，我国知识产权立法工作加快，并进一步向国际规则靠拢。

中国分别于1993年1月和5月，向世界知识产权组织递交了《保护录音制品制作者防止未经许可复制其录音制品公约》和《专利合作条约》的加入书。同时，中国专利局成为《专利合作条约》的受理局、国际检索单位和国际初步审查单位。

中国于1992年修改了《专利法》。这次修订，扩大了专利保护的范围，药品和用化学方法获得的物质被列入其中，并且延长了专利保护期限，强化了专利权的保护，完善了专利权审批程序。1993年2月，全国人大常委会通过了《商标法》修改的决定。修改后的《商标法》主要是增加了保护服务商标和对不当商标撤销的规定，加大了对商标侵权行为的打击力度。1993年9月2日，全国人大常委会通过了《中华人民共和国反不正当竞争法》，对市场经济中的知识产权不正当竞争行为给予规制。此外，我国分别于1997年10月和2001年10月开始实施《植物新品种保护条例》和《集成电路布图设计保护条例》，大大扩展了我国知识产权的保护范围。另外，在这一时期内，我国的知识产权司法审判体制和行政管理体制得到建立和发展。法院系统通过统一人民法院内部执行标准，进一步完善知识产权民事、刑事、行政三位一体的救济制度，通过案件指导、案例示范、案件监督等管理措施，促进司法标准的统一和自由裁量的规范。1994年7月，为了加强知识产权工作的宏观管理和统筹协调，我国建立了国务院知识产权办公会议制度，研究、领导、协调全国知识产权工作。[①] 市场经济的发展和对外开放的需要，对知识产权法制建设提出了新的要求，我国知识产权制度顺应这一要求，驶入发展的“快车道”。

（三）主动安排：从“入世”到现阶段

从加入世界贸易组织到现在，我国知识产权制度已进入主动性安排阶段。

进入21世纪以来，国内外形势发生了很大变化。在国内，伴随着知识经济时代的到来，知识产权成为企业增强市场竞争力、国家提升核心竞争力的政策工具；在国外，由于经济全球化的影响，知识产权保护成为世界贸易组织各成员方必须遵守的基本规则。面对新的时代条件和新的国际背景，我国积极调整自己的知识产权立法指导思想，从调整性地适用知识产权规则过渡到主动性运用知识产权制度的新阶段。

1. 加入世界贸易组织，我国知识产权制度与国际规则接轨

为了对知识产权实行切实有效的法律保护，中国在加入世界贸易组织前，对知识产权保护相关法律、法规和司法解释进行了全面修改，使之与世界贸易组织《与贸易有关的知识产权协议》（以下简称《知识产权协议》）以及其他知识产权保护国际规则相一致。2000年8月，全国人大常委会对《专利法》进行了第二次修改；2001年10月，全国人大常委会对《商标法》作出第二次修改。上述法律修订使得我国专利制度和商标制度的有关规定与《知识产权协议》的原则及规则达到了一致。2001年10月27日，全国人大常委会通过《关于修改〈中华人民共和国著作权法〉的决定》，其修改范围涉及著作权主体、客体、权利内容、限制、邻接权、法律责任、集体管理组织等各个方面。2000年，全国人大常委会修订了《中华人民共和国海关法》，从法律层面确定了海关在知识产权保护方面的职能。至此，我国知识产权法达到了《知识产权协议》的要求，初步完成了从本土化向国际化的过渡。2003年12月，中国政府颁布修订后的《中华人民共和国知识产权海关保护条例》，强化了海关调查

① 参见《国务院办公厅关于建立国务院知识产权办公会议制度及有关部门职责分工问题的通知》（国办发［1994］82号）。

处理侵权货物的权力。①

此外，为了确保知识产权保护工作的制度化，我国陆续建成了知识产权举报投诉受理中心，面向全社会接受有关侵犯知识产权行为的举报投诉。同时，我国政府重视透过行政管理，提高社会民众的知识产权意识。目前已经批准建立了 19 个专题知识产权信息中心，13 个已经开通运行。

总之，加入世界贸易组织前后，我国在知识产权宣传、知识产权维权、知识产权执法、知识产权信息化建设方面有了长足的进步，使我国知识产权制度与国际通行的规则接轨。

2. 成立国家知识产权工作机构，我国知识产权制度进入战略主动期

为了进一步加大知识产权保护力度，推动知识产权制度建设，中国于 2004 年、2005 年分别成立了“国家保护知识产权工作组”和“国家知识产权战略制定工作领导小组”。以此为契机，中国知识产权制度建设迈入了战略主动的新阶段。2007 年，中国共产党的第十七次全国代表大会提出“实施知识产权战略”。这些情况表明，中国已经站在战略全局的高度，重新审视知识产权制度的功用和地位。基于当今国际科技、经济的发展趋势和创新型国家的发展经验，中国将通过制定和实施国家知识产权战略，有效利用知识产权制度，以此作为缩小与发达国家的差距、实现跨越式发展的政策抉择。

3. 实施国家知识产权战略，我国知识产权事业开始新的篇章

我国国家知识产权战略方案现已形成“1＋20”的模式，即 1 个纲要加 20 个专题。战略重点涉及优化知识产权制度资源配置、促进知识产权的创造和运用、加强知识产权保护、规制知识产权滥用、培育知识产权文化五个方面，它将基于知识产权信息、服务、交易三大平台的建设，从宏观、中观、微观三个层面深入推进我国知识产权事业做大做强。② 2008 年 4 月 9 日，温家宝主持召开国务院常务会议，审议并原则通过了《国家知识产权战略纲要》。同年 6 月，国务院发布《国家知识产权战略纲要》，明确到 2020 年把中国建设成为知识产

---

① 参见中华人民共和国国务院新闻办公室：《中国知识产权保护的新进展》（2005 年白皮书）。

② 参见田力普：《深入贯彻落实党的十七大精神，不断开创知识产权工作新局面》（2008 年 1 月 29 日在全国知识产权局局长会议上的讲话），见 http：//www.sipo.gov.cn/sipo2008/zfxxgk/zlgzdt/200804/t20080419_385066.html，2008-06-03。

权创造、运用、保护和管理水平较高的国家，五年内自主知识产权水平大幅度提高，运用知识产权的效果明显增强，知识产权保护状况明显改善，全社会知识产权意识普遍提高。因此，现阶段及今后一个时期内，我国知识产权的工作重点将转入实施“国家知识产权战略”方面，从知识产权制度的运作来讲，中国进入了一个关键发展期。为了顺利实现这一战略目标，我国迎来了新一轮的立法、修法和执法热潮。

此外，我国还制定了一批能够体现我国传统资源优势、与知识产权有关的法律、法规：2005 年公布和实施了《国家级非物质文化遗产代表作申报评定暂行办法》，2006 年实施了《国家级非物质文化遗产保护与管理暂行办法》。另外，我国《非物质文化遗产保护法》《民间文学艺术作品著作权保护条例》也进入了立法规划阶段。同时，我国专利法的第三次修改工作进展顺利，著作权法和商标法的修改也已列入立法规划，并进入调研和立法启动阶段。

进入 21 世纪以来，我国的知识产权法制已经摆脱了被动立法的局面，并从“调整性适用”过渡到“主动性安排”阶段，我国知识产权事业开始了新的篇章。

二、现状考察：中国知识产权法律实施效果

从 20 世纪 70 年代末实行改革开放以来，中国知识产权保护取得重大进展；建立健全符合国际通行规则、门类比较齐全的法律、法规体系；建立健全协调、高效的司法工作体系和执法机制；加大知识产权保护的行政执法力度。[①] 有关知识产权法对社会生活的调整效果明显，通过知识产权法的激励作用，人们获得（申请）了大量的知识产权。

（一）知识产权司法状况及司法保护效果

近年来我国知识产权审判事业取得了重大进展，审判职能不断强化、审判领域不断拓展、审判质量不断提高。在我国加入世界贸易组织以后，知识产权

① 参见中华人民共和国国务院新闻办公室：《中国知识产权保护的新进展》（2005 年白皮书）。

司法保护受到国内外前所未有的高度关注，各级法院妥善处理各种复杂知识产权纠纷，依法保护当事人的合法权益，得到了社会普遍认可和国内外高度评价。

1. 建立了颇具特色的知识产权审判体制

20世纪90年代以前，我国没有专门的知识产权审判机构，而是将知识产权案件分散在民事、刑事和行政案件中，分别由民事审判庭、经济审判庭、行政审判庭和刑事审判庭进行审判。1993年，北京市中级人民法院尝试性地将知识产权民事和行政案件划归到专门的知识产权庭，至此我国有了首个知识产权审判庭。1995年1月，最高人民法院设立知识产权审判办公室。2000年10月，最高人民法院率先在其内部进行机构改革，将原知识产权审判庭改建为民事审判第三庭。

在司法改革过程中，各级人民法院按照最高人民法院改革纲要的要求，全面开始司法审判机构改革，理顺刑事审判、民事审判和行政审判三者之间的关系。目前，最高人民法院和31个高级人民法院都已设立民事审判第三庭，与此同时在各省、自治区和直辖市政府所在地的中级人民法院也相应设立了知识产权民事审判庭。目前，我国已建立了最高人民法院和地方三级知识产权审判机构，并形成以中高级法院知识产权庭为主的审判格局。

2. 健全与完善知识产权审判规范

知识产权的司法解释在我国的知识产权审判工作中发挥了很大的作用。在将知识产权民事案件的审理统一归口后，最高人民法院、最高人民检察院相继发布了一系列司法解释。这些司法解释总结了人民法院以往的审判经验，既有程序性规定，又有实体性规定（见表1）。

表1　近年来颁布的有关知识产权审判规范

时间	发布单位	文件名称
2000年	最高人民法院	《关于审理植物新品种纠纷案件若干问题的解释》
2001年	最高人民法院	《关于审理专利纠纷案件适用法律问题的若干规定》《关于审理涉及计算机网络域名纠纷案件适用法律若干问题的解释》《关于审理商标案件有关管辖和法律适用范围问题的解释》《关于开展涉及集成电路布图设计案件审判工作的通知》

续前表

时间	发布单位	文件名称
2002年	最高人民法院	《关于审理著作权民事纠纷案件适用法律若干问题的解释》
2003年	最高人民法院	《关于修改〈最高人民法院关于审理涉及计算机网络纠纷案件适用法律若干问题的解释〉的决定》
2004年	最高人民法院、最高人民检察院	《关于办理侵犯知识产权刑事案件具体用法律若干问题的解释》
2005年	最高人民法院、最高人民检察院	《关于办理侵犯著作权刑事案件中涉及录音录像制品有关问题的批复》
2006年	最高人民法院	《关于审理侵犯植物新品种权纠纷案件具体应用法律问题若干规定》
2007年	最高人民法院	《关于审理不正当竞争民事案件应用法律若干问题的解释》 《关于办理侵犯知识产权刑事案件具体应用法律若干问题的解释（二）》
2008年	最高人民法院	《关于审理注册商标、企业名称与在先权利冲突的民事纠纷案件若干问题的规定》

近些年来，我国知识产权保护状况成为国际经贸领域的热点问题。其中有关反不正当竞争、知识产权刑事犯罪“门槛”，以及权利冲突问题成为人们关注的焦点。2007年颁布的最高人民法院《关于审理不正当竞争民事案件应用法律若干问题的解释》，是我国法院发布的第一个涉及不正当竞争案件审理的司法解释；同年出台的最高人民法院《关于办理侵犯知识产权刑事案件具体应用法律若干问题的解释（二）》，进一步加大了知识产权刑事司法保护力度，降低了知识产权犯罪认定的“门槛”。2008年，最高人民法院发布的《关于审理注册商标、企业名称与在先权利冲突的民事纠纷案件若干问题的规定》，对知识产权领域的权利冲突问题进行了很好的规范。这些司法解释为加强知识产权保护、建设创新型国家提供了有力的司法保障。

3. 进行了有质量、有效率的知识产权审判活动

自我国知识产权制度确立之后，知识产权案件大幅度增长，审理范围不断扩展（见图1、图2）。而且，我国知识产权审判的结案率逐年上升，二审改判率逐渐下降，再审率不断降低。通过调解结案的知识产权案件目前已经超过半数。

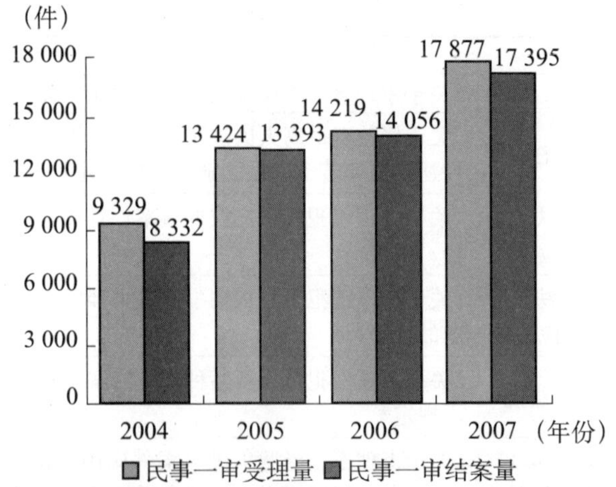

图1 2004—2007年知识产权民事一审案件受理、审结情况

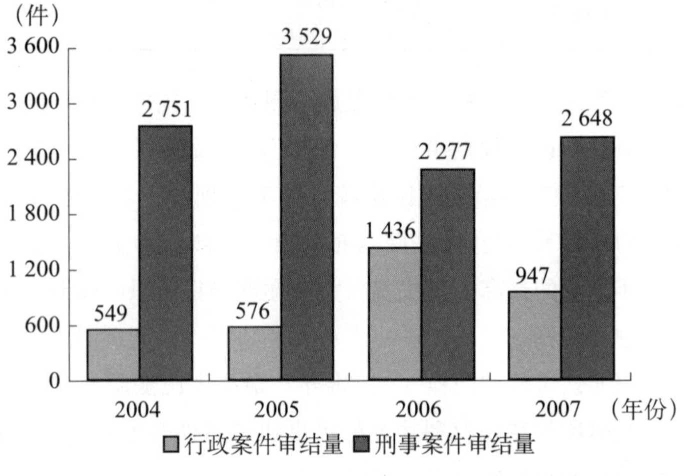

图2 2004—2007年知识产权行政、刑事案件受理、审结情况

资料来源：根据《2004年中国知识产权保护状况》《2005年中国知识产权保护状况》《2006年中国知识产权保护状况》《2007年中国知识产权保护状况》中的数据制作。

从民事案件的结案率、改判率、再审率来看，知识产权案件的审判质量和效率得以不断提高。2001—2007年，知识产权民事案件一审结案率由73.52%上升到79.9%，上诉率由25.72%下降到16.47%，二审改判发回率由25.4%下降到15.33%，再审率由4%下降到0.22%，一审案件调解撤诉率由

47.45%上升到55.48%，平均调解撤诉率达到57.21%。① 这些数据表明，近年来我国知识产权案件增长幅度明显，案件类型几乎覆盖知识产权纠纷案件的全部领域，如专利权、商标专用权、商业秘密等不正当竞争纠纷案件等。总之，我国法院知识产权审判的质量和效率明显提高，在推动知识产权制度建设方面发挥了重要作用。

这里的"刑事案件"指的是"涉及知识产权侵权的刑事案件"，主要包括"以侵犯知识产权犯罪判处的案件""以生产、销售伪劣商品犯罪（涉及侵犯知识产权）判处的案件""以非法经营罪（涉及侵犯知识产权）判处的案件"和"以其他犯罪判处的涉及侵犯知识产权的案件"，其中2004年的知识产权刑事案件审结数量为笔者计算所得，统计中不包括"以其他犯罪判处的涉及侵犯知识产权的案件"。

（二）知识产权执法状况及行政保护效果

在知识产权保护实践中，中国形成了行政保护和司法保护"两条途径并行运作"的保护模式。在中国，有多个部门分别履行保护知识产权的功能，主要包括国家知识产权局、国家工商行政管理总局、国家新闻出版总署、国家广播电影电视总局、文化部、农业部、国家林业局、公安部、海关总署、最高人民法院和最高人民检察院等。多年来，这些部门在各自领域开展了卓有成效的工作。

1. 加强行政执法机关与刑事查处机关的工作协调

2000年，公安部、国家工商行政管理总局、国家知识产权局联合下发《关于在查处侵犯知识产权违法犯罪案件工作中加强协作配合的通知》，就查处侵犯知识产权犯罪涉及的协作配合问题作出明确规定。2001年7月，国务院发布《行政执法机关移送涉嫌犯罪案件的规定》，就行政执法机关向公安机关及时移送涉嫌犯罪案件作出明确规定。2004年3月，有关部门又联合下发《关于加强行政执法机关与公安机关、人民检察院工作联系的意见》，初步建立起行政执法与刑事执法衔接配合的工作机制。为了完善行政执法与刑事司法的

---

① 上述数据来源于最高人民法院常务副院长曹建明在"第二次全国法院知识产权审判工作会议"上所作的《求真务实，锐意进取，努力建设公正高效权威的知识产权审判制度》报告（2008年2月19日）。

衔接工作机制，公安部、海关总署于 2006 年联合发布了《关于在行政执法中及时移送涉嫌犯罪案件的意见》。[①] 同年，公安部和海关总署又发布了《关于加强知识产权执法协作的暂行规定》，以加强公安机关和海关在保护知识产权工作中的协作配合。

加强知识产权执法机关的工作协调，较好地避免了知识产权执法保护体系分散、多头管理带来的弊端；并且统一执法标准，减少权力之间的冲突现象，提高了知识产权执法的效率和水平。

2. 开展卓有成效的知识产权专项执法活动

在我国的知识产权执法体系中，专项执法活动是其一大特色。专项执法活动，可以集中执法资源，针对某一时段、某一地域进行大规模、高效率的执法行动。迄今，我国已经进行了多次全国性的知识产权专项执法活动，成果显著。例如，为落实《展会知识产权保护办法》，有效遏制展会期间侵犯知识产权等行为，多个国家部门联合开展展会知识产权保护专项行动——“蓝天”会展专项行动[②]；公安机关在全国继续开展打击侵犯知识产权犯罪的“山鹰”专项行动，严惩侵权盗版犯罪分子，同时开展“反盗版天天行动”，深挖非法光盘生产线和非法出版物仓储窝点；为了规范专利市场行为，维护专利权人的权益，我国还开展了“雷雨”和“天网”与利专项执法行动。[③] 通过这些行动，我国知识产权执法状况有了明显改善。

3. 受理和查处多起知识产权行政违法案件

近年来，我国各级知识产权执法机关继续完善知识产权法制体系建设，深入开展知识产权行政执法工作，积极推进其制度化、科学化和规范化建设。我国各级知识产权执法机关受理和查处多起知识产权行政违法案件[④]，有力地打击了知识产权违法经营活动，整顿、规范了市场经营秩序。

据统计，2004 年、2005 年和 2006 年全国各级版权行政管理部门分别受理

---

① 参见国家保护知识产权工作组办公室：《2007 年中国保护知识产权行动计划》。

② 参见国家保护知识产权工作组办公室：《2006 年中国保护知识产权行动计划》。

③ 参见国家保护知识产权工作组办公室：《2008 年中国保护知识产权行动计划》。

④ 有关的执法数据参见国家知识产权局：《2004 年中国知识产权保护状况》《2005 年中国知识产权保护状况》《2006 年中国知识产权保护状况》《2007 年中国知识产权保护状况》。

案件 9 691 件、9 644 件和 10 559 件，结案率分别为 98.02%、97%和 98%。2007 年全国共收缴盗版出版物 1.36 亿件，全国各地级市共销毁非法音像制品 2 535 万张。

据统计，2004 年全国各省、自治区、直辖市知识产权局受理专利纠纷 1 455件，结案 1 215 件；2005 年全国各省、自治区、直辖市知识产权局共受理专利侵权纠纷 1 313 件，其他专利纠纷案件 284 件；2006 年全国各省、自治区、直辖市知识产权局共受理专利侵权纠纷 1 227 件，其他专利纠纷案件 43 件，结案率为 76.6%；2007 年全国各省、自治区、直辖市知识产权局共受理专利侵权纠纷 986 件，其他专利纠纷案件 27 件。

据统计，2005 年全国各级工商行政管理机关共查处各类商标违法案件 49 412 件，其中查处涉外商标违法案件 6 770 件，比 2004 年的 5 494 件增加 23.2%；2006 年，全年共查处各类商标违法案件 50 534 件，比上年增长 2.27%，其中查处涉外商标违法案件 9 562 件，比上年增长 41.24%；2007 年，全年共查处各类商标违法案件 50 318 件，其中查处涉外商标违法案件 10 320件，比上年增长 7.9%。

4. 建立高效、合理的知识产权海关保护机制

中国海关在知识产权领域加强了工作力度，在完善知识产权海关保护制度、强化行政执法力度等方面取得显著进展。2007 年，由 180 多家在华投资的跨国公司组成的“中国外商投资企业协会优质品牌保护委员会”，再一次将中国海关评为最有效率的知识产权行政执法机关。同年 6 月 28 日，世界海关组织（WCO）授予中国海关“世界海关组织 2007 年打击假冒和盗版成就奖”①，以表彰其在打击侵犯知识产权行为中所取得的进步。

自 1994 年我国海关实施知识产权保护以来，已经查获各类进出口侵犯知识产权货物的案件 8 000 多起，案值近 10 亿元人民币。加入世界贸易组织以来，我国海关查获的侵权货物案件每年都以 30%左右的速度增长。知识产权海关保护得到国内外广泛认可，5 年共查处进出口侵犯知识产权案件 7 002 件，案值 6.8 亿元。海关从 2007 年 10 月 1 日开展的“龙舟行动”，是近年来我国

① 国家知识产权局：《2007 年中国知识产权保护状况》。

开展的一次规模最大的知识产权保护专项行动。刚开展一个多月海关就已查处侵权案件 443 起，同比增长 57%，日均查处 14 起。[①]

上述数据表明，随着知识产权保护法律制度的逐步完善，中国知识产权保护工作重点逐渐由立法转向执法，通过日常监管与专项治理相结合，加大了知识产权保护的行政执法力度，在知识产权执法方面已经取得了巨大成绩。

（三）知识产权守法状况以及对经济的推动效果

目前知识产权法的激励作用已经充分体现，人们运用知识产权法获取合法有效的知识产权、维护自己合法权益的能力有很大提高，我国近几年的知识产权申请和授权数量连连攀升，极大地促进了我国经济的发展和竞争力的提升。

1. 知识创新能力提升，知识产权数量增多

我国知识产权保护法律文件的颁布极大地激发了人们发明创造的热情，出版物数量、专利申请量和其他知识产权数量大幅度增加。以我国《专利法》为例，1985 年 4 月 1 日，我国《专利法》生效实施，第一天就收到 3 455 件专利申请，而日本实施专利法的第一年，仅收到专利申请 225 件，20 年后才达到5 000 件。[②] 我国还分别于 1992 年和 2001 年对《专利法》进行了修改，进一步完善了专利制度，激发了人们申请专利的积极性。从下列数据中可以看出，我国国内专利授权量分别在 1992 年（见图 3）和 2002 年（见图 4）出现了两个高峰。

截至 2007 年 12 月 31 日，国家知识产权局授权专利总量为 208.9 万件，其中国内 179.0 万件、国外 29.9 万件，分别占到总量的 85.7%和 14.3%。[③] 20 世纪 90 年代初期，中国受理的国内发明专利申请量仅占发明专利申请总量的 40%左右，2003 年这一比率提高到 50%，而到 2007 年，这一比率已突破 60%。其中，不少发明专利质量很高，获得了各种境外专利技术成果奖，凸显了我国知识创新能力的提升。

我国商标注册申请量已经连续 6 年居世界第一。至 2007 年，我国商标注

---

① 有关执法数据参见国家知识产权局：《2004 年中国知识产权保护状况》《2005 年中国知识产权保护状况》《2006 年中国知识产权保护状况》。

② 参见《中国专利史话》，载《中国知识产权报》，2005－10－20。另可参见国家知识产权局主办：《中国知识产权年鉴 2006》，613 页，北京，知识产权出版社，2006。

③ 参见国家知识产权局：《2007 年中国知识产权保护状况》。

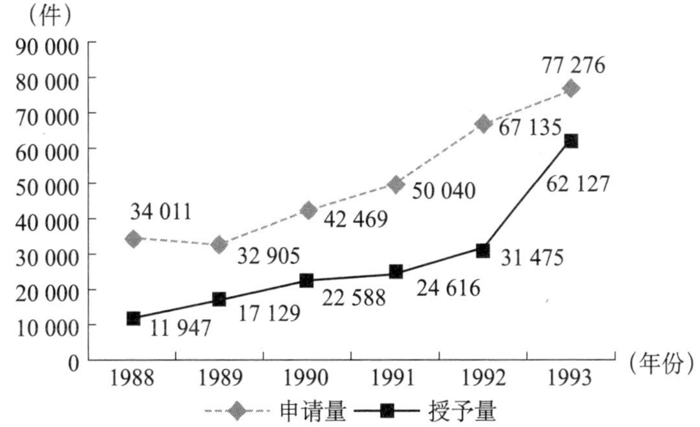

图 3　1988—1993 年我国国内专利申请和授权情况

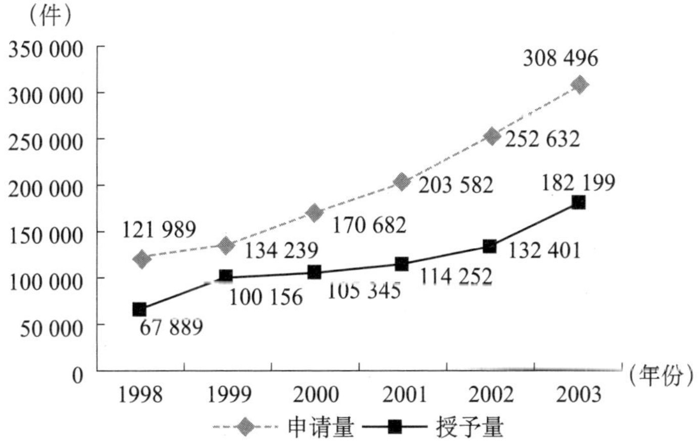

图 4　1998—2003 年我国国内专利申请和授权情况

资料来源：根据国家统计局网站数据库、国家知识产权保护网站专利数据库中数据制作。

册总量已达到 301.37 万件。至 2007 年 12 月 31 日，国家工商行政管理总局商标局依法认定的驰名商标已超过 1 004 件，其中不乏一些具有国际影响力的商标，如“海尔”“红旗”等。我国自 1994 年将地理标志纳入商标法律保护范畴以来，至 2007 年年底注册地理标志商标有 301 件，[①] 其中，如“库尔勒香梨”

① 相关数据参见吴汉东主编：《中国知识产权蓝皮书》，北京，北京大学出版社，2007；中国知识产权保护网，“政府信息”和“数据统计”专题。

“涪陵榨菜”“安溪铁观音”等很多地理标志，都在国际、国内享有盛名。

2. 相关产业发展迅速，国家科技竞争力提升明显

1998年，我国图书、报刊、音像、电子出版业的产值是1 263.2亿元，软件为170亿元，两项相加为1 433.2亿元，约占全国当年国内生产总值的1.8%。2005年我国版权产业在国内生产总值中所占的比重已超过6%。① 其中的软件产业到2005年时，国内市场销售额增长到2 500亿元，占世界软件销售比例由1.2%提升到3%。

我国的信息技术产业中，至2005年有关企业共计67 483家，比2004年增加13.1%。产品销售额38 411亿元，比2004年增长24.8%。集成电路产业2005年销售额为540亿元，同比增长54%。②

目前，我国科技人力资源总量约为3 500万人，居世界第一；2006年我国研发人员总量为142万人/年，居世界第二。中国已成为名副其实的科技人力资源大国。在基础研究领域，我国国际论文总数世界排名已由1991年的第15位上升至目前第4位，在三大国际检索系统论文总数中占7%。2007年全社会科技支出经费总额4 500亿元人民币，全社会研发支出总额为3 003.1亿元人民币，居世界第5位，研发投入强度占GDP的1.42%。③

事实表明，在过去短短二十几年时间里，中国的知识产权法制建设取得了有目共睹的重大进展，我国知识产权法律在司法、执法和守法过程中实施效果显著。

三、现实反思：中国知识产权法制的缺陷与不足

我国的知识产权事业虽然取得重要的进步，但是我国是在经济相对落后和科技水平不高的情况下建立知识产权制度的，因此知识产权法制在多个方面还

① 相关数据参见《中国版权业产值达GDP总量6%》，载《人民日报（海外版）》，2005-05-25。

② 相关数据参见吴汉东主编：《中国知识产权蓝皮书》，82～90页，北京，北京大学出版社，2007。

③ 相关数据参见《2007年中国知识产权保护工作成效显著》，http://www.chinatradenews.com.cn/Article.asp?NewsID=12255，2008-06-10。

存在缺陷与不足。

（一）关于知识产权保护水平

对于我国的知识产权保护水平，在社会上一直都是一个有争议的问题。有的学者认为，我国的知识产权保护水平达到国际公约规定的最低标准，是适合本国国情的，但距离发达国家的高水平保护还有一定差距；另一些学者则认为，我国在知识产权保护问题上存在着“超国际标准”问题，即“现行知识产权保护的一些规定不适当地超出国际公约的相关要求”，从而使我国的知识产权保护水平过高；还有的认为在中国加入世界贸易组织之后，知识产权保护遵循国际标准，讨论知识产权保护水平“过低”还是“超高”并无意义。

我们认为，只有对本国的知识产权保护水平有一个正确的认识，才能促进我国知识产权立法、执法的发展，才能为制定国家知识产权战略奠定良好的基础。

1. 从纵向来看，知识产权保护水平逐步提高

首先，我国的知识产权保护水平随着国家科技、经济和文化的发展水平而逐步提高。

我国在改革开放之初颁布了《商标法》《专利法》《著作权法》以适应科技、文化和经济发展的需要。及至20世纪90年代，社会经济得到了进一步的发展，我国提高了知识产权保护水平，增加了对计算机软件、植物新品种、集成电路布图设计等知识产品的保护。进入21世纪后，我国进一步加强对知识产权的保护，增加了著作权人的信息网络传播权，放宽了商标的注册条件，加大了对知识产权侵权的打击力度。总体而言，我国是在社会科技、经济和文化水平不断发展的基础上，逐步提高知识产权保护水平，二者是基本相适应的。

其次，我国知识产权法律经过数次修改后，保护水平与发达国家相关规定逐步接近。

我国在参与国际知识产权保护公约的数量、知识产权保护期限、知识产权保护范围等方面已经与国际接轨，与相关发达国家差别不大。在知识产权的权利限制方面，我国已经颁布了《反垄断法》和《反不正当竞争法》，已经有了可操作的限制权利滥用的知识产权法律规范。2007年4月，“两高”联合出台《关于办理侵犯知识产权刑事案件具体应用法律若干问题的解释（二）》，进一

步加大了知识产权刑事司法的保护力度。所以，随着我国知识产权法律制度的完善，我国与发达国家在知识产权保护水平方面逐步接近。

2. 从横向来说，知识产权保护存在行业、区域等方面的不平衡

首先，目前我国的知识产权保护与一些行业、地区的经济、文化和科技发展水平不太适应。国际公约是发达国家与发展中国家博弈的产物，其中更多地体现了发达国家的意志。国际公约所规定的知识产权保护水平往往高于广大发展中国家的实际承受能力。例如，《知识产权协议》关于药品专利保护以及集成电路布图设计保护的规定都给我国的相关行业带来了较大的冲击，其知识产权保护水平超出了我国的国情。此外，由于地区发展不平衡，适合于发达地区的知识产权保护水平不一定适合于西部落后地区，适合于高收入阶层的知识产权保护水平不一定适合于低收入人群。

其次，我国知识产权立法已经逐步完备，但相应的知识产权执法，尤其是执法保护的效果，还存在问题。我国当前仍有部分地区和部分领域存在侵犯知识产权的行为，特别是在版权保护领域，盗版现象仍然多发，不少外国企业在这一问题上颇有微词。笔者认为，目前我国知识产权执法确实存在某些问题，其中一个重要原因在于我国知识产权文化的缺失。我国在对西方知识产权法律制度的借鉴上成绩显著，但在本国知识产权文化建设上明显不足，知识产权保护意识尚未深入人心，以至于传统的“窃书不为偷”文化氛围尚存，对知识产权的违法行为还不以为然。

总之，我国知识产权立法应当符合已加入的国际公约的最低保护标准，在执法上应当切实履行国际公约所规定的义务及国内法的规定。一方面在国际公约允许的范围内，中国应以发展中国家的身份来定位本国的知识产权保护水平，而不应超越国际公约规定的最低保护标准片面强调知识产权保护水平与发达国家接轨；另一方面，我国还应注重知识产权文化的培育，加大知识产权法律的宣传。

（二）关于我国知识产权政策体系

从世界范围来看，在知识经济和经济全球化的浪潮中，越来越多的国家建立起全方位的以知识产权为导向的公共政策体系，以有效提升本国的核心竞争力。

改革开放以来，我国虽已逐步建立起较为全面的知识产权法律体系，但是没有形成全面、系统的知识产权公共政策，从而使我国知识产权制度的实施和效能受到影响。例如，专利权的有效运作需要两个最重要的条件：第一，建立以专利权为导向的涵盖技术创新、技术成果转化、技术中介服务、技术产权保护的公共政策体系。我国相关的政策体系尚不完善、制度建设还不配套，有技术无专利、有专利无应用、有应用无产业的现象较为普遍。资料表明，我国技术成果的市场转化率仅为10%，远低于发达国家相关指标70%～80%的水平。[①] 第二，提供自主创新所需要的研发资金和物质条件。这一方面的问题更为严重，主要表现为创新投入不够。2004年研发投入占GDP的比重为1.23%，2005年上升到1.3%以上，2006年为1.41%，2007年达到1.42%。这一投入量低于可统计国家平均1.6%的总体水平，与发达国家2%～3%和新兴工业化国家1.5%～2%的投入相比仍有较大差距，研发投入不足直接影响企业专利数量规模和质量水平。[②]

目前，我国已经启动国家知识产权战略。实施国家知识产权战略的一个重要任务，就是建立以知识产权为导向的公共政策体系，知识产权制度应与国家的文化政策、教育政策、科技政策、产业政策、对外贸易政策相互配合，并在有关政策出台时增加知识产权条款。在文化政策方面，应制定战略规划，采用知识产权的保护方式保存我国现有的大量优秀历史文化遗产，促进对“非物质文化遗产”的法律保护。同时，对于民族、民间文化资源积极予以保护与开发，协调不同地区文化事业发展的重点，鼓励文化创新，推动文化的版权化、市场化。在教育政策方面，要积极发挥大学的研究智力优势，充分利用政府财政与社会公共投入，将现有的理论研究成果产业化，进而促进“产—学—研”的良性循环。在科技政策方面，应引导、鼓励各类企业增加科技投入，使其逐步成为科技投入的主体，通过自主创新并对创新成果加以法律保护，形成自主知识产权。加大对发明创造者的保护力度，注重科技成果的产权化、产业化。

---

① 参见吴辛望：《专利经济学》，175页，北京，社会科学文献出版社，2005。

② 参见吴汉东：《中国应建立以知识产权为导向的公共政策体系》，载《中国发展观察》，2007；国家知识产权局：《中国知识产权年鉴2007》，北京，知识产权出版社，2007。

在产业政策方面，应着力调整产业结构，促进智力成果产业化，国家产业政策和发展规划要把发展高新技术产业摆到优先位置，在财税、信贷和采购等政策上给予重点扶持，高新科技的知识产权申请、管理与利用制度应与财税、信贷等政策置于同等重要的地位。在对外贸易政策方面，应转变对外贸易增长方式，优化进出口商品结构，扶持具有自主知识产权、自主品牌的商品扩大出口，实现从贸易大国向贸易强国跨越的战略目标。

（三）关于我国知识产权管理体制

为了促进知识产权法律的实施，我国建立了较为齐全的知识产权管理和执法体系。在行政管理和行政执法方面，我国目前有多个部门负责知识产权的行政管理，主要包括国家知识产权局、国家版权局、国家工商行政管理总局商标局、文化部等十个部门，各自管理某一领域的知识产权。这种管理模式的优点在于分工较细，职责分工较为明确，但其缺点也显而易见。（1）知识产权行政管理的成本过高，造成资源浪费，增加了行政管理成本。（2）行政执法力度和标准不统一。例如我国颁布了《植物新品种保护条例》，由农业部和林业局负责对植物新品种的管理。农业部和林业局分别制定了有关该保护条例的实施细则，对于农业新品种和林业新品种作出了不完全一致的保护规定，客观上造成了执法标准的不统一。（3）加剧了知识产权之间的权利冲突。知识产权权利管理机构多元，权限各异，从而造成执法尺度的多元和不统一，带来各种知识产权之间的冲突。例如，“金华”作为火腿商标被金华市之外的一家浙江企业在国家商标局注册，又由金华火腿协会在国家商品检验检疫局取得产地标志权。（4）分散的知识产权管理机构严重影响了我国对外知识产权交流。例如，在对外谈判时，或是因各部门的利益不同、意见不一，影响了谈判的效果，损害了我国在国际上的形象；或是外方需要与国内各个不同部门进行谈判，影响工作效率。

（四）关于具体知识产权制度

我国知识产权立法取得了可喜的成就，但也存在一些问题：有些法律还比较粗糙，亟须修改；有些法律属于空白，需要制定；有些法律不够详尽，有待解释。这些问题都应引起立法者的足够重视。

首先，我国一些知识产权法律还不符合后 TRIPs 时代知识产权保护的要求，难以适应数字与网络技术时代知识产权保护的需要。

其次，我国一些知识产权法律规定比较分散，欠缺体系化、系统化、合理化。关于商业秘密的知识产权保护制度，分散规定于《民法通则》《合同法》《反不正当竞争法》和《刑法》中，目前还没有一个作为专门条例的商业秘密保护法；关于商号权保护制度，分散规定于《民法通则》《企业名称登记管理规定》《公司登记管理条例》《产品质量法》及《反不正当竞争法》中，未能出台统一规定商号权的单行法；等等。

再次，我国尚未建立符合发展中国家知识产权保护趋势、体现我国知识产权保护优势的法律体系。当代国际知识产权制度正发生重要变革，《生物多样性公约》和《文化多样性公约》的通过，意味着体现发展中国家利益的知识产权立法机遇随之到来。我们应抓住时机，加快民间文艺、传统知识以及遗传资源保护方面的立法。

最后，我国知识产权制度还没有成为推动自主创新和提高国家核心竞争力的强有力法律手段与政策工具。这主要表现在两个方面：第一，国家的自主创新能力和核心竞争力还不强，知识产权制度激励创新的功能还没有得到有效发挥。第二，知识产权制度促进创新成果转化的效应没有充分显现，知识产权产业发展还需要在制度保障层面予以完善。在产业领域，我国高技术商品化率为25%、产业化率为7%，远远低于发达国家的科技成果转化率。因此，只有加强知识产权保护，调动人们创造的积极性，才能够不断提高自主创新能力、促进技术成果的商业化应用。

知识产权是我国实现创新型国家建设目标和提高我国国家核心竞争力的重要制度支撑。我国既是一个新兴的工业化国家，也是一个传统的发展中国家。作为一个工业化国家，我国的知识产权制度要顺应世界科技发展的需要适时修正，顺应国际知识产权发展的潮流适时变革，努力实现知识产权制度现代化。作为一个发展中国家，我们要制定和实施国家知识产权战略，有效利用知识产权这种先进的法律制度，缩小与发达国家的差距。

四、未来发展：知识产权制度的现代化、国际化与战略化

现代科学技术的飞跃发展，使人类社会生活发生空前巨大的变化，各国立

法者不得不“修纲变法”，以回应“知识革命”对新的知识产权制度的呼唤；国际交往在经济、科技、文化领域的广泛展开，知识产权保护成为一个普遍关注的问题，新的国际贸易体制对知识产权利益的协调与分享提出了新的要求。在新的国际竞争态势下，知识产权作为一种政策工具和战略措施受到立法者的高度重视。中国知识产权法应不断修改完善，顺应潮流，逐渐步入现代化、国际化与战略化的轨道。

（一）知识革命与知识产权制度的现代化

自 20 世纪下半叶以来，微电子技术、生物工程技术、新材料技术、网络技术和基因技术都对现行的法律制度带来了挑战。就知识产权制度而言，主要有三大问题：一是数字版权问题，二是网络标记和不正当竞争问题，三是基因专利问题。21 世纪是知识经济的时代，也是知识产权的时代。知识产权对于激发人类发明创造的潜力，推动科技进步和文化繁荣具有重要的作用。因此，中国知识产权制度也应保持其时代先进性，即通过法律制度的现代化去推动科学技术的现代化。

1. 数字技术发展与著作权制度的现代化

著作权制度基于科技而生，缘于科技而变。现代社会著作权早已走出“出版之权”的狭隘权项藩篱，新增了各项“电子版权”。例如，以传送广播与电视为技术内容的“播放权”，以机械光学电磁为技术特征的“机械复制权”，以摄影、录像、放映为技术表现形式的“制片权”等。

我国于 2001 年修订了《著作权法》，将计算机程序作为文字作品予以保护；有独创性的数据库被作为汇编作品而受到保护；增加了电影作品、计算机程序著作权人的出租权；规定了信息网络传播权；创立了著作权集体管理制度；明确对权利管理信息的保护并禁止商业性解密措施的应用。但是，我们必须对数字化技术给著作权制度带来的新挑战给予高度重视。

首先，暂时性复制对传统著作权法复制概念的挑战。用户在多次登录同一网站或浏览同一网页的信息时，某些上网软件将自动在硬盘中划出一块区域作为缓存区，将被浏览的网上作品以临时性文件的形式存入其中从而形成复制件，即“暂时复制”。著作权人希望扩大复制权的范围，将暂时复制纳入其中；使用者的立场则截然相反。政策制定者必须考虑的是，如何通过权利及其限制来保持信息控制和信息获取之间的平衡。

其次，数字权利管理（digital rights management，DRM）系统对传统著作权管理的挑战。运用数字管理技术可以防止任何未经授权的复制和相关使用。作为一种社会信息资源控制装置，它能够阻止人们对信息的接触和获取，从而限制了合理使用的范围；它同时又是一种效率极高的许可使用和计费工具。所以，数字权利管理技术的存在，使得权利人、使用人和社会公众之间存在利益冲突，法律要通过适时的调整，维护三者间的利益平衡。

鉴于数字技术飞速发展对现代著作权法提出的挑战，我国正在酝酿《著作权法》的第二次修改。① 2007 年 9 月 20 日，国家版权局在北京召开了“启动著作权法第二次修改调研工作”为主题的研讨会议。有理由相信，《著作权法》的第二次修改将会很快提上修法议程。未来的《著作权法》修改应本着利益平衡的精神，重点关注网络技术和数字技术对合理使用中的“个人使用”的冲击，网络浏览对复制概念的冲击，数字权利管理技术对作品利用、接触行为的冲击等方面的问题。

2. 生物技术发展与专利制度的现代化

生物技术的飞速发展，对我国的专利保护提出了严峻的挑战。其中既有法律问题，又有社会伦理道德问题。从大的方面说，主要有两个方面：第一，基因技术的发展引发了专利法上的伦理道德问题，其可专利性问题成为人们争论的焦点。第二，基因技术的发展导致了发达国家与发展中国家因在生物遗传资源的分配和利用问题上产生利益冲突。

首先是有关生物遗传技术的专利保护。各国（地区）对生物技术发明和基因技术的可专利性问题大致有以下几种态度：一是积极立法，如美国、日本、澳大利亚和欧盟；二是谨慎立法，如英国等少数欧洲国家、韩国、加拿大等；三是持保守态度和坚持灵活性来保护生物技术发明。② 一般而言，各国大抵坚持人本身、人的胚胎等不能成为专利的对象。对于动物品种是否可专利，反对

① 参见国家保护知识产权工作组办公室：《2007 年中国保护知识产权行动计划》。

② 参见穆荣平、范晓峰等：《涉及基因技术与计算机程序发明可专利性问题》；《〈专利法〉及〈专利法实施细则〉的三次修改专题研究报告（上卷）》，280～311 页，北京，知识产权出版社，2006。

的国家居多；我国《专利法》对此未作明确规定[①]，对基因技术的专利立法持谨慎态度。我国《专利法》规定，专利实用性的标准应是该发明或者实用新型能够制造或者使用，并且能够产生积极效果。这种“积极效果”的实用性标准，必然排除一部分基因专利的可专利性。反观国外发达国家，其专利法的可专利性标准很低，因为审查门槛的降低有助于“基因圈占”。我国的生物技术已经有较高水平，水稻技术居世界前列，同时我国也是人类基因组计划的参加国之一。因此在“三性”审查标准上，我国对于生物技术发明专利申请的审查，应借鉴发达国家的做法，逐步放开。否则，某些领域的基因会被外国垄断，而我国不得不支付高额的许可使用费来开展进一步的研究与开发，其结果将对我国生物科技的发展造成不利影响。

其次是有关生物遗传资源的权利保护。现今发达国家与发展中国家分别处于生物资源的两极，全世界80%的生物资源都在发展中国家，动植物的品种主要集中在发展中国家；在人体基因资源方面，由于发展中国家以及发达国家土著地区的人口流动性不强，很多独特的、稀缺的基因谱系得以完整地保存下来。很多发达国家的科研机构或公司通过生物勘探手段从社区中盗取遗传信息并申请专利，却没有声明其贡献；此外，如果社区成员要使用此专利，仍要向专利权人付费。上述情况使得发展中国家受到了不公正待遇。

在广大发展中国家的推动下，1992年6月5日在巴西的里约热内卢，《生物多样性公约》得以签署。该公约确立了“遗传资源国家主权原则”并建立了关于遗传资源获取的“知情同意”与“利益共享”机制，在一定程度上尊重了发展中国家的利益，因此得到了广大发展中国家的拥护。[②] 在这一公约的指引下，发展中国家纷纷制定国内法，实现对本国生物遗传资源及其衍生物的保护。[③] 我国应以《专利法》第三次修改为契机，构建我国生物遗传资源的保护

---

① 我国《专利法实施细则》和《审查指南》将基因技术纳入了化学物质类进行保护。人的基因片段、蛋白质片段等可以成为专利的客体，即新发现并成功分离的基因、蛋白质片段，如同微生物一样，应当都可以申请专利，只要它符合专利的“三性”要求。

② 参见《生物多样性公约》国际网站，http：//www.cbd.int/default.shtml，2008－06－10。

③ 1998年非洲国家、2001年巴西、2002年秘鲁分别出台了自己的关于生物多样性和遗传资源保护的法律。

制度。[①]

总之，国情决定我们不能像某些国家那样只重视生物技术的保护，而否定生物多样性的保护，否则我国的物种资源将会严重流失并有枯竭的危险；同时，我们也不能像那些资源丰富而技术落后的国家那样对发达国家的生物技术持完全否定的态度。我们应致力于遗传资源与生物技术的协调发展和良性互动：第一，加强生物多样性的保护，实现物种遗传资源的总量积累，对生物技术进行源头保护，以实现其可持续发展。第二，修正完善我国《专利法》中的生物技术立法，顺应生物技术发展需要，实现专利制度的现代化。

3. 网络技术发展与商标制度的现代化

互联网在带来前所未有的商业机遇和社会效益的同时，对现行知识产权制度也带来了巨大冲击。这主要表现在以下方面：一是商标权与网络域名的权利冲突。网络域名中擅自使用他人注册商标的单词、字母等主要部分，足以导致网上公众混淆，从而引起商标权与网络域名的权利冲突。二是域名恶意抢注而引起纠纷。行为人故意将他人的知名商标、商号涵盖的文字注册为自己的域名，再以高价将这些域名卖给该知识产权所有人，其抢注行为足以构成对商标的淡化。三是网络主页上擅自使用他人商标装饰自己的页面而引起的纠纷。行为人选取他人注册商标的图形、图像并放入自己的网页，或将他人商标的图形设计成自己网页的图标使自己经营的电子商务与商标权人的商品或服务造成混淆。四是在自己的网页上擅自使用他人的商标作为链接到该商标权人网页的“引线”。五是将他人的商标埋置在自己网页的源代码中，当人们使用搜索引擎查找该商标所有人的商标时，行为人的网页就会位居搜索结果的前列。

为了保护网络空间的商标权，工业产权巴黎联盟和世界知识产权组织在2001年9月召开的世界知识产权组织成员国大会第36届系列会议上通过了《关于在因特网上保护商标权以及各种标志的其他工业产权的规定的联合建议》。各个国家也纷纷加强网络空间的商标权保护立法。在我国，对于网络空间的不正当竞争问题，《反不正当竞争法》似乎鞭长莫及；对于网络商标侵权

① 《专利法》第三次修改征求意见稿在第25条、第26条中有关于此问题的规定，具体参见《〈专利法〉第三次修改征求意见稿条文对照》，见国家知识产权局网站，www.sipo.gov.cn，2008-06-12。

现象的规制，《商标法》也显得力不从心。因此，网络环境下商标制度的现代化，理所当然成为互联网时代知识产权法制建设的一个重要课题。

目前国务院和国家工商总局正在考虑《商标法》的修改，以解决商标注册周期过长，商标维权程序复杂、周期过长等问题；但是，网络环境下商标的不正当竞争行为仍未得到足够的重视，修正案对此应作出回应。

（二）国际贸易与知识产权制度的国际化

《知识产权协议》的生效并施行，使得知识产权从智力创造领域进入国际贸易领域，同时也标志着知识产权制度进入了统一标准的新阶段。在知识产权国际保护方面，发展中国家担心高标准保护可能造成沉重的财政和行政负担，但又不得不面对新国际贸易体制带来的压力。它们之所以“入世”，最终接受包括知识产权保护在内的国际贸易新规则，是有其自身利益考量的：(1) 乌拉圭回合谈判实现了发展中国家的某些利益诉求，即发展中国家接受《知识产权协议》并非完全让步，而是有偿交换；(2) 知识产权保护亦是发展中国家特别是新兴的工业化国家经济发展和科学进步的内在要求。

毫无疑问，中国知识产权立法应该顺应国际化的潮流，履行相关国际公约规定的各项义务。知识产权制度的国际化特征表现了这一制度的基本原则和主要规则在全球范围的普适性，它意味着 WTO 体系下的知识产权领域，国际法高于国内法。其实质意义在于，各国知识产权制度表现出一种趋同化与一体化的基本特点，揭示了知识产权制度中的普遍规律。但是，知识产权制度的国际化，并不等于各国在保护内容、保护标准、保护水平等方面法律规范的完全统一。中国既是一个传统的发展中国家，又是一个新兴的工业化国家，在知识产权制度国际化的进程中，应当在遵循国际公约最低保护标准的前提下，针对我国发展的不同阶段而制定不同的战略措施，既要考虑现实利益，又要具有超前眼光；既要遵循国际公约规定，保护外国的高新技术，也要推动国际合作，鼓励知识创新，保护本国的传统知识。我国在知识产权制度国际化进程中应注意以下问题。

1. 国内规范与国际规范的接轨

通过缔结、修改有关国际公约，确立与规范各国知识产权保护的基本原则、最低要求和一般要求，是知识产权制度国际化的前提。自 1950 年正式加入《建立世界知识产权组织公约》以来，中国已陆续加入了多个知识产权国际保护公约（见表2）。

表2　　中国加入的主要知识产权国际公约

加入时间	公约名称
1980年	《建立世界知识产权组织公约》
1985年	《保护工业产权巴黎公约》
1989年	《商标国际注册马德里协定》《关于集成电路知识产权保护条约》
1992年	《保护文学和艺术作品伯尔尼公约》《世界版权公约》
1993年	《保护录音制品制作者防止未经许可复制其录音制品公约》《保护表演者、录音制品制作者和广播组织公约》《专利合作条约》
1994年	《商标注册用商品与服务国际分类尼斯协定》
1995年	《国际承认用于专利程序的微生物保存的布达佩斯条约》
1996年	《建立工业品外观设计国际分类洛迦诺协定》
1997年	《国际专利分类斯特拉斯堡协定》
1999年	《国际保护植物新品种公约》
2001年	《知识产权协议》
2007年	《世界知识产权组织版权条约》《世界知识产权组织表演和录音制品条约》

近年来，为了适应信息技术和通信技术的发展，保护互联网领域版权人的利益，2007年3月6日，中国政府向世界知识产权组织正式递交关于《世界知识产权组织版权条约》（WCT）和《世界知识产权组织表演和录音制品条约》（WPPT）的加入书，这两个条约已于2007年6月9日在中国生效。加入这两个国际公约，标志着我国对知识产权的保护迈入更高标准阶段。

中国根据本国国情和国际发展趋势，并以相关国际公约为依据，制定和完善各项知识产权法律法规，至今已形成了有适应自身发展且符合国际标准的保护知识产权法律体系。中国知识产权保护范围和保护水平基本符合国际公约的规定，在有些方面，我国知识产权保护水平甚至超过了国际公约的要求。

笔者认为，为了实现国内规范与国际规范的接轨，目前似应注重对知识产权国际公约中弹性条款和开放性条款的研究。例如，我们可以利用《知识产权协议》第8条（有关公共健康问题和限制知识产权滥用）、第27条（有关成员在设定可专利性主题时可考虑“公序良俗”）、第31条（专利强制许可）、第71条（“与贸易有关的知识产权理事会”对《知识产权协议》的实施情况进行审查）等规定，以探求国内规范与国际规范的顺利对接和协调的可能性及具体方法。中国应当考虑本国的经济、科技与文化的发展水平，现阶段立法不应过于攀高，只要达到国际公约规定的最低保护水平即可，最大限度地实现法律的本土化与国际化之间的协调。

2. 国内机构同国际组织的交流

当前，国际社会特别是发展中国家对现行国际知识产权体系和规则进行改革的呼声愈加高涨，我国作为一个有重大政治影响力的发展中大国，应当与其他国家、国际组织在知识产权领域广泛开展对话和沟通。开展知识产权国际交流与合作的目的，首先在于推动知识产权国际保护制度的改革，改变目前东西方国家知识产权利益失衡的局面；同时通过国家间的人员培训、信息交换、协同行动等方式使中国获得知识产权法制经验，促进知识产权事业健康发展。

我国非常注重和国际组织在知识产权领域的交流与合作，已经参与了世界贸易组织（WTO）、世界知识产权组织（WIPO）、亚太经合组织（APEC）等国际组织在知识产权领域的各项活动，并加强与其双向交流与合作。同时还建立了“中欧知识产权对话机制”“中美知识产权工作组”“中日韩知识产权双边及三边对话与合作机制”，并与中国香港、澳门地区以及巴西、墨西哥、东盟等国家和地区开展多种形式的保护知识产权交流与合作。2002 年国家知识产权局和世界知识产权组织在北京签署了《国家知识产权局与世界知识产权组织合作框架协议》。[①] 2008 年，我国还与世界知识产权组织联合举办“2008 国际版权论坛”、与德国联合举办“中德知识产权法研讨会”、与欧盟委员会联合举办“中欧地理标志保护高层论坛”等活动。[②]

通过国际知识产权交流与合作，我们可以表明我国知识产权保护的决心和举措，妥善应对某些发达国家在知识产权保护方面日益突出的诉求；可以增加与国际社会在知识产权保护方面的互信和认同，使自己积极融入国际知识产权保护体制之中；此外，还可以借鉴国际知识产权保护和管理的经验，利用知识产权国际规则推动国内规范的发展与完善。

---

① 参见国家知识产权局：《2002 年中国知识产权保护状况》。

② 参见国家保护知识产权工作组办公室：《2008 年中国保护知识产权行动计划》。

3. 国内人员对国际立法的参与

当代国际知识产权保护的游戏规则主要是由发达国家制定的，我们必须在积极参与和深入了解的基础上参与相关国际立法活动。当新中国知识产权立法启动之时，主要国际知识产权制度已经建立和完成，在近百年的知识产权立法进程中，中国对知识产权国际立法的被动接受多于主动参与。

进入20世纪90年代后，国际经济关系和环境发生了很大的变化。1990年11月，在《关税与贸易总协定》（乌拉圭回合）多边贸易谈判中，达成了《知识产权协议》草案，它标志着保护知识产权的新的国际标准的形成。中国政府积极参与了这一谈判进程，并为推动该协议的达成作出了极大的努力。

进入21世纪初年，我国以更加积极的姿态参与到国际法规则的制定之中。在联合国教科文组织文化多样性公约的制定过程中，我国文化部、新闻出版总署、国家知识产权局等多部门组成“参与《文化多样性公约》制定领导小组”，积极参加《文化多样性公约》的谈判，取得了对我国较为有利的成果。此次谈判不仅成功巩固了文化多样性的“主权原则”，还争取到了《文化多样性公约》与其他国际公约不相隶属的独立地位。更有甚者，通过我国参与谈判的努力，弱化或删去了《文化多样性公约》中与我国现行政策法律规定不一致的条款。[①] 日前，我国在有关《知识产权协议》的修改、地理标志保护的国际谈判中都正在发挥越来越重要的作用。[②]

世界贸易组织已经启动了有关《知识产权协议》的新一轮谈判，新一轮多边谈判将讨论将“生物多样化”“传统知识”纳入知识产权范围的问题。我们应积极参与有关谈判和立法，使相关制度能够增加有利于发展中国家的内容。

4. 国内制度创新与国际制度变革的互动

当代知识产权国际保护的变革，不但凸显出现行制度的改革（如基因专利、数字版权、网络商标），而且面临着崭新制度的突破（如传统知识、遗传

---

① 主要是“媒体多元化”等可能涉及资本结构多元化的条款。参见范帆、杨颖：《〈保护和促进文化表现形式多样性公约〉谈判通过始末》，载《中国出版》，2006（2）。

② 我国已就参与亚太经合组织框架下有关版权问题的磋商与谈判、参与世界贸易组织有关地理标志的谈判等事项制订出行动计划。参见国家保护知识产权工作组办公室：《2008年中国保护知识产权行动计划》。

资源）。其中，传统知识、遗传资源等新型的财产权制度的出现，对国际知识产权制度发展产生了巨大的推动作用，使得发展中国家在知识产权资源的国际竞争中取得优势地位成为可能。

对传统资源保护的制度选择，既涉及一国自身利益的考量，又事关国际协调机制的运作。在国际领域，它不仅反映了一种新的利益格局的形成，也昭示着后 TRIPs 时代知识产权制度的发展走向。对于中国而言，自进入世界贸易组织后，在《知识产权协议》的框架下过多强调知识产权的弱保护已无多少意义，关键在于我们如何利用国际协调机制对抗发达国家超越协议标准、超出我国国情的知识产权强保护要求，发挥传统文化与资源大国的优势，争得国际规则制定的话语权，为保存与发展传统资源而争取有利条件；[①] 在国际上，中国与发展中国家应致力于制度创新，对传统资源采用与现行知识产权制度有别的保护机制，避开倾覆知识产权制度根基的法律变动。同时，中国与发展中国家应争取更多国家的理解和支持，在达成共识的基础上逐步建立起传统资源知识产权利用与保护的法律制度体系，使发展中国家具有优势的知识产权资源得到国际法律制度的有力保护。

（三）创新发展与知识产权制度的战略化

党的十七大报告提出要提高自主创新能力，建设创新型国家，并要求实施知识产权战略，充分利用国际科技资源，进一步营造鼓励创新的环境。要建设创新型国家，就必须建立健全知识产权制度。在知识经济时代，衡量一个国家的科技实力与经济实力往往就是看其拥有知识产权的数量和质量。从这个意义而言，世界未来的竞争就是知识产权的竞争。因此，制定和实施国家知识产权战略是我国面对知识经济和全球化时代要求、全面参与国际竞争的必然选择。

1. 制定国家知识产权战略的意义

国家知识产权战略是一种国家发展战略，是我国实现可持续快速健康发展、建设社会主义现代化强国的必然选择。

制定和实施国家知识产权战略有助于提升我国的科技创新能力、把握我国经济发展主动权。在国际上，研发投入占 GDP 的比例一般在 2%以上的国家

---

① 参见吴汉东：《后 TRIPs 时代知识产权制度的变革与中国的应对方略》，载《法商研究》，2005 (5)。

被称为创新型国家。与世界许多发达国家及一些发展中国家相比，我国每亿美元的研发经费产出的国内发明专利为23件，只占德国的20%、日本的29%、美国和英国的73%、韩国的62%。[①] 要改变这种状况，除了继续深化现有的科技创新机制及人才培养机制外，还需要通过制定和实施国家知识产权战略，充分发挥知识产权制度的激励功能，为科技创新提供强大、有效及持久的动力和保障。

在当今社会，知识产权已经成为各国进行实力角逐和优势比拼的重要领域。发达国家及其跨国公司往往将它们的技术优势通过法律变成产权优势，最终形成国际市场中的竞争优势。因此，制定和实施国家知识产权战略，尽快构建和完善促进科技创新的制度环境、提高自主知识产权的数量和质量，有助于掌握我国经济发展的主动权。

2. 国家知识产权战略的定位

建设创新型国家，是国家发展战略的核心，是提高综合国力的关键。知识产权战略是一种全局性、长期性和国策性的国家发展战略，它是国家以制度配置为基础，对国家、企业、行业、地区进行自主创新的推动和指导。创新型国家与知识产权制度战略之间存在必然的关系。

首先，国家知识产权战略是在建设创新型国家中激励创新的战略保障。实施国家知识产权战略，需要对现行知识产权制度进行战略审视，并促使知识产权制度在激励创新、为创新提供智力资源方面发挥更重要的作用。通过知识产权创造战略，发挥知识产权制度激励创新的功能，把握技术引进的动态和信息，有效地克服技术引进中存在的总体水平偏低、重复引进、核心技术和关键装备偏少的弊端。

其次，国家知识产权战略是在建设创新型国家中实现创新成果产业化的战略手段。知识产权战略包括技术创新成果的运用战略。我国要想使自己的新技术产品最大限度地占领国内外市场，就必须使自己的新技术产品专利化，拥有其专利权或商业秘密权；同时，结合商标权制度、著作权制度以及外观设计权制度，以及包装装潢、产品说明书、广告图案等进行综合保护，防止被他人不

① 参见李月明：《对我国知识产权现状的分析与对策思考》，载《科学与管理》，2006（1）。

当使用。这样才能够使创新者的收入与科技成果的市场效益挂钩，促使创新者积极地将创新成果投入市场运作中去。

最后，国家知识产权战略是在建设创新型国家中维护创新环境的战略条件。知识产权战略的重要性在于其不仅规定了创新者对自己的创新成果在一定期限内享有排他的专有权，还规定了对侵犯这种专有权行为的各种法律制裁措施，包括民事责任、行政责任和刑事责任。这样，就可以有效地制止未经创新者许可而违法使用创新成果的行为的发生，维持创新者之间的公平竞争。此外，知识产权战略还意味着在保护创新者个体利益的同时，通过合理使用、法定许可使用、强制许可使用等制度，对创新者滥用权利的行为进行限制，保证创新者个体利益与社会公共利益之间的平衡，以促进社会整体创新水平的提高。

3. 实施国家知识产权战略的措施

实施国家知识产权战略，实现创新型国家的战略目标，需要有具体措施的支撑。

首先，要进一步完善知识产权法律体系。我国知识产权法律规范比较分散，而且法律制度之间存在着不少矛盾；一些法律规定操作性不强，使其法律功能不能真正落到实处。因此应进一步完善相关的法律、法规，消除它们之间的矛盾冲突，增强其可操作性，并配套制定一批鼓励创新、促进智力成果产业化的法律规范。

其次，要切实加强知识产权保护。我们要通过深化体制机制改革，整合知识产权行政管理资源，提高行政管理效率；通过深化司法改革，整合知识产权案件的司法管辖；建构起知识产权日常监管与专项治理相结合、行政保护和司法保护相配套、中央和地方相呼应的工作机制，确保知识产权保护工作的真正落实。

最后，要加强知识产权创新文化和意识的培育。当前我国公众和企事业单位尊重他人知识产权、维护自身合法权益的意识尚待加强。特别是要通过宣传教育，让企业切实提高知识产权自我保护意识、尊重他人知识产权的意识以及运用知识产权进行创新发展的意识。

改革开放与中国知识产权法制发展*

新中国知识产权制度经过近 30 年的发展，建立了较为齐全的知识产权法律体系，形成了较为完善的知识产权管理和执法体系，知识产权保护力度不断增强，知识产权成果得到实施应用，推动了经济的健康发展和社会的全面进步。

我国知识产权事业已经步入一个重要且复杂的时期。值此，我们有必要回顾中国的知识产权法制发展历程，考察知识产权法律实施效果，分析知识产权法制演进规律，探讨知识产权法制前进方向。

一、中国知识产权法制发展历程

在新中国成立后的计划经济时代，我国没有建立专门、完善的知识产权制度，知识产权保护具有强烈的行政管理色彩。1963 年，国务院明令废止了《保障发明权与专利权暂行条例》，颁布了《发明奖励条例》，将所有发明创造归为国家专有财产；同年，国务院发布《商标管理条例》，取消了原《商标注册暂行条例》中“权利”或“专有使用权”的概念，把“加强商标管理”作为立法宗旨，并实行商标强制注册制度，强调国家对商标的控制；在版权方面，1961 年文化部发布的通知取消了版税制度，作者只按照作品的字数和质量领

* 原载《知识产权与改革开放 30 年》，北京，知识产权出版社，2008 年。该书由国家知识产权局联合国家工商行政管理总局、国家版权局及我国其他有关知识产权管理部门组织编写。

取一次性很低的稿费。即使这些最低限度的“知识产权”保护，到“文化大革命”期间也完全不存在了。

我国知识产权制度的真正建立始于改革开放之后，大致经过了初建、发展和完善三个阶段。

（1）20 世纪 80 年代初建阶段。1978 年 12 月，中国共产党第十一届中央委员会第三次会议在北京举行。此次会议提出了健全社会主义民主和加强社会主义法制的任务。全会还讨论了经济建设问题，强调在自力更生的基础上积极发展同世界各国平等互利的经济合作，努力采用世界先进技术和先进设备。十一届三中全会后，我国法制建设重新起步，知识产权制度由此走向创建时期。

1982 年 8 月 23 日，第五届全国人民代表大会常务委员会第 24 次会议通过了《中华人民共和国商标法》；1984 年 3 月 12 日，全国人大常委会通过了《中华人民共和国专利法》；1986 年 4 月 12 日，第六届全国人民代表大会第四次会议通过了《中华人民共和国民法通则》，知识产权被确认为公民和法人的民事权利。与此同时，我国开始积极加入与知识产权有关的公约。自 1980 年 3 月 3 日中国参加《建立世界知识产权组织公约》以来，截至 1992 年，我国还就工业产权保护、集成电路知识产权保护、商标国际注册、文学和艺术作品保护等方面，向有关国际公约递交了加入书。

至 20 世纪 90 年代初，我国知识产权制度的基本框架得以建立。

（2）20 世纪 90 年代发展阶段。1992 年 9 月中国共产党第十四次全国代表大会确立了“建立社会主义市场经济”为改革的目标。1993 年 11 月的十四届三中全会作出了《关于建立社会主义市场经济体制若干问题的决定》的历史性决议，确立以建立市场经济为目标，加强法律制度建设。这一决议对我国法制建设提出了新的、更高的要求。自此，我国知识产权法制建设步入一个新的发展阶段。

1990 年 9 月，我国通过了《中华人民共和国著作权法》。同时，中国还分别于 1993 年 1 月和 5 月，向世界知识产权组织递交了《保护录音制品制作者防止未经许可复制其录音制品公约》和《专利合作条约》的加入书。中国专利局成为《专利合作条约》的受理局、国际检索单位和国际初步审查单位。

中国于 1992 年修改了《专利法》，扩大了专利保护的范围，并且延长了专利保护期限，强化了专利权的保护，完善了专利权审批程序；1993 年，修改了《商标法》，增加了保护服务商标和对不当商标撤销的规定，加大了对商标侵权行为的打击力度。1993 年我国通过了《中华人民共和国反不正当竞争法》，对市场经济中的知识产权不正当竞争行为给予规制。此外，我国还分别于 1997 年 10 月和 2001 年 10 月开始实施《植物新品种保护条例》和《集成电路布图设计保护条例》，大大扩展了我国知识产权的保护范围。

在这一时期内，我国的知识产权司法审判体制和行政管理体制得到了建立与发展。法院系统通过统一人民法院内部执行标准，进一步完善知识产权民事、刑事、行政三位一体的救济制度，通过案件指导、案例示范、案件监督等管理措施，促进司法标准的统一和自由裁量的规范。1994 年 7 月，为了加强知识产权工作的宏观管理和统筹协调，我国建立了国务院知识产权办公会议制度，负责研究、领导、协调全国知识产权工作。①

市场经济的确立，对知识产权制度提出了新的要求，我国知识产权制度顺应这一要求，驶入发展的“快车道”。

（3）21 世纪初年完善阶段。2001 年，在卡塔尔多哈举行的世界贸易组织第四届部长级会议通过了中国加入世界贸易组织法律文件，我国对外开放事业进入了一个新的阶段。

为了对知识产权实行切实有效的法律保护，中国在加入世界贸易组织前，对知识产权法律法规和司法解释进行了全面修改，使之与世界贸易组织《与贸易有关的知识产权协议》（以下简称《知识产权协议》）以及其他知识产权保护国际规则相一致。我国分别于 2000 年和 2001 年对《专利法》和《商标法》作出第二次修改，使得其中的有关规定与《知识产权协议》的原则及规则相一致。2001 年，我国通过《关于修改〈中华人民共和国著作权法〉的决定》，其修改范围涉及著作权主体、客体、权利内容、限制、相关权、法律责任、集体管理组织等各个方面，提高了著作权的保护标准。2000 年，全国人大常委会修订了《中华人民共和国海关法》，从法律层面确定了海关在知识产权保护方

① 参见《国务院办公厅关于建立国务院知识产权办公会议制度及有关部门职责分工问题的通知》（国办发［1994］82 号）。

面的职能。2003年12月，中国政府颁布修订后的《知识产权海关保护条例》，强化海关调查处理侵权货物的权力。[①] 至此，我国知识产权制度符合《知识产权协议》的要求，完成了本土化向国际化的过渡。

另外，为了确保知识产权保护工作的制度化，加入世界贸易组织后，我国陆续建成了50个保护知识产权举报投诉处理受理中心，面向全社会接受有关侵犯知识产权行为的举报投诉。在这一时期，我国政府重视透过行政管理，提高社会民众的知识产权意识。从2004年开始，将每年4月20日至26日确定为"保护知识产权宣传周"，利用报刊、电视、广播、互联网等手段在全社会开展知识产权保护宣传活动。国家知识产权局还与地方政府合作建立了知识产权信息中心，其中13个已经开通运行。

总之，加入世界贸易组织前后，我国在知识产权宣传、知识产权维权、知识产权执法、知识产权信息化建设方面有了长足的进步。我国知识产权制度趋于完善，并与国际通行的规则接轨。

二、中国知识产权法律实施效果

从20世纪70年代末实行改革开放以来，中国知识产权保护取得重大进展：建立健全符合国际通行规则、门类比较齐全的法律法规体系；建立健全协调、高效的司法工作体系和执法机制；加大知识产权保护的行政执法力度。[②] 有关知识产权法对社会生活的调整效果明显，人们通过知识产权法的激励作用，获得（申请）了大量的知识产权。

近年来我国知识产权审判事业取得了重大进展，审判职能不断强化、审判领域不断拓展、审判质量不断提高。在我国加入世界贸易组织以后，知识产权司法保护受到国内外前所未有的高度关注，各级法院妥善处理各种复杂知识产权纠纷，依法保护当事人的合法权益，得到了社会普遍认可和国内外高度评价。从民事案件的结案率、改判率、再审率来看，知识产权案件的审判质量和效率不断提高。2001年至2007年，知识产权案件一审结案率由73.52%上升

①② 参见中华人民共和国国务院新闻办公室：《中国知识产权保护的新进展》(2005年白皮书)。

到79.9%，上诉率由25.72%下降到16.47%，二审改判发回率由25.4%下降到15.33%，再审率由4%下降到0.22%，一审案件调解撤诉率由47.45%上升到55.48%，平均调解撤诉率达到57.21%。[①]

在知识产权保护实践中，中国形成了行政保护和司法保护“两条途径并行运作”的知识产权保护模式。近年来，我国行政执法机关在全国继续开展打击侵犯知识产权犯罪的“山鹰”“雷雨”和“天网”专项行动，严惩侵权犯罪分子，维护知识产权人的权益。通过这些行动，我国知识产权执法状况有了明显改善。中国海关在知识产权领域加强工作力度，在完善知识产权海关保护制度、强化行政执法力度等方面取得显著进展。2007年6月28日，世界海关组织（WCO）授予中国海关“世界海关组织2007年打击假冒和盗版成就奖”[②]，以表彰其在打击侵犯知识产权行为中所取得的进步。

完善的法律体系是知识产权制度健康运行的保障。目前我国知识产权法律体系不仅已经初步建立，而且已经得到了一定的发展，在社会经济发展中日益发挥着重要的作用。目前知识产权法的激励作用已经充分体现，人们运用知识产权法获取合法有效的知识产权、维护自己合法权益的能力有很大提高，我国近几年的专利、商标申请和授权数量连连攀升，极大地促进了我国经济的发展和竞争力的提升。截至2007年12月31日，国家知识产权局授权专利总量为208.9万件，其中国内179.0万件、国外29.9万件，分别占到总量的85.7%和14.3%。[③] 我国商标注册申请量已经连续6年居世界第一。至2007年，我国商标注册总量已达到301.37万件，国家工商总局商标局依法认定的驰名商标已超过1 004件。与此同时，版权产业在国民经济中的比重也有明显增加。1998年，我国图书、报刊、音像、电子出版业的产值是1 263.2亿元，软件为170亿元，两项相加为1 433.2亿元，约占全国当年国内生产总值的1.8%。

---

① 上述数据来源于最高人民法院常务副院长曹建明在“第二次全国法院知识产权审判工作会议”上所作的《求真务实，锐意进取，努力建设公正高效权威的知识产权审判制度》报告（2008年2月19日）。

② 国家知识产权局：《2007年中国知识产权保护状况》。

③ 参见国家知识产权局：《2007年中国知识产权保护状况》。

2005年我国版权产业在国内生产总值中所占的比重已超过6%。① 其中软件产业发展势头良好，到2005年，国内市场销售额增长到2 500亿元，占世界软件销售比例由1.2%提升到3%。2005年，我国信息技术产业中的企业数共计67 483家，比2004年增加13.1%，产品销售额38 411亿元，比2004年增长24.8%。同年，集成电路产业销售额为540亿元，同比增长54%。②

目前，我国科技人力资源总量约为3 500万人，居世界第一；2006年我国研发人员总量为142万人/年，居世界第二。中国已成为名副其实的科技人力资源大国。在基础研究领域，我国国际论文总数世界排名已由1991年第15位上升至目前第4位，在三大国际检索系统论文总数中占7%。2007年，全社会科技支出经费总额4 500亿元人民币，全社会研发支出总额3 003.1亿元人民币，居世界第5位，研发投入强度占到GDP的1.42%。③

事实表明，在过去短短二十几年时间里，中国的知识产权保护取得了有目共睹的重大进展，在司法、执法和守法过程中实施效果显著。

三、中国知识产权法制演进规律

中国用30年的时间走完了西方国家知识产权制度上百年的发展历程。时任世界知识产权组织总干事的阿帕德·鲍格胥博士在回顾该组织与中国合作20年的历史时指出，“在知识产权历史上，中国完成所有这一切的速度是独一无二的”④。回顾其发展历程，我们不难看出我国知识产权事业的发展呈现一定的规律性：

首先，权利保护是中国知识产权法制发展的本质特征，推动创新是中国知识产权法制发展的根本要求。中国政府十分重视知识产权保护工作，在近30

---

① 相关数据参见《人民日报（海外版）》，2005-05-25.

② 相关数据参见吴汉东主编：《中国知识产权蓝皮书》，82～90页，北京，北京大学出版社，2007。

③ 相关数据参见《2007年中国知识产权保护工作成效显著》，http：//www.chinatrade-news.com.cn/Article.asp? NewsID=12255，2008-06-10。

④ 国家知识产权局：《1994年中国知识产权保护状况》。

年的知识产权法制发展过程中，权利保护是重中之重。在我国改革开放之初，我国颁布了《商标法》《专利法》《著作权法》，"知识产权保护"被写进了各个法律的立法宗旨之内。随后，在20世纪90年代初到21世纪初这十年时间里，我国两次修订《商标法》《专利法》增大了知识产权保护力度，扩大了知识产权保护范围。我国《专利法》和《商标法》的第三次修订和《著作权法》的第二次修订工作已经启动，旨在顺应新技术发展的需要，提高知识产权保护水平。同时，最高人民法院、最高人民检察院于2007年颁布了《关于办理侵犯知识产权刑事案件具体应用法律若干问题的解释（二）》，并加入了《世界知识产权组织版权条约》（WCT）和《世界知识产权组织表演和录音制品条约》（WPPT）。知识产权保护极大地激发了人们的创造热情，知识产权制度在推动创新、提高国家竞争力方面已经发挥重要作用。

其次，改革开放是中国知识产权法制发展的不竭动力，与时俱进是中国知识产权法制发展的高贵品格。计划经济时代前后30个年头，我国制定并颁发的科技法规及主要规章不过十多项，直接与知识产权保护有关的法规不过五六项，并且以"决议""条例"的形式出现。尤其是到"文化大革命"时期，我国知识产权法制建设趋于荒废。1978年的十一届三中全会作出了实行改革开放的决策，在20世纪80年代十年时间里，我国制定了《专利法》《商标法》和《著作权法》等，知识产权制度的基本框架得以建立。1993年的十四届三中全会作出了《关于建立社会主义市场经济体制若干问题的决定》的历史性决议，确立以建立市场经济为目标，加强法律制度建设。我国知识产权制度也顺应这一要求，积极作出变革，逐步提高知识产权的保护水平。在此期间我国积极加入了有关的知识产权国际公约，制定和修订了相关知识产权法律。21世纪初，我国改革开放事业迎来一大盛举——加入世界贸易组织，我国知识产权法迎来了第二次修法热潮，同时知识产权审判、行政执法等制度得以完善。2007年，中国共产党第十七次全国代表大会召开，会议提出坚持科学发展观、建设创新型国家，坚持改革开放，把握国内国外两个大局，进一步营造鼓励创新的环境。至此，我国启动了知识产权法的第三次修订工作，制定并开始实施国家知识产权战略，我国知识产权事业步入战略机遇期和关键发展期。纵观我国知识产权30年的发展历史，我们可以看出，每次改革开放政策都给我国知识产权法制发展注入了活力和生机，与时俱进成为中国知识产权法制建设的品质特征。

四、中国知识产权法制前进方向

虽然我国知识产权事业在30年间取得了巨大成就，但是仍然面临着很大的挑战。

笔者认为，我国的知识产权事业，应本着权利保护的本质特征和推动创新的根本要求，以改革开放为动力，以与时俱进为品格，走现代化、国际化与战略化的道路。

首先，新技术革命的到来呼唤我国知识产权制度的现代化。自20世纪下半叶以来，以微电子技术、生物工程技术与新材料技术为代表的新技术革命对社会发展产生巨大影响。这场革命给知识产权领域带来新的课题和任务，各国立法者不断探索对高新技术产品保护的法律途径。发端于20世纪80年代直至现在席卷全球的“知识革命”是新技术革命的继续和发展，其中最有代表性、最具影响力的时代技术当属网络技术和基因技术。它们都对现行的法律制度带来了挑战。就知识产权制度而言，主要有三大问题：一是数字版权问题，二是网络标记和不正当竞争问题，三是基因专利问题。21世纪是知识经济的时代，也是知识产权的时代。知识产权对于激发人类发明创造的潜力，推动科技进步和文化繁荣具有重要的作用。因此，中国知识产权制度也应保持其时代先进性，即通过法律制度的现代化去推动科学技术的现代化。

其次，国际贸易体制的发展呼唤我国知识产权制度的国际化。《知识产权协议》的生效，使得知识产权从智力创造领域进入国际贸易领域，同时也标志着知识产权制度进入了统一标准的新阶段。中国知识产权立法应该适应国际化的潮流，承诺相关国际公约所规定的各项义务，这是毫无疑问的。知识产权制度的国际化特征表现了这一制度的基本原则和主要规则在全球范围的普适性。但是，知识产权制度的国际化，并不等于在保护内容、保护标准、保护水平等方面的全球法律规范的统一化。中国既是一个传统的发展中国家，又是一个新兴的工业化国家，在知识产权制度国际化的进程中应当针对我国发展的不同阶段而规定不同的战略措施：既要考虑现实利益，又要具有超前眼光；既要遵循国际公约规定，保护外国的高新技术，也要推动国际合作，保护本国的传统知识。目前应注重对知识产权国际公约中弹性条款和开放性条款的研究，探求国内规范与国际规范的顺利对接和协调的可能性及具体方法，通过国内法与国际法的双重手段，限制知识产权垄断，保证发展中国家分享知识创新的利益。

最后，创新型国家的建设目标呼唤我国知识产权制度的战略化。党的十七大报告提出要提高自主创新能力，建设创新型国家，并要求实施知识产权战略，充分利用国际科技资源，进一步营造鼓励创新的环境。中国于2004年、2005年分别成立了“国家保护知识产权工作组”和“国家知识产权战略制定工作领导小组”。2008年4月9日，温家宝主持召开国务院常务会议，审议并原则通过了《国家知识产权战略纲要》。同年6月，国务院发布《国家知识产权战略纲要》，在其序言中提出：“发达国家以创新为主要动力推动经济发展，充分利用知识产权制度维护其竞争优势；发展中国家积极采取适应国情的知识产权政策措施，促进自身发展。”可见，中国已经站在战略全局的高度，重新审视知识产权制度的功用和地位。我国知识产权制度走战略化的发展道路，是实现可持续、快速、健康发展，建设社会主义现代化强国的必然选择。实施国家知识产权战略，实现创新型国家的战略目标，仍需要有具体措施的支撑。一方面，我们要进一步完善知识产权法律体系，并消除法律之间的矛盾冲突，增强其可操作性，并配套制定一批鼓励创新、促进智力成果产业化的法律规范。同时我们还要切实加强知识产权保护。通过深化体制机制改革，整合知识产权行政管理资源，提高行政管理效率。通过深化司法改革，整合知识产权案件的司法管辖。另一方面，要加强知识产权创新文化和意识的培育，应当在全社会倡导和形成以创新为荣，以形成自主知识产权为荣的社会风尚，针对不同对象，综合运用公众宣传、专题培训、基础教育等形式培养全民族的知识产权意识。

科学技术、国际贸易与著作权保护*

——关于当代著作权制度发展变革趋势的分析

人类已经步入20世纪90年代，正在走向世纪之交。现代科学技术的飞跃发展，使人类社会的物质、生活与文化生活发生空前巨大的变化。在各种法律领域中受其影响最深、冲击最烈的首推著作权法，各国立法者不得不修纲变法，以回应新传播技术对新著作权制度的呼唤；随着国际交往在政治、经济、科技、文化领域的展开，包括著作权在内的知识产权保护成为一个普遍关注的问题。由此而进行的国际双边、多边的谈判，特别是世界贸易组织《与贸易有关的知识产权协议》的达成，促使世界范围内对著作权的保护标准达到一个新的水平；同时，新的国际经济秩序对版权、专利、商标等知识产权的协调与分享提出了新的要求，在著作权制度国际一体化的主流中，围绕著作权的涉外保护问题，东西方矛盾却频频发生，西方国家之间的摩擦也时起时伏。上述情况对各国著作权制度的未来发展都将产生深远的影响。

一、新技术革命与著作权立法现代化

自20世纪下半叶以来，以微电子技术、生物工程技术与新材料技术为代表的新技术革命对社会发展带来巨大影响。世界各国为谋求发展高新技术，相

---

* 原载《黑龙江省政法管理干部学院学报》，1999（1）。

继制订了有关发展战略或计划。如美国的“战略防御计划”（“星球大战”）、日本的“科技振兴基本政策”、欧洲共同体的“尤里卡计划”、中国新的技术革命对策等。各国的技术政策推动了一大批高新技术群的崛起，引发了高技术含量的信息产品的大量涌现。这场革命给知识产权领域带来新课题和任务，各国立法者不断探索对高新技术产品保护的法律途径：一是“边缘保护法”，即采用工业产权与版权中的若干规则，创设一种新的制度即“工业版权”来保护新技术成果；二是“单独保护法”，即为信息产品设定“信息产权”，给予“准专利”或类似其他知识产权的保护；三是沿用原有的知识产权制度，分别给予著作权、专利权保护，而这一方法必然对传统制度带来冲击。

新技术革命是当代著作权制度创新和变革的直接动因。从一定意义上说，著作权制度的发展史，也就是传播技术的进步史。正如英国版权法委员会主席R. P. 沃尔所指出的那样，著作权法从其产生之日起，就一直不断地对录音、摄影术、电影摄影术以及广播诸领域的革新作出相应的反应。可以毫不夸张地说，著作权本身即是现代传播技术的“副产品”[①]。近代著作权法的物质技术基础是机械印制，法律的任务即是控制和防止出版商滥印著作权作品。新的传播技术带来诸多过去没有的难题，它不仅创造了新的作品形式，拓宽了著作权客体的范围；而且使得著作财产权的权能日见丰富多彩，为著作权人开辟了获取财产利益的新途径。与此同时，它所提供的前所未有的复制、录制等传播手段，使得本来就难以控制的无形智力成果更加易于逃逸出专有领域，在每个人都可以轻而易举使用作品的情况下，著作权人独占使用的权利受到极大的威胁。各国立法者必须正视这些问题并寻求有效的解决途径。因此，发达国家从20世纪50年代开始对各自的著作权法进行了大规模修改或重订工作，以适应现代科学技术发展的需要。美国自1964年第一次提出修正案开始至1976年正式制定为止，先后提出八次修正案，其间历经文艺创作界、出版界、影视传播界、图书馆界、学术教育界等广泛讨论、协商，才推出新著作权法。西方国家的现代著作权法大部分产生于现代传播技术革命迅猛发展的七八十年代，以时间先后为序，它们是：1972年《荷兰著作权法》、1976年《美国著作权法》、

① ［英］R. F. 沃尔等：《版权与现代技术》，载《国外法学》，1984（6）。

1980年《奥地利著作权法》、1980年《瑞典著作权法》、1981年《意大利著作权法》、1985年《法国著作权法》、1986年《日本著作权》、1986年《比利时著作权法》、1988年《英国著作权法》、1988年《加拿大著作权法》、1988年《澳大利亚著作权法》。进入20世纪90年代后，法国于1992年、德国于1993年、美国于1994年、日本于1994年重新修订了本国的著作权法。其他西方国家也已经或准备提出新的著作权法案。

新技术革命的最新发展成就，无疑在上述立法文件中得到体现，并写进了相关的国际公约。这些立法动向是：对“由数字符号、图案或者其他信息片有系统地构成的集合体”即数据库给予著作权保护，对“从事通过电缆进行传输节目或信息的组织”给予邻接权保护，将计算机软件视为“文字作品”而给予著作权保护，并扩大出租权的范围，以防止软件租赁业对软件生产造成利益损害。[①] 对集成电路布图设计实行著作权与专利权的边缘保护，该项制度构成知识产权法的独立组成部分。[②] 但是，立法的进程往往滞后于新技术革命的步伐。对此，日本学者中山信弘描述道，“著作权法正处在前所未有的大变革时期，由于数控技术以及运用它的多媒体的出现，我们所拥有的著作权法体系与现在的信息化时代极不适应”。可以说，“现在的著作权法的世界正在于混沌的时代”[③]。正如斯言，多媒体与信息高速公路是各国立法者目前面临的难题，所谓多媒体是指利用数字技术将文字、静态画面、动态画面、音色等多种表现形式综合起来并且相互作用的传递媒介及其使用手段。根据数字化技术，所有的信息包括性质不同的信息都可以用数字形式来表现。所谓信息高速公路，即是国家信息基础结构或国家信息基础设施的俗称。从其构成来看，信息高速公路是指专门用于通信的电信网。凡能以二维方式展示于计算机屏幕的所有作品或通过多媒体设备播放的音像作品，均可以通过网络服务进行远距离的信息传

---

① 参见［日］照男土井：《高技术时代的日本版权法》，载《法学译评》，1988（1）。

② 集成电路布图设计专有权，类似于英国的工业版权，美国将相关立法的保护对象称为“掩模作品”，并将该法置于《美国法典》第17编（著作权法）的最后一章，但一般认为，该项权利不属于著作权体系。

③ ［日］中山信弘：《数字时代著作权法的变化》，载《外国法译评》，1995（2）。

输。[①] 上述高新技术，极大地改变了人们的生活及交往方式，也剧烈地冲击着著作权制度：（1）信息利用与权利处理系统。无论是将作品转换成数字代码，以数据方式进入网络向公众提供，或者以图形方式通过传真终端进入网络向公众提供，还是在制作多功能软件时，对音乐、摄影、绘画、小说、诗歌、电影等的综合体进行使用或处理，在著作权法意义上都是一种使用作品的行为。对于利用信息的经营者或消费者来讲，此类使用无异于一般作品的作用，因此应该向有关著作权人支付使用费。由于所利用的信息既存在着有无著作权的性质差别，又具有全部使用与部分使用的数量区分，这种处理机制非常复杂，著作权人也难以主张权利。为此，有必要建立集体管理组织来代替著作权人行使权利，并设立以规范作品使用为目的的权利处理系统。（2）信息传输与著作权行使。信息传输，是指将作品从某一终端通过网络以数字信号形式发往另一终端。与以有形载体为表现形式的一般作品不同，信息在网络上传输的过程并不伴随着物质载体的转移。因此“权利穷竭”的规定似乎无法解释这一情形。近年来，美国政府委托专家组织的知识产权工作组，提出具体立法建议，将利用网络传输作品的行为视为发行行为。[②] 本来，著作权作品复制件的合法所有人，其发行因权利穷竭规定不构成侵权，然而对信息传输即是发行的认定，却导致这一行为属于著作权人发行权的范围。[③] 这一做法如付诸实现，将扩充著作权人的专有权利，打破著作权人与使用人之间的利益平衡。（3）信息复制、改变与著作权保护。在多功能软件的情况下，数字技术使得信息作品的原件和复制性不易区别。原作非常容易被复制和改变，这就意味着著作权人难以控制他人这种复制和改变行为。在这种情势下，被认可的权利在事实上是没有效用的。由于著作权人不能控制作为对方当事人的用户，这就可能对新的创作活动带来消极影响。如何构造有效的保护制度，将是今后著作权立法的重要课题。

新技术革命对著作权领域带来深刻的震荡。上述情形只是著作权法的未来

① 参见［日］中山信弘：《数字时代著作权法的变化》，载《外国法译评》，1995（2）；郭禾：《信息高速公路对著作权制度的影响》，载《法学家》，1997（2）。

② 参见［澳］马克·戴维生等：《计算机网络通讯与美国版权法的新动向》，载《外国法译评》，1996（1）。

③ 参见陈家骏：《资讯高速公路与科技著作权》，载《月旦法学》（台北），1995（12）。

发展动向，各西方国家的立法并未完全就此达成一致，也不存在严格意义上的国际标准。

二、新国际经济秩序与著作权一体化

经济全球化和地区经济一体化是20世纪下半叶世界经济中逐渐形成的两大潮流，这两大潮流将深深影响21世纪的格局。①

经济全球化，是指各国经济相互依赖、相互渗透、不断加深的这样一种战后经济新现象。经济全球化是对战前殖民体系下经济体制的根本改变，它要求消除阻碍商品在国家间流通的贸易和非贸易壁垒，规范国际贸易的市场规则，推动世界贸易自由化的进程。地区经济一体化是指在经济全球化难以实行全部生产要素（商品、资本和劳动力）自由流通之前，一组一组的国家联合起来，实行严格的市场纪律，相互提供优惠，促使生产要素尽可能在本组织成员地区自由流通，以达到促进资源在本地区实现优化配置，加速本地区经济发展，实现成员国共同繁荣的目的。

在推动经济全球化进程方面，《关贸总协定》及其后继组织——世界贸易组织扮演着重要角色。关贸总协定的基本目标是，通过关税无条件的最惠国待遇，削减乃至取消关税和其他贸易壁垒，促使贸易自由化，以便充分利用世界资源和扩大商品的生产与交换。与其他国际公约和国际组织不同，关贸总协定将知识产权保护纳入国际贸易体系之中。按照美国、日本、欧洲共同体在乌拉圭谈判的一份文件的说法是，在《关贸总协定》框架内解决知识产权问题，不是知识产权法的协调，而应是消除由于一些国家未能将其知识保护制度提高到国际标准而造成的贸易扭曲现象。② 发达国家和发展中国家之间在知识产权方面享有的利益很不平衡，因而在国际磋商与对话中所持立场和既定目标也相距甚远。西方国家意识到，在世界知识产权组织体制中及现有南北对峙的政治背

---

① 参见许明主编：《当代中国亟待解决的27个问题》，11页，北京，今日中国出版社，1997(11)。

② 参见李小伟：《知识产权国际保护体制的变化及其影响》，载《信报·财经》，1996(3)。

景下，发展中国家在世界知识产权组织中比在《关贸总协定》中具有更强大的声音。要想在世界知识产权组织中进一步加强对知识产权保护，在近期几乎难以实现。因此，它们将注意力转向《关贸总协定》，其目标是要在《关贸总协定》内建立一套新的知识产权保护体系，利用《关贸总协定》关于争议解决机制中的贸易制裁手段，以维护自己的知识产权利益。发展中国家对此持慎重态度，认为由其承担与最发达、技术最先进国家一样的义务，则会丧失按社会发展和经济发展水平建立自己的知识产权制度的权利；同时，在高技术成果保护方式未达成一致的情况下，要求发展中国家采取过高的保护标准会给其造成沉重的财政和行政负担，因此，发展中国家不得不在知识产权立法上充分考虑其民族利益。在拟定包括知识产权问题在内的新原则、新规则方面，西方发达国家态度积极、观点比较一致，发展中国家比较被动、持消极态度。1993 年 12 月 15 日发展中国家与发达国家终于达成《与贸易有关的知识产权协议》。协议的生效，使得著作权保护从文化领域正式进入国际贸易领域，著作权问题第一次直接同国际贸易发展挂钩；同时也标志着著作权制度进入了统一标准的阶段，它在推动协调各国著作权立法和司法活动方面起着重要作用。国际贸易的规则主要反映了发达国家的需要，但也不得不考虑发展中国家的某些诉求。可以说，《关贸总协定》及其后继组织是著作权国际保护的重要论坛，东西方国家围绕着著作权问题所展开的斗争与妥协，将会制约与影响著作权制度的发展。

地区经济一体化展示了世界贸易组织的未来发展方向，是与经济全球化并行发展的潮流，在国际上，欧洲联盟是目前地区经济一体化合作水平最高的一个组织。这种经济一体化合作已演进到“共同市场”的程度，即取消了成员同期的经济边界，实现了商品、资本、人员和劳务在统一大市场内的自由流通。欧洲联盟成员国于 1992 年 2 月签署的《马斯特里赫特条约》即《欧洲联盟条约》，标志着欧洲国家政治、经济的统合过程进入一个新的阶段。为了实现经济一体化的目标，欧洲联盟采取的重要行动之一就是“在共同市场进行的必要限度内，使各国的立法趋于接近”。在工业产权领域，《共同体专利公约》与《共同体商标条例》已有了解决相关问题的方案，以建立一个广泛的欧洲保护制度。[①] 但就著作权而言，尚没有就关于欧洲联盟整合著作权制度提出建议。作为欧洲联盟主要渊源的《罗马条约》未直接提及著作权，但使用了“工商业产权”的概念，作出了“商品自由流通”“提供服务的自由”等规定。欧洲法院认为，关于工商业产权不包括著作权的看法是错误的，著作权包括精神权利，但更主要的是经济利益，后者类似于工业产权；商品自由流通原则适用于有关著作权的贸易、权利穷竭原则的地域限制必须在共同市场的范围内作出解释，即在一个成员国首次销售的商品在整个共同体构成权利穷竭；禁止对提供服务的自由加以限制，权利穷竭仅仅适用于作品有形复制件的平行进口，而不适用作品的非物质性广播。[②] 欧洲联盟法律专家认为，著作权实际上受欧共体法保护，《罗马公约》的有关规定是欧共体著作权制度的基础。在欧洲法院依据多边条约作出著作权判例的同时，欧洲联盟理事会通过了许多关于著作权保护法指示建议，其中包括计算机程序的法律保护、租赁权的保护、数据库的法律保护、精神权利保护、家庭音像录制等。在地区经济一体化的推动下，欧洲联盟正在努力实现“欧洲共同版权的幻想”，这不仅会促进两大法系著作权制度的趋同化，而且会对其他国家的著作权立法带来影响。

在当今的国际经济发展中，知识产权国际化的发展与国际经济和贸易的发展有着紧密的联系。值得注意的是，知识产权战略往往是西方国家贸易政策的重要内容，经济最发达、技术最先进的美国即是其表现者。美国贸易委员会认为，它的许多产品包括农药药品、化肥、书籍、音像资料、计算机软件等知识产品，被进口国大量仿制或录制，严重侵犯了美国的知识产权利益。美国希望说服发展中国家（尤其是新兴工业化经济实体）制定和实施更严格的知识产权法。其采取的手段是：说服发展中国家（1）重新估计实施知识产权制度带来的利益和代价，（2）采取行动从实质上改变现有的知识产权政策。如果发展中国家对这种建议不予接受，美国即认为有必要将这一问题和与贸易伙伴国有利害关系的问题联系起来。这种联系可以是合作性的，即美国承诺提供进入美国市场的更好机会来换取与贸易有关的知识产权问题上的让步；也可能是报复性

---

① 参见［德］阿道夫·迪茨：《欧洲共同版权是幻想吗?》，载《法学译丛》，1986（4）。

② 参见吴汉东等：《西方诸国著作权制度比较研究》，北京，中国政法大学出版社，1998。

的，如果贸易伙伴国不在与贸易有关的知识产权问题上让步的话，美国将作出减少该国目前所享受进入美国市场的机会。[①] 贸易报复是美国知识产权战略的重要手段。在过去的十几年间，美国援引其国内法《综合贸易法》的“特别301条款”，对付过许多所谓损害美国知识产权利益的国家或地区，其中主要是发展中国家，也有其西方盟国。在每一双边的贸易关系中，美国试图把一个国家的知识产权政策与该国进入美国市场的机会之间建立联系，无论是合作的手段还是报复的手段，都在客观上对这一国家的知识产权立法与司法带来直接影响。因此，在当今国际政治格局的经济秩序中，著作权制度的发展与变革，不仅要基于本国的国情与民族利益，而且要对诸多的国际因素作出充分考虑。

三、迈向新世纪的中国著作权法

《中华人民共和国著作权法》自1990年9月7日公布以来，极大地保护了文字、艺术和科学作品作者的著作权及传播者的邻接权，鼓励了作品的创作和传播，促进了社会主义文化和科学事业的发展与繁荣。然而，随着新技术革命的发展和国际经济新秩序的建立，现行著作权法已远远不能适应时代的需要，重塑现代化、国际化的新著作权制度将是中国立法者面临的 ·项重要课题。

改革开放以来，我国经济飞速发展取得了举世瞩目的成绩。经济的发展、科技的进步促进了中国传播技术的革新，诸如复印机、录制机、扫描仪等复制设备迅速普及，因特网、电缆电视、可视电等传播手段竞相诞生。与此同时，中国正积极争取加入《知识产权协议》，并在1996年12月份参加了《世界知识产权组织版权条约》和《世界知识产权组织表演和录音制品条约》。与此相反的是，我国现行著作权法已适应不了科技发展及建立国际经济新秩序的需要，其立法缺陷已成为妨碍中国文化、经济走向现代化、国际化的一道屏蔽。

这些缺陷主要体现在以下几方面：

第一，现行著作权法不符合《伯尔尼公约》规定的“国民待遇”原则。《伯尔尼公约》第3.4条和第5条（1）、（3）、（4）款规定了“国民待遇”原

---

① 参见陈昌柏编著：《国际知识产权贸易》，14页，南京，东南大学出版社，1994。

则，即凡《伯尔尼公约》成员国国民的作品，或在某一缔约国首次出版的作品都享有该国法律给予本国作者同等的保护。然而我国著作权法在对本国人和外国人作品保护的问题上规定了“内外有别”的制度。由于中国著作权法所规定的保护水平低于《伯尔尼公约》，为了在中国实施《伯尔尼公约》和《世界版权公约》，国务院于 1992 年 9 月发布《实施国际著作权条约的规定》，授予了外国作品著作权人高于中国公民的待遇。例如，外国实用艺术作品、外国计算机程序、外国录像作品均可在中国受到保护，其待遇高于中国作者。在权利的内容、权利的限制及权利的保护期限等方面，外国作品的著作权人所享有的待遇均优于中国作品著作权人。中国作为《伯尔尼公约》的成员国家之一，有义务根据公约的要求修改本国的著作权法，提高本国公民的待遇，消除“内外有别”的现状。

第二，现行著作权法所规定的作品类别难以满足新技术发展的需要。首先，在视听作品方面，现行著作权法仅规定了电影、电视和录像三类作品，而未穷尽其他类似的作品，载有音像节目的半导体芯片、激光视盘等作品被遗漏在此类作品之外。因此，该条款准确的表述应为“电影作品及以类似摄制电影的方法表现的作品”。其次，《知识产权协议》要求缔约方将计算机程序作为文字作品予以保护，而现行著作权法将计算机软件作为文字作品之外的特殊作品予以保护，国务院于 1991 年 6 月发布的《计算机软件保护条例》，在保护内容、保护期限等方面给予计算机软件的保护水平均远远低于文字作品的保护水平，与国际公约存在显著的差距。最后，《知识产权协议》要求缔约方将有独创性的数据库作为汇编作品给予保护，而我国现行著作权法尚未对此作出回应。目前，我国正在进行一场以高科技发展为龙头的信息技术革命，随着网络环境下数字化技术的应用，有关计算机程序、数据库纠纷渐渐涌现，从而引发对其予以保护的法律问题。[①] 从某种意义而言，保护计算机程序、保护数据库就是保护高科技、保护知识经济，我国著作权法对此不能无动于衷。

第三，现行著作权法所规定的著作权内容未能体现新技术发展的特色。其一，现行法规定的复制权和发行权，仅限于传统意义上的作品所设定的权利，

---

① 参见郑成思：《中国知识产权保护的新发展》，载《河南大学学报（社会科学版）》，1998（4）。

未能对计算机“存储”和信息的“网络传输”作出规定。其二，现行法将出租视为发行的一种方式而未明确规定著作权人的出租权。《知识产权协议》明确要求缔约方保护计算机程序及电影作品的出租权，因此现行法的规定与此不符。其三，现有法有关“表演权”的解释过窄，仅包括“直接以声音、动作再现作品的权利”，而没有包括“以放映机、录像机、录音机等机械设备间接公开再现作品的权利”，不符合《伯尔尼公约》的要求。其四，“播放权”的内容过窄，未包括以收音机、电视机等机械设备营利性地公开传播作品的权利。其五，现行法所规定的“摄制权”仅包括摄制电影、电视和录像作品的权利，而未包括“以类似摄制电影的方式首次将作品固定在载体上的权利”。上述情况均表明，现行著作权法所规定的著作权内容已落伍于新技术发展的需要。

第四，现行著作权法所规定的著作权贸易方式已远远不能满足经济发展的需要。现行法仅规定了著作权的许可使用方式，而在国际贸易中不仅存在著作权许可使用合同，而且广泛地采用著作权转让合同。因此，必须借鉴英美法系和大陆法系的著作权贸易制度，完善著作权许可使用制度，增加有关著作权转让的规定。

第五，现行著作权法有关权利限制的规定过于宽松，削弱了对著作权人的权利保护。《伯尔尼公约》第 11 条及《知识产权协议》第 13 条均明确指出，缔约方在对著作权予以限制时不应不合理地损害权利持有人的合法利益。由于我国现行法起草于 20 世纪 80 年代末，复印、摄制、网络传输等新的作品使用方式尚未大规模普及，原有著作权限制的规定当时看来尚为合理。但进入 20 世纪 90 年代以来，新的作品使用方式层出不穷，著作权人的利益受到前所未有的威胁，原有的权利限制规定已显得过于宽松。

第六，现行著作权法有关侵权行为的法律制裁手段与国际公约存在一定差距。例如，现行法未明确规定侵权人对于受害人的法定赔偿额，未明确规定海关查封、扣押、冻结盗版作品的措施。

在这世纪之交的时刻，中国著作权制度面临着新技术革命与国际经济新秩序所带来的前所未有的机遇和挑战。完善中国的著作权法，应立足于中国的国情，广泛吸收和借鉴国际立法的先进经验，以保护作者的权益为核心，促进著作权人的利益和社会利益的协调发展。正如有的学者所言，《知识产权协议》

反映了知识产权保护的时代特色和发展趋势，中国不仅应熟知其有关规定，而且应按其内容予以修改和完善本国的知识产权法。① 具体而言，完善中国现行著作权法应从以下几方面入手：

第一，给予外国人以国民待遇，改变现存“内外有别”的制度。修订著作权法时，应遵循《伯尔尼公约》和《知识产权协议》的精神，给予外国人国民待遇，同时提高本国人所享有的著作权保护水平，达到内外平衡、协调发展。

第二，扩大著作权保护的客体范围。修订后的著作权法应将实用美术作品、数据库纳入保护范围；将计算机程序作为文字作品予以保护，延长其保护期限，取消以登记作为取得著作权要件的规定；将“电影、电视、录像作品”扩大解释为“电影作品和以类似摄制电影的方法创作的作品”。

第三，增加著作权人的权利内容。修订后的著作权法，应增加规定电影作品、计算机程序的著作权人的出租权；拓宽“表演权”的外延，将其解释为“通过演员的声音、表情、动作直接公开再现作品的表演的权利及通过放映机、录像机、录音机等机械设备间接公开再现作品的表演的权利”；拓宽“播放权”的外延，将其解释为“以有线或者无线方式公开传播作品，以及通过机械设备等营利性公开传播作品的权利”；将“摄制权”解释为“以摄制电影或者以类似摄制电影的方法首次将作品固定于载体上的权利”。同时，理论界和司法界应积极研究计算机“存储”和“网络传输”与著作权人的权利之间的联系。

第四，增加著作权的利用方式。修订后的著作权法不仅应规定著作权许可使用合同，而且应增加规定著作权转让合同。在赋予作者获得报酬权的同时，应明确规定合同中所约定的报酬不得低于法定的报酬，同时可在著作权法中规定法定报酬额的幅度。

第五，完善有关著作权限制的规定，平衡著作权人的利益和社会利益。在修订著作权法时，应对合理使用中的个人复制、表演、播放、公务使用、翻译等行为给予一定的限制，并规定合理使用“不得不正当地损害著作权人的人身权利和财产权利”；修订后的著作权法应明确取消违反《伯尔尼公约》精神的

---

① 参见刘剑文、张传兵：《浅析〈世界贸易组织·知识产权协议〉对中国知识产权立法的影响》，载《法学评论》，1997（2）。

"法定免费使用"制度。

第六，增加对著作权人的救济措施，加大对侵权行为的惩处力度。在修订著作权法时，应明确规定侵犯著作权的法定赔偿额；归责原则应在过错责任原则的基础上补充采取"过错推定原则"，以加强对受害人的法律救济。在对侵权行为予以查处时，应增加规定著作权人的先予执行申请权、申请海关查封、扣押盗版作品等权利。

地方商标战略及其制度完善*

——以《湖北省著名商标认定与促进条例》的制定为例

一、商标战略在提升地方经济方面的作用

当今世界，企业间的竞争，表面上看是价格、营销手段的竞争，但实质是以商标为标志的品牌的较量，是核心技术和质量的竞争。商标作为区分商品和服务来源的标记，既是企业生产的产品或提供的服务的质量象征，又是商家独特的经营理念、文化品位、商业信誉等因素的综合载体。在市场经济条件下，企业的知名度主要来源于消费者对其商标的认知程度，而商标的知名度也直接反映了企业在市场竞争中所占的份额，体现了企业的竞争实力，最终表现为企业在社会公众中的声誉。一些在消费者群体中享有盛誉的商标，在提升企业产品在市场上的竞争力、促进地方经济发展方面具有不可估量的作用，进而成为一个国家、地区和企业经济实力、科技水平、管理水平和综合竞争力的重要体现，有的商标甚至被称为地方经济的发动机和耀眼的城市名片，代表着一个地方的经济实力和整体形象。被誉为"世界创意产业之父"的霍金斯在武汉光博会论坛接受记者采访时就说：未来的国际竞争，不是美元和人民币之间的较

---

* 原载《江汉论坛》，2008（8）。本文述及的《湖北省著名商标认定与促进条例》的专家建议稿系本人主持完成。

量，而是国与国之间的商标和版权之间的较量。[1] 创建品牌、经营品牌、享有品牌成为一个地区经济发展的关键所在。随着我国经济的不断发展，商标的这些巨大作用不但为企业所认识，也日益为各级政府所重视。

自20世纪90年代中期以来，为充分发挥商标在地方经济发展中的作用，促进经济增长方式的转变，我国各级地方政府都积极实施了以品牌经济推动经济结构升级、提升综合竞争力和城市知名度的商标战略。一般说来，商标战略分为微观和宏观两个层次，微观层次的商标战略是单个市场主体运用商标资源为实现其经营目标而作的中长期的发展规划；宏观层次的商标战略则是以一级政府为主导，站在全局的高度，以商标资源的发掘、培养、推广、整合、提升为手段，以充分发挥本辖区的产业及资源优势，树立区域整体的形象，提升区域经济的竞争力。[2] 在市场和资源不断向以商标为核心的品牌集中的趋势下，以政府为主导实施的商标战略，是支持企业增强自主创新能力、提高产品竞争力的重要举措，是加快形成区域优势产业集群、优化产业结构、转变经济增长方式、增强发展后劲的客观要求，也是提升区域经济地位和形象的有效途径。

二、商标保护制度与商标战略的关系

加入WTO后，各级地方政府比以往任何时候都重视名牌的创设工作，各级商标主管部门和地方各级政府开始将商标战略推进到实施阶段，加强商标管理指导工作，加大对商标侵权行为的打击力度，企业商标意识也有了较大的增强，实施商标战略取得明显成果。目前，绝大部分省份都颁布了“著名商标认定和保护办法”，每个城市几乎都有自己的“知名商标认定和保护规定”，从而形成了从国家级的驰名商标到省级的著名商标，再到市级的知名商标，这样层层都来认定、级级特殊保护的格局。

值得注意的是，商标战略与商标保护制度密切相关，商标保护制度是实施

---

① 参见陈道林、陈勇：《知识产权将是新世纪的货币：“世界创意产业之父”来汉侃创意》，载《楚天都市报》，2008-04-25。

② 参见王远明、李玮：《湖南省商标战略实施初探》，载《湖湘论坛》，2000（1）。

商标战略的前提和一个方面，但不是全部；而地方商标战略的制定和实施必须在国家法律的框架内，以国家的相关法律为依据，不能超越《中华人民共和国商标法》（下称《商标法》）和《中华人民共和国反不正当竞争法》（下称《反不正当竞争法》）等相关法律制度对商标的保护水平。

目前，虽然各省、市、自治区相关地方法规和政府规章都无一例外地规定其立法依据是《商标法》，但是又试图在一般商标与驰名商标之间建立一个著名商标的概念，并对其进行特殊保护。然而，著名商标本身并不是一个具有上位法依据的概念，因此地方立法对其具体保护的规定一般都不可避免地存在两方面的问题。

一是严重超越《商标法》的保护水平。如 2007 年 9 月 28 日通过的《吉林省著名商标认定和保护条例》的第 16 条将“吉林省著名商标”直接与《商标法》第 13 条规定的驰名商标画等号。①而《甘肃省著名商标认定和保护条例》第 17 条第 2 项则规定，“在非类似商品或服务上，他人不得复制、摹仿与著名商标相同或近似的文字、图形、字母、数字、三维标志和颜色组合，以及上述要素的组合，作为未注册商标使用”，这更是超出了《商标法》第 13 条对驰名商标的保护水平，因为即使是驰名商标也以“容易导致混淆”或“误导公众”为保护的前提。

二是直接对接《反不正当竞争法》的知名商品。目前各省无论是作为地方政府规章的“著名商标认定和保护办法”，还是作为地方性法规的“著名商标认定和保护条例”，几乎都将使用其“著名商标”的商品与《反不正当竞争法》第 5 条第 2 项所规定的“知名商品”直接对接。如《河北省著名商标认定和保护条例》第 21 条规定：“未经著名商标注册人许可，不得擅自印制和使用著名商标所指商品特有的相同或者近似的包装、装潢。”必须看到，由于知识产权领域内存在个体利益与公共利益的平衡问题，《反不正当竞争法》所规定的“知名商品”的范围是不能由地方立法来任意扩大或缩小的。另外，地方立法

---

① 《吉林省著名商标认定和保护条例》第 16 条：“复制、摹仿、翻译他人吉林省著名商标或者其主要部分，在其商品上作为商标使用，可能误导公众的，由县级以上工商行政管理部门责令立即停止侵权行为，没收、销毁侵权的商品及其标识。”

所规定的“著名商标”无一例外地要求其商标所有人是“本省”的自然人、法人或者其他组织，因此这种与《反不正当竞争法》对接本身就是一种“不正当竞争”，是明显的地方保护主义。显然，这样一种在法律上地位尴尬的“著名商标”及其“特殊保护”，在一定程度上破坏了国家法制的统一性。

三、地方著名商标认定的性质与目的

历史上，“汉阳造”是中国近代工业发轫的标志。作为近代工业的名牌和代表，由清朝新军开始，北洋军、北伐军、中央军、红军，一直到抗战结束，一代名枪“汉阳造”曾武装了无数支中国军队。自20世纪90年代以来，湖北省开始意识到品牌创建的重要性，“活力28，沙市日化”一度成为沙市的代名词。进入21世纪以来，从“中国光谷”到“武汉健民”，从“东风汽车，走向世界”到“劲酒虽好，不要贪杯”，湖北人从来没有像今天这样对以商标为标志的品牌如此关注。

为了保护品牌，湖北省相继制定了包括《湖北省名牌产品评价管理办法（试行）》《湖北省著名商标认定和管理办法（试行）》等一系列的行政规章，极大地促进了湖北的品牌建设，提升了湖北的商品和服务在全国的竞争力。[①]为了提升对著名商标认定的层次，2003年湖北省人大常委会将《湖北省著名商标认定和保护条例》列入本省地方性法规立法规划。2007年8月13日，湖北省政府常务会议审议通过了经多次修改的《湖北省著名商标认定和保护条例（草案）》（下称“草案”）。2007年11月29日，“草案”被提交到湖北省第十届人民代表大会常务委员会第13次会议审议。

从本质上看，“草案”和已经出台的其他省的著名商标认定和保护的地方立法一样，存在“认定的性质不清”和“立法的目的不明”这两个主要问题。

（一）关于认定的性质

根据“草案”第10～15条的规定，一件商标要成为著名商标，须经过“申请、初审、推荐、复核、评审、公告”六个环节。从这一点看“草案”规

---

① 参见胡开忠：《加入WTO对湖北品牌保护的影响与对策》，载《湖北社会科学》，2004（2）。

定的著名商标的认定具有以“硬申请”为特征的行政许可的性质，但著名商标的认定是对商标的信誉、公众知晓程度等进行的认可，不存在“准许”商标权利人从事什么活动的性质，从这个角度看，又不具备行政许可的特征。

从“草案”第4条：“工商行政管理部门负责著名商标的认定和保护工作”、第15条“异议成立的，省工商行政管理部门驳回著名商标认定申请；异议不成立的，省工商行政管理部门授予湖北省著名商标证书，并予以公告”的规定看，著名商标的认定显然属于行政诉讼法意义上的可诉的“具体行政行为”。“草案”作为对著名商标的认定和保护的立法性文件，建立的是对著名商标的单一、主动的行政认定制度。这种认定实际上是将著名商标的认定和保护分开，使著名商标的认定并非对应一个现实的保护需要。这与1996年8月14日国家工商局公布并实施的《驰名商标认定和管理暂行规定》（下称《暂行规定》）是一致的。该规定作为我国最早专门对驰名商标的认定和保护的立法性文件，在我国建立了驰名商标的单一、主动行政认定制度。《暂行规定》第3条规定：“国家工商行政管理局商标局负责驰名商标的认定与管理工作。任何组织和个人不得认定或者采取其他变相方式认定驰名商标。”这种认定实际上是将驰名商标的认定和保护分开，使驰名商标的认定并非对应一个现实的具体注册管理和保护需要。

然而，从《暂行规定》被2003年6月1日实施的《驰名商标认定和保护规定》代替以来，我国驰名商标的行政认定的性质已从原来的专门申请、主动认定转变成现在的个案需要、被动认定，也即将驰名商标的认定和保护结合，使驰名商标的认定对应一个具体的注册管理和权利保护的需要。另外，在认定主体上，我国驰名商标的认定是行政认定与司法认定并行的双轨制。

因此，“草案”所建立的著名商标认定制度在性质上与已经废止的《暂行规定》是一致的，而与现行的驰名商标认定制度有本质的不同，是无法与我国现行的驰名商标认定制度接轨的。

（二）关于立法的目的

“草案”第24条第1～3项分别是对《商标法》第52条第1、2项和《商标法实施条例》第1、2项已有规定的重复。而“草案”第21条所规定的对著名商标的保护措施与2002年10月12日通过的最高人民法院《关于审理商标民事纠纷案件适用法律若干问题的解释》第1条第1项也没有本质的不同。

应该说，在一般注册商标与已注册的驰名商标之间，除在个别地方超越了《商标法》的有关规定外，“草案”并没有寻求、也不可能为“著名商标”提供高于一般注册商标而低于已注册的驰名商标的特别保护。而已出台的其他五省的“著名商标认定和保护条例”中超出《商标法》规定的注册商标保护范围的部分，也会因与《商标法》或《反不正当竞争法》的相应规定相冲突而不具有法律效力。

从本质上看，目前各地通过地方立法的形式来认定著名商标，其根本目的和意义“不在提供商标保护，而在实施商标战略”，也即“草案”第6条规定的，鼓励企业等注册商标所有人提高注册商标知名度。

实际上，从对著名商标地方立法目的的认识上看，企业主要期盼的是通过认定著名商标而使自己的商标得到更好的宣传，获得政府更多的扶持；地方政府则是把认定著名商标作为实施商标战略的重要形式，希望通过认定著名商标达到“促进本地经济的发展”的目的。各省的“著名商标认定和保护办法”“著名商标认定和保护条例”以及本文述及“草案”，对著名商标的条件无一例外地要求著名商标的申请人必须是“住所在本省行政区域内”，而不考虑“住所不在本省行政区域内”但“在本省市场上享有较高声誉并为相关公众所知晓的商标”，可以说明上述立法目的所在。

四、从“特殊保护”到“强化促进”的转变

2008年4月3日，湖北省第十一届人民代表大会常务委员会第三次会议，高票通过了《湖北省著名商标认定和促进条例》（以下简称《条例》）。从《湖北省著名商标认定和保护条例（草案）》，到最终审议通过的《湖北省著名商标认定和促进条例》，体现了立法理念的重大调整和进步。

《条例》遵循“既要顺势而上，又不跟风而立”的指导思想，秉承“实施品牌战略、促进经济发展、引领地方立法”的理念，在对著名商标认定的性质进行重新定位的基础上，强调了促进商标战略的立法目的。其重点如下。

（一）变换了认定的性质

目前著名商标的认定不属于行政许可，又不是确定是否对商标侵权进行救济的事实认定。根据《行政许可法》第13条的规定：通过行业组织或者中介机构能够自律管理的，可以不设行政许可的事项，著名商标应由行业组织或中介机构来评定。但是由于行业组织的范围有限，而中介机构的市场不成熟，公信力不够，容易失控，不能达到鼓励创名牌、促进经济发展的宗旨，也不适宜作为著名商标认定的主体，因而《条例》在将著名商标定性为政府对本省在市场上享有较高声誉并为相关公众所知晓的商标所授予的一种荣誉称号的前提下，规定由"工商行政管理部门负责著名商标的组织认定、管理和保护工作；其他有关部门和组织根据各自职责做好相关工作"[①]。

这样，将著名商标定性为政府所授予的荣誉称号，就改变了著名商标在一般商标和驰名商标之间的尴尬地位，也避免了难以与上位法衔接的问题；同时将著名商标的取得从行政认定变为政府表彰，直接为实施商标战略，促进经济发展服务。

（二）简化了认定的程序

著名商标的取得程序，从"草案"的"申请、初审、推荐、复核、评审、公告"六个环节，到《条例》的"申报、形式审查、初审、公告"四个环节，减少了市州一级的审核程序，将是否授予著名商标的决定权集中在"湖北省著名商标评审委员会"。这样通过减少起决定性作用的中间环节，方便了商标所有人，有利于降低行政成本，最大限度地避免了"道德风险"，有效地减少了权力寻租的可能性。

（三）强化了促进的措施

《条例》强化了促进商标战略的具体措施，除明确省、市、州、县（市、区）人民政府在鼓励和支持争创著名商标方面的资金安排、奖励补助和项目倾斜外，还规定在同等条件下，政府采购应当优先考虑获得著名商标称号的商品。另外，为鼓励申请著名商标，《条例》规定，著名商标的评审、认定和公告，其经费由省财政列支予以保障，不得向任何单位和个人收取任何费用；对

---

① 《湖北省著名商标认定和促进条例》第4条，载《湖北日报》，2008-04-10。

涉农商标的注册，涉农著名商标的申请给予补助。这些明确而具体的促进措施，将地方著名商标的认定直接引导到实施商标战略，为促进经济发展服务上来。

应该说，《条例》从起草、调研、论证到修改，广泛听取了企业、消费者、地方各级政府，特别是知识产权法律专家的意见。《条例》从“特殊保护”到“强化促进”的转变，将地方商标战略的制定和实施完全置于国家的法律框架内，充分调动地方立法资源，为我国地方商标战略及其制度完善提供了范例。

“先行先试”立法模式及其实践*
——以“武汉城市圈”、“两型”社会建设立法为中心

“先行先试”立法模式是“变革性”立法模式和“自治性”立法模式的结合体，是统筹“立法先行”和“试错先行”的较优安排。在欧盟和我国经济特区的立法实践中，这种立法模式得到了成功运用并表现出较大优势。在“武汉城市圈”“两型”社会建设中，“先行先试”立法模式可以也应当发挥重要作用。其长处的发挥和其弊端的弥补，无不具体反映在《武汉城市圈“两型”社会建设促进条例（试行）专家建议稿》的立法模式、体系结构和内容目标等具体要素上。这必将为今后的相关立法提供有益的借鉴。

2007年年底，“武汉城市圈”[①] 和“长株潭城市群”获批“全国资源节约型和环境友好型社会建设综合配套改革试验区”，成为继上海、天津、成渝之后的第四批国家综合配套改革试验区。为充分发挥地方立法在“资源节约型和环境友好型”（以下简称“两型”）社会建设中的宏观指引作用，湖北省人民代表大会常务委员会将制定《武汉城市圈“两型”社会建设促进条例（试行）》（以下简称《促进条例》）及其相关的配套法规列入了近期的立法计划，并于

---

* 本文系作者主持的湖北省人大委托立法项目《武汉城市圈“两型”社会建设促进条例》结项成果的组成部分。以该项目最终成果“专家建议稿”为基础形成的《武汉城市圈资源节约型与环境友好型社会建设综合配套改革试验促进条例》，经湖北省人大第11届常委会于2009年7月审议通过。该文系作者与汪锋博士、张忠民博士合作完成，载《法商研究》，2009（1）。

① “武汉城市圈”是指以武汉市为中心，由武汉及其周边的黄石、孝感、鄂州、黄冈、咸宁、仙桃、潜江、天门等九市构成的区域联合体。

2008年5月初委托我们起草了启动上述立法的专家建议——《关于制定〈武汉城市圈"两型"社会建设促进条例(试行)〉的专家建议》(以下简称《城市圈立法的专家建议》)。2008年9月,国务院《关于武汉城市圈"两型"社会建设综合配套改革试验总体方案的批复》(以下简称《批复》)正式下发后,由湖北省发展和改革委员会、湖北省政府法制办公室、湖北省人大常委会法工委和中南财经政法大学联合组成了课题组,以《城市圈立法的专家建议》为蓝本正式启动了《促进条例》的起草工作。课题组先后赴湖南、天津、重庆和"武汉城市圈"九市等地进行了广泛的调研,并广泛征求了湖北省有关部门和社会各界的意见。在此基础上,课题组起草了《武汉城市圈"两型"社会建设促进条例(试行)专家建议稿》(以下简称《专家建议稿》)。

在尚未全面开始进行"两型"社会建设之前,即通过《促进条例》的制定对其进行促进,是典型的"先行先试"立法模式。这种立法模式与惯常的立法模式有何区别,是否科学?这些问题必须仰仗对于立法模式的详细探究,并结合"武汉城市圈""两型"社会建设的地方立法实践给予回答。

一、"先行先试"立法模式的产生和发展

(一)立法模式的内涵

立法模式属于立法形式的范畴,在相当程度上决定着立法内容的取舍、立法的价值导向和立法技术的采用等一系列问题。[①] 然而,对于立法模式的界定,法学界一直众说纷纭,莫衷一是。有学者认为:"立法模式是指一国立法时所采取的,与调整范围有关的法律类型。"[②] 也有学者认为:"立法模式是指一个国家制定、修改、废止法律的惯常套路、基本思维定式和具体的行动序列以及由诸多因素决定的法律确认的立法制度、立法规则。"[③]

事实上,立法模式是一个系统范畴,具有历史性和共时性等特点,它是一

① 参见江国华:《立法:理想与变革》,243、245～250、255页,济南,山东人民出版社,2007。

② 乔健康:《我国市场竞争法的最佳立法模式》,载《法学杂志》,1997(2)。

③ 关保英、张淑芳:《市场经济与立法模式的转换研究》,载《法商研究》,1997(4)。

国进行立法活动时的惯常套路、基本体制和运作程式等要素的有机整体。① 在选择立法模式时，大致要参酌以下两大因素：(1) 客观因素。这主要是指一国的历史积淀，包括经济、政治和文化等多重因子。(2) 主观因素。这主要是指民众的立法诉求和立法者的价值期许。当然，客观因素与主观因素是互动依存、不可分割的整体：一方面，客观因素常会促成某种偏好，影响立法诉求；另一方面，主观因素又能动地反作用于客观因素。因此，立法须受制于客观规定性与主观能动性，努力在两者之间寻找平衡。②

如此不难发现，立法模式并不拘泥于某种定式，恰恰相反，客观因素与主观因素的改变往往导致立法模式的变迁。从内部观之，立法模式内含了立法权配置、立法目的、立法主体、立法程序、立法内容等若干要素，这些可以充当立法模式的内在变量，主导立法模式的演变；从外部观之，立法模式与经济、政治等客观因素密切关联，这些因素可以充任立法模式的外在变量，推动立法模式的变革。

根据不同的标准，立法模式可以进行类型化。立法模式根据立法权配置体制的不同，可以区分为集权型与分权型；根据立法程序可否参与，可以划分为民主型与官僚型；根据立法内容与目的是否服务于人民，可以区分为管制型与服务型；根据立法与社会需求的契合程度，可以划分为追赶型与回应型。③

(二)"先行先试"立法模式的内涵

经济、社会的发展，呼唤立法模式的变革。文明社会需要"通过对多重价值的交错组合，并按照轻重缓急排列价值顺序的基础上制定中立规则"④。在由这些中立的规则所统治的国度，公权力主体与私权利主体地位虽然有差别，但并不悖于公平和正义，也不影响社会的和谐有序。要取得这些成就，必须仰仗民意的充分表达和被尊重、公权力的科学设置与限定，采取科学、先进的立法模式。由此观之，民主型、服务型、回应型的立法模式无疑为法治社会之首

①③ 参见江国华：《立法：理想与变革》，243、245～250、255页，济南，山东人民出版社，2007。

② 参见谢晖：《法学范畴的矛盾辨思》，71～87页，济南，山东人民出版社，1996。

④ [美] 昂格尔：《现代社会中的法律》，吴玉章、周汉华译，5页，北京，中国政法大学出版社，1994。

选。然而，其他立法模式并非一无是处，也同样存在若干合理的内质，特别是在针对特定时空、特定领域立法时，其积极作用发挥得更为明显。

不妨以追赶型与回应型立法模式为例，详加说明。所谓追赶型立法，是根据立法者的主观判断而进行的超前立法或者滞后立法，因为是“行为主体为了在短时间内达到既定的目标而提高行为速率的行为及其模式”①，所以被称为追赶型。在实践中，超前立法居多，滞后立法相对较少。所谓回应型立法，是根据社会的实际需求而进行的较为科学的立法，因为是对社会立法需求的“回答和反应”②，故而又被称为回应型。由此可见，两者各有长处：前者具备高度的适应性，可以快速适应社会变迁、激烈而迅速变动的时代环境，突出立法主动推动和顺应形势演变的功能，以完成制度转型中的跨越式发展；后者具备强烈的安定性，在制度构建和结构转型已经趋于稳定、成熟的条件下，可以通过充分发挥法律自身所蕴蓄的民主性与协衡性促进民间自发力量的积累和表达，使社会在渐进式改革中不断促成良性制度因素的积累，进而实现可持续发展。③ 与此同时，两者囿于自身的特质，也存在一些不足：前者主观性较强、风险较大，尤其是当对社会立法需求、资源禀赋考量不足时，更易引发问题；后者客观性较强，颇为保守，特别是在社会亟须制度革新和立法引导时，往往力不从心。

如何扬长避短？“先行先试”立法模式是一个较优的选择。“先行先试”立法模式是以适应性价值为核心的“变革性立法”模式和以安定性价值为基础的“自治性立法”模式的结合体。④这种立法模式有两个特点：一是“先行”要求通过“立法先行”的方法，发挥法律的指引功能，调整相应的社会关系，而达到对社会某种秩序的追求。“立法先行”是主观判断的产物，其变量更多来自外部，是通过立法这项制度安排适应社会现实的变革性活动。二是“先试”则要求依赖“试错先行”的方式，发挥实践对理论的检验作用，通过在特定领域

①② 中国社会科学院语言研究所词典编辑室编：《现代汉语词典》，5版，369、1524页，北京，商务印书馆，2000。

③④ 参见秦前红：《宪政视野下的中国立法模式变迁——从“变革性立法”走向“自治性立法”》，载《中国法学》，2005（3）。

和时空背景下的试验获取一定的“地方性知识”[①]，然后将其扩展，使其更具普适性。“试错先行”是客观性经验的获取，其变量更多地发端于实践自身，是通过检验立法的实效而进行的自治性活动。

（三）“先行先试”立法模式的合法性[②]考察

我国的许多法律、法规和规范性文件都是以“试行”的面貌示人，待成熟后，加以修改，再剔除“试行”。例如，1979 年颁布的《中华人民共和国环境保护法（试行）》“先行先试”10 年后，于 1989 年又将其废止，正式通过《中华人民共和国环境保护法》。在中国，“先行先试”立法模式之所以主要运用于地方性立法，这不仅源于该模式的独特内涵和价值，而且更重要的是缘于该模式具备深厚的合法性基础。

《中华人民共和国宪法》（以下简称《宪法》）第 5 条规定：“一切法律、行政法规和地方性法规都不得同宪法相抵触。”易言之，只要不与宪法相抵触，法律、行政法规和地方性法规都有其作用的空间。这也意味着，地方性法规在不违背《宪法》的前提下，有一定的灵活性和自主性。而从内容来看，《中华人民共和国地方各级人民代表大会和地方各级人民政府组织法》（以下简称《地方人大和地方政府组织法》）第 7 条第 1 款的规定，一是明确了地方性法规的立法目的，换言之，为了满足本行政区域内的具体情况和实际需要，只是简单抄袭和照搬上位法的做法并不解决局部性的地方特色问题，当然也就没有必要了；二是指明了地方性法规的主要内容，即应对本行政区域内具体情况和实际需要提出立法解决方案。

从《中华人民共和国立法法》（以下简称《立法法》）第 63 条第 1 款、第 64 条的规定又可以看出：其一，除了法律保留的事项，地方性法规可广泛地

---

① 所谓地方性知识，是指与特定的时间和地点有关的信息及知识，因其具备特殊性而有别于普适性的科学信息与知识。参见苏力：《送法下乡——中国基层司法制度研究》，44～47 页，北京，中国政法大学出版社，2000；［美］克利福德·吉尔兹：《地方性知识》，王海龙等译，7～23 页，北京，中央编译出版社，2000。

② 此处不涉及马克斯·韦伯和哈贝马斯等人关于“合法性”的论争，仅将“合法性”理解为狭义上的形式、合乎实在法规定的“合法”。参见［德］马克斯·韦伯：《经济与社会》，林荣远译，北京，商务印书馆，1998；［德］哈贝马斯：《合法性危机》，刘北成等译，上海，上海人民出版社，2000；严存生：《法的合法性问题研究》，载《法律科学》，2002（3）。

运用于该区域的地方性事务；其二，对法律或行政法规尚未触及或缺位的领域，地方性法规可以"先行先试"，若"先试"的效果不佳——突出表现为与后来制定的法律或行政法规相抵触——则及时修正。

上述法律规定无不为地方立法的"先行先试"模式提供了合法性依据。这些年来，直接呼之以"先行先试"的表述也开始出现在相应的规范性文件中，如2006年国务院《关于推进天津滨海新区开发开放有关问题的意见》中提到：批准天津滨海新区为全国综合配套改革试验区。要按照党中央、国务院的部署并从天津滨海新区的实际出发，先行试验一些重大的改革开放措施鼓励天津滨海新区进行金融改革和创新。在金融企业、金融业务、金融市场和金融开放等方面的重大改革，原则上可安排在天津滨海新区先行先试。

(四)"先行先试"立法模式的利弊

作为一种较优的立法模式，"先行先试"同样也存在一定的不足。概言之，"先行先试"的"优"主要缘于其综合性：统筹了主观因素与客观因素，考量较为充分，能够尽可能地反映社会的立法需求、契合社会的立法资源，一方面最大化地发挥立法的指引功能，实现强制性的制度变迁；另一方面，则借助立法的预测和评价功能，完成诱致性的制度变迁。① 然而，这些长处也恰恰是其弊病所在：因为完全合理、科学的统筹与协调需建立在绝对理性的基础之上，实际上绝对理性并不存在，人所拥有的仅仅是有限理性。② 于是，社会的真实立法需求不易获知，社会的多元立法资源不便统计，因此，以之为基石的立法者的主观判断和期许可能最终会偏离甚至违背立法需求，浪费立法资源。另外，"先行先试"往往局限于特定的区域，由其获得的经验不一定具有普适性。

如何纠正有限理性给"先行先试"立法模式所带来的偏差？立法者也许只能借助于自身的"有限理性"尽可能地向"绝对理性"迈进。为此，立法者至

---

① 诱致性制度变迁指的是一群（个）人在响应由制度不均衡引致的获利机会时所进行的自发性变迁。由于强制性制度变迁由政府命令和法律引入与实行，所以，诱致性制度变迁必须由某种在原有制度安排下无法得到的获利机会引起。参见林毅夫：《关于制度变迁的经济学理论：诱致性变迁与强制性变迁》，胡庄君译，载［美］R. 科斯、A. 阿尔钦、D. 诺斯等：《财产权利与制度变迁——产权学派与新制度学派论文集》，374页，上海，上海三联书店、上海人民出版社，1994。

② 参见熊晓青：《环境立法之经济分析的合理性限度——以新制度经济学为视角》，载吕忠梅主编：《环境资源法论丛》，第7卷，241～280页，北京，法律出版社，2008。

少可以采取如下几种举措：(1) 通过建立完备的信息公开制度，尽可能地披露信息、防止信息不对称现象的发生；(2) 通过完善公众参与机制，促成民意的真实表达，发现社会的立法需求；(3) 通过优化立法要素，如立法程序、立法权配置、立法技术等，达到立法模式的优化；(4) 通过设立全面、系统的救济机制，对立法所造成的负面影响予以及时修正和弥补。

二、“先行先试”立法模式的典型运用

(一) 欧盟模式——侧重“立法先行”

欧洲联盟（以下简称欧盟）的发展有一个过程，它采取了先个别产业后综合领域，先核心国家后逐步延伸至其他国家的做法。仅从成员数量上看，1951年欧盟初建时，只有法国、德国、意大利、卢森堡、比利时、荷兰6国（以下简称“6国”）。从1973年开始，欧盟规模不断扩大，先后有丹麦、爱尔兰、英国、希腊、西班牙、葡萄牙、奥地利、芬兰、瑞典等国加入。到1994年，欧盟的成员就已经有了15个国家。2004年5月欧盟再次“东扩”，将其领域由西欧扩展到中东欧，包括塞浦路斯、匈牙利、捷克、爱沙尼亚、拉脱维亚、立陶宛、马耳他、波兰、斯洛伐克和斯洛文尼亚10个中东欧国家。

在欧盟一体化进程中，法律发挥了重要的作用。欧盟的法律渊源可以分为基础性法律渊源（primary sources）和派生性法律渊源（secondary sources）。前者包括欧盟的基础条约及后续条约、欧洲法院通过司法实践形成的一般法律原则，后者包括欧盟部长理事会和欧盟委员会的条例（regulations）、指令（directives）、决定（decisions）以及建议与意见（suggestions and opinions）。[①] 欧盟正是通过这些法律的制定，协调了各成员国与共同体之间的关系、固化了特定领域乃至综合领域的沟通合作，可谓“立法先行”。

1951年“6国”签订了《建立欧洲煤钢共同体条约》，开始在钢铁、煤炭等领域加强合作。1957年“6国”又签署了《欧洲经济共同体条约》和《欧洲原子能共同体条约》（以上合称《罗马条约》），不仅实现了原子能的共同开发、

① 参见《欧共体条约》第249条。

利用和研究，更促成了欧盟的逐步建立。通过立法的协调，欧盟逐步将共同体的合作、协调职能从单个行业扩展到整个经济领域，通过建立一个关税同盟和没有内部边境的共同市场以及各成员国经济政策的逐渐靠近和共同政策的制定实现了全面的经济一体化。①

1986年各成员国签订了《单一欧洲法令》，其目标是逐步消除各种非关税壁垒，包括有形障碍（海关关卡、过境手续、卫生检疫标准等）、技术障碍（法规、技术标准）和财政障碍（税制、税率差别），逐步废除区域内限制商品自由流动的关税与数量限制，使区域内各成员国的商品可以完全自由地流动，并且要求于1992年年底以前在共同体的范围内实现人员、货物、服务和资本流动的四大自由。②

1992年各成员国又签订了《欧洲联盟条约》，宣布欧盟正式成立，并形成包括欧盟理事会、欧洲委员会、欧洲议会以及欧洲法院在内的一系列欧盟政府机构。欧盟成立后就不断协调各成员国的财政、金融政策，逐步消除各国政策的差异，促使各成员国的一体化从商品交换扩展到生产、分配乃至整个国民经济领域，并于1999年1月1日启动统一的货币——欧元，建立了货币联盟。

1999年各成员国签订了《阿姆斯特丹条约》，宣布将把欧盟的经济一体化措施进一步扩大到社会政策、人权法治和社会治安、防止犯罪等领域。③2001年各成员国又签署了《尼斯条约》，对欧盟的法律作了进一步修改，为欧盟“东扩”扫清了障碍。2004年，欧盟25个成员国的领导人在罗马签订了《欧盟宪法条约》，该条约由欧盟宪法、欧盟公民基本权利宪章、欧盟政策和欧盟条约基本规定四部分组成。④ 至此，欧盟通过一系列的“立法先行”活动，完成了欧盟若干重要领域的同质化与协同任务。简言之，虽然欧盟的形成具备内

---

①③ 参见朱景文：《欧盟法的启迪——欧盟法对东亚的意义》，见 http：//www. jus. cn/ShowArticle. asp? ArticleID=606。

② 参见王春业：《长三角经济一体化中法制协调模式的选择——论区域行政立法模式及其构建》，载《天津市政法管理干部学院学报》，2007（4）。

④ 参见范明志：《欧盟合同法一体化研究》，13、16～24页，北京，法律出版社，2008。

在的思想动因、国际关系动因和经济动因[①]，但欧盟的成就也同样与其“立法先行”模式息息相关——通过若干重要法案的提早出台，明确各成员国的权利和义务以及与其他成员国、共同体交往时的法律适用[②]，从而指引各成员国在推进欧盟一体化建设中的积极作为。

（二）深圳模式——侧重“试错先行”

“试错先行”实质上是试验立法，通过立法的试验，发现错误、总结经验，然后根据得失，再进行科学合理的立法。在我国的经济特区建设中，“试错先行”立法模式发挥了重要的作用。具体来说，立法的“试错先行”是指经济特区为发挥“改革试验田”的作用，根据全国人民代表大会及其常务委员会的法律授权和经济特区的具体情况、实际需要，遵循宪法规定和法律、行政法规的基本原则，制定经济特区地方性法规的活动。[③]

这种立法模式具备如下两个特点：（1）属于创制性立法，可以对法律或者行政法规的某些具体规定作出适度的变通，但不得违背宪法、法律和行政法规的基本原则与法律精神；（2）存在顺次性，也即往往“先行制定、修改或废止”某部法律去“试错”，然后在实践中检验这部法律的实际效果，最后结合社会需求“再次制定、修改或废止”相应的法律。

在此以深圳经济特区为例做番探究。深圳经济特区于1980年成立，根据当时的《宪法》和《地方人大和地方政府组织法》的规定，深圳经济特区没有立法权，其所在地的深圳市也没有立法权。从法律上看，直到2000年《立法法》的出台，这种局面才得以改观。[④]

为了保障、服务特区的建设与发展，广东省人民代表大会及其常务委员会

---

① 参见范明志：《欧盟合同法一体化研究》，13、16～24页，北京，法律出版社，2008。

② 欧盟法与各成员国国内法之间的法律适用原则为：欧盟法具有直接效力和优先效力。参见王玉玮：《论欧盟法的直接效力原则和优先效力原则》，载李明发主编：《安徽大学法律评论》，2007年第2辑，102～109页，合肥，安徽大学出版社，2008；蔡高强、刘健：《论欧盟法在成员国的适用》，载《河北法学》，2004（4）；史国普：《“超国家法”与“国家法”——欧盟法与欧盟成员国国内法的关系》，载《安徽师范大学学报》（人文社会科学版），2007（1）。

③ 参见崔卓兰等：《地方立法实证研究》，12页，北京，知识产权出版社，2007。

④ 《立法法》第65条规定了特区的立法权，即“经济特区所在地的省、市的人民代表大会及其常委会根据全国人民代表大会的授权决定，制定法规，在经济特区范围内实施”；第63条规定了深圳市作为较大市享有“较大市的立法权”。

根据全国人民代表大会常务委员会的授权[①]，截至 1992 年，为深圳经济特区共制定了 19 部地方法规。虽然如此，但这些立法仍然远远不能满足特区飞速发展的需要，改革开放、经济建设、城市管理等众多领域亟须更多的立法予以规范、引导和促进。为解决这一矛盾，1992 年 7 月 1 日，第七届全国人民代表大会常务委员会第 26 次会议通过了《全国人民代表大会常务委员会关于授权深圳市人大及其常委会和深圳市人民政府分别制定法规和规章在深圳经济特区实施的决定》，决定授权深圳市人大及其常委会根据具体情况和实际需要，遵循宪法的规定以及法律和行政法规的基本原则制定法规，在深圳经济特区实施，并报全国人大常委会、国务院和广东省人大常委会备案；授权深圳市人民政府制定规章并在深圳经济特区组织实施。

根据这些授权，深圳市出台了一系列的法规，不断试错。截至 2006 年 3 月底，深圳经济特区制定的各类法规和规章共计 212 部，其中有 49 部已废止，现行有效的有 163 部，主要集中在市场经济、社会公共事务和城市管理等三大方面。[②]

综观这些立法，其价值主要有二：(1) 从局部看，为深圳经济特区的社会建设提供了法制保障。"试错先行"立法模式通过创制新法和变通国家立法来实现巩固改革开放成果，引导、推进经济社会的发展。这反映在立法上，就是特区立法的侧重点从 20 世纪 90 年代的现代企业制度、房地产市场、中介服务行业等，到近年来逐步向国有企业改革、高新技术产业、公用事业特许经营等领域转变。(2) 从整体上看，为国家的立法活动积累了宝贵的经验。深圳经济特区通过"试错先行"所获得的经验，为国家立法所吸收，以公司、房地产、劳动和社会保障、中介组织等方面的立法经验最为典型。[③]

(三) 欧盟模式与深圳模式的比较

仔细比较欧盟模式与深圳模式，即会发现，两者共性与个性并存，同质与

---

① 该授权为第五届全国人民代表大会常务委员会于 1981 年 11 月 26 日通过的《全国人民代表大会常务委员会关于授权广东省、福建省人民代表大会及其常务委员会制定所属经济特区的各项单行经济法规的决议》。

②③ 参见王成义：《深圳经济特区立法述评》，载南京大学-哥廷根大学中德法学研究所编：《中德法学论坛》，第 4 辑，4652 页，南京，南京大学出版社，2006。

特质共在。

（1）就共性和同质而言，不论欧盟模式还是深圳模式，皆属于“先行先试”立法模式。也即通过“先行立法”，规制和调整相应的特殊领域的社会关系，实现“先行试错”的目的；然后，再用“先行试错”所获得的经验反过来审视“先行立法”；进而肯定和固化其合理内容，摒弃和修正不合理的地方。

（2）从个性与特质而论，欧盟模式偏向“立法先行”，深圳模式侧重“试错先行”。因何如此？主要有两个原因：1）欧盟模式与深圳模式的空间载体不同。欧盟是通过立法，将若干个主权国家“捆绑”在一起实现经济等领域的结盟，是对不同主权国家的经济、社会、政治一体化；而深圳始终处于一个主权国家内，其“试错先行”的参照物——深圳以外的其他地区——与深圳一样，同属一个主权国家，法制是统一的。2）欧盟模式与深圳模式的目的不同。前者“立法先行”的目的在于将本不属于同一法律体系的若干国家，尽可能地通过法律的统一而实现其经济等方面的统一，“合、并、统”的意味较大；而后者“试错先行”的目的在于，在坚持法制统一的前提下，力争通过局部的立法，在特定领域内鼓励创新、大胆尝试，再用试错的经验和教训反过来指导立法，“新、试、闯”的成分颇浓。

因此，在“先行先试”的立法模式中，侧重选择“立法先行”抑或“试错先行”，关键取决于其空间载体和目的。在“武汉城市圈”“两型”社会建设中，这两者应予并重。其理由如下：1）虽然“武汉城市圈”内的九个城市同属一个法律体系，但毕竟隶属于不同的行政区划，加之各地的经济、资源等禀赋有所差异，在城市圈内建立良性的沟通和协调机制，实现基础设施、产业布局、区域市场、城乡建设、环境保护与生态建设的一体化，需要立法这一外力发挥强制作用。从这个角度看，须坚持“立法先行”。2）“武汉城市圈”进行“两型”社会综合配套改革试验，无经验可循，无套路可照搬，又需在区域规划、产业发展、土地利用、金融创新、生态安全等方面实现突破，这就需要坚持“试错先行”，不断通过尝试，总结经验，实现创新。因此，在“武汉城市圈”“两型”社会建设中，我们必须坚持“先行先试”的立法模式。

三、"先行先试"立法模式在"武汉城市圈"、"两型"社会建设中的实践

(一)"武汉城市圈"采取"先行先试"立法模式的必然性

从《促进条例》及其相关配套法规的立法意图和制定过程来看，这种地方立法可以说是典型的"先行先试"立法模式及其实践——以"武汉城市圈"、"两型"社会建设立法为中心的立法模式。之所以会采取这种立法模式，主要原因有以下三点。

(1) 贯彻国家政策意图的现实需要。国务院在《批复》中明确要求："用5到12年的时间，在'武汉城市圈'形成有利于能源资源节约和生态环境保护的体制机制，率先建立比较完善的社会主义市场经济体制"，并要"为全国深化体制改革、推动科学发展和促进社会和谐建设提供经验和示范"。对于"武汉城市圈"这样一个处于工业化中期阶段、发展速度不够快、发展水平不够平衡的区域来说，要实现这一目标，循规蹈矩的渐进式改革肯定难以实现，唯有通过变革性立法来强力推进改革，才能破解经济增长与资源环境的矛盾这一发展难题。

(2) 为"武汉城市圈"建设提供战略性、前瞻性宏观指引的需要。对于湖北来说，中央赋予"武汉城市圈"最宝贵的财富是"先行先试"权。在如何用足用活"先行先试"权的问题上，曾担任过中共深圳市委书记的湖北省省长李鸿忠形象地提出了五个字——"先、冒、闯、试、探"。但是，从发展规律来说，这种"先、冒、闯、试、探"不是毫无前进方向的试错，而是在大的原则、目标、路径既定前提下的一种探索。同时，这些原则和目标还要具有高度的科学性、权威性和相对稳定性，而试验性立法是能够达到这一目的的最好形式。它不仅有助于解放思想、凝聚共识，而且能够起到坚定改革方向，把握改革重点，促进科学发展的功效。

(3) 完善"武汉城市圈"地方立法的现实需要。由于地方立法适用范围的地域限制，"武汉城市圈"获批"两型"社会建设综合配套改革试验区后，面临的最大问题就是法律规则体系的缺位。"武汉城市圈"内的九个城市原有的

地方立法不仅无法扩大适用到整个圈内，而且必须按照建设“两型”社会的理念来进行全面系统的评估、修改和完善。在这个破旧立新的立法过程中，首先需要制定一部类似《促进条例》这样的变革性法规，既为试验区建设的方向、目标和路径定位，也为其他地方立法的评估、修改和完善提供指引与依据。

（二）“武汉城市圈”“先行先试”立法的具体规划

“武汉城市圈”“两型”社会建设综合配套改革是一项具有探索性、创新性的系统工程。按照依法改革的理念，“武汉城市圈”建设在各个方面都需要地方立法的强力支撑。从这个角度来说，在《促进条例》的基本原则和基本框架确立以后，还需要以此为据修订、制定其他相关配套的法规、规章，力争逐步形成一个以《促进条例》为核心，其他配套法规、规章为支撑，相对完善的地方立法体系，使之能够对“武汉城市圈”的综合配套改革起到强有力的法制保障作用。

（1）立法规划。“武汉城市圈”“两型”社会建设综合配套改革所涉及的重点领域和关键环节主要包括区域规划、产业发展、市场优化、行政协调、生态安全、社会民生等六大方面，根据改革创新的需要，这六大方面分别需要相关的地方立法来支撑。具体的立法规划如下：在区域规划方面，制定《湖北省“武汉城市圈”区域规划条例》；在产业发展方面，制定《湖北省“武汉城市圈”产业发展促进条例》《湖北省“武汉城市圈”高新技术产业促进条例》；在市场优化方面，制定《湖北省“武汉城市圈”金融业发展促进条例》《湖北省“武汉城市圈”土地利用规划条例》《湖北省“武汉城市圈”农村土地承包经营权流转条例》《湖北省“武汉城市圈”人才流动条例》《湖北省知识产权战略纲要》；在行政协调方面，制定《关于为促进湖北省“武汉城市圈”建设进一步转变政府职能的意见》《湖北省“武汉城市圈”行政协调办法》《湖北省“武汉城市圈”公共机构节能条例》；在生态安全方面，修订《湖北省环境保护条例》，制定《武汉城市圈循环经济促进条例》《武汉城市圈能源条例》《湖北省湖泊保护条例》；在社会民主方面，制定《武汉城市圈就业促进条例》《武汉城市圈“两型”社区建设条例》。

（2）实施步骤。按照通常的地方立法周期，这一立法规划的完成至少需要5～8年的时间，而试验区建设不可能等待这些法规全部制定完善后再进行。

因此，在实施步骤上，可根据试验区建设的轻重缓急，先行制定或修订《促进条例》《湖北省"武汉城市圈"区域规划条例》《湖北省环境保护条例》《湖北省"武汉城市圈"行政协调办法》；其他领域的具体改革试验措施可先以政府规范性文件的形式予以明确，待条件成熟时再进行正式的地方立法。同时，除上述配套法规、规章外，在《促进条例》正式出台后，还应以此为依据，对湖北省、武汉市地方立法中与"武汉城市圈"建设有关的法规、规章进行一次全面的法律评估，及时修订原有地方立法中与《促进条例》立法精神不相适应或矛盾的地方。目前，此项法律评估工作已经在武汉市全面展开。

(三)"武汉城市圈""先行先试"立法模式的原则与思路

在这次地方立法中，我们应以科学发展观为指导，坚持"五个统筹"①"四位一体"②"以人为本"的发展理念，充分发挥地方立法对区域经济社会发展的引导、规范和促进作用，统揽发展全局，凝聚共同愿景，明确行动纲领，为"武汉城市圈"建设"两型"社会的综合配套改革提供宏观上的法律指引。在此基础上，通过加大法律的宣传与执行力度，全面推进"武汉城市圈""五个一体化"③进程，推动经济发展方式向内涵式、"两型"化转变，积极探索有别于传统模式的工业化、信息化、城镇化发展道路，努力形成有利于资源节约和环境友好的体制机制，建立比较完善的社会主义市场经济体制，不仅促进"武汉城市圈"率先实现经济又好又快发展，而且为推动全国体制改革、促进中部崛起、实现科学发展与社会和谐发挥示范和带动作用。上述指导思想可概括为制定《促进条例》的四十八字方针，即"解放思想，凝聚共识，总揽全局，宏观指引，市场导向，共赢发展，明晰角色，上下联动，聚焦重点，率先突破，多维视角，整体推进"。在"武汉城市圈"的规划立法体系中，《促进条例》居于"小宪法"地位，其功能是"指方向"；《武汉城市圈循环经济促进条

---

① "五个统筹"是指统筹城乡发展、统筹区域发展、统筹经济社会发展、统筹人与自然和谐发展、统筹国内发展和对外开放。

② "四位一体"是指社会主义经济建设、政治建设、文化建设、社会建设四位一体发展，这是全面、协调、可持续发展的内在要求。

③ "五个一体化"是指基础设施、产业布局与发展、区域市场、城乡建设、生态建设与环境保护的"一体化"。

例》等其他配套性法规则处于“小基本法”的定位，其功能是为城市圈的改革创新活动制订具体的“游戏规则”。同时，从立法技术上来说，为达到扬长避短的目的，在采取“先行先试”立法模式时，要有针对性地进行规划设计。为此，必须坚持以下三点立法原则和思路。

（1）《促进条例》宜粗不宜细。作为“武汉城市圈”法律体系的“小宪法”，《促进条例》既要为“两型”社会建设提供宏观指引，又要为其他单行法的制定在立法原则、立法程序、立法技术等方面提供指导。同时，制定《促进条例》的主要目的是在推进区域经济一体化的基础上，促进“武汉城市圈”“两型”社会建设综合配套改革，在立法视野和立法技术上应当注重宏观性、前瞻性与战略性、创新性、纲领性的有机结合。《促进条例》既要为“先行先试”指明方向、规定路径，又要防止陷入“绝对理性”的沼泽，保持一定的空间、张力和弹性，防止压抑或束缚改革创新精神。在此前提下，其他配套的法规、规章则可以大胆尝试创新。如果在实施中出现了一些符合实际而又与立法目的相左的问题和矛盾，立法机关可以启动立法程序对之进行修改完善。这样，最终形成的立法经验也能够为全国层面、其他地方的类似立法所借。

（2）坚持科学立法与民主立法相结合。在“先行先试”的立法过程中，为防止出现“政府指令式”“运动式”立法等现象，必须遵循立法规律，坚持科学立法与民主立法。在科学立法方面，不管是《促进条例》还是相关的单行法，都要根据法规所涉及的内容，组织相关领域的专家、实务工作者，在充分借鉴国内外相关立法经验的基础上，进行充分的研究论证。如我们在《专家建议稿》的起草过程中，就组建了一个由法学、经济学、管理学、社会学等学科领域知名学者以及湖北省人大常委会、省政府法制办公室相关法律专家组成的工作班子，就如何制定《促进条例》进行了广泛的调研和论证。在民主立法方面，“武汉城市圈”相关法规、规章的草案制定后，一定要公开征询广大民众尤其是利益相关者的意见和建议，力争让这些地方立法最大限度地反映最广泛群众的立法诉求和价值共识。在这一问题上，湖南省制订《长株潭城市群区域规划》的经验就十分值得借鉴。在制定这个中西部地区首部区域规划条例的过程中，湖南省将该条例草案的征求意见稿在报刊、网络等媒体上公开发布，广泛征求和充分吸纳公众意见，对该地方法规的科学制定和顺利实施起到了良好的促进作用。[①]

(3) 正确处理好地方立法适应性价值取向与安定性价值取向之间的关系。针对曾广为诟病的"先行先试"立法模式过于强调适应性价值、忽略安定性价值的问题,"武汉城市圈""两型"社会建设的地方立法应力求在适应性价值取向与安定性价值取向、改革创新精神与稳定法律秩序之间寻求一种平衡。从实践来看,较好的方式是由省、市人大组织一个由专业人士构成、相对稳定、最好是常设的代表团,定期对"武汉城市圈"内新创建或修改过的法规、规章执行情况、效果进行检查和评估,并根据检查和评估结果及时对相关的法规、规章进行修改完善。

(四)《促进条例》的逻辑结构

按照上述思路,在"武汉城市圈""先行先试"的规划立法体系中,一部相对科学、完善的《促进条例》是制定和修改其他地方法规、规章的重要前提。以下,对笔者组织起草的《促进条例》草案的逻辑架构进行简要的介绍。

根据上述指导思想,我们紧扣《批复》,将《促进条例》所要重点解决的问题概括为区域规划、产业发展、市场优化、行政协调、生态安全、社会民生等六大方面。其逻辑关系为:以区域规划为龙头,以产业发展为抓手,以市场优化为基础,以行政协调为保障,以生态安全为重心,以社会民生为落脚点,全面推进"武汉城市圈"的综合配套改革工作。按照这一逻辑,《促进条例》草案大致分为九章,分别为总则、区域规划、产业发展、市场优化、行政协调、生态安全、社会民生、激励保障和附则。在总则部分,主要是明确规定立法目的、依据、适用范围、价值目标,以及坚持市场主导、政府推动、社会联动,坚持先行先试、大胆探索、鼓励创新等"武汉城市圈""两型"社会建设应遵循的基本原则。在区域规划等六章中,主要是为这些领域的改革创新提供前瞻性的战略指引,这也是整个《促进条例》最为关键的部分。激励保障是确保《促进条例》顺利实施的重要手段,在这些章节,我们借鉴和参考了湖南、深圳等地的一些地方立法,同时也结合"武汉城市圈"的实际,进行了一些创

---

① 参见《〈长株潭城市群区域规则〉公布,请市民反馈意见》,见 http://xqw.gov.cn/html/2005-10/83050.html。

新性立法，如强调法律评估对建立、完善城市圈法律体系的重要性，界定“先行先试”的法律责任边界等。为突出《促进条例》的宏观性、战略性和纲领性，在遵循上述逻辑结构的基础上，具体法律条文的设计也可不分章节，侧重从宏观上指引方向，尽可能地不涉及微观和具体操作层面的内容。

四、《促进条例》的创新及总结

从前述内容可知，《促进条例》在指导思想、内容、结构等方面有不少亮点。这可以概括为以下几个方面。(1) 在“两型”社会的法律解读上，强调以贯彻科学发展观为核心，以自然资源与社会资源的节约、自然环境与社会环境的友好为目标，追求人、自然与社会的和谐，而不仅仅狭隘地将“两型”社会建设理解为自然资源的节约和自然环境的保护；同时，在法条设计中既有政治、经济领域的改革创新，也涉及文化和社会领域的改革创新，较好贯彻了“四位一体”的科学发展观。(2) 按照聚焦重点，率先突破的原则，界定了七大重点领域和关键环节，并厘清了它们之间的关系。(3) 探索构建“先行先试”权的法律边界。将先行先试作为基本原则和促进方式之一，并设定了特定情形下的试错权和免责权。(4) 尝试建立“武汉城市圈”内良性的行政协调机制，通过行政首长联席会议、部门首长联席会议、一般事项与特殊事项分类协商等制度，构建多层级的行政协调机制，并且强调与社会协调机制的互动。(5) 强调运用多元化、创新性的手段推进“两型”社会建设，重点突出了促进手段的创新性。例如，“建立圈域内资源整合和产业转移的利益协调和补偿机制”，“形成有利于‘两型’社会建设的价格机制、供求机制、竞争机制和风险机制”，“利用排污权交易、环境责任保险、环境资源税、环境合同、环境公益诉讼、规划环评等手段，促进市场主体自觉参与环境保护”，“构建以生态安全为核心的综合评价体系，积极倡导公共行政、企业行为、社区建设、居民消费的可持续发展方式”，“加强社会信用体系建设，推进金融产品创新，积极拓展债券、基金等多元化投融资渠道，强化金融主体的资本聚集、引导和服务功能”等都体现了这一立法目的。(6) 恰当体现了最新的法律精神和政策走向，如《中华人民共和国循环经济促进法》《中华人民共和国节约能源法》等法律以及中共中央《关于推进农村改革发展若干重大问题的决定》中的有关精神。

当然，按照立法程序，上述对于《促进条例》的逻辑结构、条文安排等具体内容的设计还有待于进一步充分论证，最终湖北省人大审议通过的版本难免会与《专家建议稿》有所差别，但可以肯定的是，“先行先试”的立法模式在“武汉城市圈”“两型”社会建设中，可以也应当发挥重要的作用。我们相信，随着“武汉城市圈”“两型”社会综合配套改革的深入，这一立法模式的价值将会得到更加生动的体现。

论武汉城市圈“两型社会”建设的法制保障*

——以《武汉城市圈改革试验促进条例（草案）》的制定为视角

在武汉城市圈“两型社会”建设中，法律可以且应当发挥重要的作用。根据城市圈的实际，选择“先行先试”的立法模式和专门立法的方法，十分必要且意义重大。其中，《武汉城市圈改革试验促进条例》的制定尤为关键，该条例科学合理的定位和起草是城市圈“两型社会”建设的法制保障。

“两型社会”[①] 综合配套改革试验是一项涵盖政治、经济、文化、社会、生态等五大领域的系统工程。对于武汉城市圈[②]来说，其改革试验面临着与其他城市圈迥然不同的特性发展难题：城市圈九个城市间的禀赋差异较大，在经济、文化等诸多领域，武汉市皆“一市独大”。与此同时，它还必须应对城市圈发展的许多共性难题。法律作为调整社会关系的重要规则之一，在武汉城市圈“两型社会”的建设中，可以且应当发挥重要的作用，为其充当法律的保障。

---

* 本文系作者主持的湖北省人大委托立法项目《武汉城市圈“两型”社会建设促进条例》结项成果的组成部分。以该项目最终成果“专家建议稿”为基础形成的《武汉城市圈资源节约型与环境友好型社会建设综合配套改革试验促进条例》，经湖北省人大第11届常委会于2009年7月审议通过。该文系作者与汪锋博士、张忠民博士合作完成，载《改革研究》，2009（3）。

① “两型社会”是资源节约型和环境友好型社会的简称。

② 武汉城市圈是指武汉、黄石、孝感、鄂州、黄冈、咸宁、仙桃、潜江、天门九市所辖行政区域。

一、法律手段在武汉城市圈“两型社会”建设中的作用

对于法律的功能，中西方存在多种学说，并依照不同的标准而作出了许多相应的区分：法律的整体功能和部分功能，法律的基本功能和辅助功能，法律的显性功能和隐性功能，法律的正功能、反功能和非功能。[①] 笔者认为，不论何种区分，实际上皆表现为如下一些具体的功能形态：指引功能、评价功能、教育功能、预测功能等。而这些功能的成就，又源自法律的两大作用机理：一是法律的激励保障作用，二是法律的利益调控作用。[②] 前者主要是在一定的法律模式下，通过积极的和消极的操作，使得特定的主体追求既定的目标，也即用法律的种种正面的和负面的“刺激”，去影响主体的行为；后者则是以利益为作用点，通过利益的表达、利益冲突的平衡、利益的分配和再分配等过程，而达至对特定主体行为的调控。

根据中央的要求，武汉城市圈“两型社会”建设，虽然以“资源节约型和环境友好型”为主线与特色，但实际上远不止于此。事实上，是在尝试新的经济发展方式，是在进行全方位的改革和试验，是为“综合配套改革试验”，从而在一些关键领域和重点环节实现率先突破，为全国的改革和试验贡献宝贵的经验。

在这一过程中，法律不仅不可或缺，而且必须积极应对。原因有二：一是武汉城市圈“两型社会”建设，必然要求政府、个人、社会等多方主体改变以往的一些行为，使其符合“两型社会”的要求。因此，需要合理地采用激励的方式，变直接的“命令-服从”为间接的利益诱导，使各种主体自发而自觉地参与和服务到“两型社会”建设中来。二是武汉城市圈“两型社会”建设，必然导致圈域内利益格局的变革。因此，需要采用利益救济、利益重整等方式平衡彼此间的利益冲突，实现利益的优化，使其契合“两型社会”的特质。总

---

① 参见赵震江：《法律社会学》，北京，北京大学出版社，1998。

② 有学者认为激励功能和利益调控功能是两种重要的法律功能形态。参见赵震江：《法律社会学》，165～185页，北京，北京大学出版社，1998。

之，法律必须在“两型社会”建设中发挥激励保障作用和利益调控作用。

二、“先行先试”和专门立法对武汉城市圈“两型社会”建设的价值

在武汉城市圈“两型社会”建设中，法律的激励保障作用和利益调控作用之发挥，具体到立法层面，则主要体现为“先行先试”的立法模式和专门立法的方法。

（一）“先行先试”对于武汉城市圈“两型社会”建设的意义

根据国务院的批复，武汉城市圈在进行“两型社会”建设中，对待一些新问题有权“先行先试”，这是中央赋予城市圈的莫大权力。它意味着：一方面，“先行”可以通过“立法先行”的方法，发挥法律的指引功能，调整相应的社会关系，而达到对社会某种秩序的追求。“立法先行”是主观性判断的产物，其变量更多来自外部，是通过立法这项制度安排适应社会现实的变革性活动。另一方面，“先试”则可以依赖“试错先行”的方式，发挥实践对理论的检验作用，通过特定领域和时空的试验获取一定的“地方性知识”①，然后将其扩大和蔓延，使其较为普适。“试错先行”是客观性经验的获取，其变量更多发端于实践自身，是通过检验立法的实效而进行的自治性活动。

“先行先试”对于武汉城市圈“两型社会”建设非常关键。其一，虽然武汉城市圈九市同属一个法律体系，但毕竟隶属于不同的行政区划，加之各地的经济、资源等禀赋有所差异，在城市圈内建立良性的沟通和协调机制，在圈内实现基础设施、产业布局、区域市场、城乡建设、环境保护与生态建设的一体化，须借助立法这一外力“先行”发挥硬性的作用；其二，武汉城市圈进行的综合配套改革试验，无既有经验可循，无现成套路可搬，又需在规划、产业、土地、金融、生态等方面实现突破，必须“先试”，通过各种尝试，总结经验，

---

① 所谓地方性知识，是指与特定的时间和地点有关的信息及知识，具备特殊性；有别于具备普适性的科学信息和知识。参见苏力：《送法下乡——中国基层司法制度研究》，44～47页，北京，中国政法大学出版社，2000；［美］克利福德·吉尔兹：《地方性知识》，王海龙等译，北京，中央编译出版社，2000。

实现创新。

（二）专门立法对于武汉城市圈“两型社会”建设的价值

“先行先试”作为武汉城市圈改革试验的广义指引，在立法上对应的是“先行先试”的立法模式。具体到城市圈“两型社会”的建设，有必要采用专门立法的方法，即专门就“两型社会”的建设，制定专门的立法——以《武汉城市圈改革试验促进条例》（以下简称《条例》）为核心，相关配套法规相结合的专门立法体系。单就《条例》而言，其具有如下价值：

（1）为试验区建设提供宏观和战略指引。“两型社会”试验区建设具有长期性和开创性。对于湖北省来说，中央赋予的最宝贵财富就是“先行先试”权。“先行先试”不是没有方向的试错，而是在大的原则、目标、路径既定前提下的一种探索。制定《条例》则是能够达到这一目的的最好形式。

（2）进一步改善武汉城市圈投资环境。相比较政府规范性文件来讲，《条例》的法律效力较高，适用范围较广，稳定程度较强，尤其是对城市圈建设中可能的外部战略投资者来说，能够对其投资预期产生积极影响。

（3）凝聚各方共识，形成改革合力。制定《条例》走的是专家立法、民主立法的技术路线，是在全面了解和把握城市圈内多方主体不同立法需求的基础上，汇集众多经验和建议，然后再由立法部门取舍和扬弃。它能够在最大程度上凝聚各方共识，真正将国家的战略意图、省委省政府的决策转化为人民的意志，营造鼓励改革试验的良好氛围，促进城市圈各项改革试验工作的顺利进行。

（4）博采众家之长，推动试验区建设。湖南省在推进长株潭城市群“两型社会”综合配套改革试验过程中制定的《湖南省长株潭城市群区域规划条例》，重庆市在推进成渝全国统筹城乡综合配套改革试验过程中制定的《重庆市促进开放条例》，深圳市出台的《深圳经济特区改革创新促进条例》，这些都对武汉城市圈具有重要的借鉴意义。通过地方立法的形式将这些成功的经验做法吸纳和固定下来，能够促使武汉城市圈的改革试验工作少走弯路，并尽快步入科学发展的轨道。

（5）完善武汉城市圈地方立法。由于地方立法适用范围的地域限制，武汉城市圈获批“两型社会”试验区后，面临的最大问题就是法律规则体系的不相适应。一方面，即便城市圈内九城市原有的地方性法律规范与“两型社会”建设相契合，也无法将其扩大适用到整个圈域内；另一方面，现有的法律规则体系必须按照建设“两型社会”的理念进行全面系统的评估、修改和完善。在这一破旧立新的立法过程中，首先需要制定一部类似于《条例》这样的总括性的、变革性的地方性法规，既为试验区建设的方向、目标和路径定位，也为其他地方立法的评估、修改和完善提供指引与依据。

三、《武汉城市圈改革试验条例》对武汉城市圈“两型社会”建设的保障

基于上述认识，笔者建议并协助湖北省发展和改革委员会、湖北省政府法制办公室起草了《条例（草案）》，试图通过合理且科学的定位、起草等过程，使其对武汉城市圈“两型社会”建设起到法制保障的作用。

（一）《条例》定位

《条例》具有武汉城市圈试验区建设“基本法”的地位，能够为其他与武汉城市圈改革试验相关的单行地方性法规、政府规章以及其他规范性文件的制定和修改在立法原则、立法程序、立法技术等方面提供指引。因此，《条例》在立法视野和立法技术上，需要注重宏观性、前瞻性、创新性的有机结合。既要为先行先试指引方向，又要避免过多涉及尚不成熟的具体操作层面内容，从而保持一定的空间、张力和弹性，防止压抑或束缚改革创新精神。

本着这一指导思想，起草小组根据《中华人民共和国立法法》等法律法规，在参考《国务院关于武汉城市圈资源节约型和环境友好型建设综合配套改革试验总体方案的批复》（以下简称《批复》）的基础上，确立了制定《条例（草案）》的基本思路：以科学发展观为指导，以转变经济发展方式为核心，推进“五个一体化”[①]，创新工作机制，统筹规划引导，突出改革重点，强化激励约束，促进在武汉城市圈率先建立有利于能源资源节约和生态环境保护的体

① “五个一体化”是指武汉城市圈基础设施、产业布局、区域市场、城乡建设、生态建设和环境保护的“五个一体化”。

制机制，率先形成比较完善的社会主义市场经济体制，率先在推进科学发展、和谐发展上取得新进展。

（二）立法原则

按照上述定位，起草小组在草案制定过程中注意把握以下三大原则。

（1）虚实结合。“两型社会”建设的地方立法，整体上无经验可循，但是中央的政策意图、国务院的批复，已经为武汉城市圈试验区的建设在宏观上、原则上指明了方向，需要通过地方立法予以明确和凝练。《条例（草案）》要实现“促进”的初衷，在破解发展难题的政策、措施上应有所突破；对目前看得准的一些政策措施，地方立法必须予以回应。从这个角度来说，注重虚实结合是将国家宏观战略意图同本地发展实际相结合的应有之义。

（2）刚柔相济。在“两型社会”建设中，需要灵活运用强制性和倡导性两种手段，对于政府、企业、社会中间组织、自然人等主体的责任和义务，特别是针对政府在改革试验中所必须承担的责任，在《条例（草案）》中多采用义务性条款；而对于试验区建设中的一些探索性、创新性手段，特别是针对自然人等私权主体，则较多采用倡导性条款。

（3）突出重点。中央批准武汉城市圈综合配套改革试验区的意图是建设“两型社会”，其根本目的是实现科学发展、和谐发展。结合武汉城市圈的特点和实际，《条例（草案）》的具体内容必须体现“因地制宜、突出特色，综合配套、协调发展”的原则。在整体框架设计上，应当重点解决工作机制、规划体系、科技创新、产业发展、人力资源、生态安全、社会民生等重点领域和关键环节的问题。

（三）逻辑结构

《条例（草案）》的逻辑结构是：在明确工作机制、完善规划体系的基础上，重点围绕“资源节约、环境友好、科技创新、产业发展”等重要领域和关键环节，全面推进“五个一体化”，将建设“两型社会”的发展理念全面渗透到经济、社会、生态和行政管理体制领域中，以体制机制创新推动武汉城市圈的又好又快发展。

上述逻辑思路可概括为：一个目标、三种方式、四大领域、五位一体、九大机制。

（1）一个目标：通过综合配套改革试验区建设，实现区域经济的内涵式发展，将武汉城市圈打造成为“资源节约型、环境友好型”社会示范区。

（2）三种方式：武汉城市圈试验区建设必须依靠政府、市场和社会公众三种促进方式形成的合力，即“政府引导、市场推动、社会协同”。

（3）四大领域：遵循“四位一体”的科学发展观和“综合配套改革”的理念，重点解决好武汉城市圈改革发展中经济、社会、生态和行政管理四大领域的发展难题，其中，经济和社会领域的资源节约、环境友好、产业发展、统筹城乡等问题是重点。

（4）五位一体：促进城市圈基础设施、产业布局、区域市场、城乡建设、生态建设和环境保护的“五个一体化”。

（5）九大机制：创新资源节约的体制机制、创新环境保护的体制机制、创新科技引领和支撑“两型社会”建设的体制机制、创新产业结构优化升级的体制机制、创新统筹城乡发展的体制机制、创新节约集约用地的体制机制、创新促进“两型社会”建设的财税金融体制机制、创新对外开放的体制机制、创新行政管理体制和运行机制，体制机制创新将推动武汉城市圈又好又快发展。

（四）主要条款设计

（1）关于《条例（草案）》的名称。在制定该法规草案的过程中，根据各方意见，法规名称经过了多次的调整和变化，先后的名称有：《湖北省武汉城市圈“两型社会”建设促进条例》《湖北省武汉城市圈“两型社会”建设综合配套改革试验区建设促进条例》《武汉城市圈试验区建设促进条例》《武汉城市圈改革发展促进条例》等。工作班子最后将该法规名称确定为《武汉城市圈改革发展促进条例》的理由主要有四点：一是用“两型”的简称作为法规名称不严谨；二是为求严谨准确而采用过长的名称，不仅在立法技术上显得繁重冗长，而且不利该法规的宣传；三是从该法规的定位来看，核心是为了促进试验区的改革试验工作，根据《批复》，“武汉城市圈”这一概念本身就蕴含“两型社会”试验区的应有之义；四是“改革试验”可以紧扣“先行先试”这一关键性的中央授权。

（2）明确了责任主体和实施主体。改革试验工作，首先权责到人，避免缺位或异位。《条例（草案）》明确了责任主体：省人民政府负有加强武汉城市圈

“两型社会”综合配套改革试验区建设的组织领导责任，区内各级人民政府负有推进武汉城市圈“两型社会”综合配套改革试验区建设的工作责任。在实施主体上：各相关政府职能部门组成各级综合配套改革工作机构，是具体改革试验的实施主体。当然，基于科学性的考虑，我们并未对武汉城市圈内县级以上综合工作机构设置的问题作出硬性规定，而是采用了“相应的工作机构”这一弹性表述，既可以是各地已经成立的对口工作机构，也可以是负责综合配套改革工作的相关工作机构或单位。

（3）促进了行政协调机制和社会协调机制的互动。协调机制自身内部的配合与协作、协调机制的外部完善，都直接决定着改革试验工作的进展。城市圈综合改革试验工作主要涉及“两个层面”“三大主体”的行政协调关系。“两个层面”即对上的行政协调和对下的行政协调，“三大主体”是省人民政府、省人民政府有关部门、区内各市人民政府。我们在条款设计中明确了三大主体的协调事项和侧重点，并考虑到了争端处理机制的建立，且重点强调了行政协调机制与中介组织、行业协会等社会协调机制的互动。

（4）突出了资源节约和环境友好两大主题。《条例（草案）》不仅通过专门的条款明确规定资源节约和环境友好的内容，而且在专项规划、规划实施、产业政策、产业升级、统筹城乡发展、节约集约用地、财税体制、金融创新等众多条款的设计中，都突出了这两大主题；并且在制度设计上有诸多的亮点，比如建立生产者责任延伸、工业废弃物处理认证、差别化能源价格等制度，完善节能减排的指标体系、监测体系和考核体系，鼓励发展可再生能源，建设循环经济示范园区，建立排污权交易、环境责任保险、生态补偿、规划环境影响评价等制度。

（5）关注了教育文化、社会民生等领域。《条例（草案）》以人为本，关注社会民生、教育文化等领域。要求加大教育文化基础设施投入，建立教育对口支持制度，完善公共文化服务体系；强调加快进行户籍、医疗和社会保障制度改革，逐步建立统筹城乡与城际、社会保险与商业保险相结合的社会保障体系。

（6）协调了城际和城乡之间在产业升级等方面的利益。当前，武汉城市圈产业升级中面临的主要问题是产业发展的战略定位、产业转移的利益协调、整体产业竞争力提升等。针对这些问题，《条例（草案）》通过“建立产业转移的利益协调机制、建立健全产业可持续发展的准入制度、激励约束制度和退出补偿制度”，来进一步优化和协调所关涉的各方之利益。与此同时，还要求“打破城乡分割的制度障碍和行政区划壁垒，统筹公共服务资源”，从而统筹城乡发展，“形成城乡互动、区域协调、共同繁荣的城乡经济社会一体化发展新格局”。

（7）创新了土地、财政和金融等方面的政策。这些领域，中央有一定的放权，结合实际，我们作了适度的创新。比如：通过建立圈域内“统一的耕地有偿保护、占补平衡”制度，对符合改革试验要求的项目用地给予重点支持；强调在加强基本农田保护的前提下，适度鼓励农地的流转和交易，并对城市土地实行更加严格按投资强度分级分类管理方式，从而促进节约集约用地；优化财政分配关系，建立激励与约束相结合的财政分配制度，形成有利于资源节约和环境保护的财政体制；加快武汉城市圈金融一体化建设等。

（8）强调了法制保障和人大监督。《条例（草案）》强调按照“两型社会”的要求，对城市圈内诸多的法规、规章和规范性文件进行科学和系统的评估，以便及时修改或废止。对于那些未作规定而又亟须明确的领域，要加快立法进程。与此同时，为了督促和“纠偏”，重申了人大监督的必要性，要求“省人民政府、区内各市人民政府应当向本级人大常委会报告改革试验工作的情况，并根据人大常委会的有关决议决定，加强和改进改革试验工作”。

（9）鼓励大胆改革、先行先试。《条例（草案）》设置了专门的奖励激励和责任减免条款，要求“省人民政府、圈域内各市人民政府，对在改革试验中作出突出贡献的单位和个人给予表彰和奖励”，而对于在改革试验中的“因工作失误应当给予行政处分的行为”制定了相应的免责条款。通过这些规定，鼓励创新、宽容试错。

总之，无论《条例（草案）》最终以何貌相示人，其对于城市圈“两型社会”建设的法制保障的作用不会泯灭。更为关键的是，其对改革试验的鼓励激励，对“先行先试”的强调和保障，对“政府、个人、社会”三者的科学定位，对“经济、文化、社会、生态”等领域的有序调整，对资源节约和环境友好的追求等理念，必将贯穿立法和司法的全过程。

中国知识产权法院建设：试点样本与基本走向*

经过全国人大常委会的立法授权和最高人民法院的具体筹划，北京、上海、广州先后在2014年底正式成立知识产权法院。知识产权法院是专门法院，是法律现代化的产物。专门法院的设立，旨在对特定司法体系进行现代化改造，实行集中化管理和专门化司法。

一、审判机构的专门化

从一定意义上讲，审判机构的专门化是司法专门化的基本前提。专门化管辖，就是把本来属于普通法院管辖的事物提取出来，交给特设的法院管辖，或是将新的法律案件交给普通法院以外的法院管辖。该类法院为管辖某类案件的特别法院。①

知识产权法院具有专属管辖的职能。专属管辖是指法律规定某些特殊类型的案件专门由特定的法院管辖，其他人民法院无管辖权，当事人不得协议变更，人民法院也不得用裁定变更管辖法院。这即是说，专属管辖是优先性、排他性与强制性的管辖：一方面诉讼当事人不得以协议的方式选择其他法院管辖，另一方面也排除了任何国外法院对诉讼的管辖权。凡法律明文规定专属管

---

* 原载《法律适用》，2015（10）。

① 参见沈达明：《比较民事诉讼法初论》，118页，北京，中信出版社，1999。

辖的诉讼，均适用专属管辖，不得适用地域管辖。赋予知识产权法院对特殊案件以专属管辖的权限，旨在整合专门化的司法资源，提高专业性的司法水平，统一知识产权保护的司法标准。

知识产权法院集中审理专利、商标行政确权案件（由北京知识产权法院管辖）和诸如专利、植物新品种、技术秘密、布图设计等技术类民事案件（由“北、上、广”三家知识产权法院管辖）。除上述案件实行专属管辖外，其他案件仍由普通法院管辖，即对知识产权案件实行专属管辖为主，专属管辖与普通管辖相结合的做法。按照审级标准，“北、上、广”三家知识产权法院既是专利、植物新品种、技术秘密、布图设计等技术类民事案件的初审法院，也是著作权、商标权、反不正当竞争等一般民事案件的上诉法院，属于中级法院审级。[①] 根据立法规定，三家知识产权法院同时审理一审案件和上诉案件。知识产权法院的一审判决、裁定的上诉案件，分别由所在地省、直辖市高级法院知识产权审判庭审理。可以认为，在“基层法院知识产权庭—知识产权法院—高级法院知识产权庭”这一框架内，实现了知识产权民事案件和行政案件的统一管辖。

在北京、上海、广州设立专门法院，只是“探索建立知识产权法院”的第一步，知识产权司法体制改革还有待深化。就审判机构的专门化而言，有以下三大问题值得注意。

（一）关于知识产权法院的布局问题

我国知识产权专门法院的系统构造，必须考虑中国问题的特殊性：一是超大型社会的治理困难。作为有世界影响的发展中大国，超大型人口规模、产业规模、经济规模的中国崛起是史无前例的。超大型社会本身不仅蕴藏着巨大的发展力量，更会产生超大型社会治理所带来的困难。随着中国改革开放的深入和创新发展的推进，知识产权司法保护需求日益强烈。据统计，2014 年我国法院受理各类知识产权一、二审案件超过 12 万件，我国成为全球受理知识产权案件最多的国家。因此知识产权法院设置的数量及其布局，不可能简单复制和模仿他国做法。二是地域发展不平衡与司法资源配置的问题。在现代化国家

① 宋晓明：《知识产权法院的中国探索》，载世界法学家协会、最高人民法院共同举办的“知识产权保护的国际视野”国际研讨会发言材料，2014 年 11 月，未刊发。

的建设过程中，中国存在着经济和社会发展不平衡的突出问题，这在知识产权领域则表现为各地区创新力量的明显差异和案件数量分布的不平衡。目前，知识产权案件主要集中于广东、北京、江苏、上海、浙江等经济发达地区，相比之下，中西部经济欠发达地区则数量较少。资料显示：广东省 2012 年新收知识产权民事一审案件高达 23 672 件，占到全国案件总量的 27.89%①；而同年，甘肃省受理各类知识产权案件总共只有 285 件。② 正如《人民法院第四个五年改革纲要（2014—2018）》所强调的那样，“在法院设置方面，推动在知识产权案件较集中的地区设立”，而不能在各地区平均配置。从国际经验来看，英国着力在一审阶段集中审理技术类案件，而美国等国多在二审上诉阶段集中管辖技术类案件。③ 基于上述分析，笔者建议，在未来专门法院设置方面，要考虑超大型国土面积和人口规模的实际情况，不可能将知识产权案件集中在几个专门法院审理；同时要遵从司法规律，有效配置司法资源，在技术类案件比较集中的地区设立专门法院。因此，未来知识产权法院的布局，既不能仅限于“北、上、广”三个地区，更不能依省、自治区、直辖市行政区划逐一设置。进言之，建立跨行政区划的错位管辖制度，是知识产权法院三家试点改革的重要任务。在这里，广州知识产权法院的专属管辖，可能具有更为重要的样本意义，它不仅对本市技术类案件进行管辖，而且负责审理本省各地的技术类案件。

（二）关于知识产权上诉法院（或高级法院）的设置问题

知识产权司法体制深化改革的关键，在于设立知识产权上诉法院（或高级法院），使得专门法院系统拥有技术类知识产权案件的终审权。未来可以考虑，在北京建立一个相当于高级法院的知识产权上诉法院，集中审理知识产权授权确权纠纷案件和技术类知识产权侵权上诉案件，这是解决知识产权司法体制和机制问题的目标模式。考虑到中国幅员广大的国情，在条件成熟的时候，可以选择在华东、华中、西南、西北和东北各大区的中心城市，另行设立 3～5 个知识产权上诉法院（或高级法院）的巡回法庭或派出机构。上述知识产权法院

---

① 参见广东省高级人民法院：《2012 年广东法院知识产权司法保护状况》。

② 参见朱婕：《甘肃省高院公布“2012 年知识产权司法保护十大案例”》，载《甘肃日报》，2013-05-14。

③ 参见黄晓稣、陈静怡：《英国知识产权审判体系》，载《科技与法律》，2015（1）。

系统的构建，是具有中国特色的。与德国、韩国不同，我国的知识产权法院不是单一行政确权的专门法院，而是民事、行政案件“二合一”（甚至可能是民事、行政和刑事案件“三合一”）的专门法院；同时也与美国、日本不同，我国的知识产权法院不仅是知识产权案件的上诉法院，而且是基于专属管辖职能从下至上设立的专门法院。

（三）关于民事、行政和刑事案件的统一管辖问题

目前的知识产权法院，是对技术类知识产权民事和行政案件进行跨区域管辖。十分明显，专属管辖的案件不涉及技术类知识产权的刑事案件，例如假冒专利罪、窃取他人商业秘密罪、侵犯著作权软件罪等。上述“二合一”模式，使得知识产权法院专属管辖的行政和民事案件与普通法院负责审理的刑事案件，在诉讼程序的衔接上产生困难，具言之，相关案件审判程序游离于不同的法院体系，割裂了专门法院进行专属管辖的统一性。2008年发布并实施的《国家知识产权战略纲要》明确提出：“完善知识产权审判体制，优化审判资源配置，简化救济程序。研究设置统一受理知识产权民事、行政和刑事案件的专门知识产权法庭。”自纲要公布以来，许多地方法院进行“三合一”案件审理试点，积累了相当的经验，在很大程度上统一了知识产权案件的审判尺度。[①] 因此，从战略目标要求和改革试点经验出发，未来知识产权司法体制改革，应考虑民事、行政和刑事案件的统一管辖问题。

二、审判人员的专职化

审判机构的专门化离不开职业化的审判人员。与知识产权专门审判机构的设置相适应，更需要配置一批职业化程度高的知识产权审判人员。从这个角度上来说，深化司法体制改革，人的选任是关键。以法官员额制改革为契机，从知识产权法官的入额和司职的角度进一步强化知识产权审判人员的专职化，是现阶段知识产权审判机制改革的重点问题。知识产权审判人员的专职化可以具体为以下三项要素。

① 参见最高人民法院：《中国法院知识产权司法保护状况（2013年）》，2014-04-25。

（一）强化知识产权审判人员的专业素养

为了强化司法人才的专业素养，我国自2001年起实行了统一的司法考试制度，法官从事审判活动需要获得国家认证。从2015年起，随着司法体制改革的加速，全国范围内将相继实行法官员额制，旨在提升审判人员群体的专业素养，实现“审理者裁判，裁判者负责”原则的司法。根据最高人民法院《知识产权法院法官选任工作指导意见（试行）》第4条的规定，知识产权法院的专任法官还需要具备与专业审判工作相适应的较高法律素养、知识储备和司法技能。北京、上海、广州知识产权法院在遴选法官时，不是对原中院知识产权庭人员的简单归并，而是面向所在省（直辖市）进行公开遴选，并设定了相对较高的遴选条件。

（二）突出知识产权审判人员的专业经历

截至2014年年底，全国具有一般知识产权民事案件管辖权的基层法院有164个，而具有实用新型和外观设计专利纠纷管辖权的基层法院仅有6个。[①]现阶段，我国知识产权案件数量呈现出快速增长的趋势，其中涉及复杂技术事实认定和法律适用的新类型疑难复杂案件也大量涌现。知识产权案件的技术复杂性，决定了对审判人员任职要求的特殊性。知识产权法官作为一种经验型的职业，其要求具备的专业资格、专业素养、专业技能等，往往在相应的专业经历中才能凝练和养成。可以说，对知识产权法官入额的考察，除了专业资格和素质外，还要考察专业审判经历，以达到优化法官层级的目的。

（三）提升知识产权审判人员的专业水平

知识产权法官队伍建设，应体现职业化、专业化、精英化的要求。知识产权纠纷案件往往知识元素多、技术含量高，其复杂性、困难度不同于一般民事案件。虽然可以对专门法官提出更高的专业要求，但是期望法官能够通晓全部技术领域是不现实的。故此，有必要在员额制的基础上，对审判人员进行多元化培养，构建科学化的审判组织，完善系统性的审判机制。具言之，包括培养具有技术背景的法官；形成法官助理、书记员与技术调查官协调配合的审判辅助体系；建立专家证人制度，健全技术咨询专家库、法律咨询专家库等知识支

① 参见最高人民法院：《中国法院知识产权司法保护状况（2015年）》，载http：//www.iprlawyers.com/ipr_Html/31_02/2015-6/16/20150616092034950.html，2015-09-06。

持系统。总之，知识产权审判人员专业水平的提升，需要以入额法官为核心构建一个良性的、全面的审判运行体系。

当然，如果过分强调知识产权审判的特殊性，恐有与一般司法体系完全疏离的危险。过分强调知识产权审判体系自上而下的专门化，是不是在搞特殊化？主张知识产权审判人员的专职化，会不会造成法官与律师的“小群体化”？这些问题还需要在未来的审判体制改革中予以重视。应当看到，知识产权审判人员的专职化是以法律职业化为前提的，其审判的基本程序、法律适用的基本规则等都以一般法律理论为基础。在知识产权民事纠纷中，知识产权的实体法理论不能脱离民法的一般理论，知识产权的司法审判不能背离民事诉讼的一般程序。可以说，知识产权审判人员的专职化，是在一般法律理论基础之上针对知识产权特点而形成的专业化，而非脱离一般司法体系的特殊化。

三、审判工作的专业化

相对于一般的民事或行政案件而言，知识产权案件通常表现出较高的专业技术性特点。知识产权专门法院的设立，就是要充分发挥知识产权审判工作的专业化职能。其中，专家证人制度、技术调查官制度以及司法判例制度，作为知识产权审判工作专业化的有效支撑，不仅可以从专业技术背景方面弥补法官在相关领域的专业不足，而且可以为司法权力的有效运行和审判标准的统一提供案例指导上的有益参照。在知识产权法院建设中，北京创立司法判例指导制度、上海构建“四位一体”技术事实调查认定体系、广州完善技术调查官司法辅助机制等，都是探索审判工作专业化的有益经验。

（一）专家证人制度

2009 年 12 月 23 日最高人民法院在“对网民 31 个意见建议答复情况”中，承认我国法院已施行专家证人制度，并充分肯定专家证人制度在司法审判中所起到的积极作用。[①] 在一般民事诉讼和行政诉讼中，多采用“谁主张谁举

① 参见 2009 年 12 月 23 日最高人民法院公布“对网民 31 个意见建议答复情况（全文）”，http：//www.chinanews.com/gn/news/2009/12－23/2034782.shtml，2015－09－05。

证”或由起诉方承担过错责任的举证规则。而在侵犯知识产权案件中，则依据过错责任为主、过错推定责任为辅的归责原则，在特殊情况下实行举证责任倒置和转移。需要注意的是，知识产权案件往往涉及科技前沿、专业性极强，当事人（无论是原告还是被告）往往存有相关知识不足的举证困难。在这种情况下，引入专家证人制度，选取商标、专利、版权方面的专家参与案件的侦查和诉讼活动是我国知识产权司法审判实践的现实之需。专家证人制度应该明确专家证人有别于鉴定人的证人地位，采用当事人自行聘请和法院依职权聘请专家证人的双重途径，规定专家证人出具专家意见，出庭作证，接受控辩双方质证、向法官介绍专门性问题的职责，并确立由法庭来决定专家证人证言的采信与否的证据规则，保证证据的科学性和权威性。① 但是，专家证人制度作为在英美法系当事人主义诉讼模式中形成的司法机制，引入我国大陆法系的职权主义诉讼模式难免会出现“水土不服”，而且在很多情况下专家证人由当事人所聘任，其专家意见也必然依赖于当事人之诉讼请求，致使专家证人证言的中立性缺失。② 对此问题，有待于知识产权法院在司法实践中进一步完善制度，进行规则矫正和路径补充。

（二）技术调查官制度

中共中央发布《关于司法体制改革试点若干问题的框架意见》，确定在北京、上海、广州知识产权法院中围绕技术案件的审理，建立符合中国国情、具有中国特色的技术调查官制度；最高人民法院于 2014 年 12 月 31 日发布《关于知识产权法院技术调查官参与诉讼活动若干问题的暂行规定》，明确知识产权法院技术调查官参与诉讼的程序与规则。③ 关于技术类难题有三种解决方法：一是民事诉讼法规定的专家辅助人制度。通过专家辅助人就技术事实和技术要点进行说明，但专家证人会为各方当事人说话，其专家意见缺乏中立性。

---

① 参见邵劭：《论专家证人制度的构建——以专家证人制度与鉴定制度的交叉共存为视角》，载《法商研究》，2011（4）。

② 参见邓晓霞：《论英美法系专家证人制度的基础与缺陷——兼论我国引入专家证人制度的障碍》，载《中国刑事法杂志》，2009（11）。

③ 参见宋晓明、王闯等：《〈关于知识产权法院技术调查官参与诉讼活动若干问题的暂行规定〉的理解与适用》，载《人民司法》，2015（7）。

二是司法鉴定。但由于司法成本较高，不可能每个案件都进行鉴定，且时间较长。三是设立技术专家库，向专家咨询。但由于专家参与度受到时间限制，无法为案件提供充分的专业帮助。因此，建立技术调查官制度无疑是我国知识产权司法实践中行之有效的应对之策。2015 年 4 月 22 日，在最高人民法院开庭审理的美国礼来公司与江苏省常熟市华生制药有限公司侵害专利权上诉案中，技术调查官首次出现在知识产权庭审之中。[①] 依据《关于知识产权法院技术调查官参与诉讼活动若干问题的暂行规定》，技术调查官作为司法辅助人员不具有审判权，其主要职责在于根据法官要求在案件审理的不同阶段分别提出技术审查意见作为法官认定技术事实的参考。关于技术调查官的选定，我国可以借鉴日本经验，将各领域顶级专家任命为专业委员，组成技术专业委员会，定期与技术调查官开展交流培训，并可从专业委员会选任技术调查官。技术调查官作为法院的工作人员无疑会受到严格的遴选与管理，充分保证技术审查意见的权威性和中立性。但是，技术领域的无法全面覆盖，容易引发当事人对技术调查官专业水准的质疑；技术调查官对于案件技术问题的绝对话语权，可能诱发案件审理过程中技术调查的司法腐败。[②] 这是技术调查官制度可能存在的问题与弊病，需要知识产权法院在相关制度建设中给予充分重视，并寻求应对之策。

（三）司法判例制度

2015 年，最高人民法院公布了《〈关于案例指导工作的规定〉实施细则》，就如何参照适用指导性案例作出了具体规定，明确了“类似案件”的判定标准，要求各级法院在审理“类似案件”时，应当参照指导性案例的裁判要点，并应当将其作为裁判理由予以援引。[③] 知识产权法院作为技术类知识产权案件的专属管辖法院，在面临新型、疑难、复杂的案件审判时，更加迫切需要司法适用中案件审判的指导工作。

---

① 参见李娜：《最高法知产庭审首现技术调查官——协助法官查明技术事实具有示范意义》，载《法制日报》，2015-04-23。

② 参见强刚华：《试论中国知识产权法院技术调查官制度的建构》，载《电子知识产权》，2014（10）。

③ 参见最高人民法院《〈关于案例指导工作的规定〉实施细则》的第 9 条和第 10 条。

司法判例作为司法实践中法官智慧与经验的凝结，不仅可以弥补立法滞后性所带来的不足，而且有利于限缩法官的自由裁量权，促进司法审判标准的统一。“类似案件”判定标准的明确，作为案例引证制度的前提性要件，发挥着避免“同案不同判”的事实约束力。从指导性案例的适用效力上讲，其并非法律适用上的正式法律渊源，而是主要发挥案例引证制度的指导性约束，并可以为司法裁判活动的说理性论证提供一定的事实论据。因此，促进和完善我国案例引证制度的有效实施，就需要在案例引证的适用范围、引证程序、引证方法，以及引证来源等方面作出具体规定，以此来服务于司法判例制度的指导性功能。

此外，值得说明的是，司法判例制度的确立并不只是判例法国家的独有“专利”。英美法系国家中的判例法及遵循先例的原则只是司法判例制度的一种形式而已。[①] 以案例引证制度为核心的中国特色案例指导制度，也是一种值得肯定和推广的司法制度尝试。可以说，在两大法系传统出现融合之际，在中国司法改革大背景下，建立中国特色案例指导制度，或说是司法判例制度，不仅体现着知识产权法院在审判工作专业化和审判标准统一性上的具体追求，而且凸显出司法体制改革对司法裁判权力的有效运行和审判文书说理性论证的更高要求。

① 参见何然：《司法判例制度论要》，载《中外法学》，2014（1）。

中国知识产权法院建设的理论与实践*

中国知识产权法院建设，具有司法体制改革的先导作用和知识产权保护的主导作用。从司法现代化的要求出发，应着力于审判机构的专门化、审判人员的专职化和审判工作的专业化目标。[①] 这是“北、上、广”知识产权法院的试点样本经验，也是中国知识产权法院建设的未来发展方向。

一、知识产权法院的基本属性与国际态势

知识产权法治一体化，既是立法发展的国际趋势，也是司法改革的时代潮流。对此，我们似可得出以下两点认识：首先，知识产权制度一体化的实质问题是知识产权保护的国际化。国际化或者说趋同化，表现了知识产权法律的基本原则和主要规则在全球范围内的普适性。它意味着在世界贸易组织体系下的知识产权领域，国际法高于国内法，国内法同于国内法，国内法遵从国际法。其实质意义在于知识产权的保护范围、保护方式、保护水平等，在各国立法中

---

* 原载《知识产权》，2018（3）。

① 在北京、上海、广州三地成立知识产权法院一周年之际，笔者应《法律适用》杂志之约，撰写了《中国知识产权法院建设：试点样本与基本走向》，以“审判机构专门化、审判人员专职化和审判工作专业化”为主题，对知识产权法院司法改革经验进行了理论概括和学术解读。该观点为周强院长于2017年8月29日在第十二届全国人大常委会第29次会议上的《最高人民法院关于知识产权法院工作情况的报告》所采用。

所表现的一体化、趋同化的基本特点。[①] 其次，知识产权一体化的目标之一是知识产权司法的现代化。法治“现代化的标准既要从纵向方面考量我国历史的进步方向，又要从横向方面考量世界潮流的总体走向”[②]。司法现代化的一个基本面向，就是司法专门化和一体化，在知识产权法治体系中即是专门法院的设置。专门法院，也称为特别法院，是指法律明确规定授予某类案件管辖权，即管辖范围仅限于某一类或某几类案件的法院。[③] 司法现代化的机构设置和诉讼管辖在两个层面展开：一是司法专门化。专门化司法，就是把本来属于普通法院管辖的事务提取出来，交给特定的法院管辖；或是将新的法律案件交给普通法院以外的法院管辖。专门化管辖是司法现代化可行而又简便的方式，也是对特定司法体系进行现代化改造的重要措施，由此可以提升专业审判的效率和质量，进而促进法律适用的统一和公正。从国际范围上看，无论是大陆法系国家还是英美法系国家，都设有正式的多样化的专门法院，较为常见的有行政法院、商业法院，此外还有劳动法院、保险法院、家庭法院等。二是司法一体化。一体化司法，不仅意味着专门法院是一个独立设置而不依附合成法院的司法单位，而且往往在诉讼管辖方面具有统一性，即上诉案件由同类专门法院受理。就专门法院的管辖权而言，分为有终审权的专门法院和无终审权的专门法院。在专门法院中，凡独立的司法单位且拥有终审权，即上诉案件由同类专门法院受理的，被称为正式的专门法院。例如法国的行政法院、德国的税务法院和保险法院等。再例如，大陆法系国家的行政法院不仅受理初审行政案件，还受理对初审案件的上诉和申诉；而英国法院系统，行政裁判所为无终审权的法院，凡上诉案件管辖权都由英国上诉法院管理。[④] 这种虽独立设置但没有终审权的专门法院，被称为非正式的专门法院。总体而言，专门法院对行政、商事等现代诉讼具有专门性、统一性的诸多优势，因而为不同法律传统的现代法治

① 参见吴汉东：《国际化、现代化与法典化：中国知识产权制度的发展道路》，载《法商研究》，2004（3）。

② 陈光中：《国家治理现代化标准问题之我见》，载《法制与社会发展》，2014（5）。

③ 参见沈达明：《比较民事诉讼法初论》，118页，北京，中信出版社，1991。

④ 参见刘国有：《浅论专门法院出现的原因及对法律现代化的意义》，载《天津市政法管理干部学院学报》，2004（2）。

国家采用，从而在各自国家构建了专门法院与普通法院有机结合的法院系统。

知识产权法院是专门法院。自 20 世纪 60 年代以来，一些国家和地区开始探索成立知识产权法院，谋求知识产权司法的专门化和一体化。据统计，世界上有 90 多个国家或地区对知识产权案件进行某种形式的专业审判，包括一审或上诉审。世界上公认的第一个知识产权法院，是德国于 1961 年成立的联邦专利法院。此后，英国于 1977 年成立专利法院，美国于 1982 年成立联邦巡回上诉法院，泰国于 1997 年、日本于 2005 年、我国台湾地区于 2008 年、俄罗斯于 2013 年亦分别设置了自己的知识产权法院。此外，韩国、马来西亚、葡萄牙、瑞士、土耳其、智利、巴西等国也相继建立了本国的知识产权法院。上述知识产权法院设置方式不尽相同，但大致分为三种：一是单一行政确权的专门法院（如德国、韩国①）；二是行政、民事"二合一"的专门法院（如美国、日本、俄罗斯）；三是行政、民事、刑事"三合一"的专门法院（如泰国以及我国台湾地区）。可以说，建立专门法院已经成为现代知识产权司法的国际潮流。

在案件的管辖方面，知识产权法院管辖的案件有两种。一是知识产权确权案件，例如德国联邦专利法院内设上诉庭和无效庭，其受案范围包括：针对专利局关于专利、商标等工业产权的授权决定不服的上诉案件，对德国专利及德国境内的欧洲专利权的无效宣告，不服专利局有关专利强制许可决定的案件。二是知识产权民事案件，例如日本知识产权高等法院，除受理专利行政诉讼案件（包括抗告诉讼和当事人诉讼）外，还专属管辖全国有关发明专利权、实用新型专利权、集成电路布图设计权以及计算机程序的著作权案件等。

依据知识产权上诉法院建设的国际经验来看，知识产权法院审判体系可作如下归纳（见表 1）：

---

① 韩国于 1998 年设立专利法院，专属管辖与专利（发明、实用新型、外观设计）、商标有关的授权确权有关的二审案件。2015 年，韩国国会通过了《韩国法院组织法》与《韩国民事诉讼法》的修正案，该修正案赋予韩国专利法院对专利权、商标权、植物新品种权的民事侵权二审案件的专属管辖权。参见金珉徹：《韩国专利法院》，载《科技与法律》，2015（6）。

表 1　　　　知识产权法院审判体系

国家和地区	初审法院（机构）	二审法院（机构）
英国	专利法庭、知识产权企业法庭（初审）	上诉法院（二审）
美国	专利商标局专利复审委员会、联邦地方法院（初审）	联邦巡回上诉专门法院（二审）
德国	专利与商标局、品种局（初审）	联邦专利法院（二审）
日本	地方法院、专利局（初审）	知识产权高等法院（二审）
韩国	专利局（初审）	专利法院（二审）
俄罗斯	知识产权法院（初审）	知识产权法院（二审）
欧盟	统一专利法院、中央法庭、地方法庭、地区法庭（初审）	统一专利上诉法院（二审）
台湾地区	民事：智慧财产法院 刑事：各地方法院 行政：智慧财产法院（初审）	民刑：智慧财产法院（三审） 行政：智慧财产法院（二审终审）

从表 1 中可以看出，各国知识产权法院审判体系包含三种模式：一是专门法院初审，普通法院二审。例如瑞士特设联邦专利法院负责全国范围内专利案件一审，由最高法院负责对联邦专利法院的上诉案件二审。二是专门法院初审，专门法院二审。例如欧盟成员国签署《欧盟统一专利法院协议》，设立包括一审法院和上诉法院的专门司法系统；德国由专利与商标局、品种局初审，联邦专利法院二审。三是普通法院初审，专门法院二审。例如美国由联邦地方法院初审，联邦巡回上诉专门法院二审；日本由地方法院初审，知识产权高等法院二审。值得注意的是，国际知识产权上诉法院的设立有两个特点：其一，实行案件类分管辖，即是将知识产权案件分为技术类案件和一般民事案件，上诉法院对于前者实行专属管辖、集中审理。其二，保持司法单位独立。无论是“专门法院初审→专门法院二审”的专门法院体系，还是“普通法院初审→专门法院二审”的上诉法院体系，都使得知识产权法院拥有技术类案件的终审权。世界上多数国家知识产权司法体系关注的重点是专利等技术类案件，且审判层级的重心放在上诉审。①

① 参见刘银良：《我国知识产权法院设置问题论证》，载《知识产权》，2015（3）。

二、中国知识产权法院的试点样本与基本经验

专门法院是法院系统中的重要组成部分。在中国，凡专门法院都实行集中化管理和专门化司法，其管辖范围一般是全国性或跨区域的。专门法院的设立，来自宪法性文件的授权，其法律依据有两点：一是例示主义立法规则。根据《人民法院组织法》第2条的规定，军事法院、海事法院等是为我国的专门法院。二是专门立法授权规则。《人民法院组织法》第29条规定，专门法院的组织和职权由全国人民代表大会常务委员会另行规定。这说明，我国的专门法院，包括但不限于军事法院、海事法院，这就为知识产权法院的设立预留了制度空间。上述专门法院由于国家经济与社会环境的发展变化，有的被撤销（如铁路运输高级法院），有的则继续保留（如军事法院与海事法院）。无论如何，这些专门法院的构建与运行，为今天的知识产权司法体制改革提供了有益的经验。

2014年，十二届全国人大常委会第十次会议通过《关于在北京、上海、广州设立知识产权法院的决定》，对知识产权专门法院的设立及其相应职权行使作出规定。经过全国人大常委会的立法授权和最高人民法院的具体筹划，北京、上海、广州先后在2014年正式成立知识产权法院。“北、上、广”知识产权法院作为试点样本，对于建立健全中国知识产权审判体系与发挥知识产权司法保护的主导作用具有重要意义。最高人民法院院长周强在向全国人大常委会所做的报告中明确指出：“知识产权法院的重要作用逐步显现，通过推进审判机构专门化、审判人员专职化和审判工作专业化，对于统一裁判标准，提高审判效率，提升全国法院知识产权审判水平发挥了引领示范作用。”[①]

1. 审判机构的专门化

知识产权法院具有专属管辖的职能。专属管辖是指法律规定某些特殊类型的案件专门由特定的法院管辖，其他人民法院无管辖权，当事人不得协议变

---

① 周强：《最高人民法院关于知识产权法院工作情况的报告》，http：//www. court. gov. cn/zixun-xiangqing-58142. html，2017－11－20。

更，人民法院也不得用裁定变更管辖法院。这即是说，专属管辖是优先性、排他性与强制性的管辖：一方面诉讼当事人不得以协议的方式选择其他法院管辖，另一方面也排除了任何国外法院对诉讼的管辖权。凡法律明文规定专属管辖的诉讼，均适用专属管辖，不得适用地域管辖。赋予知识产权法院对特殊案件以专属管辖的权限，旨在整合专门化的司法资源，提高专业性的司法水平，统一知识产权保护的司法标准。

知识产权法院集中审理专利、商标行政确权案件（由北京知识产权法院管辖）和诸如专利、植物新品种、技术秘密、布图设计等技术类民事案件（由“北、上、广”三家知识产权法院管辖）。除上述案件实行专属管辖外，其他案件仍由普通法院管辖，即对知识产权案件实行专属管辖为主、专属管辖与普通管辖相结合的做法。按照审级标准，“北、上、广”三家知识产权法院既是专利、植物新品种、技术秘密、布图设计等技术类民事案件的初审法院，也是著作权、商标权、反不正当竞争等一般民事案件的上诉法院，属于中级法院审级。[①] 根据立法规定，三家知识产权法院同时审理一审案件和上诉案件。知识产权法院的一审判决、裁定的上诉案件，分别由所在地省、直辖市高级法院知识产权审判庭审理。可以认为，在“基层法院知识产权庭—知识产权法院—高级法院知识产权庭”这一框架内，实现了知识产权民事案件和行政案件的统一管辖。

知识产权法院在探索专门化审判、统一法律适用标准方面取得显著成效。截至 2017 年 6 月，三家法院共受理案件 46 071 件，审结 33 135 件。其中，受理有关专利、植物新品种、集成电路布图设计、技术秘密、计算机软件等专业技术性较强的一审知识产权民事和行政案件 12 935 件，审结 8 247 件，分别约占总受理案和审结案的 28％与 25％。审结行政案件 11 113 件，保障行政相对人合法权益，规范知识产权行政执法行为。在审结的 21 620 件民事案件中，著作权案 11 664 件占 56％，如爱奇艺公司诉幻电公司侵害作品信息网络传播权纠纷等案，加强了网络版权产业中的著作权保护，充分发挥知识产权司法保

---

① 参见宋晓明：《知识产权法院的中国探索》，载世界法学家协会、最高人民法院共同举办的“知识产权保护的国际视野”国际研讨会发言材料，2014 年 11 月，未刊发。

护对文化创意产业的促进作用；专利案 7 041 件占 34%，如 4G 通信技术等高新技术案件、晨光公司诉得力公司侵害外观设计专利权纠纷等案，加强了我国对核心专利技术成果以及外观设计专利的保护；审结商标案 1 462 件占 7%，如“老干妈”“LV”等中外商标给予驰名商标保护案件，规范了我国老字号、驰名商标的使用与保护，推动国家与企业品牌战略的实施；审结不正当竞争和垄断案 564 件占 3%，通过耀宇公司诉斗鱼公司不正当竞争纠纷案等重大案件的审理，积极营造公平、有序的市场竞争环境。

2. 审判人员的专职化

审判机关的专门化离不开职业化的审判人员。与知识产权专门审判机关的设置相适应，更需要配置一批职业化程度高的知识产权审判人员。从这个角度上来说，深化司法体制改革，人的选任是关键。以法官员额制改革为契机，从知识产权法官的入额和司职的角度进一步强化知识产权审判人员的专职化，是现阶段知识产权审判机制改革的重点问题。① 为此，“北上广”三家知识产权法院在加强审判人员专职化方面提供了诸多有益经验。

第一，强化知识产权审判人员的专业素养。为了强化司法人才的专业素养，我国自 2001 年起实行了统一的司法考试制度，法官从事审判活动需要获得国家认证。从 2015 年起，随着司法体制改革的加速，全国范围内将相继实行法官员额制，旨在提升审判人员群体的专业素养，实现“审理者裁判，裁判者负责”原则的司法。根据最高人民法院《知识产权法院法官选任工作指导意见（试行）》第 4 条的规定，知识产权法院的专任法官还需要具备与专业审判工作相适应的较高法律素养、知识储备和司法技能。北京、上海、广州知识产权法院在遴选法官时，不是对原中院知识产权庭人员的简单归并，而是面向所在省（直辖市）进行公开遴选，并设定了相对较高的遴选条件。

第二，突出知识产权审判人员的专业经历。知识产权案件的技术复杂性，决定了对审判人员任职要求的特殊性。知识产权法官作为一种经验型的职业，

① 有关知识产权法院人员分类制和法官定额制、遴选制的司法改革情况，可参见北京知识产权法院课题组：《关于审判权运行机制改革的思考与探索》；黎淑兰：《论知识产权专业化审判新格局的构建与实现》；林广海：《广州故事：知识产权法院多棱镜》，载《法律适用》，2015（10）。

其要求具备的专业资格、专业素养、专业技能等，往往在相应的专业经历中才能凝练和养成。可以说，对知识产权法官入额的考察，除了专业资格和素质外，还要考察专业审判经历，以达到优化法官层级的目的。知识产权审判人员的专业经历完善不仅涉及对法官资格与专业技能的遴选，也涉及法院内部的职权分工、审判人员的责任意识等方面的内容。在全面推行司法改革的过程中，依据“让审理者裁判，由裁判者负责”的要求，我国司法改革实行法官员额制与司法责任制，知识产权法院的审判权运行机制、审判管理权和审判监督权得到了进一步的规范，形成法官主导、人员分类、权责明晰、协同合作的审判新模式。法官员额制与司法责任制，能够进一步加强知识产权审判人员的专业经历以及责任意识，转变审判委员会职能，明确审判委员会与合议庭、法官、司法辅助人员的权力界限。

第三，提升知识产权审判人员的专业水平。知识产权法官队伍建设，应体现职业化、专业化、精英化的要求。知识产权纠纷案件往往知识元素多、技术含量高，其复杂性、困难度不同于一般民事案件，虽然可以对专门法官提出更高的专业要求，但是期望法官能够通晓全部技术领域是不现实的。因此，有必要在员额制的基础上，对审判人员进行多元化培养，构建科学化的审判组织，完善系统性的审判机制。具言之，包括培养具有技术背景的法官；形成法官助理、书记员与技术调查官协调配合的审判辅助体系；建立专家证人制度，健全技术咨询专家库、法律咨询专家库等知识支持系统。总之，知识产权审判人员专业水平的提升，需要以入额法官为核心构建一个良性的、全面的审判运行体系。

3. 审判工作的专业化

相对于一般的民事或行政案件而言，知识产权案件通常表现出较高的专业技术性特点。在知识产权法院建设中，北京创立司法判例指导制度，上海构建“四位一体”技术事实调查认定体系，广州完善技术调查官司法辅助机制等，都是探索审判工作专业化的有益经验。[①] 知识产权专门法院的设立，就是要充分发挥知识产权审判工作的专业化职能。其中，专家证人制度、技术调查官制度以及司法判例制度，作为知识产权审判工作专业化的有效支撑，不仅可以从

① 参见朱理：《我国知识产权法院诉讼制度革新：评价与展望》，载《法律适用》，2015（10）。

专业技术背景方面弥补法官在相关领域的专业不足，而且可以为司法权力的有效运行和审判标准的统一提供案例指导上的有益参照。

第一，专家证人制度。2008年发布并实施的《国家知识产权战略纲要》明确提出："针对知识产权案件专业性强等特点，建立和完善司法鉴定、专家证人、技术调查等诉讼制度。"[①] 2009年12月23日，最高人民法院在"对网民31个意见建议答复情况"中明确表示，承认我国法院已施行专家证人制度，并充分肯定专家证人制度在司法审判中所起到的积极作用。[②] 知识产权案件往往涉及科技前沿，专业性极强，当事人（无论是原告还是被告）往往存有相关知识不足的举证困难。在这种情况下，引入专家证人制度，选取商标、专利、版权方面的专家参与案件的侦查和诉讼活动是我国知识产权司法审判实践的现实之需。专家证人制度应该明确专家证人有别于鉴定人的证人地位，采用当事人自行聘请和法院依职权聘请专家证人的双重途径，规定专家证人出具专家意见，出庭作证，接受控辩双方质证、向法官介绍专门性问题的职责，并确立由法庭来决定专家证人证言的采信与否的证据规则，保证证据的科学性和权威性。[③] 但是也应当看到，专家证人制度作为在英美法系当事人主义诉讼模式中形成的司法机制，引入我国大陆法系的职权主义诉讼模式难免会出现"水土不服"，而且在很多情况下专家证人由当事人所聘任，其专家意见也必然依赖于当事人之诉讼请求，致使专家证人证言的中立性缺失。[④] 对此问题，有待于知识产权法院在司法实践中进一步完善制度，进行规则矫正和路径补充。

第二，技术调查官制度。中共中央发布《关于司法体制改革试点若干问题的框架意见》，确定在北京、上海、广州知识产权法院中围绕技术案件的审理，建立符合中国国情、具有中国特色的技术调查官制度；最高人民法院于2014年12月31日发布《关于知识产权法院技术调查官参与诉讼活动若干问题的暂

---

① 国家知识产权局：《国家知识产权战略纲要》。

② 参见2009年12月23日最高人民法院公布"对网民31个意见建议答复情况（全文）"，http://www.chinanews.com/gn/news/2009/12-23/2034782.shtml，2015-09-05。

③ 参见邵劭：《论专家证人制度的构建—以专家证人制度与鉴定制度的交叉共存为视角》，载《法商研究》，2011（4）。

④ 参见邓晓霞：《论英美法系专家证人制度的基础与缺陷——兼论我国引入专家证人制度的障碍》，载《中国刑事法杂志》，2009（11）。

行规定》，明确知识产权法院技术调查官参与诉讼的程序与规则。[①] 关于知识产权审判的技术类难题有三种解决方法：一是民事诉讼法规定的专家辅助人制度。通过专家辅助人就技术事实和技术要点进行说明，但专家证人会为各方当事人说话，其专家意见缺乏中立性。二是司法鉴定。但是由于司法成本较高，不可能对每个案件都进行鉴定，且时间较长。三是设立技术专家库，向专家咨询。但由于专家参与度受到时间限制，无法为案件提供充分的专业帮助。因此，建立技术调查官制度无疑是我国知识产权司法实践中行之有效的应对之策。2015 年 4 月 22 日，在最高人民法院开庭审理的美国礼来公司与江苏省常熟市华生制药有限公司侵害专利权上诉案中，技术调查官首次出现在知识产权庭审之中。[②] 依据《关于知识产权法院技术调查官参与诉讼活动若干问题的暂行规定》，技术调查官作为司法辅助人员不具有审判权，其主要职责在于根据法官要求在案件审理的不同阶段分别提出技术审查意见作为法官认定技术事实的参考。为构建多元化技术事实查明体系，“北、上、广”三家知识产权法院均设立技术调查室，形成技术调查与专家辅助、司法鉴定、专家咨询有效衔接的多元化技术事实查明机制。[③]

技术调查官制度在促进审判效率、完善查明机制、丰富认定体系等方面取得了良好的效果。关于技术调查官的选定，我国可以进一步借鉴日本经验，将各领域顶级专家任命为专业委员，组成技术专业委员会，定期与技术调查官开展交流培训，并可从专业委员会选任技术调查官。技术调查官作为法院的工作人员无疑会受到严格的遴选与管理，充分保证技术审查意见的权威性和中立性。但是，技术调查官无法全面覆盖所有的技术领域，容易引发当事人对技术调查官专业水准的质疑；技术调查官对于案件技术问题的绝对话语权，可能诱发案件审理过程中技术调查的司法腐败。[④] 这是技术调查官制度可能存在的问题与弊病，需要

---

① 参见宋晓明、王闯等：《〈关于知识产权法院技术调查官参与诉讼活动若干问题的暂行规定〉的理解与适用》，载《人民司法》，2015（7）。

② 参见李娜：《最高法知产庭审首现技术调查官——协助法官查明技术事实具有示范意义》，载《法制日报》，2015－04－23。

③ 参见周强：《健全中国特色知识产权审判体系切实加强知识产权司法保护》，http：//www.court.gov.cn/zixun-xiangqing－57742.html，2017－11－15。

④ 参见强刚华：《试论中国知识产权法院技术调查官制度的建构》，载《电子知识产权》，2014（10）。

知识产权法院在相关制度建设中给予充分重视，并寻求应对之策。

第三，司法判例制度。2015年，最高人民法院公布了《〈关于案例指导工作的规定〉实施细则》，就如何参照适用指导性案例作出了具体规定，明确了“类似案件”的判定标准，要求各级法院在审理“类似案件”时，应当参照指导性案例的裁判要点，并应当将其作为裁判理由予以援引。① 知识产权法院作为技术类知识产权案件的专属管辖法院，在面临新型、疑难、复杂的案件审判时，更加迫切需要司法适用中案件审判的指导工作。对此，最高人民法院在北京知识产权法院设立知识产权案例指导研究（北京）基地，探索建立中国特色知识产权案例指导制度，完善典型案例生成、筛选、识别、使用机制，致力于建设全国知识产权案例指导理论研究中心，积极推动知识产权司法裁判理念、尺度和标准的统一。

中国特色知识产权案例指导制度，以案例引证规则为核心，通过对司法判例的选编、发布，对“类似案件”进行指导性约束，是一种值得肯定的中国式“判例制度”，也是一项值得推广的审判制度改革成果。② 在知识产权案件审理活动中，相关判例作为知识产权法官司法实践智慧与经验的凝结，不仅可以弥补立法滞后性所带来的不足，而且有利于限缩法官的自由裁量权，促进司法审判标准的统一。“类似案件”判定标准的明确，作为案例引证制度的前提性要件，发挥着避免“同案不同判”的事实约束力。从指导性案例的适用效力上讲，其并非法律适用上的正式法律渊源，而是主要发挥案例引证制度的指导性约束作用，为司法裁判活动的说理性论证提供一定的事实论据。因此，促进和完善我国案例引证制度的有效实施，就需要在案例引证的适用范围、引证程序、引证方法，以及引证来源等方面作出具体规定，以此来服务于司法判例制度的指导性功能。值得说明的是，司法判例制度的确立，并不只是判例法国家的独有“专利”。英美法系国家中的判例法及遵循先例的原则只是司法判例制度的一种形式而已。③ 可以说，在两大法系传统出现融合之际，在中国司法改

① 参见最高人民法院《〈关于案例指导工作的规定〉实施细则》的第9条和第10条。

② 参见吴汉东：《知识产权法治发展和法学进步中的司法判例制度》，载吴汉东、宋晓明主编：《人民法院知识产权案例裁判要旨通纂》，北京，北京大学出版社，2016。

③ 参见何然：《司法判例制度论要》，载《中外法学》，2014（1）。

革大背景下，建立知识产权案例指导制度，或说是司法判例制度，不仅体现着知识产权法院在审判工作专业化和审判标准统一性上的具体追求，而且凸显出司法体制改革对司法裁判权力的有效运行和审判文书说理性论证的更高要求。

三、中国知识产权法院建设的未来展望

对于未来知识产权法院建设，最高人民法院院长周强在向全国人大常委会所做的报告中表示："研究建立国家层面知识产权案件上诉审理机制，实现知识产权案件审理专门化、管辖集中化、程序集约化和人员专业化。总结推广北京、上海、广州知识产权法院经验，适时增设知识产权法院，进一步健全符合知识产权司法保护规律的专门化审判体系，更好地满足科技创新对知识产权专门化审判的司法需求。"① 在北京、上海、广州三地设立专门法院，是"探索建立知识产权法院"的"试水"方案，知识产权司法现代化改革需要总体规划、逐步推进。总之，我们必须坚持从我国实际出发，以改革的精神、思维和行为方式去推动知识产权司法体制改革。

我国司法体制改革的目标，针对的是妨碍司法独立品格和阻碍司法健康发展这两大症结。超地方化的改革措施，旨在强化司法机关整体独立行使司法权的能力，体现对司法机关外部环境的调整；去行政化的改革措施，旨在破除司法机关行政化结构和行政式运行的毛病，体现对司法机关内部的调整。从司法权的基本属性出发，知识产权司法的权力性质具有两个特征：一是专属权，即有关知识产权的司法权，是国家专属权和中央事权，具有统一性、专属性的特点。承认知识产权法院的专门法院地位，实行司法区域与行政区域适当分离的错位管辖制度，有助于确立知识产权司法的中央事权属性和促进国家法律的统一实施。这种跨行政区划的错位管辖制度，是未来五年司法体制改革的重要目标，因此知识产权专门法院的设立有着一种示范引导作用。二是裁判权，即有关知识产权的司法权，是一种中立地位的判断权，具有独立性、专业性的特

① 周强：《最高人民法院关于知识产权法院工作情况的报告》，http：//www.court.gov.cn/zixun-xiangqing-58142.html，2017-11-20。

点。从这一特性出发，司法体制改革不仅意味着应赋予知识产权法院以专属管辖职能，建立公正、高效、权威的专门审判制度；而且还要求在知识产权法院内部全面推行各项改革措施，包括司法主体体制、司法运行体制、司法保障体制的改革。从某种意义上讲，知识产权法院的运转效果“将直接影响中国未来司法改革的走向”[①]。我国未来知识产权法院体系可作进一步健全和完善。

1. 知识产权法院的布局

最高人民法院分别于 2017 年 1 月、8 月发布了《关于同意南京市、苏州市、武汉市、成都市中级人民法院内设专门审判机构并跨区域管辖部分知识产权案件的批复》《关于同意杭州市、宁波市、合肥市、福州市、济南市、青岛市中级人民法院内设专门审判机构并跨区域管辖部分知识产权案件的批复》。[②]依据批复文件，我国将在部分城市的中级人民法院内设专门的知识产权庭，跨区域管辖知识产权案件。(见表 2)

表 2　　部分城市中级人民法院所辖区域

	法院名称	所辖区域
1	南京市中级人民法院	南京市、镇江市、扬州市、泰州市、盐城市、淮安市、宿迁市、徐州市、连云港市
2	苏州市中级人民法院	苏州市、无锡市、常州市、南通市
3	武汉市中级人民法院	湖北省辖区
4	成都市中级人民法院	四川省辖区
5	杭州市中级人民法院	杭州市、嘉兴市、湖州市、金华市、衢州市、丽水市
6	宁波市中级人民法院	宁波市、温州市、绍兴市、台州市、舟山市
7	合肥市中级人民法院	安徽省辖区
8	福州市中级人民法院	福建省辖区
9	济南市中级人民法院	济南市、淄博市、枣庄市、济宁市、泰安市、莱芜市、滨州市、德州市、聊城市、临沂市、菏泽市
10	青岛市中级人民法院	青岛市、东营市、烟台市、潍坊市、威海市、日照市
11	深圳市中级人民法院	深圳市

① 宋晓明：《知识产权法院的中国探索》，载世界法学家协会、最高人民法院共同举办的“知识产权保护的国际视野”国际研讨会发言材料，2014 年 11 月，未刊发。

② 2017 年 12 月，经最高人民法院批复同意，深圳市中级人民法院在前海合作区设立深圳知识产权法庭，办理由深圳中院管辖的知识产权案件，参见《深圳知识产权法庭、金融法庭正式办公——周强考察并讲话》，http：//www. court. gov. cn/zixun-xiangqing-75412. html，2018 - 01 - 12。

在上述中级人民法院的跨行政区域管辖中，法院受理的案件类型包括：一是技术类（专利、技术秘密、计算机软件、植物新品种、集成电路布图设计）、驰名商标认定、垄断纠纷的第一审知识产权民事案件；二是诉讼标的额较大的第一审知识产权民事案件；三是对县级以上地方人民政府所作的涉及知识产权的行政行为起诉的第一审知识产权行政案件；四是应当由该中级人民法院管辖的第一审知识产权刑事案件；五是基层人民法院审理的第一审知识产权民事、刑事、行政案件的上诉案件。应该指出，上述跨行政区域管辖改革的尝试仍然限于在省级的行政区划范围内，受行政区划制度的影响；此外，上述城市并未建立专门的知识产权法院，跨行政区域管辖仍属于对普通法院中知识产权审判庭管辖权限的扩大。因此，知识产权跨行政区域管辖的改革应当进一步深入推进。

关于知识产权法院的布局，目前主要问题是“知识产权专门化审判的辐射范围不够，难以有效满足创新活跃地区对于专门化审判的司法需求”[①]。我国知识产权专门法院的系统构造，必须考虑中国问题的特殊性：一是知识产权大国事务的治理困难。随着中国改革开放的深入和创新发展的推进，知识产权司法保护需求日益强烈。据统计，2016 年我国法院受理各类知识产权一、二审案件超过 17 万件[②]，成为全球受理知识产权案件最多的国家。面对超大型社会产生的超大量案件，有必要进行专门管辖和集中审判，以“解决法律适用不统一性和不确定性问题”[③]。从本土国情出发，知识产权法院设置的数量及其布局，不可能简单复制和模仿他国做法。二是地域发展不平衡与司法资源配置的问题。在现代化国家的建设过程中，我国存在着经济和社会发展不平衡的突出问题，这在知识产权领域则表现为各地区创新力量的明显差异和案件数量分布的不平衡。目前，知识产权案件主要集中于广东、北京、江苏、上海、浙江等经济发达地区，相比之下，中西部经济欠发达地区则数量较少。资料显示：

---

① 周强：《最高人民法院关于知识产权法院工作情况的报告》，http：//www. court. gov. cn/zixun-xiangqing-58142. html，2017 - 11 - 20。

② 参见最高人民法院：《中国法院知识产权司法保护状况（2016 年）》。

③ 张广良：《知识产权法院制度设计的本土化思维》，载《法学家》，2014（6）。

广东省2016年新收知识产权民事一审案件高达4.4万件，居全国法院首位[①]；而同年，甘肃省受理各类知识产权案件总共只有246件。[②] 正如《人民法院第四个五年改革纲要（2014—2018）》所强调的那样，“在法院设置方面，推动在知识产权案件较集中的地区设立”，而不能在各地区平均配置。这就是说，未来知识产权法院的布局，既不能仅限于“北、上、广”三个地区，更不能依省、自治区、直辖市行政区划逐一设置。因此，有必要进一步探索建立跨行政区划的管辖制度，即在一些中心城市设立专门法院，不仅对本地区技术类案件进行专属管辖，而且负责审理邻近省、自治区、直辖市的技术类案件。进而言之，知识产权专门法院集中审理专利、商标授权确权案件和技术类侵权案件，实行专属管辖，而其他案件仍由普通法院进行管辖。实行专属管辖为主、专属管辖与普通管辖相结合的做法，为大多数国家所采用，我国可予以借鉴。

2. 知识产权高级法院的设置

知识产权司法体制深化改革的关键，在于设立知识产权高级法院或上诉法院，使得专门法院系统拥有技术类知识产权案件的终审权。最高人民法院院长周强指出：“知识产权二审案件的审理法院不统一，容易导致法律适用冲突，影响司法公信力，知识产权法院体系建设和裁判尺度统一有待进一步加强。”[③] 在我国，相关法院是称为高级法院还是上诉法院，值得斟酌。我国“二审法院”在上诉中既审理事实问题，也审理法律适用问题，这与国外“上诉法院”仅负责法律审有明显区别。[④] 本文认为，我国现行法律关于审判机构的规定，没有“上诉法院”一说，而只有“二审法院”之谓。为了与现行法院体制相适应，并体现与知识产权法院的级别之差，前述“二审法院”宜称为知识产权高级法院。可以说，知识产权高级法院的设置问题是进一步深化知识产权司法体制改革的重点。

未来设置的知识产权高级法院，既是各知识产权法院一审案件的上诉法

---

① 参见广东省高级人民法院：《广东法院知识产权司法保护状况（2016年）》白皮书。

② 参见甘肃省高级人民法院：2016年甘肃法院知识产权司法保护状况及十大典型案例。

③ 周强：《最高人民法院关于知识产权法院工作情况的报告》，http：//www.court.gov.cn/zixun-xiangqing-58142.html，2017-11-20。

④ 参见胡淑珠：《试论知识产权法院（法庭）的建立——对我国知识产权审判体制改革的理性思考》，载《知识产权》，2010（4）。

院，相对于最高法院而言也是特殊重大案件的初审法院。依据现行知识产权专门法院的审级标准，“北、上、广”三家知识产权法院既是专利、植物新品种、技术秘密、布图设计等技术类民事案件的初审法院，也是著作权、商标权、反不正当竞争等一般民事案件的上诉法院，属于中级法院审级。知识产权高级法院相当于省、自治区、直辖市高级法院的级别，因此，北京、上海、广州三地专门法院负责审理的初审案件由知识产权高级法院二审，知识产权高级法院专属管辖的初审案件由最高法院知识产权庭终审。

基于知识产权法院系统建设的需要，可以在北京设立一个国家知识产权高级法院，集中审理知识产权授权确权纠纷案件和技术类知识产权侵权上诉案件，这是解决我国目前知识产权司法体制问题的重要任务。考虑到中国幅员广大的国情，在条件成熟的时候，可以选择在华东、华中、西南、西北和东北各大区的中心城市，另行设立 3～5 个知识产权高级法院的巡回法庭或派出机构。上述知识产权法院系统的构建，是具有中国特色的。与德国、韩国不同，我国的知识产权法院不是单一行政确权的专门法院，而是民事、行政案件“二合一”（甚至可能是民事、行政和刑事案件“三合一”）的专门法院；同时也与美国、日本不同，我国的知识产权法院不仅是知识产权案件的上诉法院，而且是基于专属管辖职能从下至上设立的专门法院。因此，未来中国知识产权法院系统可以考虑构建以下管辖体系（见图 1）。

首先，普通基层法院知识产权庭负责对其所辖区内的一般知识产权民事、行政案件（著作权、商标权、反不正当竞争）一审，由知识产权法院负责二审（终审）。前述二审生效的案件可由知识产权高级法院再审。

其次，知识产权法院负责对其所辖区内的特定技术类民事、行政案件（专利、植物新品种、技术秘密、布图设计等）一审，知识产权高级法院二审（终审）。前述二审生效的案件可由最高人民法院知识产权庭再审。

最后，知识产权高级法院负责对其所辖区内的重大、疑难知识产权案件一审，最高人民法院知识产权庭二审（终审）。

3. 民事、行政和刑事案件的统一管辖

知识产权法院的民事、行政和刑事案件的统一管辖是我国现行司法体制改革的制度障碍。长期以来，我国知识产权审判体制是“一元三极”模式。所谓

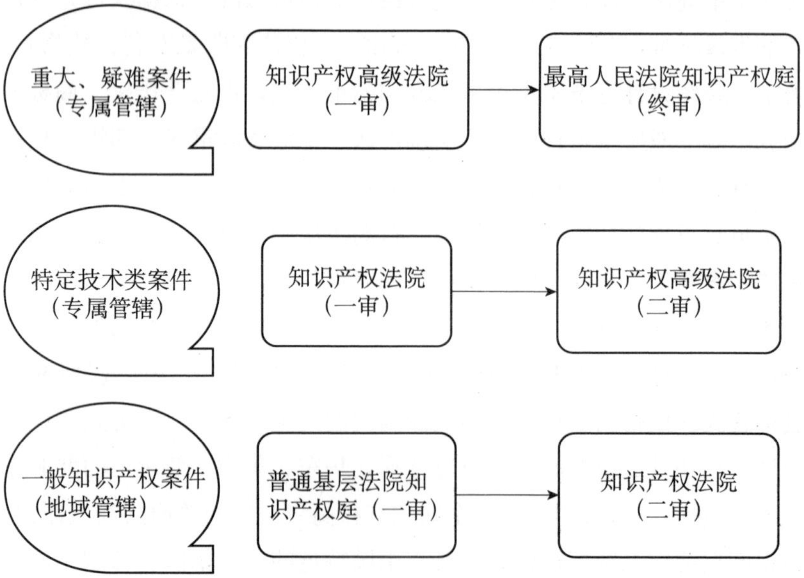

图 1　未来中国知识产权法院系统的管辖体系

一元，即所有知识产权案件都由普通法院管辖；所谓三极，即实行“三审分立”，将知识产权民事、行政、刑事案件分别划归民事审判庭、行政审判庭和刑事审判庭审理。如果同一案件兼有民事和刑事因素，就会引起管辖权冲突。当下，知识产权司法体制的重头戏，即“三合一”的审判模式已在全国法院施行，将在案件管辖、诉讼程序、证据制度等方面有所突破，从而按照中央十八届四中全会决定的要求，“推进以审判为中心诉讼制度改革”①。

2008 年发布并实施的《国家知识产权战略纲要》明确提出：“完善知识产权审判体制，优化审判资源配置，简化救济程序。研究设置统一受理知识产权民事、行政和刑事案件的专门知识产权法庭。”自纲要公布以来，许多地方法院进行“三合一”案件审理试点，积累了相当的经验，在很大程度上统一了知识产权案件的审判尺度。2016 年 7 月，最高人民法院在江苏省南京市召开“推进全国法院知识产权审判‘三合一’工作会议”，全面部署推进法院知识产

① 最高人民法院副院长陶凯元在全国法院知识产权审判工作座谈会暨全国法院知识产权审判“三合一”推进会上的讲话。

权审判“三合一”工作。最高人民法院正在有关部门就知识产权刑事司法实施方案进行积极沟通，以期尽快会签相关文件，全面推进“三合一”工作，提高知识产权司法保护的整体效能。① 目前的知识产权法院，是对技术类知识产权民事和行政案件进行跨区域管辖。十分明显，专属管辖的案件不涉及技术类知识产权的刑事案件，例如假冒专利罪、窃取他人商业秘密罪、侵犯著作权软件罪等。上述“二合一”模式，使得知识产权法院专属管辖的行政和民事案件与普通法院负责审理的刑事案件，在诉讼程序的衔接上产生困难。具言之，相关案件审判程序游离于不同的法院体系，割裂了专门法院进行专属管辖的统一性。因此，从战略目标要求和改革试点经验出发，未来知识产权司法体制改革应考虑民事、行政和刑事案件的统一管辖问题。

---

① 参见最高人民法院：《中国法院知识产权司法保护状况（2016年）》，http：//www.court.gov.cn/zixun-xiangqing-42362.html，2016-11-20。

图书在版编目（CIP）数据

知识产权应用问题研究 / 吴汉东著．-- 北京：中国人民大学出版社，2019.12
（中国当代法学家文库．吴汉东知识产权研究系列）
ISBN 978-7-300-27810-0

Ⅰ.①知… Ⅱ.①吴… Ⅲ.①知识产权－中国－文集 Ⅳ.①D923.404-53

中国版本图书馆 CIP 数据核字（2019）第 290824 号

"十三五"国家重点出版物出版规划项目
中国当代法学家文库·吴汉东知识产权研究系列
知识产权应用问题研究
吴汉东 著
Zhishi Chanquan Yingyong Wenti Yanjiu

出版发行	中国人民大学出版社		
社　　址	北京中关村大街 31 号	**邮政编码**	100080
电　　话	010－62511242（总编室）		010－62511770（质管部）
	010－82501766（邮购部）		010－62514148（门市部）
	010－62515195（发行公司）		010－62515275（盗版举报）
网　　址	http://www.crup.com.cn		
经　　销	新华书店		
印　　刷	北京联兴盛业印刷股份有限公司		
规　　格	170 mm×228 mm　16 开本	**版　　次**	2019 年 12 月第 1 版
印　　张	41.25 插页 4	**印　　次**	2019 年 12 月第 1 次印刷
字　　数	639 000	**定　　价**	278.00 元